2025年度受験用 群馬県公立高等学校 ⑥年間スーパー過去問

年度		収録内容	解説	解答	解答用紙
2024		英語・数学・社会・理科・国語	○	○	○
2023	後期	英語・数学・社会・理科・国語	○	○	○
2022	後期	英語・数学・社会・理科・国語	○	○	○
2021	後期	英語・数学・社会・理科・国語	○	○	○
2020	後期	英語・数学・社会・理科・国語	○	○	○
2019	後期	英語・数学・社会・理科・国語	○	○	○

受検者平均点

年度	英語	数学	社会	理科	国語	合計（合格者平均点）
2024	44.9	52.8	54.0	57.5	60.2	265.6(273.3)
2023	58.8	59.5	54.4	55.2	64.5	292　(295)
2022	57.9	57.7	59.6	62.0	62.9	300　(302)
2021	60.1	48.0	61.0	51.4	70.6	291.1(295)
2020	53.6	48.8	52.8	52.0	65.2	272.4(279)
2019	56.8	44.5	55.1	59.0	56.0	271.4(277)

※各教科100点満点　2019～2021の合計は各教科平均点の単純合計。

★当問題集のバックナンバーは在庫がございません。あらかじめご了承ください。

合格を勝ち取るための

過去問の上手な使い方

本書に掲載されている過去問をご覧になって，「難しそう」と感じたかもしれません。でも，大丈夫。ほとんどの受験生が同じように感じるのです。高校入試の出題範囲は中学校の定期テストに比べて広いですし，残りの中学校生活で学ぶはずの，まだ習っていない内容からも出題されているかもしれません。

ですから，初めて本書に取り組む際には，点数を気にする必要はありません。点数は本番で取れればよいのです。

過去問で重要なのは「間違えること」です。自分の弱点を知るために，過去問に取り組むのです。当然，間違った問題をそのままにしておいては意味がありません。

本書には，長年にわたって高校受験に携わってきたベテランスタッフによる詳細な解説がついています。間違えた問題は重点的に解説を読み，何度も解きなおしてください。時にはもう一度，教科書で復習するのもよいでしょう。

別冊として，巻末に抜き取って使える解答用紙を収録しました。表示してあるように拡大コピーをとれば，実際の入試と同じ条件で，何度でも過去問に取り組むことができます。特に記述問題では解答欄の大きさがヒントになる場合があります。そうした，本番で使える受験テクニックの練習ができるのも，本書の強みです。

次のページからはじまる入試レーダーに掲載した「出題傾向と対策」もよく読んで，群馬県公立高校の問題に慣れておきましょう。

また，入試レーダーには，群馬県公立高校の受験情報記事も掲載してあります。選抜方法等もしっかり確認して，志望校合格に向け最後まで頑張ってください。

群馬県公立高校 2025年度 合格のめやす

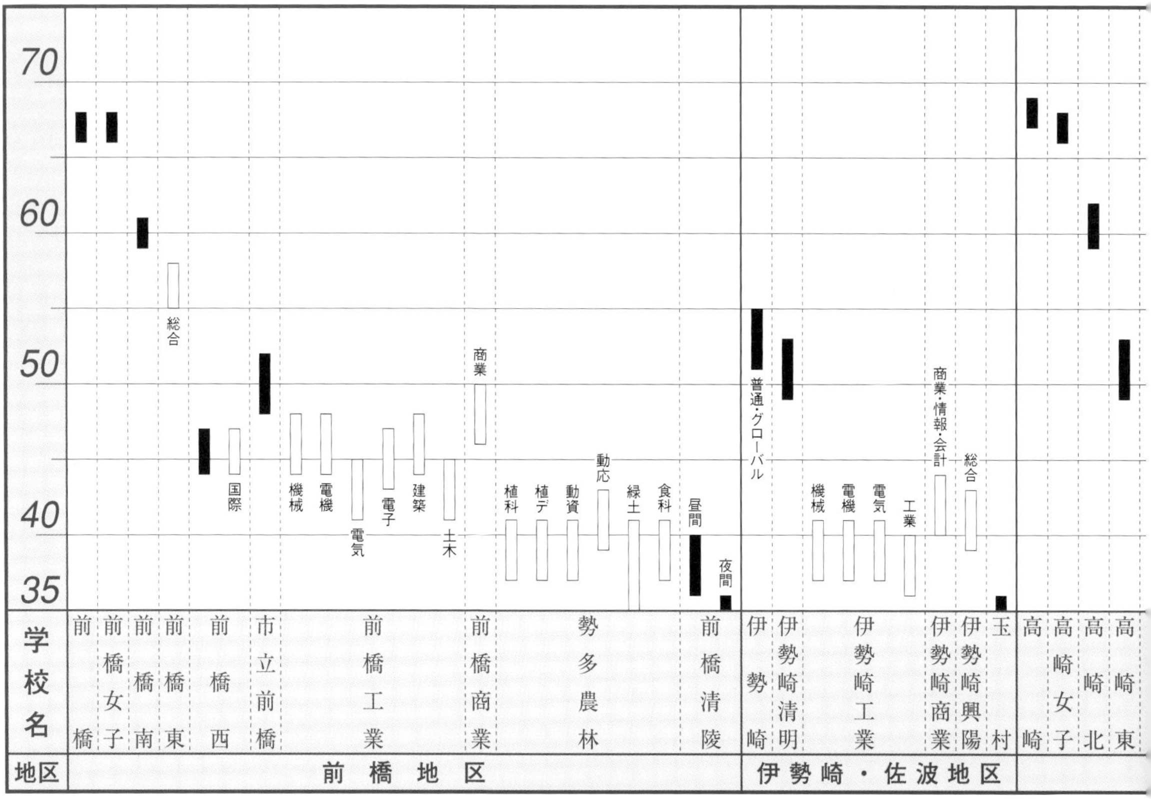

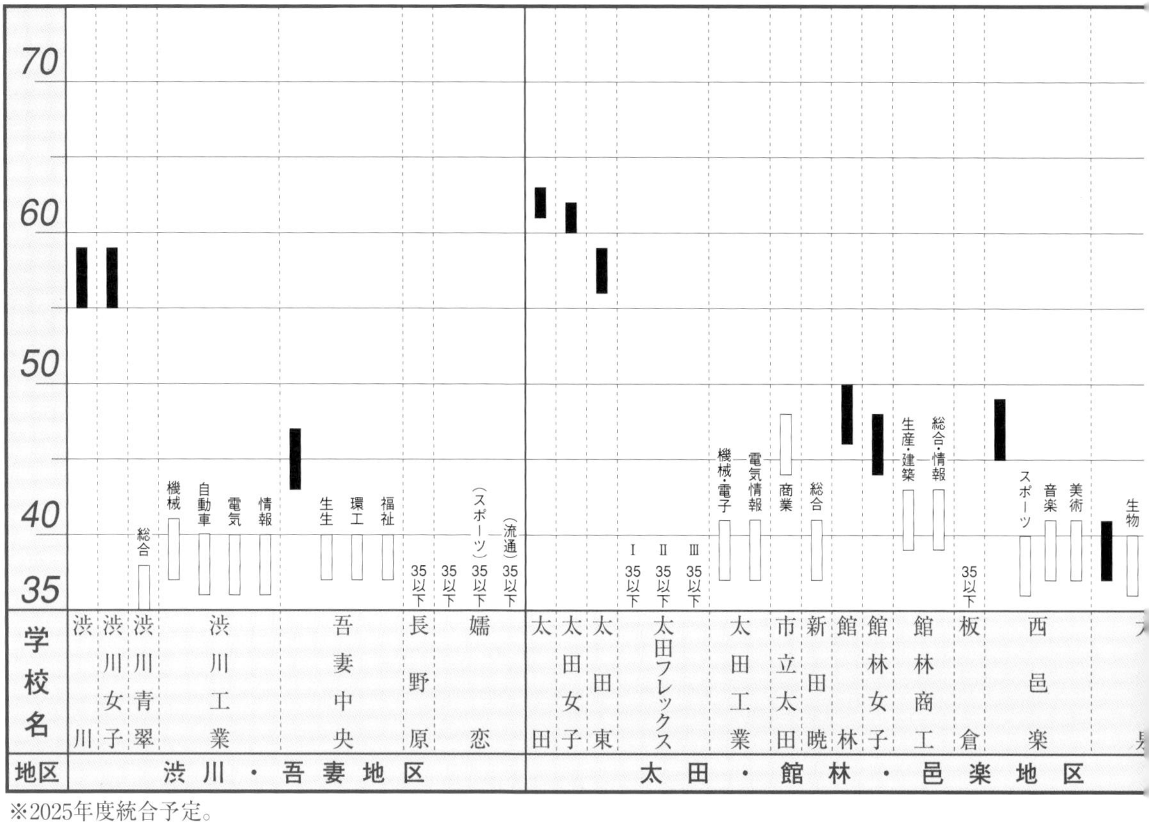

※2025年度統合予定。

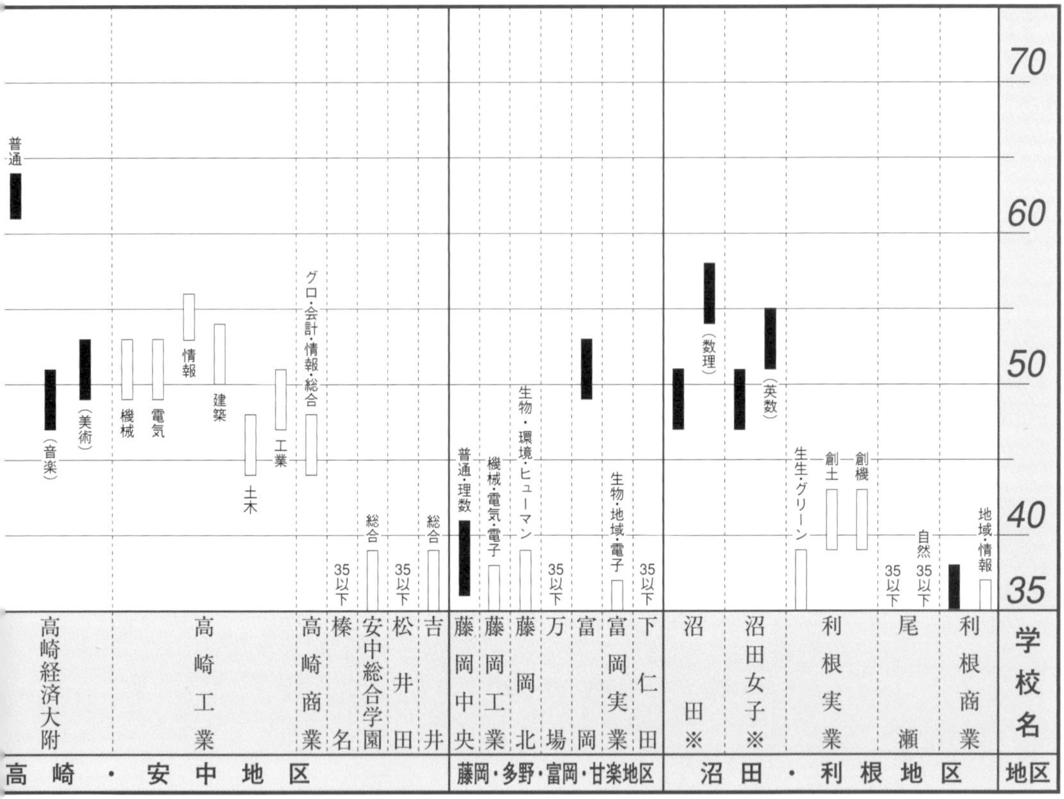

70
60
50
40
35
学校名
地区
高崎・安中地区
高崎経済大附
普通
(音楽)
(美術)
高崎工業
機械
電気
情報
建築
土木
工業
高崎商業
グロ・会計・情報・総合
榛名
35以下
安中総合学園
総合
松井田
35以下
吉井
総合
藤岡・多野・富岡・甘楽地区
藤岡中央
普通・理数
藤岡工業
機械・電気・電子
藤岡北
生物・環境・ヒューマン
万場
35以下
富岡
富岡実業
生物・地域・電子
下仁田
35以下
沼田・利根地区
沼田※
(数理)
沼田女子※
(英数)
利根実業
生生・グリーン
創土
創機
尾瀬
35以下
自然35以下
利根商業
地域・情報

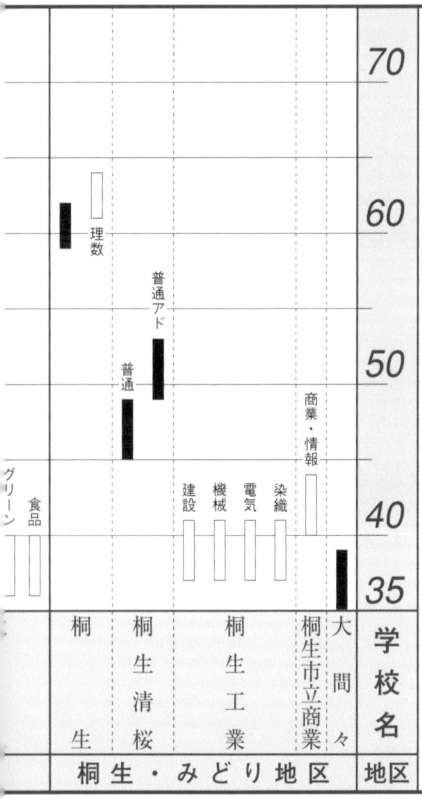

70
60
50
40
35
学校名
地区
グリーン
食品
桐生・みどり地区
桐生
理数
桐生清桜
普通
普通アド
桐生工業
建設
機械
電気
染織
桐生市立商業
商業・情報
大間々

表の見方

数値は偏差値。

この黒棒グラフは、原則として普通科です。

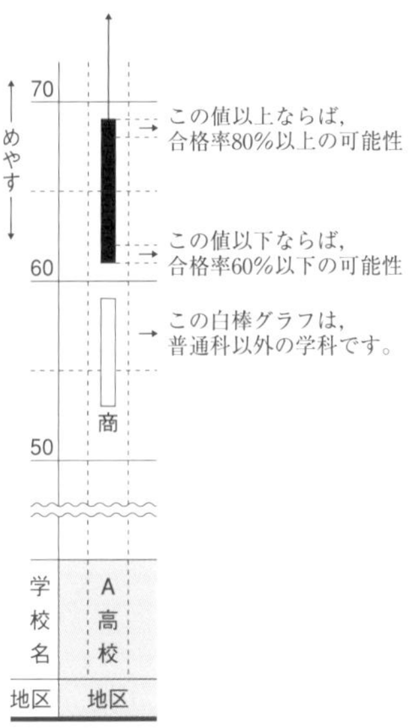

70
めやす
60
50
この値以上ならば、合格率80%以上の可能性
この値以下ならば、合格率60%以下の可能性
この白棒グラフは、普通科以外の学科です。
商
学校名
A高校
地区
地区

合格のための
入試レーダー

群馬県

参考：2024年度入試はどう行われたか(全日制)

●2024年度の変更点

前期選抜・後期選抜の２回の選抜から，１回の選抜となり，１回の検査で，特色型と総合型の２つの観点による段階選抜を行う。

●全日制課程実施要項

1 志願できる高等学校

通学区域は全県一区とし，１校１学科(または系・コース)に限り出願できる。なお，複数の学科等を設置し併願を認める学校においては，第２志望まで志願できる。

2 出願手続

志願者は「ぐんま電子申請受付システム」で入学願書を作成し，その他の提出書類とともに，出身または在学中学校長を経由して志願先の高等学校長に提出する。

入学願書作成期間　１月９日(火)～２月19日(月)

書類提出期日　２月２日(金)，５日(月)

受ける学校を変更できる

3 志願先の変更・取消し

志願先の高等学校または志願の学科等を合計２回まで変更できる。

第１回　２月８日(木)

第２回　２月14日(水)

志願の取消しは２月20日(火)までに行うものとする。

4 学力検査等

(1)期日　学力検査　２月21日(水)

　　　　面接等　　２月22日(木)

(2)場所　志願先の高等学校または学校で指定した場所

英語リスニングテストの音声について　※コードの使用期限以降は音声が予告なく削除される場合がございます。あらかじめご了承ください。

リスニングテストの音声は、下記アクセスコード(ユーザー名／パスワード)により当社ホームページ(https://www.koenokyoikusha.co.jp/pages/cddata/listening)で聞くことができます。(当社による録音です)

〈アクセスコード〉ユーザー名：koe　パスワード：66553　使用期限：2025年3月末日

⑶学力検査日　2月21日(水)

9:30～10:20	10:45～11:35	12:00～12:50	昼食	13:50～14:40	15:05～15:55
国　語	数　学	英　語		社　会	理　科

※英語はリスニングテストを含む。

各教科100点満点　(傾斜配点を行う学校もある)

なお，実技検査，作文，小論文を実施する学校もある。

5 選抜方法

選考は，調査書，学力検査，面接およびその他の検査の結果等に基づいて行う。募集定員の10～50％を「特色型」，50～90％を「総合型」とし，まずどちらか一方の型で合格者を決め，その合格者を除いた受検者を対象にもう一方の型で合格者を決める。それぞれの比重は各高等学校が定める。

6 合格者の発表

期日　3月5日(火)　午前10時　Webページ

●再募集

すでに受検した高校はダメ

1 実施校

合格発表後，学校全体で5人以上の欠員がある学校とする。

2 出願

手続方法は本検査に準ずる。

入学願書作成期間　3月5日(火)～15日(金)

書類提出期日　3月14日(木)，15日(金)

3 検査・面接等

期日　3月19日(火)　面接及び作文等の検査

4 合格者の発表

3月25日(月)　午前10時　各高等学校

●フレックススクール選抜

1 実施校

前橋清陵高校，太田フレックス高校の2校で行われる。

2 日程その他

全日制課程選抜に準ずる。なお，学力検査は通常形態の5教科，もしくは5教科のうち高等学校長が指定した教科について実施する。

●連携型選抜の募集

1 実施校

尾瀬高校，万場高校，嬬恋高校の3校で行われる。

尾瀬高校には沼田市立利根中学・片品村立片品中学，万場高校には神流町立中里中学・上野村立上野中学，嬬恋高校には嬬恋村立嬬恋中学のそれぞれ第3学年に在籍する生徒に限って出願できる。

2 日程その他

全日制課程選抜に準ずる。

群馬県公立高校　2025年度入試全日程(予定)

願書等提出	志願先変更	学力検査等	合格者発表
2月3日(月) 4日(火)	①　2月7日(金) ②　13日(木)	2月20日(木) 21日(金)	3月5日(水)

●インフルエンザ罹患等，やむを得ない理由により本検査を受検できなかった者の追検査は2月27日(木)に行う。
詳しくは今後の県教育委員会の発表をお待ちください。

英語　出題傾向と対策

●出題のねらい

「聞く・読む・話す・書く」の全領域にわたって，中学校３年間に学習する基礎的・基本的な英語の理解とコミュニケーション能力を見る，というのが基本方針。具体的には，①比較的平易な英語の対話や話を聞いて，対話や話の内容を把握できるか，②状況に応じて適切な英語で表現できるか，③まとまりのある対話文や物語を読んで，対話や物語の流れ・要点を把握できるか，などを見ている。全体に，日常的な場面や中学生にとって身近なテーマを取り上げて，「実際に使える生きた英語力」を試すように工夫してある。

●何が出題されたか

[1]，[2]は放送問題。英文を聞き，会話の場面を示す絵を選択する問題や，内容についての問いに答えるもののほか，与えられた条件にしたがって英文を書く問題も含まれている。[3]は絵を見て適切な文を補充し，対話を完成させる問題。[4]は短めの文章を読んで適語を選び，適切な形にして入れる問題が出題されている。[5]は会話文，[6]はエッセーを読む長文読解総合問題。文章の内容を正確に把握できているかを問う，読解力を試す設問が大半を占める。英問英答や要約文完成も含まれている。[7]は絵を含む資料と英文が与えられ，それに関連する内容の適文補充と20～30語の英作文。全体的に，対話文形式の出題と論述問題が多いこと，放送問題が配点において３割近くを占めている点などが特徴として挙げられる。

〈英語出題分野一覧表〉

分野		年度	2021	2022	2023	2024	2025予想※
音声	放送問題		■	■	■	■	◎
	単語の発音・アクセント						
	文の区切り・強勢・抑揚						
語彙・文法	単語の意味・綴り・関連知識						
	適語(句)選択・補充						
	書き換え・同意文完成						
	語形変化		●	●	●	●	◎
	用法選択						
	正誤問題・誤文訂正						
	その他						
作文	整序結合						
	日本語英訳	適語(句)・適文選択					
		部分・完全記述					
	条件作文		●	●	●	●	◎
	テーマ作文						
会話文	適文選択・補充		●	●	●	●	◎
	適語(句)選択・補充						
	その他						
長文読解	内容把握	主題・表題					
		内容真偽	●	●	●	●	◎
		内容一致・要約文完成			●	●	◎
		文脈・要旨把握	●		●	●	◎
		英問英答	●	●	●	●	◎
	適語(句)選択・補充		■	●	■	●	◎
	適文選択・補充		●	●	●	●	◎
	文(章)整序		●	●			◎
	英文・語句解釈(指示語など)						
	その他						

●印：１～５問出題，■印：６～10問出題，★印：11問以上出題。
※予想欄　◎印：出題されると思われるもの。　△印：出題されるかもしれないもの。

●はたして来年は何が出るか

例年，出題構成に若干の変化が見られるものの，来年も，本年度に準じた出題になるだろう。問題のポイントとなる語句や文法事項は，ほとんど基本的なものである。それらを状況に応じて適切に使えるかを試す問題として，例年，何かしら工夫された条件・テーマ作文が出題されている。読解問題は200～400語程度の対話文や物語をもとにしたもので，内容は学校生活や身近な社会問題だろう。設問にも英文が多く用いられる傾向があるので，速読速解力を要す。放送問題は，平易な内容で聞く力を試すのが常であるが，記述式も含まれるので速く正確に単語を書けるような準備が必要である。

●どんな準備をすればよいか

根本的には，平素の授業に地道に取り組んでいれば，十分に対応できる問題である。したがって，教科書の復習を中心に，基礎固めを徹底しよう。記述式解答が主体なので，少なくとも必修単語は全て正しく綴れるようにしておこう。速読速解力を養うにも，まずは教科書を繰り返し「音読」して，基本的な英文に慣れることが肝心だ。教科書に出ている基本文や連語，日常的な挨拶や電話・道案内・買い物での表現，依頼・勧誘・許可・申し出などの表現，各種の疑問文と答え方等はノートにまとめておき，しっかり覚えよう。さらに日頃から，習った表現を利用して身近な事柄を積極的に英語で表現するよう心がけたい。教科書以外では，本公立高校や他県の公立高校の過去の入試問題を使い，条件・テーマ作文や長文読解の練習をするとよい(作文は先生に見てもらおう)。なお，リスニング対策は，教科書用の音声教材かラジオやテレビの初歩的な英語講座を毎日続けて聞くようにして，英語の発音に耳を慣らしておこう。継続は力なりだ！

数学　出題傾向と対策

●出題のねらい

中学校で学習する領域全般にわたって，基礎的・基本的な事項を中心に出題することにより，数学の知識，理解，技能が定着しているかどうかを見る，というのが例年同様の出題のねらいである。具体的には，数と式の分野での計算力，文字を使った式の処理能力，関数と図形の分野での論理的思考力や総合的理解力，データの活用の分野での知識，理解および処理能力が問われている。また，事象を数理的にとらえ，表現し，考察し，処理する過程を見ることができるよう，出題の工夫がなされている。

●何が出題されたか

2024年度の出題構成は，大問数が５題，設問数が23問であった。

1は数と式，図形，方程式，確率などから計11問。2は数と式に関する問題。天びんにおもりや分銅を載せたときの傾きから重さの関係を文字式を使って表すものと，連立方程式の応用問題。3は平面図形で，平行線を利用した問題。２つの三角形の面積が等しいことを示す証明問題，角の大きさが半分になる点の作図問題，理由を問う問題が出題されている。4はデータの活用で，箱ひげ図を利用した問題。箱ひげ図に適するヒストグラムを選ぶ問題や，正誤問題が出題されている。5は空間図形で，山を正四角錐に見立てて，ある地点から目的地まで移動するときの距離や時間について考えるもの。

〈数学出題分野一覧表〉

分野	年度	2021	2022	2023	2024	2025 予想※
数と式	数・式の計算，因数分解	★	★	★	★	◎
	数の性質，数の表し方	●	★	●	●	◎
	文字式の利用，等式変形				●	△
	方程式の解法		■	■	●	◎
	方程式の解の利用					
	方程式の応用	★			●	△
関数	比例・反比例，一次関数	●				△
	関数 $y=ax^2$		●	●		◎
	関数 $y=ax^2$ とその他の関数	●				△
	関数の利用，図形の移動と関数など	★	★	★	●	◎
図形	（平面）計量	★	■	★	■	◎
	（平面）証明，作図	■	■	■	■	◎
	（平面）その他	★	●	●	●	◎
	（空間）計量				★	△
	（空間）頂点・辺・面，展開図，投影図	●	●	●		◎
	（空間）その他					
データの活用	場合の数，確率		●	●	●	◎
	データの分析・活用，標本調査	●	●	●	★	◎
その他	特殊・新傾向問題など		★	■		
	融合問題					

●印：１問出題，■印：２問出題，★印：３問以上出題。
※予想欄　◎印：出題されると思われるもの。　△印：出題されるかもしれないもの。

●はたして来年は何が出るか

ここ数年の出題内容から判断すると，大問が５～６題，うち１～３題が独立小問集合題で，総設問数は25問前後になるものと予想される。具体的には，前半は数・式の計算，方程式の計算，関数，図形，確率，データの活用などの独立小問で，いずれも基本的な知識と理解を問うもの。後半は関数や図形（平面・空間）を中心とする総合題で，論理的な思考力や応用力が幅広く問われるだろう。その他，方程式の応用，整数の性質，確率，あるいはそれらの融合題などの出題も可能性が高い。また，作図や証明は必出と考えたい。グラフを完成させる問題や理由を答えるものなどが出題される可能性もある。難易度は例年同様と見てよいだろう。

●どんな準備をすればよいか

例年どおりの出題内容を予想した場合，２本立ての学習が効果的であると考えられる。まず，前半の対策として，教科書の復習に始まる基礎学習の定着をはかりたい。中学校３年間で学習する各単元を丹念に復習して自分の弱点を見きわめ，それをカバーする学習を工夫しよう。教科書のほかに，同レベルの問題集を１冊選び，繰り返し学習すると理解も一層深まるだろう。次に，後半の対策として，関数や図形を中心とした総合題や，他分野との融合題を数多くこなしておきたい。ここでは，前の問いが後の問いのヒントとなるような問題を解くことにより，深い理解力や論理的な思考力を養うことが大切である。なお，作図は，教科書に載っている作図やそれを少し応用したものが中心なので，しっかりマスターしておこう。証明は，自分で実際に記述した後で，模範解答とひき比べ，ポイントや表現の工夫をつかむようにするとよいだろう。直前対策として，過去数年間の入試問題に改めて挑戦し，出題のパターンや時間配分をつかんでおきたい。

社会 出題傾向と対策

●出題のねらい

地理，歴史，公民の各分野から幅広くかつ的確な出題がなされている。設問は基礎的知識の理解を見るものが中心だが，地図，写真，グラフ，年表などを多用して，さまざまな角度から社会科としての総合力を試す工夫がなされている。資料の読み取り能力をはじめ，考察力，社会への関心など多様な能力を問う問題ばかりであり，とりわけ文章表現力は重要である。それは文章で簡潔に説明することを求める問題が多いことからもわかり，表面的でなく，一歩踏み込んだ知識の理解が求められている。

●何が出題されたか

総合問題１題，地理，歴史，公民から２題ずつ，計７題という構成であった。

具体的には，**1**は三分野総合問題で，沖縄県をテーマにした出題。**2**は日本地理で，近畿地方の自然環境，産業などについての資料を用いた問題。**3**は世界地理で，東南アジアと南アジアに関連した気候や産業についての資料を用いた問題。**4**は歴史で，古代から近世までの特徴を示した文章や資料を用いて，政治や社会の様子についての出題であった。**5**は近現代の政治や国際社会に関する問題。**6**，**7**は公民で，経済や政治，生活と文化などについて出題された。いずれの分野も単なる記述にとどまらず，理由や背景などを考察して書かせる問題が多く，問題の約３割が文章で答える形式であった。

〈社会出題分野一覧表〉

分野 ＼ 年度		2021	2022	2023	2024	2025 予想※
地理的分野	地形図	●	●	●		◎
	アジア				地産	△
	アフリカ		人			◎
	オセアニア	地産人				△
	ヨーロッパ・ロシア					△
	北アメリカ		地産人			△
	中・南アメリカ			地産		△
	世界全般			産	地	◎
	九州・四国		地　人	産	産人	◎
	中国・近畿			地産人	地産人	◎
	中部・関東	産人総	地産			◎
	東北・北海道	地				◎
	日本全般					△
歴史的分野	旧石器～平安	●	●	●	●	◎
	鎌倉			●		◎
	室町～安土桃山	●	●	●	●	◎
	江戸	●	●	●	●	◎
	明治	●	●	●	●	◎
	大正～第二次世界大戦終結	●	●	●	●	◎
	第二次世界大戦後	●	●	●	●	◎
公民的分野	生活と文化	●	●	●	●	◎
	人権と憲法	●	●			◎
	政治	●	●	●	●	◎
	経済	●	●	●	●	◎
	労働と福祉	●			●	◎
	国際社会と環境問題		●			△
時事問題						

注）地理的分野については，各地域ごとに出題内容を以下の記号で分類しました。
　地…地形・気候・時差，産…産業・貿易・交通，人…人口・文化・歴史・環境，総…総合
※予想欄　◎印：出題されると思われるもの。　△印：出題されるかもしれないもの。

●はたして来年は何が出るか

問題の傾向は基本的に変わらず，今後も各分野とも出題範囲に偏りがなく，全体を見通した多様な出題が予想される。地理は，世界と日本から総合的に出題され，地図や統計を用いて全般を取り上げてくるだろう。また，地形図は出題されることが多いので注意が必要。歴史は，古代から現代までまんべんなく出題されるだろう。ただし，政治史だけでなく各時代の経済や文化のていねいな理解が必要とされるはずだ。公民は，時代を反映した福祉，国際社会や平和が今後，出題される可能性は高い。また，文章記述の問題は引き続き出されるだろう。

●どんな準備をすればよいか

問題内容や形式に工夫がなされていても最も重要なのはまず基礎，基本的知識の確実な理解である。さまざまな資料を用いた問題が出されているが，そうした問題を解く真の実力をつけるためには，一層，基礎力が充実していなければならない。そのためにはまず教科書を繰り返し活用して基礎事項をしっかり押さえよう。その際，地図や年表，図表を併用して知識を深めたい。個々の統計のポイントは何かなど日頃から資料の読み取りにも慣れておこう。また，まとめを兼ねて，重要なポイントは短い文章で整理してみるとよい。最後に，過去の問題はこれまでの傾向を知り，学習を深めるのに役立つ。自分の学習の成果を確認し，弱点を補強するためにも必ず解いておきたい。また，地理で出題されることの多い地形図の地図記号や等高線などは理解しておこう。統計でも主要品目の生産国(県)や主要輸出入品目の相手国などについては最新の統計で確認しておきたい。

理科 出題傾向と対策

●出題のねらい

出題のねらいは，物理・化学・生物・地学の各分野から偏りなく出題し，基礎的・基本的な知識と理解を見るとともに，筋道を立てて科学的に調べたり思考したり判断したりする能力を見ること，および自然の事象を日常生活と関連づけて総合的に理解することができるかどうかを見ることにある。

また，本県では一貫して表現能力を見ることが重視されており，実験・観察の目的・方法・結果などを文章で書き表す力，グラフに表す力，図で示す力などが全分野・領域にわたって問われている。

〈理科出題分野一覧表〉

分野		2021	2022	2023	2024	2025予想※
身近な物理現象	光と音		●		●	◎
	力のはたらき(力のつり合い)			●		◎
物質のすがた	気体の発生と性質	●				◎
	物質の性質と状態変化	●	●	●		◎
	水溶液			●	●	◎
電流とその利用	電流と回路	●			●	◎
	電流と磁界(電流の正体)			●		◎
化学変化と原子・分子	いろいろな化学変化(化学反応式)	●		●	●	◎
	化学変化と物質の質量	●		●	●	◎
運動とエネルギー	力の合成と分解(浮力・水圧)			●		◎
	物体の運動		●			◎
	仕事とエネルギー	●	●	●		◎
化学変化とイオン	水溶液とイオン(電池)		●		●	◎
	酸・アルカリとイオン				●	◎
生物の世界	植物のなかま			●		◎
	動物のなかま		●		●	◎
大地の変化	火山・地震	●				◎
	地層・大地の変動(自然の恵み)		●	●	●	◎
生物の体のつくりとはたらき	生物をつくる細胞					△
	植物の体のつくりとはたらき		●			◎
	動物の体のつくりとはたらき	●		●	●	◎
気象と天気の変化	気象観察・気圧と風(圧力)					◎
	天気の変化・日本の気象		●		●	◎
生命・自然界のつながり	生物の成長とふえ方	●				◎
	遺伝の規則性と遺伝子(進化)	●			●	◎
	生物どうしのつながり					◎
地球と宇宙	天体の動き	●		●		◎
	宇宙の中の地球			●		△
自然環境・科学技術と人間						
総合	実験の操作と実験器具の使い方	●	●	●		◎

※予想欄 ◎印：出題されると思われるもの。 △印：出題されるかもしれないもの。
分野のカッコ内は主な小項目

●何が出題されたか

2020年度以降は，小問集合が1題，各分野からの大問4題の計5題となり，小問数は40～50問。

[1]はそれぞれ枝問が2～4問ついた問題で，Aはヒトの体のつくりとはたらき，Bは日本の気象，Cは酸化，Dは電流について，基礎的な知識や理解を問う。[2]はセキツイ動物の進化について，知識や科学的な思考力を問う。[3]は日本付近のプレートの動きから，地層の変化や1年間でプレートが動く距離について，知識と理解を問う。[4]は水溶液とイオンの関係を調べる実験から，中和や水溶液中のイオンの数の変化，塩の性質などについて，理解や数的な処理能力を問う。[5]は凸レンズによる像のでき方を調べる実験から，光の進み方や実像，焦点距離などについて，知識と理解を問う。実像ができる位置を作図する問題も見られた。

●はたして来年は何が出るか

小問集合題は1題，各分野から大問4題で，全体の小問数は40～50問程度である。また，領域のバランス，実験や観察に基づいた出題内容であること，2分野以上の融合問題が見られること，論述問題が多いことは，昨年とほぼ同じであった。これらの傾向は変わらないと考えられる。出題単元について，物理領域では，「電流と磁界」，「仕事とエネルギー」など，化学領域では，「気体と水溶液」，「化学変化と化学反応式」などの出題の可能性が高い。生物領域では，「動物・植物の体のつくりとはたらき」，「生物の成長とふえ方」などが要注意。地学領域では，「火山・地震」，「天体の動き」などに注意しておこう。

●どんな準備をすればよいか

記述式解答重視の傾向が強いことが大きな特徴となっており，十分に対処できるように準備しておく必要がある。まず，基本的知識については確実に身につけていくこと。教科書に出てくる重要事項については，もれのないようにしておきたい。最大のポイントは記述式対策である。自分なりの「まとめノート」を作成し，教科書や平素の授業で取り扱われている実験や観察について，“自分の手で書いて理解する”ことを勉強の中心に置くやり方がベストだ。実験や観察の方法や注意点，データの取りまとめ，結果の考察などについて，図やグラフも含めて，たんねんに書いていこう。教科書や参考書に載っている重要な図も，自分の手で書いていくことに大きな意味がある。ポイントが明らかになり，思考のプロセスも実感としてとらえられるはずだ。一見，遠回りのように思われるかもしれないが，本番の入試で合格答案を作成する力を養う確実な方法なのだ。“手づくり”のノート作成が，自分で楽しめるようになればシメたものだ。

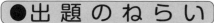

国語　出題傾向と対策

●出題のねらい

読解問題については，現代文のほかにも，古文や漢文も出題されていることから，どんな文章をも読みこなす基礎学力を試すことに主眼があるといえよう。また，作文や主題を要約する問題などでは，何をどのように感じたか，何を本文から読み取ったか，など自分の考えを自分の言葉で表現する文章力も要求されている。さらに国語の知識題は多角的な設問構成で言語事項について問うている。基本的な問題が大半を占めているので，中学校での学習内容がどの程度定着しているかを見るのが出題のねらいであると思われる。

●何が出題されたか

現代文２題，古文，資料，国語の知識の大問５題という問題構成だった。

一の説明文の読解問題では，内容理解に関する設問が中心となっており，50字程度の記述式の設問も出されている。二の小説の読解問題では，心情や文章内容に関する設問が中心で，記述式の設問も出された。三の古文の読解問題は，内容理解の設問が中心だったが，表現技法や歴史的仮名遣いに関する設問もあった。四では，「海外に伝えたい日本の魅力」というテーマについての話し合いの会話文の一部が出され，資料から読み取る設問のほかに，資料をもとに自分の考えをまとめる140～180字の作文も出題された。五では，漢字の書き取りと読みや，漢文の訓読についての設問が出題された。

〈国語出題分野一覧表〉

分野＼年度			2021	2022	2023	2024	2025予想※
現代文	論説文・説明文	主題・要旨				●	△
		文脈・接続語・指示語・段落関係	●	●	●	●	◎
		文章内容	●	●	●	●	◎
		表現	●	●	●	●	◎
	随筆・日記・手紙	主題・要旨					
		文脈・接続語・指示語・段落関係					
		文章内容					
		表現					
		心情					
	小説	主題・要旨					
		文脈・接続語・指示語・段落関係					
		文章内容	●	●	●	●	◎
		表現					
		心情	●	●	●	●	◎
		状況・情景					
韻文	詩	内容理解					
		形式・技法					
	俳句・和歌・短歌	内容理解		●			△
		技法				●	△
古典	古文	古語・内容理解・現代語訳	●	●	●	●	◎
		古典の知識・古典文法	●	●	●	●	◎
	漢文	（漢詩を含む）	●	●	●	●	◎
国語の知識	漢字・語句	漢字	●	●	●	●	◎
		語句・四字熟語			●		△
		慣用句・ことわざ・故事成語	●		●	●	◎
		熟語の構成・漢字の知識		●	●		◎
	文法	品詞					
		ことばの単位・文の組み立て					
		敬語・表現技法					
	文学史						
作文・文章の構成・資料			●	●	●	●	◎
その他							

※予想欄　◎印：出題されると思われるもの。　△印：出題されるかもしれないもの。

●はたして来年は何が出るか

現代文，古文，国語の知識問題，資料と作文という出題内容に大きな変化はないと考えられる。また，現代文の読解問題については，課題文全体を通しての内容理解が要求される問題が出される可能性も高い。古典は，歴史的仮名遣いなど基礎知識を問う問題とともに主題の把握，現代語訳，状況や情景を問う問題は来年度も出題されるであろう。知識問題については，熟語の構成や漢字の知識，漢文の訓読のほかにも，慣用句や四字熟語などに関する問題の出題も考えられる。150字程度の作文を書く問題など，自分の言葉で表現する記述問題は来年度以降も継続して出題されるであろう。

●どんな準備をすればよいか

現代文の読解問題は，文章の主旨を正確に把握する力が必要となる。国語の教科書レベルの文章でよいが，何が書いてあったのか，筆者の主張は何か，それに対して自分はどう感じたのか，などを自分の言葉でノートにまとめてみる練習が効果的である。比較的長い字数で記述する問題が出題されるので，自分の意図することが正確に書けているか，などの文章表現の工夫にも留意しておきたい。なお，作文は140～180字とやや長めなので，新聞の投書記事やコラム，社説などを課題文にして，実際に何度も書いてみることが大切である。また，知識面では，語句，漢字の知識，文学史，文法など幅広い分野から出題されることが予想されるので，分野ごとの計画的な準備を早い時期からすすめておくことが必要である。古典については，教科書に載っているものだけではなく，参考書などに載っている古典の文章にも積極的に取り組んでみよう。できるだけ多くの古典作品に接し，その文章に書かれている筆者の主張や情景などを理解する力を養っておこう。

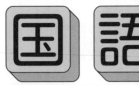

2024年度
群馬県公立高校 入試問題
英語

●満点 100点　●時間 50分

■リスニングテストの音声は，当社ホームページで聴くことができます。（当社による録音です。）再生に必要なアクセスコードは「合格のための入試レーダー」（巻頭の黄色の紙）の１ページに掲載しています。

（注意）　1　＊が付いている語句は，後に（注）があります。

　　　　　2　1，2 の放送を聞いて答える問題は，メモをとってもかまいません。

1　[Part A] と [Part B] について答えなさい。

[Part A]

これから，No.1 と No.2 について，英語による対話や説明が流れます。その内容を最も適切に表しているものを，それぞれア〜エの中から選びなさい。英文は１度だけ放送されます。

No.1

No.2

[Part B]

これから，ABC 空港でのフライト情報に関するアナウンスが流れます。あなたは成田空港に帰るところです。流れてくるアナウンスを聞き，あなたの行くべき搭乗ゲートを，ア〜エの中から選びなさい。英文は１度だけ放送されます。

ア　Gate A
イ　Gate B
ウ　Gate C
エ　Gate D

2　[Part A] と [Part B] について答えなさい。

[Part A]

これから，No. 1 と No. 2 について，それぞれ Tim と Mika の２人の対話が流れます。Mika が２度目に発言する部分で次のチャイムを鳴らします。（チャイム音）チャイムの部分の発言として最も適切なものを，それぞれア～エの中から選びなさい。英文は２度放送されます。

No. 1

Tim : ・・・・・・ *Mika* : ・・・・・・ *Tim* : ・・・・・・ *Mika* : [　　　　]	ア　Thank you.　You are so kind. イ　Thank you.　You need my help. ウ　Thank you.　I want those books. エ　Thank you.　I helped you carry them.

No. 2

Tim : ・・・・・・ *Mika* : ・・・・・・ *Tim* : ・・・・・・ *Mika* : [　　　　]	ア　I wish it started to rain. イ　I wish we had umbrellas. ウ　I can give you my umbrella. エ　I have brought an umbrella.

[Part B]

これから，オーストラリアの姉妹校から来た生徒の歓迎会で，Kenji が話した英文が流れます。次の【プログラム】は，その時に配られたものです。英文を聞いて，【プログラム】の中の A ～ C に当てはまるものとして最も適切なものを，それぞれア～エの中から選びなさい。また，英文の内容に合うように， D の部分に入る英語を書きなさい。英文は２度放送されます。

【プログラム】

Today's Plan

Time	Events
9:20～ 9:40	Welcome Ceremony
9:50～11:40	Activity 1 ・You will enjoy [A].
11:50～12:40	Lunch Time ・You will enjoy [B] of having lunch today.
12:50～15:40	Activity 2 ・We will play a sport [C].

▶ These events will make [D].

A　ア　Japanese games
　　イ　Japanese history
　　ウ　Japanese culture
　　エ　Japanese language

B　ア　an old way
　　イ　a Japanese way
　　ウ　a delicious way
　　エ　an Australian way

C　ア　to win the match
　　イ　to improve our health
　　ウ　to know each other well
　　エ　to learn about your country

※<「**英語の放送を聞いて答える問題**」**台本**>は英語の問題の終わりに付けてあります。

3　中学生の Akira が，友人の Jane と会話をしています。会話中の(1)，(2)には，Jane からの質問に対する Akira の答えを，(3)には Akira から Jane への質問を，前後の会話や絵を参考にして，それぞれ書きなさい。ただし，(1)～(3)の下線部にはそれぞれ 3 語以上の英語を書くこと。

Akira, you look happy.

Jane

Akira

Yes.
Yesterday was my birthday.

Oh, really?
Did you get any presents?

(1) ______________________________
I got a present from my father.

What did he give you?

(2) ______________________________

I like playing music.

That's nice! I like playing music, too.

Actually, I play the piano.

Wow! That's good.

(3) ______________________________

I have played the piano for two years.

4 次の英文は，中学生の Takashi が，シンガポール(Singapore)に住む友人の Tom に送ったメールです。これを読んで，英文の意味が通るように，(ア)～(オ)に当てはまる単語を後の〔　〕内からそれぞれ選び，<u>必要があれば適切な形に変えて１語で書きなさい。</u>

Hi Tom,

Thank you for your e-mail and pictures. Wow, did you go to a zoo at night? (ア) around a zoo looks interesting. I want to (イ) a zoo at night someday.

By the way, I went camping with my family last week. My father knows a lot about camping, so I was (ウ) many things by my father. For example, I learned how to cook outside. The curry and rice we cooked together was really delicious. We had a great time there.

I was really surprised to see a lot of people at the camping area. They enjoyed camping in different kinds of *tents there. Some people (エ) their time together in a large tent and others enjoyed camping alone. Is camping also popular in Singapore? Have you ever (オ) camping?

Takashi

(注) tent テント

〔build spend teach try visit walk wear〕

5 次の英文は，中学生のEmiとその父が，Emiの家にホームステイしているイギリス出身のLucyと交わした会話の一部です。英文を読んで，後の(1)～(3)の問いに答えなさい。

Lucy : Emi, do you know that three of Japan's *banknotes are going to change in 2024? That's this year! One of them has a woman's *portrait. Who is she?

Emi : She is Tsuda Umeko. She is one of the first Japanese women that studied abroad. She worked hard for women's education in Japan.

Lucy : That's great. [A]

Emi : I learned about her at school. Our teacher said she would be on the new banknote.

Lucy : I see. She is an important Japanese woman. I could learn about a new thing. Thank you, Emi.

Emi : Oh, I'm glad to hear that.

Emi's father : That's great. By the way, I've brought some banknotes from different countries. Look at these.

Emi : Wow! They all look interesting. You travel a lot. You went to *Thailand last month, right?

Emi's father : Yes. This is a banknote from Thailand. The king is on it. A king or queen is sometimes on banknotes in some foreign countries.

Lucy : That's true. Look at this banknote. Queen *Elizabeth II is on it. It's from the U.K. Have you been there?

Emi's father : Yes, I have. I went there ten years ago after staying in France for a week.

Emi : Really? So do you have any banknotes from France?

Emi's father : I used *Euro banknotes there. Look at this. This is a Euro banknote.

Emi : Oh, it has windows on it. [B]

Emi's father : That's true. Euro banknotes don't use a portrait of someone from one country because they are used in many of the *EU member countries. The windows mean those countries are open to each other. This is the idea those countries have.

Emi : That's interesting! How about this banknote? Are they children who are using computers?

Emi's father : Yes, they are. This is a banknote from *Rwanda. I went there five years ago. The children on the banknote are learning how to use computers. The country hopes that they will help to develop the country in the future.

Lucy : So this banknote tells us what is important for the country's future.

Emi : How interesting! Banknotes are used around us every day. But through them, we can learn about many things. Dad, please tell us about other banknotes!

（注） banknote 紙幣　portrait 肖像画　Thailand タイ
Elizabeth Ⅱ エリザベス２世　Euro ユーロ
EU member countries EU（ヨーロッパ連合）加盟国　Rwanda ルワンダ

(1) Emi の父が訪れた国について，訪れた順に並べたものとして最も適切なものを，次のア～カから選びなさい。

ア the U.K. → France → Rwanda → Thailand
イ the U.K. → Rwanda → France → Thailand
ウ Thailand → France → the U.K. → Rwanda
エ Thailand → the U.K. → France → Rwanda
オ France → Rwanda → the U.K. → Thailand
カ France → the U.K. → Rwanda → Thailand

(2) [A]，[B] に当てはまるものとして最も適切なものを，それぞれ次のア～エから選びなさい。

A ア When did she study abroad?
イ What did you learn from her?
ウ Why was she on the new banknote?
エ How did you learn about her?

B ア It doesn't have a person's face on it.
イ I know why this person is drawn on it.
ウ I think you took a nice picture of them.
エ They weren't used as money before.

(3) Emi は，この日のできごとについて，英語の授業の【１分間スピーチ】で友人に話しました。次の【１分間スピーチ】の [C]，[D] に当てはまるものとして最も適切なものを，それぞれ後のア～ウから選びなさい。

【１分間スピーチ】

Emi

Yesterday, I talked about banknotes from some countries with my father and Lucy. I was happy because [C] on the new Japanese banknote. We also saw banknotes from the EU and Rwanda. They were really interesting because [D]. I want to see more banknotes from many countries.

C ア my favorite Japanese woman will be
イ I helped Lucy learn about a Japanese woman
ウ my father told Lucy and me about a Japanese woman

D　ア　they tell us about famous places or great children who use computers well
　イ　they show the countries using the banknotes or the future of the banknotes
　ウ　they teach us important ideas for the countries or for the country's future

6　次の英文は，中学生のManaが「自分が影響を受けた人」について英語の授業で書いたものです。英文を読んで，後の(1)～(3)の問いに答えなさい。

One day, I was watching a TV program. A woman was talking about her experience. Her name is Ann Makosinski. She is from *Canada. She likes science. She also likes to invent new things. She has made many useful things until now. When I heard about her story, I was really surprised.

When she was a student, she visited *the Philippines. During her stay, she met a girl and the girl became her best friend. Ann went back to Canada, and they *kept in touch with each other. Then Ann heard something sad from her best friend. Her friend said, "I couldn't do well on the *tests at school. My family is poor, so we don't have any *electricity at night. I cannot study enough." When Ann heard about this, she became very sad. They were both students and almost the same *age, but her friend's life was very different. Ann wanted to do something about this problem to help her friend. Then an idea to make *energy came to her. She knew that we could use *heat to make energy because she was interested in science and studied a lot. She thought that she could use that *knowledge to help her friend. Then by using that knowledge, she invented a *flashlight. It uses the heat of a person's hand. When you have this flashlight in your hand, the heat of the hand becomes energy and you can use the flashlight. She made it for her best friend.

Now, I am fifteen years old. When Ann invented the flashlight, she was only fifteen years old, too. She used her knowledge and invented the flashlight to help her friend. With her idea, she can help even more children who have the same problem. When I heard about Ann's experience, I thought about myself and realized two things. We can help people by using things we have learned at school like Ann. If we use our knowledge, we can find ways to *solve problems. Also, it is important for us to be interested in many things. If we have *interest and knowledge, it will be easy to do something about problems. I didn't *deeply think about the question, "Why do I study ?", before. But now I understand why I study.

There are many problems in our lives and people who need help. I want to look around and think about how I can use my knowledge. Also, I want to keep studying. Then I may bring a little change to the world someday like Ann. I want to be someone who can help to make the world better.

（注）　Canada　カナダ　　the Philippines　フィリピン　　keep in touch　連絡を取り合う
test　試験　　electricity　電気　　age　年齢　　energy　エネルギー
heat　熱　　knowledge　知識　　flashlight　懐中電灯　　solve ～　～を解決する
interest　興味　　deeply　深く

(1)　次の①，②の問いに対して，本文の内容に合うように，それぞれ4語以上の英語で答えなさい。

① What was Ann Makosinski doing in the TV program ?

② Why did the family of Ann's best friend in the Philippines have no electricity at night ?

(2) 本文の内容と合っているものを，次のア～エから１つ選びなさい。

ア When Ann was in the Philippines, she knew that her best friend could not study at night.

イ Ann invented the flashlight which used energy made by the heat of a person's hand.

ウ Mana thought that she could help more children with the flashlight which Ann invented.

エ Mana knew the answer to the question, "Why do I study ?", before she knew Ann's story.

(3) ALT の Smith 先生が Mana の英文を読み，Mana に Ann へ向けて手紙を書くことを勧めました。次の【手紙】は，Mana が Ann に書いたものです。本文の内容を踏まえ，[A]，[B] にそれぞれ５語～10語の英語を書き，【手紙】を完成させなさい。

【手紙】

> Dear Ms. Ann Makosinski,
>
> Hello, I'm Mana from Japan. I'm a junior high school student. Your flashlight story was great, so I am writing a letter to you. You wanted to do something for your best friend and used your knowledge. I think that was amazing.
>
> From your story, I learned two important things. The first thing is that [A] to help people and solve problems. The second thing is that [B]. I want to start with small things. If I keep trying, I may bring a little change to the world someday. I want to be someone like you in the future.
>
> Sincerely,
> Mana

7 英語の授業で，「睡眠」についてのアンケートを用いて自分の考えをまとめることになりました。あなたなら【Worksheet】（ワークシート）の [A]，[B] にどのようなことを書きますか。後の《条件》に従って，[A] にはグラフから分かることを，[B] にはあなたの考えを，書き出しに続けて英語で書きなさい。

> How much do you sleep every day ? Do you sleep enough ? Look at the *graph on the worksheet. The students in this class answered this question, "Do you have enough sleep ?"
>
> In today's class, I want you to think about the way to get enough sleep and write your own idea on the worksheet.

【Ms. Brown】

【Worksheet】

How to get enough sleep

Graph

Question : "Do you have enough sleep?"

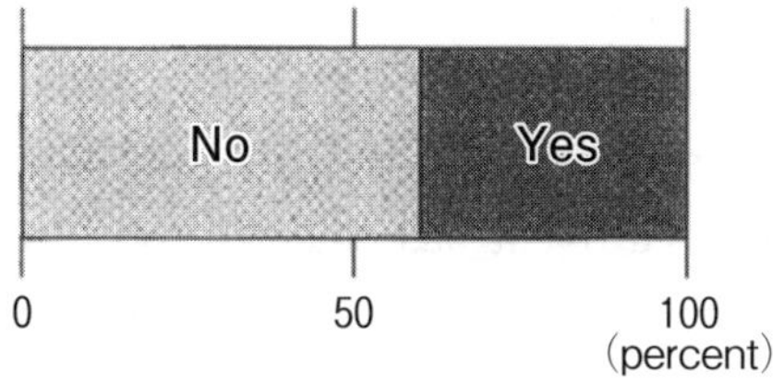

The graph shows that A

Your idea

To get enough sleep, B

In these ways, we can get enough sleep.

（注） graph グラフ

《条件》

・A については，10語～15語で書き，B については，20語～30語で書くこと。ただし，英文の数はいくつでもよい。

・符号（ , . ！ ？ “ ” など）は語数に含めないこと。

・解答の仕方は，〔記入例〕に従うこと。

〔記入例〕 Is ／ it ／ raining ／ now? ／ No, ／ it ／ isn't.

＜「英語の放送を聞いて答える問題」台本＞

ただいまから，放送を聞いて答える問題を始めます。問題は，1 と 2 の２題です。1 の問題の英文は１度だけ放送されます。2 の問題の英文は２度放送されます。

1 は，[Part A] と [Part B] の２問です。では，[Part A] の問題を始めます。[Part A] は絵を見て答える問題です。これから，No. 1 と No. 2 について，英語による対話や説明が流れます。その内容を最も適切に表しているものを，それぞれア～エの中から選びなさい。英文は１度だけ放送されます。では，始めます。

No. 1 *A* : What would you like to have?

B : Can I have two hamburgers, please?

A : OK. What would you like to drink?

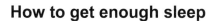

B : Hot tea.

A : Sure.

No. 2　Look at this picture I took.　This is my brother and sister.　My sister wears a school uniform and my brother wears a cap.　My brother is taller than my sister.　Also, we have a dog, Pochi.　He is between them.

[Part B] の問題に移ります。これから，ABC 空港でのフライト情報に関するアナウンスが流れます。あなたは成田空港に帰るところです。流れてくるアナウンスを聞き，あなたの行くべき搭乗ゲートを，ア～エの中から選びなさい。英文は１度だけ放送されます。では，始めます。

Hello, this is ABC airport.　Because the weather is bad, we will change some of our flights.　Flight 123 to London was going to leave from Gate A, but it has changed to Gate D.　The flight time hasn't changed.　Flight 130 to Narita was going to leave from Gate B, but now it has changed to Gate C.　Finally, Flight 152 to Sydney is going to leave from Gate A and the time has changed, too.　Flight 152 is going to leave two hours from now.　Please check your gate and please enjoy your flight, thank you.

2 の問題に移ります。**2** は [Part A] と [Part B] の２問です。では，[Part A] の問題を始めます。これから，No. 1 と No. 2 について，それぞれ Tim と Mika の２人の対話が流れます。Mika が２度目に発言する部分で次のチャイムを鳴らします。（チャイム音）チャイムの部分の発言として最も適切なものを，それぞれア～エの中から選びなさい。英文は２度放送されます。では，始めます。

No. 1　*Tim* : You have many books.　Where are you going ?

Mika : I'm going to the school library.

Tim : Those books look so heavy.　I will help you carry them.

Mika : （チャイム音）

繰り返します。

No. 2　*Tim* : Oh, it has started to rain.

Mika : I forgot to bring my umbrella.

Tim : I forgot to bring mine, too.　We must run.

Mika : （チャイム音）

繰り返します。

[Part B] の問題に移ります。これから，オーストラリアの姉妹校から来た生徒の歓迎会で，Kenji が話した英文が流れます。次の【プログラム】は，その時に配られたものです。英文を聞いて，【プログラム】の中の［A］～［C］に当てはまるものとして最も適切なものを，それぞれア～エの中から選びなさい。また，英文の内容に合うように，［D］の部分に入る英語を書きなさい。英文は２度放送されます。では，始めます。

Nice to meet you.　I'm Kenji.　Welcome to Minami Junior High School.　Look at today's plan.　After the welcome ceremony, I want you to learn about traditional Japanese things.　For example, you can enjoy origami, wearing kimono, and drinking Japanese green tea called matcha in each classroom.　After the activity in the morning, we will have lunch.　In Australia, I know that you usually bring your lunch from home.　However, today, you will eat our school lunch in the classroom.　The school lunch is cooked for students every day.　I hope you will like it. After lunch, let's play soccer. We chose soccer because it is a team sport. Also, soccer is known in your country, too. By playing it together, we can have fun, talk together and understand each other. This is today's plan. Through these events, I believe that you will become excited and happy. Thank you.

繰り返します。

以上で放送を終わります。適宜，次の問題に移ってください。

数学

●満点 100点 ●時間 50分

1 次の(1)～(9)の問いに答えなさい。

(1) 次の①～③の計算をしなさい。

① $7+(-2)$

② $(3x+7)-(x-1)$

③ $(3a^2b-2ab)\div ab$

(2) $x^2-5x-24$ を因数分解しなさい。

(3) 平方根について述べた次のア～エのうち，正しく述べているものをすべて選び，記号で答えなさい。

ア $\sqrt{0.001}=0.1$ である。

イ $\sqrt{10}$ を２乗すると，10になる。

ウ ３の平方根は，９と-9である。

エ $3\sqrt{11}$ は，10よりも値が小さい。

(4) 右の図の立体は，底面の半径が５cm，高さが６cm の円柱である。この円柱の表面積を求めなさい。

ただし，円周率はπとする。

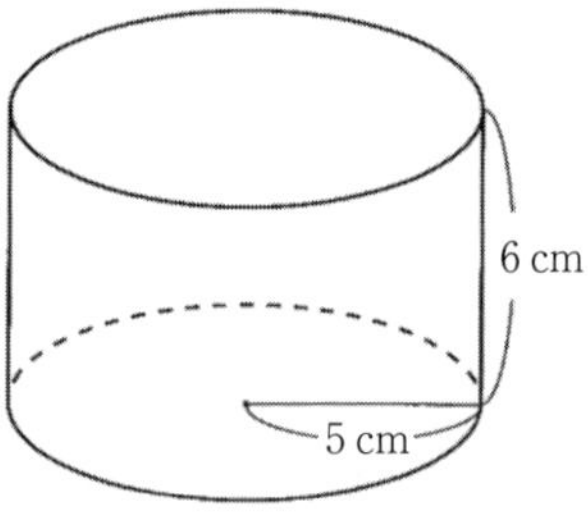

(5) ２次方程式 $x^2+5x+5=0$ を解きなさい。

(6) 右の図の三角形 ABC は，CA＝CB の二等辺三角形である。$\angle$ABC＝64° のとき，$\angle$ACB の大きさを求めなさい。

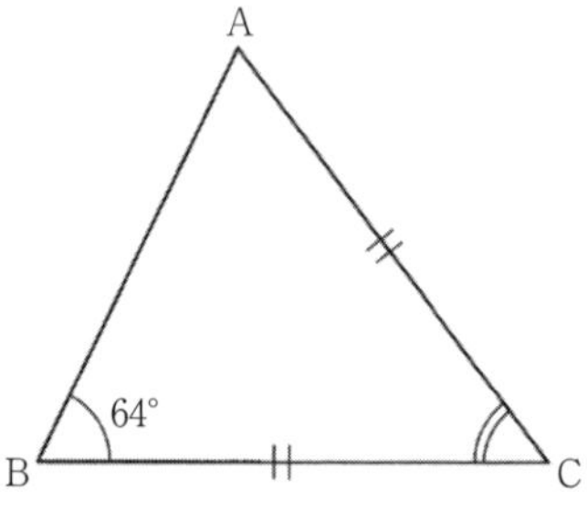

(7) 次の図の三角形 ABC は，$\angle$ACB＝90° の直角三角形である。AB＝41cm，BC＝40cm のとき，AC の長さを求めなさい。

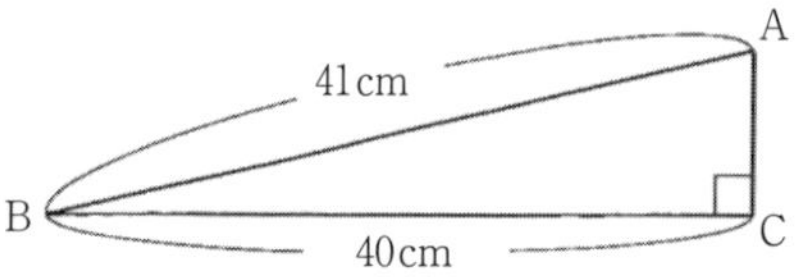

(8) 大きさの異なる２つのさいころを同時に投げて，大きいさいころの目が３以下のときは２つのさいころの目の和をXとし，大きいさいころの目が４以上のときは２つのさいころの目の積をXとする。このとき，Xが５の倍数となる確率を求めなさい。

(9) 走行中の自動車がブレーキをかけたとき，ブレーキがきき始めてから自動車が完全に停止するまでに進んだ距離のことを制動距離という。一般に，秒速 x mで走っている自動車の制動距離を y mとすると，y は x の２乗に比例することが知られている。

この関係が成り立つ自動車Ａについて調べたところ，秒速10mで走っているときの制動距離が10mであった。この自動車Ａが，秒速30mで走っているときの制動距離を求めなさい。

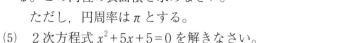

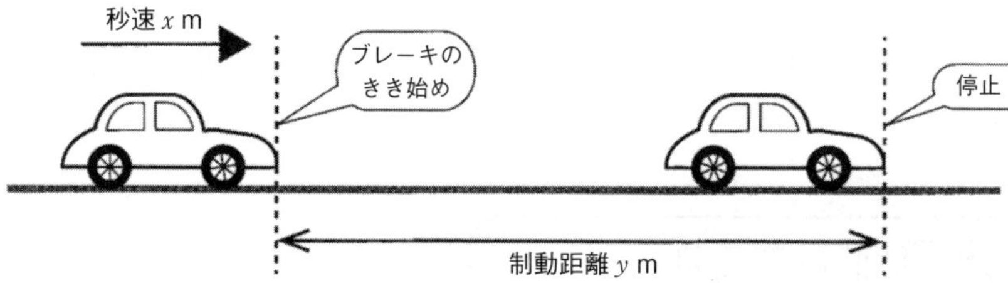

2　四角型，三角型，丸型，星型の４種類の積み木があり，積み木１個当たりの重さは，種類ごとにそれぞれ同じ重さであるとする。これらの積み木と分銅をてんびんに乗せて，積み木の重さを調べた。次の(1)，(2)の問いに答えなさい。

(1)　てんびんの左の皿に四角型の積み木１個を乗せ，右の皿に三角型の積み木２個と50 g の分銅１個を乗せたところ，右の図のようにてんびんが傾いた。四角型の積み木１個の重さを a g，三角型の積み木１個の重さを b g とするとき，このてんびんの様子から分かる，重さについての大小関係を不等式で表しなさい。

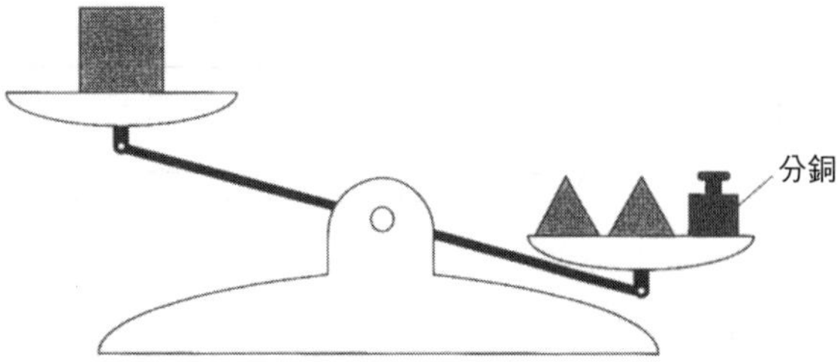

(2)　てんびんの左の皿に丸型の積み木３個を乗せ，右の皿に星型の積み木２個を乗せたところ，てんびんがつり合った。また，左の皿に丸型の積み木２個と20 g の分銅４個を乗せ，右の皿に星型の積み木３個を乗せたときも，てんびんがつり合った。このとき，丸型の積み木１個の重さと，星型の積み木１個の重さを，それぞれ求めなさい。

　ただし，解答用紙の(解)には，答えを求める過程を書くこと。

3　隆和さんと亜衣さんは，数学の授業で，コンピュータを使いながら図形の性質について考えている。会話文を読んで，後の(1)，(2)の問いに答えなさい。

先　　生：コンピュータを使うと，自分で描いた図形の面積を調べることができますよ。いろいろ試してみましょう。

隆和さん：２点A，Bと，直線ABに平行な直線 l 上の点Pの３点で作る三角形を調べたら，【画面Ⅰ】のように，l 上で点Pを動かしても，三角形の面積が変わりませんでした。

【画面Ⅰ】

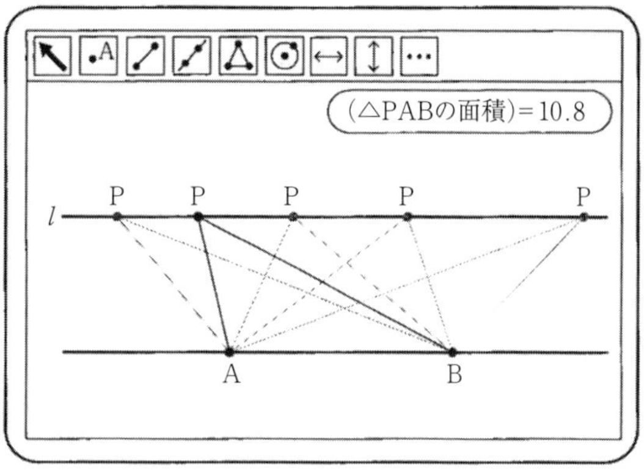

先　　生：いいところに目を付けましたね。他にも気付くことはないですか。

亜衣さん：私は l 上に点Pと点Qの２点をとってみました。そして，PBとQAの交点をRとすると，【画面Ⅱ】のように，三角形PARと三角形QBRの面積が同じになりました。

先　　生：では，コンピュータを使って見つけたことがらを，実際に証明して確かめてみましょう。

【画面Ⅱ】

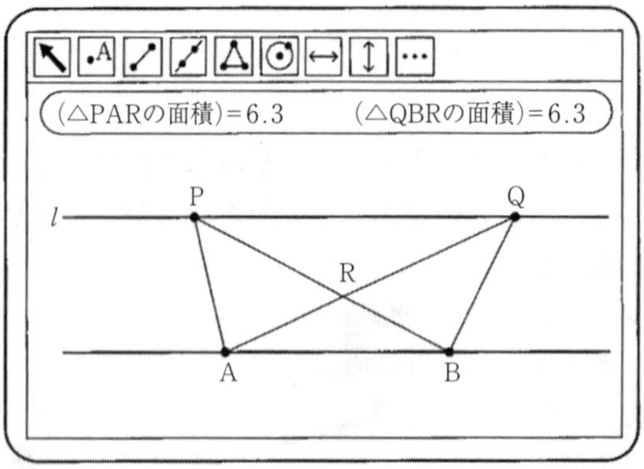

(1)　【画面Ⅱ】に示された三角形PARと三角形QBRの面積が等しいことを，次のように証明した。 X には当てはまる記号を， Y には当てはまることばを入れなさい。また，　　　に証明の続きを書き，この証明を完成させなさい。

なお，三角形の面積を表す際に，例えば，三角形ABCの面積の大きさを△ABCと表したり，三角形ABCと三角形DEFの面積が等しいことを△ABC＝△DEFと表したりしてよいものとする。

証　明

三角形PABと三角形QABについて，
共通する辺 X を底辺と考えると，
l // ABより Y といえるので，
2つの三角形の面積は等しい。
よって，△PAB＝△QAB　　……①

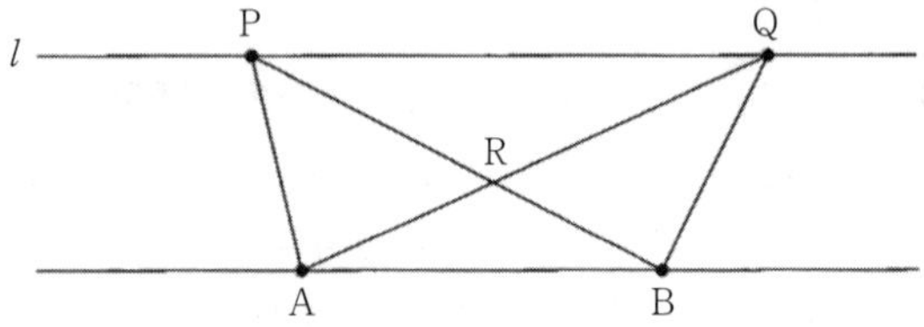

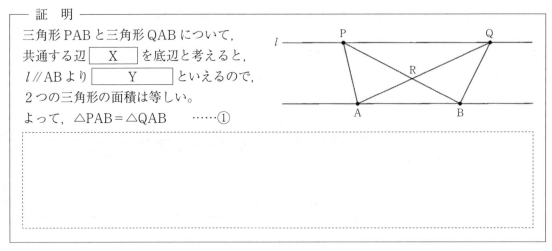

先　　生：今度は，角度について調べてみましょう。

亜衣さん：【画面Ⅲ】や【画面Ⅳ】のように，点Pを l 上で動かしてみると，点Pの位置によって，∠APB の大きさが変わることが分かりました。

隆和さん：点Pをいろいろ動かしてみましたが，∠APB の大きさが最も大きいのは，PA＝PB のときのようです。この点Pは，コンパスと定規で実際に作図できそうですね。

亜衣さん：そうですね。直線 l 上には，この点P以外にも，コンパスと定規で作図できる点がありそうですね。

先　　生：PA＝PB となる点Pをもとにして考えると，∠ACB＝$\frac{1}{2}$∠APB となるような直線 l 上の点Cも実際に作図できますよ。点Pや点Cをどうやって作図すればよいか，みんなで考えてみましょう。

【画面Ⅲ】

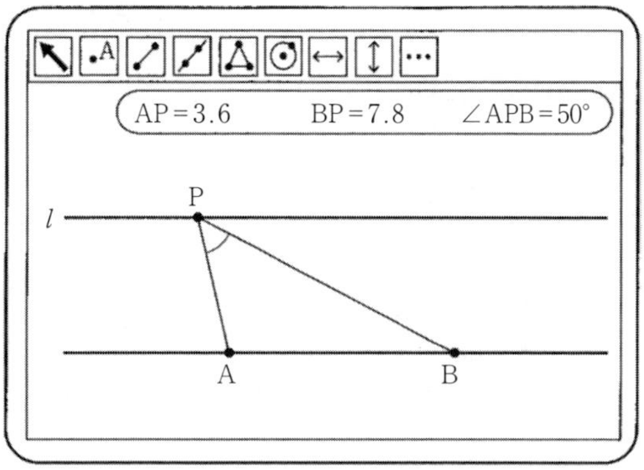

【画面Ⅳ】

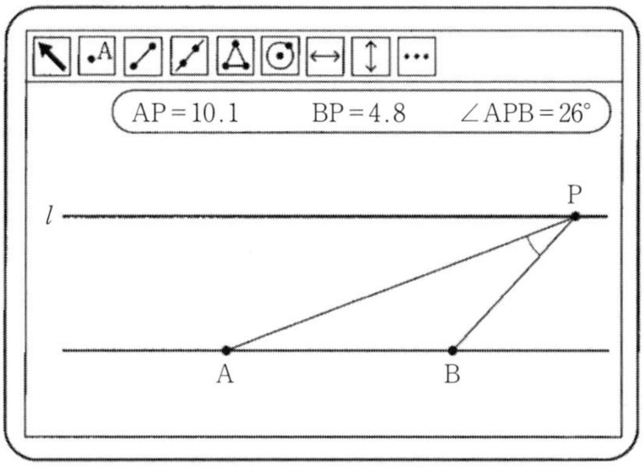

(2)　次の図は，2点A，Bと，直線 AB に平行な直線 l を示したものである。後の①，②の問いに答えなさい。

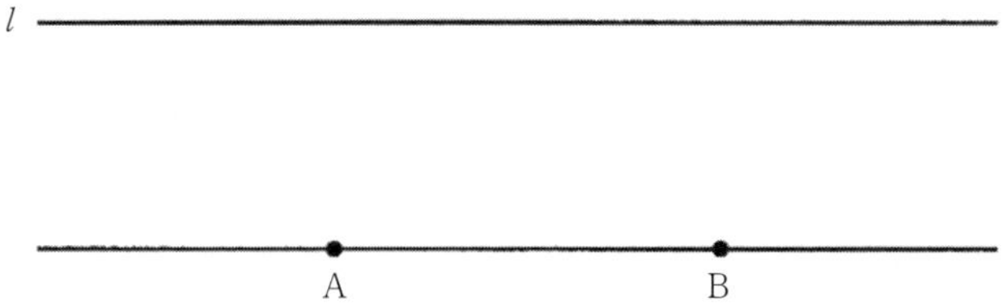

①　図に，PA＝PB となる直線 l 上の点Pと，その点Pに対して∠ACB＝$\frac{1}{2}$∠APB となるような直線 l 上の点Cを，コンパスと定規を用いて作図しなさい。

ただし，条件を満たす点Cが2つ以上ある場合はそのすべての点を作図し，作図したすべての点をCと表すこと。また，作図に用いた線は消さないこと。

② ①のような作図によって点Cをとったことで，なぜ$\angle ACB=\frac{1}{2}\angle APB$であるといえるのか，その理由を説明しなさい。

4 沙知さんは，昨年の夏，自分が住んでいる群馬県桐生市が記録的な暑さだったことから，桐生市のほか，昨年８月に40.0℃を記録した石川県小松市と，１年中温暖なことで知られる宮崎県宮崎市の３つの市について，令和５年８月の日ごとの最高気温をそれぞれ31日分調べて比較することにした。右の図は，これらのデータを箱ひげ図にまとめたものである。次の(1)～(3)の問いに答えなさい。

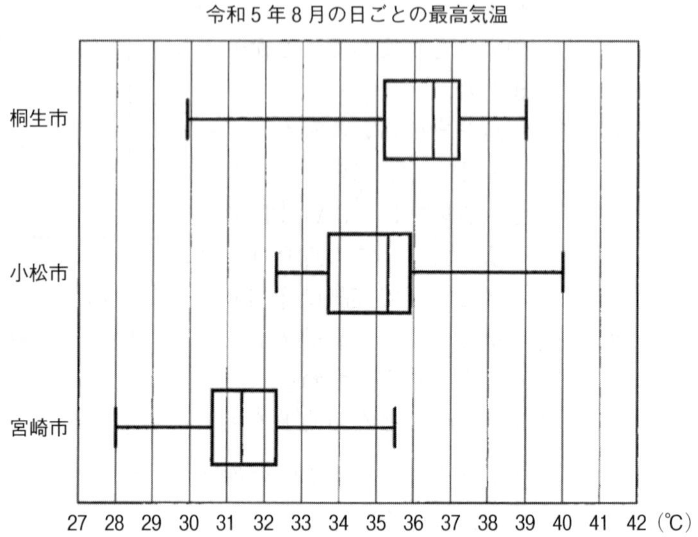

(1) 沙知さんがまとめた箱ひげ図をもとに，次のア～ウを，値の小さい順に左から並べて書きなさい。

ア 桐生市のデータの第３四分位数

イ 小松市のデータの第１四分位数

ウ 宮崎市のデータの最大値

(2) 沙知さんは，３つの市のデータの分布の様子を詳しく比較するため，箱ひげ図に加えてヒストグラムも作成することにした。次のア～ウは，令和５年８月の桐生市，小松市，宮崎市の最高気温のデータをもとに，階級の幅を1.0℃として作成したヒストグラムである。桐生市に当たるものをア～ウから選び，記号で答えなさい。

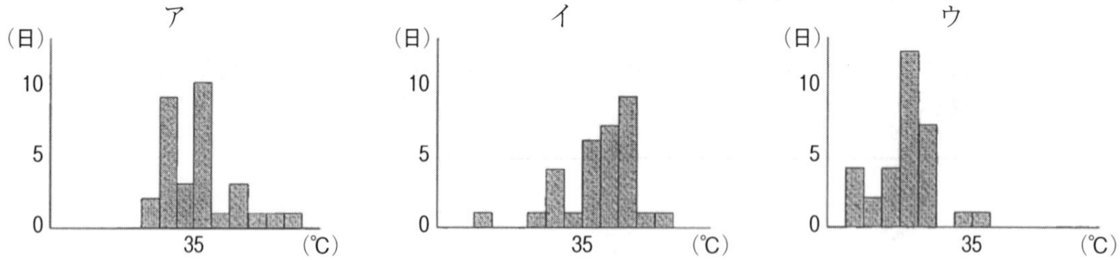

(3) 次のア～エは，沙知さんが，桐生市，小松市，宮崎市のデータの箱ひげ図を比較して述べたものである。ア～エのうち，正しく述べているものをすべて選び，記号で答えなさい。

ア ３つの市のうち，データの範囲が最も大きいのは，桐生市であることが分かる。

イ ３つの市のうち，箱ひげ図の箱の部分が最も右側に位置しているのは桐生市であるため，桐生市のデータの四分位範囲が最も大きいことが分かる。

ウ　桐生市と小松市について，箱ひげ図のひげの部分の長さや位置を比較することで，桐生市よりも小松市の方が，最高気温が36.0℃以上の日が多かったことが分かる。

エ　宮崎市のデータの最大値よりも桐生市のデータの中央値の方が値が大きいため，桐生市の最高気温が宮崎市の最高気温よりも高かった日が，31日のうち16日以上あったことが分かる。

5　図Ⅰのように，山の麓《ふもと》のある地点にいる人が，別の麓にある目的地まで歩いて移動する場合，山の麓に沿って歩くよりも，山頂の方に少し登ってから目的地を目指して歩いた方が，早くたどり着けることがあるという。

図Ⅰ

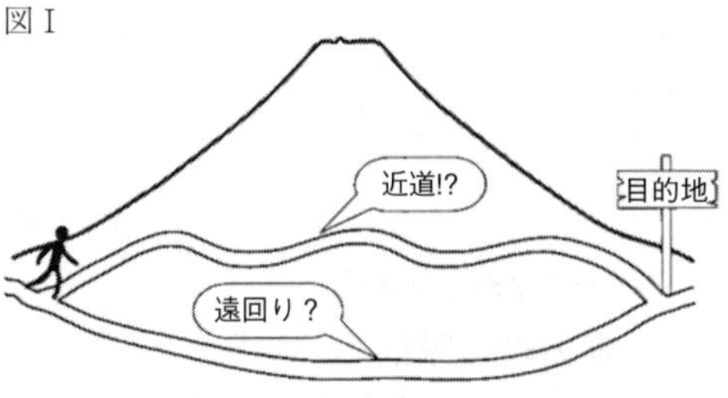

この話を聞いた真一さんは，このことを調べるために，図Ⅱのような四角すいを用いたモデルで考えることにした。この四角すいは，底面が一辺4000mの正方形ABCDであり，OA＝OB＝OC＝OD＝3000mとする。図Ⅱのように，山の麓に沿って目的地を目指す場合は，A→B→Cという経路で歩くこととし，山頂の方に少し登ってから目的地を目指す場合は，辺OA，辺OB，辺OC上に，OP＝OQ＝ORとなる点P，点Q，点Rをそれぞれとり，A→P→Q→R→Cという経路で歩くこととする。次の(1)，(2)の問いに答えなさい。

図Ⅱ

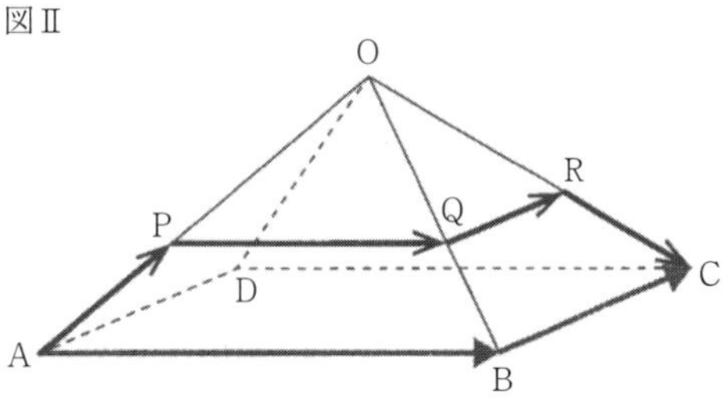

(1)　次の①～③の問いに答えなさい。

①　A→P→Q→R→Cという経路で目的地を目指す場合，最初に登る距離APを1500mとしたときに歩く距離の合計は何mとなるか，求めなさい。

②　最初に登る距離APをxm，A→P→Q→R→Cという経路で歩く距離の合計をymとする。このとき，yをxの式で表しなさい。

ただし，$0 < x < 3000$とする。

③　A→P→Q→R→Cという経路で歩く距離の合計が，A→B→Cという経路で歩く距離の合計の90%となるようにするには，最初に登る距離APを何mにすればよいか，求めなさい。

(2)　真一さんは，山を登るときや下るときに歩く速さが変わることを考慮して，このモデルについて考え直すことにした。

A→P→Q→R→Cという経路で歩いて目的地を目指す場合，山を登るA→Pの区間では，A→B→Cという経路で歩くときの0.6倍の速さになり，P→Q→Rの区間では，A→B→Cという経路で歩くときと同じ速さに，また，山を下るR→Cの区間では，A→B→Cという経路で歩くときの1.5倍の速さになると仮定する。

このとき，A→P→Q→R→Cという経路で歩く場合の移動時間が，A→B→Cという経路で歩く場合の移動時間の90%となるようにするには，最初に登る距離APを何mにすればよいか，求めなさい。

ただし，A→B→Cという経路で歩くときの速さは，一定であるとする。

社会

●満点 100点　●時間 50分

1 　景子さんは，社会科学習のまとめとして，沖縄の文化について調べることにした。次のレポートと資料は，そのときに作成したものの一部である。後の(1)～(5)の問いに答えなさい。

レポート

テーマ：沖縄の文化について

《テーマ設定の理由》

　夏休みに家族で沖縄県(a)<u>那覇市</u>に行った際に，(b)<u>琉球王国</u>の中心となった王城である［　i　］城の復元現場を見学し，沖縄の文化について興味を持ったから。

《調べて分かったこと》

・沖縄の文化の中には，琉球王国の時代に形成された文化がもとになっているものがある。

・沖縄県を訪れる(c)<u>観光客</u>は，紅型《びんがた》(沖縄の伝統的な染物)や琉球民謡など，独自性のある文化に触れることができる。

・図Aに示した「琉球文化のルネサンス」は，2019年の［　i　］城の焼失をきっかけに，改めて沖縄の文化の価値が再認識されたことを受けて，沖縄県が中心となって進めている取組である。この取組は，［　ii　］を目指していると考えられ，図Bのような具体的な取組も行われている。

図A 「琉球文化のルネサンス」について

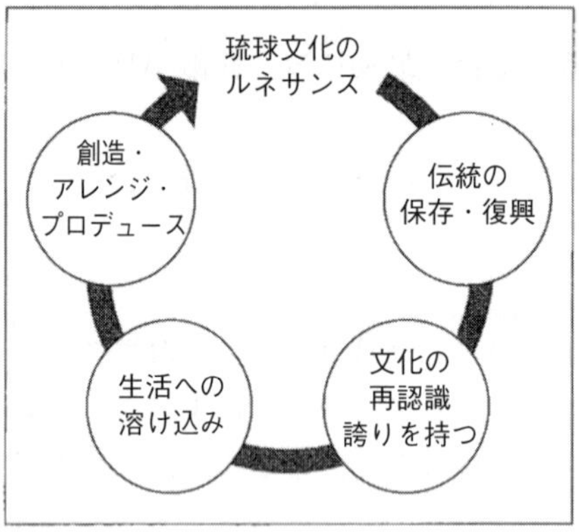

(沖縄県ホームページにより作成)

図B 「琉球文化のルネサンス」についての具体的な取組例

伝統的な紅型のデザインを，生活用品など様々な製品に利用

紅型のデザイン例

紅型のデザインを利用した製品の例

タンブラー

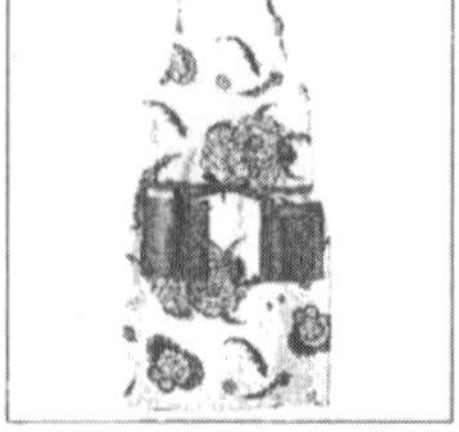

エプロン

(琉球びんがた普及伝承コンソーシアムホームページなどにより作成)

《まとめ》

沖縄の人々は，独自性のある自分たちの文化を大切にしていることが分かった。私たちも，自分たちの住む地域の伝統文化を大切にしていきたいと，改めて思った。

(1)　レポート中の［ i ］に当てはまる語を書きなさい。

(2)　下線部(a)に関して，景子さんは，前橋市と那覇市の位置関係を正確に説明するために，「前橋市を中心として那覇市への距離と方位を正しく表した地図」を活用しようと考えた。このような場合に用いるのに適した特徴を持つ地図はどれか，次のア～ウから１つ選びなさい。

ア

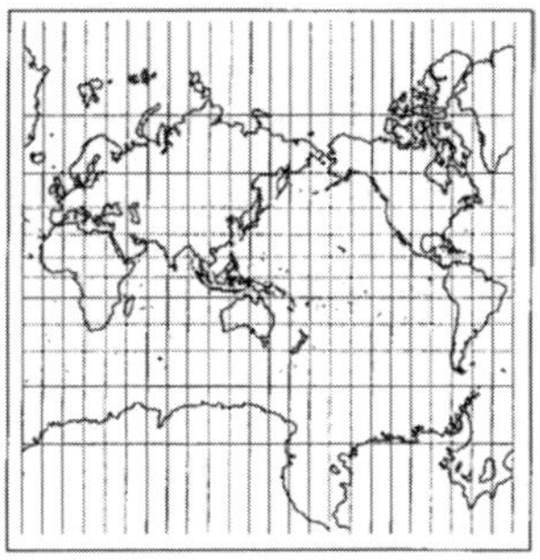

イ

ウ

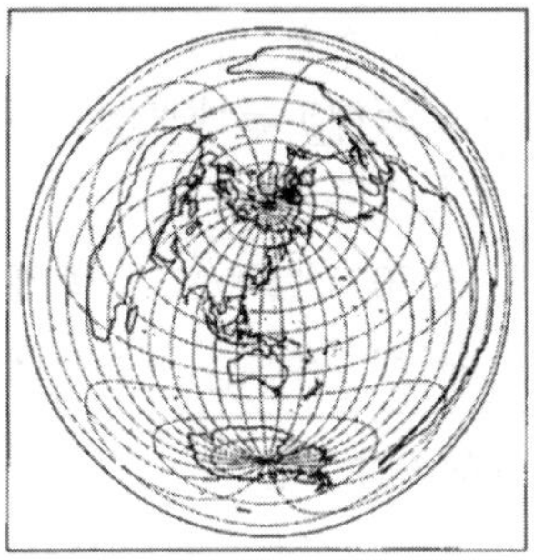

(3)　下線部(b)について，景子さんは，琉球王国の歴史を調べる中で，資料Ⅰを見つけた。資料Ⅰ中の鐘が作られた頃の琉球王国の説明として適切なものを，次のア～エから１つ選びなさい。

ア　幕府の将軍が代わるごとに，幕府へ使節を派遣した。

イ　日本や中国，朝鮮，東南アジアの国々を結ぶ中継貿易で栄えた。

ウ　ハングルという文字が作られ，幕府や守護大名との貿易も行われた。

エ　長崎奉行の監督のもとで日本との貿易を行い，日本に海外の情勢を報告した。

資料Ⅰ　15世紀に作られた万国津梁《しんりょう》の鐘と鐘に刻まれた文

琉球国は…船をもって万国のかけ橋となり，外国の産物や宝物が至る所に満ちている…。

（部分要約）

資料Ⅱ　沖縄県を訪れた観光客数と観光収入

	1978年	1988年	1998年	2008年	2018年
観光客数（万人）	150	240	413	605	985
観光収入（億円）	1,110	2,158	3,527	4,365	7,257

（沖縄県ホームページにより作成）

(4)　下線部(c)について，景子さんは，レポート作成後，沖縄県を訪れる観光客について興味を持ち，資料Ⅱを作成した。資料Ⅱについて述べた，以下のX，Yの正誤の組み合わせとして適切なものを，後のア～エから選びなさい。

X　2018年の観光客数は，1978年の観光客数の８倍以上となっていることを読み取ることができる。

Y　資料Ⅱで示された観光収入の10年ごとの増加の割合は，1978年から1988年の間が最も大きいことを読み取ることができる。

ア　【X：正　Y：正】　イ　【X：正　Y：誤】

ウ　【X：誤　Y：正】　エ　【X：誤　Y：誤】

(5)　レポート中の［ ii ］に当てはまる文を，図Aと図Bを参考にして，簡潔に書きなさい。

2　恵さんは，日本の諸地域の学習において，近畿地方の自然環境や産業，都市について調べ，発表した。右の図と次の資料は，そのときに使用したものの一部である。後の(1)～(4)の問いに答えなさい。

図

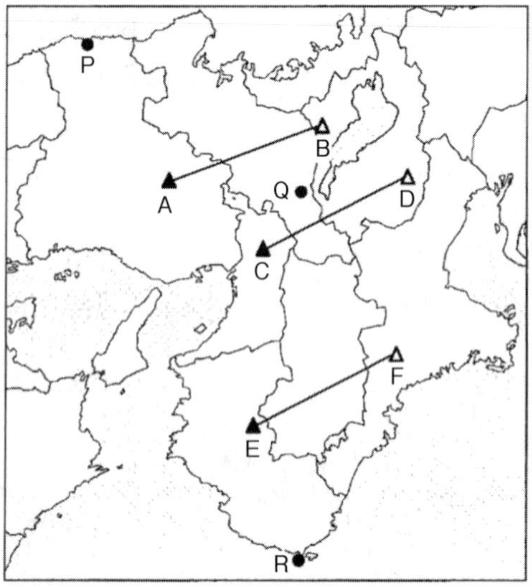

資料Ⅰ

自然環境	・(a)地形や(b)気候に注目すると，北部・中央部・南部で異なる特徴が見られる。
産業	・紀伊山地は，日本有数の林業地として栄えてきた。 ・(c)阪神工業地帯は，戦後の日本経済を支えてきた。
都市	・1960年代頃から，大都市周辺に新たな住宅地である(d)ニュータウンが建設された。

(1)　下線部(a)に関して，次のア～ウは，図中のA－B，C－D，E－Fのいずれかの断面を模式的に表した図である。C－Dの断面を表した図を，次のア～ウから1つ選びなさい。

ア
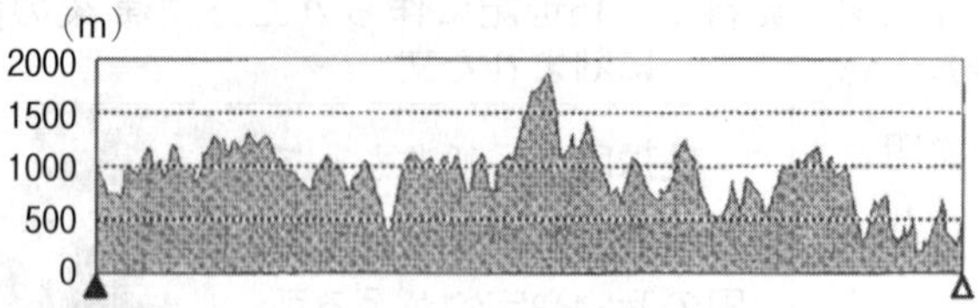

イ
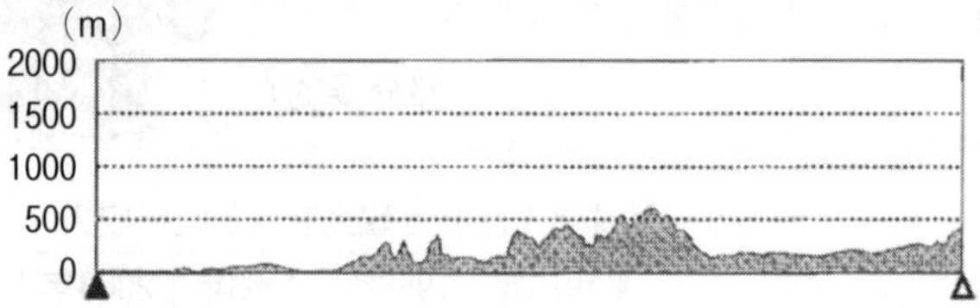

ウ
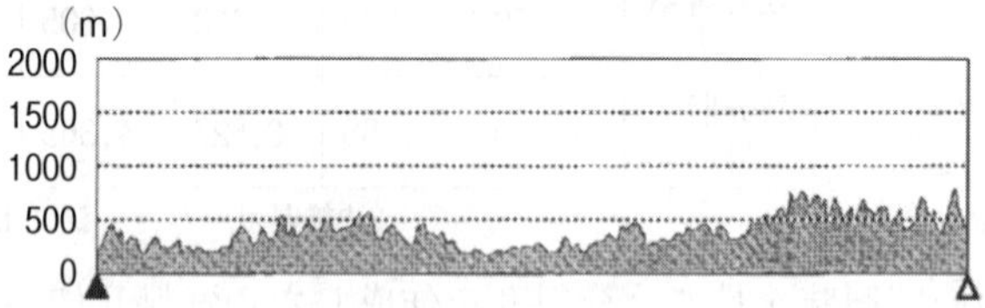

(2)　下線部(b)に関して，次のア～ウは，図中のP～Rのいずれかの地点の気温と降水量のグラフである。Qの地点に当たるものを，次のア～ウから1つ選びなさい。

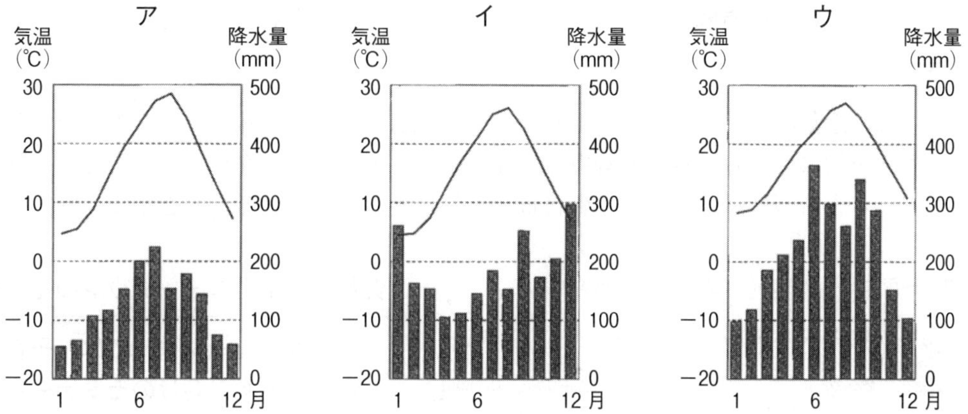

(気象庁ホームページにより作成)

(3)　下線部(c)に関して，恵さんは，阪神工業地帯の特徴について知るために，製造品出荷額が国内最大である中京工業地帯と比較することにした。資料ⅡのXとYは，阪神工業地帯，中京工業地帯のいずれかを示している。また，カード1とカード2は，それぞれいずれかの工業地帯について説明した文である。阪神工業地帯に当てはまる組み合わせとして適切なものを，後のア～エから選びなさい。

資料Ⅱ　阪神工業地帯と中京工業地帯の製造品出荷額の割合(2020年)

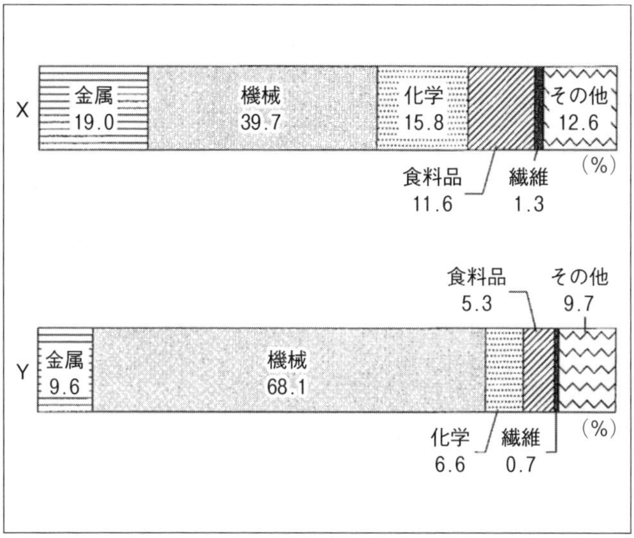

(「日本国勢図会 2023/24年版」により作成)

カード1

内陸部では，中小企業の町工場が多くあり，日用品のほか，精密な部品などが製造されています。臨海部では，工場跡地の再開発により，物流施設やオフィスビルなどが建設されています。

カード2

以前は繊維工業が盛んでしたが，現在では，その技術を活用し，地域全体で自動車生産が行われています。臨海部には，製鉄所や石油化学コンビナートなどの工場が集まっています。

ア　資料Ⅱ：X　説明：カード1
イ　資料Ⅱ：X　説明：カード2
ウ　資料Ⅱ：Y　説明：カード1
エ　資料Ⅱ：Y　説明：カード2

(4)　下線部(d)に関して，次の①，②の問いに答えなさい。

①　恵さんは，ニュータウンが建設された理由を調べ，次のようにまとめた。文中の□に当てはまる文を，簡潔に書きなさい。

1960年代頃の大都市圏では，［　　　　］ことにより住宅地が不足したため，新しい住宅地が建設されました。

② 恵さんは，近年のニュータウンで行われている取組について興味を持ち，大阪府の千里ニュータウンを例に，次の資料Ⅲと資料Ⅳを作成した。千里ニュータウンが抱えている課題と，目指しているまちづくりについて，資料Ⅲと資料Ⅳから読み取れることを踏まえて，書きなさい。

資料Ⅲ　千里ニュータウンの年齢別人口割合の推移

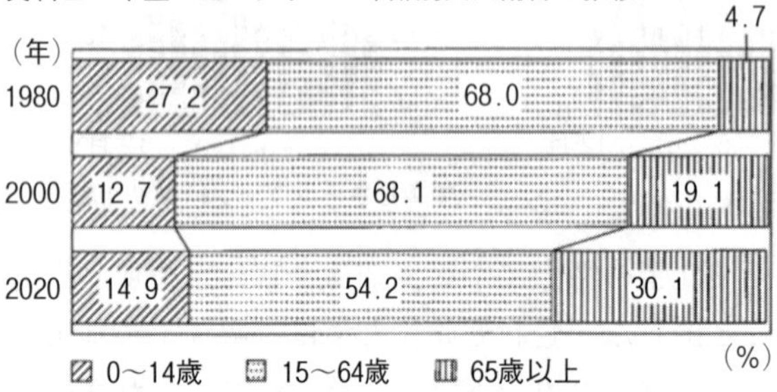

※　年齢不詳人口の割合については示していないため，合計が100%になっていない。

（吹田市ホームページにより作成）

資料Ⅳ　千里ニュータウンの主な取組

千里ニュータウンでは，子育て世代や高齢者向けのセミナーを開催したり，子育て世帯や高齢者などの世代間交流イベント等を行ったりしています。また，住宅建て替え時のバリアフリー化を進めているほか，ファミリー向け住宅に関する情報提供も行っています。

3 大樹さんは，世界の諸地域の学習において，アジア州について学習し，東南アジアと南アジアの国々について調べたことをまとめ，発表した。右の図，次のレポート，資料は，そのときに使用したものの一部である。次の(1)～(4)の問いに答えなさい。

図

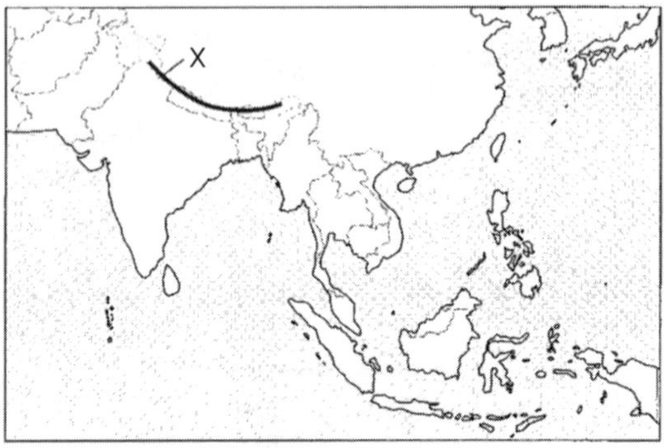

(1) 図中のXは，世界で最も標高が高い山であるエベレスト山がある山脈である。Xの山脈名を書きなさい。

(2) 大樹さんは，東南アジアと南アジアの気候を調べ，次のように説明した。文中の［ i ］，［ ii ］に当てはまる語の組み合わせとして適切なものを，後のア～エから選びなさい。

東南アジアや南アジアでは，降水量が多い雨季と少ない乾季が見られます。雨季には，［ i ］から吹く傾向がある［ ii ］風により，降水量が多くなります。

ア　i：海　ii：季節
イ　i：海　ii：偏西
ウ　i：陸　ii：季節
エ　i：陸　ii：偏西

(3) 大樹さんは，東南アジアと南アジアの農業について，次のレポートを作成した。後の①，②の問いに答えなさい。

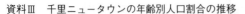

レポート

＜東南アジアと南アジアの農業について＞

■　東南アジアの農業

東南アジアでは，プランテーションと呼ばれる大農園で，輸出を目的とした農産物が生産されています。下に示した主要な農産物の2021年における各国の生産量は，インドネシアが世界１位，マレーシアが世界２位です。

■　南アジアの農業

南アジアでは穀物の生産が盛んで，ガンジス川下流域では，多くの［ iii ］が栽培されています。インドでは，下のグラフに示された状況に対応するために，［ iv ］取組が行われています。

主要な農産物

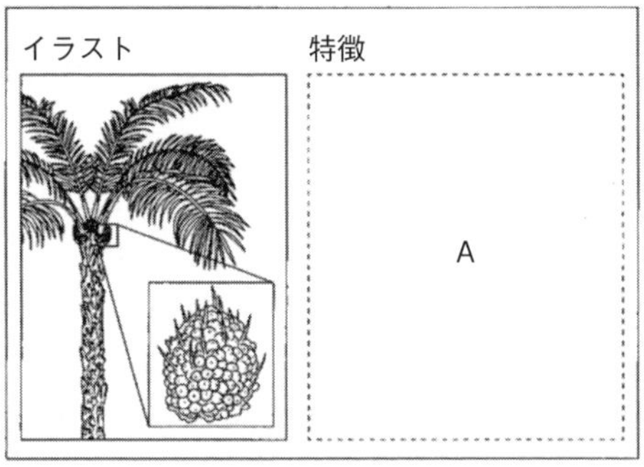

インドの人口の推移

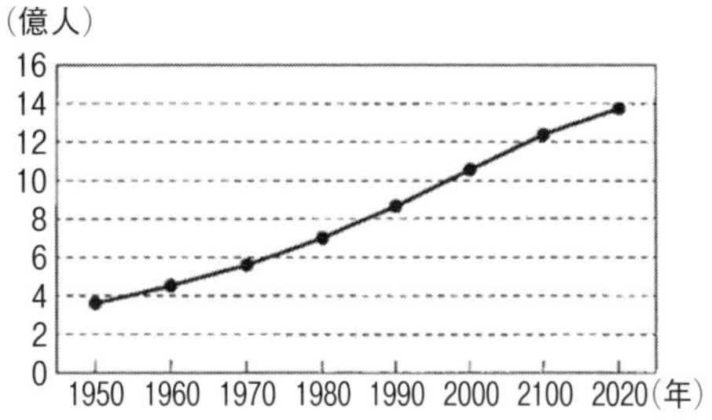

（総務省ホームページにより作成）

①　レポート中のAに当てはまる，主要な農産物の特徴についての説明文として適切なものを，次のア～ウから１つ選びなさい。

ア

果実から採れる多数の種子を乾燥させたものが，チョコレートの原料となります。

イ

種子に付いている白い綿毛を繊維に加工することで，衣服の原料となります。

ウ

果実は油分が多く，植物油やマーガリン，せっけんの原料となります。

②　レポート中の［ iii ］に当てはまる語と，［ iv ］に当てはまる文の組み合わせとして適切なものを，次のア～エから選びなさい。

ア　iii：米　　iv：品種改良や化学肥料の使用で穀物の生産を増やす

イ　iii：米　　iv：パンパと呼ばれる広大な平原を活用して穀物を生産する

ウ　iii：小麦　iv：品種改良や化学肥料の使用で穀物の生産を増やす

エ　iii：小麦　iv：パンパと呼ばれる広大な平原を活用して穀物を生産する

(4)　大樹さんは，東南アジアに日本企業が進出していることについて調べる中で，資料Ⅰと資料Ⅱを見つけた。資料Ⅰと資料Ⅱから読み取れることに着目し，ベトナムとインドネシアに進出している日本企業の数の推移の特徴を，シンガポールと比較しながら，簡潔に書きなさい。

資料Ⅰ　ベトナム，インドネシア，シンガポールに進出している日本企業の数の推移

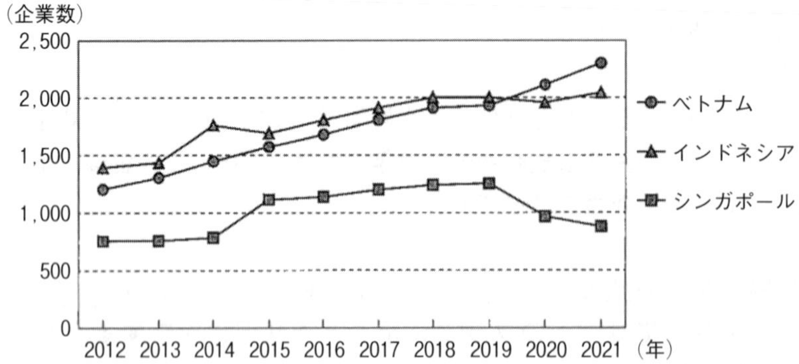

(外務省ホームページにより作成)

資料Ⅱ　従業者の1か月当たりの平均賃金(米ドル)

国名	2012年	2021年
ベトナム	180	291
インドネシア	151	176
シンガポール	2,785	3,484

(国際労働機関ホームページにより作成)

4　正さんは，日本の各時代における人々の生活や文化の特徴について調べたことをまとめ，発表した。次の資料は，そのときに使用したものの一部である。後の(1)～(5)の問いに答えなさい。

資料Ⅰ　日本の各時代における人々の生活や文化の特徴

古墳時代	朝鮮半島や中国から移り住んできた人々である渡来人は，大和政権(ヤマト王権)において外交や財政の管理などで活躍し，(a)多くの技術や文化を伝えました。
平安時代	摂関政治の頃には，日本の風土や日本の貴族の生活に合わせた文化が生まれました。このような文化が生まれた背景の一つには，(b)遣唐使の派遣が停止されたことが挙げられます。
室町時代	幕府が鎌倉から京都に移ったことにより，(c)武士の文化と貴族の文化が混じり合った文化が現れました。また，民衆の間でも，現代にもつながる文化や習慣が生まれました。
江戸時代	三都と呼ばれた江戸・(d)大阪・京都は，交通と(e)産業の発達などにより大きく発展しました。このような三都の繁栄を背景として，町人や庶民を担《にな》い手とする文化が生み出されました。

(1)　下線部(a)に関して，古墳時代に初めて日本に伝えられたものを，次のア～エから1つ選びなさい。

ア　稲作　　イ　仏教　　ウ　銅鐸　　エ　磨製石器

(2)　下線部(b)について，正さんは次のように説明した。文中の［ i ］に当てはまる文を，当時の中国の王朝の状況に着目して，簡潔に書きなさい。

遣唐使の派遣の停止は，菅原道真による提案がきっかけだと考えられています。菅原道真が遣唐使の派遣の停止を提案した主な理由は，[i]ことにより，往復の航海で多くの危険をおかしてまで公的な使者を派遣する必要がないと考えたからです。

(3) 下線部(c)について，正さんは資料Ⅱを用いて次のように説明した。文中の[ii]，[iii]に当てはまる語の組み合わせとして適切なものを，後のア～エから選びなさい。

資料Ⅱ

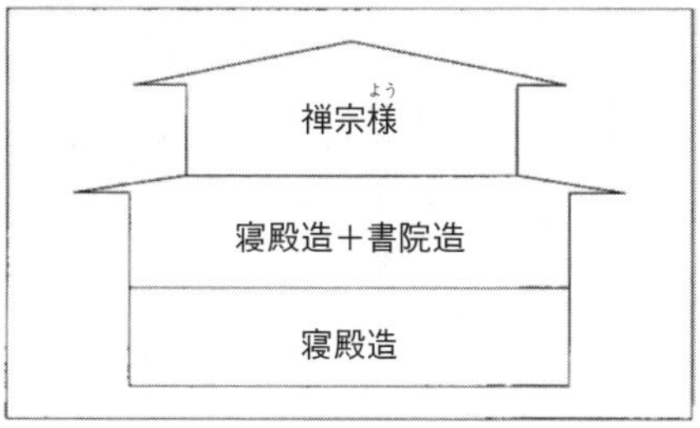

※ 禅宗様とは，禅宗の寺に多く用いられた建築様式のことである。

室町時代に建てられた[ii]には，資料Ⅱのように武士の文化と貴族の文化が組み合わされた建築の様式が取り入れられています。また，幕府の保護を受けた観阿弥・世阿弥によって大成された[iii]は，民衆にも親しまれました。

ア ii：金閣 iii：能　　イ ii：金閣 iii：歌舞伎

ウ ii：銀閣 iii：能　　エ ii：銀閣 iii：歌舞伎

(4) 下線部(d)に関して，大阪や京都では元禄文化が栄えた。この元禄文化の中で活躍した人物について説明した文として適切なものを，次のア～エから１つ選びなさい。

ア 本居宣長が，「古事記伝」を書いて国学を大成した。

イ 狩野永徳が，ふすまや屏風《びょうぶ》などにきらびやかな色彩の絵を描いた。

ウ 千利休が，質素で静かな雰囲気を大切にするわび茶を完成させた。

エ 近松門左衛門が，義理と人情を題材とした人形浄瑠璃の脚本を書いた。

(5) 下線部(e)に関して，正さんは江戸時代の問屋制家内工業による生産の様子を示した資料Ⅲと，工場制手工業による生産の様子を示した資料Ⅳを用いて，それぞれの特徴について説明することにした。工場制手工業の特徴を，資料Ⅲと資料Ⅳを比較しながら，書きなさい。

資料Ⅲ　農家での織物生産の様子（問屋制家内工業）

（「河内名所図会」により作成）

資料Ⅳ　工場での織物生産の様子（工場制手工業）

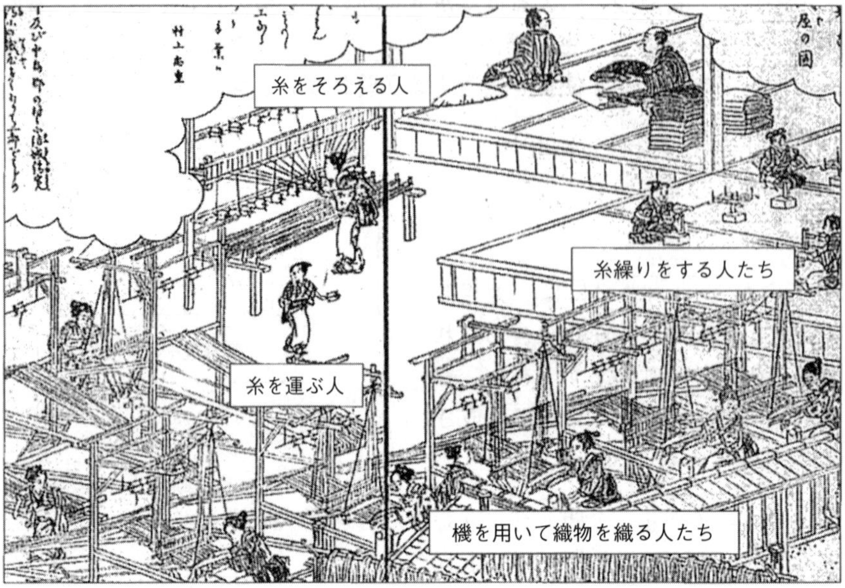

（「尾張名所図会」により作成）

5　里歩さんは，海外諸国を訪問した経験のある人物が，日本の社会でどのような業績を残したかについて調べることにした。次のカードと資料は，そのときに作成したものの一部である。後の(1)～(4)の問いに答えなさい。

カードⅠ　福沢諭吉

「西洋事情」を書いて，欧米の制度や文化を日本に紹介しました。慶應《けいおう》義塾《ぎじゅく》の設立や「　i　」を執筆するなど，日本の近代化に貢献しました。

カードⅡ　渋沢栄一

富岡製糸場や500以上の民間企業の設立に携わりました。(a)資本主義の発展に貢献したことから，「日本資本主義の父」と呼ばれています。

カードⅢ　吉野作造

(b)大正デモクラシーを象徴する政治学者です。政治に民衆の意見を反映すべきとする民本主義を主張し，多くの人々に影響を与えました。

カードⅣ　吉田茂

　ii　の制定などの戦後改革が次々と進められた激動の時代に，首相として指揮を執りました。(c)戦後の日本の発展の基礎を築いた人物の一人です。

(1) カードⅠ中の[i]とカードⅣ中の[ii]に当てはまる語の組み合わせとして適切なものを，次のア～エから選びなさい。

ア　i：舞姫　　ii：治安維持法　　イ　i：舞姫　　ii：教育基本法

ウ　i：学問のすゝめ　　ii：治安維持法　　エ　i：学問のすゝめ　　ii：教育基本法

(2) 下線部(a)に関して，資料Ⅰは，資本主義の発展の中で発生した労働者の社会問題を背景に制定された法律である。この法律が制定された背景を，簡潔に書きなさい。

資料Ⅰ　工場法

> 第３条　工場主は，15歳未満の者および女子を，１日に12時間を超えて労働させてはならない。
>
> 第７条　工場主は，15歳未満の者および女子に対し，…１日の就業時間が６時間を超えるときは少なくとも30分，10時間を超えるときは少なくとも１時間の休憩時間を設けなければならない。
>
> （部分要約）

(3) 下線部(b)について，大正時代の政治の情勢について説明した文として適切なものを，次のア～エから１つ選びなさい。

ア　自由民主党を与党，日本社会党を主要野党とする55年体制が始まった。

イ　大隈重信が，イギリスのような議会政治を目指して立憲改進党をつくった。

ウ　国が一丸となるための強力な政治体制をつくる運動が起こり，大政翼賛会が結成された。

エ　憲法に基づく政治を守ることをスローガンとする護憲運動が高まる中，桂太郎内閣は退陣した。

(4) 下線部(c)に関して，里歩さんは，資料Ⅱを用いて，戦後の日本の情勢について発表した。里歩さんの発表メモの[iii]には当てはまる都市名を，[iv]には当てはまる語句をそれぞれ書きなさい。

発表メモ

> 資料Ⅱは，1951年に[iii]にて開かれた会議において，吉田茂首相が48か国の国々との間で結んだ平和条約に調印している場面です。この条約によって，日本は独立を回復しました。
>
> 独立を回復した日本では，1950年代後半から高度経済成長を迎え，人々の生活水準が急速に高まりました。しかし，1973年の第四次中東戦争の影響を受け，[iv]が起こったことにより，深刻な不況に陥りました。このことは，高度経済成長が終わる１つの要因となりました。

資料Ⅱ

6　誠さんのクラスでは，「私たちの暮らしと経済」というテーマで班ごとに調べた内容をまとめ，発表した。次のカードと資料は，そのときに使用したものの一部である。後の(1)～(5)の問いに答えなさい。

A班のカード

【社会保障制度について】
(a)日本の社会保障制度は，社会保険，公的扶助，社会福祉，公衆衛生の４つを基本的な柱としています。

B班のカード

【契約と消費生活について】
私たちの消費生活は，売る側と買う側の(b)契約によって成り立っています。誰と，どのような内容の契約を結ぶのかは，基本的に自由です。

C班のカード

【需要・供給と価格との関係について】
商品が自由に売買される場を[あ]といいます。[あ]経済では，価格が商品の(c)需要と供給との関係を示す指標の働きをしています。

D班のカード

【企業の目的について】
企業の目的の１つに，利潤をできるだけ大きくすることが挙げられます。そのために，「(d)効率」という観点が必要です。

(1)　[あ]に当てはまる語を書きなさい。

(2)　下線部(a)に関して，A班は資料Ⅰを作成し，次のように説明した。文中の[i]に当てはまる記号を，資料Ⅰ中のア～エから１つ選びなさい。

資料Ⅰは，日本の社会保障の在り方について，税や社会保険料といった国民負担を縦軸にとり，社会保障給付費を横軸にとって図式化したものです。現在の社会保障の状況を資料Ⅰ中の●の位置としたとき，公的医療保険の保険料を引き下げて，医療機関で支払う医療費の自己負担の割合を大きくした場合，●は[i]の部分に移動することになると考えられます。

資料Ⅰ

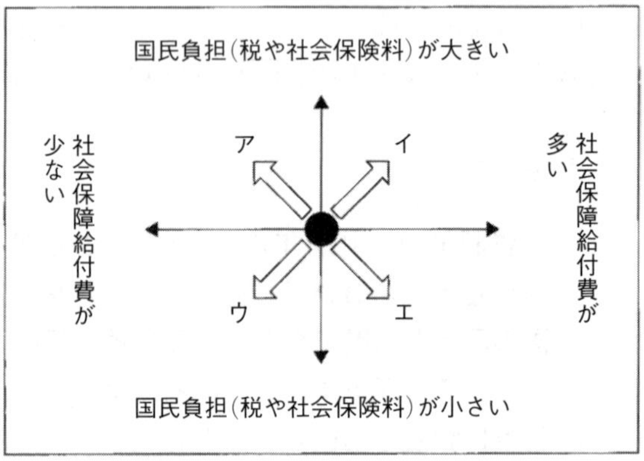

(3)　下線部(b)について，契約に関する記述X，Yの正誤の組み合わせとして適切なものを，後のア～エから選びなさい。

X　商品の買い手と売り手の契約には，契約書を交わさず，口頭で合意する場合もある。

Y　クーリング・オフ制度とは，契約後一定の期間内であれば，手数料を支払って契約を解除できる制度である。

ア【X：正　Y：正】　イ【X：正　Y：誤】
ウ【X：誤　Y：正】　エ【X：誤　Y：誤】

(4) 下線部(c)に関して，C班は，ある商品の価格と需要・供給の関係を模式的に表した資料Ⅱを用いて，価格がPのときの状況と，価格がその後どのように変化するかについて説明した。価格がPのときの状況とその後の価格の変化として適切なものを，次のア～エから１つ選びなさい。

ア　需要量が供給量よりも多いため，価格は上昇する。

イ　需要量が供給量よりも多いため，価格は下落する。

ウ　供給量が需要量よりも多いため，価格は上昇する。

エ　供給量が需要量よりも多いため，価格は下落する。

資料Ⅱ

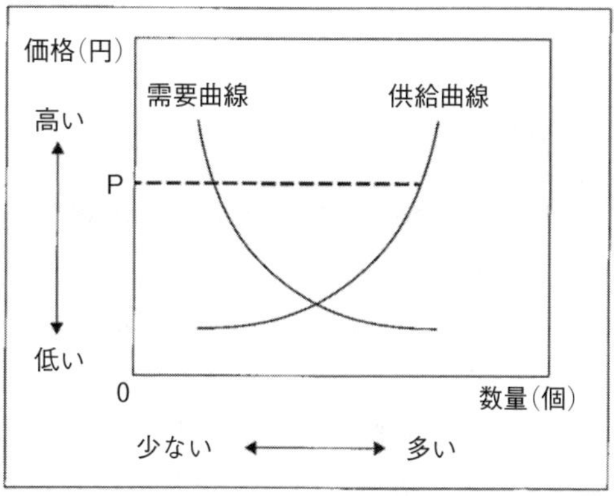

(5) 下線部(d)に関して，D班は近所のラーメン店にインタビューを行い，その内容について資料Ⅲ～資料Ⅴを作成し，次のように説明した。文中の［ ⅱ ］に当てはまる文を，資料Ⅲ～資料Ⅴを参考に，「効率」という語を用いて，簡潔に書きなさい。

私たちがインタビューしたラーメン店は，来店したお客に記入してもらう受付用紙を，資料Ⅲから資料Ⅳのように変更しました。受付用紙を変更した理由は，資料Ⅳのような受付状況のときに，店内が資料Ⅴのような座席の状況になった場合，［　　ⅱ　　］できると考えたからです。実際に，受付用紙を変更したことで，お店の売り上げが増え始めていると店長は言っていました。

資料Ⅲ　変更前の受付用紙

番号	お名前	人数
1	タナカ	4
2	サトウ	2
3		

※　番号順にご案内いたしますので，お名前を書いてお待ちください。

資料Ⅳ　変更後の受付用紙

番号	お名前	ご希望の座席	人数
1	タナカ	テーブル席 カウンター席 どちらでも良い	4
2	サトウ	テーブル席 カウンター席 どちらでも良い	2
3		テーブル席 カウンター席 どちらでも良い	

※　ご希望の座席を踏まえてご案内しますので，順番が前後することがございます。

資料Ⅴ　ある日のラーメン店の状況

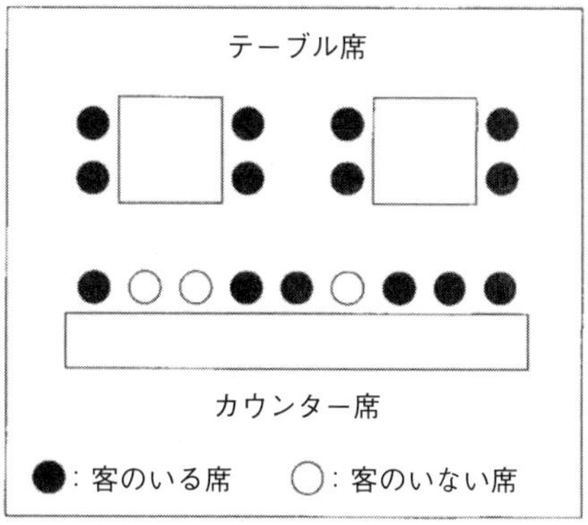

7 次の会話文は，桃花さんたちの班が，「選挙と民主主義」というテーマで，これまでに学習した内容のまとめを行ったときに交わされたものの一部である。後の(1)〜(5)の問いに答えなさい。

会話文

桃花：選挙は，有権者としての意思を政治に反映させることができる貴重な機会だと授業で勉強したね。

明美：そうだね。日本では，原則(a)満18歳以上の国民なら誰でも投票できるから，15歳の私たちは，あと３年ほどで投票に行くことができるよ。

桃花：有権者が投票しやすくなる制度についても学んだね。例えば，日本では，投票日に仕事や用事があって投票所に行けない人の状況を考慮して，［ A ］という制度が設けられているよ。

直樹：選挙によって私たちの代表者を選び，その人たちが物事を話し合って決める制度のことを間接民主制といったね。

明美：日本では，国民の意思を直接反映させる，(b)直接民主制の考え方も取り入れられているよ。

桃花：選挙で選ばれた代表者は，その後どのような活動を行うのかな。

直樹：例えば(c)国会議員であれば，国会で法律案や予算について審議し，議決を行っているよ。はじめに，分野別に数十人の国会議員からなる［ B ］で審議し，その後，本会議で議決されるんだよ。

明美：国会には様々な(d)政党に所属する国会議員がいるから，意見が対立することもあるよね。

桃花：社会には，いろいろな意見があるので，私たちも，将来有権者として自分でしっかりと判断していく必要があるね。

(1) 下線部(a)について，この原則のことを何というか，次のア〜エから１つ選びなさい。

ア 普通選挙　イ 平等選挙　ウ 直接選挙　エ 秘密選挙

(2) ［A］，［B］に当てはまる語の組み合わせとして適切なものを，次のア〜エから選びなさい。

ア A：期日前投票　B：特別会
イ A：期日前投票　B：委員会
ウ A：インターネット投票　B：特別会
エ A：インターネット投票　B：委員会

(3) 下線部(b)に関して，日本における，直接民主制の考え方を取り入れた制度として適切なものを，次のア〜エから１つ選びなさい。

ア 国政調査権に基づき，国の政治について調査すること。
イ 内閣不信任の決議を行い，内閣の政治責任を問うこと。
ウ 裁判官を辞めさせるかどうかを判断する弾劾裁判に参加すること。
エ 最高裁判所の裁判官がその職にふさわしいかどうか，審査を行うこと。

(4)　下線部(c)に関して，桃花さんたちの班は，国会議員の活動について説明するために，資料Ⅰを作成した。資料Ⅰの架空の国会議員は参議院議員である。参議院議員であると判断できる理由を，簡潔に書きなさい。

資料Ⅰ　架空の国会議員のプロフィール

群馬はなえ（◇◇党所属）

〈主な活動〉

・初当選以降，自然災害から国民の命と暮らしを守るために，防災対策の強化に取り組んでいます。
・人工知能を活用した防災対策の実現に関するプロジェクトチームを立ち上げ，座長を務めています。

〈経歴〉（2024年２月現在）

2001年３月	22歳	□□大学卒業
2001年４月	22歳	株式会社▽▽入社
2013年７月	34歳	比例代表で初当選
2019年７月	40歳	比例代表で２回目の当選
2019年７月	40歳	１期目の任期が満了

(5)　下線部(d)に関して，桃花さんたちの班は，資料Ⅱと資料Ⅲを作成して，次のように説明した。文中の［　］に当てはまる文を，「議席」という語を用いて，簡潔に書きなさい。

政党の目的の１つに，政権を獲得し，政策を実現することが挙げられます。例えば，衆議院と参議院における各政党の獲得議席数が資料Ⅱのようになったと仮定すると，X党が政権を担当するためには，資料Ⅲで政策①と政策④で共通した考え方を示しているZ党と連立政権を組むことが考えられます。X党とZ党が連立政権を組むと，［　　　　］ため，X党とZ党は政策を実現しやすくなります。

資料Ⅱ　各政党の獲得議席数

	V党	W党	X党	Y党	Z党
衆議院における獲得議席数（定数465）	7	205	214	11	28
参議院における獲得議席数（定数248）	5	95	121	8	19

資料Ⅲ　それぞれの政策に対する各政党の考え方

	V党	W党	X党	Y党	Z党
政策①	△	×	◎	△	◎
政策②	◎	◎	×	○	△
政策③	○	○	△	◎	×
政策④	×	△	○	×	○

◎…賛成
○…どちらかといえば賛成
△…どちらかといえば反対
×…反対

※　資料Ⅱと資料Ⅲに示した各政党は，架空の政党である。

理科

●満点 100点　●時間 50分

1　次のA～Dの問いに答えなさい。

A　ヒトの体のつくりとはたらきについて，次の(1)，(2)の問いに答えなさい。

(1)　刺激を受けて，意識とは無関係に起こる反応を何というか，書きなさい。

(2)　次の文は，体の動きについて述べたものである。文中の①，②について，｛　｝内のア～ウから正しいものを，それぞれ選びなさい。

> 腕を曲げたり伸ばしたりする際の筋肉の動きについて考える。ひじの部分で曲げた腕を，図Ⅰのように伸ばすとき，筋肉aと筋肉bに着目すると，縮むのは①｛ア　筋肉aのみ　　イ　筋肉bのみ　　ウ　筋肉aと筋肉bの両方｝である。
>
> 次に，肺の呼吸運動における横隔膜の動きについて考える。図Ⅱの状態から息を吸うとき，横隔膜は②｛ア　矢印cの方へ動く　　イ　矢印dの方へ動く　　ウ　動かない｝。

図Ⅰ

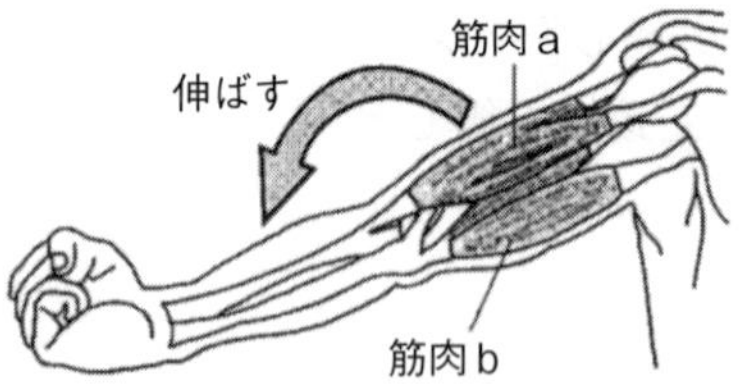

図Ⅱ

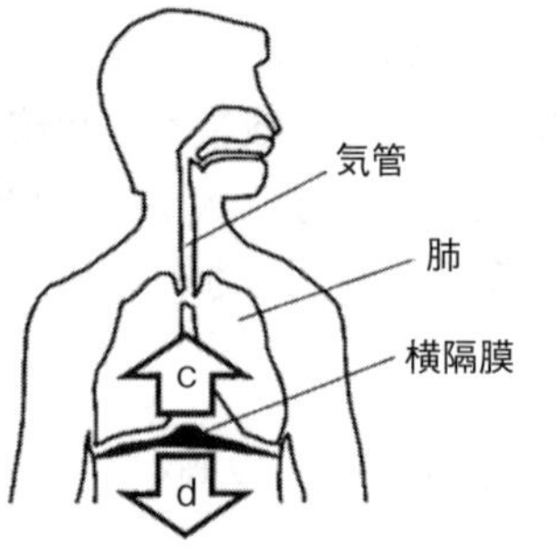

B　日本列島周辺の天気図や気団について，次の(1)，(2)の問いに答えなさい。

(1)　次のア～エは，日本列島周辺における1月，4月，6月，8月のある日の天気図を表している。8月のある日の天気図として最も適切なものを，次のア～エから選びなさい。ただし，天気図中の **H** は高気圧，**L** は低気圧を表している。

ア

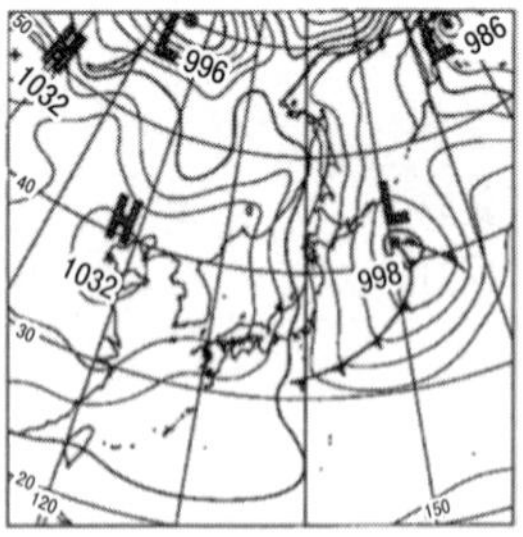

イ

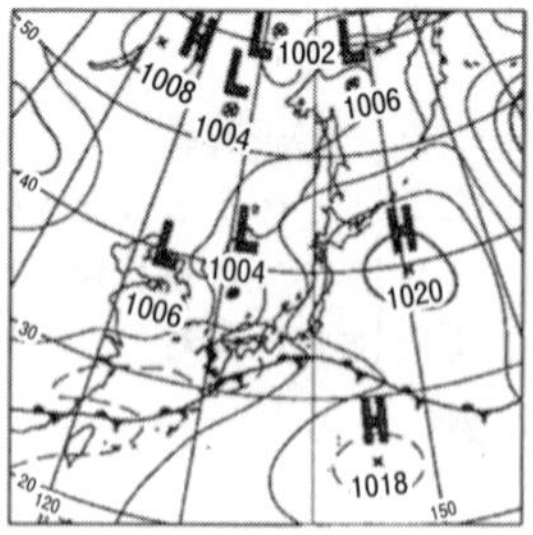

ウ

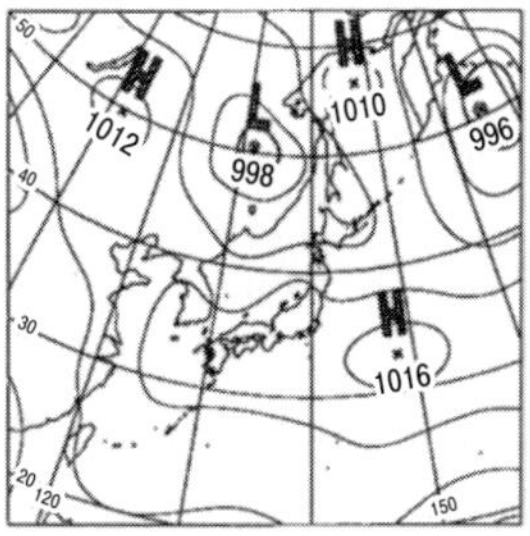

エ

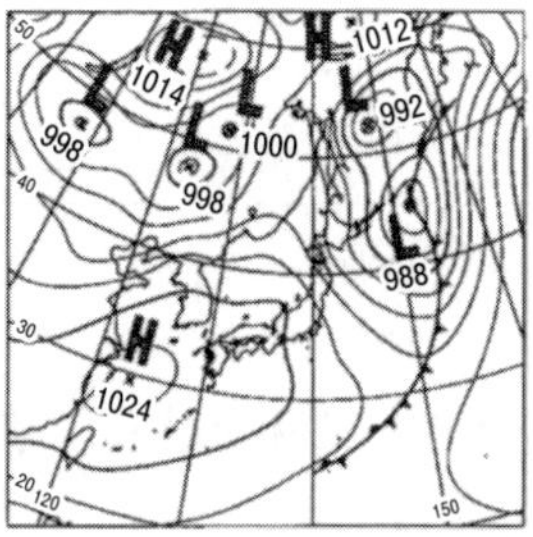

（気象庁ホームページにより作成）

(2) 次の文は，日本列島周辺の気団について述べたものである。文中の ① に当てはまる語を書きなさい。また， ② に当てはまる語句として正しいものを，後のア～エから選びなさい。

> 日本列島周辺の冬の天気に強い影響を与える気団は， ① 気団と呼ばれ， ② という性質がある。

ア 暖かく，湿っている　　イ 暖かく，乾いている

ウ 冷たく，湿っている　　エ 冷たく，乾いている

C 物質と酸素の結び付きについて調べるために，次の実験を行った。後の(1)，(2)の問いに答えなさい。

［実験］

図Ⅰのように，酸化銅4.0 gに炭素の粉末を加えてよく混ぜた混合粉末を試験管に入れ，気体が発生しなくなるまで加熱した。その後，ピンチコックでゴム管をとめ，加熱した試験管を冷ましてから試験管に残った固体の質量を量った。この操作を，酸化銅の質量は変えずに，炭素の粉末の質量を変えて，数回行った。図Ⅱは，加えた炭素の粉末の質量と試験管に残った固体の質量の関係をグラフにまとめたものである。

図Ⅰ

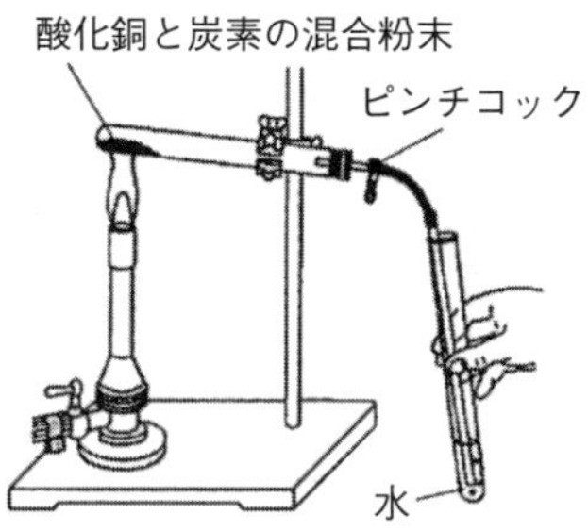

図Ⅱ

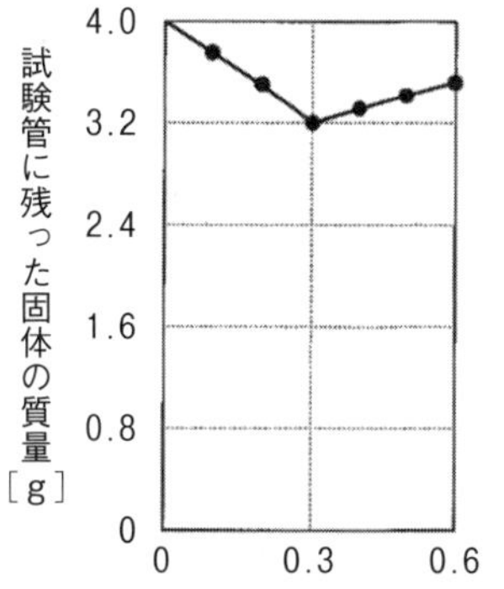

(1) 酸化銅から酸素が奪われて銅になるように，酸化物から酸素が奪われる化学変化を何というか，書きなさい。

(2) 加えた炭素の粉末の質量が0.3 gのときと0.6 gのときのそれぞれの場合において，試験管に残った固体として最も適切なものを，次のア～エからそれぞれ選びなさい。

ア 酸化銅と炭素　　イ 銅と炭素　　ウ 酸化銅と銅　　エ 銅のみ

D 100 Vの電源につないで使用すると，消費する電力が1200 Wとなるドライヤーがある。次の(1)，(2)の問いに答えなさい。

(1) このドライヤーを100 Vの電源につないで使用するとき，流れる電流の大きさはいくらか，書きなさい。

(2)　次の文は，このドライヤーを５分間使用したときの電力量について述べたものである。文中の[　　]に当てはまる単位の記号として最も適切なものを，後のア～エから選びなさい。

> 1200Wの電力で５分間使用したとき，電力量は0.1[　　　]である。

ア　N　　イ　J　　ウ　Wh　　エ　kWh

2　緑さんと桜さんは，生物の進化と多様性に興味を持ち，詳しく調べることにした。次の(1)～(3)の問いに答えなさい。

(1)　次の会話文は，生物の進化について調べていた緑さんと桜さんが，図Ⅰと図Ⅱの資料から分かることについて交わしたものの一部である。後の①～③の問いに答えなさい。

緑さん：図Ⅰから，最初に出現したセキツイ動物のグループは[　a　]で，その後，他のセキツイ動物のグループが出現してきたことが分かるね。

桜さん：鳥類の前にホニュウ類が出現しているから，鳥類はホニュウ類から進化してきたのかな。

緑さん：図Ⅱを見ると，(あ)<u>鳥類はハチュウ類から進化した</u>ことが推測できるよ。

図Ⅰ　セキツイ動物のグループが出現したとされる年代

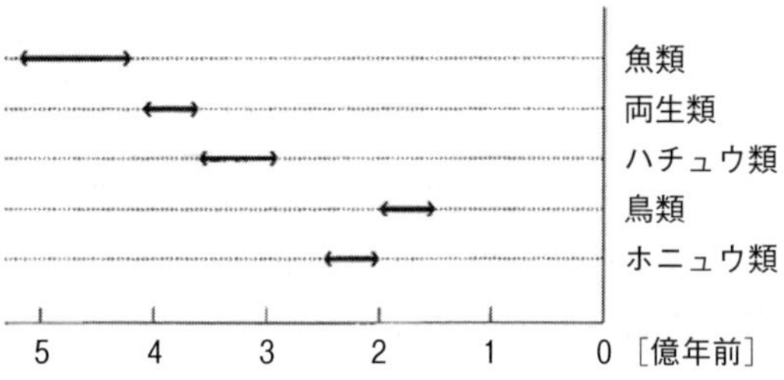

※ ⟷ は出現したとされる年代の範囲を示している。

図Ⅱ　シソチョウ(原始的な鳥類)の化石から分かること

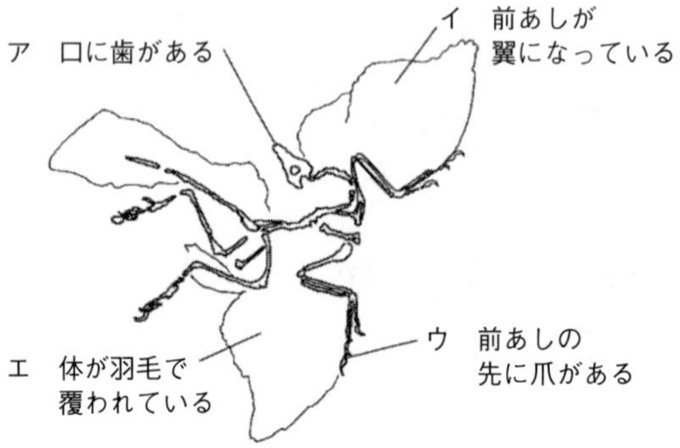

桜さん：本当だ。進化を考えるときは，出現したとされる年代だけじゃなくて，生物の特徴にも着目する必要がありそうだね。

緑さん：それなら，セキツイ動物のグループごとの特徴を表にまとめてみようよ。

表

特徴＼グループ	魚類	両生類	ハチュウ類	鳥類	ホニュウ類
体を支える足がある	×	○	○	○	○
[　b　]	×	×	○	○	○
体温を一定に保つことができる	×	×	×	○	○
胎生である	×	×	×	×	○

○：当てはまる　　×：当てはまらない

桜さん：図Ⅰと表から，生物が長い時間をかけて様々な特徴を獲得してきたことが分かるね。

緑さん：どうして様々な特徴を持つようになったのかな。まずは，ホニュウ類を調べてみようよ。

① 文中の［a］に当てはまるセキツイ動物のグループの名称を書きなさい。

② 文中の下線部(あ)について，原始的な鳥類であるシソチョウがハチュウ類と鳥類の両方の特徴を持つことから，鳥類はハチュウ類から進化したと考えられている。シソチョウが持つハチュウ類の特徴として正しいものを，図Ⅱ中のア～エから，全て選びなさい。

③ 文中の表は，セキツイ動物のそれぞれのグループが持つ一般的な特徴をまとめたものである。表中の［b］に当てはまる特徴として最も適切なものを，次のア～エから選びなさい。

ア 子も親も肺で呼吸する　　　イ 殻のある卵を産む

ウ 体が湿った皮膚で覆われている　　　エ 水中で生活する

(2) 緑さんと桜さんは，様々なホニュウ類の体のつくりとはたらきを調べ，内容をレポートにまとめた。次のレポートは，コウモリの翼，クジラの胸ビレ，ヒトの手と腕のつくりとはたらきをまとめたものである。後の①～③の問いに答えなさい。

レポート

コウモリの翼		クジラの胸ビレ		ヒトの手と腕	
見かけ	骨格	見かけ	骨格	見かけ	骨格
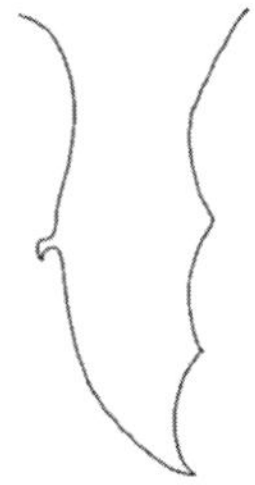			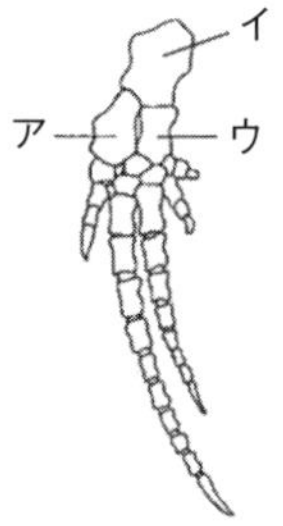		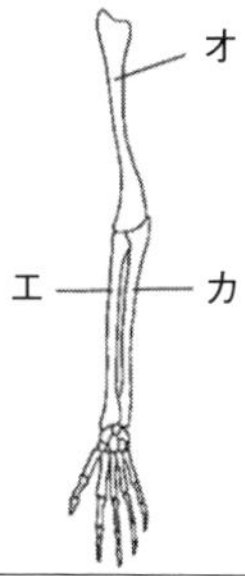
主なはたらき：空を飛ぶ		主なはたらき：海を泳ぐ		主なはたらき：物をつかむ	

［調べて分かったこと］

コウモリの翼，クジラの胸ビレ，ヒトの手と腕は，見かけやはたらきは異なっているが，(い)骨格に共通する部分が見られた。これは，コウモリ，クジラ，ヒトが，共通の祖先から，(う)それぞれの生活環境で生きていく上で都合のよい特徴を持つように進化したためであると考えられる。

① コウモリの翼，クジラの胸ビレ，ヒトの手と腕のように，見かけやはたらきは異なっていても，もとは同じであったと考えられる器官を何というか，書きなさい。

② レポート中の下線部(い)について，クジラの胸ビレとヒトの手と腕の骨格のうちで，コウモリの翼の骨Xに当たる骨はそれぞれどれか。クジラの胸ビレについてはア～ウから，ヒトの手と腕についてはエ～カから，それぞれ選

図Ⅲ　肉食動物と草食動物の目の付き方

肉食動物	草食動物

例：ライオン	例：シマウマ

びなさい。

③　レポート中の下線部(う)について，草食動物の目の付き方の特徴を，図Ⅲを参考にして，簡潔に書きなさい。また，その特徴は，草食動物が生きていく上で，どのような理由で都合がよいと考えられるか，書きなさい。

(3)　次の文は，緑さんと桜さんが生物の進化と多様性について，調べて分かったことをまとめたものである。文中の [c] に当てはまる語を書きなさい。

> 生物の体の特徴が，長い年月をかけて代を重ねる間に変化することを進化という。現在，地球上で多様な生物が見られるのも，生物の染色体に存在する [c] が変化し，生物の特徴が少しずつ変わることで，様々な環境に適するようになったためと考えられる。

3　プレートの動きについて興味を持った優さんは，日本付近のプレートについて調べた。次の(1)，(2)の問いに答えなさい。

(1)　次の文は，プレートの動きについて述べたものである。後の①，②の問いに答えなさい。

> プレートは年間約数cm～十数cm移動しており，プレートどうしが衝突したり，すれ違ったり，離れていったりする。プレートの動きによって，地層に力がはたらき，押し曲げられたり，切れて食い違ったりして，(あ)様々な地層が見られるようになる。また，(い)プレートの動きによって，プレートに乗った大陸や島が移動することもある。

①　下線部(あ)について，図Ⅰのように地層が押し曲げられたものや，図Ⅱのように地層が切れて食い違ったものを何というか，名称をそれぞれ書きなさい。また，それぞれの地層にはたらいた力の向きとして適切なものを，図Ⅰについてはア～エから，図Ⅱについてはオ～クから，それぞれ選びなさい。ただし，⇨，⇦は，地層にはたらいた力の向きを示し，力の大きさは全て同じであるものとする。

図Ⅰ

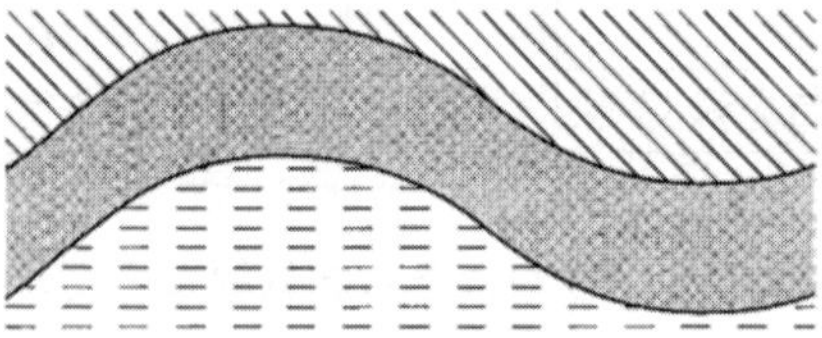

図Ⅱ

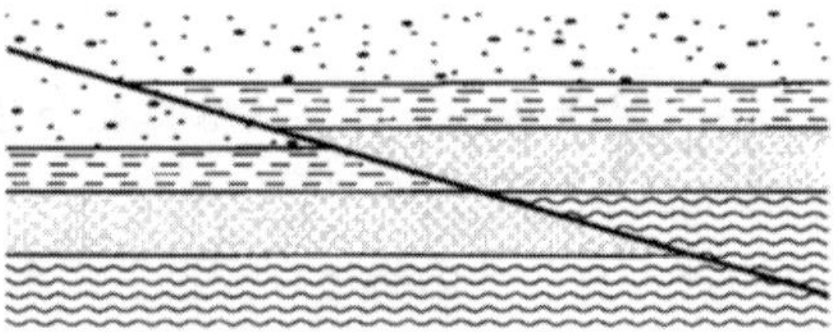

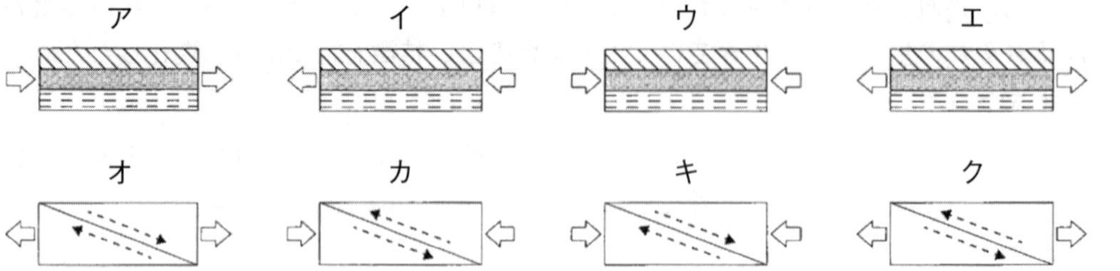

※破線の矢印は，地層が動いた向きを表している。

②　下線部(い)について，伊豆半島は，現在の日本列島から南の海上でできた火山島が，フィリピン海プレートの移動によって日本列島に衝突してできたと考えられている。900万年前に現在の場所から南に520km離れた位置にあった火山島が，今から100万年前に日本列島に衝突したとすると，フィリピン海プレートは1年間に平均何cm移動したか，書きなさい。

(2)　次の会話文は，プレートの動きと土地の変化について調べていた優さんが先生と交わしたものの一部である。また，図Ⅲは，優さんが調べた海岸付近のある地点の50年ごとの標高を表したものである。後の①～③の問いに答えなさい。

先　生：図Ⅲを見ると，優さんの調べた地点では，通常は一定の速度で(う)<u>地面が沈降しているけれど</u>，100～200年の間隔で大きく隆起していることが分かりますね。

図Ⅲ

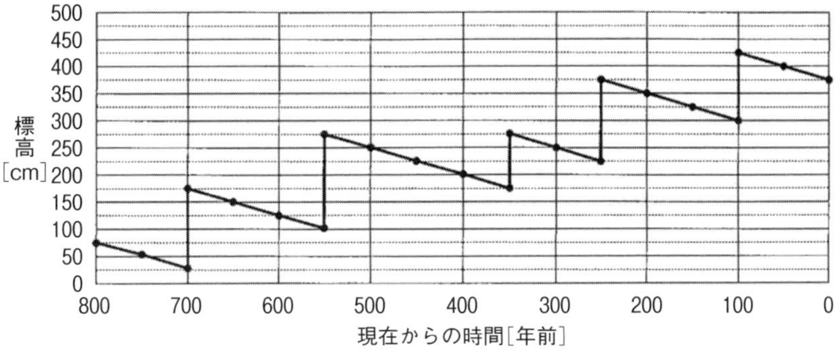

優さん：この地点は，800年前から現在までに，地面が５回隆起したようです。この地点が次に隆起するのはいつか，沈降の様子から考えることはできるでしょうか。

先　生：一緒に考えてみましょう。700年前から100年前までの間で隆起と隆起の間に沈降した期間が４回ありますね。４回の沈降した深さの合計を沈降した回数で割ることで，１回当たりに沈降する平均の深さを求めます。求めた平均の深さと同じだけ沈降したときに次の隆起が起こるものとして，考えてみてはどうでしょう。

優さん：800年前から700年前の間と，100年前から現在の間の沈降は考えないのですか。

先　生：そうです。800年前よりも昔はいつ隆起が起こったのか分からないし，現在は沈降している途中ですからね。

優さん：なるほど。そうすると，４回の沈降した深さの合計は［ a ］cmになり，平均すると１回当たり［ b ］cm沈降しています。現在の沈降が100年前から起こっていることに着目すると，［ c ］年後に次の隆起が起こると考えられます。

先　生：その通りです。このように過去のデータを調べると，土地の変化の様子が推測できますね。

①　文中の［ a ］～［ c ］に当てはまる数値を，それぞれ書きなさい。

②　日本付近での，陸のプレートや海のプレートの動きとして最も適切なものを，次のア～エから選びなさい。ただし，Xは陸のプレートを，Yは海のプレートを表しているものとする。

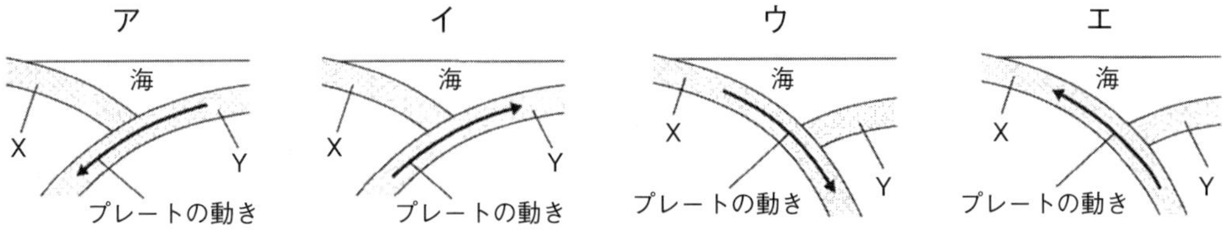

③　文中の下線部(う)について，優さんが調べた海岸付近の地点で沈降が起こっているのはなぜか。「陸のプレート」，「海のプレート」という語をともに用いて，簡潔に書きなさい。

4　花さんたちのグループは，水溶液とイオンの関係を調べるために，次の実験を行った。後の(1)，(2)の問いに答えなさい。なお，水は電離しないものとする。

［実験１］

うすい塩酸10cm^{3}が入ったビーカーに，質量パーセント濃度２％のうすい水酸化ナトリウム水溶液を少しずつ加えながら，pH メーターで測定した。うすい水酸化ナトリウム水溶液を６cm^{3}加えたとき，ビーカー内の水溶液は pH が７であった。

(1)　次の会話文は，実験１について，花さんたちのグループと先生が交わしたものの一部である。後の①～③の問いに答えなさい。

> 花さん：ビーカー内の水溶液は pH が７なので，この水溶液は中性だということが分かるね。
> 海さん：うすい塩酸は酸性だから，アルカリ性のうすい水酸化ナトリウム水溶液を加えることで中和が起こったんだね。
> 翼さん：中和って，酸性の水溶液に共通して含まれる [a] と，アルカリ性の水溶液に共通して含まれる [b] が結び付いて [c] ができ，それとともに塩ができる反応だったよね。イオンどうしが結び付いていくから，中性に近づくにつれて，ビーカー内の水溶液に含まれるイオンの総数は減っていくのかな。
> 海さん：そういえば，イオンが存在している水溶液には，電流が流れるって学習したよね。
> 花さん：ということは，中性になった水溶液には電流が流れないのかな。
> 先　生：それでは，中和の実験で扱った水溶液を使って確認してみましょう。

①　文中の [a]，[b] に当てはまる具体的なイオンの名称を，それぞれ書きなさい。

②　文中の [c] に当てはまる物質の名称を書きなさい。

③　質量パーセント濃度２％の水酸化ナトリウム水溶液200mL に含まれる溶質の質量はいくらか，書きなさい。ただし，この水酸化ナトリウム水溶液の密度を1.02g/cm^{3}とする。

［実験２］

うすい塩酸10cm^{3}が入った５つのビーカーＡ～Ｅに，うすい水酸化ナトリウム水溶液をそれぞれ２cm^3，４cm^3，６cm^3，８cm^3，10cm^{3}加えた。その後，図の装置を用いて，それぞれの水溶液の中に電極を入れて６Ｖの電圧を加えた後，様子を観察した。表Ｉは，このときの結果をまとめたものである。なお，うすい塩酸とうすい水酸化ナトリウム水溶液は実験１と同じ濃度のものを使用した。

図

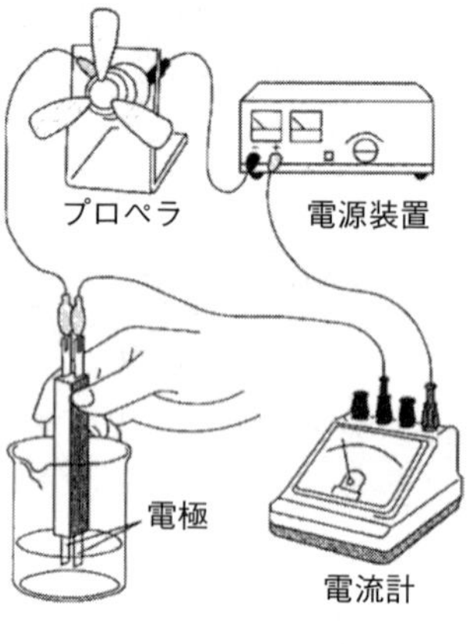

表Ⅰ

	ビーカー				
	A	B	C	D	E
うすい塩酸[cm^3]	10	10	10	10	10
うすい水酸化ナトリウム水溶液[cm^3]	2	4	6	8	10
電流計の針の様子	振れた	振れた	振れた	振れた	振れた
プロペラの様子	回転した	回転した	回転した	回転した	回転した

［実験３］

うすい硫酸10cm^3が入った５つのビーカーＦ～Ｊに，質量パーセント濃度２％のうすい水酸化バリウム水溶液をそれぞれ２cm^3，４cm^3，６cm^3，８cm^3，10cm^3加えた。その後，実験２の装置を用いて，それぞれの水溶液の中に電極を入れて６Ｖの電圧を加えた後，様子を観察した。表Ⅱは，このときの結果をまとめたものである。

表Ⅱ

	ビーカー				
	F	G	H	I	J
うすい硫酸[cm^3]	10	10	10	10	10
うすい水酸化バリウム水溶液[cm^3]	2	4	6	8	10
電流計の針の様子	振れた	振れた	振れない	振れた	振れた
プロペラの様子	回転した	回転した	回転しない	回転した	回転した

(2)　次の会話文は，実験１～実験３について，花さんたちのグループが交わしたものの一部である。後の①～③の問いに答えなさい。

> 花さん：表Ⅰから，全ての水溶液で電流が流れたということが分かるね。実験１もあわせて考えると，ビーカーＣの水溶液は中性だから電流が流れないと思ったけれど，流れたのはどうしてだろう。
> 翼さん：もう一度，水溶液中のイオンについて考えてみる必要があるんじゃないかな。
> 花さん：表Ⅱでは，ビーカーＨの水溶液で電流が流れていないね。どうしてだろう。
> 海さん：実験３では，全ての水溶液で白い沈殿が生じていたけれど，それが関係していそうだね。

①　実験２について，加えた水酸化ナトリウム水溶液の体積と水溶液に含まれるイオンの総数の関係を模式的に示した図として最も適切なものを，次のア～エから選びなさい。

ア　イ　ウ　エ

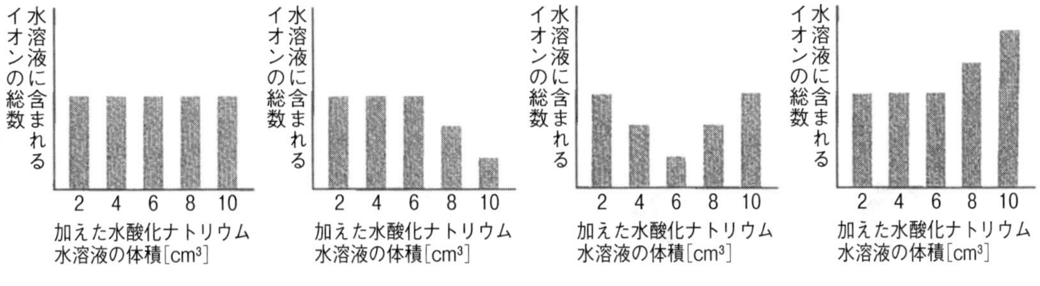

②　実験３の化学変化は次のように表すことができる。[d]，[e]に当てはまる化学式を，

それぞれ書きなさい。

$H_2SO_4 + Ba(OH)_2 \rightarrow$ [d] $+ 2$ [e]

③　次の文は，実験２と実験３の結果から分かったことをまとめたものである。[f] に当てはまる文を，「電離」という語と，具体的なイオンの名称を用いて，簡潔に書きなさい。

> ビーカーＣの水溶液とビーカーＨの水溶液を比べると，どちらも塩ができているが，ビーカーＣの水溶液では，塩が水溶液中で [f] ため，電流が流れたと考えられる。一方で，ビーカーＨの水溶液では，塩が沈殿しており，電流が流れなかったと考えられる。

5　明さんたちのグループは，凸レンズによる像のでき方について調べるために，次の実験を行った。後の(1)～(3)の問いに答えなさい。

［実験］

図Ⅰのように，光源，「ぐ」の形に穴をあけた板，凸レンズ，半透明のスクリーンを光学台上に順に並べ，光源と板の位置を固定した。その後，凸レンズとスクリーンの位置を変え，スクリーン上にはっきりした像ができたとき，その像をスクリーンの後方から観察した。なお，図Ⅱは，実験で使用した板を表しており，穴の上端を点Ｐとする。

図Ⅰ

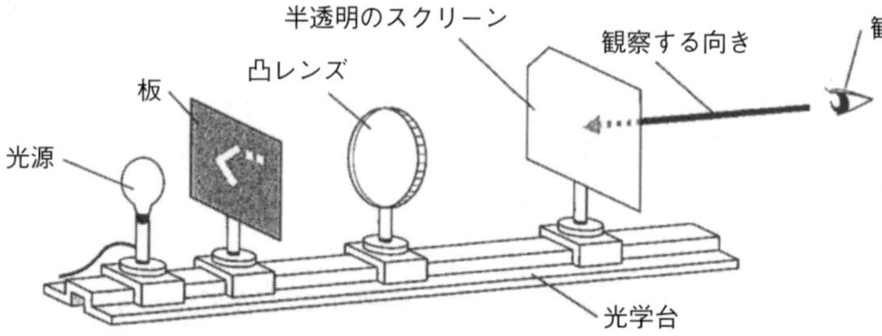

図Ⅱ

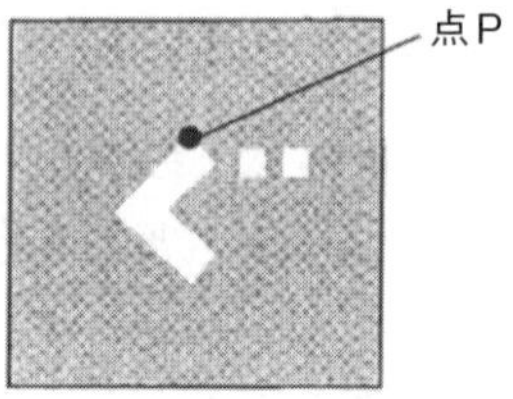

(1)　次の文は，光の進み方について述べたものである。文中の [a] に当てはまる語を書きなさい。

> 光が空気中からガラスの中へ入射するとき，光は空気とガラスの境界面で折れ曲がって進むことがある。この現象を光の [a] という。

(2)　スクリーン上にはっきりした像ができたときのことについて，次の①～④の問いに答えなさい。

①　スクリーン上にできた像を何というか，書きなさい。

②　スクリーン上にできた像の見え方として最も適切なものを，次のア～エから選びなさい。

ア

イ

ウ

エ

③　図Ⅲは，スクリーン上にはっきりした像ができたときの，凸レンズと板の距離と，凸レンズとスクリーンの距離の関係をグラフに表したものである。凸レンズの焦点距離は何cmか，書きなさい。

図Ⅲ

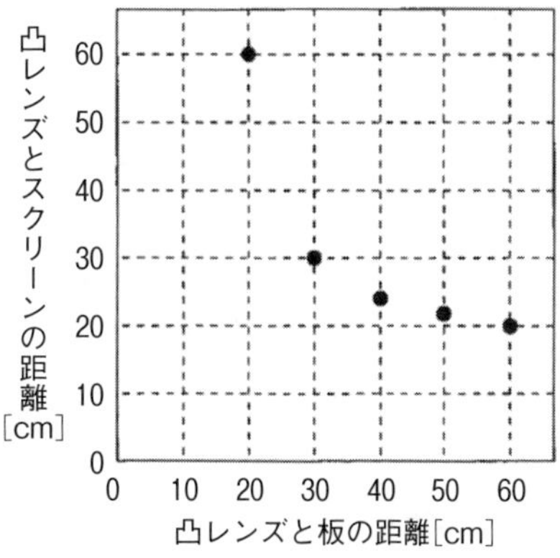

④　凸レンズと板の距離を20cmにしたとき，スクリーンの位置を変えることで，スクリーン上にはっきりした像ができた。このとき，板にあけられた「ぐ」の大きさに比べて，スクリーン上にはどのような大きさの像ができるか。最も適切なものを，次のア～ウから選びなさい。

ア　大きい像

イ　同じ大きさの像

ウ　小さい像

(3)　次の会話文は，実験で用いた凸レンズを焦点距離が異なる別の凸レンズに変え，スクリーン上にできた像を調べているときに，明さんたちのグループが交わしたものの一部である。後の①，②の問いに答えなさい。

明さん：スクリーン上の像は，ぼやけているね。板と凸レンズの位置を変えずに，はっきりした像ができるためには，スクリーンをどちらに，どれくらい動かせばいいんだろう。

桃さん：スクリーンを動かさなくても，調べられないかな。

勇さん：光の道すじについて作図する方法を学んだよ。作図をしてみると分かるかもしれないね。

明さん：実際に，作図してみようよ。

図Ⅳ

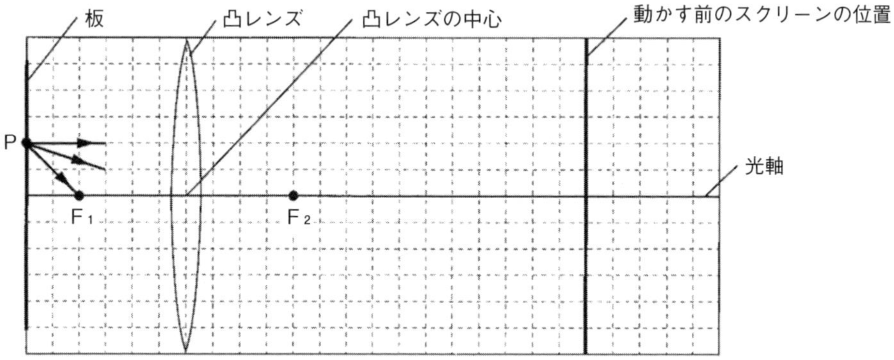

※　点Pから出た3本の矢印は，光の道すじを表している。また，点F_1，点F_2は，凸レンズの焦点を表している。

桃さん：確かに，作図のとおりにスクリーンを動かしてみたら，はっきりした像ができたね。

明さん：そういえば，凸レンズを変える前の実験で，凸レンズと板の距離が，ある距離より短いと，どんなにスクリーンを動かしても，スクリーン上に全く像ができなかったね。この凸レンズでも，同じように像ができないときがあるのかな。
勇さん：凸レンズを板側に動かして，もう一度確認してみようよ。
桃さん：やっぱり。凸レンズを変えても，凸レンズと板の距離が短いと，スクリーン上に像が全くできないんだね。どうしてだろう。
勇さん：それは，点Pから出て凸レンズを通った後の光が［　b　］から，スクリーン上に像ができないと考えられるね。このとき，スクリーン側から凸レンズを通して板の方をのぞくと，拡大された像が観察できるよ。

① 図Ⅳについて，点Pから出た3本の矢印の続きを作図し，その作図をもとに，はっきりした像ができるときのスクリーンの位置を図にかきなさい。ただし，スクリーンの位置については，動かす前のスクリーンの位置のように1本の線でかくこと。
② 文中の［b］に当てはまる文を，光の進み方に着目して，簡潔に書きなさい。

五

次の㈠～㈢の問いに答えなさい。

㈠ 次の①～④の――の平仮名の部分を漢字で書きなさい。

① 友人に鉛筆をかりる。

② はたを振って応援する。

③ 物事をひはん的に考える。

④ 会員としてとうろくする。

㈡ 次の①～④の――の漢字の読みを平仮名で書きなさい。

① 変化が著しい。

② 踊りの稽古をする。

③ 鋭い洞察力を持つ。

④ 偉人の軌跡をたどる。

㈢ 次の〔書き下し文〕の読み方になるように、後の〔漢文〕に返り点を書きなさい。

〔書き下し文〕 過《あやま》ちては則《すなは》ち改むるに憚《はばか》ること勿《な》かれ。

〔漢文〕 過チテハ則チ勿カレ憚ルコト改ムルニ。

〔資料〕

「あなたは，どのようなジャンルを日本の文化芸術の魅力として諸外国に発信すべきだと思いますか。（複数選択可）」

	全体	年齢別						
		18～19歳	20～29歳	30～39歳	40～49歳	50～59歳	60～69歳	70歳以上
マンガ，アニメーション映画	27.6%	27.4%	31.9%	37.0%	36.3%	31.0%	24.5%	15.5%
食文化	26.2%	21.0%	21.5%	25.5%	29.9%	27.7%	28.6%	24.2%
伝統芸能（歌舞伎，能・狂言，雅楽など）	23.3%	21.0%	12.7%	18.0%	17.7%	22.5%	26.1%	33.0%
日本の伝統音楽（長唄，和太鼓など）	19.6%	24.2%	17.4%	17.2%	16.9%	17.8%	20.1%	23.9%
歴史文化（歴史的な建造物，文化財など）	14.5%	8.1%	7.4%	10.2%	13.1%	16.9%	16.4%	18.5%

「文化に関する世論調査報告書」（令和５年３月　文化庁）により作成

(一)　〔会話文〕中［Ⅰ］、［Ⅱ］に当てはまる内容として最も適切なものを、それぞれ後のア～エから選びなさい。

Ⅰ
ア　四十～四十九歳　イ　五十～五十九歳
ウ　六十～六十九歳　エ　七十歳以上

Ⅱ
ア　十八～十九歳の年齢層では、他の三つのジャンルより割合が高い
イ　二十～二十九歳の年齢層では、他の三つのジャンルより割合が低い
ウ　十八～十九歳の年齢層では、ともに二十％以上になっている
エ　二十～二十九歳の年齢層では、ともにわずか十％台でしかない

(二)　〔会話文〕中――について、秋斗さんたちは、次のA～Cの三つのジャンルの中から一つを選んで発表することにしました。A～Cのうち、あなたなら、どのジャンルの魅力について発表したいと考えますか。あなたがそのジャンルを発表したいと考えた理由を、そのジャンルに関する自分の経験等を踏まえ、百四十字以上、百八十字以内で書きなさい。（句読点等も一字として数えること。）ただし、一マス目から書き始め、段落は設けないこと。なお、選んだ記号に○を付けること。

A　食文化
B　伝統芸能
C　歴史文化

① 〔まとめ〕中 Ⅲ 、 Ⅳ に当てはまる人物として最も適切なものを、次のア～エからそれぞれ選びなさい。

ア　宇多法皇　　イ　醍醐天皇

ウ　藤原忠平　　エ　『大和物語』の作者

② 〔まとめ〕中 □ に当てはまる語句を、〔文章〕から抜き出して書きなさい。

四

秋斗さんたちは、国語の授業で、「海外に伝えたい日本の魅力」というテーマで発表を行うことになりました。次の〔会話文〕は、発表に向けた会話の一部で、〔資料〕は会話の際に用いたものです。これらを読んで、後の㈠、㈡の問いに答えなさい。

〔会話文〕

秋斗さん　「日本の魅力」といっても様々な分野があるから、少し絞って考えたほうがいいかもね。

冬輝さん　インターネットを見ていたら、こんなデータ（〔資料〕）があったよ。これをもとに考えてみるのはどうかな。

春香さん　なるほど、いいかも。この〔資料〕は、日本の文化芸術の中で諸外国に発信すべきものは何かという問いに対する回答のデータだね。様々なジャンルのうち、全体での順位が上位五位までのものを取り出しているんだね。

夏世さん　一位は、「マンガ、アニメーション映画」なんだね。比較的幅広い年齢層で割合が高そうだよ。

秋斗さん　うん。でも、六十歳以上の年齢層に目を向けると、それほどでもないみたい。むしろ、「食文化」を見てみると、どの年齢層でも同じように高めの割合となっていることが分かるよ。特に、 Ⅰ の年齢層においては、五つのジャンルの中で「食文化」の割合が最も高いみたいだね。

夏世さん　「食文化」と言っても、いろいろなものが考えられるよね。おせち料理を食べる習慣とか、料理の盛り付け方とか、そういうものも含むわけでしょ。

秋斗さん　そうか。僕はすしをイメージしたけれど、もしかしたら、ラーメンをイメージする人もいるかもしれないね。

春香さん　私は、「食文化」や「歴史文化」を、日本の魅力として海外に伝えたい気がするな。旅行で京都に行ったときには、実際に海外の人もたくさん見かけたよ。

夏世さん　うーん。私は、「マンガ、アニメーション映画」も魅力があると思うけどなあ。まあ、でも、「文化」や「伝統」など、その国や地域に根ざした特有のものを、魅力として海外に伝えるのがいいのかもしれないね。

冬輝さん　〔資料〕に戻ると、「伝統芸能」は、七十歳以上の年齢層では、五つのジャンルの中で最も割合が高いことが分かるよ。それに、「伝統芸能」や「日本の伝統音楽」については、若い年齢層の人たちはあまり選ばないだろうと思ったけれど、 Ⅱ みたいだよ。

秋斗さん　確かにそうだね。〔資料〕からいろいろなことが分かって、参考になったな。発表に向けては、海外の人に知ってもらいたいことは何かとか、自分が見聞きしたり経験したりしたことを通して伝えたいことは何かとか、そういう観点からジャンルを絞ってみるのがいいかもしれないね。

められているということになるね。

〔文章〕

亭子《ていじ》の帝《みかど》の御ともに、おほきおとど、大井に仕うまつりたまへるに(おいでになったとき)、紅葉《もみぢ》、小倉の山にいろいろいとおもしろかりけるを、かぎりなくめでたまひて、「行幸《みゆき》もあらむに(天皇の行幸がありましたら)、いと興ある所になむありける。かならず奏してせさせたてまつらむ(必ず醍醐天皇に申しあげて実現させるつもりです)。」など申したまひて、ついでに、

小倉山峰のもみぢ葉心あらば(心があるならば)いまひとたびのみゆき待たな(天皇の行幸を待って)む(いてほしい)

となむありける。かくてかへりたまうて奏したまひければ(天皇に申しあげなさったところ)、「いと興あることなり。」となむ、大井の行幸といふことはじめたまひける。

（『大和物語』による。）

（注）亭子の帝……宇多《うだ》法皇のこと。醍醐《だいご》天皇の父親。
おほきおとど……太政《だいじょう》大臣である藤原忠平のこと。
大井……京都にある大井川（大堰《おおい》川）のこと。
小倉の山……京都にある小倉山のこと。

(一) 〔会話文〕中 [Ⅰ] に当てはまる語として最も適切なものを、次のア～エから選びなさい。

ア 対句　イ 倒置　ウ 擬人法　エ 体言止め

(二) 〔文章〕中＝＝「申したまひて」を現代仮名遣いで書きなさい。ただし、全て平仮名で書くこと。

(三) 〔文章〕中――「いろいろいとおもしろかりける」の意味として最も適切なものを、次のア～エから選びなさい。

ア 様々な人が互いに笑い合っていた
イ 様々な色あいでたいそう美しかった
ウ 様々な花がとても鮮やかに咲いていた
エ 様々なできごとに好奇心をかき立てられた

(四) 〔会話文〕中 [Ⅱ] に当てはまる内容として最も適切なものを、次のア～エから選びなさい。

ア 紅葉するのはもうひと月ほど待つべきだ
イ 天皇が見に来るまで紅葉を保ち続けてほしい
ウ 来年からは法皇が来る際に紅葉を見せてほしい
エ 法皇とともに天皇がやってくるのを待ち続けたい

(五) 次の〔まとめ〕は、〔文章〕を読んで、松田さんたちが貞信公の歌についてまとめたものです。後の①、②の問いに答えなさい。

〔まとめ〕

○歌がよまれた経緯
〔場面〕 [Ⅲ] のお供で大井川に行ったとき。
〔思い〕 小倉山の紅葉を [Ⅳ] にも味わってほしい。
〔行動〕 歌をよむ。

小倉山峰のもみぢ葉心あらばいまひとたびのみゆき待たなむ

○その後
「いと興あることなり。」（ [Ⅳ] の発言）
これ以降、「[　　]」が始まった。

〜エから選びなさい。

ア　目を奪った　　イ　目を盗んだ

ウ　目を点にした　　エ　目をこらした

(二)　文中A――「とてもいいと思います。亜紗ちゃんに原稿をお願いしてよかった」とありますが、「晴菜先輩」がこのように言うのは、天文部を紹介する原稿がどのようであったからですか。最も適切なものを、次のア〜エから選びなさい。

ア　土星の輪の美しさをイメージさせるデザインとなっていたから。

イ　天文部の財産や部員の思いをうまく伝える表現となっていたから。

ウ　部員一人一人の責任感の強さを思い起こさせるものであったから。

エ　カッシーニの偉業を乗り越えたい思いが伝わるものであったから。

(三)　文中B――「三高天文部の、亜紗たちの数代前のOGたちが製作した空気望遠鏡」とありますが、三高天文部にある空気望遠鏡について述べたものとして適切なものを、次のア〜オから全て選びなさい。

ア　遮光板とレンズを支えるフレームは存在するが、筒はない。

イ　十七世紀の天文学者カッシーニが日本に持ち込んだものである。

ウ　月を見ることはできるが、土星の輪までは見ることができない。

エ　建設現場にある機材を参考にしてデザインされたと言われている。

オ　金属のメインフレームを木製の昇降装置が支える形となっている。

(四)　文中C――「夜空に向けられた望遠鏡を通じて、自分が宇宙と一緒に時間まで旅したような感覚があった」とありますが、「宇宙と一緒に時間まで旅したような感覚」とは、「亜紗」にとってどのような感覚だったと考えられますか、書きなさい。

三

松田さんたちは、『小倉百人一首』にある、貞信公（藤原忠平《ただひら》）の歌「小倉山峰のもみぢ葉心あらばいまひとたびのみゆき待たなむ」について調べることにしました。次の〔会話文〕と〔文章〕を読んで、後の(一)〜(五)の問いに答えなさい。

〔会話文〕

松田さん　歌の中に「もみぢ葉」が出てくるから、この歌は、秋の紅葉の時期によんだ歌ということになるかな。

竹野さん　そうだね、秋だね。私がおもしろいと思ったのは、「峰のもみぢ葉心あらば」というところだな。この歌をよく見てみると［　Ⅰ　］が使われているよね。

梅山さん　確かにそうだね。私は、「いまひとたびのみゆき」が気になったけれど、そもそも「みゆき」って何のことだろう。

松田さん　辞書で調べてみると、「行幸」や「御幸」と書いて、天皇や法皇がお出かけになることを言うみたいだよ。

竹野さん　なるほどね。この歌をよんだ背景が分かれば、もう少し歌の理解が深まる気がするな。

梅山さん　さっき調べてみたら、平安時代の歌物語『大和物語』に、この歌がよまれた経緯が書かれているみたいだよ。次の〔文章〕がそれだね。

松田さん　そうか、なるほどね。この歌の最後にある「待たなむ」は「待っていてほしい」という意味みたいだから、つまり、この歌には、［　Ⅱ　］という思いが込隠しに、「あ、いやいやー。」とつい、早口になる。

「自分だったら、どんなことが書いてあったら興味を持つかなって考えただけなんです。私も、入ってきてすぐの頃に空気望遠鏡を見せてもらえたの、すごくわくわくしましたから。」

「ええ。あの望遠鏡は私たちのOGが残してくれた、素晴らしい財産です。」

晴菜先輩がにっこりする。そうやって、自分の先輩たちの話をする晴菜先輩は誇らしげで嬉《うれ》しそうだ。でもだからこそ、晴菜先輩が自分の代で活動を絶やすわけにはいかないと思っている責任感も強く伝わってくる。

B三高天文部の、亜紗たちの数代前のOGたちが製作した空気望遠鏡は焦点距離九・五メートル、全長は十メートルほど。かなり巨大なもので、亜紗も去年、入学して最初の頃に見て、とても驚いた。亜紗と凛久《りく》の入部を歓迎して、当時二年生だった晴菜先輩や当時の三年生が組み立ててくれたのだ。圧倒されながら、亜紗や凛久もその作業を手伝った。

空気望遠鏡は十七世紀後半に発明された望遠鏡で、迷光を遮る遮光板と、先端に直径十センチほどのレンズがついている。遮光板とレンズを支える金属のメインフレームを下から木製の昇降装置が支えていて、フレームはあるけれど、筒がない。透明な筒を支えるような形で長いフレームがレンズと接眼部をつなぐのが「空気望遠鏡」と呼ばれる所以《ゆえん》で、完成した全体を見ると、まるで建設現場にある何かの機材のようだ。教えてもらっていなければ、それが望遠鏡だとすぐにはわからなかっただろう。亜紗たちがそれまで知っていた「望遠鏡」とはそれくらい、何もかもが違う。

巨大な姿に圧倒されたけれど、聞けば、空気望遠鏡は長くすればするほど鮮明に星を観《み》ることができるそうで、先輩たちが作った望遠鏡は、イタリア出身のフランスの天文学者ジョヴァンニ・カッシーニが土星の輪を観測したのと同じ方式のものだ。

フレームのボルトをひとつひとつ締め、全員でかけ声を合わせて「せーの！」と持ち上げ、二時間近くかけてみんなで組み立てて完成させた望遠鏡を、新入生の亜紗は覗《のぞ》かせてもらった。先輩たちがまず見せてくれたのは月だ。白く輝く視界にクレーターが確認できた瞬間、亜紗も凛久も興奮したが、その後、先輩たちがさらに望遠鏡の角度を変えて、調整し、土星を見せてくれた時には、さらにさらに、より大きな感動があった。

「土星をつかまえるのはなかなか難しいんだけど――。」

空気望遠鏡で土星の輪が、ちゃんと見えた。カッシーニが三百年前に見た視界と同じ、土星。

星と輪の間に確かに隙間があるのが確認できる。その時の痺《しび》れるような嬉しさはちょっと言葉にならなかった。その時に、先輩たちが亜紗と凛久に「カッシーニの間隙《かんげき》」についても教えてくれた。カッシーニは土星の四つの衛星や、土星の輪が複数の輪で構成されていることを発見したことで知られているが、彼が発見した輪と輪の隙間はその名も「カッシーニの間隙」と呼ばれている。

「私たちの望遠鏡じゃ、かろうじて確認できるかなって感じだけど。」

星と輪の隙間とは別に、輪と輪の間にわずかに隙間がある。亜紗も凛久も、瞬《まばた》きをこらえて、長い時間、レンズの向こうに食い入るように□。

先輩たちは謙遜《けんそん》のように「かろうじて」と言ったけれど、亜紗は深く、深く感動していた。C夜空に向けられた望遠鏡を通じて、自分が宇宙と一緒に時間まで旅したような感覚があった。

（辻村深月『この夏の星を見る』による。）

（注）三高……亜紗たちが通う高校。
OG……女子の卒業生のこと。

(一) 文中□に当てはまる語句として最も適切なものを、次のア能力を持つ生物にも様々な性質があることが明らかになるから。

(三) 〔文章Ⅰ〕中B――「ここに増えるものと増えないものの違いがあります」とありますが、増えるものには、増えないものと違ってどのような特徴があるということが述べられていますか、書きなさい。

(四) 次の[ ]で囲まれた文は、〔文章Ⅱ〕中の【ア】～【エ】のいずれかの箇所に入ります。当てはまる箇所として最も適切なものを、ア～エから選びなさい。

> そして時間が経てば、○度に適応したものも現れてくるだろう。

(五) 〔文章Ⅰ〕と〔文章Ⅱ〕に共通している表現の特徴を説明したものとして最も適切なものを、次のア～エから選びなさい。

ア 「です」「ます」を用いて丁寧に説明することで、専門外の読者であっても、内容が理解しやすいよう工夫している。

イ 冒頭で示した話題について、様々な状況を「たとえば」を用いて取り上げながら、分かりやすい説明となるようにしている。

ウ 従来の一般的な考え方に対して、具体的なデータに基づいた数値を示すことで、新たな視点を読者に提示しようとしている。

エ 専門的で難しい内容について、「 」や比喩を多用しながら、読者が自分自身のこととして考えることができるよう配慮している。

(六) 春香さんたちは、〔文章Ⅰ〕と〔文章Ⅱ〕を読んで、その内容について意見を述べることにしました。次のア～エのうち、〔文章Ⅰ〕と〔文章Ⅱ〕の内容を適切に読み取れているものを、全て選びなさい。

ア 春香さん　〔文章Ⅰ〕と〔文章Ⅱ〕は、両方とも進化について書かれたものであり、どちらの文章でも、生物が多様であることと、自然選択によって進化するということを述べているね。

イ 夏世さん　〔文章Ⅰ〕も〔文章Ⅱ〕も、環境が大きく変化することで生物の進化が起こるということが述べられていて、生物の進化の原理はとても複雑だということが筆者の主張になっているね。

ウ 秋斗さん　〔文章Ⅰ〕では、生物は増えることで性質が次世代に引き継がれるということを述べていて、〔文章Ⅱ〕では、生物は多様化することで、現在まで生き残り続けることができたと述べているね。

エ 冬輝さん　〔文章Ⅰ〕では、小さな変化を数多く繰り返すことで複雑な生物へと進化してきたことが述べられていて、〔文章Ⅱ〕では、環境の変化に適応するように生物も変化するということが述べられているね。

二

次の文章を読んで、後の(一)～(四)の問いに答えなさい。

『カッシーニが見たのと同じ景色を見よう！』

他の部が必ずと言っていいほど、欄を「楽しい部です」とか「新入生大歓迎」という文字で埋めているのと違って、亜紗《あさ》はそういう類《たぐい》のことは一切書かなかった。見出しのように書いたその一行の下に、部室に保管されている空気望遠鏡の絵を描き、ただ説明を添えた。

『三高の天文部には、過去の先輩たちが作った大きな「空気望遠鏡」があります。三百年前にカッシーニが土星を見たのと同じ望遠鏡で、私たちと星を見ませんか。』

「Aとてもいいと思います。亜紗ちゃんに原稿をお願いしてよかった。」

晴菜《はるな》先輩にまた褒められて、亜紗はいよいよ困ってしまう。照れしかし、ミジンコとは違って岩石は自らを増やすことはありません。したがって、どんなに生き残りやすい丈夫な性質を持っていたとしても、その性質が次世代に受け継がれることはありませんし、集団内に広がることもありません。いつかは砕けてしまって、また上流から新しい石が流れてきて、元の状態に戻るだけです。

B ここに増えるものと増えないものの違いがあります。ミジンコは増えて、どんどん性質がその環境に適したものに変化していきます。一億年前のミジンコは現在のミジンコときっと異なる性質を持っていました（少なくともDNA配列は大きく異なるはずです）。一方で増えない岩石は変化することはありません。一億年前の河原にあった石の性質は、現在の河原にある石の性質と変わることはないはずです。

（市橋伯一『増えるものたちの進化生物学』による。）

〔文章Ⅱ〕

現実の生物でも、自然選択は非常に重要だ。地球の環境はつねに変化する。たとえば、気温が摂氏二〇度から〇度になったとしよう。そのとき、生物が変化しなければ、つまり二〇度に適応したままならば、生物は寒くて絶滅してしまうだろう。【　ア　】

また、自然選択が働かずに、ただやみくもに変化するだけでも困る。【　イ　】気温は二〇度から〇度に変化したのに、生物の方は二〇度に適応したものから四〇度に適応するように変化したら、やはり寒くて絶滅してしまう。

環境の変化に合わせるように、いや正確には環境の変化を追いかけるように、生物を変化させられるのは、自然選択だけである。【　ウ　】もし自然選択が働いていれば、気温が二〇度から〇度になったら、生物は二〇度に適応したものから多分一〇度ぐらいに適応したものに変化できる。【　エ　】環境の変化よりは少し遅れるものの、自然選択は環境の変化を追いかけるように、生物を変化させることができるのである。

さらに、もう一つ、自然選択にはよいところがある。地球の環境は、場所によって異なる。赤道直下は暑いし、南極は寒い。熱帯多雨林には雨が多いが、砂漠では少ない。そんないろいろな環境に適応していけば、生物はさまざまな種に多様化していくだろう。

つまり、自然選択によって、生物は多様化しつつ、環境の変化に合わせるように変化していく。そうなれば、環境の変化についていけずに一部の生物が絶滅することはあっても、すべての生物が絶滅することは滅多にないだろう。実際に地球では、およそ四十億年もの長きにわたって、生物は生き続けてきたのである。こんなに長く生き続けてこられたのは、自然選択のおかげなのだ。

（更科　功『若い読者に贈る美しい生物学講義
——感動する生命のはなし』による。）

（注）　摂氏二〇度……20℃のこと。

㈠　〔文章Ⅰ〕中 i 、 ii に当てはまる言葉を、〔文章Ⅰ〕中からそれぞれ抜き出して書きなさい。ただし、 i は六字、 ii は三字とする。

㈡　〔文章Ⅰ〕中A——「増える能力を持たない岩石」とありますが、筆者がここで増える能力を持たない「岩石」を例として挙げた理由として最も適切なものを、次のア～エから選びなさい。

ア　「岩石」などの身近な例を挙げることは、自然選択が私たちの生活に欠かせないという考えの裏付けとなるから。

イ　進化にかかる時間の長さを述べるためには、変化する時間に差がある「岩石」を取り上げておくことが必要だから。

ウ　「岩石」は生物と同様に残りやすさに違いがあり、増える能力を持つ生物と比較する際の対象として適しているから。

エ　「岩石」に様々な性質があることを紹介することで、増える

国語

●満点100点　●時間50分

一　春香さんたちは、次の〔文章Ⅰ〕と〔文章Ⅱ〕を読み、生物の進化について考えを深めようとしています。これらの文章を読んで、後の㈠～㈥の問いに答えなさい。

〔文章Ⅰ〕

すべての生物は進化をします。「進化」という言葉はいろいろな分野で少し違った意味で使われていますが、ここでの「進化」は生物学的な進化を指します。すなわち、ダーウィンが述べた「多様性を持つ集団が自然選択を受けることによって起こる現象」のことです。

この進化の原理はとても単純です。まず、生物は同じ種であっても個体ごとに少しずつ遺伝子が違っていて、その能力にも少しだけ違いがあること、つまり能力に多様性があることを前提とします。

たとえば、池の中にミジンコがたくさんいて、みんな少しずつ泳ぐ速さが違うといった状況をイメージしてください。[i]ミジンコは、泳ぐのが遅いミジンコよりもきっと餌《えさ》を多く手に入れることができるでしょうし、ヤゴなどの天敵から逃げやすいので長く生き残ってたくさんの子孫を残すでしょう。そして次の世代のミジンコ集団では泳ぐのが速いミジンコの割合が増えていることでしょう。

この子孫を残しやすい性質が集団内で増えていく現象が「自然選択」と呼ばれます。多様性があってそこに自然選択が働くと、より子孫を残しやすい性質がその生物集団に自然に広がっていくことになります。

このように集団の性質がどんどん変わっていくことが生物学的な「進化」と呼ばれます。自然選択が起こると特定の性質が選ばれるので、一時的に多様性は小さくなってしまいますが、そのうち遺伝子に突然変異が起きてまたいろいろ性質の違う個体が生まれると[ii]は回復します。そしてまた自然選択が起こり、進化が続いていくことになります。

ここで例として挙げた進化では泳ぐのが速くなるくらいの小さな変化ですが、おそらくこれを気の遠くなるほど続けた結果が、私たち人間を含む現在に生きる生物たちです。私たちの祖先は細菌のような単細胞生物だったと言われていますが、このような多様性と自然選択を気の遠くなるような数だけ繰り返して、より生き残りやすい性質を生み出し選んできました。その結果、現在の私たち人間や、現在生きているすべての生物のような複雑な生物へと進化していったと考えられています。

増える能力の話に戻ります。実は、進化が起こるには増える能力が前提として必要です。つまり、増えなかったら進化することはありません。

たとえば、A増える能力を持たない岩石を考えてみましょう。岩石にも多様性があります。河原にある様々な石を思い浮かべてみてください。丸い石、ごつごつした石、平べったい石など形もいろいろですし、石のでき方によって種類も、チャート、砂岩、石灰石、蛇紋岩など様々です。この違いによって、石ごとに硬い、柔らかい、脆《もろ》いなど性質が異なります。つまり性質に多様性があります。この性質の違いにより自然選択がおこり、何年も経《た》ったあとの残りやすさに違いが生まれます。たとえば、砂岩などは比較的柔らかいので他の岩石よりも早く風化してなくなり、ほかのもっと硬い岩石はずっと形を保って残り続けることになるでしょう。

ここまでの現象は、必要な時間は違いますがミジンコと同じです。

英語解答

1 Part A　No.1　ア　No.2　エ
Part B　ウ

2 Part A　No.1　ア　No.2　イ
Part B　A…ウ　B…イ　C…ウ
D　(例) you excited and happy

3 (1)　(例) Yes, I did.
(2)　(例) He gave me a guitar.
(3)　(例) How long have you played the piano?

4 ア　Walking　イ　visit
ウ　taught　エ　spent
オ　tried

5 (1)　カ　(2)　A…エ　B…ア
(3)　C…イ　D…ウ

6 (1)　①　(例) She was talking about her experience.
②　(例) Because they were poor.
(2)　イ
(3)　A　(例) we can use things we have learned at school
B　(例) we should be interested in many things

7 A　(例) more than fifty percent of the students in this class don't have enough sleep. (14語)
B　(例) we should not watch TV or play video games late at night. Also, we should start to do our homework soon after we go home. (25語)

1〔放送問題〕

Part A．No.1《全訳》A：何をお召し上がりになりますか？／B：ハンバーガーを2つもらえますか？／A：はい。お飲み物は何になさいますか？／B：温かい紅茶で。／A：かしこまりました。

No.2《全訳》私の撮ったこの写真を見てください。これは私の兄〔弟〕と姉〔妹〕です。姉〔妹〕は学校の制服を着ていて，兄〔弟〕は帽子をかぶっています。兄〔弟〕は姉〔妹〕よりも背が高いです。また，私たちはポチという犬を飼っています。ポチは2人の間にいます。

Part B《全訳》こんにちは，こちらはABC空港です。天候が悪いため，いくつかのフライトを変更いたします。ロンドン行き123便はゲートAから出発する予定でしたが，ゲートDに変更となりました。フライト時刻の変更はありません。成田行き130便はゲートBから出発予定でしたが，現在ゲートCに変更となっております。最後に，シドニー行き152便はゲートAからの出発予定となり，出発時刻も変更となりました。152便は今から2時間後の出発となります。ご自分の搭乗ゲートをご確認のうえ，フライトをお楽しみください，ありがとうございました。

2〔放送問題〕

Part A．No.1《全訳》ティム(T)：たくさん本を持ってるね。どこへ行くの？／ミカ(M)：学校の図書室に行くところよ。／T：その本は重そうだね。運ぶのを手伝ってあげるよ。／M：ありがとう。あなたはとても優しいのね。

No.2《全訳》T：あっ，雨が降ってきた。／M：傘を持ってくるのを忘れちゃったわ。／T：僕も忘れた。走らないといけないね。／M：傘を持っていたらよかったのに。

Part B《全訳》はじめまして。僕はケンジです。ミナミ中学校にようこそ。今日の予定を見てください。歓迎会の後，皆さんには日本の伝統的なものについて知ってほしいと思います。例えば，それぞれの教室で，折り紙をしたり，着物を着たり，抹茶と呼ばれる日本の緑茶を飲んだりして楽しめます。午前中の活動の後は，昼食をとります。オーストラリアでは，家から昼食を持参するのが普通だそうですね。ですが今日は，教室で僕たちの学校の給食を食べてもらいます。給食は生徒のために毎日調理されています。皆さんが気に入ってくれることを願っています。昼食後は，サッカーをしましょう。僕たちがサッカーを選んだのは，それがチームスポーツだからです。また，サッカーは皆さんの国でも知られています。一緒にサッカーをすることで，楽しんだり，一緒に話をしたり，お互いを理解したりすることができます。以上が今日の予定です。これらのイベントを通じて，きっと皆さんは盛り上がり楽しんでくれることと思います。ありがとうございました。

【プログラム】

今日の予定

時刻	イベント
９時20分～９時40分	歓迎会
９時50分～11時40分	活動１ ・A日本文化を楽しみます。
11時50分～12時40分	ランチタイム ・今日はB日本のやり方で昼食をとって楽しみます。
12時50分～15時40分	活動２ ・Cお互いのことをよく知るため，スポーツをします。

▶これらのイベントは(例)皆さんを盛り上げ，楽しくしてくれるでしょう。

＜解説＞Ａ．第５文参照。traditional Japanese things を Japanese culture で言い換えている。 Ｂ．第８，９文参照。オーストラリアでは昼食を持参するが，日本では給食を食べる。つまり，昼食をとる方法が異なっている。 way「方法，やり方」 Ｃ．最後から４文目参照。 Ｄ．最後から２文目の内容を，‘make＋人＋形容詞’「〈人〉を…(の状態)にする」の形を使って書き換える。

３〔対話文完成―適文補充―絵を見て答える問題〕

≪全訳≫❶ジェーン(Ｊ)：アキラ，うれしそうね。

❷アキラ(Ａ)：うん。昨日は僕の誕生日だったんだ。

❸Ｊ：えっ，ほんと？　何かプレゼントはもらった？

❹Ａ：(1)うん，もらったよ。お父さんからプレゼントをもらったんだ。

❺Ｊ：お父さんは何をくれたの？

❻Ａ：(2)ギターをくれたよ。僕は音楽を演奏するのが好きなんだ。

❼Ｊ：それはよかったね！　私も音楽を演奏するのが好きよ。実は，ピアノを弾くんだ。

❽Ａ：へえ！　それはいいね。(3)どのくらいの間，ピアノを弾いているの？

❾Ｊ：２年間ピアノを弾いているわ。

＜解説＞⑴Did you get any presents？「何かプレゼントはもらった？」という質問に対する返答。この後，プレゼントをもらったと言っており，「３語以上」という条件があるので，Yes, I did. とする。 ⑵What did he give you？「お父さんは何をくれたの？」という質問に対する返答。次の絵から，ギターをもらったことがわかるので，「彼は僕にギターをくれた」という内容の文をつくる。これは‘give＋人＋物’「〈人〉に〈物〉を与える」または‘give＋物＋to＋人’の形で表せる。過去の内容なので過去形にすること。 give－gave－given ⑶この質問に対して，ジェーンは自分がピアノを弾いている‘期間’を答えているので，「あなたはどのくらいの間ピアノを弾いているのか」という内容の文をつくる。‘期間’を尋ねる How long「どのくらいの間」で始め，‘have/has＋主語＋過去分詞…?’の形の現在完了の疑問文を続ければよい。

４〔長文読解―適語選択・語形変化―Ｅメール〕

≪全訳≫やあ，トム❶Ｅメールと写真をありがとう。へえ，君は夜に動物園に行ったのかい？　動物園を歩いて回るのはおもしろそうだね。僕もいつか夜に動物園に行ってみたいな。

❷ところで，僕は先週家族とキャンプに行ったんだ。父さんはキャンプのことに詳しいから，父さんからいろんなことを教わった。例えば，野外での料理の仕方を習った。僕らが一緒につくったカレーライスはほんとにおいしかったな。そこですごく楽しく過ごしたよ。

❸キャンプ場でたくさんの人たちを見て本当にびっくりした。そこで彼らはいろんな種類のテントでキャンプを楽しんでいたよ。大きなテントで一緒に時間を過ごしている人たちもいれば，１人でキャンプを楽しんでいる人たちもいた。シンガポールでもキャンプは人気があるのかな？　君はこれまでにキャンプをしてみたことはあるかい？／タカシ

＜解説＞ア．walk around ～ で「～を歩き回る」。文の主語となる部分なので「～すること」という意味を表す動名詞(～ing)にする。文頭なので大文字で始めること。　　イ．動物園に興味があるという内容の後なので，いつか「訪れてみたい」とする。want to ～「～したい」の‘～’には動詞の原形が入る。　　ウ．直後の文の「野外での料理の仕方を習った」という内容が，ウを含む文の例となっているので，ウを含む文は「父からたくさんのことを習った」という内容になるとわかる。ウの直前に be動詞の was があるので‘be＋過去分詞’の受け身で「教えられた」とする。　teach－taught－taught　　エ．their time「彼らの時間」を目的語とする動詞が入る。spend は「(時間など)を費やす」という意味。過去の内容なので過去形にする。　spend－spent－spent　　オ．try ～ing で「(試しに)～してみる」。Have you ever という現在完了の疑問文なので，過去分詞にする。try－tried－tried

5 〔長文読解総合―会話文〕

≪全訳≫❶ルーシー(Ｌ)：エミ，2024年に３枚の日本の紙幣が変わるって知ってる？　それって今年よ！　そのうちの１枚には女性の肖像画が載るんだってね。その女性って誰なの？

❷エミ(Ｅ)：津田梅子よ。彼女は日本で初めて海外留学をした女性の１人なの。彼女は日本で女性教育のために尽力したのよ。

❸Ｌ：それはすごいね。$_{A}$あなたはどうやって彼女のことを知ったの？

❹Ｅ：学校で彼女のことを習ったの。彼女が新紙幣に載るって先生が言ってたわ。

❺Ｌ：そうなんだ。彼女は重要な日本人女性なんだね。新しいことを学べたわ。ありがとう，エミ。

❻Ｅ：わあ，そんなふうに言ってくれてうれしいな。

❼エミの父(Ｆ)：よかったね。ところで，いろんな国の紙幣を何枚か持ってきたよ。これを見てごらん。

❽Ｅ：わあ！　どれもみんな見た目がおもしろい。お父さんはたくさん旅行してるもんね。先月はタイに行ったんだっけ？

❾Ｆ：ああ。これはタイの紙幣だよ。国王が載ってる。外国では王や女王が紙幣に載ることがあるんだ。

❿Ｌ：そうですね。この紙幣を見て。女王エリザベス２世が載ってるの。これはイギリスのよ。お父さんはそこに行ったことがあるんですか？

⓫Ｆ：ああ，あるよ。10年前，フランスに１週間滞在した後，イギリスに行ったんだ。

⓬Ｅ：ほんと？　じゃあ，フランスの紙幣も持ってるの？

⓭Ｆ：フランスではユーロ紙幣を使ったよ。これを見てごらん。これがユーロ紙幣さ。

⓮Ｅ：へえ，窓の絵なんだね。$_{B}$人物の顔は載ってないんだ。

⓯Ｆ：そうなんだ。ユーロ紙幣は特定の国の出身人物の肖像画を使わない，いろいろなEU加盟国で使われているからね。この窓は，加盟国がお互いに対して開かれていることを意味しているんだよ。これは加盟国が持っている理念なんだ。

⓰Ｅ：おもしろいね！　こっちの紙幣はどうなの？　これはパソコンを使っている子どもたち？

⓱Ｆ：うん，そうだよ。これはルワンダの紙幣だね。そこへは５年前に行ったんだ。この紙幣の子どもたちはパソコンの使い方を習っている。この国は，この子たちが将来この国を発展させるのに役立つことを願っているのさ。

⓲Ｌ：じゃあ，この紙幣はこの国の未来にとって何が重要なのかを伝えているんですね。

⓳Ｅ：なんておもしろいの！　紙幣は毎日私たちの身の回りで使われてる。でも，それを通じてたくさんのことが学べるのね。お父さん，他の紙幣についても教えてよ！

(1)＜**要旨把握**＞タイに行ったのは先月(第８，９段落)，フランスとイギリスに行ったのは10年前で，フランス→イギリスの順(第10，11段落)。ルワンダに行ったのは５年前(第17段落)。

(2)＜**適文選択**＞**A**．この質問に対し，エミは「学校で習った」と答えている。「学校で」は，習った‘手段・方法’だと考えられる。‘手段・方法’は How で尋ねられる。　**B**．エミの父が直後で，このエミの発言を肯定してから，ユーロ紙幣には人物の肖像は使われていないと説明している。主語の It は，前の文と同じでその前にある a Euro banknote を指す。

(3)＜**内容一致―適文選択**＞≪**全訳**≫昨日，私は父とルーシーと，いくつかの国の紙幣について話し合いました。新しい日本の紙幣に載っているC日本人女性についてルーシーが学ぶお手伝いができたので，うれしかったです。また，私たちはEUとルワンダの紙幣も見ました。Dその紙幣はその国にとって，またはその国の未来にとって大切な理念を教えてくれるので，本当に興味深いものでした。もっとたくさん，いろいろな国の紙幣を見てみたいと思います。

＜**解説**＞**C**．第１～６段落参照。新紙幣に載る女性について知りたがったルーシーに対して，エミは津田梅子について教えた後に感謝されて喜んでいる。　**D**．第15～19段落参照。紙幣には国々の理念や，国の未来にとって大切なものが載っていることを知ったエミは，そのことに興味を抱いている。

6〔**長文読解総合―エッセー**〕

≪**全訳**≫❶ある日，私はあるテレビ番組を見ていた。１人の女性が自身の経験について語っていた。彼女の名前はアン・マコシンスキー。カナダ出身である。彼女は科学が好きだ。また，新しい物を発明するのも好きだ。彼女はこれまでに数多くの役立つ物をつくってきた。彼女の話を聞いたとき，私は本当に驚いた。

❷学生の頃，彼女はフィリピンを訪れた。滞在中に彼女はある少女と出会い，その子は彼女の親友になった。アンはカナダに戻り，２人は互いに連絡を取り合った。その後，アンは親友から悲しい話を聞いた。彼女はこう言った。「私，学校のテストでいい点数が取れなかったんだ。うちの家族は貧乏だから，夜は電気がつかないの。十分な勉強ができなくて」　これを聞いて，アンはとても悲しくなった。彼女たちは２人とも学生で，ほとんど同い年なのに，友人の生活は大きく異なっていた。アンは友人を助けるために，この問題について何かしたいと思った。そして，彼女はエネルギーをつくり出すためのアイデアを思いついた。彼女は科学に興味を持ってたくさん勉強していたので，熱を使ってエネルギーをつくり出せることを知っていた。友人を救うのにその知識が使えると彼女は思った。それからその知識を使って，彼女は懐中電灯を発明した。それは人間の手の熱を利用するものだ。この懐中電灯を手で握ると，手の熱がエネルギーとなって懐中電灯を使うことができる。彼女はこれを親友のためにつくったのだ。

❸今，私は15歳だ。アンがその懐中電灯を発明したとき，彼女もまだ15歳だった。彼女は自分の知識を使って，友人を助けるために懐中電灯を発明した。彼女のアイデアがあれば，同じ問題を抱えるさらに多くの子どもを助けることができる。アンの経験について聞いたとき，私は自分自身について考え，２つのことに気がついた。私たちはアンのように，学校で習ったことを使って人を助けることができる。自分たちの知識を使えば，問題を解決する方法を見つけられるのだ。また，たくさんのことに興味を持つことが私たちには大切だ。興味と知識があれば，問題について行動を起こしやすくなるだろう。私はこれまで，「なぜ勉強するのか」という疑問について深く考えていなかった。でも今は，自分がなぜ勉強するのかを理解している。

❹私たちの生活には多くの問題があり，助けを必要としている人々がいる。私は周りを見て，どのように自分の知識を活用できるのかについて考えたいと思う。また，私は学び続けていきたい。そうすれば，いつかはアンのように，世界に小さな変化をもたらせるかもしれない。私は世界をよりよくする手助けができる人間になりたいと思っている。

(1)＜**英問英答**＞①「そのテレビ番組でアン・マコシンスキーは何をしていたか」―「彼女は自分の経験について語っていた」　第１段落第１～３文参照。主語を She にして，残りは第２文の was 以下がそのまま使える。　②「フィリピンにいるアンの親友の家庭で夜に電気がつかなかったのはなぜか」―「彼女たちは貧しかったから」　第２段落第６文参照。この文にある so は「だから」の意味なので，その前が‘理由’を表す内容，後が‘結果’を表す内容になる。

(2)＜**内容真偽**＞ア.「アンはフィリピンにいたときに，自分の親友が夜に勉強できないことを知った」…×　第２段落第３～７文参照。カナダに帰国した後に知った。　イ.「アンは人間の手の熱によってつくられたエネルギーを利用した懐中電灯を発明した」…○　第２段落後半の内容に一致する。　ウ.「マナは，自分はアンが発明した懐中電灯を使ってより多くの子どもを助けられると考えた」…×　第３段落第４文参照。マナは，アンがより多くの子どもを助けられると考えた。エ.「マナは，アンの話を知る前から，『なぜ自分は勉強するのか』という質問の答えを知っていた」…×　第３段落最後の２文参照。最終文の now「今」は，アンの話を聞いた後のことである。

(3)＜**内容一致―適文補充**＞≪**全訳**≫アン・マコシンスキー様／こんにちは，私は日本のマナといいます。私は中学生です。あなたの懐中電灯のお話がすばらしかったので，あなたにお手紙を書いています。あなたは親友のために何かしたいと思い，ご自分の知識を使ったのですね。それはすばらしいことだと思います。／あなたのお話から，私は２つの大切なことを学びました。１つ目は，人々を助けたり，問題を解決したりするために，A(例)私たちは自分が学校で習ったことを使えるということです。２つ目は，B(例)私たちはいろいろなことに興味を持つべきだということです。私は小さなことから始めたいと思います。挑戦し続ければ，いつかこの世界に小さな変化をもたらせるかもしれません。私は将来，あなたのような人になりたいと思っています。／心を込めて，マナ

＜**解説**＞第３段落第５文に「私は２つのことに気がついた」とあり，その後でその具体的な内容が述べられている。この２つの内容を，「～ということ」を意味する that に続くように‘主語＋動詞...’の形でまとめる。Aは第３段落第６文の using things we have learned at school の部分を使い，‘主語’を we，‘動詞’を can use などとすればよい。Bには第３段落第８文の内容が当てはまるが，it から things までをそのまま使うと11語で問題の条件に合わなくなるので，「私たちには大切だ」を「私たちは～するべきだ」などと読み換え，we should ～ などとする。

7 〔条件作文―絵を見て答える問題〕

≪**全訳**≫皆さんは毎日どのくらい睡眠をとっていますか？　十分に眠れていますか？　ワークシートのグラフを見てください。このクラスの生徒たちが，「あなたは十分な睡眠をとっていますか」という質問に答えてくれました。／今日の授業では，皆さんに十分な睡眠をとるための方法について考えてもらい，自分自身の考えをワークシートに記入してほしいと思います。

【ワークシート】十分な睡眠をとるための方法／グラフ　質問：「あなたは十分な睡眠をとっていますか？」／このグラフは，A(例)このクラスの生徒の50パーセント以上が十分な睡眠をとっていないということを示しています。／あなたの考え　十分な睡眠をとるためには，B(例)夜遅くにテレビを見たりゲームをしたりするべきではありません。また，家に帰ったらすぐに宿題を始めるべきです。このようにすれば，十分な睡眠をとることができます。

＜**解説**＞A．グラフからは，十分な睡眠をとっているかという質問に対して「いいえ」と答えた生徒が半分以上を占めていることがわかる。これを英語で説明する。接続詞 that に続く部分なので‘主語＋動詞...’の形にすること。　more than ～「～より多くの」　B．十分な睡眠をとるための具体的な方法を挙げる。解答例のほか，寝床でスマートフォンを使わないようにする，夕食や入浴を早めに済ませる，よく眠れるようにリラックスできることを寝る前に行うといったことが考えられる。

数学解答

1 (1) ① 5 ② $2x+8$ ③ $3a-2$
(2) $(x-8)(x+3)$ (3) イ，エ
(4) $110\pi\,\mathrm{cm}^2$ (5) $x=\dfrac{-5\pm\sqrt{5}}{2}$
(6) 52° (7) 9 cm (8) $\dfrac{11}{36}$
(9) 90m

2 (1) $a<2b+50$
(2) 丸型の積み木…32g
星型の積み木…48g

3 (1) X…AB Y…高さが等しい
証明の続き…(例)また，
△PAR＝△PAB－△RAB……②，
△QBR＝△QAB－△RAB……③
①，②，③より，△PAR＝△QBR
(2) ① 右図
② (例)点Pを中心とする同じ円の周上に点A，点B，点Cがあるので，円周角の定理より，$\angle ACB=\dfrac{1}{2}\angle APB$ であるといえる。

4 (1) イ，ウ，ア (2) イ
(3) ア，エ

5 (1) ① 7000m ② $y=-\dfrac{2}{3}x+8000$
③ 1200m
(2) 2400m

(例)

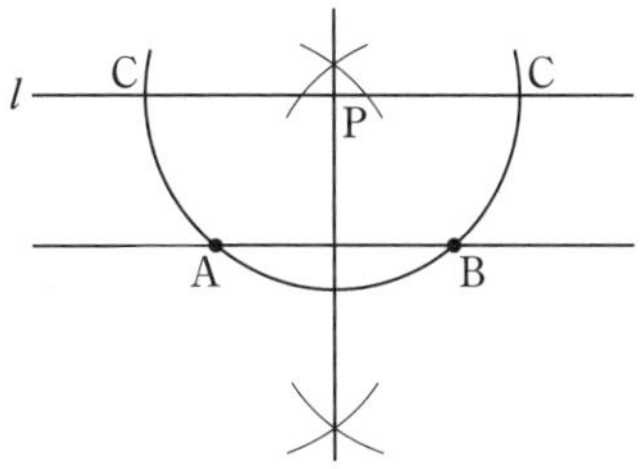

1 〔独立小問集合題〕

(1)＜数の計算，式の計算＞①与式＝7－2＝5　②与式＝$3x+7-x+1=2x+8$　③与式＝$(3a^2b-2ab)\times\dfrac{1}{ab}=3a^2b\times\dfrac{1}{ab}-2ab\times\dfrac{1}{ab}=3a-2$

(2)＜式の計算─因数分解＞たして－5，かけて－24となる2数は－8と3だから，与式＝$(x-8)(x+3)$となる。

(3)＜数の性質─正誤問題＞ア…誤。$\sqrt{0.0001\times10}=\sqrt{0.01^2\times10}=0.01\sqrt{10}$ である。　イ…正。ウ…誤。3の平方根は$\pm\sqrt{3}$ である。なお，9と－9は81の平方根である。　エ…正。$3\sqrt{11}=\sqrt{3^2\times11}=\sqrt{99}$，$10=\sqrt{10^2}=\sqrt{100}$ だから，$\sqrt{99}<\sqrt{100}$ より，$3\sqrt{11}<10$ である。

(4)＜空間図形─表面積＞円柱を展開すると，右図1のようになる。底面の円の面積は，$\pi\times5^2=25\pi$ である。また，側面の長方形をABCDとすると，辺ABは円柱の高さだから，AB＝6であり，辺ADは底面の円の周の長さに等しいので，$AD=2\pi\times5=10\pi$ である。よって，〔長方形ABCD〕＝$AB\times AD=6\times10\pi=60\pi$ であり，円柱の表面積は，$25\pi\times2+60\pi=110\pi\,(\mathrm{cm}^2)$となる。

図1

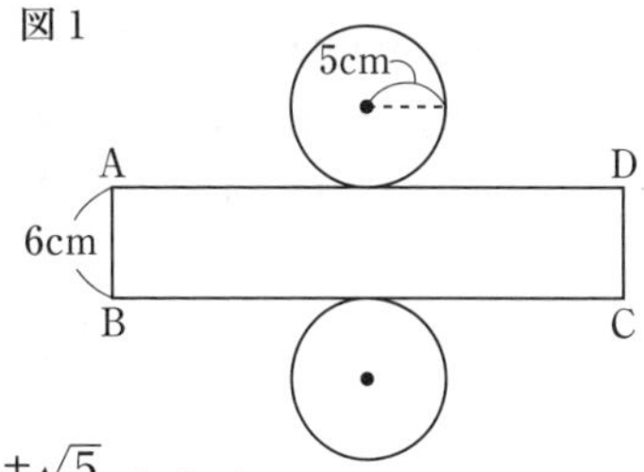

(5)＜二次方程式＞解の公式を用いて，$x=\dfrac{-5\pm\sqrt{5^2-4\times1\times5}}{2\times1}=\dfrac{-5\pm\sqrt{5}}{2}$ となる。

(6)＜平面図形─角度＞右図2で，△ABCはCA＝CBの二等辺三角形だから，底角が等しくなり，∠BAC＝∠ABC＝64°である。△ABCの内角の和は180°なので，∠ACB＝180°－∠BAC－∠ABC＝180°－64°－64°＝52°となる。

図2

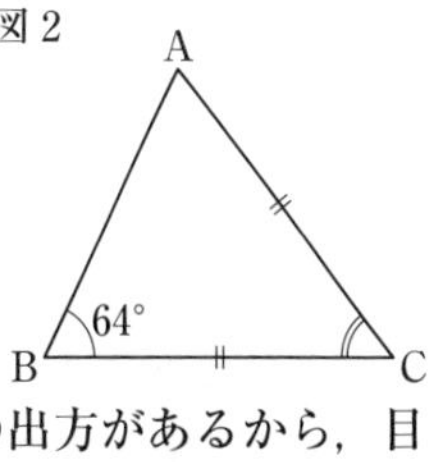

(7)＜平面図形─長さ＞∠ACB＝90°だから，△ABCにおいて三平方の定理より，$AC=\sqrt{AB^2-BC^2}=\sqrt{41^2-40^2}=\sqrt{81}=9$(cm)である。

(8)＜確率─さいころ＞大小2つのさいころを投げるとき，それぞれ6通りの目の出方があるから，目

の出方は全部で$6\times6=36$(通り)ある。大きいさいころの目が3以下のとき，Xは2つのさいころの目の和だから，Xが5の倍数となるのは，(大，小)=(1，4)，(2，3)，(3，2)の3通りある。また，大きいさいころの目が4以上のとき，Xは2つのさいころの目の積だから，Xが5の倍数となるのは，少なくともどちらかのさいころの目が5であり，(大，小)=(4，5)，(5，1)，(5，2)，(5，3)，(5，4)，(5，5)，(5，6)，(6，5)の8通りある。よって，Xが5の倍数となるのは，$3+8=11$(通り)だから，求める確率は$\frac{11}{36}$である。

(9)**<関数―制動距離>**秒速xmで走っている自動車の制動距離をymとすると，yはxの2乗に比例するので，比例定数をaとして，$y=ax^2$と表せる。秒速10mで走っているときの制動距離が10mだから，$y=ax^2$に$x=10$，$y=10$を代入して，$10=a\times10^2$より，$a=\frac{1}{10}$である。よって，$y=\frac{1}{10}x^2$の関係が成り立つから，秒速30mで走っているときの制動距離は，$x=30$を代入して，$y=\frac{1}{10}\times30^2=90$(m)である。

2 〔数と式―文字式の利用，連立方程式〕

(1)**<文字式の利用―不等式>**てんびんは右に傾いているので，左の皿にのせた四角型の積み木1個の重さは，右の皿にのせた三角型の積み木2個と50gの分銅1個の重さの合計より軽い。四角型の積み木1個の重さがag，三角型の積み木1個の重さがbgより，左の皿にのせた積み木の重さはag，右の皿にのせた積み木と分銅の重さの合計は$b\times2+50=2b+50$(g)なので，$a<2b+50$となる。

(2)**<連立方程式の応用>**丸型の積み木1個の重さをxg，星型の積み木1個の重さをygとする。左の皿に丸型の積み木3個，右の皿に星型の積み木2個をのせるとつり合うので，$3x=2y$が成り立ち，$3x-2y=0$……①となる。また，左の皿に丸型の積み木2個と20gの分銅4個，右の皿に星型の積み木3個をのせてもつり合うので，$2x+20\times4=3y$が成り立ち，$2x-3y=-80$……②となる。①×3より，$9x-6y=0$……①′　②×2より，$4x-6y=-160$……②′　①′－②′より，$9x-4x=0-(-160)$，$5x=160$　$\therefore x=32$　これを①に代入して，$3\times32-2y=0$，$96-2y=0$，$-2y=-96$　$\therefore y=48$　よって，丸型の積み木1個の重さは32g，星型の積み木1個の重さは48gである。

3 〔平面図形―平行線と三角形〕

図1

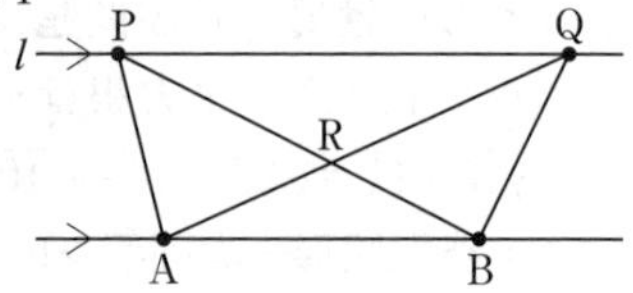

(1)**<証明>**右図1の△PABと△QABにおいて，共通する辺は，辺ABである。l∥ABより，辺ABを底辺としたときの高さが等しいので，△PAB=△QABとなる。また，△RAP=△PAB－△RAB，△QBR=△QAB－△RABと表せる。証明の続きは解答参照。

図2

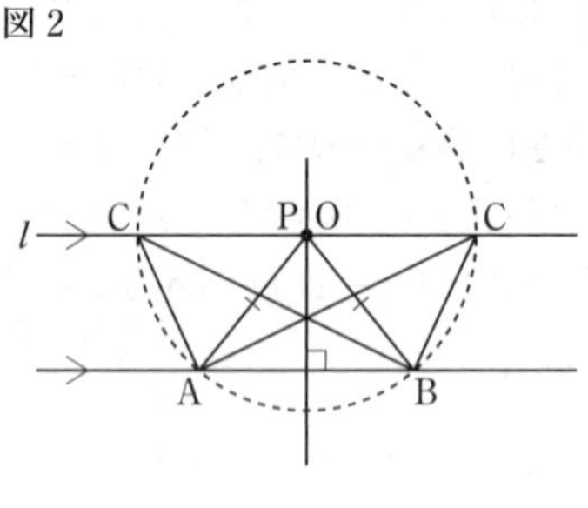

図3

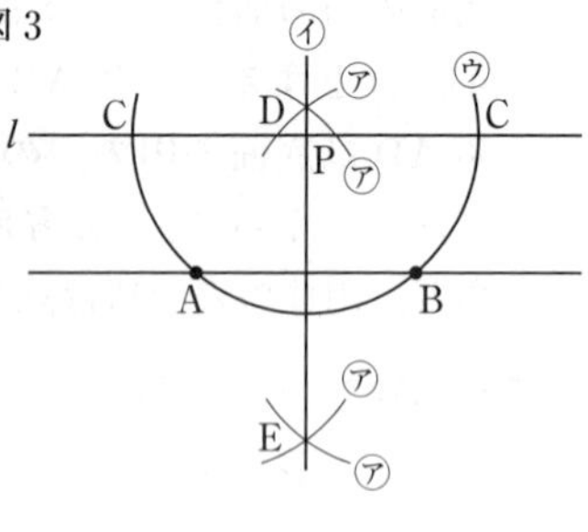

(2)**<作図，理由>**①，②右図2で，△PABはPA=PBの二等辺三角形なので，点Pを通りABに垂直な直線は，線分ABの中点と交わる。よって，点Pは，線分ABの垂直二等分線と直線lの交点である。また，3点A，B，Cを通る円を考え，その円の中心をOとすると，$\overset{\frown}{AB}$に対する円周角と中心角の関係より，$\angle ACB=\frac{1}{2}\angle AOB$となる。$\angle ACB=\frac{1}{2}\angle APB$となるとき，∠AOB=∠APBであり，点P，点Oはともに線分ABの垂直二等分線上にあるから，点Pと点Oは一致する。このことから，点Cは，点Pを中心とする半径PAの円の弧と直線lの交点である。作図は，右上図3で，㋐2点A，Bを中心として半径の等しい円の弧をかき(2つの交

点をD，Eとする），㋑2点D，Eを通る直線を引く。㋑の直線と直線 l の交点がPとなる。㋒点Pを中心として半径がPAの円の弧をかく。㋒の円の弧と直線 l の交点がCとなる。㋒の円の弧と直線 l は2点で交わるので，点Cは2個ある。解答参照。

4〔データの活用―箱ひげ図〕

(1)＜**大小比較**＞桐生市の第3四分位数は37.0℃と38.0℃の間，小松市の第1四分位数は33.0℃と34.0℃の間，宮崎市の最大値は35.0℃と36.0℃の間だから，値の小さい順に並べると，小松市の第1四分位数，宮崎市の最大値，桐生市の第3四分位数となる。

(2)＜**ヒストグラム**＞桐生市の最小値は29.0℃と30.0℃の間，最大値は39.0℃であることより，桐生市のヒストグラムはイとなる。

(3)＜**正誤問題**＞ア…正。データの範囲は，最大値から最小値をひいた差であるから，箱ひげ図の長さ，つまり，左のひげの部分の端から右のひげの部分の端までの長さで表される。この長さが最も大きいのは桐生市なので，データの範囲が最も大きいのは桐生市である。　イ…誤。四分位範囲は，第3四分位数から第1四分位数をひいた差であるから，箱ひげ図の箱の部分の長さで表される。箱の部分の位置では表されない。なお，箱の部分の長さが最も大きいのは小松市だから，四分位範囲が最も大きいのは小松市となる。　ウ…誤。桐生市のデータの中央値が36.0℃と37.0℃の間だから，最高気温が36.0℃以上の日は16日以上ある。一方，小松市のデータの第3四分位数は36.0℃より小さいので，最高気温が36.0℃以上の日は8日未満である。　エ…正。宮崎市は，データの最大値が36.0℃未満だから，最高気温が36.0℃以上の日はない。ウより，桐生市は，最高気温が36.0℃以上の日は16日以上ある。

5〔空間図形―正四角錐〕

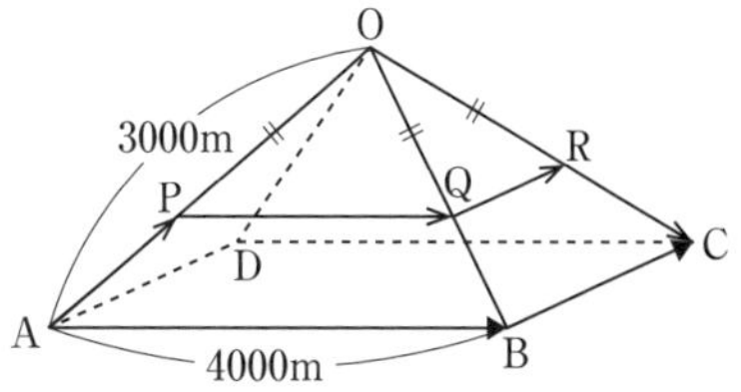

(1)＜**距離**＞①右図で，AP＝1500のとき，OA＝3000より，OP＝OA－AP＝3000－1500＝1500となる。OP＝APだから，点Pは辺OAの中点である。OA＝OB＝OC，OP＝OQ＝ORより，点Q，点Rもそれぞれ辺OB，辺OCの中点となる。OP：OA＝OQ：OB＝OR：OC＝1：2より，△OPQ∽△OAB，△OQR∽△OBCとなるので，PQ：AB＝OP：OA＝1：2，QR：BC＝OQ：OB＝1：2であり，$PQ=\frac{1}{2}AB=\frac{1}{2}\times4000=2000$，$QR=\frac{1}{2}BC=\frac{1}{2}\times4000=2000$ となる。また，RC＝AP＝1500である。よって，このとき，A→P→Q→R→Cの経路の距離の合計は，AP＋PQ＋QR＋RC＝1500＋2000＋2000＋1500＝7000(m)である。　②上図で，AP＝x のとき，OP＝OA－AP＝3000－x である。△OPQ∽△OABだから，PQ：AB＝OP：OA＝(3000－x)：3000となるので，$PQ=\frac{3000-x}{3000}AB=\frac{3000-x}{3000}\times4000=4000-\frac{4}{3}x$ と表せる。同様に，$QR=4000-\frac{4}{3}x$ となり，RC＝AP＝x である。よって，A→P→Q→R→Cの経路の距離の合計はAP＋PQ＋QR＋RC＝$x+\left(4000-\frac{4}{3}x\right)+\left(4000-\frac{4}{3}x\right)+x=-\frac{2}{3}x+8000$ となるから，$y=-\frac{2}{3}x+8000$ である。　③右上図で，A→B→Cの経路の距離の合計は，AB＋BC＝4000＋4000＝8000だから，A→P→Q→R→Cの経路の距離の合計が，A→B→Cの経路の距離の合計の90％になるとき，その距離は，$8000\times\frac{90}{100}=7200$ である。よって，②より，$-\frac{2}{3}x+8000=7200$ が成り立つ。これを解くと，$-\frac{2}{3}x=-800$，$x=1200$ となるから，最初に登る距離APはAP＝1200(m)である。

(2)＜**距離**＞右上図で，A→B→Cの経路で歩くときの速さを t とする。A→B→Cの経路の移動時間は，$(4000+4000)\div t=\dfrac{8000}{t}$と表せる。また，山を登るA→Pの区間の速さは0.6倍だから，$0.6t$となり，P→Q→Rの区間の速さは同じ速さだから，tであり，山を下るR→Cの区間の速さは1.5倍だから，$1.5t$となる。AP＝xとすると，A→P→Q→R→Cの経路の移動時間は，$x\div0.6t+\left\{\left(4000-\dfrac{4}{3}x\right)+\left(4000-\dfrac{4}{3}x\right)\right\}\div t+x\div1.5t=\dfrac{5x}{3t}+\dfrac{8000}{t}-\dfrac{8x}{3t}+\dfrac{2x}{3t}=\dfrac{24000-x}{3t}$と表せる。これがA→B→Cの経路の移動時間の90％になるので，$\dfrac{24000-x}{3t}=\dfrac{8000}{t}\times\dfrac{90}{100}$が成り立ち，$\dfrac{24000-x}{3t}=\dfrac{7200}{t}$として，両辺に$3t$をかけると，$24000-x=21600$，$x=2400$となる。よって，最初に登る距離APはAP＝2400(m)である。

＝読者へのメッセージ＝

[4]は箱ひげ図の問題でした。箱ひげ図は，ジョン・テューキー(1915～2000)の著書で初めて使われたといわれています。1970年代のことですので，数学の歴史の中ではかなり新しいものといえます。

社会解答

1 (1) 首里　(2) ウ　(3) イ
(4) ウ
(5) (例)伝統文化を生かしながら，身近な生活と関連づけ，新しいものを創造すること

2 (1) イ　(2) ア　(3) ア
(4) ① (例)人口が増加した
② (例)少子高齢化という課題を抱えており，子育て世帯や高齢者などが住みやすいまちづくりを目指している。

3 (1) ヒマラヤ山脈　(2) ア
(3) ①…ウ　②…ア
(4) (例)従業者の平均賃金が低いベトナムやインドネシアでは，平均賃金が高いシンガポールに比べ，進出している日本企業の数が増加傾向にある。

4 (1) イ　(2) (例)唐が衰えた
(3) ア　(4) エ
(5) (例)個々の家において生産する問屋制家内工業とは異なり，働き手を1つの工場に集めて分業で生産する。

5 (1) エ
(2) (例)子どもや女性を含む労働者が，長時間労働を行っていた。
(3) エ
(4) iii…サンフランシスコ
iv…石油危機〔オイル・ショック〕

6 (1) 市場　(2) ウ　(3) イ
(4) エ
(5) (例)後ろのお客を先に案内することで，効率よく座席を活用

7 (1) ア　(2) イ　(3) エ
(4) (例)任期が6年で満了となっているため。
(5) (例)衆議院と参議院で定数の過半数の議席を確保できる

1 〔三分野総合─沖縄県をテーマとした問題〕

(1)＜**首里城**＞2019年に焼失したのは首里城で，琉球王国の中心となる城であった。

(2)＜**世界地図**＞地図の中心からの距離と方位が正しい地図は，ウである。なお，アは緯線と経線が直角に交わった地図，イは面積が正しい地図である。

(3)＜**15世紀の琉球王国**＞資料Ⅰの鐘がつくられた15世紀の琉球王国は，日本や中国，朝鮮，東南アジアの国々を結ぶ中継貿易で栄えた(イ…○)。なお，琉球王国が江戸幕府の将軍が代わるごとに琉球使節を派遣したのは，琉球王国が薩摩藩に支配されていた17～19世紀のことである(ア…×)。ハングルは朝鮮でつくられた文字である(ウ…×)。長崎奉行の監視のもとで日本と貿易を行い，オランダ風説書で江戸幕府に海外の情勢を報告したのは，オランダである(エ…×)。

(4)＜**資料の読み取り**＞2018年の観光客数は985万人であるのに対し，1978年の観光客数は150万人であるので，985÷150＝6.5…より，2018年の観光客数は1978年の観光客数の8倍未満である(X…誤)。1978年の観光収入は1110億円であり，1988年の観光収入は2158億円であるため，1978～88年の増加の割合は，2158÷1110＝1.94…より，約1.9倍であり，他の期間の10年ごとの増加の割合と比べて最大となっている(Y…正)。

(5)＜**資料の読み取り**＞図A中の琉球文化にあたる例として，図B中の紅型が挙げられる。図A中に「生活への溶け込み」とあるように，図Bでは伝統的な紅型のデザインを，タンブラーやエプロンなどの生活用品に利用する取り組みが示されている。このように，伝統文化を生かしながら，身近な生活と関連づけて，図Aにある新しいものを「創造」することへとつなげることが目指されている。

2〔日本地理―近畿地方〕

(1)＜**断面図**＞C－Dは，淀川流域の大阪平野や京都盆地などの低地にあたるため，全体的に標高の低いイが当てはまる。なお，A－Bは丹波高地などの緩やかな高地が広がっているのでウが当てはまる。E－Fは紀伊山地の1000m級の山々が並ぶためアが当てはまる。

(2)＜**近畿地方の気候**＞Q(京都府)は内陸部に位置するため，年降水量の少ないアが当てはまる。なお，P(香住)は日本海側に位置するため，冬の降水量が多いイが当てはまり，R(潮岬)は太平洋側に位置するため，夏の降水量が多いウが当てはまる。

(3)＜**阪神工業地帯**＞阪神工業地帯は，金属製の部品を製造する中小企業が多く，製造品出荷額に占める金属工業の割合が高いため，資料ⅡではXが当てはまる。また，阪神工業地帯は，内陸部に中小企業の工場が多く集まっていることが特徴であり，臨海部では再開発も進んでいるため，カード1が当てはまる(ア…○)。

(4)＜**ニュータウン，資料の読み取り**＞①1960年代の大都市圏で住宅地が不足した理由は，人口が増加し，過密になったためであり，新しい住宅地としてニュータウンが郊外に開発された。　②資料Ⅲを見ると，千里ニュータウンでは少子高齢化が進んでいることがわかる。また，資料Ⅳを見ると，セミナー・イベントの開催やバリアフリー化，情報提供などにより，子育て世帯や高齢者などが住みやすいまちづくりを目指していることが読み取れる。

3〔世界地理―東南アジア，南アジア〕

(1)＜**ヒマラヤ山脈**＞中国やインドなどの国境に位置し，世界で最も標高が高い山のエベレスト山が位置するのは，ヒマラヤ山脈である。

(2)＜**季節風**＞雨季とは雨が多く降る季節であり，東南アジアや南アジアでは夏にあたる。雨が多く降る原因は，湿った風が海から吹きつけるためである。東南アジアや南アジアでは乾季にあたる冬は，逆にユーラシア大陸中央部から乾いた風が吹きつける。このように，季節によって吹く方向が逆になる風を季節風〔モンスーン〕という(ア…○)。

(3)＜**東南アジアと南アジアの農業**＞①東南アジアのインドネシアやマレーシアが主産地となっており，卵形の果実からパーム油を生産する農産物は，あぶらやしであり，ウが当てはまる。なお，アのチョコレートの原料となる農産物はカカオであり，アフリカ大陸のギニア湾岸に位置するコートジボワールやガーナが主産地となっている。イの白い綿毛が繊維原料になる農産物は綿花であり，インドや中国，アメリカが主産地となっている。　②インドのガンジス川下流域は米の産地となっている。インドでは人口増加が著しいため，主食作物である米の増産を図って，品種改良や化学肥料の使用を行っている(ア…○)。なお，パンパと呼ばれる草原で穀物生産が盛んなのはアルゼンチンである。

(4)＜**資料の読み取り**＞資料Ⅰを見ると，ベトナムやインドネシアでは，シンガポールに比べ，進出している日本企業の数が増加傾向にあることがわかる。資料Ⅱを見ると，ベトナムやインドネシアでは，シンガポールに比べ従業者の平均賃金が低いことがわかる。安い賃金で従業者を雇えることが，ベトナムやインドネシアへの日本企業の進出の主な理由と考えられる。

4〔歴史―古代～近世の日本〕

(1)＜**古墳時代の文化**＞古墳時代である6世紀の半ばには，朝鮮半島南西部の国である百済によって，日本に仏教が伝来した(イ…○)。なお，稲作は縄文時代の終わり頃，銅鐸などの青銅器は弥生時代に大陸から伝わり(ア，ウ…×)，磨製石器は縄文時代に広く普及した(エ…×)。

(2)＜**遣唐使派遣の停止**＞平安時代の894年，菅原道真は遣唐使の派遣の停止を提案したが，その理由は，唐が衰えたことであった。なお，唐は10世紀初めに滅亡した。

(3)＜**室町文化**＞武士の信仰を集めた禅宗の建築様式と，貴族の邸宅の建築様式である寝殿造を融合させた建物の代表例は，室町幕府第３代将軍を務めた足利義満によって建てられた金閣である。また，足利義満に保護された観阿弥・世阿弥父子は，能を大成させた(ア…○)。なお，銀閣は禅宗様と書院造からなる建築で，第８代将軍の足利義政によって建てられた。歌舞伎は江戸時代に演劇として発展した。

(4)＜**元禄文化**＞近松門左衛門が人形浄瑠璃の脚本などで人気を得たのは，江戸時代，17世紀後半から18世紀前半の元禄文化の時期である(エ…○)。なお，本居宣長が『古事記伝』を著したのは江戸時代の18世紀後半である(ア…×)。狩野永徳，千利休は桃山文化の時期の人物である(イ，ウ…×)。

(5)＜**工場制手工業**＞資料Ⅲを見ると，問屋制家内工業では，個々の農家において織物を生産していたことがわかる。これに対して，資料Ⅳを見ると，工場制手工業〔マニュファクチュア〕では，働き手を１つの工場に集めて織物を分業で生産していることがわかる。

5 〔歴史―近現代の日本と世界〕

(1)＜**『学問のすゝめ』，教育基本法**＞福沢諭吉が明治時代初期の文明開化の時期に著したのは『学問のすゝめ』である。また，吉田茂が首相を務めた第二次世界大戦後のGHQによる占領期の1947年に制定されたのは，教育基本法である(エ…○)。なお，『舞姫』は明治時代後期に森鷗外によって書かれた小説，治安維持法は大正時代の1925年に制定された法律である。

(2)＜**工場法**＞資料Ⅰを見ると，工場法は子どもや女性の労働時間を規制する内容であることがわかる。工場法が制定された背景には，当時，子どもや女性を含む労働者の長時間労働が社会問題となっていたことがあったと考えられる。

(3)＜**大正時代の政治**＞第一次護憲運動によって桂太郎内閣が退陣に追い込まれたのは，大正時代の1912～13年である(エ…○)。なお，55年体制が始まったのは昭和時代の1955年(ア…×)，立憲改進党がつくられたのは明治時代の1882年(イ…×)，大政翼賛会が結成されたのは昭和時代の1940年である(ウ…×)。

(4)＜**サンフランシスコ平和条約，石油危機**＞1951年，第二次世界大戦の講和会議がアメリカのサンフランシスコで開かれ，日本とアメリカなど48か国との間でサンフランシスコ平和条約が結ばれた。また，1973年，第四次中東戦争の際に中東の産油国が原油を減産したり，価格を引き上げたりしたことによる経済の混乱を，石油危機〔オイル・ショック〕という。

6 〔公民―経済〕

(1)＜**市場**＞商品が自由に売買される場を市場といい，市場における商品の売買を通じて，価格や需要量，供給量が変動する経済の仕組みを市場経済という。

(2)＜**資料の読み取り**＞公的医療保険の保険料を引き下げると，社会保険料の国民負担が小さくなるため，資料Ⅰでは●は下の方に移動する。また，医療機関で支払う医療費の自己負担の割合を大きくすることは，社会保障による医療費の給付が少なくなるということなので，資料Ⅰでは●は左に移動する(ウ…○)。

(3)＜**契約，クーリング・オフ制度**＞契約には，例えば，コンビニエンスストアで買い物をするときなど，契約書を交わさず，口頭で合意する場合も含まれる(X…正)。クーリング・オフ制度は，訪問販売などで商品を購入したとき，一定期間内であれば手数料などの負担なしに無条件で解約できる仕組みである(Y…誤)。

(4)＜**需要量・供給量・価格の関係**＞資料Ⅱを見ると，価格がPのときは，供給量が需要量よりも多く，売れ残りが生じるため，一般に価格は下落する(エ…×)。

(5)＜**効率**＞資料Ⅴを見ると，テーブル席が満席である一方で，カウンター席には空きがある。そこで，資料Ⅲのように人数を書いてもらうだけでなく，資料Ⅳのように希望する座席の種類も書いてもらうことで，カウンター席を希望する後ろのお客を先に案内し，効率よく座席を活用することができるようになる。

7〔公民―政治〕

⑴＜**普通選挙**＞一定の年齢に到達すれば，納税額などの制限がなく誰もが投票できる選挙を，普通選挙という(ア…○)。なお，平等選挙は，有権者１人当たりの票数が同じである選挙(イ…×)，直接選挙は，有権者が自分が投票したい候補者に直接投票できる選挙(ウ…×)，秘密選挙は，有権者が自分の名を投票用紙に記さずに投票する選挙である(エ…×)。

⑵＜**期日前投票，委員会**＞投票日に投票所に行けない人が，投票日前に投票できる仕組みを，期日前投票という。また，本会議で審議する前に，分野別に数十人の国会議員が法律案や予算などについて審議する場を，委員会という(イ…○)。なお，インターネット投票は現在の日本では行われていない。特別会〔特別国会〕は衆議院の解散に伴う総選挙後30日以内に開かれる国会で，新しい首相の指名が行われる。

⑶＜**直接民主制**＞最高裁判所裁判官の罷免を決定する国民審査は，国民による直接投票によって行われる(エ…○)。なお，国政調査権は国会の権限(ア…×)，内閣不信任決議権は衆議院の権限(イ…×)，弾劾裁判は国会の権限である(ウ…×)。

⑷＜**参議院議員**＞経歴を見ると，2013年に初当選し，６年後の2019年に任期が満了となっていることがわかる。衆議院議員は任期が４年で解散もあるのに対し，参議院議員は任期が６年で解散がないので，この人物は参議院議員であると判断できる。

⑸＜**連立政権**＞資料Ⅱを見ると，Ｘ党とＺ党が連立政権を組むと，衆議院では465議席のうち，214＋28＝242議席を占め，参議院では248議席のうち，121＋19＝140議席を占める。したがって，衆議院と参議院で定数の過半数の議席を確保できるため，国会で予算や法律を可決しやすくなり，政策を実現しやすくなる。

理科解答

1 A ⑴ 反射 ⑵ ①…イ ②…イ
B ⑴ ウ ⑵ ①…シベリア ②…エ
C ⑴ 還元
⑵ 0.3gのとき…エ
0.6gのとき…イ
D ⑴ 12A ⑵…エ

2 ⑴ ① 魚類 ②…ア，ウ ③…ア
⑵ ① 相同器官
② クジラの胸ビレ…ア
ヒトの手と腕…エ
③ 特徴…(例)顔の側面についている。
理由…(例)視野が広くなっており，外敵を見つけやすいという理由。
⑶ 遺伝子

3 ⑴ ① 名称 図Ⅰ…しゅう曲
図Ⅱ…断層
力の向き 図Ⅰ…ウ 図Ⅱ…カ
② 6.5cm
⑵ ① a…300 b…75 c…50
②…ア
③ (例)海のプレートが沈み込みながら陸のプレートを引きずり込むため。

4 ⑴ ① a…水素イオン
b…水酸化物イオン
② 水 ③ 4.08g
⑵ ①…エ ② d…$BaSO_4$ e…H_2O
③ (例)電離して，ナトリウムイオンと塩化物イオンが生じた

5 ⑴ 屈折
⑵ ① 実像 ②…エ ③ 15cm
④…ア
⑶ ① 下図 ② (例)集まらない

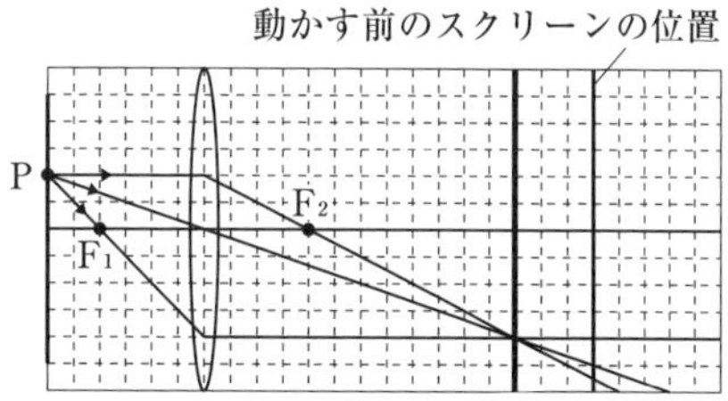

1〔小問集合〕

A＜動物の体のつくりとはたらき＞⑴刺激を受けて，意識とは無関係に起こる反応を反射という。反射は，危険から体を守ったり，体のはたらきを調節したりすることに役立っている。 ⑵図Ⅰのように，ひじの部分で曲げた腕を伸ばすときは，筋肉bが縮み，筋肉aはゆるむ。なお，腕を曲げるときは，筋肉aが縮み，筋肉bはゆるむ。また，息を吸うときは，肋骨が引き上げられ，横隔膜は図Ⅱの矢印dの方に動いて，肺が広がる。なお，息をはくときは，肋骨がもとの位置に戻り，横隔膜は矢印cの方に動いて，肺はもとの大きさに戻る。

B＜日本の気象＞⑴8月(夏)には，小笠原気団(太平洋高気圧)が発達するので，ウのように，日本列島の南側に高気圧，北側に低気圧のある南高北低の気圧配置になる。なお，1月(冬)の天気図は，西高東低の気圧配置のア，6月(梅雨)の天気図は，日本列島付近に梅雨前線(停滞前線)がかかるイ，4月(春)の天気図は，日本付近を高気圧と低気圧が交互に通過するエである。 ⑵冬の天気に影響を与えるのはシベリア気団である。シベリア気団は，冷たく乾燥した大陸上で発達するので，冷たく，乾いているという性質がある。

C＜酸化銅の還元＞⑴酸化物から酸素が奪われる化学変化を還元という。 ⑵実験では，酸化銅は還元されて銅になり，炭素は酸化されて二酸化炭素になる。図Ⅱで，加えた炭素の粉末の質量が0.3gのとき，試験管に残った固体の質量が最小になっているので，酸化銅4.0gと炭素0.3gは過不足なく反応し，試験管には銅のみが残っている。また，加えた炭素の粉末の質量が0.6gのときは，酸化銅4.0gは全て銅になり，反応していない炭素があるので，試験管には銅と炭素が残る。なお，加

えた炭素の粉末の質量が0.3g未満のときは，炭素は全て反応し，反応していない酸化銅があるので，試験管には銅と酸化銅が残る。

D＜**電流**＞(1)ドライヤーは，100Vの電源につないで使用すると，1200Wの電力を消費する。よって，〔電力(W)〕＝〔電圧(V)〕×〔電流(A)〕より，〔電流(A)〕＝$\frac{\text{〔電力(W)〕}}{\text{〔電圧(V)〕}}$となるから，流れる電流の大きさは，$\frac{1200}{100}=12$(A)である。　(2)ア～エのうち，電力量の単位はJとWh，kWhである。これらのうち，このドライヤーを5分間使用したときの値が0.1になるのは，電力量の単位がkWhの場合で，〔電力量(kWh)〕＝〔電力(kW)〕×〔時間(h)〕より，1200Wは1.2kW，5分は$\frac{5}{60}$時間だから，$1.2\times\frac{5}{60}=0.1$(kWh)となる。なお，N(ニュートン)は力の大きさの単位である。また，単位がJの場合，〔電力量(J)〕＝〔電力(W)〕×〔時間(s)〕より，電力量は，1200×(5×60)＝360000(J)となり，単位がWhの場合，〔電力量(Wh)〕＝〔電力(W)〕×〔時間(h)〕より，$1200\times\frac{5}{60}=100$(Wh)となる。

2〔生命・自然界のつながり〕

(1)＜**進化，セキツイ動物の特徴**＞①図Ⅰより，最初に出現したセキツイ動物のグループは，魚類である。　②図Ⅱで，シソチョウが持つハチュウ類の特徴はアとウである。なお，イとエは鳥類の特徴である。　③魚類は子も親もえらで呼吸し，両生類は子はえらと皮膚，親は肺と皮膚で呼吸し，ハチュウ類，鳥類，ホニュウ類は子も親も肺で呼吸する。よって，表で，bに当てはまる特徴は，アである。なお，イは胎生のホニュウ類に当てはまらない。また，ウは両生類のみに当てはまり，エは魚類と，両生類の子に当てはまる。

(2)＜**相同器官，進化**＞①見かけやはたらきは異なっていても，もとは同じであったと考えられる器官を相同器官という。　②レポートのコウモリの翼の骨Xは，クジラの胸ビレの骨格ではア，ヒトの手と腕の骨格ではエに当たり，2本並んだ骨のうちヒトでは親指側にある方の骨である。　③図Ⅲのように，草食動物の目は顔の側面(横向き)についているため，視野が広くなり，外敵を見つけやすくなっている。なお，肉食動物の目は顔の前方(正面)についているため，視野が重なって立体的に見える範囲が広く，獲物との距離をはかりやすくなっている。

(3)＜**遺伝子の変化**＞親の形質は，生物の染色体に存在する遺伝子によって子や孫に伝えられるが，遺伝子は不変ではない。遺伝子が変化し，生物の特徴が少しずつ変わることで，生物は進化してきたと考えられている。

3〔大地の変化〕

(1)＜**大地の変動**＞①図Ⅰのように，地層が押し曲げられたものをしゅう曲といい，ウのように，左右から押し縮める力がはたらいてできる。また，図Ⅱのように，地層が切れて食い違ったものを断層という。図Ⅱの断層は，カのように，左右から押す力がはたらいて，断層の上側部分がずり上がってできた逆断層である。　②火山島は，520kmの距離を，900万－100万＝800万(年)かけて移動したと考えられる。520kmは，520×1000×100＝5200万(cm)だから，1年間にフィリピン海プレートが移動した距離は，5200万÷800万＝6.5(cm)である。

(2)＜**プレートの動き**＞①図Ⅲで，4回の沈降した深さは，700年前から550年前までが，175－100＝75(m)，550年前から350年前までが，275－175＝100(m)，350年前から250年前までが，275－225＝50(m)，250年前から100年前までが，375－300＝75(m)である。これより，4回の沈降した深さの合計は，75＋100＋50＋75＝300(m)となるから，平均すると1回当たり，300÷4＝75(m)沈降している。よって，100年前から現在までの100年間で，425－375＝50(m)沈降していることから，75m沈降するまでには，$100\times\frac{75}{50}=150$(年)かかることになる。したがって，次の隆起が起こるのは，

150－100＝50(年)後と考えられる。　②日本付近では，海のプレート(Y)が陸のプレート(X)の下に沈み込んでいる。　③優さんが調べた海岸付近の地点で沈降が起こっているのは，海のプレートが陸のプレートの下に沈み込むときに，陸のプレートが引きずり込まれるためである。なお，引きずり込まれた陸のプレートにはひずみがたまり，ひずみが限界に達すると，陸のプレートがはね上がり隆起が起こる。

4 〔化学変化とイオン〕

⑴＜**中和，濃度**＞①，②中和は，酸性の水溶液に共通して含まれる水素イオン(H^+)と，アルカリ性の水溶液に共通して含まれる水酸化物イオン(OH^-)が結びついて水(H_2O)ができる反応で，このとき塩《えん》もできる。　③密度は物質1 cm^3当たりの質量を表し，1 mLは1 cm^3に等しい。よって，密度が1.02g/cm^3の水酸化ナトリウム水溶液200mL，つまり，200cm^3の質量は，1.02×200＝204(g)である。また，$〔\text{質量パーセント濃度}(\%)〕=\dfrac{〔\text{溶質の質量}(g)〕}{〔\text{水溶液の質量}(g)〕}\times 100$ より，〔溶質の質量(g)〕$=〔\text{水溶液の質量}(g)〕\times\dfrac{〔\text{質量パーセント濃度}(\%)〕}{100}$ となるから，質量パーセント濃度2％の水酸化ナトリウム水溶液204gに含まれる溶質(水酸化ナトリウム)の質量は，$204\times\dfrac{2}{100}=4.08$(g)である。

⑵＜**中和とイオン**＞①塩酸の溶質である塩化水素(HCl)は水溶液中で水素イオン(H^+)と塩化物イオン(Cl^-)に電離し，水酸化ナトリウム(NaOH)は水溶液中でナトリウムイオン(Na^+)と水酸化物イオン(OH^-)に電離している。うすい塩酸にうすい水酸化ナトリウム水溶液を加えていくと，中和により，H^+とOH^-が結びついて水(H_2O)ができる。実験2では，実験1と同じ濃度のうすい塩酸10cm^3とうすい水酸化ナトリウム水溶液を使用したので，実験1より，うすい水酸化ナトリウム水溶液を6 cm^3加えたとき，ビーカー内の水溶液はpHが7になる，つまり，中性になる。これより，うすい水酸化ナトリウム水溶液を6 cm^3加えるまでは，うすい塩酸中に含まれていたH^+は加えたうすい水酸化ナトリウム水溶液中のOH^-と結びついて減少していくが，減少したH^+と同数のNa^+が加えられ，もともと含まれていたCl^-はそのまま変化しないので，水溶液中に含まれるイオンの総数は一定である。そして，うすい水酸化ナトリウム水溶液の体積が6 cm^3になると，水溶液は中性になり，もともと含まれていたH^+は加えられたOH^-と全て結びついてなくなり，Cl^-とNa^+の数は等しくなる。さらに，うすい水酸化ナトリウム水溶液を加えると，水溶液中に含まれるNa^+とOH^-が増加するため，イオンの総数は増加する。　②実験3のうすい硫酸(H_2SO_4)とうすい水酸化バリウム水溶液($Ba(OH)_2$)の中和では，水(H_2O)と塩の硫酸バリウム($BaSO_4$)ができる。化学反応式は，矢印の左側に反応前の物質の化学式，右側に反応後の物質の化学式を書き，矢印の左右で原子の種類と数が等しくなるように化学式の前に係数をつける。よって，矢印の左側に，Baは1個，Hは2＋1×2＝4(個)あるので，dには$BaSO_4$が，eにはH_2Oが当てはまる。　③塩酸と水酸化ナトリウム水溶液の中和でできる塩の塩化ナトリウム(NaCl)は，水溶液中で電離している。そのため，完全に中和したときも水溶液中にイオンが存在するため電流が流れる。一方，硫酸と水酸化バリウム水溶液の中和でできる塩の硫酸バリウム($BaSO_4$)は水溶液中ではほとんど電離せず，沈殿している。そのため，完全に中和したとき，水溶液中にはほとんどイオンが存在しないため電流が流れない。

5 〔身近な物理現象〕

⑴＜**光の屈折**＞光が空気とガラスの境界面などで折れ曲がって進む現象を，光の屈折という。

⑵＜**凸レンズによる像**＞①スクリーン上にできた像を実像という。　②図Ⅰで，光源の後方からスクリーンを見ると，スクリーン上には，図Ⅱと上下左右が逆のイのような実像ができている。このとき，観察者はスクリーンの後方からスクリーンを観察するので，イとは左右が逆のエのような像

が見える。　③物体を焦点距離の２倍の位置に置いたとき，凸レンズをはさんで反対側の焦点距離の２倍の位置に物体と同じ大きさの実像ができる。図Ⅲで，凸レンズと板の距離と，凸レンズとスクリーンの距離が同じになるのは，それぞれの距離が30cmのときなので，焦点距離の２倍の距離は30cmである。よって，焦点距離は15cmである。　④図Ⅲより，凸レンズと板の距離を20cmにしたとき，凸レンズとスクリーンの距離は60cmになり，スクリーンの位置は凸レンズから遠くなる。このとき，スクリーン上にできる実像の大きさは，右図のように，板にあけられた「ぐ」の大きさより大きくなる。

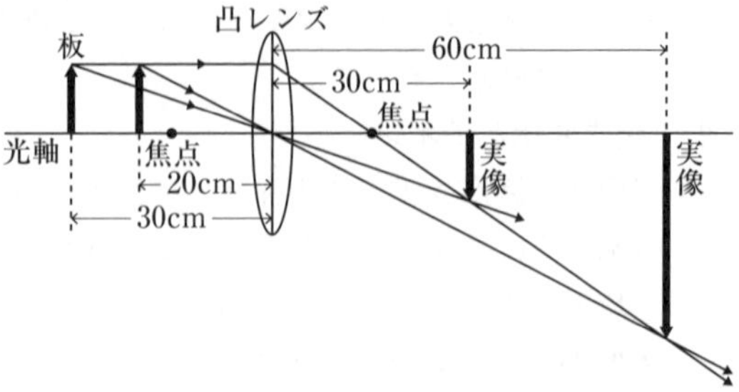

(3)＜**凸レンズによる像**＞①図Ⅳで，点Ｐから出た３本の光のうち，上から１番目の光は，光軸に平行に進む光で，凸レンズで屈折して，焦点F_2を通るように進み，上から２番目の光は，凸レンズの中心を通る光で，そのまま直進する。また，上から３番目の焦点F_1を通る光は，凸レンズで屈折して，光軸に平行に進む。この３本の光の交点に，点Ｐのはっきりした像(実像)ができるので，交点を通る光軸に垂直なスクリーンを１本の線でかく。解答参照。　②物体を凸レンズの焦点の内側に置いたときは，凸レンズを通った後の光は１点に集まらないから，スクリーン上に像はできない。なお，このとき，凸レンズを通して見える拡大された像を虚像という。

国語解答

一 (一) ⅰ 泳ぐのが速い ⅱ 多様性

(二) ウ

(三) 生き残りやすい性質が次世代に受け継がれ，集団内に広がり，より環境に適したものに変化していくという特徴。

(四) エ (五) イ (六) ア，ウ，エ

二 (一) エ (二) イ (三) ア，オ

(四) 宇宙を旅するだけではなく，まるでカッシーニの時代に自分がいるような時間的な旅もしたという感覚。

三 (一) ウ (二) もうしたまいて

(三) イ (四) イ

(五) ① Ⅲ…ア Ⅳ…イ

② 大井の行幸

四 (一) Ⅰ…ウ Ⅱ…ウ

(二) （例） A

私たちが生きる上で，食べることはとても重要です。世界の国々にはその国特有の食文化があり，私はとても興味深く感じています。食は私たちの生活の一部であるため，私は，日本の食文化について発表してみたいと考えます。私は毎年，年越しそばを食べながら一年を振り返りますが，海外の方に，食事に込められた意味についても知ってもらえると，日本のよさがより伝わるだろうと考えます。(180字)

五 (一) ① 借 ② 旗 ③ 批判 ④ 登録

(二) ① いちじる ② けいこ ③ するど ④ きせき

(三) (右参照)

過チテハ則チ勿カレレ憚ルコトレ改ムルニ。

一 〔説明文の読解―自然科学的分野―自然〕出典：市橋伯一『増えるものたちの進化生物学』／更科功『若い読者に贈る美しい生物学講義 感動する生命のはなし』。

≪**本文の概要**≫〔文章Ⅰ〕生物は，同じ種でも個体ごとに少しずつ遺伝子が違っていて，能力に多様性がある。その中で，子孫を残しやすい性質が集団内で増えていく現象が，自然選択であり，自然選択によって集団の性質が変わっていくことが，生物学的な進化である。多様性と自然選択を繰り返し，より生き残りやすい性質が選ばれていった結果が，人間を含む現在の生物である。実は，進化が起こるには，増える能力が前提として必要である。例えば岩石にも多様性があるが，岩石は自ら増えることはない。どんなに生き残りやすい丈夫な性質を持った岩石があったとしても，その性質が次世代に受け継がれることも，集団内に広がることもない。ここに，増えるものと増えないものの違いがある。／〔文章Ⅱ〕現実の生物でも，自然選択は重要である。環境の変化を追いかけるように生物を変化させられるのは，自然選択だけである。さらに，自然選択によって，地球のいろいろな環境に適応していけば，生物は多様化していくだろう。環境についていけずに一部の生物が絶滅しても，全ての生物の絶滅は避けられるのであり，自然選択のおかげで，生物は，長く生き続けてこられたのである。

(一)**<文章内容>**ⅰ．泳ぐ速さの違うミジンコがいた場合，「泳ぐのが遅いミジンコ」よりも，「泳ぐのが速いミジンコ」の方が「餌を多く手に入れることができる」し，「天敵から逃げやすい」ので，長く生き残って多くの子孫を残し，次世代の集団では「泳ぐのが速いミジンコの割合が増えて」いるだろう。 ⅱ．自然選択が起こると特定の性質が選ばれるため，「一時的に多様性は小さく」なるが，突然変異によって「いろいろ性質の違う個体」が生まれれば，さまざまな違いは，「回復」される。

(二)**<文章内容>**岩石も「性質に多様性」があり，自然選択によって「残りやすさに違いが生まれ」る。しかし，生物とは違い，「増える能力を持たない」岩石は，生き残りやすい性質が次世代に受け継

がれることはない。

㈢＜**文章内容**＞岩石とは違い，増える生物は，「生き残りやすい性質」が次世代に受け継がれ，集団内に広がり，「どんどん性質がその環境に適したものに変化して」いくのである。

㈣＜**文脈**＞自然選択がはたらけば，気温が「二〇度から〇度になった」場合，生物は「二〇度に適応したもの」から「一〇度ぐらいに適応したもの」に変化でき，時間が経過すれば「〇度に適応したもの」も現れるだろう。

㈤＜**表現**＞〔文章Ⅰ〕では，生物の進化は「能力に多様性があることを前提」とすることの例として，「泳ぐ速さが違う」ミジンコが挙げられ，また，進化には「増える能力が前提」であることの例として，岩石が挙げられている。〔文章Ⅱ〕では，生物には「自然選択」が重要であることの例として，気温が「摂氏二〇度から〇度」になった場合が挙げられている。どちらの文章も，例があることで，読者が内容を理解しやすくなっている。

㈥＜**要旨**＞どちらの文章でも，生物の「進化」や「変化」について述べられ，〔文章Ⅰ〕では，「多様性があってそこに自然選択が働く」ことで生物が進化していくことが，〔文章Ⅱ〕では，「自然選択」によって生物が「多様化」し変化していくことが述べられている(ア…○)。〔文章Ⅰ〕によれば，「進化の原理はとても単純」であり，多様性のある集団に自然選択がはたらき，「集団の性質がどんどん変わっていくこと」が進化である(イ…×)。また，〔文章Ⅰ〕では，「進化が起こるには増える能力が前提として必要」であることが，〔文章Ⅱ〕では，自然選択によって「多様化」したことで，生物は「こんなに長く生き続けてこられた」ことが述べられている(ウ…○)。さらに，〔文章Ⅰ〕では，「多様性と自然選択」による「小さな変化」を「気の遠くなるほど続けた」結果，生物は現在の「複雑な生物」へと進化したことが，〔文章Ⅱ〕では，自然選択と多様化によって，生物が「環境の変化に合わせるように変化していく」ことが述べられている(エ…○)。

二〔**小説の読解**〕出典：辻村深月『この夏の星を見る』。

㈠＜**慣用句**＞「目をこらす」は，じっと見つめる，という意味。亜紗と凛久は，土星の「輪と輪の間にわずかに」あるはずの「隙間」を見ようと，レンズの向こうをじっと見つめた。「目を奪う」は，美しさやすばらしさなどで見とれさせる，という意味。「目を盗む」は，人に気づかれないようこっそりと行う，という意味。「目が点になる」は，驚く，という意味。

㈡＜**文章内容**＞亜紗の書いた部の紹介文では，「過去の先輩たち」が残してくれた部の「素晴らしい財産」である空気望遠鏡にふれていて，その望遠鏡で一緒に「カッシーニが見たのと同じ景色を見よう」という亜紗たちの思いが，そこには書かれていた。

㈢＜**文章内容**＞空気望遠鏡は，「十七世紀後半に発明された」もので(イ…×)，「遮光板とレンズを支える金属のメインフレームを下から木製の昇降装置が支えて」おり(オ…○)，「フレームはあるけれど，筒がない」のである(ア…○)。そのため，空気望遠鏡の見た目は，「まるで建設現場にある何かの機材のよう」である(エ…×)。先輩たちがつくった空気望遠鏡では，「土星の輪が，ちゃんと見えた」ので，亜紗も凛久も，月が見えたときよりさらに感動した(ウ…×)。

㈣＜**心情**＞亜紗は，空気望遠鏡による観測で，月や土星を見たという「宇宙」の旅とともに，「カッシーニが三百年前に見た視界と同じ」体験をしたという，過去をさかのぼった「時間」の旅もしたように感じて，「深く，深く感動」したのである。

三〔**古文の読解―物語**〕出典：『大和物語』九十九。

≪**現代語訳**≫宇多法皇のお供で，太政大臣(である藤原忠平)が，大井川においでになったときに，紅葉が，小倉山にさまざまな色合いで(映えているのが)たいそう美しかったのを，このうえなく感嘆なさって，「天皇の行幸されるには，とても興趣に富んだ所であります。必ず醍醐天皇に申し上げて実現さ

せるつもりです」などと申しなさって，その折に，

小倉山の峰の紅葉よ。もし心があるならば，今一度天皇の行幸を(そのまま色あせずに)待っていてほしい

と歌をよまれたのであった。こうして(忠平は宮中に)お帰りになって天皇に申し上げなさったところ，(天皇は)「(それは)たいそうおもしろいことだ」ということで，大井川の行幸ということをお始めになった(ということである)。

㈠**＜和歌の技法＞**「もみじ葉」が人間にたとえられて，心があるならば天皇の行幸を待ってほしいとよまれている。人間でないものを人間にたとえる技法を，擬人法という。

㈡**＜歴史的仮名遣い＞**歴史的仮名遣いの語頭以外のハ行は，原則として現代仮名遣いでは「わいうえお」になる。

㈢**＜現代語訳＞**「おもしろし」は，景色などがすばらしい，趣がある，という意味。紅葉の葉のさまざまな色が，小倉山に映えて一段と美しかったのである。

㈣**＜古文の内容理解＞**藤原忠平は，小倉山の紅葉の景観が美しかったので，醍醐天皇の大井川への行幸を実現させたいと考え，紅葉の葉に人の情を理解する心があるならば，天皇の行幸まで色あせずに待っていてほしいと思ったのである。

㈤**＜古文の内容理解＞**①藤原忠平は，宇多法皇のお供で大井川に行った(…Ⅲ)。そのときの紅葉の景観が美しかったので，忠平は，醍醐天皇に申し上げて行幸を実現させ，紅葉をお見せしようと思った(…Ⅳ)。　②忠平の話を聞いた醍醐天皇は，たいそうおもしろいことだと言って，「大井の行幸」ということを始めた。

四〔資料〕

㈠Ⅰ．60～69歳の年齢層では，食文化が28.6％，次いで伝統芸能が26.1％で，諸外国に発信したいこととして，食文化が最も高い割合になっている。　Ⅱ．冬輝さんは，伝統芸能や日本の伝統音楽を「若い年齢層の人たちはあまり選ばないだろうと思った」けれど，18～19歳の年齢層では，伝統芸能が21.0％，日本の伝統音楽が24.2％で，ともに20％以上の人に選ばれている。

㈡**＜作文＞**海外の人に，どのジャンルの魅力について，どういうことを伝えたいかを考えてみる。そして，なぜそう思うのか，自分はそのジャンルについてどう思っているのかを考えてみる。自分の体験や見聞きしたことをふまえ，字数を守り，誤字，脱字に気をつけて書くこと。

五〔国語の知識〕

㈠**＜漢字＞**①音読みは「借用」などの「シャク」。　②音読みは「国旗」などの「キ」。　③「批判」は，物事のよい点や悪い点などを検討して評価すること。　④「登録」は，帳簿に書き載せること。

㈡**＜漢字＞**①音読みは「顕著」などの「チョ」。　②「稽古」は，芸能や技術などを習うこと。また，練習すること。　③音読みは「鋭角」などの「エイ」。　④「軌跡」は，人や物事がたどってきたあとのこと。

㈢**＜漢文の訓読＞**「過」→「則」→「改」→「憚」→「勿」の順に読む。下から上に一字返って読む場合には，レ点を用いる。

Memo

2023年度
群馬県公立高校 後期入試問題

英語

●満点100点　●時間45～60分

■リスニングテストの音声は，当社ホームページで聴くことができます。(当社による録音です。) 再生に必要なアクセスコードは「合格のための入試レーダー」(巻頭の黄色の紙)の１ページに掲載しています。

(注意)　1　＊が付いている語句は，後に(注)があります。

　　　　2　1～3の放送を聞いて答える問題は，メモをとってもかまいません。

1　これから，No.1とNo.2について，それぞれ２人の対話と，対話に関する質問が流れます。質問に対する答えとして最も適切なものを，それぞれの選択肢A～Dの中から選びなさい。

No. 1

No. 2

2　これから，No.1～No.3について，それぞれJackとMikiの２人の対話が流れます。Mikiが２度目に発言する部分で次のチャイムを鳴らします。(チャイム音) チャイムの部分の発言として最も適切なものを，それぞれア～エの中から選びなさい。

No. 1

Jack :　・・・・・・

Miki :　・・・・・・

Jack :　・・・・・・

Miki :　[　　　　　　]

ア　At three o'clock.

イ　For two hours.

ウ　Near the station.

エ　Ten dollars.

No. 2

Jack : ・・・・・・・ *Miki* : ・・・・・・・ *Jack* : ・・・・・・・ *Miki* : [　　　　　　]	ア　Yes, I am. イ　No, thank you. ウ　I like reading books. エ　It's a book about the history of China.

No. 3

Jack : ・・・・・・・ *Miki* : ・・・・・・・ *Jack* : ・・・・・・・ *Miki* : [　　　　　　]	ア　Yes.　It will be the third time. イ　Yes.　I have been there four times. ウ　No.　I have never been there. エ　No.　It will be the second time.

3　これから，国際交流のイベントで，留学生のSaraが行ったスピーチが流れます。次の【スライド】は，その時にSaraが使ったものです。スピーチを聞いて，【スライド】の中の[A]～[C]に当てはまるものとして最も適切なものを，それぞれア～エの中から選びなさい。また，スピーチの内容に合うように，[D]の部分に入る英語を書きなさい。

【スライド】

My country

・I'm from [　A　].

↓

My experience in Japan

・I came to Japan when I was [　B　].
・We went to many places in Japan.
・We met a woman.　She [　C　].

↓

A　ア　Australia
　　イ　India
　　ウ　New Zealand
　　エ　South Africa

B　ア　4
　　イ　7
　　ウ　10
　　エ　14

C　ア　took us to our hotel
　　イ　talked with us in English
　　ウ　showed us where to take a bus
　　エ　couldn't find the way to her hotel

My future

・I want to be a Japanese teacher.

・I want many students [　D　].

4　中学生の Naoki が ALT の Ms. Green と会話をしています。会話の流れに合うように，会話中の(1)には Naoki から Ms. Green への質問を書きなさい。また，(2)，(3)には Ms. Green からの質問に対する Naoki の答えを，絵を参考にして書きなさい。ただし，(1)〜(3)の下線部にはそれぞれ3語以上の英語を書くこと。

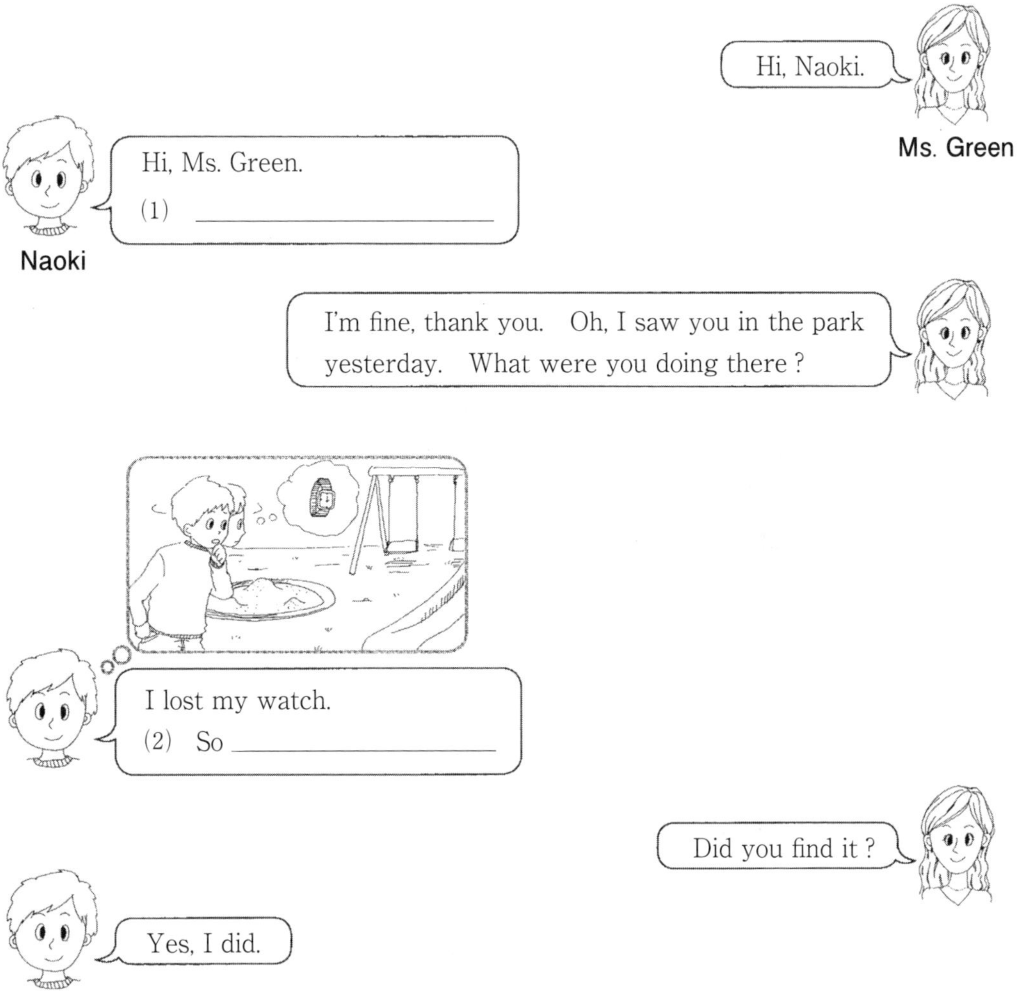
Hi, Naoki.
Ms. Green
Hi, Ms. Green.
(1) ______
Naoki
I'm fine, thank you. Oh, I saw you in the park yesterday. What were you doing there ?
I lost my watch.
(2) So ______
Did you find it ?
Yes, I did.

5 次のクリスマスカードは，中学生のSachikoが，オーストラリアにいる友人Judyからもらったものです。また，後の英文は，Sachikoが送ったお礼のメールです。これを読んで，英文の意味が通るように，(ア)～(オ)に当てはまる単語を後の〔　〕内からそれぞれ1語選び，<u>必要があれば適切な形に変えて</u>書きなさい。

Hi Judy,

I've just (ア) your Christmas card. Thank you very much. I like the picture of *Santa Claus. He is (イ) with fish and looks so happy!

In the card, you say that you will go to the sea with your family on Christmas. That's amazing! If I (ウ) in Australia, I could go to the sea with you.

Please tell me more about Christmas in summer. How does Santa Claus bring presents to children? Are there any popular Christmas songs (エ) by many people in Australia?

I'll (オ) a New Year's card to you soon.

Sachiko

(注) Santa Claus サンタクロース

〔begin　live　receive　send　sing　swim　win〕

6 次の英文は，中学生の Miho が英語の授業で行った発表(presentation)と，その発表についてのクラスでのやり取りの一部です。英文を読んで，後の(1)～(3)の問いに答えなさい。

Ms. Noda : Hello, everyone. Today, you are going to *introduce places in Gunma to our new ALT, Mr. Smith. He has just come to Japan and wants to know where he should go in Gunma. Miho, please start your presentation.

Miho : Hello, Mr. Smith. We have heard that you like driving. So I'm going to talk about *Michi-no-Eki* in Gunma. Do you know what they are? *Michi* means "*road" and *Eki* means "station" in English. They are places for people who travel by car. There are many things you can do at *Michi-no-Eki*. For example, you can buy many kinds of *locally produced food such as vegetables and fruits. I like cooking and eating very much, so it is fun to buy many kinds of food there. You can enjoy eating there, too. A lot of *Michi-no-Eki* have a restaurant in them. The restaurant uses locally produced vegetables for dishes and sweets. When I went to the *Michi-no-Eki* near my house last weekend, I had apple cake. It was so delicious. Also, you can see a nice *view if you go to *Michi-no-Eki* near the mountains. You can enjoy seeing beautiful mountains in each season. These are some of the things you can enjoy at *Michi-no-Eki* in Gunma. I hope you will go to them and have fun! Thank you for listening.

After Miho's presentation, Mr. Smith and the students in the class are talking about it.

Mr. Smith : Thank you, Miho.

Miho : You're welcome. [A]

Mr. Smith : It was very interesting. I have never been to *Michi-no-Eki*. But now I'm very interested in them because I like cooking, too. Yumi, have you ever been to *Michi-no-Eki*?

Yumi : Yes. I often go to the *Michi-no-Eki* near my grandmother's house with my family because we can enjoy *hot springs there.

Mr. Smith : Really? That sounds nice.

Satoshi : Mr. Smith, there are more things we can do at *Michi-no-Eki*. Some *Michi-no-Eki* in Gunma have parks, and one *Michi-no-Eki* has a museum. We can enjoy playing outside or looking at pictures there.

Miho : That's right. In fact, Gunma has the most *Michi-no-Eki* in the Kanto area. If you drive a car in Gunma, you will often see *Michi-no-Eki*. Please go to them.

Mr. Smith : [B] Miho, please tell me more about them later. I like driving very much, so going to *Michi-no-Eki* sounds really good to me.

Miho : Sure!

(注) introduce ～ to … …に～を紹介する road 道 locally produced 地元で生産された view 景色 hot spring 温泉

(1) Miho は，発表の中で次の４枚の【スライド】を見せながら話をしました。発表の流れに合わせて使用するのに最も適切な順序となるように，次のア～エを並べなさい。

【スライド】

ア

イ

ウ

エ

(2) [A]，[B] に当てはまるものとして最も適切なものを，それぞれ次のア～エから選びなさい。

A ア How about you?　イ How was my presentation?
　ウ What was your favorite food?　エ Why do you think so?

B ア I think you should go there.　イ I will never do that.
　ウ Really? I don't think so.　エ Thank you. I will.

(3) 本文の内容について，次の①，②の問いに対する答えとして最も適切なものを，それぞれア～エから選びなさい。

① Which is true about Mr. Smith?
　ア He enjoys both cooking and driving.
　イ He wants to climb the mountains in Gunma.
　ウ He has been teaching at Miho's school for many years.
　エ He has been to one of the *Michi-no-Eki* which Miho likes.

② Which is true about things the students did for Mr. Smith in the English class?
　ア Miho taught him how to make apple cake in the presentation.
　イ Miho showed him things people can do and things they cannot do at *Michi-no-Eki*.
　ウ Yumi asked him to go to Yumi's grandmother's house with his family.
　エ Satoshi told him about parks and a museum at *Michi-no-Eki* in Gunma.

7 次の英文を読んで，後の(1)～(3)の問いに答えなさい。

A junior high school student, Ken, learned about great *inventions in an English class. His English teacher, Mr. Hayashi, said, "Great inventions have changed our lives, but they have *caused some problems, too. For example, I think cars are great. Now, we can go to many places easily by car. But, because too many people use cars, we hear about some problems such as *accidents or more CO_2 in the air. In the next class, you are going to write about a great invention, so start thinking about it. *Take notes about your ideas." Then Mr. Hayashi gave his students this *worksheet.

Invention :	________________
Question 1 :	How has it changed our lives ?
Question 2 :	What problems has it caused ?

Ken decided to write about *smartphones because his mother was talking about her smartphone before. When he came home, he talked about smartphones with his mother. He said to her, "You said that your smartphone helped you a lot when you stayed in *Korea last month. How useful was it ?" His mother said, "It was really useful. I don't speak *Korean well, so my smartphone helped me in many ways. When I was hungry, I could find good restaurants very quickly, and my smartphone showed me how to get to them. Also, at the restaurants, I could choose and *order food easily. Because my smartphone has *machine translation, I could change Korean into Japanese and Japanese into Korean very quickly."

She also said, "When I traveled to Korea for the first time in 2008, everything was different. I didn't have a smartphone then, so I bought a map and some books for tourists before the trip. Sometimes it was very difficult to find how to get to restaurants on the map. And I couldn't choose food easily because I couldn't read Korean. When I didn't know how to get to restaurants or order food, I had to ask people. That was also difficult." Ken said, "I see. So smartphones have changed how people travel." His mother said, "Yes, I really think so."

After Ken talked with his mother, he thought about problems which smartphones caused. He remembered that a doctor talked about some problems on the news. For example, our eyes get bad if we look at our smartphones too much. Also, we should not use them for a long time before we go to bed because we cannot sleep well. He also thought, "Some people use their smartphones while they are walking or driving. There are many accidents because of this."

Ken took notes about his ideas on the worksheet. He thought, "I will write about these ideas in the next class. Smartphones are useful, but people who use them should know about their problems, too."

（注） invention 発明品　cause ～ ～を引き起こす　accident 事故
take notes メモを取る　worksheet ワークシート
smartphone スマートフォン　Korea 韓国　Korean 韓国語
order ～ ～を注文する　machine translation 機械翻訳

(1) 次の①，②の問いに対して，本文の内容に合うように，それぞれ4語以上の英語で答えなさい。

① What invention did Mr. Hayashi talk about as an example in the English class ?

② When did Ken's mother go to Korea for the first time ?

(2) 本文の内容と合っているものを，次のア～エから１つ選びなさい。

ア Ken chose to write about smartphones because he often used his smartphone when he stayed in Korea.

イ It wasn't easy for Ken's mother to change one language into another language with machine translation.

ウ Ken's mother told him about some problems of smartphones, and Ken decided to write about them.

エ Ken has realized that there are both good points and bad points of smartphones that people need to know.

(3) Ken は，worksheet にメモを取った内容をもとに，次の【作文】を書きました。【作文】中の [A]，[B] に当てはまるものとして最も適切なものを，後のア～ウからそれぞれ選びなさい。また，[C]，[D] には，本文から連続する４語をそれぞれ抜き出して答え，【作文】を完成させなさい。

【作文】

> People have invented many great things. I think smartphones are one of them. Smartphones have changed how people travel. When my mother went to Korea for the first time, [　A　]. But this year, her trip to Korea was easier because [　B　].
>
> However, smartphones have caused some problems, too. If we use smartphones too much, [　C　] and [　D　]. Also, there are accidents because some people walk and use smartphones at the same time. We should be careful about these problems if we use smartphones.

A ア she could find restaurants very quickly

イ she took a map and some books for tourists with her

ウ she didn't have to ask people how to order food

B ア her smartphone showed her when to order food

イ she spoke Korean well and asked people many things

ウ her smartphone helped her do things she wanted

8 英語の授業で，国連が定める様々な記念日について調べ，ポスターにまとめて発表する活動を行いました。次の【ポスター】は，Rio のグループが World Water Day（世界水の日）について調べたことをまとめたものです。後の《条件》に従って，[(A)]～[(C)] に入る内容を英語で書きなさい。

【ポスター】

March 22 is World Water Day !

People cannot live without water. It is important for everyone in the world to get clean and safe water easily.

We need to realize :

1. Clean and safe water is necessary for our health.
   We need clean and safe water for [(A)], [(B)], and so on.

2. <u>Getting water easily is also important for children's *education.</u>
   In Japan, we [(C)]

Picture A

Picture B

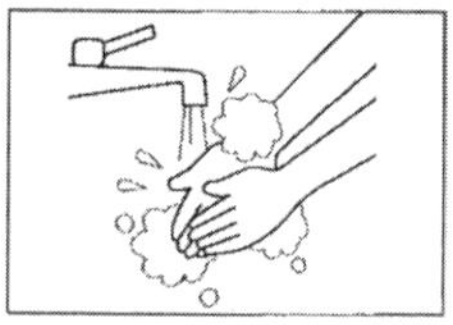

Picture C

	水が手に入りにくい国々に住む子供たちの１日の例	日本に住む私の１日の例
6:30	起床	起床
		朝食
		学校 
16:20	食事	
17:40	家で勉強	
18:30	家の手伝い	夕食
		家で勉強
21:30	就寝	入浴
22:00		就寝

（UNICEFホームページを参考に作成）

（注） education　教育

《条件》

・[(A)] には１語，[(B)] には３語で，それぞれ Picture A，B に合う英語を書くこと。
・[(C)] には，下線部の内容について，Picture C の「水が手に入りにくい国々に住む子供た

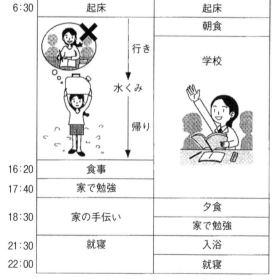

ちの１日の例」と「日本に住む私の１日の例」を比較して分かることを，書き出しに続けて30語～40語の英語で書くこと。ただし，英文の数はいくつでもよい。
・符号（，．！？“ ”など）は語数に含めないこと。
・解答の仕方は，〔記入例〕に従うこと。
〔記入例〕 Is　it　raining　now ?　No,　it　isn't.

＜「英語の放送を聞いて答える問題」台本＞

ただいまから，放送を聞いて答える問題を始めます。問題は，1～3まであります。それぞれの問題の英文や英語の質問は２度放送されます。

1 は絵を見て答える問題です。これから，No. 1 と No. 2 について，それぞれ２人の対話と，対話に関する質問が流れます。質問に対する答えとして最も適切なものを，それぞれの選択肢 **A**～**D** の中から選びなさい。では，始めます。

No. 1 *A* : Saki, what did you do last Sunday ?
B : I went to a piano concert after shopping. How about you, Tom ?
A : I played tennis with my sister.
B : That's nice.
質問します。 What did Tom do last Sunday ?
繰り返します。

No. 2 *A*: Hi, Nancy. Oh, you have two dogs. They are cute. Do you often come to this park ?
B : Hi, Kenta. Yes. They like walking here. Do you have any pets, too ?
A : Yes. I have a dog and two cats.
B : Oh, really ? I want to see them.
質問します。 Which pets does Kenta have ?
繰り返します。

2 の問題に移ります。これから，No. 1 ～No. 3 について，それぞれ Jack と Miki の２人の対話が流れます。Miki が２度目に発言する部分で次のチャイムを鳴らします。（チャイム音）チャイムの部分の発言として最も適切なものを，それぞれア～エの中から選びなさい。では，始めます。

No. 1 *Jack* : What are you going to do this afternoon ?
Miki : I'm going to see a movie. Let's go together !
Jack : Sounds good. What time will the movie start ?
Miki : （チャイム音）
繰り返します。

No. 2 *Jack* : How do you spend your free time ?
Miki : Well, I read books. I have been reading an interesting book !
Jack : Oh, really ? Can you tell me more about it ?
Miki : （チャイム音）
繰り返します。

No. 3　*Jack* :　You look happy, Miki.
Miki :　I will go to New York during the summer vacation.
Jack :　That's nice.　Will it be your first trip to New York ?
Miki :　(チャイム音)

繰り返します。

3 の問題に移ります。これから，国際交流のイベントで，留学生のSaraが行ったスピーチが流れます。次の【スライド】は，その時にSaraが使ったものです。スピーチを聞いて，【スライド】の中の［A］～［C］に当てはまるものとして最も適切なものを，それぞれア～エの中から選びなさい。また，スピーチの内容に合うように，［D］の部分に入る英語を書きなさい。では，始めます。

Hello, everyone.　My name is Sara.　I'm from India.　Today, I want to talk about my experience in Japan.　I came to Japan with my family when I was fourteen years old.　We stayed in Japan for ten days and traveled around the country.　One day, when we couldn't find the way to our hotel, we met a kind woman.　She walked with us and showed us the way to the hotel.　She didn't speak English, but she talked to us in Japanese while we were walking.　When we arrived at the hotel, she said something in Japanese again and left there.　I really wanted to understand her Japanese.　Now, I'm studying Japanese at a college in this town.　In the future, I want to be a Japanese teacher in India.　I hope many students will learn Japanese and visit Japan.　Thank you.

繰り返します。

以上で放送を終わります。適宜，次の問題に移ってください。

数学

●満点100点　●時間45～60分

（注意）　解答用紙に(解)とあるところは答えを求める過程を書くこと。

1　次の(1)～(9)の問いに答えなさい。

(1)　次の①～③の計算をしなさい。

①　$2-(-4)$

②　$6a^2\times\frac{1}{3}a$

③　$-2(3x-y)+2x$

(2)　次の①，②の方程式を解きなさい。

①　$6x-1=4x-9$

②　$x^2+5x+3=0$

(3)　次のア～エのうち，絶対値が最も小さい数を選び，記号で答えなさい。

ア　3　　イ　−5　　ウ　$-\frac{5}{2}$　　エ　2.1

(4)　関数 $y=ax^2$ のグラフが点$(-2,\ -12)$を通るとき，a の値を求めなさい。

(5)　右の図において，$l /\!/ m$ のとき，$\angle x$ の大きさを求めなさい。

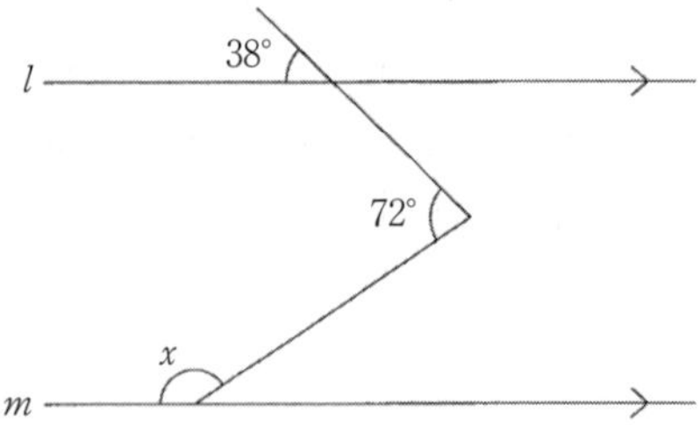

(6)　$a=2+\sqrt{5}$ のとき，a^2-4a+4 の値を求めなさい。

ただし，解答用紙の(解)には，答えを求める過程を書くこと。

(7)　1，2，3，4の数が1枚ずつ書かれた4枚のカードを袋の中に入れる。この袋の中をよく混ぜてからカードを1枚引いて，これを戻さずにもう1枚引き，引いた順に左からカードを並べて2けたの整数をつくる。このとき，2けたの整数が32以上になる確率を求めなさい。

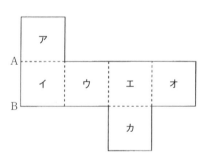

(8)　右の図は，立方体の展開図である。この展開図を組み立てて立方体をつくるとき，面**イ**の一辺である辺ABと垂直になる面を，面**ア**～**カ**からすべて選び，記号で答えなさい。

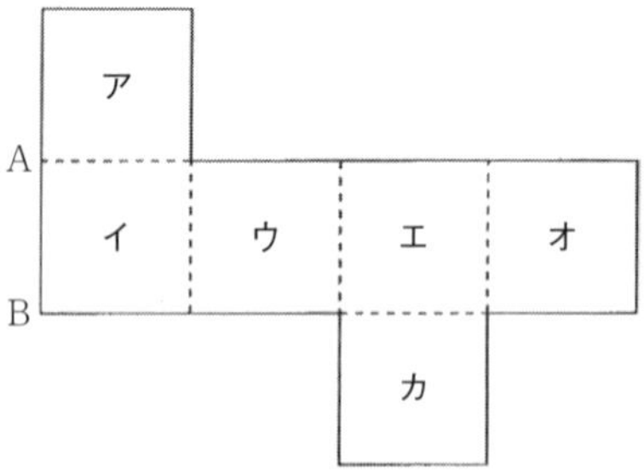

(9)　次の図は，ある部活動の生徒15人が行った「20mシャトルラン」の回数のデータを，箱ひげ図にまとめたものである。後のア～オのうち，図から読み取れることとして必ず正しいといえるものをすべて選び，記号で答えなさい。

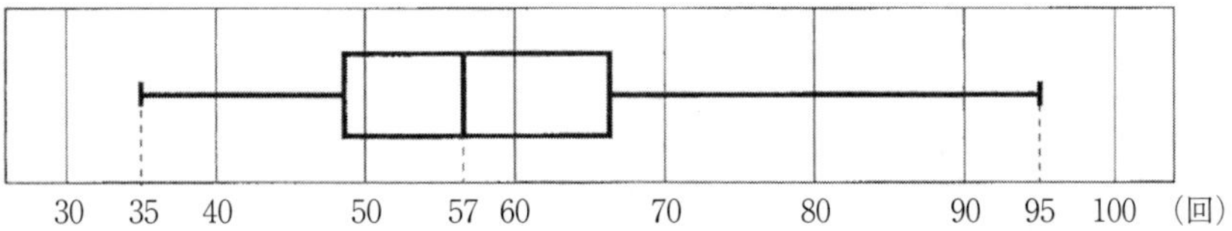

ア　35回だった生徒は１人である。

イ　15人の最高記録は95回である。

ウ　15人の回数の平均は57回である。

エ　60回以下だった生徒は少なくとも９人いる。

オ　60回以上だった生徒は４人以上いる。

2　y が x の関数である４つの式 $y=ax$, $y=\frac{a}{x}$, $y=ax+b$, $y=ax^2$ について，a と b が０でない定数のとき，右の例のように，ある特徴に当てはまるか当てはまらないかを考え，グループ分けする。次の(1)，(2)の問いに答えなさい。

例

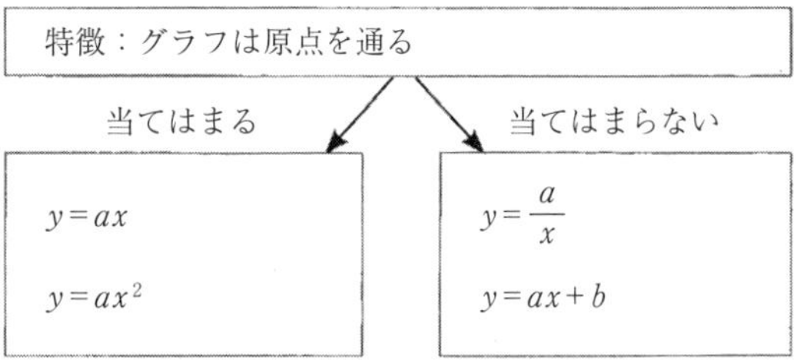

(1)　図Ⅰのように，特徴を「変化の割合は一定である」とするとき，次の①，②の式は，どちらにグループ分けできるか。当てはまるグループの場合は○を，当てはまらないグループの場合は×を書きなさい。

①　$y=ax+b$

②　$y=ax^2$

図Ⅰ

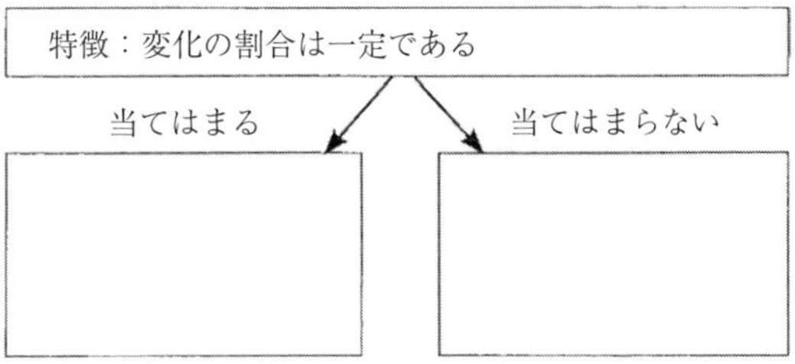

(2)　次のア～エのうち，図Ⅱの特徴であるＡとして適切なものをすべて選び，記号で答えなさい。

ア　グラフは y 軸について対称である

イ　グラフは y 軸と交点をもつ

ウ　$x=1$ のとき，$y=a$ である

エ　$a>0$ で $x>0$ のとき，x が増加すると y も増加する

図Ⅱ

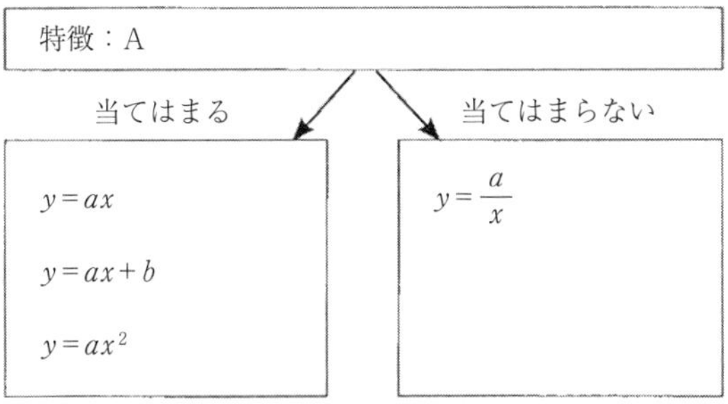

3　ある整数a，bと5が，次のようにaを1番目として左から規則的に並んでいる。このとき，後の(1)，(2)の問いに答えなさい。

a，5，b，a，5，b，a，5，b，a，…

(1)　20番目の整数は，a，b，5のうちのどれか，答えなさい。

(2)　1番目から7番目までの整数の和が18，1番目から50番目までの整数の和が121であるとき，aとbの値をそれぞれ求めなさい。
　ただし，解答用紙の(解)には，答えを求める過程を書くこと。

4　南さんは，平行四辺形の学習を振り返り，次のように図形の性質に関わる〔ことがら〕をまとめた。後の(1)，(2)の問いに答えなさい。

〔ことがら〕
四角形ABCDが平行四辺形ならば，
四角形ABCDの対角線BDによってつくられる2つの三角形は合同である。

図Ⅰ
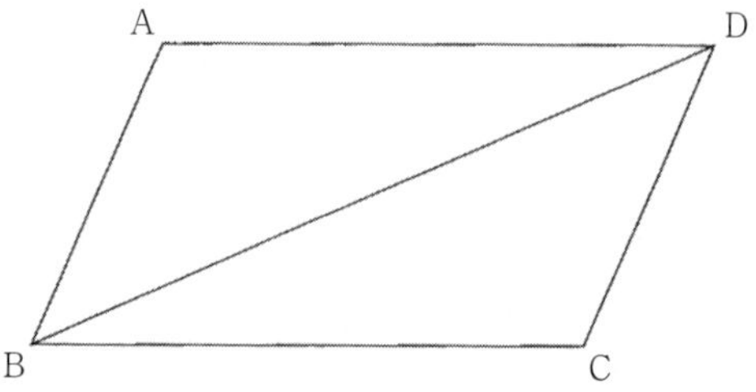

(1)　南さんがまとめた〔ことがら〕が成り立つことを示したい。図Ⅰにおいて，四角形ABCDが平行四辺形のとき，三角形ABDと三角形CDBが合同になることを証明しなさい。

(2)　南さんは自分がまとめた〔ことがらの逆〕は成り立たないことに気がついた。

〔ことがらの逆〕
四角形ABCDの対角線BDによってつくられる2つの三角形が合同ならば，
四角形ABCDは平行四辺形である。

図Ⅱ
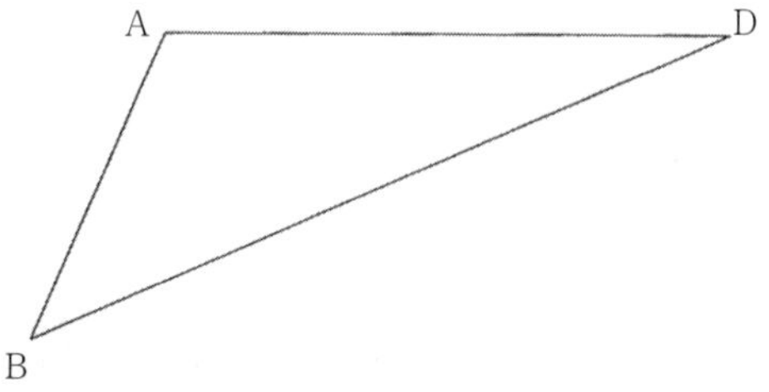

　図Ⅱにおいて，〔ことがらの逆〕の反例となる四角形ABCDを完成させるよう，線分BCと線分CDを，コンパスと定規を用いて作図しなさい。
　ただし，作図に用いた線は消さないこと。

5　図Ⅰのように，地点Pに止まっていた電車が，東西にまっすぐな線路を走り始めた。電車が出発してからx秒後までに地点Pから東に進んだ距離をy mとすると，20秒後までは，$y=\frac{1}{4}x^2$の関係がある。このとき，次の(1)，(2)の問いに答えなさい。

　ただし，電車の位置は，その先端を基準に考えるものとする。

図Ⅰ

図Ⅱ

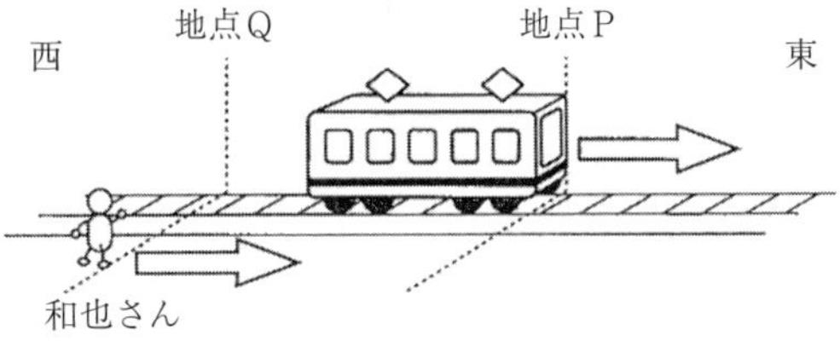

(1)　電車は出発してから6秒後までに東の方向へ何m進んだか，求めなさい。

(2)　図Ⅱのように，和也さんは線路と平行に走る道を東に向かって毎秒$\frac{10}{3}$ mの速さで走っている。電車が地点Pを出発したときに，和也さんが地点Pより西にある地点Qを通過し，その10秒後に電車と和也さんが同じ地点を走っていた。

　図Ⅲが，電車が出発してからx秒後までに地点Pから東に進んだ距離をy mとして，電車と和也さんが地点Pより東を走るときのxとyの関係を表したグラフであるとき，後の①～③の問いに答えなさい。

図Ⅲ

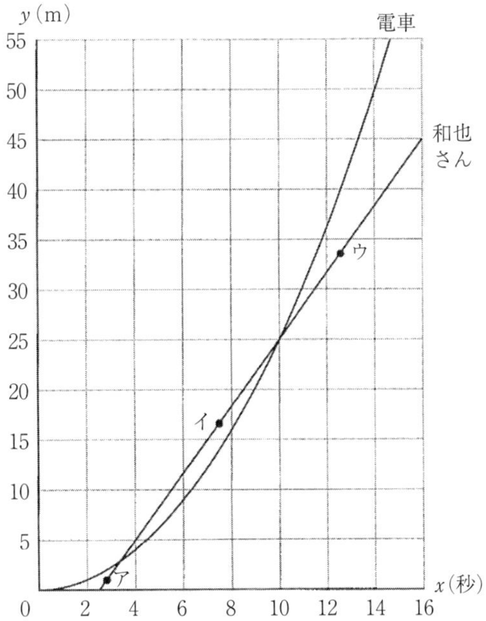

①　図Ⅲのグラフ上にある点ア～ウのうち，和也さんが電車より前を走っていることを表す点を1つ選び，記号で答えなさい。

②　地点Qから地点Pまでの距離を求めなさい。

③　和也さんが地点Pを走っていたときの，和也さんと電車との距離を求めなさい。

6　右の図のように，線分 AB を直径とする円 O と，線分 OA 上の点 C を中心として，線分 CO を半径とする円 C とが交わるとき，その交点を D，D′とする。また，半直線 DO，DC と円 O との交点をそれぞれ E，F とする。次の(1)，(2)の問いに答えなさい。

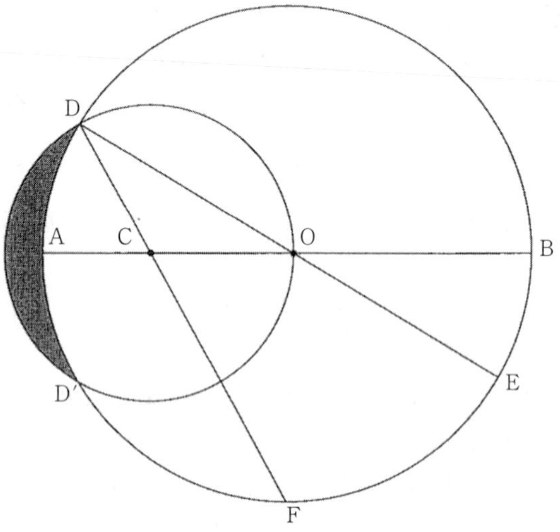

(1)　$\angle \mathrm{AOD}=\frac{1}{2}\angle \mathrm{EOF}$ となることを次のように説明した。$\boxed{\text{ア}}$，$\boxed{\text{ウ}}$ には適する語を，$\boxed{\text{イ}}$ には適する記号をそれぞれ入れなさい。

　ただし，$\overset{\frown}{\mathrm{EF}}$ は，円周上の 2 点 E，F をそれぞれ両端とする弧のうち長くない方を表すものとする。

説　明

円 C の半径より，CO＝CD だから，△COD は $\boxed{\quad\text{ア}\quad}$ 三角形になるので，

$\angle \mathrm{EDF}=\angle\boxed{\quad\text{イ}\quad}$ …①

また，∠EDF は $\overset{\frown}{\mathrm{EF}}$ の円周角であり，円周角は $\boxed{\quad\text{ウ}\quad}$ 角の $\frac{1}{2}$ 倍になるので，

$\angle \mathrm{EDF}=\frac{1}{2}\angle \mathrm{EOF}$ …②

したがって，①，②より，

$\angle \mathrm{AOD}=\frac{1}{2}\angle \mathrm{EOF}$ になる。

(2)　AB＝12cm，∠BOF＝90° のとき，次の①～③の問いに答えなさい。

①　∠EDF の大きさを求めなさい。

②　CO の長さを求めなさい。

③　図において色をつけて示した，円 C のうち円 O と重なっていない部分の面積を求めなさい。ただし，円周率は π とする。

社会

●満点100点　●時間45～60分

1　太郎さんは，社会科学習のまとめとして，滋賀県の取組についてレポートにまとめ，発表した。次の図と資料はそのときに使用したものの一部である。後の(1)～(5)の問いに答えなさい。

レポート

〈テーマ〉…(a)滋賀県～持続可能な都市づくりについて～

〈テーマ設定の理由〉…群馬県では，持続可能な都市づくりを進めているところなので，滋賀県の事例を調べ，都市づくりについて考えるための参考にしたいから。

〈滋賀県の持続可能な都市づくりについて調べた内容〉

- 環境面における取組…淀川水系，水田などの保全・整備による(b)豊かな自然を守る取組の実施
- 文化面における取組…(c)比叡山延暦寺，(d)安土城跡などの歴史遺産の活用による観光客の誘致
- 経済面における取組…交通の利便性をいかした産業の育成

〈まとめ〉…滋賀県では，持続可能な都市づくりが積極的に行われていました。ニュースで，(e)滋賀県の農林水産業の取組が世界農業遺産に認定されたことも知り，さらに興味を持ちました。滋賀県の事例を参考にして，私が住む群馬県の持続可能な都市づくりについて考えたいと思います。

(1)　下線部(a)について，図中の湖は，滋賀県にある日本最大の湖である。この湖の名称を，次のア～エから１つ選びなさい。

ア　霞ケ浦

イ　諏訪湖

ウ　琵琶湖

エ　猪苗代湖

図　滋賀県の航空写真

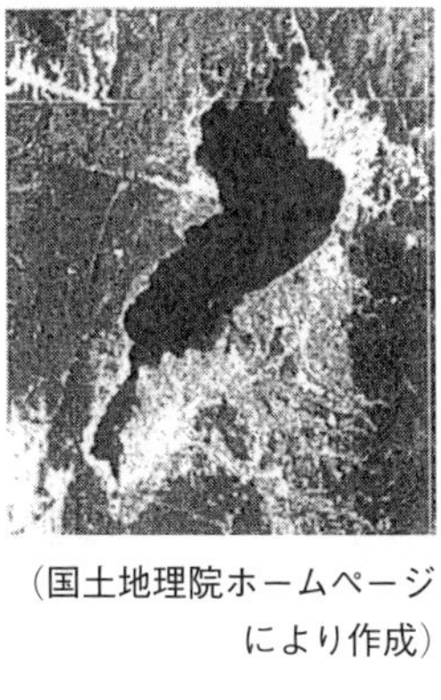

（国土地理院ホームページにより作成）

(2)　下線部(b)について，太郎さんは，資料Ⅰを用いて滋賀県の環境保全活動について発表した。次の文中の［A］，［B］に当てはまる語句の組み合わせとして適切なものを，後のア～エから選びなさい。

> 滋賀県は，豊富な水資源に恵まれています。その資源によって［　A　］の人々の生活用水が供給されています。
>
> 1960年代以降，人口の増加や工場の増加によって，図中の湖に生活排水や工場排水が流れ込み，［　B　］が発生するようになりました。そこで，滋賀県の人々は協力して環境保全活動を行い，滋賀県は，全国に先駆けて資料Ⅰの条例を制定することになりました。

資料Ⅰ　滋賀県で制定された条例の一部

> 第17条　何人も，県内において「りん」を含む家庭用合成洗剤を使用してはならない。
>
> 第18条　販売業者は，県内において「りん」を含む家庭用合成洗剤を販売し，または供給してはならない。
>
> （部分抜粋）

（滋賀県ホームページにより作成）

ア　A：大阪を中心とする都市圏　B：水俣病

イ　A：大阪を中心とする都市圏　B：赤潮

ウ　A：名古屋を中心とする都市圏　B：水俣病

エ　A：名古屋を中心とする都市圏　B：赤潮

(3)　下線部(c)について，太郎さんは，比叡山延暦寺に多くの観光客が訪れていることを知り，調べたことをまとめた。比叡山延暦寺で学んだ僧侶についての説明として適切なものを，次のア～エから１つ選びなさい。

ア　道元は，一心に念仏を唱えることで救われると説いた。

イ　親鸞は，おどり念仏によって，人々に念仏信仰を広めた。

ウ　日蓮は，題目を唱えることで，人々も国も救われると説いた。

エ　法然は，座禅によって自力で悟りを開こうとする教えを説いた。

(4)　下線部(d)について，太郎さんは織田信長との関係について調べ，資料Ⅱを見つけた。資料Ⅱは，織田信長によって安土城下で出された法令である。織田信長が，資料Ⅱの法令を出した目的を，簡潔に書きなさい。

資料Ⅱ

一　この安土の町は楽市としたのでいろいろな座は廃止し，さまざまな税や労役は免除する。

（部分要約）

(5)　下線部(e)について興味を持った太郎さんは，滋賀県の取組について調べたことをメモにまとめた。資料Ⅲはそのときに使用したものである。メモ中の［C］に当てはまる文を，書きなさい。

メモ

持続可能な社会を目指すためには，将来の世代と現在の世代の幸福を両立する視点が必要です。

資料Ⅲの取組事例には，将来の世代の幸福のために，環境保全に配慮する工夫と，現在の世代の幸福のために，［　C　］工夫が見られます。

資料Ⅲ　滋賀県の取組事例

※「魚のゆりかご水田米」の認証を受けたことを表す米のロゴマーク

滋賀県では，「魚のゆりかご水田プロジェクト」によって，水質汚染により絶滅の危機にあった水産資源を守るために，水田とその周辺に住む生き物が行き来できる魚道などの環境をつくり，農薬を制限するなど，「豊かな生き物を育む水田」の取組が行われています。

また，にない手不足や農業収益など，課題のあった水田を守るために，その水田でつくられた米を「魚のゆりかご水田米」としてブランド化し販売する取組も行われています。

（「滋賀の環境2021」により作成）

2　俊太さんは，「日本の諸地域の学習」において，中国・四国地方の自然環境や，産業と交通の関わりについて調べ，発表した。次のレポートと資料は，そのときに使用したものの一部である。後の(1)～(4)の問いに答えなさい。

レポート

「中国・四国地方について」

〈自然環境〉

・中国地方と四国地方には，ともに東西に連なる山地がある。

・(a)山陰，瀬戸内，南四国の３つの地域では，降水量に異なる特徴が見られる。

〈産業と交通の関わり〉

・(b)各地域の気候の特色に応じた農業が行われ，東京や大阪などの人口が多く消費量が多い地域へ農作物を出荷している。

・海上交通の便がよく，(c)工業が発達している県もある。

・(d)本州四国連絡橋の開通により，本州と四国の間を移動する人が増えた。

図

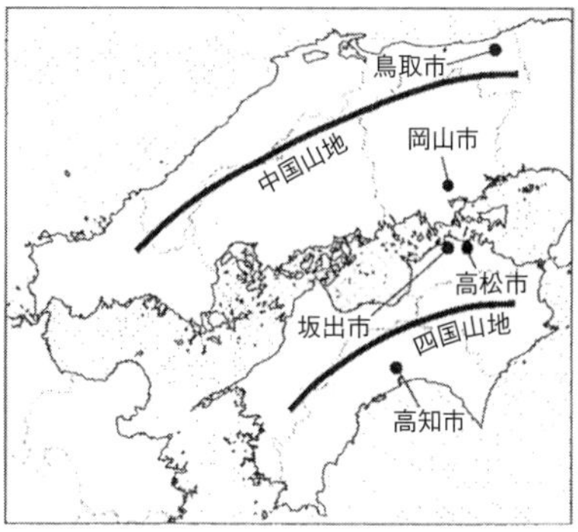

資料Ⅰ　３都市の年降水量と冬期(12月・１月・２月)の降水量の割合

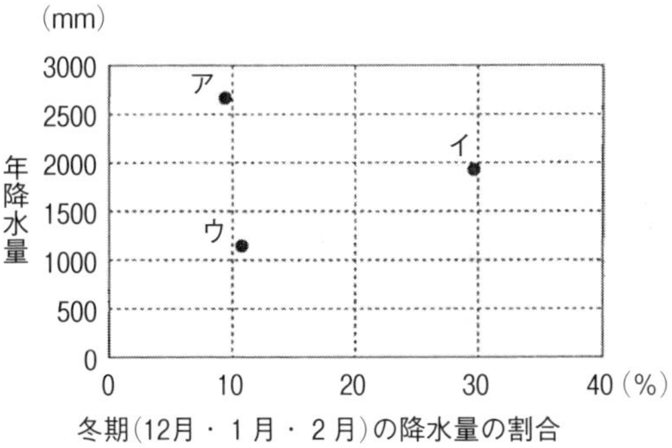

(気象庁ホームページにより作成)

資料Ⅱ

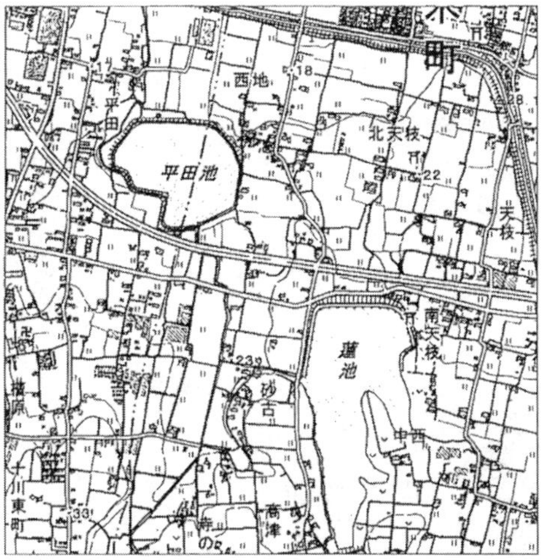

(国土地理院２万５千分の１地形図「高松南部」2016年発行により作成)

(1)　下線部(a)に関して，次の①，②の問いに答えなさい。

①　俊太さんは，中国・四国地方の降水量について，資料Ⅰを作成した。資料Ⅰ中のア～ウは，鳥取市，岡山市，高知市のいずれかの年降水量と，年降水量に占める冬期(12月・１月・２月)の降水量の割合を示している。鳥取市に当たるものを，資料Ⅰ中のア～ウから１つ選びなさい。

資料Ⅲ　３県の農業産出額の内訳(2020年)

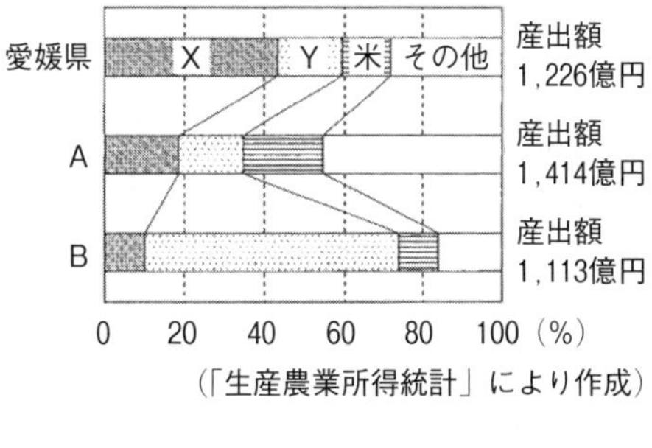

(「生産農業所得統計」により作成)

②　俊太さんは，香川県高松市の地形図の一部を示した資料Ⅱを見つけた。資料Ⅱのように，高松市

にため池がある理由を，高松市の気候と資料Ⅱから読み取れるこの地域の農業に着目して，簡潔に書きなさい。

(2)　下線部(b)について，俊太さんは，愛媛県，岡山県，高知県の農業産出額の内訳を調べ，資料Ⅲを作成した。資料Ⅲ中のＡとＢは岡山県または高知県，資料Ⅲ中のＸとＹは果実または野菜のいずれかを示している。資料Ⅲ中のＢとＹの組み合わせとして適切なものを，次のア～エから選びなさい。

ア　Ｂ：岡山県　Ｙ：果実

イ　Ｂ：岡山県　Ｙ：野菜

ウ　Ｂ：高知県　Ｙ：果実

エ　Ｂ：高知県　Ｙ：野菜

(3)　下線部(c)に関して，俊太さんは，島根県，広島県，山口県の主な業種別製造品の出荷額が示されている資料Ⅳを見つけた。資料Ⅳ中のア～ウは，島根県，広島県，山口県のいずれかを示している。山口県に当たるものを，資料Ⅳ中のア～ウから１つ選びなさい。

資料Ⅳ　３県の主な業種別製造品の出荷額（2019年）

県名	食料品（十億円）	化学工業（十億円）	鉄鋼業（十億円）	輸送用機械（十億円）
ア	71	33	167	83
イ	221	1,978	621	1,182
ウ	652	434	1,187	3,257

（経済産業省資料により作成）

(4)　下線部(d)に関して，俊太さんは，香川県坂出市の２種類の地形図を見つけた。資料Ⅴは瀬戸大橋が開通する前の1980年発行の地形図，資料Ⅵは瀬戸大橋が開通した後の1997年発行の地形図である。２つの地形図を比較し，瀬戸大橋の開通後，陸上の交通網はどのように変化したか，地形図から読み取れることを，簡潔に書きなさい。

資料Ⅴ　1980年発行の地形図

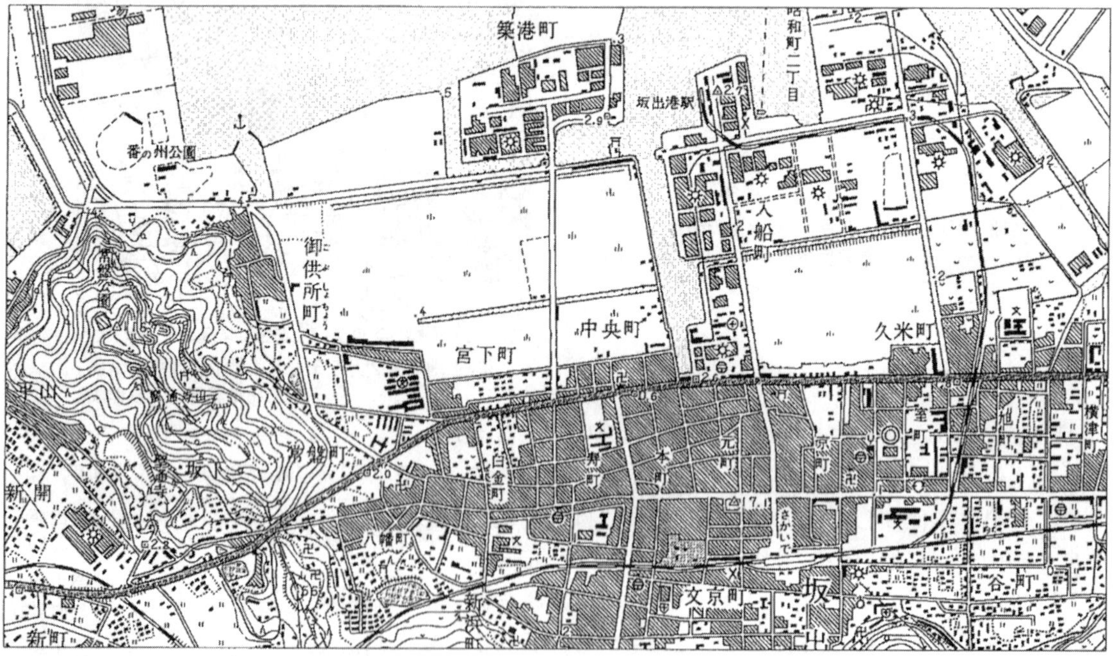

資料Ⅵ　1997年発行の地形図

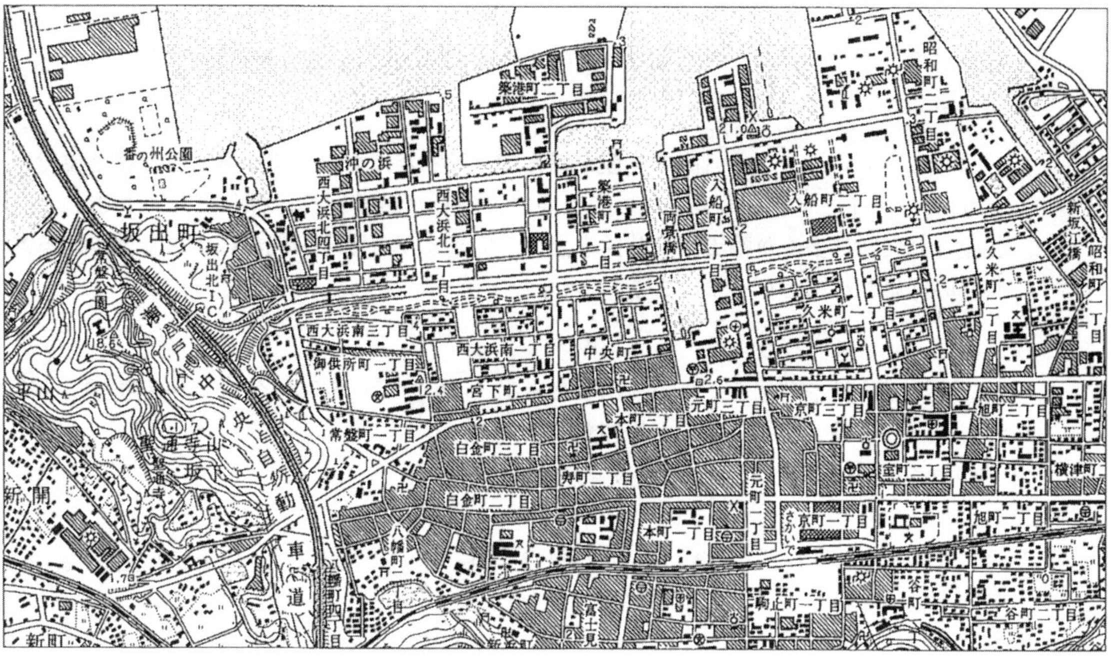

（資料Ⅴ，資料Ⅵは，国土地理院２万５千分の１地形図「丸亀」1980年，1997年発行により作成）

3　結衣さんは，南アメリカ州について学習し，特にブラジルについて調べたことをまとめ，発表した。次の図と資料はそのときに使用したものの一部である。次の(1)～(3)の問いに答えなさい。

図

(1)　結衣さんは熱帯林がみられるマナオスの気候を調べた。次のア～エは，図中のいずれかの都市の気温と降水量のグラフである。マナオスに当たるものを，次のア～エから１つ選びなさい。

ア

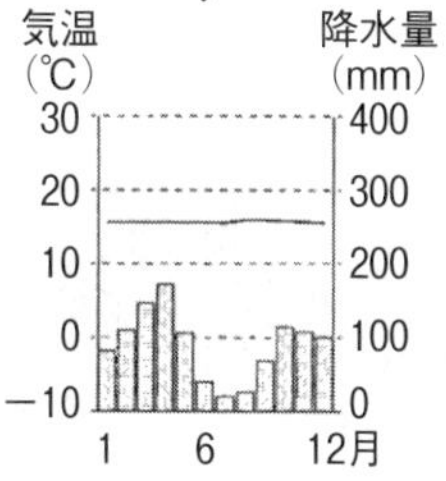

イ

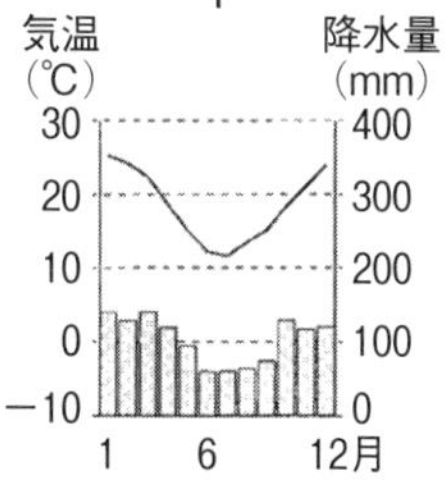

ウ

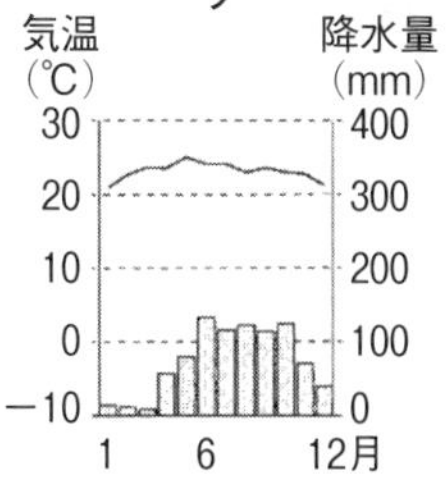

エ

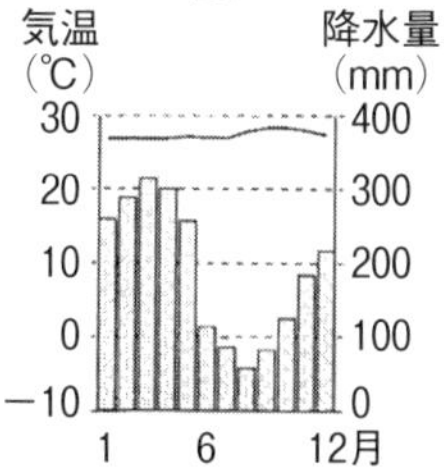

(「WMO world weather information service」により作成)

(2) 結衣さんは，牧場や鉱山の開発が熱帯林の減少の要因の１つであることを学んだ。次の①，②の問いに答えなさい。

① 結衣さんは，ブラジルにおける農地開発について調べ，発表した。次の文中の［ i ］に当てはまる語として適切なものを，後のア～エから１つ選びなさい。

> ブラジルでは，［ i ］肉の生産が盛んで，2020年において生産量は世界第２位です。しかし，［ i ］を飼育するための牧場は，多くが熱帯林を伐採して作られました。生産された肉は多くが輸出され利益を上げていますが，牧場の開発によって減少する熱帯林の保護が課題となっています。

ア 羊　イ 豚　ウ 牛　エ ヤギ

② 結衣さんは，日本がブラジルの鉱山から産出される資源を多く輸入していることを知り，資料Ⅰを見つけた。［X］に当てはまる資源名を書きなさい。

資料Ⅰ　日本における［X］の輸入相手国(2021年)

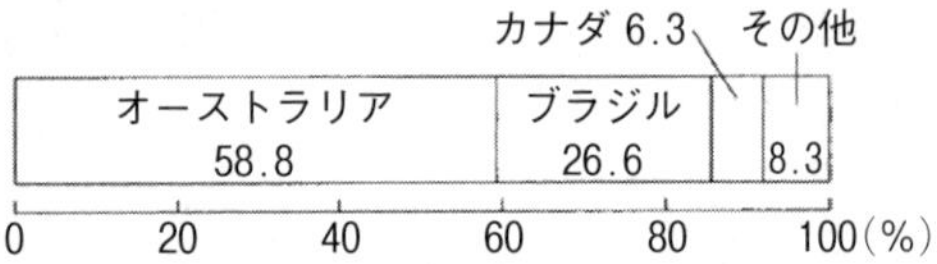

(「財務省貿易統計」により作成)

(3) ブラジルの産業について，次の①，②の問いに答えなさい。

① 結衣さんは，ブラジルの大規模農地ではサトウキビが多く生産されていることを知り，次のように説明した。次の文中の［ ii ］に当てはまる語を書きなさい。

> サトウキビの生産量が多いのは，近年，サトウキビを原料としたバイオエタノールの生産が盛んなためです。バイオエタノールは，ブラジルではガソリンに混合して自動車の燃料に利用され，環境問題の１つである［ ii ］の対策のために需要が高まっています。

② 結衣さんは，ブラジルの大規模農地で栽培される作物の変化について，資料Ⅱを用いて，次のように説明した。次の文中の［ iii ］に当てはまる文を書きなさい。

> 1970年頃のブラジルでは，コーヒー豆が主要な輸出品であり，コーヒー豆の価格に国内の経済が大きく左右される状況でした。しかし，近年，大豆や原油などさまざまなものを輸出するようになりました。
>
> 特に大豆は，広大な土地で資料Ⅱのように［ iii ］ことで大量の収穫が可能となり，生産量も輸出量も大幅に増加しました。

資料Ⅱ　ブラジルでの大豆の収穫の様子

(農畜産業振興機構ホームページにより作成)

4 直子さんは，歴史学習のまとめとして，自分が興味を持ったできごとを調べてまとめ，発表した。次のカードと資料は，そのときに使用したものの一部である。後の(1)～(4)の問いに答えなさい。

カード1　飛鳥時代・奈良時代

律令国家のしくみを定めた大宝律令がつくられ，成人男子には(a)<u>さまざまな税や負担</u>が課されました。それらは，大変重いものでした。

カード2　平安時代

漢字を書きくずし，日本語の発音を表現しやすくした［ ii ］文字がつくられました。そして，「源氏物語」など優れた文学作品が生まれました。

カード3　鎌倉時代

後鳥羽上皇は，幕府を倒し朝廷の勢力を回復しようと，(b)<u>承久の乱</u>を起こしました。しかし，幕府軍に敗れ，隠岐国（島根県）に流されました。

カード4　江戸時代

徳川吉宗は，(c)<u>幕府の収入を増やすために</u>，武士に質素・倹約を命じ，上げ米の制を定めました。こうした政策は，享保の改革と呼ばれました。

資料Ⅰ
平城京跡から出土した木簡（複製）

紀伊国《きいのくに》　安諦郡《あてぐん》幡陁郷《はたごう》　戸主《こしゅ》　秦人小麻呂《はたひとのおまろ》　［ i ］　塩《しお》　三斗《さんと》　天平《てんぴょう》

※木簡の右の文字は，木簡に書かれている文字を示している。
※「紀伊国安諦郡幡陁郷」は，現在の和歌山県有田市付近にあたる。
※「斗」は，塩の量の単位である。
（和歌山県立博物館ホームページにより作成）

(1) 下線部(a)に関して，資料Ⅰ中の［ i ］に当てはまる税や負担として適切なものを，次のア～エから1つ選びなさい。

ア　調　　イ　租　　ウ　雑徭　　エ　兵役

(2) カード2中の［ ii ］に当てはまる語を書きなさい。

(3) 下線部(b)について，次の①，②の問いに答えなさい。

① 北条政子は，後鳥羽上皇が兵を挙げると，鎌倉幕府を守るために，御家人たちに結束を呼びかけた。資料Ⅱ中の［ iii ］に当てはまる語を書きなさい。

資料Ⅱ　北条政子の訴え

…頼朝公が朝廷の敵を倒し，幕府を開いてから，官位や土地など，その［ iii ］は山より高く海よりも深い。この［ iii ］にむくいる心が浅くてよいはずがない。
（部分要約）

（「吾妻鏡」より）

② 直子さんは，承久の乱後における鎌倉幕府の政治と支配について，次のように説明した。次の文中の［ iv ］，［ v ］に当てはまる語の組み合わせとして適切なものを，後のア～エから選びなさい。

> 幕府は京都に［ iv ］をおいて，朝廷を監視しました。また，上皇側に味方した貴族や武士から取り上げた土地を［ v ］に与え，幕府の支配を固めました。

ア　iv：京都所司代　v：東国の武士
イ　iv：六波羅探題　v：東国の武士
ウ　iv：京都所司代　v：西国の武士
エ　iv：六波羅探題　v：西国の武士

(4) 下線部(c)について，幕府は収入を増やすために，カード4で示されている内容の他にどのような政策を行ったか，資料Ⅲを参考にして，簡潔に書きなさい。

資料Ⅲ 享保年間に描かれた絵図の一部

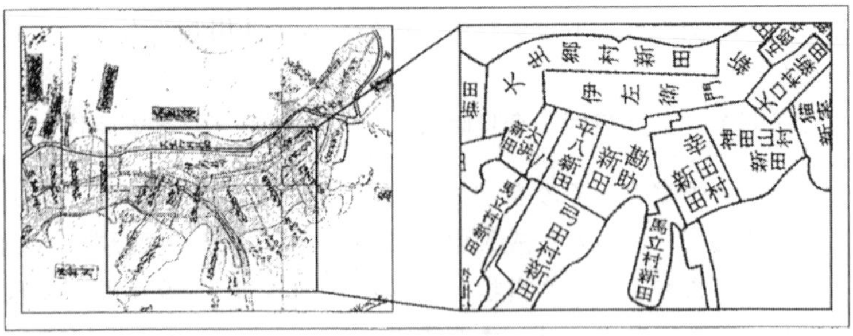

(坂東郷土館ミューズ資料により作成)

5 七美さんは，近現代における世界の情勢と，これに影響を受けた日本の情勢について時代別にまとめ，発表した。次の資料は，そのときに使用したものの一部である。後の(1)～(4)の問いに答えなさい。

資料Ⅰ

世界の情勢	時代	世界の情勢に影響を受けた日本の情勢
19世紀になると，産業革命が欧米各国に広まり，人々が国民として1つにまとまる近代的な国家が建設されました。	明治	欧米諸国のような近代的な国家をつくることを目指し，その土台となる(a)欧米の文化や思想などを取り入れました。
1919年にパリで講和会議が開かれ，［ X ］条約が結ばれたことにより，第一次世界大戦は終結しました。	大正	日本は1921年から翌年にかけて行われた(b)ワシントン会議に参加し，日本外交の中心であった日英同盟を解消しました。
［ Y ］がポーランドに侵攻したことにより，イギリスとフランスが［ Y ］に宣戦布告し，第二次世界大戦が始まりました。	昭和	敗戦後，(c)日本政府は連合国軍総司令部(GHQ)の指示を受けて，非軍事化・民主化のためのさまざまな改革を行いました。

(1) 資料Ⅰ中の［ X ］に当てはまる語と，［ Y ］に当てはまる国名を，それぞれ書きなさい。

(2) 下線部(a)について，七美さんは資料Ⅱを用いて次のように発表した。文中の［ i ］，［ ii ］に当てはまる語の組み合わせとして適切なものを，後のア～エから選びなさい。

> ［ i ］は，フランスの人権思想家であるルソーの考えを紹介しました。［ i ］は，「自由」や「権利」などといった欧米の思想を日本に広める上で，大きな役割を果たしたと言えます。資料Ⅱのように国会開設を求める動きなどは［ ii ］と呼ばれ，［ i ］の影響を大きく受けていると言われています。

ア i：田中正造 ii：護憲運動
イ i：田中正造 ii：自由民権運動

資料Ⅱ 国会開設を求める演説会の様子

(近代日本法政史料センター資料より)

ウ　ⅰ：中江兆民　ⅱ：護憲運動
エ　ⅰ：中江兆民　ⅱ：自由民権運動

(3)　下線部(b)に関して，七美さんは，第一次世界大戦後の日本の外交について興味を持ち，資料Ⅲを見つけた。第一次世界大戦後，資料Ⅲのように，日本の軍事費が変化したのはどうしてか，当時の国際情勢に着目して，その理由を簡潔に書きなさい。

資料Ⅲ　日本の歳出総額と軍事費の占める割合

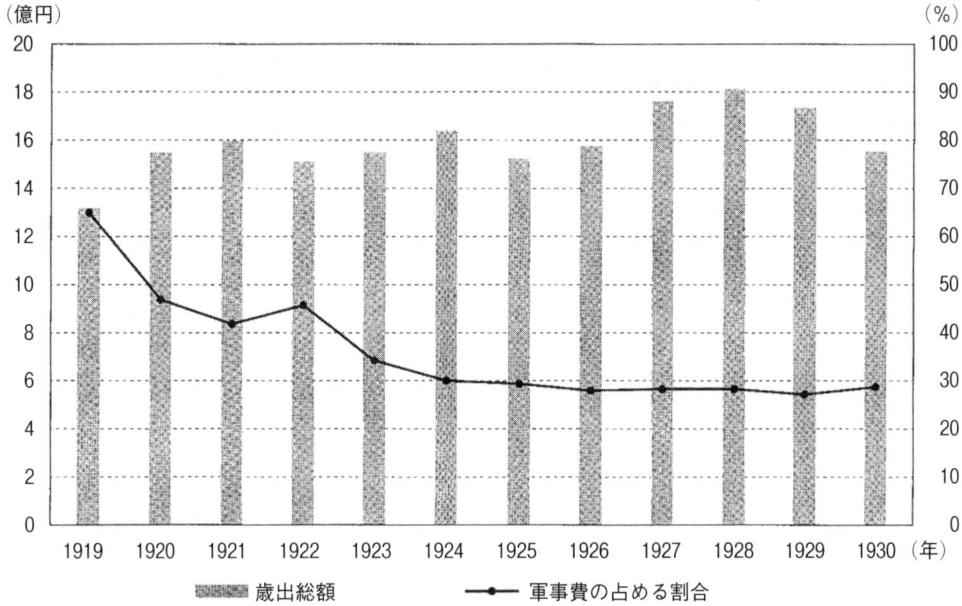

(「昭和財政史」により作成)

(4)　下線部(c)について，日本政府が第二次世界大戦後に連合国軍総司令部(GHQ)の指示を受け，実施したものとして適切なものを，次のア～オから全て選びなさい。
ア　財閥の解体を行った。
イ　労働条件の最低基準を定める労働基準法を制定した。
ウ　満6歳以上の子どもに教育を受けさせる学制を発布した。
エ　満25歳以上の男性に選挙権を与える普通選挙法を制定した。
オ　地主から農地を強制的に買い上げ，小作人に安く売り渡した。

6　涼太さんのクラスでは，「私たちの暮らしと経済」の学習において，県内の食品販売会社の社長に聞き取り調査を行った。次の会話文は，聞き取り調査後に，涼太さんの班で交わされたものの一部である。後の(1)～(5)の問いに答えなさい。

会話文

涼太：社長さんは，お客さんに満足してもらえるような商品を提供できるように努力をしていることや，(a)企業の社会的責任を果たす必要もあるということを話していたよね。
悠人：企業がより良い商品を世の中に供給すると，社会全体の発展にもつながるから，とてもいいよね。
由美：でも，どんなに良い商品だとしても，消費者に商品を買う金銭的な余裕がないとね。

悠人：その点でいうと，(b)消費税などの税金も少しずつ上がっているから大変だと，家でも話題になっていたよ。
涼太：消費税が上がると，消費者は支出を減らすだろうから，景気が悪くなりそうだね。
由美：そういえばニュースで，日本の景気を良くするための(c)金融政策について取り上げているのを見たよ。企業のためにも，景気が良くなるといいよね。
悠人：社長さんもそのようなことを言っていたね。でも，日本国内の市場だけに目を向けるのではなく，海外の市場にも積極的にチャレンジしているとも言っていたよね。
涼太：(d)外国と取り引きを行う企業って，大企業だけだと思っていたよ。
由美：今はインターネットの整備もされて，経営規模の大小にかかわらず，国内外で(e)いろいろな流通経路を活用することができるということだよね。

(1) 下線部(a)について，企業の社会的責任の例として適切なものを，次のア～エから全て選びなさい。
ア　災害が発生した際に，被災地の救援活動に協力をする。
イ　職場環境を整備して，従業員が健康的に働けるように努める。
ウ　法律で定められた労働時間よりも長く従業員を働かせて，より多くの商品を生産する。
エ　企業への信頼を失わないようにするために，商品の欠陥などの情報を公開しないようにする。

(2) 下線部(b)に関して，悠人さんは税金の特徴と分類について，資料Ⅰを作成した。資料Ⅰ中のWとZに当てはまる，カードの組み合わせとして適切なものを，後のア～エから選びなさい。

資料Ⅰ

	特徴	分類
消費税	W	Y
所得税	X	Z

カード1　所得が高い人ほど所得に占める税金の割合が高くなる特徴を持つ。

カード2　所得が低い人ほど所得に占める税金の割合が高くなる特徴を持つ。

カード3　税金を納める人と税金を負担する人が同じであり，直接税に分類される。

カード4　税金を納める人と税金を負担する人が異なり，間接税に分類される。

ア　W：カード1　Z：カード3
イ　W：カード1　Z：カード4
ウ　W：カード2　Z：カード3
エ　W：カード2　Z：カード4

(3) 下線部(c)について，景気が悪いときに行う金融政策として最も適切なものを，次のア～エから1つ選びなさい。
ア　日本銀行が，一般の銀行に国債などを売り，世の中に出回る通貨量を減らす。
イ　日本銀行が，一般の銀行から国債などを買い，世の中に出回る通貨量を増やす。
ウ　日本政府が，公共事業(公共投資)を増やして，民間企業の仕事を増やす。
エ　日本政府が，公共事業(公共投資)を減らして，民間企業の仕事を減らす。

(4) 下線部(d)に関して，涼太さんは貿易と為替の関係について，次のようにまとめた。文中の［ i ］，［ ii ］に当てはまる語の組み合わせとして適切なものを，後のア～エから選びなさい。

為替相場の変動によって，貿易にどのような影響があるのでしょうか。
例えば，日本のある企業が調味料をアメリカに輸出する場合を考えてみることとします。1ドル＝100円であるときと比べて，1ドル＝120円の［ i ］になると，同じ調味料でも，ドルでの価格が［ ii ］し，輸出しやすくなると考えられます。

ア　i：円高　ii：上昇　　イ　i：円高　ii：下落
ウ　i：円安　ii：下落　　エ　i：円安　ii：上昇

(5)　下線部(e)について，由美さんは，多様化する流通経路について，資料Ⅱと資料Ⅲを用いて，次のように説明した。文中の［ iii ］に当てはまる文を，「費用」という語を用いて，書きなさい。

商品の流通経路は，資料Ⅱのようなものが一般的です。しかし，調査をした食品販売会社では，資料Ⅲのような流通経路をとることで，より安い価格で消費者に商品を販売することができています。その理由は，資料Ⅲでは資料Ⅱと比べて，調査をした食品販売会社のような小売業者が［ iii ］からです。

資料Ⅱ　商品の一般的な流通経路

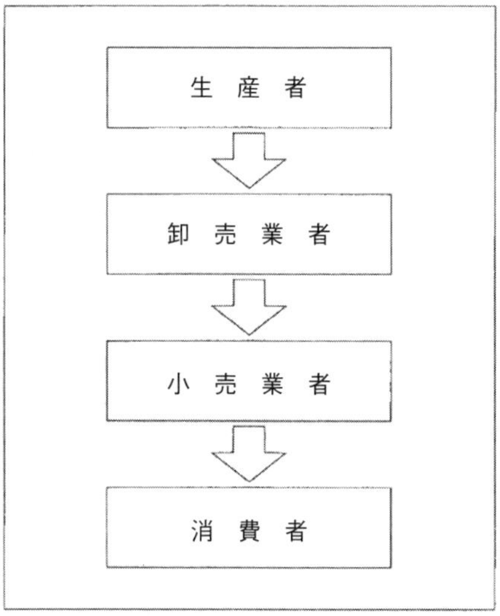

資料Ⅲ　調査をした食品販売会社の商品の流通経路

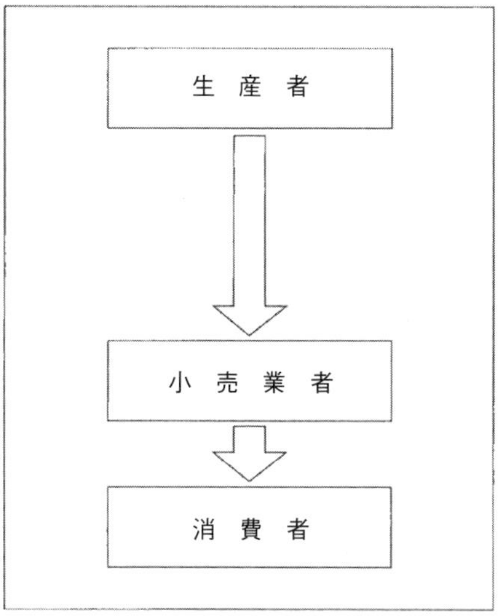

7　明さんのクラスでは，政治の学習のまとめとして，班ごとにテーマを決めて調べた内容を，発表した。次のカードと資料は，そのときに使用したものの一部である。後の(1)～(4)の問いに答えなさい。

A班のカード　【情報化】

現在，［ あ ］と略称される情報通信技術が急速に発達しています。そのため，私たちは，情報を正しく活用する力である［ い ］を身に付けることが大切です。

B班のカード　【成年年齢の引き下げ】

2018年6月，国会で民法が改正され，(a)2022年4月から成年年齢が20歳から18歳に引き下げられました。成年年齢の引き下げは，私たちの生活にもさまざまな影響を与えます。

C班のカード　【政権公約(マニフェスト)】

> 選挙のとき多くの政党は，政権を取ったときに実施する予定の政策などを記した(b)政権公約(マニフェスト)を発表します。各党の公約を比べることで，人々は投票先を選びやすくなります。

D班のカード　【国会】

> 国会は二院制が採られ，衆議院(465名)と参議院(248名)の2つの議院で構成されています。国会の仕事には，法律の制定や予算の議決，条約の承認，(c)内閣総理大臣の指名などがあります。

(1)　A班のカード中の[あ]，[い]に当てはまる語の組み合わせとして適切なものを，次のア～エから選びなさい。

ア　あ：SNS　い：情報リテラシー　　イ　あ：SNS　い：人工知能

ウ　あ：ICT　い：情報リテラシー　　エ　あ：ICT　い：人工知能

(2)　下線部(a)に関して，B班は，成年年齢が引き下げられたことによる変化について調べ，発表した。2022年4月以降，日本国民が18歳になれば親権者の同意がなくてもできるようになったこととして適切なものを，次のア～エから1つ選びなさい。

ア　働いて賃金を得ること。

イ　クレジットカードを作ること。

ウ　都道府県の知事選挙に立候補すること。

エ　市町村議会の議員選挙に立候補すること。

(3)　下線部(b)に関して，C班は資料Ⅰを作成し，資料Ⅰで示した架空の政党の政権公約(マニフェスト)は「大きな政府」の考え方に基づいていると発表した。資料Ⅰ中の[　　]に当てはまる文として適切なものを，次のア～エから2つ選びなさい。

ア　減税政策を実施する。

イ　公共事業を拡大する。

ウ　国家公務員を削減する。

エ　大学の授業料を無償にする。

資料Ⅰ　架空の政党の政権公約(マニフェスト)

> ○[　　　　　　　　]
>
> ○[　　　　　　　　]
>
> ○社会保障制度を拡充する。

(4)　下線部(c)について，D班は資料Ⅱを作成し，次のように説明した。D班が説明した内容の[i]に当てはまるものを，資料Ⅱを踏まえて，後のア～ウから1つ選びなさい。また，[ii]に当てはまる文を，「議決」という語を用いて，書きなさい。

> 資料Ⅱは，内閣総理大臣の指名についての衆議院と参議院での架空の投票結果です。この投票結果に基づいて，衆議院と参議院が異なる国会議員を指名し，両院協議会を開いても意見が一致しなかった場合，内閣総理大臣に指名される議員は，[i]です。その理由は[ii]からです。

資料Ⅱ

	X議員	Y議員	Z議員
衆議院	155票	235票	75票
参議院	150票	57票	41票

ア　X議員　　イ　Y議員　　ウ　Z議員

理　科

●満点100点　●時間45～60分

1　次の**A**～**D**の問いに答えなさい。

A　図は，種子植物であるアサガオ，アブラナ，イチョウ，ツユクサを体のつくりの特徴をもとにして分類したものであり，［a］～［d］には，それらの植物のいずれかが入る。後の(1)，(2)の問いに答えなさい。

図

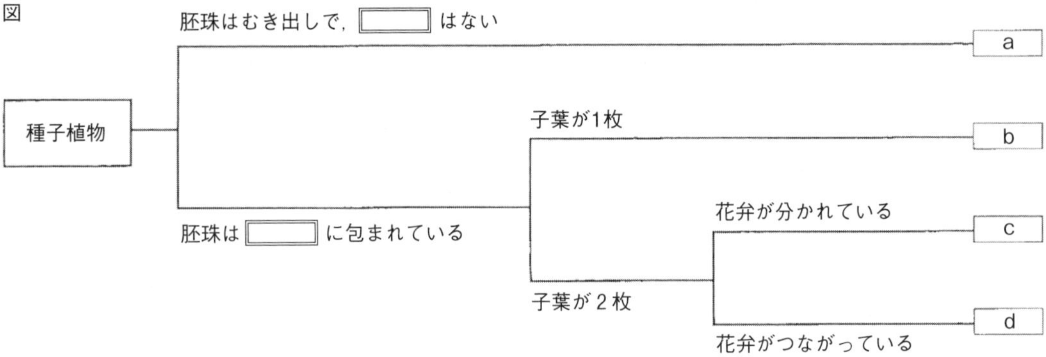

(1)　図中の［　　］に共通して当てはまる語を書きなさい。

(2)　図中の［b］と［c］に入る植物の組み合わせとして正しいものを，次のア～エから選びなさい。

ア　［b　アブラナ　c　アサガオ］
イ　［b　ツユクサ　c　アブラナ］
ウ　［b　ツユクサ　c　イチョウ］
エ　［b　イチョウ　c　アサガオ］

B　図は，ある場所の露頭を模式的に示したものである。図中のAの地層とBの地層を観察したところ，Aの地層からはシジミの化石が見つかり，Bの地層からはフズリナの化石が見つかった。次の(1)，(2)の問いに答えなさい。

図

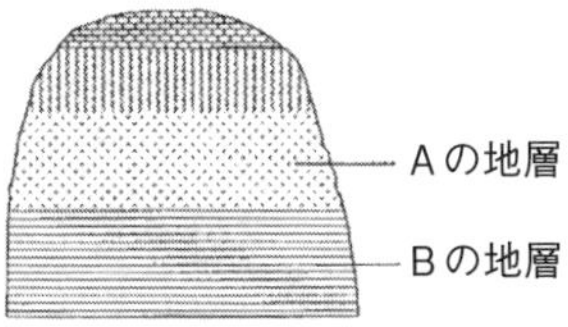

(1)　Aの地層から見つかったシジミの化石は，Aの地層ができた当時の環境を推定する手がかりとなる。Aの地層ができた当時，この地域はどのような環境であったと考えられるか。最も適切なものを，次のア～ウから選びなさい。

ア　あたたかくて浅い海　　イ　寒冷な浅い海　　ウ　湖や河口

(2)　次の文は，Bの地層から見つかったフズリナの化石に関連した内容について述べたものである。文中の［①］に当てはまる語を書きなさい。また，②，③については｛　｝内のア，イから正しいものを，それぞれ選びなさい。

> フズリナの化石のように，地層が堆積した時代を推定するのに役立つ化石を［　①　］化石という。［　①　］化石となる生物の条件は，②｛ア　限られた　　イ　様々な｝時代に栄えて，③｛ア　広い　　イ　狭い｝地域に生息していたことである。

C　物質の状態変化について調べるために，次の実験を行った。後の(1)，(2)の問いに答えなさい。

［実験］

パルミチン酸２ｇをゆっくり加熱し，30秒ごとに温度を記録した。図は，その結果を表したグラフである。パルミチン酸が液体になり始めた時間を t_1，全て液体になった時間を t_2 とする。また，t_1 から t_2 の間は，温度が一定であり，そのときの温度を X とする。

図

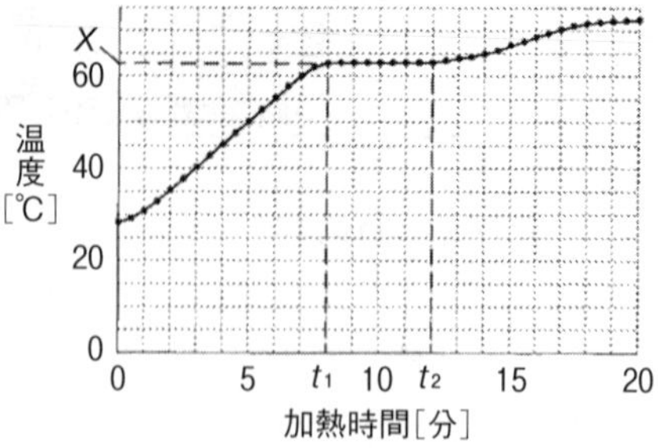

⑴　［実験］における X のように，物質が固体から液体に変化するときの温度を何というか，書きなさい。

⑵　次の文は，パルミチン酸の質量を２倍にして，その他の条件は［実験］と変えずに実験を行ったときの結果についてまとめたものである。文中の①，②について，｛　｝内のア～ウから正しいものを，それぞれ選びなさい。

パルミチン酸の質量を２倍にしたとき，液体になり始めてから全て液体になるまでの時間の長さは，t_1 から t_2 の時間の長さと比べて，①｛ア　長くなる　　イ　変わらない　　ウ　短くなる｝。また，このときの固体から液体に変化するときの温度は，X と比べて，②｛ア　高くなる　　イ　変わらない　　ウ　低くなる｝。

D　棒磁石のつくる磁界について，次の⑴，⑵の問いに答えなさい。

⑴　図Ⅰ中のＮ極から出てＳ極に入る曲線は，棒磁石のつくる磁界の様子を表している。この曲線を何というか，書きなさい。

⑵　図Ⅱのように，固定したコイルの上方のある位置で棒磁石を持ち，棒磁石のＮ極を下向きにしてコイルの中心へ近づける実験を行ったところ，図Ⅲに示す値まで検流計の針が振れた。続いて，同じ棒磁石を用いて，次のア～エの実験を行った。図Ⅳに示す値まで検流計の針が振れたときの実験はどれか，ア～エから選びなさい。ただし，棒磁石を動かす範囲は常に同じとする。

図Ⅰ

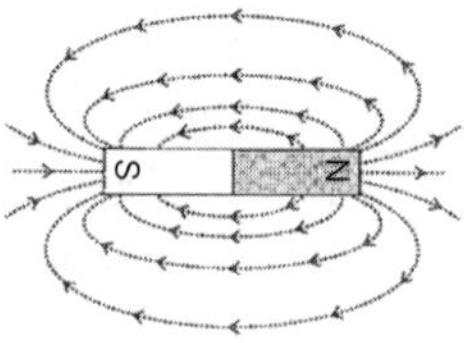

図Ⅱ

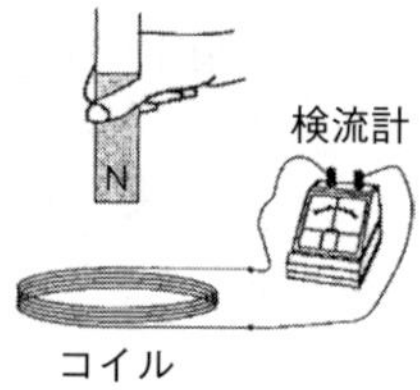

図Ⅲ

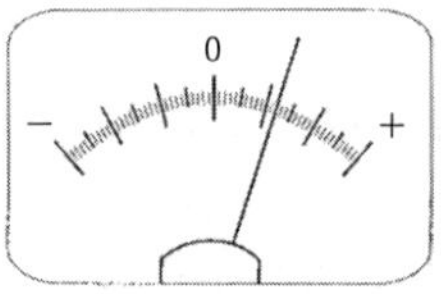

図Ⅳ

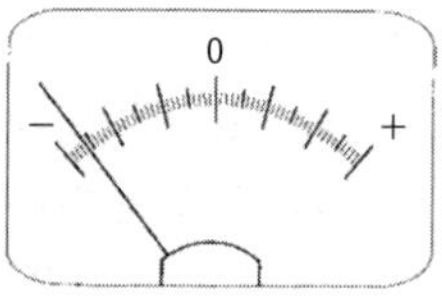

実験	極の向き	動かす方向	動かす速さ
ア	Ｎ極を下向き	コイルの中心へ近づけた	速くした
イ	Ｎ極を下向き	コイルの中心から離した	遅くした
ウ	Ｓ極を下向き	コイルの中心へ近づけた	速くした
エ	Ｓ極を下向き	コイルの中心から離した	遅くした

2　GさんとMさんは，食物の消化に興味を持ち，だ液のはたらきを調べるために，実験1を行った。その後，ダイコンのしぼり汁にもだ液と同じはたらきがあることを先生から聞き，さらに実験2を行った。後の(1)～(4)の問いに答えなさい。

［実験1］

図Iのように，4本の試験管A～Dにデンプン溶液を8mLずつ入れた。さらに，試験管AとCにはだ液をうすめたものを，試験管BとDには水を，それぞれ2mLずつ加え，全ての試験管を約40℃の湯にひたして10分間おいた。その後，試験管AとBにはヨウ素液を加えた。一方，試験管CとDにはベネジクト液を加え，沸騰石を入れ加熱した。表Iは，このときの反応をまとめたものである。

図I

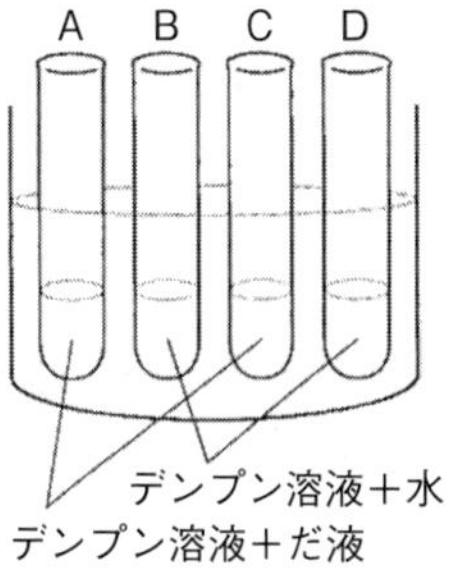

表I

試験管	A	B	C	D
ヨウ素液の反応	変化なし	青紫色になった	—	—
ベネジクト液の反応	—	—	赤褐色の沈殿が生じた	変化なし

(1)　次の文は，実験1の結果について考察したものである。文中の ① ， ② に当てはまる試験管の組み合わせとして最も適切なものを，後のア～カからそれぞれ選びなさい。

> 試験管 ① を比較すると，だ液のはたらきによってデンプンがなくなったことが分かる。また，試験管 ② を比較すると，だ液のはたらきによって糖が生じたことが分かる。このことから，「だ液にはデンプンを糖に変えるはたらきがある」と考えられる。

ア　AとB　　イ　AとC　　ウ　AとD
エ　BとC　　オ　BとD　　カ　CとD

(2)　一般に，だ液のような消化液中に含まれ，食物の養分を分解するはたらきをもつ物質を何というか，書きなさい。

［実験2］

図IIのように，4本の試験管P～Sにダイコンのしぼり汁を2mLずつ入れ，さらに，試験管PとRにはデンプン溶液を，試験管QとSには水を，それぞれ8mLずつ加え，全ての試験管を約40℃の湯にひたして10分間おいた。その後，試験管PとQにはヨウ素液を加えた。一方，試験管RとSにはベネジクト液を加え，沸騰石を入れ加熱した。表IIは，このときの反応をまとめたものである。

図II

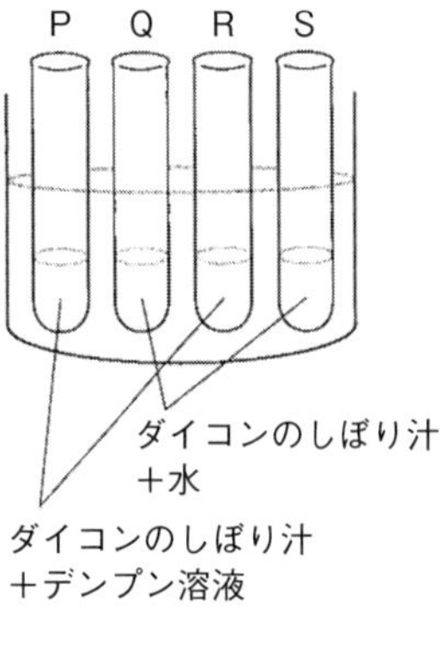

表II

試験管	P	Q	R	S
ヨウ素液の反応	変化なし	変化なし	—	—
ベネジクト液の反応	—	—	赤褐色の沈殿が生じた	色の薄い赤褐色の沈殿が生じた

(3)　次の文は，実験2について，GさんとMさんが交わした会話の一部である。会話文中の下線部について，試験管Sでデンプンを加えていないにもかかわらず色の薄い赤褐色の沈殿が生じ

た理由を書きなさい。

> Gさん：実験1の結果と試験管Pの結果から，ダイコンのしぼり汁によって，デンプンがなくなったことが分かるね。
> Mさん：そうだね。試験管Rと試験管Sでは，どちらも赤褐色の沈殿が生じたね。調べてみると，沈殿の色が濃いほど，含まれる糖の量が多いことを表すみたいだよ。
> Gさん：試験管Sで色の薄い赤褐色の沈殿が生じたのは，なぜだろう。

(4) 次の文は，実験の後に，GさんとMさんが交わした会話の一部である。後の①～③の問いに答えなさい。

> Gさん：ヒトの体で，デンプンを糖に変えるのは何のためかな。
> Mさん：(あ)デンプンを小さな物質にして，小腸から養分を吸収しやすくし，全身の細胞に運ぶためだよ。
> Gさん：なるほど。じゃあ，ダイコンが，デンプンを糖に変えるのは何のためかな。
> Mさん：葉でつくったデンプンを，小さくて，□物質である糖に変え，師管を通して体全体へ運ぶためだよ。
> Gさん：そうなんだね。糖が体全体の細胞に運ばれた後はどうなるの。
> Mさん：ヒトでもダイコンでも，(い)細胞は，糖などの養分から，酸素を使って，生きるために必要なエネルギーを取り出しているんだよ。
> Gさん：動物も植物も，生きるために，体の中で似たようなことをしているんだね。

① 文中の□に当てはまる文を，簡潔に書きなさい。

② 次の文は，下線部(あ)についてまとめたものである。文中の X ， Y に当てはまる語の組み合わせとして正しいものを，後のア～エから選びなさい。

> デンプンは最終的にブドウ糖に分解され，小腸の柔毛で吸収されて X に入り， Y に集まった後，血管を通って全身の細胞に運ばれる。

ア ［X リンパ管 Y 肝臓］
イ ［X リンパ管 Y 腎臓］
ウ ［X 毛細血管 Y 肝臓］
エ ［X 毛細血管 Y 腎臓］

③ 下線部(い)について，このような細胞のはたらきを何というか，書きなさい。

3 太陽系の天体について学んだGさんとMさんは，群馬県内のある地点で，6月のある日に金星と月を観測した。その後，他の惑星についても資料を使って調べ，同じ日の同じ時刻の惑星と月の見える位置を図Ⅰのようにまとめた。さらに，図Ⅱのように，地球を含めた太陽系の全ての惑星の密度と半径の関係をまとめた。後の(1)～(3)の問いに答えなさい。

図Ⅰ

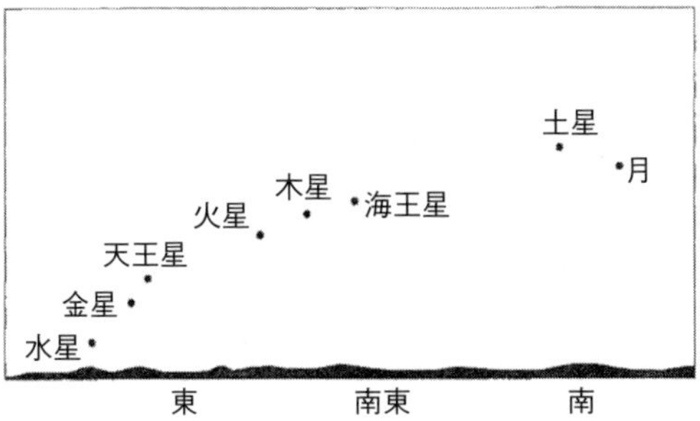

図Ⅱ

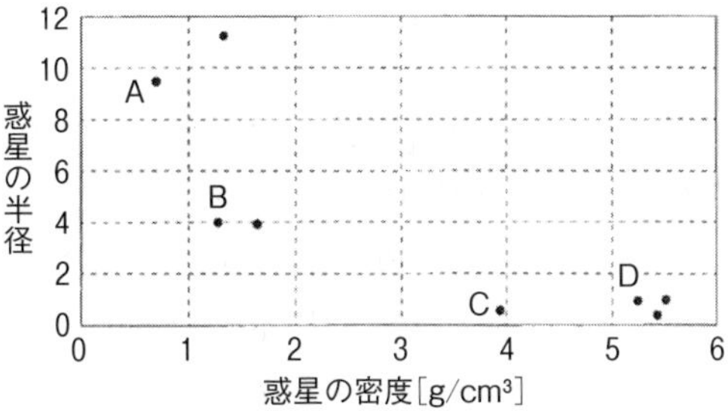

※惑星の半径は地球の半径を１とした場合の値である。

(1)　次の文は，太陽系の天体について述べたものである。文中の［ a ］，［ b ］に当てはまる語を，それぞれ書きなさい。

> 太陽のように自ら光を出して輝く天体を［ a ］という。また，太陽系には８つの惑星があり，月のように惑星のまわりを公転する天体を［ b ］という。

(2)　図Ⅰ，図Ⅱから分かることについて，次の①～③の問いに答えなさい。

①　金星と月が図Ⅰのように見える時間帯は，この日のいつごろと考えられるか，次のア～エから選びなさい。

ア　明け方　　イ　正午　　ウ　夕方　　エ　真夜中

②　図Ⅰのように天体が見える日の，太陽と木星，土星，天王星，海王星の公転軌道上の位置を模式的に表したものとして，最も適切なものを，次のア～エから選びなさい。ただし，円は太陽を中心とした惑星の公転軌道を表しており，矢印の向きは各天体の公転の向きを示している。

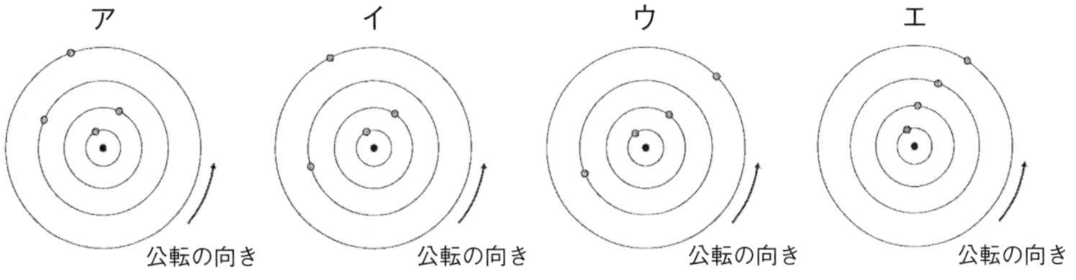

※●は太陽を，●は木星，土星，天王星，海王星の位置を表している。

③　図Ⅱ中のＡ～Ｄから，木星型惑星を示すものを全て選びなさい。

(3)　次の文は，ＧさんとＭさんが，金星と月の見え方について交わした会話の一部である。後の①～③の問いに答えなさい。

> Ｇさん：金星と月には，どちらも満ち欠けをするという共通点があるね。
> Ｍさん：そうだね。調べてみたら，満ち欠けをしてもとの形に戻るまでに，月は約30日，金星は約600日かかることが分かったよ。
> Ｇさん：そうなんだ，かなり差があるんだね。
> Ｍさん：金星の公転の周期は約226日だと教科書に書いてあったけど，関係しているのか

な。
Gさん：太陽，金星，月，地球が一直線上に並んだ日を基準にして考えてみよう。

① 金星と月は自ら光を出していないが，光って見えるのはなぜか。この理由を簡潔に書きなさい。

② 図Ⅲは，太陽，金星，月，地球が一直線上に並んだ日の各天体の位置を模式的に示したものである。このとき，次のa，bについて，最も適切なものを，後のア～エからそれぞれ選びなさい。ただし，図Ⅲ中の円は惑星と月の公転軌道を表しており，矢印の向きは各天体の公転の向きを示している。

図Ⅲ

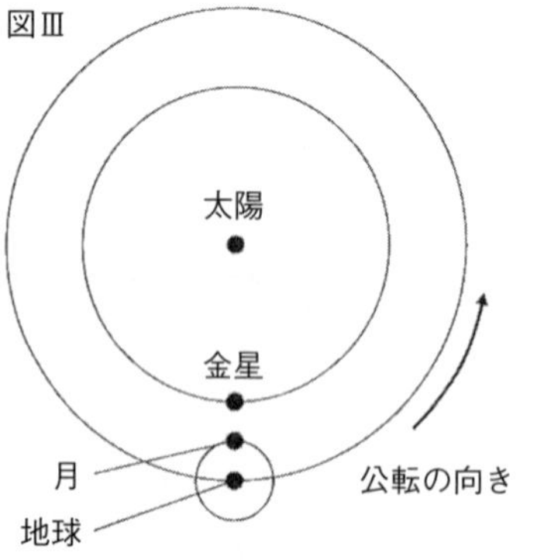

a 図Ⅲのように太陽，金星，月，地球が並んだ日から10日後に地上から見える金星の形
b 図Ⅲのように太陽，金星，月，地球が並んだ日から10日後に地上から見える月の形

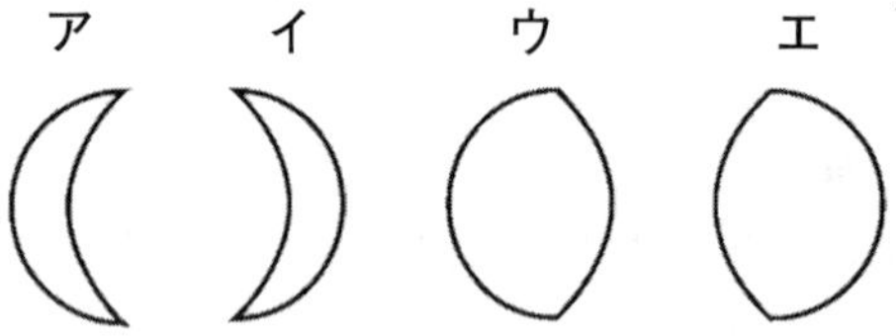

※ア～エは，肉眼で見たときと同じ向きにしてある。

③ 金星と月の見え方を比べたとき，金星は見かけの大きさが変化するが，月は見かけの大きさがほとんど変化しない。この理由を金星と月の違いに触れて，書きなさい。

4 GさんとMさんは，熱の出入りをともなう反応と，化学変化の前後における物質の質量について調べるために，次の実験を行った。後の(1)～(4)の問いに答えなさい。

[実験1]
図Ⅰのように，鉄粉と活性炭をビーカーに入れた。さらに質量パーセント濃度5％の塩化ナトリウム水溶液を少量加え，ガラス棒でかき混ぜながら温度を測った。図Ⅱは，その結果をグラフにまとめたものである。

図Ⅰ

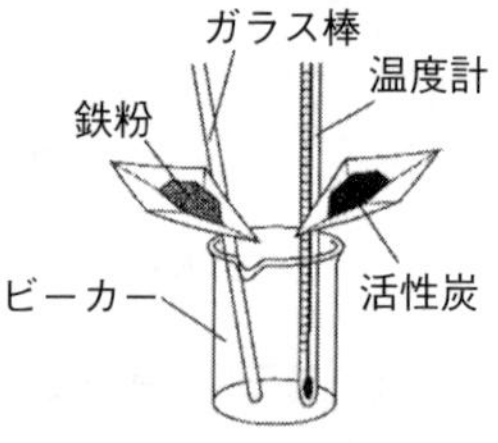

図Ⅱ

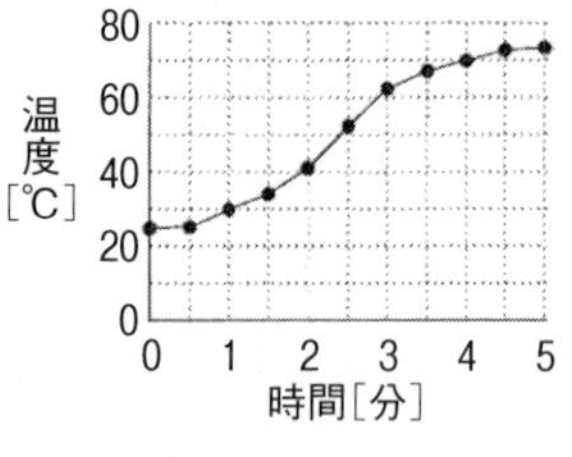

[実験2]
図Ⅲのように，炭酸水素ナトリウムとクエン酸をビーカーに入れた。さらに蒸留水を少量加え，ガラス棒でかき混ぜながら温度を測った。図Ⅳは，その結果をグラフにまとめた

図Ⅲ

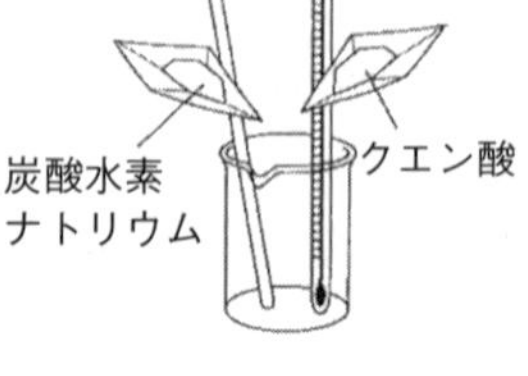

図Ⅳ

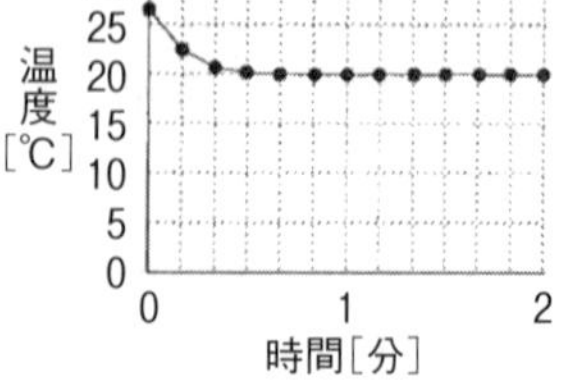

ものである。

(1)　質量パーセント濃度５％の塩化ナトリウム水溶液50ｇの中に溶けている塩化ナトリウムの質量はいくらか，書きなさい。

(2)　次の文は，実験１について，まとめたものである。後の①，②の問いに答えなさい。

> 図Ⅱのグラフから，実験１では，熱が［ a ］される［ b ］反応が起きていることが分かる。このとき，反応する鉄粉などの物質が持っている［ X ］エネルギーが，化学変化によって［ Y ］エネルギーに変換されている。

①　文中の［ a ］，［ b ］に当てはまる語を，次のア～エからそれぞれ選びなさい。

ア　発熱　　イ　吸熱　　ウ　吸収　　エ　放出

②　文中の［ X ］，［ Y ］に当てはまる語を，それぞれ書きなさい。

(3)　次の文は，実験２について，ＧさんとＭさんが交わした会話の一部である。会話文中の下線部について，後の①，②の問いに答えなさい。

> Ｇさん：実験２では，気体を発生しながら反応が起こり，温度が下がったね。
> Ｍさん：そうだね。発生した気体は，二酸化炭素だと先生が教えてくれたよ。
> Ｇさん：うん。そういえば，ビーカーにはふたをしていないから，発生した二酸化炭素がビーカーの外に出ていって，ビーカーの中の物質の質量が変化するよね。
> Ｍさん：質量保存の法則を使えば，発生した二酸化炭素の質量が分かるんじゃないかな。

①　二酸化炭素の化学式を書きなさい。

②　二酸化炭素が発生したことを確かめるには，一般的にどのような方法があるか。反応のようすに着目して，簡潔に書きなさい。

［実験３］

(A)　ビーカーＸには，炭酸水素ナトリウム1.00ｇと，ある質量のクエン酸を入れ，ビーカーＹには蒸留水を60mL 入れた。図Ⅴのように，電子てんびんで２つのビーカーの質量を一緒に量った。次に，図Ⅵのように，ビーカーＹに入っていた蒸留水全てをビーカーＸに入れ，ガラス棒でよくかき混ぜた。その後，電子てんびんの値が変化しなくなったとき，２つのビーカーの質量を一緒に量った。

(B)　ビーカーＸの代わりに，別のビーカーを４つ用意し，炭酸水素ナトリウムをそれぞれ2.00ｇ，3.00ｇ，4.00ｇ，5.00ｇ入れ，さらに実験３(A)と同じ質量のクエン酸を加え，実験３(A)と同様の操作を行った。表は，実験３(A)，(B)の結果をまとめたものである。

図Ⅴ

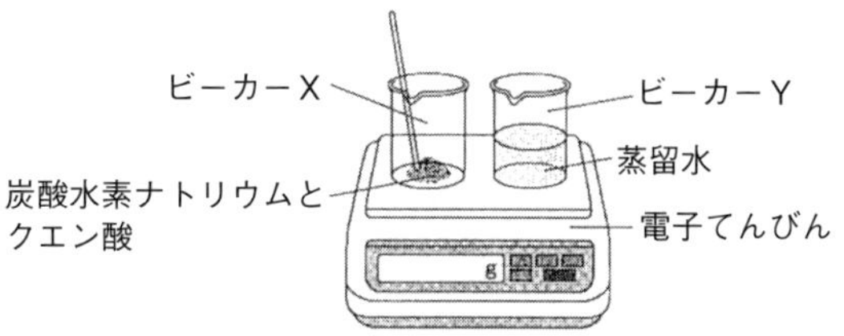

図Ⅵ

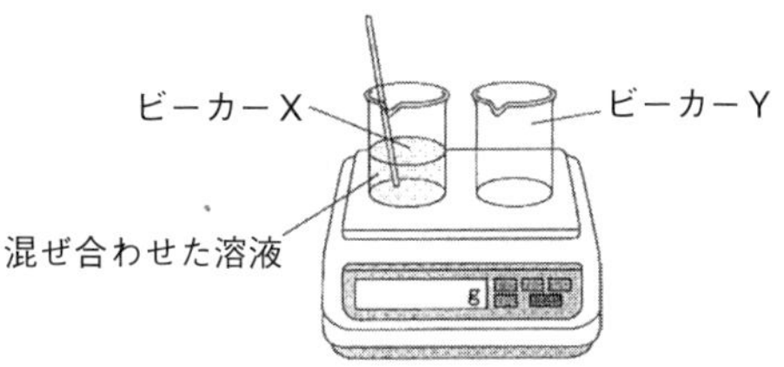

表

炭酸水素ナトリウムの質量[g]	1.00	2.00	3.00	4.00	5.00
反応前の電子てんびんの示す質量[g]	161.00	162.50	163.20	164.70	165.40
反応後の電子てんびんの示す質量[g]	160.48	161.46	161.64	162.88	163.58

(4)　GさんとMさんは，実験3について，表をもとに，炭酸水素ナトリウムの質量と，発生した二酸化炭素の質量の関係を，グラフで表すことにした。図Ⅶは，炭酸水素ナトリウムの質量と発生した二酸化炭素の質量の関係の一部を示したものである。次の①～③の問いに答えなさい。ただし，発生した二酸化炭素は全て空気中に出るものとする。

図Ⅶ

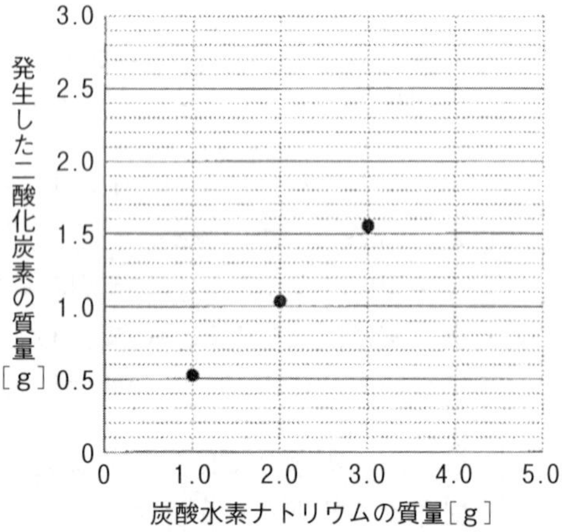

①　炭酸水素ナトリウムが4.00gのとき，発生した二酸化炭素の質量はいくらか，書きなさい。

②　炭酸水素ナトリウムが5.00gのとき，ビーカー内の溶液中には，クエン酸と反応していない炭酸水素ナトリウムが残っている。クエン酸と反応していない炭酸水素ナトリウムの質量はいくらか，最も近いものを次のア～エから選びなさい。

ア　0.5g　　イ　1.0g　　ウ　1.5g　　エ　2.0g

③　クエン酸の質量を増やして，炭酸水素ナトリウム5.50gを全て反応させたとき，発生する二酸化炭素の質量はいくらか，書きなさい。

5　GさんとMさんは，物体にはたらく力について調べるために，次の実験を行った。後の(1)～(4)の問いに答えなさい。

図Ⅰ

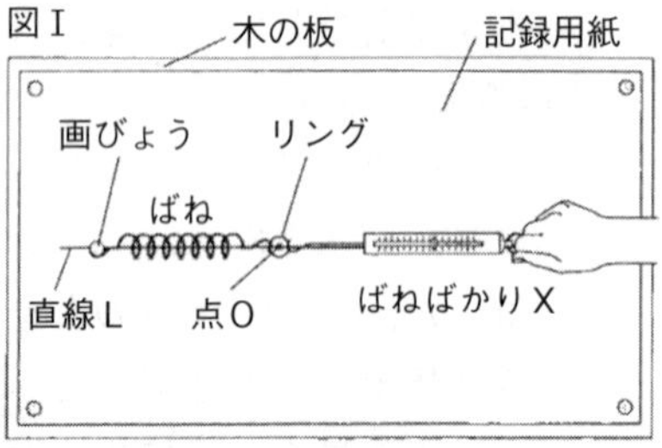

[実験1]

図Ⅰのように，机の上に水平に置かれた木の板に記録用紙を固定し，ばねの一方を画びょうで留めた。ばねのもう一方の端に取り付けた金属製のリングを，ばねばかりXで直線Lに沿って引っ張り，点Oの位置でリングの中心を静止させた。このとき，ばねばかりXの示す値は5.0Nであった。

(1)　次の文は，実験1のリングにはたらく2力のつり合いについて述べたものである。文中の①，②について{　}内のア，イから正しいものを，それぞれ選びなさい。

> ばねがリングを引く力とばねばかりXがリングを引く力は，一直線上にはたらき，力の大きさは①{ア　等しく　　イ　異なり}，力の向きは②{ア　同じ　　イ　逆}向きである。

図Ⅱ

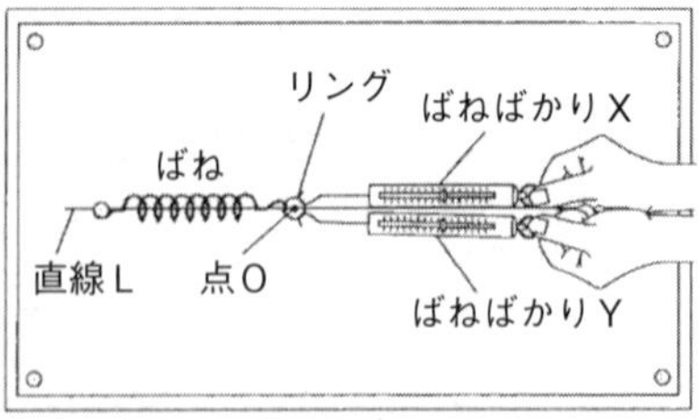

[実験2]

(A)　図Ⅱのように，実験1のリングにばねばかりYを取り付け，実験1と同じ点Oの位置でリングの中心が静止するよう，ばねばかりX，Yを直線Lに沿って引っ張った。ただし，2本のばねばかりは一直線上にあるものとして考える。

(B)　図Ⅲのように，実験１と同じ点Oの位置でリングの中心が静止するよう，直線Lとばねばかり X，Yの間の角度 x，yを変化させた。表は，引っ張ったばねばかり X，Yの示す値をまとめたものである。

図Ⅲ

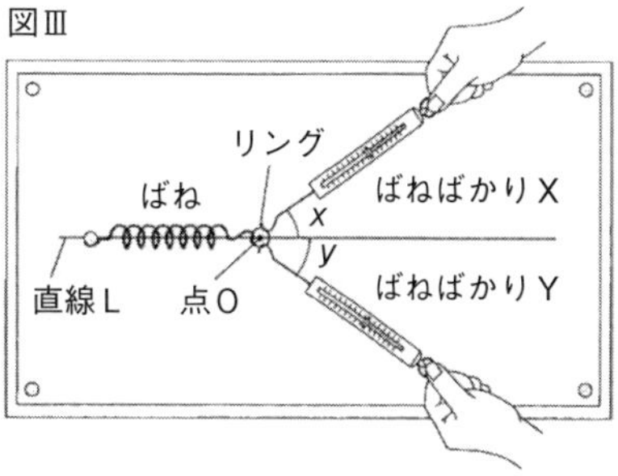

表

角度 x	角度 y	ばねばかり X の示す値	ばねばかり Y の示す値
30°	30°	2.9N	2.9N
45°	45°	3.5N	3.5N
60°	60°	□N	□N

(2)　実験２(A)において，点Oの位置でリングの中心を静止させている状態で，ばねばかり X，Yの引く力を変えたとき，ばねばかり X，Yの示す値の関係はどのようなグラフで表されるか，次のア～エから選びなさい。

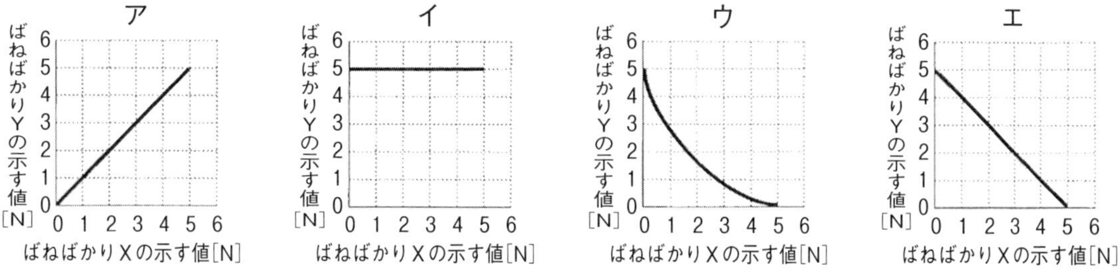

(3)　実験２(B)について，次の①，②の問いに答えなさい。

①　表の□に共通して当てはまる数値を書きなさい。

②　角度 x，yを，それぞれ異なる角度にして実験を行ったとき，ばねばかり X，Yがリングを引く力は，図Ⅳの矢印のように表すことができる。このとき，ばねばかり X，Yがリングを引く力の合力を表す矢印をかきなさい。ただし，作図に用いた線は消さないこと。

図Ⅳ

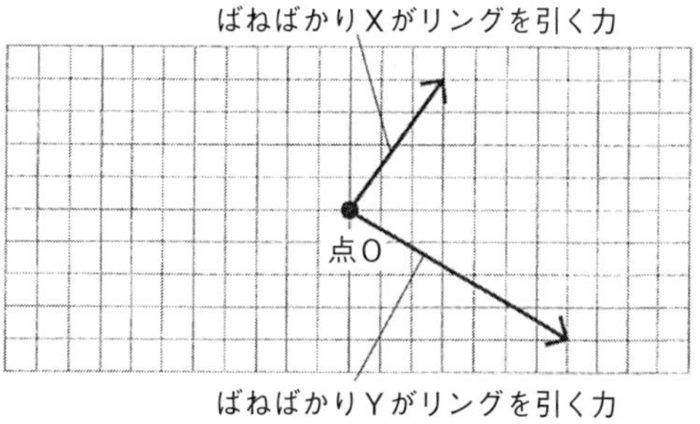

［実験３］

図Ⅴのように，ひもの一端と定滑車を天井に固定し，動滑車を用いて荷物を持ち上げる装置１，２をつくり，ひもを引いて同じ重さの荷物を床から１mの高さに持ち上げて静止させた。なお，荷物にはたらく重力の大きさをW，装置１，２でひもを引く力の大きさをそれぞれF_1，F_2とする。ただし，滑車やひもの摩擦，滑車やひもの質量，ひものの び縮みは考えないものとする。

図Ⅴ

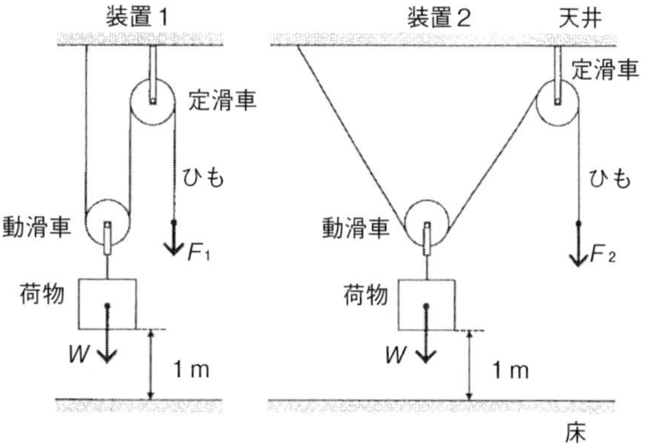

(4)　次の文は，装置１，２でひもを引く力が

した仕事について，ＧさんとＭさんが交わした会話の一部である。後の①，②の問いに答えなさい。

Ｇさん：装置１では，ひもを引く力の大きさF_1は，荷物にはたらく重力の大きさWの［ａ］になるよね。

Ｍさん：装置２では，動滑車を通るひもの角度が，装置１と比べて開いているけれど，ひもを引く力の大きさF_2はどうなるのだろう。

Ｇさん：実験２(B)の結果から，直線Ｌとばねばかりの間の角度が大きくなると，ばねばかりの示す値も大きくなっているから，装置２のF_2は装置１のF_1より大きくなっていると考えられるね。

Ｍさん：では，装置１と装置２で，荷物を同じ高さまで上げるとき，ひもを引く距離はどうなるかな。

Ｇさん：それは，仕事の原理で考えることができるね。

Ｍさん：なるほど。そうすると，装置２でひもを引く距離は，装置１でひもを引く距離と比べて，b｛ア　短くなる　　イ　変わらない　　ウ　長くなる｝ね。

①　文中の［ａ］に当てはまる語を，次のア～エから選びなさい。

ア　４分の１　　イ　２分の１　　ウ　２倍　　エ　４倍

②　文中のｂについて｛　｝内のア～ウから，正しいものを選びなさい。また，そのように判断した理由を書きなさい。

ものを、次のア～エから選びなさい。

ア　平成19年も平成25年も、全体に占める(ウ)の割合や(エ)の割合が低いということ。

イ　六年の間に、全体に占める(エ)の割合が増えた一方、(オ)の割合は減ったということ。

ウ　六年の間に、全体に占める(ウ)の割合は増えたが、逆に(イ)の意味で捉える人の割合は減ったということ。

エ　平成19年も平成25年も、(ア)の意味で捉える人と(イ)の意味で捉える人が、それぞれ一定の割合でいるということ。

(三)　会話文中＝＝＝について、資料Ⅰの「辞書A」、「辞書B」のように、記載の内容が異なっている辞書があることについてあなたはどのように考えますか。あなたの考えを、百四十字以上、百八十字以内で書きなさい。

夏世さん　辞書で調べてみようよ。えーと、私の辞書（資料Ⅰの［辞書A］）には、三つ意味が載っているみたいだけれど…。

秋斗さん　僕の辞書（資料Ⅰの［辞書B］）には、二つしか意味が載っていないよ。それに、「【注意】」もあって、「俗用で、本来は誤り」と書かれているよ。

冬輝さん　「俗用」ってことは、ある程度は一般的ってことだよね。でも、この辞書によると、本来は誤りなのか…。

夏世さん　さっき、インターネットでちょっと調べてみたら、こんなデータ（資料Ⅱ）があったよ。

秋斗さん　へえ、おもしろいね。こんなふうに捉え方に違いがあるってことか。少し前の資料だけど、今でも同じような傾向があるのかもしれないな。

春香さん　そうだね。なにしろ、私が使った意味を載せている辞書は、全く逆の意味を両方とも載せているわけだしね。

冬輝さん　辞書によって書かれ方が異なっていると、ちょっと困る気がするな。どちらかはっきりしてほしいよ。

夏世さん　確かにそうかも。でも、私は、辞書にもそれぞれ違いがあっていいような気がするな。最近の電子辞書には、複数の辞書が入っているものもあるし、インターネットとかでさらに調べたりすることもできるよね。

資料Ⅰ

［辞書A］

① 煮えて水分がなくなる。
② 議論や考えなどが出つくして結論を出す段階になる。
③ 転じて、議論や考えなどがこれ以上発展せず、行き詰まる。

［辞書B］

① 煮えて水分がなくなる。
② 議論や検討が十分になされて、結論の出る段階になる。
［例］議論が煮詰まる。
【注意】近年、「議論が行き詰まる」の意で使うのは俗用で、本来は誤り。

資料Ⅱ

「『煮詰まる』の意味は，(ア)と(イ)のどちらだと思うか」

	平成19年（2007）	平成25年（2013）
(ア) 結論が出せない状態になること	37.3%	40.0%
(イ) 結論の出る状態になること	56.7%	51.8%
(ウ) (ア)と(イ)の両方	1.2%	3.6%
(エ) (ア)や(イ)とは全く別の意味	0.2%	1.4%
(オ) 分からない	4.6%	3.2%

平成25年度「国語に関する世論調査」（文化庁）により作成

(一) 会話文中□に当てはまる言葉を、資料Ⅰから五字で抜き出して書きなさい。

(二) 会話文中——について、秋斗さんのこの発言は、資料Ⅱ中のどういったことについて言っていると考えられますか。最も適切な厨子……両扉のついた棚。

㈠　文中＝＝「おさへがたく」を現代仮名遣いで書きなさい。

㈡　文中A――「みなとりてけり」とはどのような様子を述べていますか。最も適切なものを、次のア～エから選びなさい。

ア　博雅の三位の家族が途方に暮れる様子。
イ　博雅の三位がおそるおそる外に出てきた様子。
ウ　盗人が仲間を連れて博雅の三位の家に戻ってきた様子。
エ　盗人が博雅の三位の家の物を持っていってしまった様子。

㈢　文中B――「みな置きて出でにけり」とありますが、盗人が何もかも置いて出て行ったのはどうしてですか。最も適切なものを、次のア～エから選びなさい。

ア　仲間から説明を聞いて、篳篥以外は価値がないと理解したため。
イ　博雅の三位の嘆きを耳にして、思いやりが大切だと悟ったため。
ウ　篳篥と盗んだ物を交換しようと、博雅の三位から提案されたため。
エ　博雅の三位の美しい篳篥の音を聞いて、悪い行いを反省したため。

㈣　文中C――「優なる心」とありますが、ここでの「優なる心」とはどのような心だと考えられますか。最も適切なものを、次のア～エから選びなさい。

ア　単純で表裏のない心。
イ　優しさにあふれた心。
ウ　芸術の価値が分かる心。
エ　他人に認められたいと思う心。

五　次の㈠～㈢の問いに答えなさい。

㈠　次の①～④の――の平仮名の部分を漢字で書きなさい。

①　ろうそくがもえる。
②　山のいただきに着く。
③　はちくの勢いで進む。
④　進行にしょうをきたす。

㈡　次の①～④の――の漢字の読みを平仮名で書きなさい。

①　名残を惜しむ。
②　襟を正して臨む。
③　法令を遵守する。
④　作品の巧拙は問わない。

㈢　次の漢字は、行書で書いたものです。この漢字と部首が同じである漢字として最も適切なものを、後のア～エから選びなさい。

ア　独　　イ　礼　　ウ　秒　　エ　補

六　春香さんたちは、国語の授業中に、辞書と言葉の意味について意見交換をしています。次の会話文は、そのときの会話の一部で、資料Ⅰ、資料Ⅱは意見交換をする際に用いたものです。これらを読んで、後の㈠～㈢の問いに答えなさい。

春香さん　昨日の委員会の報告を先生にしたときに、「ちょっと煮詰まった感じです。」と言ったら、先生に「それはよかった。」と言われたよ。「煮詰まる」って、「　　　」という意味じゃないってことかな。

西川さん　第四句の「満架の薔薇一院香し」というのがポイントじゃないかな。

南田さん　この句は、棚いっぱいに咲くバラの花の香りが中庭全体に広がっている様子を表しているよね。［　　］ことで、香りが漂ってきたんだろうね。

北山さん　うん。私は、この漢詩を読んで、水晶の簾が動いて［　　］と表現されている、その順番がおもしろいと思ったよ。

東野さん　ああ、確かにそうだね。あ、これって、作者が感じた順番になっているんじゃないかな。まず簾の動きに気づいて、最終的に香りへと移っている感じがするよ。

北山さん　なるほど。後半の二句は確かにそうだね。それじゃあ、前半の二句はどうだろう。第一句にある「陰」も第二句にある「影」も、ともに「かげ」と読んでいるのがおもしろいな。第二句の意味はというと…、そうか、この句は［　Ⅰ　］を表しているんだね。

西川さん　分かった。この漢詩の前半は目に映った情景が描かれているだけだけれど、後半は［　Ⅱ　］、作者の感じ方にあわせて状況をイメージできることが味わいなんだと思うな。

① 会話文中［　］に共通して当てはまる言葉は何かを考えて、書きなさい。

② 会話文中［Ⅰ］、［Ⅱ］に当てはまる言葉として最も適切なものを、それぞれ後のア～エから選びなさい。

Ⅰ
ア　池の中にも楼台が続いている様子
イ　楼台が池の水面に映っている様子
ウ　楼台の影が池を暗く覆っている様子
エ　池で反射した光が楼台に当たっている様子

Ⅱ
ア　動きが生まれていて
イ　感情の高まりがあって
ウ　音の重なりが描かれていて
エ　時の流れの速さが表現されていて

四

次の文章を読んで、後の㈠～㈣の問いに答えなさい。

博雅《はくが》の三位《さんみ》の家に盗人入りたりけり。三品《さんぼん》、板敷《いたじき》のしたに逃げかくれにけり。盗人帰り、さて後、はひ出《い》でて家中を見るに、のこりたる物なく、Aみなとりてけり。篳篥《ひちりき》一つを置物厨子《おきもののづし》にのこしたりけるを、三位とりてふかれたりける《（お吹きになったところ）》を、出でてさりぬる盗人はるかにこれを聞きて、感情おさへがたくして帰りきたりて云《い》ふやう、「只今《ただ》の御篳篥の音《ね》をうけたまはるに、あはれにたふとく《（尊く優れて）》候《さうら》ひて、悪心みなあらたまりぬ。とる所の物どもことごとくに返したてまつるべし。」といひて、Bみな置きて出でにけり。むかしの盗人は、またかくC優なる心もありけり。

（『古今著聞集』による。）

（注）博雅の三位……源　博雅《みなもとのひろまさ》のことで、平安時代中期の人。
三品……三位のこと。
板敷……板の間。
篳篥……雅楽用の管楽器。

ている。

イ　吉村先生に会えるのも残りわずかであるため、あせりを感じている。

ウ　部活動における自分自身の置かれた立場を、改めて捉え直している。

エ　弓への思いは皆一緒だと考えることで、前向きになろうとしている。

(三)　文中C——「答えながらはっとした」とありますが、このとき、「凜」にとって「吉村先生」はどのような存在からどのような存在へと変わったと考えられますか。最も適切なものを、次のア～エから選びなさい。

ア　憧れの対象という存在から今後の自分の射のお手本となるべき存在。

イ　単なる学校の先生という存在から人生の厳しさを教えてくれる存在。

ウ　弓道部のOGという存在から自分の悩みを最も理解してくれる存在。

エ　親しみやすい顧問という存在から自分の将来の見本となり得る存在。

(四)　文中Ⅰ══「公務員？　公務員かあ……」、文中Ⅱ══「——わたしが教師？　勉強嫌いなのに？　やっぱないか」とありますが、Ⅱのときの「凜」の心情はどのようなものであったと考えられますか。Ⅰのときと比較して、書きなさい。

三

次の漢詩を読んで、後の(一)～(三)の問いに答えなさい。

山亭の夏日　高駢《かうべん》

緑樹陰濃《ヤカニシテ》夏日長《シ》
楼台倒《ニシテ》レ影《ヲ》入《ル》池塘《ニ》
水精、簾動《キテ》微風起《コリ》
満架、薔薇一院香《シ》

緑樹陰濃《こま》やかにして夏日長し
楼台影を倒《さかしま》にして池塘《ちたう》に入る
水精《すいしやう》の簾《すだれ》動きて微風起こり
満架の薔薇《しやうび》一院香《かんば》し

（『全唐詩』による。）

(注)　山亭……山の中にある別荘。
楼台……高い建物。
池塘……池。
水精……水晶。
満架……棚いっぱい。
薔薇……バラ。
一院……中庭全体。

(一)　この漢詩の形式として最も適切なものを、次のア～エから選びなさい。

ア　五言絶句　イ　五言律詩
ウ　七言絶句　エ　七言律詩

(二)　——「入《ル》池塘《ニ》」に、書き下し文の読み方になるように返り点を書きなさい。

(三)　次の会話文は、この漢詩について、東野さんたちが話し合ったときの会話の一部です。これを読んで、後の①、②の問いに答えなさい。

東野さん　この漢詩を鑑賞するに当たって、どこに着目して考えるのがいいだろう。

もうすぐ夏休みで、そして夏の大会が終わればもう三年生は引退。ここで弓が引けるのももうあとわずかだ。

　Bそうだ。弓は一人でも続けられるけれど、ここで、この仲間たちと引く弓は今だけだ。これまでずっと自分の射のことばかり考えてきた気がするけど、棚橋先生や吉村先生、そして先輩方から色んなことを教わったし、自分もそれを後輩に伝えていかなければいけないのだ。自分には一体どれくらいのことが出来ているだろうか？

「どうしたの。今日は暑くて身が入らない？」

　二年生の射を一人一人確認していたつもりだったが、ぼんやりしているように見えたのか吉村先生にそう声をかけられる。夏だからか、ベリーショートというよりもさらに短く刈り込まれた髪が、何ともモデルのようにかっこいい。吉村先生はどうせ自分の練習はできないからとTシャツ、ジャージに足袋だけ履き替えたスタイルで、指導のためだけに来てくれているのだった。

「あ、いえ、そんなことは……。ただその……もうあと少しで終わりなんだなと思って……。」

「そうだね。三年生はもうそんな時期だね。でも篠崎さんは、弓道、続けるんでしょ？　進学、するんだよね？」

「ええ、一応そのつもりだったんですけど……。」

　C答えながらはっとした。

　目の前に、大人になってちゃんと大学へ行き、就職しながらも弓道を続けている人がいるじゃないか。

「――先生。後で少しお話できますか？」

「弓のことなら今……ああ、違うんだね。うん。いいよ。どうせ今日もなかなか帰れそうにないし。」

「お願いします。」

　吉村先生は日本史を教えていると聞いてはいたが、直接習ったことはないので学校の先生というより棚橋先生同様弓を教えに来てくれている先生や、親しみやすい分弓道部OGのように錯覚していたところがある。

　まだ二年目だし担任も持っていないから「教師」という職業について聞くというよりは「なぜ教師を選んだのか」について聞いてみたい。しかも、社会人になってしまうとなかなか続けにくい弓道を、仕事(の一部)として続けられる数少ない道の一つでもあるわけだ。

　もちろん、吉村先生が何か参考になるアドバイスをくれるという保証はないし、まだはっきりと教師を目指そうという気になったわけでもない。ただ、一度も考えてみなかった選択肢がすぐ目の前に転がっていたことに驚いていたのだった。

　Ⅱ――わたしが教師？　勉強嫌いなのに？　やっぱないか。

凛は内心そう呟《つぶや》きながらも、何かの光らしきものが見えたような気がしていた。

（我孫子武丸『残心　凛の弦音』による。）

（注）吉村先生……弓道部の顧問。
射法訓、礼記射義……弓道の心得を示したもの。
棚橋先生……かつての弓道の指導者。
ＯＧ……女子の卒業生のこと。

(一) 文中A――「生返事」の意味として最も適切なものを、次のア～エから選びなさい。

ア　気のない、いい加減な返事。
イ　とっさに出た、意外な返事。
ウ　丁寧で、はっきりした返事。
エ　不安そうな、弱々しい返事。

(二) 文中B――「そうだ」とありますが、このときの「凛」の心のうちを説明したものとして最も適切なものを、次のア～エから選びなさい。

ア　自分の将来だけを考え、部員の悩みを無視していたと反省し

ア　しかし　イ　ところで　ウ　並びに　エ　例えば

(二)　文中A――「『目は口ほどに物をいう』や『目は心の鏡』など、感情が目に表れやすいことを示す慣用句やことわざはたくさんあります」とありますが、次のア～エのうち、感情が目に表れていることを示している慣用句やことわざの例として適切なものを、全て選びなさい。

ア　目が泳ぐ　イ　目を通す

ウ　目の色を変える　エ　目から鼻へ抜ける

(三)　文中B――「まばたきの仕方や回数なども、コミュニケーションにおいて大切な役割を果たしていることが分かっています」とありますが、コミュニケーションにおける役割として、まばたきにはどのような働きがあると筆者は述べていますか。本文から十字以内で抜き出して書きなさい。

(四)　文中C――「人間以外でも白目のある動物は多くいますが、外からは白目がほとんど見えません」とありますが、外からの白目の見え方について、人間の目が他の動物の目と異なっているのはどうしてだと筆者は述べていますか。他の動物の目の場合と比較して、書きなさい。

(五)　本文全体の構成や表現についての説明として最も適切なものを、次のア～エから選びなさい。

ア　人間が会話をする際の目の動きについて具体例を挙げて説明しながら、言語によるコミュニケーションの重要さを訴えている。

イ　人間の目の働きについて実際に分かっていることを紹介しながら、他の動物と異なる特徴について進化の観点から説明している。

ウ　人間の目と他の動物の目の役割について比喩を用いて分かりやすく説明し、人間の目の新たな可能性について追究しようとしている。

エ　人間の目と他の動物の目が持つ相違点についての先進的な研究を取り上げ、目の役割についての一般的な考えに疑問を投げかけている。

二

次の文章を読んで、後の(一)～(四)の問いに答えなさい。

〔弓道部の部長を務めている高校三年生の篠崎凜《しのざきりん》は、部員の綾乃《あやの》と一緒に弓道場に向かった。〕

Ⅰ公務員？　公務員かあ……。

今まで真剣に考えなかったが、どうしても就職しなければならないのならやはりそういうのが自分には向いているのかもしれない。仕事内容に興味が持てないのは同じだし、自分に務まるものなのか、そもそも試験勉強がどれくらい大変なのかも分かってはいないのだけど。

色々と話しかけてくる綾乃にA生返事をしつつ更衣室で道着に着替えていたら、道場に着いた時には既に一、二年生がほとんど準備を終えていた。吉村《よしむら》先生も既にいて、早速射法訓、礼記《らいき》射義の唱和をして、ストレッチのあと練習を始めた。

着替えただけでもう既に汗だくだったが、練習を始めるとさらに汗が噴き出す。道着も袴《はかま》も当然夏用だが、袴の下には麻の股引《ももひき》。意外と涼しいし、穿《は》いていないと汗で袴がまとわりついてしまう。どれほど着込んでも凍える冬よりは、遥《はる》かに快適だ。

矢道に沿って植えられた生け垣の向こうのグラウンドでは、野球部が練習している様子がフェンス越しに見える。確か地方予選で初めて三回戦に進んだとかで、いつも以上に熱の籠もったかけ声と球音が響いている。

国語

●満点100点　●時間45～60分

一

次の文章を読んで、後の㈠～㈤の問いに答えなさい。

サルから進化した人間は、木から降りて地上で暮らすようになった今も、目は正面を向いたままです。これは、集団で狩りをする時に獲物との距離を知る必要があったからではないかといわれています。仮に背後から危険が迫っていたとしても、人間の場合は、言葉でコミュニケーションを取ることで危険を回避することができます。

A「目は口ほどに物をいう」や「目は心の鏡」など、感情が目に表れやすいことを示す慣用句やことわざはたくさんあります。それに象徴されるように、人と人とのコミュニケーションにおいて、目は重要な役割を担《にな》ってきました。

□、目を丸くしたり目を細めたりと、まぶたの開け方によって多彩な表情が生まれます。表情の変化を読み取ることで、相手の感情を知ることができるのです。また、Bまばたきの仕方や回数なども、コミュニケーションにおいて大切な役割を果たしていることが分かっています。

大阪大学の中野珠実《たまみ》博士の研究によると、話し手はおもに発話の切れ目でまばたきをするのですが、話し手がまばたきをすると〇・二五～〇・五秒ほど遅れて聞き手がまばたきをする割合が高いそうです。つまり、話し手と聞き手が無意識にまばたきを同期させることで、人は円滑にコミュニケーションを取っていると考えられます。無意識に行っているまばたきにも、目の乾燥を防ぐだけではなく、共感性を高める働きがあるというのは驚きですよね。

コミュニケーションに長《た》けた人間の目の最大の特徴は、外から白目が見えることです。眼球の最も外側にある白目の部分は「強膜」と呼ばれ、光を通しません。ちなみに、眼球の正面にある透明な角膜は光を通し、その光は角膜の内側にある通常、黒目と呼ばれている部分の「虹彩《こうさい》」と「瞳孔」に届きます。虹彩が伸縮することで瞳孔の大きさが変わり、眼球内に取り込まれる光の量が調整されるという仕組みです。

犬や猫などのように、C人間以外でも白目のある動物は多くいますが、外からは白目がほとんど見えません。それは、白目があると視線方向が敵に知られてしまうため、生存競争において不利になるからです。それにも関わらず、なぜ人間は、白目が見えるように進化したのかというと、視線方向を分かりやすくすることで、仲間と情報交換や感情を共有しやすくし、コミュニケーションを円滑にするためだと考えられます。

人は会話をする時、相手が向けた視線の方向に自分の視線を向け、同じ対象を見るような動作を無意識にしています。それによって、言葉以外の部分での意思疎通をスムーズにしているのです。また、白目があることで感情表現が豊かになり、相手との心的距離も縮まります。□、白目を多く見せることで驚いた表情を作ったり、視線を逸《そ》らすことでつまらない感情を出したりすることができます。また、仲間に視線方向が伝われば、集団で狩りをする時に役立ちます。人間は一対一で戦う上での有利さよりも、仲間と協調して生存する道を選んだのです。

私たちは、人の目の特徴を活《い》かすためにも、会話をする時は相手の目を見て話すことが大切です。目を逸らしてばかりでは、自分の気持ちを伝えたり相手の考えを汲《く》んだりすることが難しくなります。人の目は非言語コミュニケーションにおける要なのです。

（入倉　隆『奇想天外な目と光のはなし』による。）

㈠　文中□に共通して当てはまる語として最も適切なものを、次のア～エから選びなさい。

2023年度／群馬県公立高等学校（後期）

英語解答

1 No.1　D　　No.2　C

2 No.1　ア　　No.2　エ　　No.3　エ

3 A　イ　　B　エ　　C　ア

D　（例）to learn Japanese and visit Japan

4 (1)　（例）How are you ?

(2)　（例）I was looking for it.

(3)　（例）found it on a bench.

5 ア　received　　イ　swimming

ウ　lived　　エ　sung　　オ　send

6 (1)　エ→ウ→ア→イ

(2)　A…イ　B…エ

(3)　①…ア　②…エ

7 (1)　①　（例）He talked about cars.

②　（例）She went there in 2008.

(2)　エ

(3)　A…イ　B…ウ

C　our eyes get bad

D　we cannot sleep well

8 (A)　drinking

(B)　washing our hands

(C)　（例）(In Japan, we) can get water easily and study at school. However, there are children who cannot go to school in some countries. They have to walk for many hours to get water, so they don't have time to study at school. (39語)

1〔放送問題〕

No.1《全訳》A：サキ，先週の日曜日は何をしたの？／B：買い物の後，ピアノのコンサートに行ったわ。あなたはどうしてたの，トム？／A：僕は妹〔姉〕とテニスをしたよ。／B：いいわね。

Q：「トムは先週の日曜日に何をしたか」―D

No.2《全訳》A：やあ，ナンシー。わあ，犬を２匹飼ってるんだね。かわいいなあ。この公園にはよく来るの？／B：こんにちは，ケンタ。ええ。この子たちはここを散歩するのが好きなの。あなたも何かペットを飼ってる？／A：うん。犬を１匹と猫を２匹飼ってるよ。／B：まあ，そうなの？　その子たちに会いたいわ。

Q：「ケンタが飼っているのはどのペットか」―C

2〔放送問題〕

No.1《全訳》ジャック（J）：今日の午後は何をする予定なの？／ミキ（M）：映画を見に行くつもりよ。一緒に行きましょう！／J：それはいいね。その映画は何時に始まるの？／M：３時よ。

No.2《全訳》J：暇な時間はどうやって過ごしてるの？／M：そうねえ，本を読んでるわ。今，おもしろい本を読んでるところなの！／J：へえ，そうなの？　それについてもっと教えてくれるかい？／M：中国の歴史についての本よ。

No.3《全訳》J：うれしそうだね，ミキ。／M：夏休み中にニューヨークに行くことになったのよ。／J：それはいいね。ニューヨークへの旅はこれが初めてかい？／M：いいえ。２回目よ。

3〔放送問題〕

《全訳》皆さん，こんにちは。私の名前はサラです。インドから来ました。今日は，私の日本での経験についてお話ししたいと思います。私は14歳のとき，家族とともに日本に来ました。10日間，日本に滞在し，国中を旅行しました。ある日，ホテルへの行き方がわからずにいたとき，ある親切な女性に出会いました。彼女は私たちと一緒に歩いてホテルへの行き方を教えてくれました。歩いている間，彼女は英語ではなく，日本語で私たちに話しかけてきました。ホテルに着くと，彼女はもう一度日本語で何か言って去っていきました。私は本当に彼女の日本語を理解したいと思いました。今，私はこの町の大学で日本語を勉強しています。将来は，インドで日本語の先生になりたいと思っています。多くの学生が日本語を学び，日本を訪れてくれることを願っています。ありがとうございました。

【スライド】私の国：・私は$_{\mathrm{A}}$インド出身です。

私の日本での経験：・$_{\mathrm{B}}$14歳のとき，日本に来ました。／・日本でいろいろな場所へ行きました。／・ある女性に出会いました。彼女は$_{\mathrm{C}}$私たちをホテルに連れていってくれました。

私の将来：・日本語の先生になりたいです。／・大勢の学生に$_{\mathrm{D(例)}}$日本語を学び，日本を訪れてほしいです。

＜解説＞A．第３文参照。　B．第５文参照。　C．第８文参照。　D．最後から２文目で，サラの希望が述べられている。hope は後に‘(that＋)主語＋動詞...’の形を置けるが want は置けないので，‘want＋人＋to不定詞’「〈人〉に～してほしい」の形にする。

4〔対話文完成─適文補充─絵を見て答える問題〕

≪全訳≫❶グリーン先生(G)：こんにちは，ナオキ。

❷ナオキ(N)：こんにちは，グリーン先生。(1)(例)お元気ですか？

❸G：元気よ，ありがとう。そういえば，昨日公園であなたを見かけたわ。あそこで何をしていたの？

❹N：時計をなくしたんです。だから(2)(例)それを捜していたんですよ。

❺G：時計は見つかった？

❻N：はい，見つかりました。

❼G：どこで見つけたの？

❽N：(3)(例)ベンチの上で見つけました。

❾G：まあ，それはよかったわね。

＜解説＞(1)この言葉に I'm fine, thank you.「元気よ，ありがとう」と答えているので，How are you？「お元気ですか？」のような相手の様子を尋ねる文にする。　(2)何をしていたかと尋ねられたのだから，していたことを答える。時計をなくしたと言っており，絵からは時計を捜している様子が読み取れるので，「私はそれを捜していた」という意味の文にする。問いかけが過去進行形(‘was/were＋～ing’)なので，返答も過去進行形にする。また，直前の my watch は代名詞の it にするとよい。　look for ～「～を捜す[探す]」　(3)どこでそれを見つけたかを尋ねられており，絵にはベンチの上でそれを見つけた様子が描かれているので，「私はそれをベンチの上で見つけた」という意味の文にする。「～の上で」は on で表せる。　find－found－found

5〔長文読解─適語選択・語形変化─Ｅメール〕

≪全訳≫こんにちは，ジュディ。❶ちょうどあなたからのクリスマスカードを受け取ったところよ。どうもありがとう。サンタクロースの絵が気に入ったわ。魚たちと一緒に泳いでいて，すごく楽しそう！

❷カードによると，クリスマスには家族と一緒に海に行く予定みたいね。びっくりしちゃう！　もし私がオーストラリアに住んでいたら，あなたと一緒に海に行けるのにな。

❸夏のクリスマスについてもっと教えてくれるかしら。サンタクロースは子どもたちにどうやってプレゼントを届けるの？　オーストラリアで多くの人に歌われている人気のクリスマスソングはある？

❹もう少ししたら，あなたに年賀状を送るわね。／サチコ

＜解説＞ア．サチコはジュディからカードをもらったのだから，receive「～を受け取る」を用いる。直前に I've just とあるので，‘have/has＋過去分詞’の形の現在完了にする。　receive－received－received　イ．カードにはサンタクロースが魚と一緒に泳いでいる様子が描かれている。直前

に is があるので，swim「泳ぐ」を swimming とし，'am/are/is＋～ing' の現在進行形にする。 ウ．後ろにある could に注目して，'現在の事実に反する仮定' を表す仮定法過去の文であることを読み取る。仮定法過去の形は 'If＋主語＋動詞の過去形～，主語＋助動詞の過去形＋動詞の原形…'。 live－lived－lived　エ．songs（　）by many people で「多くの人によって歌われる歌」という意味になると考えられる。「～される」の意味を表すのは過去分詞。過去分詞 sung で始まる語句が前の名詞 songs を修飾する過去分詞の形容詞的用法。　sing－sang－sung　オ．「年賀状」を目的語にとる動詞として send「送る」を用いる。助動詞の will の後なので，原形のまま使う。

6〔長文読解総合―会話文〕

≪全訳≫❶ノダ先生(N)：皆さん，こんにちは。今日，皆さんは新任のALTのスミス先生に群馬県にある場所を紹介することになっています。先生は日本に来たばかりで，群馬県内のどこに行ったらよいかを知りたがっています。ミホ，あなたの発表を始めてください。

❷ミホ(M)：こんにちは，スミス先生。私たちは，先生はドライブがお好きだとうかがいました。ですから，群馬にある道の駅についてお話ししようと思います。先生はそれが何かご存じですか？　「道」は英語のroad，「駅」は英語のstationのことです。道の駅は車で移動する人たちのための場所です。道の駅ではたくさんのことができます。例えば，野菜や果物など，地元で生産されたさまざまな種類の食べ物を買うことができます。私は料理や食べることが大好きなので，そこでいろんな種類の食べ物を買うのがとても楽しいです。そこで食事を楽しむこともできます。多くの道の駅の中には，レストランがあります。そういうレストランは，料理やデザートに地元でとれた野菜を使用しています。先週末，家の近くにある道の駅に行ったとき，私はリンゴのケーキを食べました。とてもおいしかったです。また，山の近くにある道の駅に行けば，すばらしい景色も眺められます。季節ごとに美しい山々を眺めて楽しむことができます。これらは，群馬県内の道の駅で楽しめることの一部です。先生が道の駅に行って楽しまれることを願っています！　ご清聴ありがとうございました。

❸ミホの発表の後，スミス先生とクラスの生徒たちはそれについて話し合っている。

❹スミス先生(Mr)：ありがとうございます，ミホ。

❺M：どういたしまして。A私の発表はいかがでしたか？

❻Mr：大変興味深かったです。私は道の駅には一度も行ったことがありません。でも，私も料理が好きなので，とても興味が出てきました。ユミ，あなたは道の駅に行ったことはありますか？

❼ユミ：はい。私はよく家族と一緒に祖母の家の近くにある道の駅に行くんです，そこで温泉を楽しめるので。

❽Mr：そうなんですか？　それはよさそうですね。

❾サトシ：スミス先生，道の駅でできることはまだまだありますよ。群馬にあるいくつかの道の駅の中には公園がありますし，美術館がある道の駅もあります。そういうところでは，屋外で遊んだり，絵画を鑑賞したりして楽しめるんですよ。

❿M：そうなんです。実は，群馬県には関東地方で一番多くの道の駅があるんですよ。群馬県をドライブすれば，道の駅をしょっちゅう見かけると思います。ぜひ行ってみてください。

⓫Mr：Bありがとうございます。そうしてみます。ミホ，後でそれについてもっと教えてください。私は運転するのが大好きなので，道の駅に行くというのは私にぴったりなようですね。

⓬M：きっとそうだと思います！

(1)<**要旨把握**>第２段落のミホの説明に従って並べていく。まず，第３～６文で道の駅とは何かを説明しているので，What are *Michi-no-Eki*？「道の駅とは何か」という話題を示すエを最初に置く。次に，第８文で，道の駅では地元の野菜や果物を買えると言っているので，ウを続ける。その後の第11文で，多くの道の駅にはレストランがついていると言っているので，アを置く。第15，16文で，山に近い道の駅では四季折々の山の景色を楽しめると言っているので，最後がイとなる。

(2)＜**適文選択**＞A．この後のスミス先生の It was very interesting.「大変興味深かった」という言葉が，ミホの発表に対する感想になっていることから，ミホは自分の発表の感想を尋ねたのだとわかる。　B．ミホに道の駅に行ってみるように勧められ，空所の後ではそれについてもっと教えてほしいと言っている。ここから，スミス先生がミホの提案を受け入れるような発言をしたのだとわかる。I will の後には，go to them が省略されている。

(3)＜**英問英答―適文選択**＞①「スミス先生について正しいものはどれか」―ア．「彼は料理とドライブを両方とも楽しんでいる」　第６段落第３文および第11段落第３文参照。　②「この英語の授業で生徒たちがスミス先生のためにしたことについて正しいものはどれか」―エ．「サトシは先生に，群馬県内の道の駅にある公園と美術館について教えた」　第９段落参照。

7〔**長文読解総合―物語**〕

≪**全訳**≫❶中学生のケンは，英語の授業で偉大な発明品について学んだ。彼の英語の先生であるハヤシ先生はこう言った。「偉大な発明品は我々の生活を変化させてきたが，いくつかの問題も引き起こしてきた。例えば，自動車はすばらしいと思う。今や，我々はさまざまな場所へ車で簡単に行くことができる。だが，あまりにも多くの人々が車を利用しているため，事故や大気中の二酸化炭素の増加といった問題も話題になっている。次の授業では，みんなに偉大な発明品について書いてもらうから，それについて今から考えておくように。アイデアはメモしておこう」　それから，ハヤシ先生は生徒にこのワークシートを配った。／発明品：＿＿＿　質問１：それはどのように私たちの生活を変えたのか？　質問２：それが引き起こした問題は何か？

❷ケンはスマートフォンについて書くことにしたが，それは彼の母が以前自分のスマートフォンについて話していたからだった。家に帰ると，彼は母とスマートフォンについて話し合った。彼は母にこう言った。「お母さんが先月韓国に滞在したとき，スマホがすごく役に立ったって言ってたよね。どんなふうに役立ったの？」　彼の母は言った。「本当に役に立ったのよ。私は韓国語をうまく話せないから，いろんな方法でスマホが役に立ったわ。おなかがすいたときには，あっという間にいいレストランを見つけられたし，スマホがその店への行き方を教えてくれたのよ。それに，レストランでは料理を簡単に選んだり注文したりできたわ。私のスマホには機械翻訳機能がついてるから，韓国語を日本語に，日本語を韓国語に，とてもすばやく変換できたの」

❸彼女はまたこう言った。「2008年に初めて韓国を旅行したときは，全ての状況が違っていたわ。そのときはスマホを持ってなかったから，旅行に行く前に地図と観光客向けの本を何冊か買ったの。地図に載ってるレストランへの行き方を見つけるのがすごく大変なときもあったわ。それに，韓国語が読めなかったから，簡単に料理を選ぶこともできなかった。レストランへの行き方や料理の注文の仕方がわからないときは，人にきかなきゃいけなくてね。それも難しかったわ」　ケンは言った。「なるほど。じゃあ，スマホはみんなの旅の仕方を変えたってことか」　彼の母は言った。「そうね，本当にそう思うわ」

❹母と話した後，ケンはスマートフォンが引き起こした問題について考えた。彼はニュースである医師がいくつかの問題点について語っていたのを思い出した。例えば，スマートフォンを見すぎると，目が悪くなる。また，よく眠れなくなるので，寝る前には長時間スマートフォンを使うべきではない。彼はこうも思った。「歩いたり運転したりしている間にスマホを使う人もいる。そのせいでたくさんの事故が起きてるんだ」

❺ケンは自分のアイデアをワークシートにメモした。彼はこう思った。「次の授業でこれらのアイデア

について書こう。スマホは便利だけど，利用者はスマホの問題点についても知るべきなんだ」

(1)＜**英問英答**＞①「ハヤシ先生は英語の授業で例として何の発明品について話したか」―「彼は自動車について話した」　第1段落第3～5文参照。　②「ケンの母が初めて韓国に行ったのはいつか」―「彼女は2008年にそこへ行った」　第3段落第1文参照。

(2)＜**内容真偽**＞ア.「ケンは韓国に滞在したときにスマートフォンをよく使ったので，スマートフォンについて書くことを選んだ」…×　第2段落第1文および第3文参照。　イ.「機械翻訳を使って1つの言語を別の言語に変換することはケンの母にとって簡単ではなかった」…×　第2段落最終文参照。　ウ.「ケンの母はスマートフォンのいくつかの問題点について彼に話し，ケンはそれについて書くことに決めた」…×　第2，3段落参照。ケンの母はスマートフォンがあって便利だったことと，なくて不便だったことについて話しているが，問題点については話していない。　エ.「ケンは，スマートフォンには人々が知る必要のある長所と短所の両方があるということに気づいた」…○　最終段落最終文に一致する。

(3)＜**要約文完成―適文選択・適文補充**＞≪**全訳**≫「人々はたくさんのすばらしい物を発明してきた。スマートフォンはそのうちの1つだと思う。スマートフォンは人々の旅行の仕方を変化させてきた。僕の母が初めて韓国に行ったとき，A彼女は地図と，観光客向けの本を何冊か持っていった。しかし今年，彼女の韓国への旅行はもっと楽になった，というのも，B彼女がしたいことをするのにスマートフォンが役立ったからだ。／しかし，スマートフォンにはいくつかの問題点もある。スマートフォンを使いすぎると，C目が悪くなるしDよく眠れなくなる。また，歩きながら同時にスマートフォンを使う人がいるため，事故が起きている。スマートフォンを使うのなら，こうした問題に注意するべきだ」

＜**解説**＞A．第3段落第1，2文参照。　B．第2段落後半参照。　C・D．第4段落第3，4文参照。

8〔**長文読解総合―説明文**〕

≪**全訳**≫3月22日は世界水の日です！／人は水がなければ生きられません。世界中の全ての人にとって，清潔で安全な水を簡単に手に入れられることは重要です。／私たちが気づくべきこと／1．清潔で安全な水は私たちの健康に必要です。／私たちには，飲んだり，手を洗ったり，その他のことをするために，清潔で安全な水が必要です。／2．水を簡単に手に入れることは，子どもたちの教育にとっても重要です。／日本では，私たちは(例)水を簡単に手に入れ，学校で学ぶことができます。しかし，一部の国には学校に行けない子どもたちがいます。彼らは水を手に入れるために何時間も歩かなければならないため，学校で勉強する時間がないのです。

(A)＜**適語補充**＞絵Aは水を飲んでいる様子を表しているので，drink「飲む」を用いる。for のような前置詞の後に動詞を置くときは，～ing(動名詞)にする。

(B)＜**適語句補充**＞絵Bは手を洗っている様子を表しているので，「(自分たちの)手を洗う」といった内容にする。(A)とともに前置詞の for の後に続く形になっているので，動名詞にして washing our hands とする。

(C)＜**条件作文**＞水の手に入りやすさと教育との関係について，絵Cの2つの例を比較して述べる。絵Cによると，水が手に入りにくい国では，子どもたちは水をくむのに長い時間をとられ，学校で勉強することができない。一方，日本にいる「私」は，学校で長時間勉強することができている。これは，水が簡単に手に入り，水をくみに行く必要がないからである。以上の内容を，日本の場合と水が手に入りにくい国の場合に分け，日本の場合から先に説明すればよい。

数学解答

1 (1) ① 6 ② $2a^3$
③ $-4x+2y$
(2) ① $x=-4$ ② $x=\dfrac{-5\pm\sqrt{13}}{2}$
(3) エ (4) -3 (5) 146°
(6) 5 (7) $\dfrac{5}{12}$ (8) ア，カ
(9) イ，オ

2 (1) ①…○ ②…× (2) イ，エ

3 (1) 5 (2) $a=4$，$b=-2$

4 (1) （例）△ABD と△CDB において，
共通な辺より，BD＝DB……①
平行四辺形の対辺は等しいから，
AB＝CD……②，
AD＝CB……③
①，②，③より，3組の辺がそれぞれ等しいから，
△ABD≡△CDB
(2) （例）

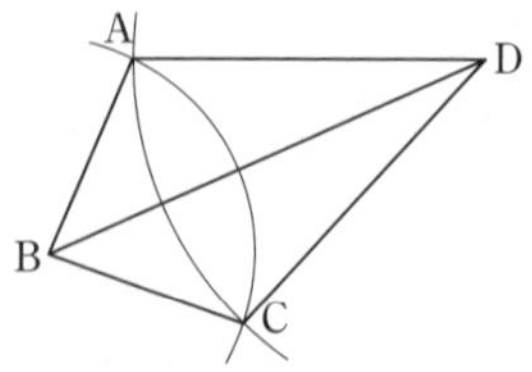

5 (1) 9 m
(2) ① イ ② $\dfrac{25}{3}$m ③ $\dfrac{25}{16}$m

6 (1) ア…二等辺 イ…AOD ウ…中心
(2) ① 30° ② $2\sqrt{3}$cm
③ $6\sqrt{3}-2\pi$ cm²

1 〔独立小問集合題〕

(1)＜**数の計算，式の計算**＞①与式＝2＋4＝6　②与式＝$\dfrac{6a^2\times a}{3}=2a^3$　③与式＝$-6x+2y+2x=-4x+2y$

(2)＜**一次方程式，二次方程式**＞①$6x-4x=-9+1$，$2x=-8$　∴$x=-4$　②解の公式を用いて，$x=\dfrac{-5\pm\sqrt{5^2-4\times1\times3}}{2\times1}=\dfrac{-5\pm\sqrt{13}}{2}$となる。

(3)＜**数の性質**＞絶対値は数直線上で原点からの距離だから，3の絶対値は3，-5の絶対値は5，$-\dfrac{5}{2}$の絶対値は$\dfrac{5}{2}$，2.1の絶対値は2.1である。$\dfrac{5}{2}=5\div2=2.5$より，$2.1<2.5<3<5$，$2.1<\dfrac{5}{2}<3<5$だから，絶対値が最も小さい数は，絶対値が2.1である2.1となる。

(4)＜**関数―比例定数**＞関数$y=ax^2$のグラフが点$(-2,\ -12)$を通るので，$y=ax^2$に$x=-2$，$y=-12$を代入して，$-12=a\times(-2)^2$より，$a=-3$である。

(5)＜**平面図形―角度**＞右図1のように，6点A～Fを定め，点Dを通り直線lと平行な直線nを引き，直線n上の点Dより左に点Gをとる。$l/\!/n$より，同位角は等しいから，∠CDG＝∠ACB＝38°である。これより，∠GDE＝∠CDE－∠CDG＝72°－38°＝34°となる。$n/\!/m$より，錯角は等しいから，∠DEF＝∠GDE＝34°である。よって，$\angle x$＝180°－∠DEF＝180°－34°＝146°である。

図1

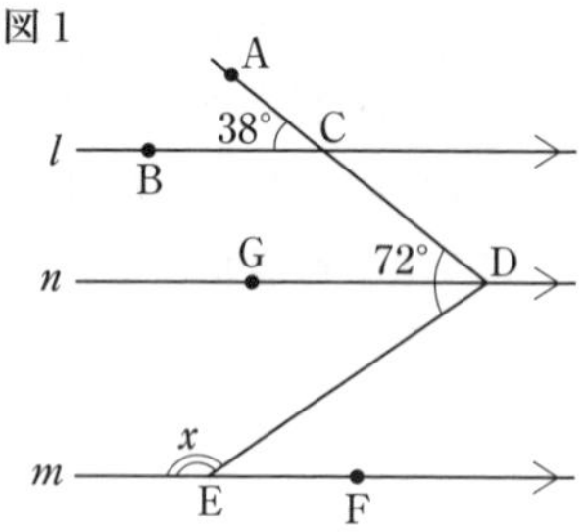

(6)＜**数の計算**＞与式＝$(a-2)^2$として，これに$a=2+\sqrt{5}$を代入すると，与式＝$(2+\sqrt{5}-2)^2=(\sqrt{5})^2=5$となる。

(7)＜**確率―カード**＞4枚のカードの中からカードを1枚ずつ2回引くとき，1回目の引き方は4通りあり，引いたカードをもとに戻さないので，残りが3枚より，2回目の引き方は3通りある。よって，カードの引き方は，全部で4×3＝12（通り）あり，2けたの整数も12通りつくれる。このうち，つくった整数が32以上になるのは，（1回目，2回目）＝(3，2)，(3，4)，(4，1)，(4，2)，(4，3)

の5通りあるから，求める確率は$\frac{5}{12}$となる。

(8)**＜空間図形—垂直になる面＞**展開図を組み立てると，立方体の各面は右図2のようになるから，辺ABと垂直になる面は，面アと面カである。

図2

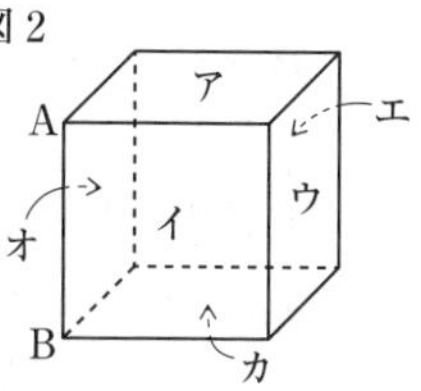

(9)**＜データの活用—正しいもの＞**ア…誤。最小値が35回だから，35回の生徒は少なくとも1人はいるが，何人いるかは読み取れない。　イ…正。最大値が95回である。　ウ…誤。57回となっているのは中央値(第2四分位数)である。平均は読み取れない。　エ…誤。生徒の人数が15人だから，中央値は小さい方から8番目の記録である。中央値は57回だから，小さい方から8番目の記録は57回である。第3四分位数は60回より大きく70回より小さいから，小さい方から9番目の記録が61回以上のことも考えられ，このとき，60回以下の生徒は8人となる。　オ…正。第3四分位数は，記録の大きい方7人の中央値だから，大きい方から4番目の記録である。第3四分位数は60回より大きく70回より小さいので，大きい方から4番目の記録は60回より大きい。よって，60回以上の生徒は4人以上いる。

2 〔関数—関数の特徴〕

(1)**＜変化の割合が一定の関数＞**①…○　関数$y=ax+b$は一次関数だから，変化の割合は一定である。②…×　例えば，関数$y=ax^2$において，$x=1$のとき$y=a\times1^2=a$，$x=2$のとき$y=a\times2^2=4a$だから，xの値が1から2まで増加するときの変化の割合は，$\frac{4a-a}{2-1}=3a$である。また，$x=3$のとき$y=a\times3^2=9a$だから，xの値が1から3まで増加するときの変化の割合は，$\frac{9a-a}{3-1}=4a$である。よって，変化の割合は一定ではない。

(2)**＜特徴＞**ア．y軸について対称なグラフは，関数$y=ax^2$のグラフのみである。　イ．関数$y=ax$，$y=ax^2$のグラフは点(0，0)でy軸と交わる。関数$y=ax+b$のグラフは，切片がbより，点(0，b)でy軸と交わる。関数$y=\frac{a}{x}$のグラフは，x軸，y軸ともに交わらない。　ウ．関数$y=ax+b$は，$x=1$のとき$y=a+b$である。bは0ではないので，$y=a$ではない。　エ．$a>0$のとき，関数$y=ax$，$y=ax+b$は，xの値が増加するとyの値も増加する。関数$y=ax^2$は，$a>0$で$x>0$のとき，xの値が増加するとyの値も増加する。関数$y=\frac{a}{x}$は，$a>0$で$x>0$のとき，xの値が増加するとyの値は減少する。

3 〔特殊・新傾向問題—規則性〕

(1)**＜20番目の整数＞**a，5，bの3つの整数がこの順に繰り返して並んでいる。$20\div3=6$あまり2より，20番目までは，a，5，bの3つの整数が6回繰り返して並んだ後に，a，5の2つの整数が並ぶので，20番目の整数は5である。

(2)**＜a，bの値＞**1番目から7番目までは，a，5，b，a，5，b，aだから，その和が18より，$a+5+b+a+5+b+a=18$が成り立ち，$3a+2b=8$……①となる。また，$50\div3=16$あまり2より，50番目までは，a，5，bの3つの整数が16回繰り返して並んだ後に，a，5の2つの整数が並ぶから，その和が121より，$(a+5+b)\times16+a+5=121$が成り立ち，$17a+16b=36$……②となる。①，②の連立方程式を解くと，①×8−②より，$24a-17a=64-36$，$7a=28$，$a=4$となり，これを①に代入して，$3\times4+2b=8$，$2b=-4$，$b=-2$となる。

4 〔平面図形—平行四辺形〕

図1

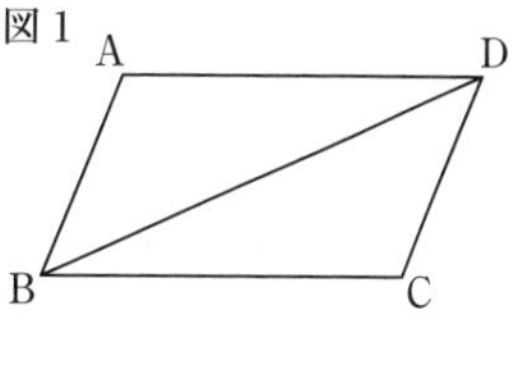

(1)**＜証明＞**右図1の△ABDと△CDBにおいて，共通な辺より，BD＝DBである。また，四角形ABCDが平行四辺形より，対辺は等しいから，AB＝CD，AD＝CBである。以上より，3組の辺がそれぞれ等しくなる。

解答参照。

(2)＜作図＞右図2で，対角線BDによって，△ABD≡△CBDとなる四角形ABCDを考える。このとき，対応する辺より，BA=BC，DA=DCである。よって，作図は，まず，
①点Bを中心とする半径BAの円の弧をかき，
②点Dを中心とする半径DAの円の弧をかく。①と②の交点のうち，点Aでない方が点Cとなる。
③点Bと点C，点Cと点Dをそれぞれ結ぶ。解答参照。

図2

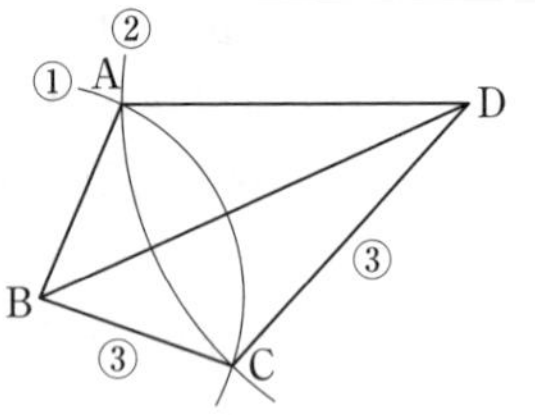

5 〔関数―関数の利用〕

≪基本方針の決定≫(2)　①2つのグラフについて，xの値が同じときのyの値の大小関係に注目する。

(1)＜**進んだ距離**＞電車が出発してからx秒後までに進んだ距離ymは，20秒後までは$y=\frac{1}{4}x^2$と表せるから，6秒後までに進んだ距離は，$y=\frac{1}{4}x^2$に$x=6$を代入して，$y=\frac{1}{4}\times6^2=9$(m)となる。

(2)＜**位置関係を表す点，距離**＞①和也さんが電車より前を走っているとき，電車よりも地点Pから東に進んだ距離が長くなるから，電車と和也さんのグラフで，同じxの値のときのyの値は和也さんの方が大きくなる。これを満たす点はイである。　②電車が地点Pを出発したとき，和也さんは地点Qを通過し，その10秒後に電車と和也さんは同じ地点を走っていたので，10秒後に走っている地点は，地点Pから，$y=\frac{1}{4}\times10^2=25$(m)進んだ地点である。和也さんは毎秒$\frac{10}{3}$mで走っているので，地点Qから，$\frac{10}{3}\times10=\frac{100}{3}$(m)進んでいる。よって，地点Qから地点Pまでの距離は，$\frac{100}{3}-25=\frac{25}{3}$(m)となる。　③②より，地点Qから地点Pまでの距離は$\frac{25}{3}$mだから，和也さんは，地点Qから地点Pまで，$\frac{25}{3}\div\frac{10}{3}=\frac{5}{2}$(秒)かかる。よって，和也さんが地点Pを走っているのは，電車が地点Pを出発してから$\frac{5}{2}$秒後である。このとき，地点Pから電車が進んだ距離は$y=\frac{1}{4}\times\left(\frac{5}{2}\right)^2=\frac{25}{16}$(m)だから，和也さんと電車の距離は$\frac{25}{16}$mである。

6 〔平面図形―円〕

(1)＜**説明**＞右図1で，CO=CDだから，△CODは二等辺三角形である。よって，底角は等しい。また，①と，②の$\angle$EDF$=\frac{1}{2}\angle$EOFから，$\angle$AOD$=\frac{1}{2}\angle$EOFを導いているから，①は，$\angle$EDF$=\angle$AODである。②は，$\overset{\frown}{\mathrm{EF}}$に対する円周角は中心角の$\frac{1}{2}$倍であることから導いている。

図1

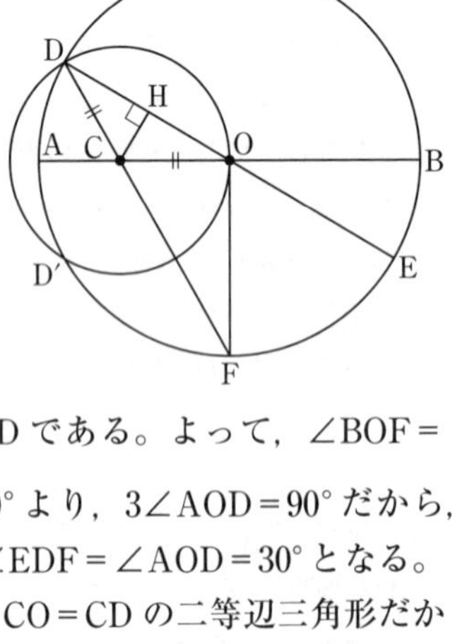

(2)＜**角度，長さ，面積**＞①右図1で，対頂角より，$\angle$AOD$=\angle$BOEである。また，(1)より$\angle$AOD$=\frac{1}{2}\angle$EOFだから，$\angle$EOF$=2\angle$AODである。よって，$\angle$BOF$=\angle$EOF$+\angle$BOE$=2\angle$AOD$+\angle$AOD$=3\angle$AODである。$\angle$BOF$=90^\circ$より，$3\angle$AOD$=90^\circ$だから，$\angle$AOD$=30^\circ$となる。△CODはCO=CDの二等辺三角形だから，$\angle$EDF$=\angle$AOD$=30^\circ$となる。
②図1のように，点Cから線分ODに垂線CHを引くと，△CODはCO=CDの二等辺三角形だから，点Hは線分ODの中点となる。OD=OA$=\frac{1}{2}$AB$=\frac{1}{2}\times12=6$だから，OH$=\frac{1}{2}$OD$=\frac{1}{2}\times6=3$

となる。また，①より$\angle \mathrm{AOD}=30^\circ$なので，$\triangle \mathrm{OCH}$は3辺の比が$1:2:\sqrt{3}$の直角三角形となる。よって，$\mathrm{CO}=\dfrac{2}{\sqrt{3}}\mathrm{OH}=\dfrac{2}{\sqrt{3}}\times 3=2\sqrt{3}$(cm)である。

③右図2で，円Cのうち円Oと重なっていない部分(色のついた部分)の面積は，〔おうぎ形CDD′〕＋$\triangle \mathrm{COD}$＋$\triangle \mathrm{COD'}$－〔おうぎ形ODD′〕で求められる。$\mathrm{CD}=\mathrm{CD'}$，$\mathrm{CO}=\mathrm{CO}$，$\mathrm{OD}=\mathrm{OD'}$より，$\triangle \mathrm{COD}\equiv\triangle \mathrm{COD'}$であるから，$\angle \mathrm{AOD}=\angle \mathrm{AOD'}$であり，$\angle \mathrm{DOD'}=2\angle \mathrm{AOD}=2\times 30^\circ=60^\circ$となる。また，円Cの$\overset{\frown}{\mathrm{DD'}}$に対する円周角と中心角の関係より，$\angle \mathrm{DCD'}=2\angle \mathrm{DOD'}=2\times 60^\circ=120^\circ$となる。よって，$\mathrm{CD}=\mathrm{CO}=2\sqrt{3}$より，〔おうぎ形CDD′〕$=\pi\times(2\sqrt{3})^2\times\dfrac{120^\circ}{360^\circ}=4\pi$となり，〔おうぎ形ODD′〕$=\pi\times 6^2\times\dfrac{60^\circ}{360^\circ}=6\pi$となる。さらに，$\triangle \mathrm{OCH}$の3辺の比が$1:2:\sqrt{3}$より，$\mathrm{CH}=\dfrac{1}{2}\mathrm{CO}=\dfrac{1}{2}\times 2\sqrt{3}=\sqrt{3}$だから，$\triangle \mathrm{COD}=\dfrac{1}{2}\times\mathrm{OD}\times\mathrm{CH}=\dfrac{1}{2}\times 6\times\sqrt{3}=3\sqrt{3}$となり，$\triangle \mathrm{COD'}=\triangle \mathrm{COD}=3\sqrt{3}$である。以上より，求める面積は，$4\pi+3\sqrt{3}+3\sqrt{3}-6\pi=6\sqrt{3}-2\pi$ (cm^2)である。

図2

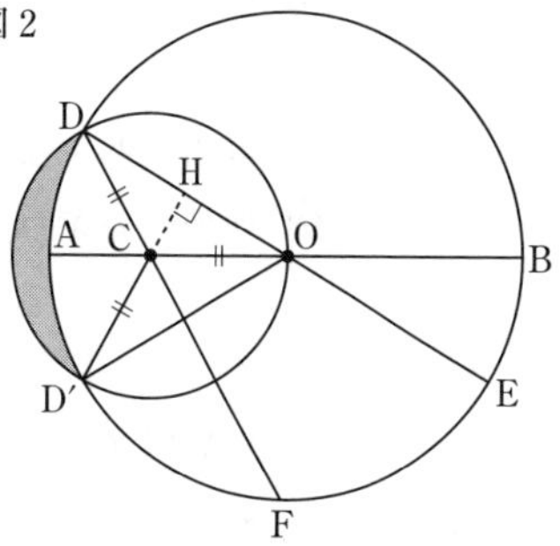

＝読者へのメッセージ＝

1(7)は確率の問題でした。確率は，16世紀中頃，イタリアの数学者であるジェロラモ・カルダーノが著した『サイコロあそびについて』で，初めて系統的に論じられたといわれています。カルダーノは，医者，占星術師，賭博師でもありました。

2023年度／群馬県公立高等学校(後期)

社会解答

1 (1) ウ　(2) イ　(3) ウ

(4) (例)自由な商工業を発展させるため。

(5) (例)地域の産業〔農業〕を活性化させる

2 (1) ①…イ

② (例)降水量が少なく，稲作に用いるための水を確保する必要があるから。

(2) エ　(3) イ

(4) (例)高速道路が開通し，港への鉄道が廃止された。

3 (1) エ　(2) ①…ウ　②…鉄鉱石

(3) ①…地球温暖化

② (例)機械〔大型機械〕を使用する

4 (1) ア　(2) かな〔仮名〕

(3) ①…御恩〔恩〕　②…イ

(4) (例)新田の開発を進めた。

5 (1) X…ベルサイユ　Y…ドイツ

(2) エ

(3) (例)平和や軍縮を求める国際社会と協調する方針をとったため。

(4) ア，イ，オ

6 (1) ア，イ　(2) ウ　(3) イ

(4) ウ

(5) (例)卸売業者を通さずに商品を仕入れるため，仕入れにかかる費用を抑えることができる

7 (1) ウ　(2) イ　(3) イ，エ

(4) i…イ

ii (例)衆議院の議決が優先される

1 〔三分野総合―滋賀県をテーマとした問題〕

(1)＜**琵琶湖**＞滋賀県にある日本最大の湖は，琵琶湖である。なお，霞ケ浦は茨城県，諏訪湖は長野県，猪苗代湖は福島県にある。

(2)＜**琵琶湖の環境保全活動**＞琵琶湖は「近畿の水がめ」といわれ，淀川などを通じて大阪を中心とする都市圏の人々に生活用水を供給している。また，生活排水や工場排水が流れ込み，富栄養化の進んだ湖や内海では，植物プランクトンの大量発生によって水の色が赤褐色または茶褐色に変化する赤潮が発生し，魚介類に被害をもたらすことがある。

(3)＜**日蓮**＞日蓮は鎌倉時代の僧で，法華経を正しい教えとして，題目(南無妙法蓮華経)を唱えることで救われると説いて日蓮宗〔法華宗〕を開いた(ウ…○)。なお，道元は鎌倉時代の僧で，座禅によって自力で悟りを開こうとする禅宗を日本に伝え曹洞宗を開いた(ア…×)。親鸞は鎌倉時代の僧で，煩悩の深い人間(悪人)こそが阿弥陀仏の救いの対象であるという悪人正機を説いて浄土真宗〔一向宗〕を開いた(イ…×)。法然は鎌倉時代の僧で，一心に「南無阿弥陀仏」と念仏を唱えることで極楽浄土に生まれ変わると説いて浄土宗を開いた(エ…×)。

(4)＜**楽市・楽座**＞資料Ⅱは1577年，織田信長が安土の城下町に出した楽市令である。信長は，特権的な座を廃止し，さまざまな税や労役を免除することで，城下町の自由な商工業を発展させようとした。

(5)＜**持続可能な社会**＞資料Ⅲの第２段落からは，担い手不足や農業収益など，地域の農業における課題を解決するための取組を読み取ることができる。地域の農業における課題を解決することは，地域の産業を活性化することにつながり，現在の世代の幸福を実現することになる。

2 〔日本地理―中国・四国地方，地形図〕

(1)①＜**日本海側の気候**＞鳥取市は，季節風の影響により冬に多くの雨や雪が降る日本海側の気候に属している。したがって，冬期の降水量の割合が３都市のうちで最も高いイが鳥取市に当てはまる。なお，３都市のうちで最も降水量が多く，冬期の降水量の割合が低いアは，太平洋側の気候に属す

る高知市が当てはまる。3都市のうちで年降水量の最も少ないウは，瀬戸内の気候に属する岡山市が当てはまる。

②＜**瀬戸内の気候と農業**＞高松市の位置する瀬戸内海を中心とする地域は，中国山地と四国山地に挟まれ，湿った季節風が届きにくいため，年降水量が少ない瀬戸内の気候に属する。資料Ⅱからは，この地域には水田の地図記号(Ⅱ)が多いことが読み取れるが，年降水量が少ない中で，稲作に用いる水を確保するために，ため池がつくられている。

(2)＜**中国・四国地方の農業**＞資料Ⅲの3県の農業産出額の内訳を見ると，愛媛県ではXの割合が高いことがわかる。愛媛県は柑橘《かんきつ》類の栽培が盛んであるため，果実の割合が高いと考えられる。したがって，Xには果実が，Yには野菜がそれぞれ当てはまる。また，高知県はなすやピーマンなどの野菜の促成栽培が盛んであるため，農業産出額に占める野菜の割合が高いと考えられる。したがって，野菜(Y)の割合が高いBには高知県が，Aには岡山県がそれぞれ当てはまる。

(3)＜**中国・四国地方の工業**＞山口県周南市などには石油化学コンビナートが形成されている。したがって，資料Ⅳ中の3県のうち，化学工業の出荷額が高いイには山口県が当てはまる。なお，広島市やその周辺には，自動車関連の企業や工場が集まっているため，輸送用機械の出荷額が高いウには広島県が当てはまり，残ったアには島根県が当てはまる。

(4)＜**地形図の読み取り**＞特にことわりのないかぎり，地形図では上が北を表している。資料Ⅴの1980年発行の地形図と資料Ⅵの1997年発行の地形図を比べると，資料Ⅵの地形図の西方には資料Ⅴにはない瀬戸中央自動車道が見られる。一方で，資料Ⅴの北方には坂出港駅やそこにつながる鉄道が見られるが，資料Ⅵには見られない。したがって，瀬戸大橋の開通により高速道路も開通し，港への鉄道が廃止されたことが読み取れる。

3〔**世界地理―南アメリカ**〕

(1)＜**南アメリカの気候**＞マナオスは赤道に近く，熱帯の熱帯雨林気候に属し，年間を通じて降水量が多く高温であるので，エに当てはまる。なお，アには，アンデス山脈の標高が高い地域にあるため，同じ程度の緯度に位置する熱帯の都市よりも平均気温が低くなるキトが当てはまる。イには，夏は高温で降水量が多くなる温帯の温暖湿潤気候に属するブエノスアイレスが当てはまる(南半球に位置するため，日本と季節が逆になる)。ウには，年中高温で雨季と乾季がはっきりしている熱帯のサバナ気候に属するカラカスが当てはまる。

(2)①＜**ブラジルの牧牛**＞ブラジルでは肉牛の生産が盛んで，その飼育のために多くの熱帯林を伐採して牧場がつくられた。熱帯林の破壊は，地球温暖化や生物種の絶滅につながるため，問題になっている。

②＜**鉄鉱石**＞オーストラリアの北西部やブラジルのアマゾン川流域では，鉄鉱石の採掘が盛んであり，日本もこれらの国々から鉄鉱石を多く輸入している。

(3)①＜**バイオエタノール**＞サトウキビやとうもろこしのような植物を原料とするバイオエタノールが燃焼により放出する二酸化炭素は，成長の過程で光合成により植物が取り込んだ二酸化炭素に由来するため，大気中の二酸化炭素量は全体としては増えない。したがって，二酸化炭素などの温室効果ガスによる地球温暖化を抑えることができる。

②＜**ブラジルの農業の機械化**＞ブラジルは，かつては国の経済をコーヒー豆の生産・輸出に頼るモノカルチャー経済の国であった。しかし，20世紀後半からは，コーヒー豆の他にサトウキビや大豆，とうもろこしなどの生産を増やし，資料Ⅱのような大型機械を使用して農業を大規模化した結果，農業の多角化に成功した。

4〔**歴史―古代～近世の日本**〕

(1)＜**律令国家の民衆の負担**＞資料Ⅰの平城京跡から出土した木簡を見ると，紀伊国から都に塩が納められたことがわかる。律令国家の時代，成人男子が都に特産物を納入した税は調である。なお，租は口分田の収穫にかけられる税で，男女ともに負担したが，地方での労役である雑徭と，防人などの兵役は，成人男子のみが負担した。

(2)＜**かな文字**＞平安時代，漢字を書きくずしたかな文字〔仮名文字〕がつくられた。これにより人びとの感情や感覚を日本語で生き生きと伝えることが可能となり，物語文学や日記文学が発展した。

(3)①＜**御恩と奉公**＞鎌倉時代，将軍は御家人に対し，主に地頭に任命することで土地の支配を保障したり，新たな土地の支配を認めたりする御恩を与えた。そのかわり，御家人は将軍に対し，戦時には軍役を果たし，平時には京都や鎌倉を警備する奉公を行った。資料Ⅱの北条政子の訴えは，1221年の承久の乱に際し，源頼朝による御恩に対する奉公として幕府の味方について戦うように，御家人たちに訴えたものである。

②＜**六波羅探題**＞承久の乱の後，鎌倉幕府は京都に六波羅探題を置いて，朝廷の監視に当たらせた。また，乱で朝廷に味方した貴族や西国の武士から取り上げた領地を，幕府に味方した東国の武士に与え，幕府の力を西国まで及ぼすようになった。なお，京都所司代は，江戸幕府による朝廷の監視や京都の警備などを担う役職である。

(4)＜**新田開発**＞江戸時代，18世紀前半の享保の改革において，徳川吉宗は，年貢の増収を目的として新田の開発を進めた。資料Ⅲを見ると，享保年間に新田が多く存在したことがわかる。

5 〔歴史―近現代の世界と日本〕

(1)＜**ベルサイユ条約，第二次世界大戦**＞第一次世界大戦では，ドイツが敗北した後，パリ講和会議が開かれ，ドイツに対する戦後処理を定めたベルサイユ条約が結ばれた。また，第二次世界大戦は，ポーランドに侵攻したドイツに対し，イギリスとフランスが宣戦布告をしたことで開始された。

(2)＜**中江兆民と自由民権運動**＞明治時代初期，ルソーの思想を日本に紹介したのは中江兆民である。紹介された欧米の思想は，国民の政治参加の権利確立を目指す自由民権運動に大きな影響を与えた。なお，田中正造は，明治時代に発生した足尾銅山鉱毒事件に際し，その解決に向けて活動した人物である。護憲運動は，大正時代に２度起こった，憲法に基づく政治を守り，民衆に幅広い政治参加の機会を与えるように求める運動である。

(3)＜**国際協調**＞資料Ⅲより，歳出総額はおおむね増加傾向だが，軍事費の占める割合は減少傾向であることがわかる。これは，第一次世界大戦後の国際協調という世界の潮流に日本政府も歩調を合わせたためである。この時期，1921～22年に開かれたワシントン会議で，日本は海軍軍縮条約を締結したり，第一次世界大戦中の二十一か条の要求で獲得した山東省の権益を中国に返還したりしている。

(4)＜**GHQの民主化政策**＞第二次世界大戦後，日本政府が連合国軍総司令部〔GHQ〕の指令の下に実施した民主化政策としては，財閥解体や労働基準法・労働組合法の制定，農地改革や教育基本法の制定，女性参政権の付与などがある。なお，学制は明治初期の1872年に発布された（ウ…×）。普通選挙法は大正時代の1925年に制定された（エ…×）。

6 〔公民―経済〕

(1)＜**企業の社会的責任**＞企業の社会的責任〔CSR〕とは，企業は社会の一員として，利潤の追求のみでなく，法令の遵守や情報の公開，消費者の安全や従業員の生活の安定を守るなどの役割を積極的に果たすべきであるという考え方である。被災地の救援活動への協力や，従業員が健康的に働ける職場環境の整備は，企業の社会的責任に当てはまる。

(2)＜**消費税と所得税**＞消費税は，税金を納める人（商店など）と，税金を負担する人（消費者など）が異なるため，間接税に分類される。一方，所得税は税金を納める人と税金を負担する人が同じ直接税に分類される。また，消費税は所得に関係なく，同じ税率で税金を負担するため，所得が少ない人ほど所得に占める税金の割合が高くなる逆進性がある。一方，所得税は，所得の多い人ほど税率が高くなる累進課税のしくみをとっている。

⑶＜**金融政策と財政政策**＞日本銀行が通貨量を調整することによって景気や物価の安定をはかる政策を金融政策という。景気が悪いときは，世の中に出回る通貨量が減っているため，日本銀行は一般の銀行から国債などを買い，代金を支払うことで，世の中に出回る通貨量を増やす(イ…○)。なお，政府による景気の調整政策を財政政策という。景気の悪いときに，日本政府が公共事業〔公共投資〕を増やして民間企業の仕事を増やすのは，金融政策ではなく財政政策である。

⑷＜**為替相場と貿易**＞1ドル＝100円のときに比べて，1ドル＝120円のときはドルに対する円の価値が下がっているため，円安であるという。例えば，1000円の調味料を輸出する場合，1ドル＝100円のときはドルでの価格は10ドルであるが，円安により1ドル＝120円になると，1000÷120＝8.3…よりドルでの価格は約8ドルとなり，価格が下落して輸出しやすくなる。

⑸＜**流通**＞資料Ⅱの商品の一般的な流通経路と資料Ⅲの調査をした食品販売会社の商品の流通経路を比べると，資料Ⅲの流通経路では卸売業者を通さずに取引をしていることがわかる。これにより，卸売業者が利潤を得ることがなくなるため，小売業者が商品を仕入れる際にかかる費用を抑えることができ，小売業者が消費者により安い値段で商品を売ることができる。

7〔公民―総合〕

⑴＜**ICT，情報リテラシー**＞情報通信技術はICTと略される。また，情報を正しく活用する力を情報リテラシーという。なお，SNSはソーシャル・ネットワーキング・サービスの略称である。人工知能は人間の知能のはたらきをコンピューターに持たせたもので，AIと略される。

⑵＜**成人年齢の引き下げ**＞2022年4月に日本国民の成人年齢が18歳に引き下げられたことで，18歳になれば親権者の同意がなくてもクレジットカードの契約を結ぶことが可能になった(イ…○)。なお，賃金は，未成年者であっても労働者本人に直接支払われる(ア…×)。都道府県の知事選挙に立候補する被選挙権は30歳以上にならないと得られない(ウ…×)。市町村議会の議員選挙に立候補する被選挙権は25歳以上にならないと得られない(エ…×)。

⑶＜**大きな政府**＞大きな政府とは，政府が積極的に経済に介入し，社会保障の充実などを目指す考え方のことである。公共事業を拡大したり大学の授業料を無償にしたりするなどの高福祉政策を実行する一方で，その財源として租税等の高い負担を国民に求める。なお，小さな政府は，政府の役割を安全保障や治安維持などの最小限にとどめ，政府の仕事をできるだけ民間企業などに任せる考え方のことである。減税政策を実施したり国家公務員の削減をしたりして租税等の負担を軽減する一方で，租税を財源とする公共事業や国家公務員による行政サービスなどの福祉は削減される。

⑷＜**衆議院の優越**＞資料Ⅱを見ると，衆議院ではY議員が，参議院ではX議員が最多得票により内閣総理大臣に指名されていることがわかる。内閣総理大臣の指名では，衆議院の優越が適用されるため，両院協議会を開いても意見が一致しないときは，衆議院が指名したY議員が内閣総理大臣に指名される。

理科解答

1 A (1) 子房 (2) イ
B (1) ウ
(2) ①…示準 ②…ア ③…ア
C (1) 融点 (2) ①…ア ②…イ
D (1) 磁力線 (2) ウ

2 (1) ①…ア ②…カ (2) 消化酵素
(3) (例)ダイコンのしぼり汁に少量の糖が含まれていたから。
(4) ① (例)水に溶けやすい ②…ウ
③ 細胞の呼吸〔細胞による呼吸〕

3 (1) a…恒星 b…衛星
(2) ①…ア ②…ア ③ A，B
(3) ① (例)太陽の光を反射しているから。
② a…ア b…エ
③ (例)金星は太陽の周りを公転しているため，地球との距離は変化するが，月は地球の周りを公転しているため，地球との距離は一定であるから。

4 (1) 2.5g
(2) ① a…エ b…ア
② X…化学 Y…熱
(3) ① CO_2
② (例)石灰水に通し，白くにごることを確かめる。
(4) ① 1.82g ②…ウ ③ 2.86g

5 (1) ①…ア ②…イ (2) エ
(3) ①…5.0 ② 下図

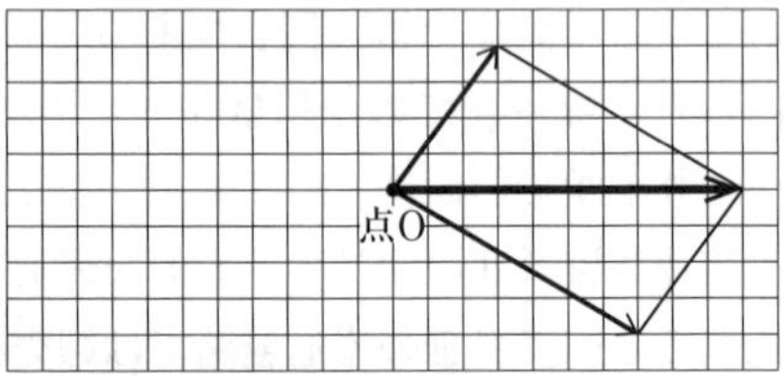

(4) ①…イ
② **記号**…ア
理由…(例)装置1，2の仕事の大きさは同じであり，仕事の大きさが同じであれば力の大きさが大きい方が，力の向きに移動させた距離は小さくなるから。

1 〔小問集合〕

A＜**植物の分類**＞(1)種子植物は，胚珠がむき出しで，子房がない裸子植物と，胚珠が子房に包まれている被子植物に分けられる。　(2)被子植物は，子葉が1枚の単子葉類(b)と子葉が2枚の双子葉類に分けられ，双子葉類は，花弁が分かれている離弁花類(c)と花弁がつながっている合弁花類(d)に分けられる。ア～エの植物のうち，単子葉類はツユクサ，離弁花類はアブラナである。なお，イチョウは裸子植物，アサガオは合弁花類である。

B＜**化石**＞(1)シジミは湖や河口に生息するので，Aの地層ができた当時，この地域は湖や河口であったと考えられる。シジミの化石のように，地層ができた当時の環境を推定するのに役立つ化石を示相化石という。　(2)地層が堆積した時代を推定するのに役立つ化石を示準化石といい，フズリナの化石は古生代の示準化石である。示準化石となる生物の条件は，限られた時代に栄えて絶滅し，広い地域に生息していたことである。限られた時代に栄えて絶滅した生物は，ある特定の時代の地層にだけ含まれるため，地層が堆積した時代を推定するのに役立つ。また，広い地域に生息している生物は，同じ生物の化石が離れた地域からも発見されることで，離れた地域の地層どうしを対比し，地層が堆積した時代の大地の広がりを推定するのに役立つ。

C＜**融点**＞(1)物質が固体から液体に変化するときの温度を融点という。融点は物質の種類によって決まっている。　(2)パルミチン酸の質量を2倍にすると，固体を全て液体にするためにより多くの熱が必要になる。質量以外の条件は変えないので，液体になり始めてから全て液体になるまでの時間が長くなる。また，パルミチン酸の融点は63℃で決まっているから，質量が２倍になっても融点は変わらない。

Ｄ＜電流と磁界＞⑴図Ⅰのように，磁界の様子を表した曲線を磁力線という。磁力線は磁石のN極からＳ極に向かって矢印をつける。　⑵図Ⅳは，図Ⅲと比べて電流が流れる向きが逆向きで，電流の大きさが大きくなっている。コイルに流れる誘導電流の向きが逆になるのは，棒磁石の極の向きを逆にするか，棒磁石を動かす向きを逆にしたときである。そして，コイルに流れる誘導電流の大きさが大きくなるのは，棒磁石を動かす速さを速くしたときである。

２〔生物の体のつくりとはたらき〕

⑴**＜対照実験＞**だ液のはたらきによって，デンプンがなくなったことを確かめるためには，ヨウ素液を加えた試験管Ａと試験管Ｂを比較する。ヨウ素液はデンプンがあると青紫色に変化するから，だ液を加えた試験管Ａではデンプンがなくなり，水を加えた試験管Ｂではデンプンが残っていることがわかる。また，だ液のはたらきによって，糖が生じたことを確かめるためには，ベネジクト液を加えた試験管Ｃと試験管Ｄを比較する。ベネジクト液を糖が含まれている溶液に入れて加熱すると赤褐色の沈殿が生じるから，だ液を加えた試験管Ｃでは糖が生じ，水を加えた試験管Ｄでは糖は生じていないことがわかる。

⑵**＜消化酵素＞**消化液中に含まれ，食物の養分を分解するはたらきを持つ物質を消化酵素という。だ液には，デンプンを分解するアミラーゼという消化酵素が含まれている。

⑶**＜ダイコンのしぼり汁＞**表Ⅱで，ヨウ素液を加えた試験管Ｑの結果より，ダイコンのしぼり汁にはデンプンが含まれていない。また，ベネジクト溶液を加えて加熱した試験管Ｓの結果より，しぼり汁には糖が含まれている。これより，しぼり汁に含まれる糖は，デンプンが分解されて生じたものではなく，もともと含まれていたものであると考えられる。なお，ベネジクト液の反応で生じた沈殿の色が薄いことから，含まれる糖の量は少量であることがわかる。

⑷**＜養分の移動と吸収，呼吸＞**①デンプンの粒子は大きくて水に溶けにくいので，小さくて水に溶けやすい物質（糖）に変え，師管を通して体全体へ運ばれる。　②ブドウ糖は小腸の柔毛で吸収されて毛細血管に入り，肝臓に集まった後，血管を通って全身の細胞に運ばれる。なお，アミノ酸も毛細血管に入り，肝臓を通って全身に運ばれる。脂肪酸とモノグリセリドは柔毛で吸収された後，再び脂肪となってリンパ管に入り，リンパ管が血管と合流することで全身に運ばれる。　③細胞が，養分から，酸素を使ってエネルギーを取り出すはたらきを細胞の呼吸という。このとき，二酸化炭素と水が生じる。

３〔地球と宇宙〕

⑴**＜天体＞**太陽のように自ら光を出して輝く天体を恒星という。また，惑星の周りを公転する天体を衛星という。月は地球の衛星である。

⑵**＜惑星と月＞**①金星は内惑星であるため，地球から見ると，常に太陽に近い方向にある。よって，図Ⅰのように，金星が東の空に見えるのは，これから太陽が昇る明け方である。　②４つの惑星の軌道は，太陽から近い順に，木星，土星，天王星，海王星であり，地球の公転軌道は木星より太陽に近い。また，地球は北極側から見ると，反時計回りに自転している。よって，太陽に近い地球から見て，図Ⅰのように，東の空に天王星，南東の空に木星と海王星，南の空に土星が見えるのは，これらの惑星がアの位置にあるときである。なお，４つの惑星がイの位置にある場合，東の空に天王星が見えるとすると，南の空に木星と海王星，南西の空に土星が見え，ウの位置にある場合，東の空に天王星が見えるとすると，南の空に木星，西の空に海王星と土星が，エの位置にある場合，東の空に木星が見えるとすると，南東から南の空にかけて土星，天王星，海王星の順に見える。

③木星型惑星には，木星と土星，天王星，海王星が属し，大型で平均密度が小さい。よって，図Ⅱ中のA～Dのうち，木星型惑星を示すものはAとBである。なお，C，Dは，小型で平均密度が大きい地球型惑星である。

(3)＜**金星と月の見え方**＞①金星や月などの惑星や衛星が光って見えるのは，太陽の光を反射しているからである。　②地球は365日で360°公転するから，10日で，$360 \div 365 \times 10 = 9.8\cdots$より，約10°公転し，金星は約226日で360°公転するから，10日で，$360 \div 226 \times 10 = 15.9\cdots$より，約16°公転する。これより，地球－太陽－金星のつくる角度は，$16° - 10° = 6°$となり，地球と金星の位置は近く，地球から見て金星の左側に太陽があるので，金星はアのように，欠け方が大きく，左側が光って見える。また，図Ⅲのときの月は新月である。月の満ち欠けの周期は約30日で，月は新月以降，右側から満ちて，およそ15日後に満月になる。よって，10日後に，月はエのように，欠け方が小さく，右側が光って見える。　③見かけの大きさは，地球からの距離に関係し，地球からの距離が大きくなるほど小さくなる。金星は太陽の周りを公転していて，金星と地球の間の距離が大きく変化するため，見かけの大きさも大きく変化する。一方，月は地球の周りを公転していて，月と地球の間の距離はほとんど変化しないため，見かけの大きさはほとんど変化しない。

4 〔化学変化と原子・分子〕

(1)＜**濃度**＞〔質量パーセント濃度(%)〕$= \dfrac{〔溶質の質量(g)〕}{〔水溶液の質量(g)〕} \times 100$より，〔溶質の質量(g)〕＝〔水溶液の質量(g)〕$\times \dfrac{〔質量パーセント濃度(\%)〕}{100}$となる。よって，質量パーセント濃度5％の塩化ナトリウム水溶液50gの中に溶けている塩化ナトリウムの質量は，$50 \times \dfrac{5}{100} = 2.5$(g)である。

(2)＜**発熱反応**＞実験1では，図Ⅱより温度が上がっているので，熱が放出される発熱反応が起こっている。このとき，化学変化によって，物質が持っている化学エネルギーが熱エネルギーに変換されている。なお，実験2では，図Ⅳより温度が下がっているので，熱が吸収される吸熱反応が起こっている。

(3)＜**二酸化炭素**＞二酸化炭素の化学式はCO_2である。二酸化炭素は，石灰水に通すと白くにごることで確認できる。

(4)＜**化学変化と物質の質量**＞①発生した二酸化炭素は全てビーカーの外に出ていくので，発生した二酸化炭素の質量は，反応の前後の電子てんびんの示す質量の差として求めることができる。よって，表より，炭酸水素ナトリウムの質量が4.00gのときに発生した二酸化炭素の質量は，$164.70 - 162.88 = 1.82$(g)となる。　②①と同様に表から計算すると，炭酸水素ナトリウムの質量が1.00g，2.00g，3.00g，4.00g，5.00gのとき，発生した二酸化炭素の質量は，それぞれ0.52g，1.04g，1.56g，1.82g，1.82gとなる。これより，炭酸水素ナトリウム1.00gから発生する二酸化炭素の質量は0.52gなので，二酸化炭素が1.82g発生するときの炭酸水素ナトリウムの質量は，$1.82 \div 0.52 \times 1.00 = 3.50$(g)である。よって，実験3で用いたクエン酸と過不足なく反応する炭酸水素ナトリウムの質量は3.50gとなる。したがって，炭酸水素ナトリウム5.00gのうち，クエン酸と反応していない炭酸水素ナトリウムの質量は，$5.00 - 3.50 = 1.50$(g)である。　③②より，炭酸水素ナトリウム1.00gから二酸化炭素が0.52g発生するので，炭酸水素ナトリウム5.50gから発生する二酸化炭素の質量は，$0.52 \times 5.50 = 2.86$(g)である。

5 〔運動とエネルギー〕

(1)＜**力のつり合い**＞リングが静止していることから，ばねがリングを引く力とばねばかりXがリングを引く力はつり合っている。つり合っている2力は，一直線上にはたらき，力の大きさは等しく，力の向きは逆向きである。

(2)<**合力**>実験２(A)では，ばねばかりXがリングを引く力とばねばかりYがリングを引く力の合力が，ばねがリングを引く力とつり合う。実験１で，ばねばかりXがリングを引く力と，ばねがリングを引く力がつり合っていて，ばねばかりXの示す値が5.0Nだったことから，ばねがリングを引く力の大きさは5.0Nである。よって，ばねばかりXの示す値とばねばかりYの示す値の和が常に5.0Nになるから，グラフはエのようになる。

(3)<**力の合成**>①実験２(B)で，角度x，yがそれぞれ60°のとき，ばねが引く力を，右図のように表すと，リングの中心Oの位置は静止しているので，ばねを引く力と，ばねばかりXが引く力とばねばかりYが引く力の合力はつり合う。そのため，この合力は，ばねを引く力と大きさは等しく5.0Nで，力の向きは逆向きである。この合力を対角線とし，ばねばかりXが引く向きとばねばかりYが引く向きを２辺とする平行四辺形をつくると，合力とばねばかりXが引く力を２辺とする三角形と，合力とばねばかりYが引く力を２辺とする三角形はともに正三角形となる。よって，ばねばかりXが引く力とばねばかりYが引く力の大きさは合力の大きさと等しく5.0Nになる。　②角度をもってはたらく２力の合力は，２力を表す矢印を２辺とする平行四辺形の対角線で表される。よって，作図は，２本の矢印を２辺とする平行四辺形をかき，点Oを作用点とする対角線が合力となる。

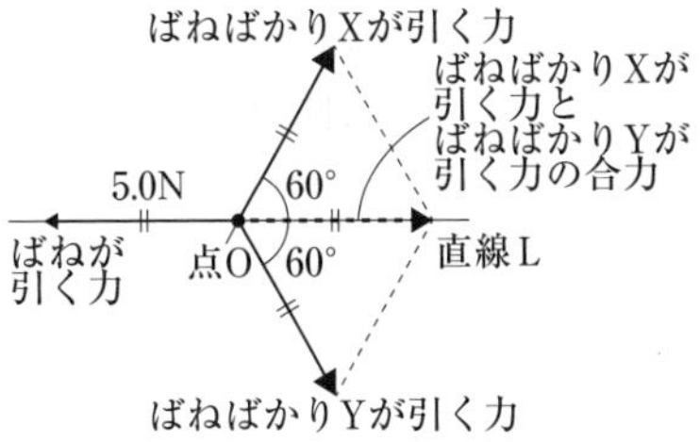

(4)<**仕事**>①図Vの装置１のように，動滑車を使うと力の大きさは直接引き上げるときの$\frac{1}{2}$になる。よって，ひもを引く力の大きさF_1は荷物にはたらく重力の大きさWの$\frac{1}{2}$である。なお，このとき，ひもを引く距離は直接引き上げるときの２倍になる。定滑車は力の向きを変えるだけである。
②仕事の大きさは，〔仕事(J)〕=〔力の大きさ(N)〕×〔力の向きに動いた距離(m)〕で求められる。装置１も装置２も，同じ荷物を同じ高さまで持ち上げるので，仕事の大きさは同じである(仕事の原理)。また，実験２(B)の結果より，直線Lとばねばかりの間の角度が大きくなると，ばねばかりの示す値も大きくなっているから，装置２のひもを引く力の大きさF_2は装置１のひもを引く力の大きさF_1より大きくなる。したがって，装置１も装置２も仕事の大きさは同じなので，ひもを引く距離は，装置２の方が装置１より短くなる。

国語解答

一 (一) エ　(二) ア，ウ

(三) 共感性を高める働き

(四) (例)他の動物の場合は，生存競争で不利にならないよう敵に視線の方向を知られないようにする必要があるが，人間の場合は，視線の方向をわかりやすくして仲間とのコミュニケーションを円滑にすることが必要だったため。

(五) イ

二 (一) ア　(二) ウ　(三) エ

(四) (例)Ⅰでは，将来の進路について決めきれず悩んでいたが，Ⅱでは，就職後も弓道を続ける道として教師という選択肢があるということに気づき，迷いつつも前向きな気持ちになっている。

三 (一) ウ　(二) (右参照)　入ル二池塘ニ一

(三) ① (例)微風が起こる

② Ⅰ…イ　Ⅱ…ア

四 (一) おさえがたく　(二) エ　(三) エ

(四) ウ

五 (一) ① 燃　② 頂　③ 破竹

④ 支障

(二) ① なごり　② えり

③ じゅんしゅ　④ こうせつ

(三) イ

六 (一) 行き詰まる　(二) エ

(三) (例)私は，辞書によって記載が異なっていてもよいと考えます。言葉は時代によって変化するのが当然ですし，複数の辞書を見比べることで，言葉に対する感覚も高まっていくように感じるからです。間違った意味を載せるのは困りますが，辞書によって言葉の捉え方に幅があるのはむしろ自然なことです。それぞれの辞書が持つ特徴をふまえた上で，上手に活用していくことが大切なのだと考えます。(180字)

一〔**説明文の読解―自然科学的分野―人類**〕出典；入倉隆『奇想天外な目と光のはなし』。

≪本文の概要≫人と人とのコミュニケーションにおいて，目は重要な役割を担っている。目を丸くしたり細めたりといった表情の変化を読み取ることで，人は相手の感情を知ることができる。無意識に行うまばたきにも，目の乾燥を防ぐだけでなく，共感性を高めるはたらきがあると考えられる。人間の目の最大の特徴は，外から白目が見えることである。白目があると生存競争では不利になるという理由で，人間以外の動物は白目があっても外からはほとんど見えない。しかし，人間は，視線方向をわかりやすくすることで，仲間と情報交換や感情の共有をしやすくし，コミュニケーションを円滑にしていったと考えられる。また，白目があることで，感情表現も豊かになる。人間は，一対一で戦ううえでの有利さよりも，仲間と協調して生存する道を選んだのである。だから，会話をするときは，相手の目を見て話すことが大切である。人の目は，非言語コミュニケーションの要である。

(一)<**接続語**>人と人とのコミュニケーションにおいて，「目は重要な役割を担って」きたことの例として，「目を丸くしたり目を細めたり」というまぶたの開け方によって多彩な表情が生まれることが挙げられている。また，白目があることで感情表現が豊かになることの例として，「白目を多く見せることで驚いた表情」になることなどが挙げられている。

(二)<**慣用句**>「目が泳ぐ」は，隠しごとなどを指摘されたときに，心が動揺して表情が変わる，という意味。「目の色を変える」は，怒ったり何かに熱中したりするときなどに目つきが変わる，という意味。「目を通す」は，一通り見る，という意味。「目から鼻へ抜ける」は，非常に賢くて抜け目がない，という意味。

㈢＜**文章内容**＞話し手がまばたきをすると，少し遅れて聞き手がまばたきをし，「話し手と聞き手が無意識にまばたきを同期させ」るようになる。人は，無意識に行うまばたきで「共感性を高め」て，円滑なコミュニケーションを取っていると考えられるのである。

㈣＜**文章内容**＞人間以外の動物は，視線方向を敵に知られると生存競争で不利になるので，白目が外からはほとんど見えない。しかし，人間は「視線方向を分かりやすくする」ことで，仲間とのコミュニケーションを円滑にしていったと考えられるのである。

㈤＜**表現**＞人は，無意識にまばたきをすることで，目の乾燥を防ぐとともに，コミュニケーションを円滑に進められる。また，白目が見えるように進化したのも，人と人とのコミュニケーションを円滑にするためだと考えられる。このように，人の目についてわかっていることを説明しながら，他の動物とは違い，人は仲間と協調して生存する道を求めて進化してきたことが示される。そして，「人の目は非言語コミュニケーションにおける要」であると結論づけられている。

二〔**小説の読解**〕出典；我孫子武丸『残心　凜の弦音』。

㈠＜**語句**＞「生返事」は，気乗りのしないいいかげんな返事のこと。

㈡＜**心情**＞凜は，「夏の大会が終わればもう三年生は引退」で，弓道部のみんなと一緒に弓を引けるのも今だけだと気づいた。そして凜は，自分が先輩たちに教わったことを「後輩に伝えていかなければいけない」と思った。

㈢＜**文章内容**＞凜は，吉村先生のことを，弓道を教えに来てくれる親しみやすい「弓道部OGのように」思っていたが，「大人になってちゃんと大学へ行き，就職しながらも弓道を続けている」人であると認識し直したのである。

㈣＜**心情**＞「公務員？　公務員かあ……」と思ったときの凜は，公務員が将来の選択肢になるのかどうか，現実味を持てないでいた。しかし，吉村先生の存在に気づいて改めて考えてみると，「弓道を，仕事(の一部)として続けられる」教師という職業が一つの選択肢だと，凜は気づいた。「わたしが教師？　勉強嫌いなのに？　やっぱないか」と思いながらも，考えてみる一つの道だというように，凜の気持ちは変化している。

三〔**漢詩の鑑賞**〕出典；『全唐詩』「高駢　山亭の夏日」。

≪**現代語訳**≫木々の緑が濃く生い茂り，夏の一日は長い／楼台が逆さまになって池の水面に映っている／水晶の簾が動いて微風が起こっている(ことに気づく)／棚いっぱいに咲くバラの花の香りが中庭全体に広がっている

㈠＜**漢詩の形式**＞四句からなる絶句で，一句が七字で成り立っているから，七言絶句である。律詩は八句で成り立つ。

㈡＜**漢文の訓読**＞「池塘」→「入」の順に読む。漢文では，下から上に二字以上返って読む場合は，一二点を用いる。

㈢＜**漢詩の内容理解**＞①第三句で「水精の簾動きて」の後「微風起こり」とある。作者は，簾の動きによって微風が吹いていることに気づき，微風が吹くことでバラの花の香りが漂ってきたというのである。　②Ⅰ．「影」は，ここでは，物の姿や形のこと。楼台の形が逆さまになって池に入るというのは，「楼台が池の水面に映っている様子」を表している。　Ⅱ．簾が動き，風が起こり，バラの香りが中庭全体に漂うというように，詩の情景に動きが感じられるのである。

四〔**古文の読解─説話**〕出典；『古今著聞集』巻第十二，四二九。

≪**現代語訳**≫博雅の三位の家に盗人が入った。三位は，板の間の下に逃げて隠れた。盗人が帰り，その後に，はい出て家の中を見ると，残っている物はなく，(盗人は)みんな取っていってしまった。篳篥一つを置物厨子に残していたのを，三位が手に取ってお吹きになったところ，出て去っていった盗人が

はるか遠くでこれ(＝篳篥の音)を聴いて，(盗人は)感情が抑えがたくなって(三位の家に)帰ってきて言うことには「たった今の篳篥の音をお聴きしたところ，しみじみと尊く優れていまして，悪い心が全て改まった。盗み取った物を全てお返し申し上げよう」と言って，みんな置いて出ていった。昔の盗人は，またこのように優雅で上品な心もあった。

㈠**＜歴史的仮名遣い＞**歴史的仮名遣いの語中語尾のハ行は，現代仮名遣いでは原則として「わいうえお」となる。

㈡**＜古文の内容理解＞**盗人が帰った後の家の中は，「のこりたる物なく」という状態で，盗人は家の中の物を全部持っていったのである。

㈢**＜古文の内容理解＞**博雅の三位の吹いた篳篥の音は，しみじみと尊く優れていて，盗人の悪心は全て改まったので，盗人は盗んだ物を全て返しに戻ってきたのである。

㈣**＜古文の内容理解＞**「優なり」は，優雅で上品だ，という意味。盗人は，博雅の三位が吹いた篳篥の音に心を揺り動かされるような上品な心の持ち主で，芸術を理解できる人物だったのである。

五〔国語の知識〕

㈠**＜漢字＞**①音読みは「燃焼」などの「ネン」。　②音読みは「頂上」などの「チョウ」。　③「破竹の勢い」は，竹は一節割ると次々と割れてゆくことから，とどめることが難しいさま。　④「支障」は，さしさわり，さしつかえのこと。

㈡**＜漢字＞**①「名残」は，何かがあった後に残っているもの。　②音読みは「胸襟」などの「キン」。　③「遵守」は，決まりに従い，それを守ること。　④「巧拙」は，うまいことと下手なこと。

㈢**＜漢字の知識＞**「祖」と「礼」の部首は，「礻(しめすへん)」。「独」の部首は，「犭(けものへん)」。「秒」の部首は，「禾(のぎへん)」。「補」の部首は，「衤(ころもへん)」。

六〔資料〕

㈠先生は，「煮詰まる」を「議論や考えなどが出つくして結論を出す段階になる」という意味にとらえたので，委員会の報告を「よかった」と評価した。春香さんは，「議論や考えなどがこれ以上発展せず，行き詰まる」という意味で使ったため，先生の反応が意外だったのである。

㈡秋斗さんは，「煮詰まる」の意味は一つではなく「捉え方に違いがある」としている。つまり，「煮詰まる」を「結論が出せない状態になること」という意味でとらえる人もいるし，「結論の出る状態になること」という意味でとらえる人もいるということである。

㈢**＜作文＞**辞書によって「記載の内容が異なっている」ことについて，よいと考えるのか，よくないと考えるのかを明確にしたうえで，どうしてそのように思うのか，理由を考えてみる。自分自身の体験をふまえ，字数を守り，誤字脱字に気をつけて書いていくこと。

Memo

Memo

2022年度
群馬県公立高校 後期入試問題

英語

●満点100点　●時間45～60分

（注意）　1　＊が付いている語句は，後に（注）があります。

2　1～3の放送を聞いて答える問題は，メモをとってもかまいません。

1　これから，No. 1とNo. 2について，それぞれ2人の対話と，対話に関する質問が流れます。質問に対する答えとして最も適切なものを，それぞれの選択肢**A**～**D**の中から選びなさい。

No. 1

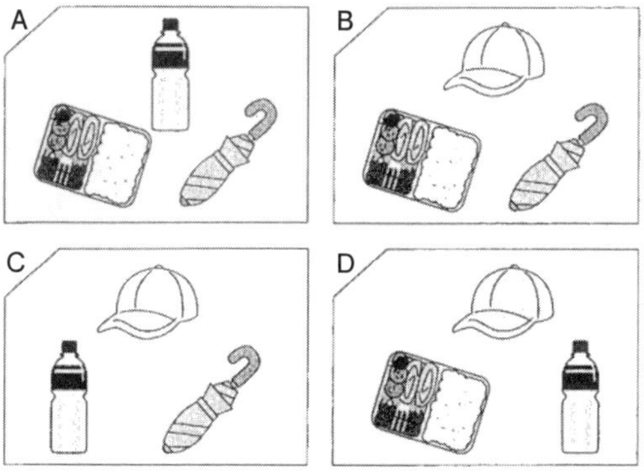

No. 2

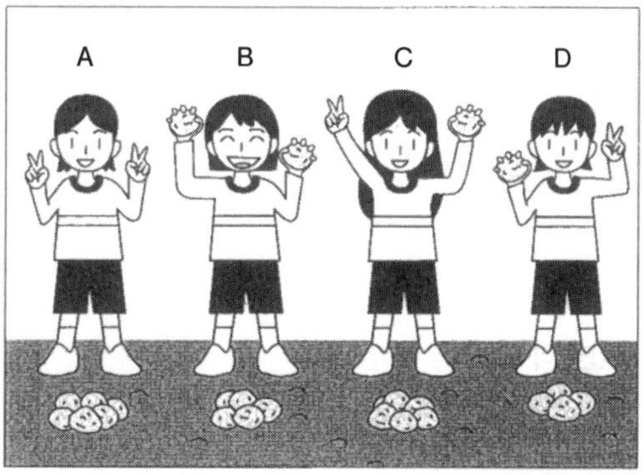

2　これから，No. 1～No. 3について，それぞれYukaとJohnの2人の対話が流れます。Johnが2度目に発言する部分で次のチャイムを鳴らします。（チャイム音）チャイムの部分の発言として最も適切なものを，それぞれア～エの中から選びなさい。

No. 1

Yuka :　・・・・・・・

John :　・・・・・・・

Yuka :　・・・・・・・

John :　［　　　　　　　］

ア　In the gym.

イ　On Saturday.

ウ　With my friends.

エ　For the basketball game.

No. 2

Yuka : ・・・・・・・ *John :* ・・・・・・・ *Yuka :* ・・・・・・・ *John :* [　　　　　　]	ア　I'm not tired. イ　You look sleepy. ウ　I'll go to bed late today. エ　I had to get up early this morning.

No. 3

Yuka : ・・・・・・・ *John :* ・・・・・・・ *Yuka :* ・・・・・・・ *John :* [　　　　　　]	ア　Good job. イ　Have fun. ウ　Yes, I will. エ　I have seen it.

3　中学生のShotaは，アメリカのABC Parkに来ています。これから，ABC Parkの案内が流れます。案内を聞いて，No. 1と，No. 2の問いに対する答えとして適切なものを，それぞれの選択肢の中から選びなさい。また，No. 3の質問に1文の英語で答えなさい。

【Map】

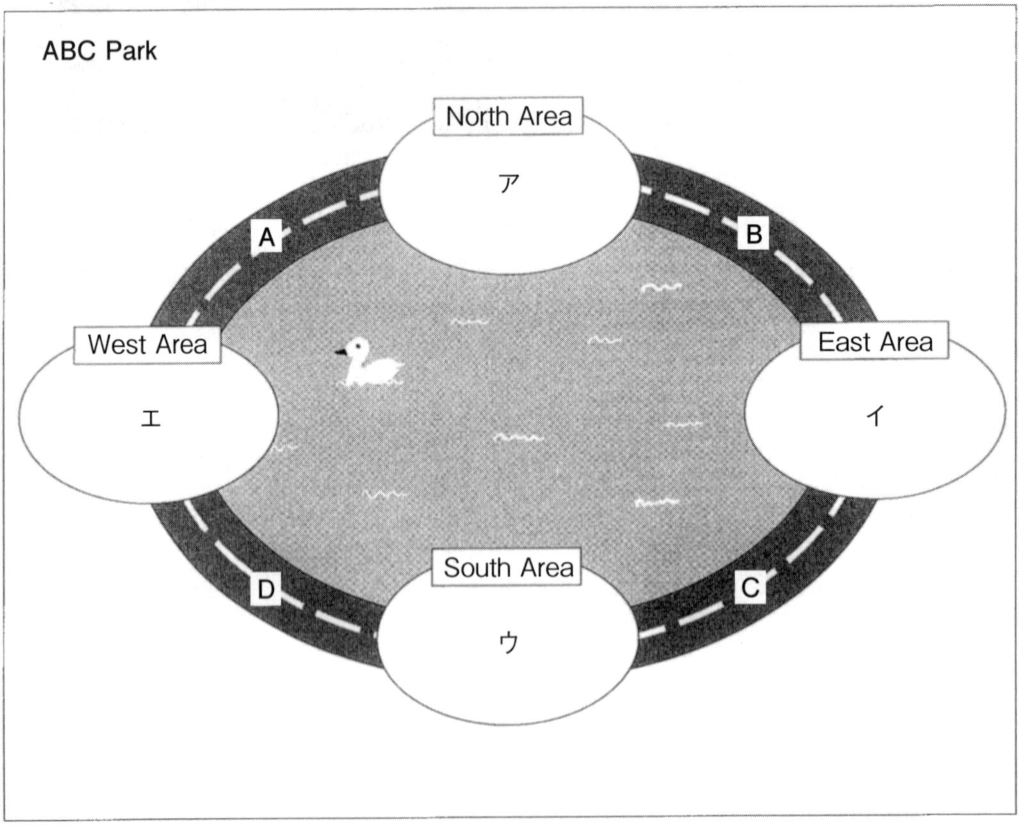

No. 1　次の①，②の施設がある場所を，【Map】中のア～エの中からそれぞれ選びなさい。

①　The art museum

②　The big garden

No. 2　現在通ることができない道を，【Map】中のA～Dの中から選びなさい。

No. 3　Why is afternoon the best time to see pandas in this park ?

※<**「英語の放送を聞いて答える問題」台本**>は英語の問題の終わりに付けてあります。

4　中学生のTakuyaは，京都(Kyoto)を旅行中のLeoと電話で会話をしています。Leoは，Takuyaの家にホームステイしている留学生です。会話中の(1)～(3)にはTakuyaからLeoへの質問が入ります。会話の流れに合うような質問を，絵を参考にして書きなさい。ただし，(1)～(3)の質問は，次の［　］内からそれぞれ1語を使用し，3語以上の英語とすること。

how	what	where	who	why

Takuya

(1)＿＿＿＿＿＿＿＿＿＿＿＿＿＿＿＿

Leo

It's sunny here.
It's a wonderful day for the trip.

Oh, you're so lucky.
(2)＿＿＿＿＿＿＿＿＿＿＿＿＿＿＿＿

I am going to visit a castle and
a famous temple today.

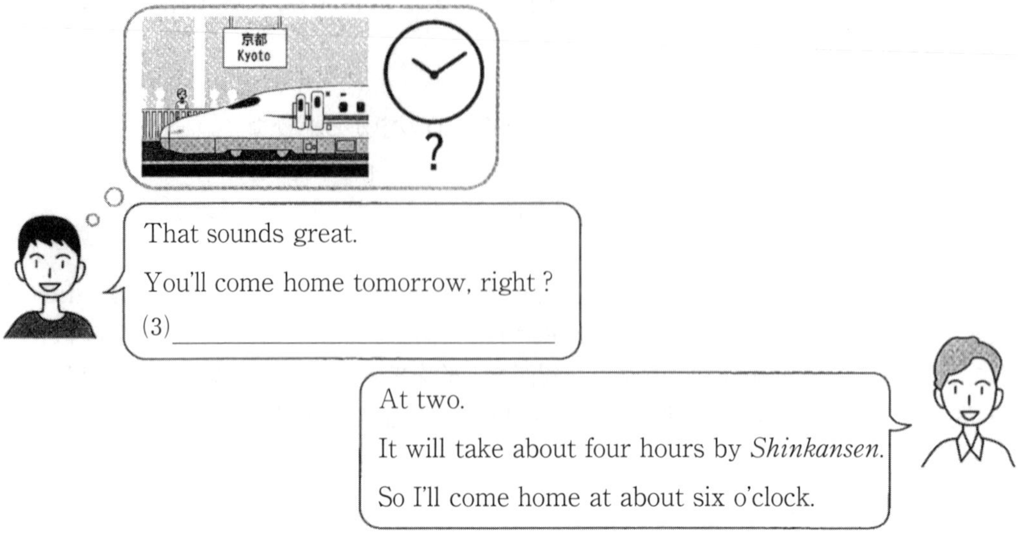

京都
Kyoto

That sounds great.
You'll come home tomorrow, right?
(3)＿＿＿＿＿＿＿＿＿＿＿＿＿＿＿
At two.
It will take about four hours by *Shinkansen*.
So I'll come home at about six o'clock.

5　次の英文は，中学生のSatoshiが，国際交流イベントで「上毛かるた(*Jomo Karuta*)」を紹介する際に用いたスライドとその説明です。これを読んで，英文の意味が通るように，(ア)～(オ)に当てはまる単語を後の〔　〕内からそれぞれ１語選び，必要があれば適切な形に変えて書きなさい。

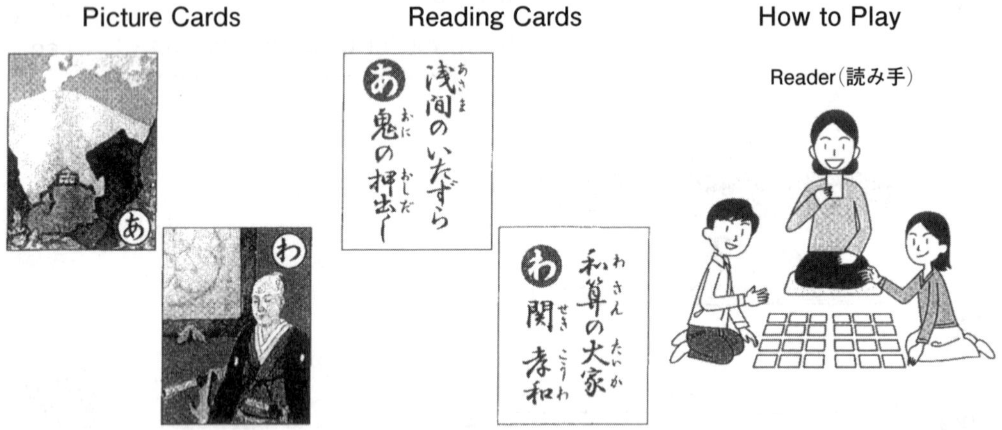

How to Play

浅間《あさま》のいたずら
鬼《おに》の押出《おしだ》し
わ
和算《わさん》の大家《たいか》
関《せき》孝和《こうわ》
Reader(読み手)

Today, we are going to play a card game.　So I'll (　ア　) you about it.

I think many children in Gunma play this game.　We (　イ　) it "*Jomo Karuta*."　There are 44 picture cards and 44 reading cards.　When the reader reads a card *aloud, you must find the picture card which shows the meaning of the reading card.　You should *touch the picture card very quickly.　If you touch it first, you can get the card.　When you get more cards than your *opponent, you win the game.

"*Jomo Karuta*" was (　ウ　) in 1947 to help children learn about Gunma.　Since then,

わ

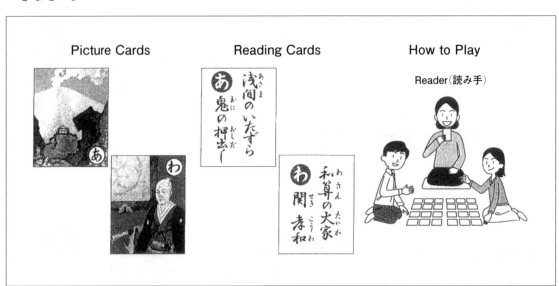

people in Gunma have (エ) playing it. You can learn about famous places and people (オ) on the picture cards. Let's have fun and learn about Gunma together !

(注) aloud 声を出して touch～ ～に触る opponent 相手

〔become call draw enjoy make talk tell〕

6 次の英文は，中学生の Aya とその父が，Aya の家にホームステイしているアメリカ出身の Nora とレストランで交わした会話の一部です。また，【Menu】(メニュー)は，その時３人が見ていたものです。英文と【Menu】を読んで，後の(1)～(3)の問いに答えなさい。

Aya's father : Nora, here is an English menu.

Nora : Oh, thank you.

Aya's father : [A]

Nora : Yes. I can't eat beef. Also, I have an egg *allergy.

Aya's father : You can check what is used in the curries and the information about allergies by reading this *2D code with your phone.

Nora : Let me see. Great ! Now, I know what I can eat.

Aya : Do you like *hot curry ?

Nora : Yes. I'll have the hottest one. Then, which set is the best for me ? Well, I want to have ice cream. But I don't need a drink. OK, I've decided.

Aya : I'll have this set because I want to have ice cream and apple juice. I'll eat vegetable curry. How about you, Dad ?

Aya's father : I like beef, and I want to have a cup of coffee. So I'll have B Set.

【Menu】

Menu

Use this 2D code for more information about allergies!

Choose your curry from **Vegetable**, **Beef**, or **Chicken**

Vegetable … Not Hot **Beef … Hot** **Chicken … Very Hot**

A Set : 800 yen Choose one kind of curry Rice and Salad	**B Set : 950 yen** Choose one kind of curry Rice, Salad, and Drink
C Set : 1,100 yen Choose one kind of curry Rice, Salad, and Ice cream	**D Set : 1,200 yen** Choose one kind of curry Rice, Salad, Drink, and Ice cream

Drink : Apple juice, Orange juice, or Coffee

They are talking about the 2D code on the menu when they are waiting for their food.

Nora : I'm glad that this menu has a 2D code. 2D codes are very useful. We can get the information we want very quickly and easily.

123456789
Barcode

Aya : Yes. Now, we can find 2D codes like this in many places.

Aya's father : I heard that a Japanese *engineer created this kind of 2D code. He really wanted to make something that was better than *barcodes.

Nora : What's the problem with barcodes?

Aya's father : They can't *include much information. This is because they are just lines. One day, he got an idea for 2D codes when he was playing a traditional board game with black and white stones. Can you guess what it was?

Aya : Well, I think it was *Go*.

Go(碁)

Aya's father : [B] 2D codes look like the board game. In a 2D code, there are many small black and white shapes. By changing them, we can make many different 2D codes. Even a small 2D code can include more information than a barcode.

Aya : Interesting! I see them on TV, on posters, and in textbooks. Also, I've heard they are used in hospitals and *companies, too.

2D Code

Aya's father : He thought 2D codes were very useful for everyone. So he wanted people around the world to use 2D codes *for free. Now we can use them and make them easily.

Nora : One good idea has improved our lives.

Aya : I really think so, too. Oh, our curries are coming. They smell so good!

(注) allergy アレルギー　2D code 二次元コード　hot 辛い
engineer 技術者　barcode バーコード　include ～ ～を含む
company 会社　for free 無料で

(1) [A], [B]に当てはまるものとして最も適切なものを，それぞれ次のア～エから選びなさい。

A ア Can you eat all these curries?
イ What do you think about curries?
ウ Do you have anything you can't eat?
エ Did you come to this restaurant before?

B ア I don't think so.　イ That's right.
ウ You're welcome.　エ You should go there.

(2) 次の問いに対する答えとなるように，①，②の[ ]の内から適切なものをそれぞれ選び，文を完成させなさい。

問い Which set and curry did Nora decide to eat?

答え She decided to eat ①[A・B・C・D] Set with ②[vegetable・beef・chicken] curry.

(3) 本文の内容と合っているものを，次のア～オから2つ選びなさい。

ア By using the 2D code on the menu, Nora got the information she needed.
イ Aya wanted to drink apple juice, so she chose B Set.
ウ A Japanese engineer got an idea for 2D codes when he was watching TV.

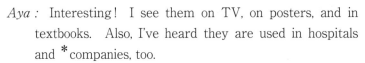

エ　People can put more information in a barcode than in a 2D code.
オ　Nora and Aya think that the engineer's idea has changed people's lives in good ways.

7　次の英文は，英字新聞に掲載された，佐藤さん(Ms. Sato)から若い読者へのメッセージです。これを読んで，後の(1)～(4)の問いに答えなさい。

For Young People Who are Thinking about Their Future Lives

By SATO Haruna　　　　February 22, 2022

What should we do when we decide important things in our lives ?　I have always thought hard and chosen things I really want to do.　I have been working for a *bank for about thirty years.　I love my job and my life.　I hope you can learn something from my experiences.

When I became a junior high school student, I had to choose which club to join.　There were many clubs, and I had two *options.　The first option was the music club.　When I sang, I always felt good.　I wanted to sing songs in front of many people.　The second option was the volleyball club.　My friend Miki asked me to join the volleyball club with her.　I wanted to spend time with her, but I didn't like playing sports so much.　After thinking so hard, I joined the club I really liked.　I had good times and some bad times in the club, but I think I chose the right option.

In my high school life, I studied hard.　I liked learning something new, and I wanted to go to *university.　My parents said to me, "What do you want to study at university ?"　I said, "I want to study math."　Then they said, "Why do you want to do that at university ?"　I couldn't answer the question because I didn't know much about studying math at university.　[　　　　　　]　One day, I said to my parents, "I want to make people's lives better by studying math at university."　They were glad that I found the answer.

At university, I was happy that I could *focus on studying math.　The study of math there was very different from the one at high school.　It sometimes took a few days to understand difficult *theories.　But I didn't give up because I had a reason to study math.　Knowing what we really want to do is important.　I also believe knowing why we want to do it is very important.

I started to work for a bank after studying at university.　I chose this job because I really liked *analyzing data.　Now I can give good *advice to the customers.　I often sing songs in my free time.　Miki and I are still good friends.　I am happy because I am doing things I really want to do in my life.

My advice for you is to think hard and choose things you really want to do.　You should ask yourself what you want to do in your life.　You should also ask yourself ＿＿＿＿＿＿＿＿＿＿.　If you find the answers to these questions, you will never give up and enjoy your life.

(注)　bank　銀行　　option　選択肢　　university　大学　　focus on ～　～に集中する
theory　理論　　analyze data　データを分析する　　advice　助言

(1) 次の①，②の問いに対して，本文の内容に合うように，それぞれ4語以上の英語で答えなさい。

① What club did Ms. Sato join when she was a junior high school student ?

② Why did Ms. Sato want to study math at university ?

(2) 本文中の□には，次のア～エが入ります。英文の流れを考えて，最も適切な順序になるように，ア～エを並べなさい。

ア For example, it was used to develop telephones and computers.

イ Also, I found that we could learn how to think by studying math.

ウ Through them, I learned that math was used to develop many useful things around the world.

エ I wanted to think more about my parents' question, so I started reading books about math.

(3) 本文中の＿＿＿の部分に当てはまる内容を考えて，Ms. Satoのメッセージの流れに合うように，4語以上の英語で書きなさい。

(4) 本文の内容と合っているものを，次のア～オから2つ選びなさい。

ア Ms. Sato started to work for a bank about thirty years ago, and she is still working there.

イ At junior high school, Miki wanted to join the music club to spend a lot of time with Ms. Sato.

ウ Ms. Sato's parents told her to study math at university because it was her favorite subject.

エ At university, sometimes Ms. Sato couldn't understand math theories easily, but she kept trying.

オ Ms. Sato decided to work for a bank because she wanted to sing songs with the people working there.

8 英語の授業で，英語学習の方法について，グループで話し合いました。次の**A**～**C**は，話し合いの一部を示したものです。あなたなら，**C**の下線部の質問に対して何と答えますか。後の《条件》に従って，英語で書きなさい。

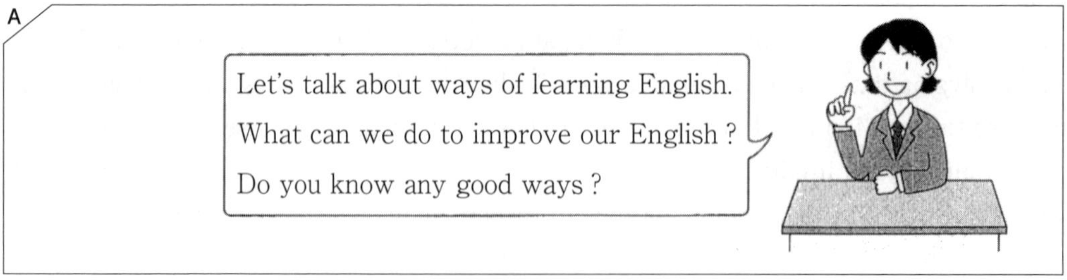
A
Let's talk about ways of learning English.
What can we do to improve our English ?
Do you know any good ways ?

B

I sometimes listen to English songs.
How about writing e-mails in English? I think it's good.
Reading English books is really good.
I often talk with our ALT.

C

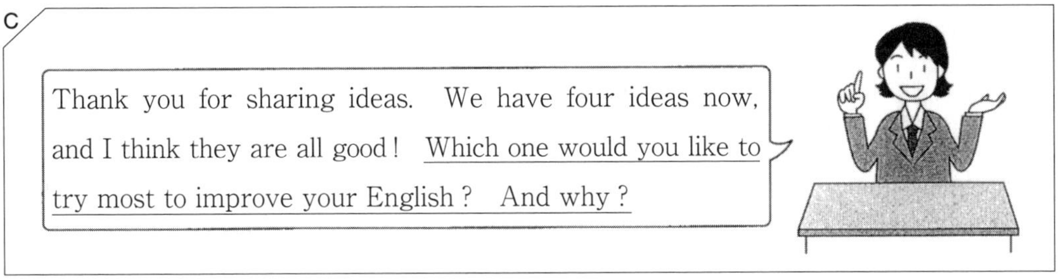
Thank you for sharing ideas. We have four ideas now, and I think they are all good! Which one would you like to try most to improve your English? And why?

《条件》

・下線部の２つの質問に対するあなたの答えを30語～40語の英語で書きなさい。
・英文の数はいくつでもよく，符号（，．！？“ ”など）は語数に含めません。
・解答の仕方は，〔記入例〕に従うこと。
〔記入例〕 Is it raining now? No, it isn't.

＜「英語の放送を聞いて答える問題」台本＞

　ただいまから，放送を聞いて答える問題を始めます。問題は，1～3までであります。それぞれの問題の英文や英語の質問は２度放送されます。

　1は絵を見て答える問題です。これから，No. 1 と No. 2 について，それぞれ２人の対話と，対話に関する質問が流れます。質問に対する答えとして最も適切なものを，それぞれの選択肢A～Dの中から選びなさい。では，始めます。

No. 1　*A*：Tomorrow, we are going to go to the walking event. What should I bring?
　B：You need a cap and something to drink, Ken.
　A：OK. How about lunch?
　B：No. You can get lunch there. Oh, don't forget to bring an umbrella!
質問します。　What should Ken bring tomorrow?
繰り返します。

No. 2　*A*：Tom, look at that picture over there. My sister is in it.
　B：There are four girls in the picture, Mary. Which one is she? The girl who has long hair?

A : No. My sister is holding two potatoes in her hands.

B : Oh, that one. She looks very happy !

質問します。 Which is Mary's sister ?

繰り返します。

2 の問題に移ります。これから，No. 1 ～No. 3 について，それぞれ Yuka と John の 2 人の対話が流れます。John が 2 度目に発言する部分で次のチャイムを鳴らします。(チャイム音) チャイムの部分の発言として最も適切なものを，それぞれア～エの中から選びなさい。では，始めます。

No. 1 *Yuka* : Do you have any plans for this Saturday ?

John : Yes. I'm going to play basketball with my friends.

Yuka : Where are you going to play it ?

John : (チャイム音)

繰り返します。

No. 2 *Yuka* : Hi, John. Oh, you look tired. Are you OK ?

John : Yes, I am. But I'm a little sleepy.

Yuka : Why ?

John : (チャイム音)

繰り返します。

No. 3 *Yuka* : John, look at this poster. Have you seen this movie ?

John : No. I want to see it.

Yuka : It's a good movie. You should see it.

John : (チャイム音)

繰り返します。

3 の問題に移ります。中学生の Shota は，アメリカの ABC Park に来ています。これから，ABC Park の案内が流れます。案内を聞いて，No. 1 と，No. 2 の問いに対する答えとして適切なものを，それぞれの選択肢の中から選びなさい。また，No. 3 の質問に 1 文の英語で答えなさい。では，始めます。

Good morning ! Welcome to ABC Park. We have many places you can enjoy. You are now in the North Area. There is a tall tower in this area, and you can see it from all the areas of the park. In the East Area, there is an art museum, and you can enjoy beautiful pictures there. In the South Area, there is a big garden. You can see a lot of beautiful flowers there. But please be careful. Now, we are making a new road from the West Area to the South Area. So you can go to the South Area only through the East Area. If you like animals, please visit our zoo in the West Area. You can see a lot of animals there, and pandas are the most popular animal in the zoo. But if you see pandas in the morning, they are just sleeping. So afternoon is the best time to see them. We hope you enjoy your time at ABC Park. Thank you !

繰り返します。

以上で放送を終わります。適宜，次の問題に移ってください。

数学

●満点100点　●時間45～60分

（注意）　解答用紙に（解）とあるところは答えを求める過程を書くこと。

1　次の(1)～(9)の問いに答えなさい。

(1)　次の①～③の計算をしなさい。

①　$3-7$

②　$3x+2(x-1)$

③　$12ab^3 \div 4ab$

(2)　次の①，②の方程式を解きなさい。

①　$4x+5=x-1$

②　$x^2-3x+1=0$

(3)　x^2-16y^2 を因数分解しなさい。

(4)　$a=3$，$b=\dfrac{1}{3}$ のとき，$(2a+b)-(a+4b)$ の値を求めなさい。

(5)　右の図の三角形 ABC は，AB＝AC の二等辺三角形であり，頂点Cにおける外角∠ACD を調べると，∠ACD＝114° であった。∠BAC の大きさを求めなさい。

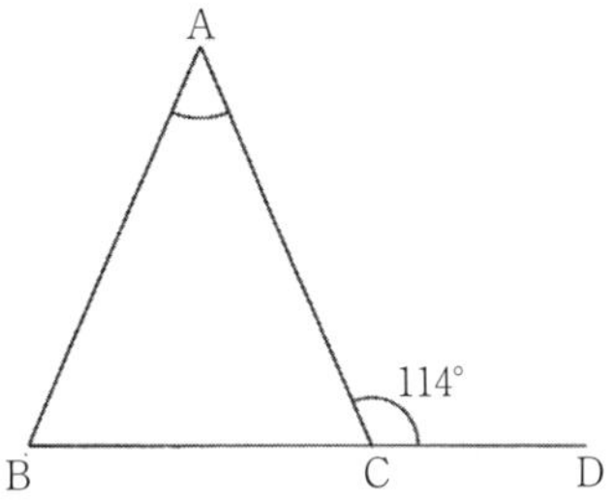

(6)　x と y の関係が $y=ax^2$ で表され，$x=-2$ のとき，$y=8$ である。$x=3$ のときの y の値を求めなさい。

ただし，解答用紙の（解）には，答えを求める過程を書くこと。

(7)　箱の中に，赤玉，白玉，青玉が１個ずつ，合計３個の玉が入っている。箱の中をよく混ぜてから玉を１個取り出し，その色を確認した後，箱の中に戻す。これをもう１回繰り返して，玉を合計２回取り出すとき，２回のうち１回だけ赤玉が出る確率を求めなさい。

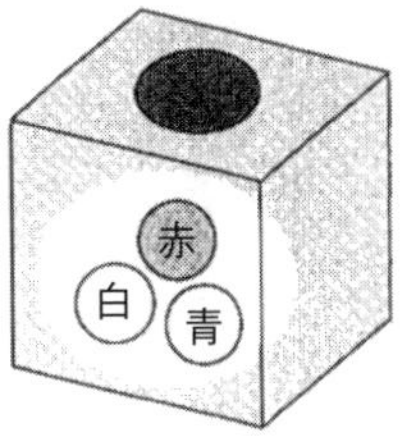

(8)　次のア～オの投影図は，三角柱，三角すい，四角すい，円すい，球のいずれかを表している。ア～オのうち，三角すいを表している投影図を１つ選び，記号で答えなさい。

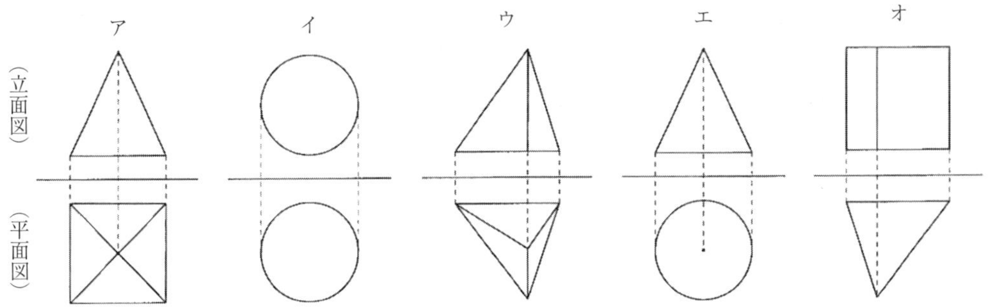

(9)　次の図は，A中学校の生徒30人とB中学校の生徒40人の，ハンドボール投げの記録について，０m以上５m未満，５m以上10m未満，10m以上15m未満，…のように，階級の幅を５mとして，それぞれの中学校における相対度数を折れ線グラフで表したものである。後のア～エのうち，図から読み取れることとして必ず正しいといえるものを１つ選び，記号で答えなさい。

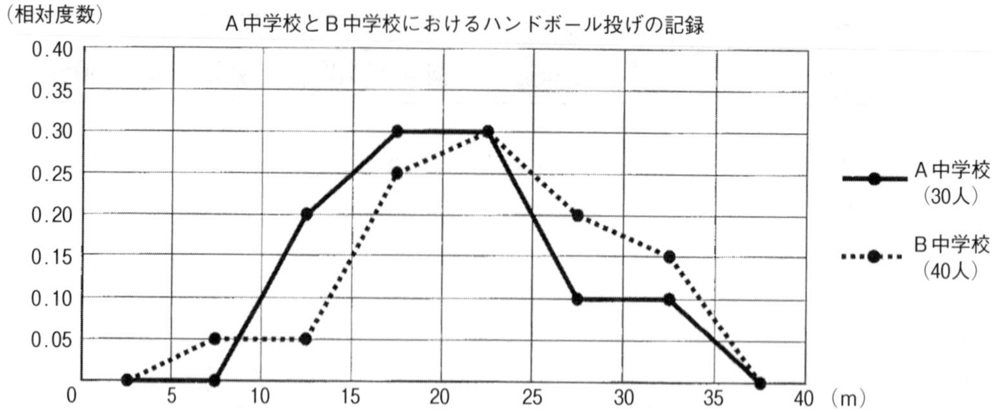

ア　A中学校では，記録が15m未満の生徒が20人いる。

イ　20m以上25m未満の階級においては，A中学校とB中学校の生徒の人数が等しい。

ウ　記録が25m以上の生徒が各中学校において占める割合は，A中学校よりB中学校の方が大きい。

エ　2つの中学校の生徒70人の中で，最も遠くまで投げた生徒は，B中学校の生徒である。

2　次の(1)，(2)の問いに答えなさい。

(1)　右の図は，中学校で学習した数について，それらの関係を表したものである。次の①～③の数は，図のア～エのどこに入るか。ア～エのうち，最も適切なものをそれぞれ1つ選び，記号で答えなさい。

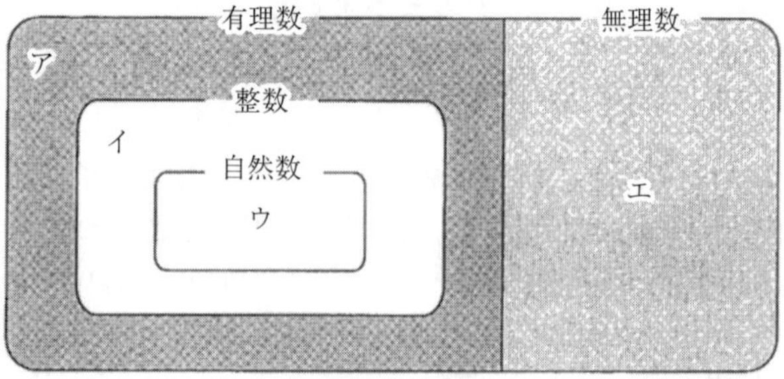

①　5　　②　$\sqrt{3}$　　③　$\dfrac{3}{11}$

(2)　数について述べた次のア～エのうち，正しいものをすべて選び，記号で答えなさい。

ア　すべての自然数は，その逆数も自然数となる。

イ　異なる2つの整数について，大きい方から小さい方をひいた差は，いつでも自然数となる。

ウ　すべての2次方程式の解は，無理数となる。

エ　すべての有理数や無理数は，数直線上に対応する点がある。

3　新一さんのクラスでは，数学の授業で，右の図における∠AEBの大きさの求め方について，話し合いを行った。次の(1)，(2)の問いに答えなさい。

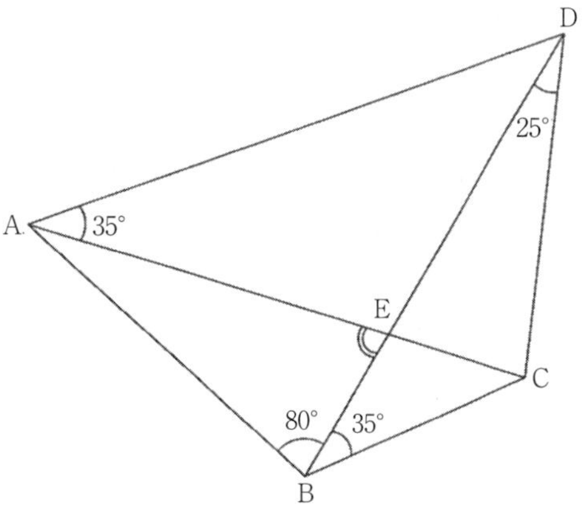

(1)　新一さんは図で示された角の大きさを見て，円周角の定理の逆が利用できるのではないかと考え，次のように説明した。□に適することばを入れて，説明を完成させなさい。

新一さんの説明

図で示された角の大きさから考えると，∠CAD＝∠CBDとなっていることから，円周角の定理の逆によって，4点A，B，C，Dは□といえます。このことから，∠AEBの大きさを求めることができると思います。

(2)　新一さんの説明をもとに，∠AEBの大きさを求めなさい。

4　次の(1)，(2)の問いに答えなさい。

(1)　図Ⅰは，与えられた∠AOBに対して，次の【手順】をもとに，半直線OEを作図したものである。

図Ⅰ

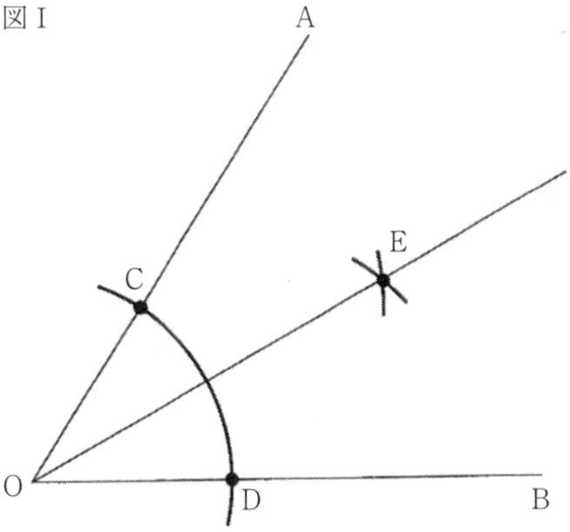

【手順】

Ⅰ　点Oを中心とする，ある半径の円をかき，半直線OA，OBとの交点をそれぞれC，Dとする。

Ⅱ　2点C，Dをそれぞれ中心とし，半径が等しい円を交わるようにかき，∠AOBの内部にあるその交点の1つをEとする。

Ⅲ　半直線OEをひく。

この【手順】にしたがって作図した半直線OEが∠AOBの二等分線となっていることを，次のように証明した。□に証明の続きを書き，この証明を完成させなさい。

証　明

△OCEと△ODEにおいて

手順Ⅰにより，OC＝OD　…①

合同な図形の対応する角は等しいから，∠COE＝∠DOE

したがって，作図した半直線OEは∠AOBの二等分線となっている。

(2) 図Ⅱのように，正方形の折り紙に四角形ABCDがかかれている。この折り紙を，四角形ABCDの辺ABが辺AD上に重なるように折ったところ，折り紙に図Ⅲのような折り目XYができた。

図Ⅱの折り紙を，四角形ABCDの辺BCが辺AD上に重なるように折ったとき，この折り紙にできる折り目PQを，定規とコンパスを用いて作図しなさい。

ただし，作図に用いた線は消さないこと。

図Ⅱ

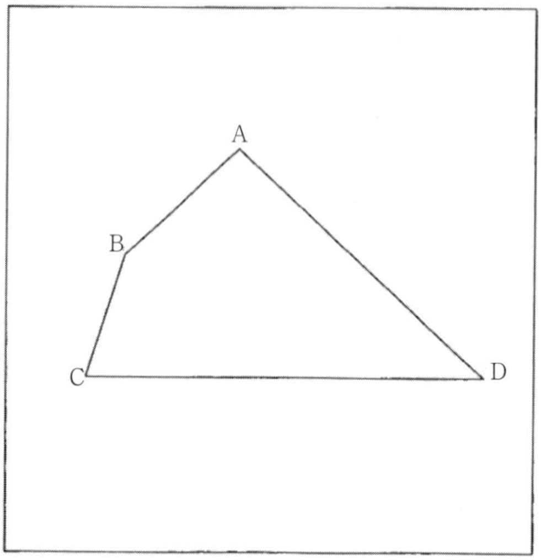

図Ⅲ

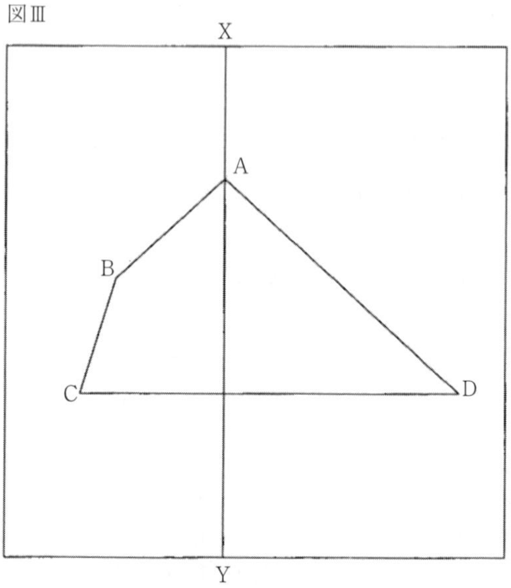

5 いくつかの碁石を，縦と横が等間隔となるように置き，正方形の形に並べることを考える。次の図のように，最初に黒い石を4つ並べて1番目の正方形とし，その外側に白い石を並べて2番目の正方形を作る。次に内側の黒い石を取り，いくつかの黒い石を加えて外側に並べ，3番目の正方形を作る。このように，3番目以降は，内側の石を取り，その石と同じ色の石をいくつか加えて外側に並べ，次の正方形を作っていく。後の(1)～(3)の問いに答えなさい。

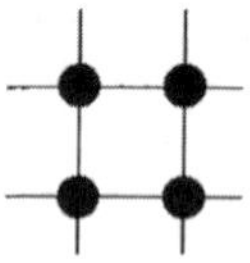

1番目

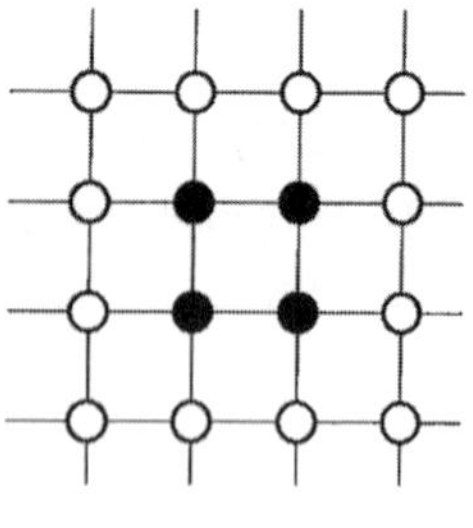

2番目

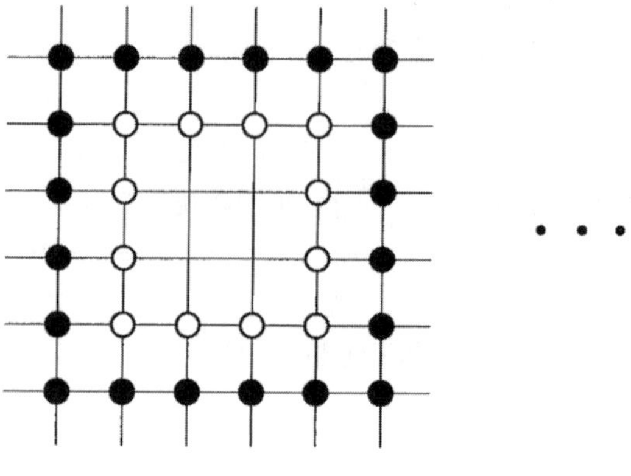

3番目

(1) 4番目の正方形を作ったとき，外側に並んでいる白い石の個数を求めなさい。

(2) n番目の正方形を作ったとき，外側に並んでいる石の個数を，nを用いた式で表しなさい。

(3) 黒い石と白い石が，それぞれ300個ずつある。これらの石を使って図のように正方形を作っていったところ，何番目かの正方形を作ったときに，どちらかの色の石をちょうど使い切ることができ，もう一方の色の石は，いくつかが使われずに残った。このとき，次の①，②の問いに答えなさい。

① どちらかの色の石をちょうど使い切ったのは，何番目の正方形を作ったときか，求めなさい。ただし，解答用紙の(解)には，答えを求める過程を書くこと。

② 使われずに残った石について，その石の色と残った個数をそれぞれ求めなさい。

6 右の図のように，1辺8cmの正方形ABCDにおいて，辺AB，CDの中点をそれぞれF，Iとし，辺AD，BC上にAG＝HD＝BE＝JC＝3cmとなる点G，H，E，Jをとり，六角形EFGHIJを作る。

点Pは，Eを出発し，毎秒1cmの速さで六角形の辺上をE→F→G→H→I→Jの順に動き，Jで停止する。Pが出発してからx秒後の，三角形EJPの面積をy cm^{2}とする。次の(1)～(3)の問いに答えなさい。

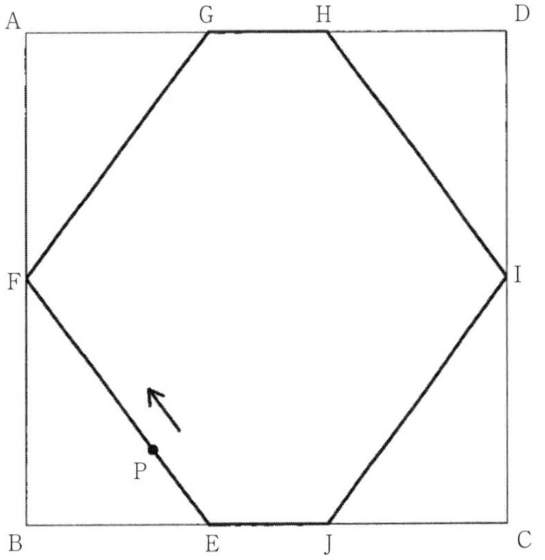

(1) 点PがJに到着するのは，Eを出発してから何秒後か，求めなさい。

(2) 点Pが，六角形EFGHIJにおいて，次の①，②の辺上にあるとき，yをxの式で表しなさい。

① 辺EF

② 辺HI

(3) 点Pと異なる点Qは，Pが出発してから3秒後にEを出発し，毎秒2cmの速さで六角形の辺上をE→F→G→H→I→Jの順に動き，Jで停止する。

点Qが移動している間で，三角形EJPの面積と三角形EJQの面積が等しくなるようなxとそのときのyの組をすべて求め，それぞれ「x＝aのときy＝b」のような形で答えなさい。

社　会　●満点100点　●時間45～60分

1　花子さんは，地域学習のまとめとして，長崎県について調べ，発表した。右の図と資料は，そのときに使用したものの一部である。次の(1)～(5)の問いに答えなさい。

図

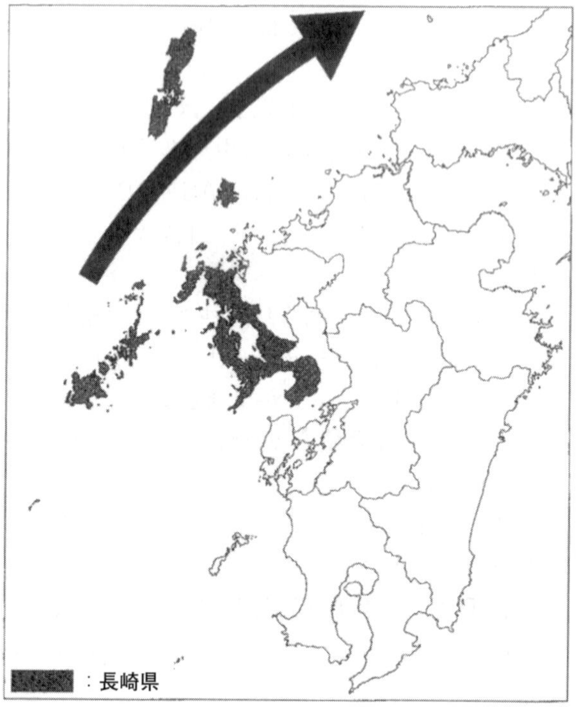

(1)　図の ➡ で示した位置を流れる海流の種類とその名称の組み合わせとして適切なものを，次のア～エから選びなさい。

ア　暖流―対馬海流
イ　寒流―対馬海流
ウ　暖流―リマン海流
エ　寒流―リマン海流

(2)　花子さんは，長崎県の海岸線距離が北海道に次ぐ2位であることを知り，資料Ⅰを作成し，次のように発表した。花子さんが発表した内容の［ i ］に当てはまる文を，長崎県の地形的な特徴に着目して，簡潔に書きなさい。

> 資料Ⅰを見ると，長崎県の面積は，全国で37位ですが，海岸線距離は，北海道に次ぐ2位であることが分かります。長崎県の海岸線距離が長い理由は，図から2つあると考えました。1つは海岸線が入り組んでいることです。もう1つは［　　i　　］ことです。

資料Ⅰ

都道府県	海岸線距離（m）	都道府県別海岸線距離の順位	面積（km^2）	都道府県別面積の順位
北海道	4,460,605	1位	83,424.49	1位
長崎県	4,183,357	2位	4,130.98	37位

（環境省資料などにより作成）

(3)　花子さんは，長崎県に関連する歴史について調べたことを，資料Ⅱを用いて発表した。資料Ⅱ中の［ ii ］に当てはまる語句を，資料Ⅲを参考にして，書きなさい。

資料Ⅱ　島原・天草一揆が起こった背景

> a　島原・天草地域を支配した大名が，農民に対して重い年貢の取り立てを行った。
> b　島原・天草地域を支配した大名が，［　ii　］を行った。

資料Ⅲ　天草四郎の陣中旗

※陣中旗とは，一揆軍の象徴となる旗のこと。

(4) 花子さんは，長崎市が原爆被爆都市であることから，核兵器と平和に関わるできごとを整理した。次のア～ウのできごとを，古い順に並べなさい。

ア　国会で非核三原則が決議された。

イ　広島で第１回原水爆禁止世界大会が開催された。

ウ　平和主義を盛りこんだ日本国憲法が公布された。

(5) 花子さんは，長崎県では，これまで台風，火山の噴火等によるさまざまな被害が発生したことから，「みんなで取り組む災害に強い長崎県づくり条例」を制定したことを知り，この条例について調べ，次のように発表した。花子さんが発表した内容の［iii］に当てはまる文を，資料Ⅳ，資料Ⅴを参考にして，「地域」という語を用いて，簡潔に書きなさい。

資料Ⅳと，長崎県が条例づくりの際に参考とした資料Ⅴから，この条例は，消防，警察，行政が人々を救助・援助する活動だけでなく，［　iii　］活動や，災害から自分自身や家族を守る活動を盛んにして，みんなが安心して暮らしていける「災害に強い長崎県」を実現することを目指していることが分かります。このように，災害に対しては，「公助」だけでなく，「共助」と「自助」を大切にすることが全国の各地域に広がってほしいと考えました。

資料Ⅳ　条例が必要とされる背景

近年，いつでもどこでも起こりうる直下型地震，大雨の頻度増加，台風の大型化などによる災害の頻発と大きな被害が懸念されています。長崎県の防災対策は，これまで県や市町など行政が中心となって対策をすすめてきました。しかし，各地で多発する被害に対して，県や市町の対応だけでは早期に十分な対応ができない場合もあることを考えておく必要があります。

資料Ⅴ　阪神・淡路大震災における身動きが取れなくなった際の救助

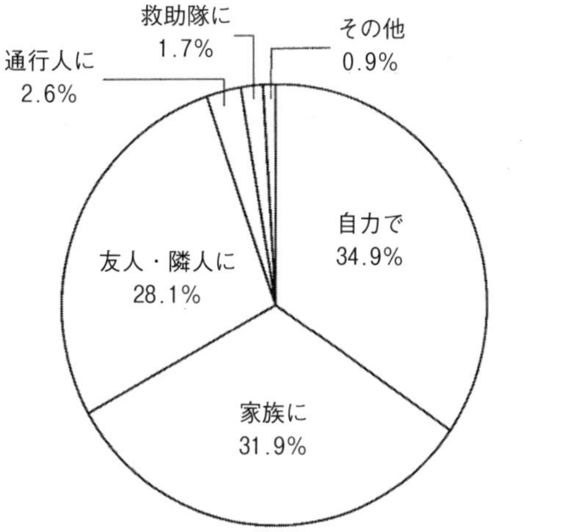

（資料Ⅳ，資料Ⅴは長崎県ホームページにより作成）

2　麻衣さんは，「日本の諸地域の学習」において，中部地方を，東海，中央高地，北陸の３つの地域に分け，それぞれの地域の自然環境や産業の特徴について調べ，その内容について発表した。次の資料と図は，そのときに使用したものの一部である。後の(1)〜(4)の問いに答えなさい。

資料Ⅰ　東海，中央高地，北陸の特徴

	東海	中央高地	北陸
自然環境	・太平洋側の気候 ・「木曽三川」が流れる濃尾平野がある	・内陸性の気候 ・(a)日本アルプスと呼ばれる3000m級の山々が連なる	・(b)日本海側の気候 ・日本最長の信濃川が流れる越後平野がある
農業	・園芸農業が盛ん ・(c)茶の栽培が盛ん	・果樹の栽培が盛ん ・高原野菜の栽培が盛ん	・米づくりが盛ん
工業	・繊維工業の技術力を生かした工業が発達	・水資源などを生かした電子部品などを製造する工業が発達	・農家の副業から発達した地場産業や伝統産業をもとに，工業が発達

(1)　下線部(a)について，図中のＸ，Ｙ，Ｚのそれぞれの山脈の名称の組み合わせとして適切なものを，次のア〜エから選びなさい。

ア　Ｘ：飛驒山脈　Ｙ：赤石山脈　Ｚ：木曽山脈
イ　Ｘ：飛驒山脈　Ｙ：木曽山脈　Ｚ：赤石山脈
ウ　Ｘ：赤石山脈　Ｙ：木曽山脈　Ｚ：飛驒山脈
エ　Ｘ：赤石山脈　Ｙ：飛驒山脈　Ｚ：木曽山脈

(2)　下線部(b)に関して，資料Ⅱのア〜ウは，図中のＡ〜Ｃのいずれかの地点の気温と降水量のグラフである。Ａの地点に当たるものを，資料Ⅱのア〜ウから選びなさい。また，そのように判断できるのはどうしてか，「季節風」という語を用いて，簡潔に書きなさい。

図

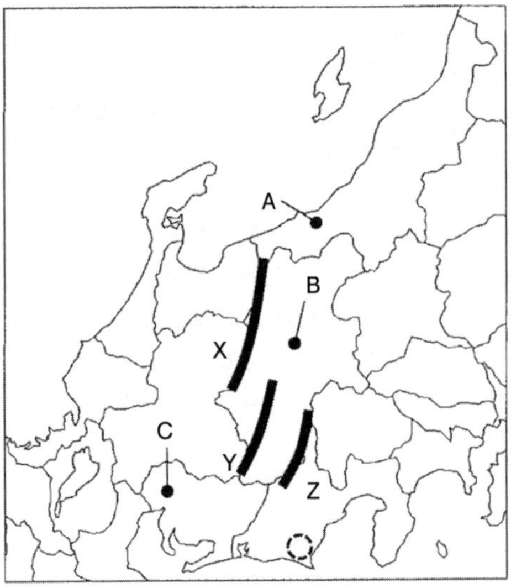

資料Ⅱ

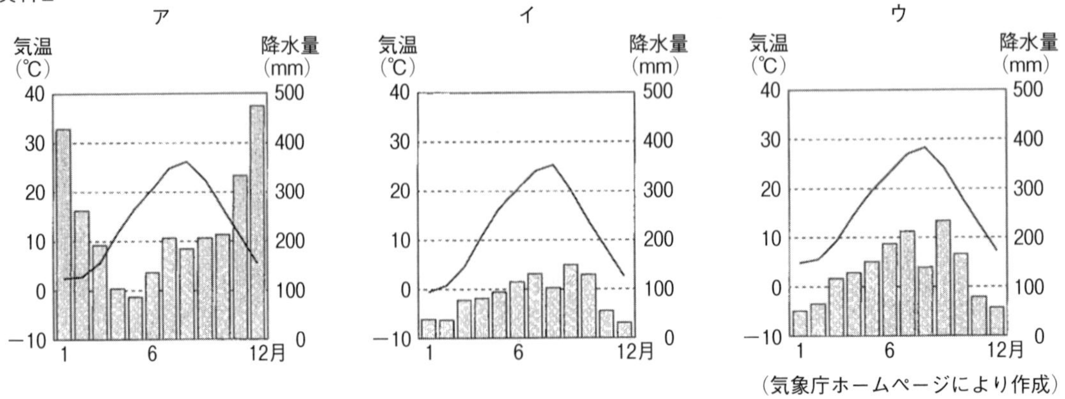

（気象庁ホームページにより作成）

(3) 下線部(c)について，次の①，②の問いに答えなさい。

① 麻衣さんは，図中 〇 で示した地域では茶の栽培が盛んであることを知った。この地域を示した資料Ⅲ中のX－Yの断面の模式図として最も適切なものを，次のア～エから選びなさい。

資料Ⅲ

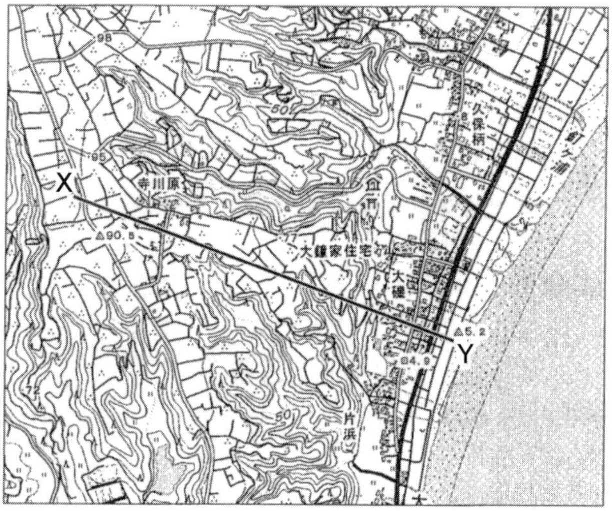

（国土地理院２万５千分の１地形図「相良」2016年発行により作成）

ア
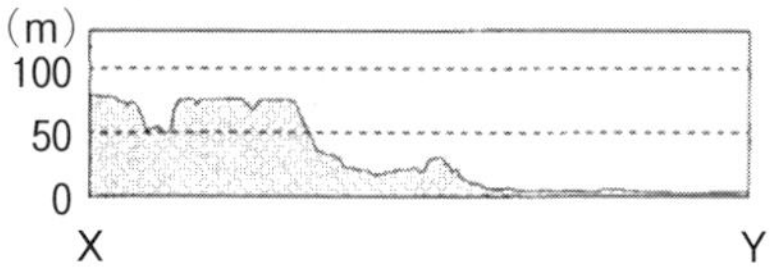

イ
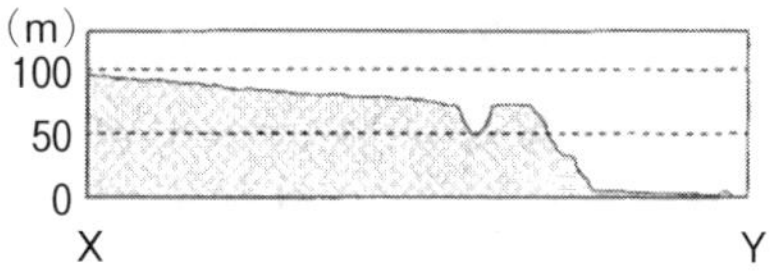

ウ
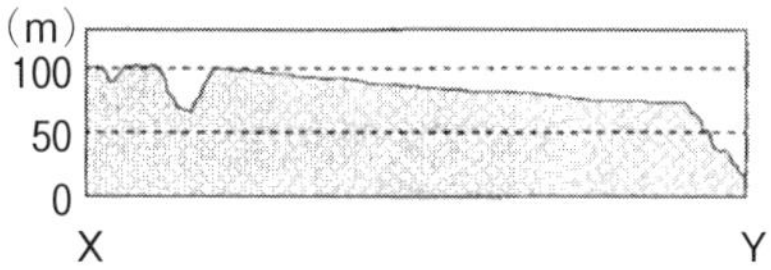

エ
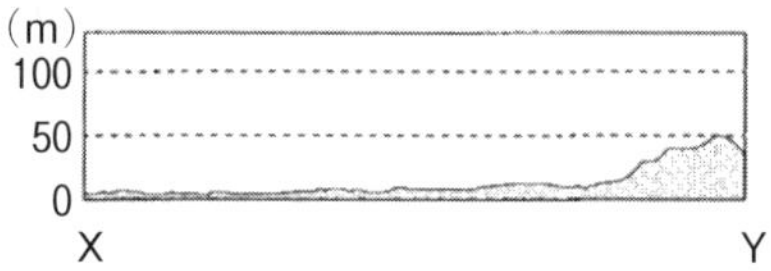

（国土地理院「地理院地図」により作成）

② 麻衣さんは，図中 〇 で示した地域の茶畑には資料Ⅳのような設備があり，この設備は上空に雲がなく，風のない夜間に稼働することを知った。資料Ⅴ，資料Ⅵを参考にして，この設備の役割を簡潔に書きなさい。

資料Ⅳ

資料Ⅴ 茶の栽培上の問題点

一番茶の新芽（４月上旬頃に出始める芽）は寒さに弱く，霜が降りると凍るなどの被害を受けます。最悪の場合には，一番茶が収穫できなくなります。

資料Ⅵ 地上からの高さと気温のイメージ図

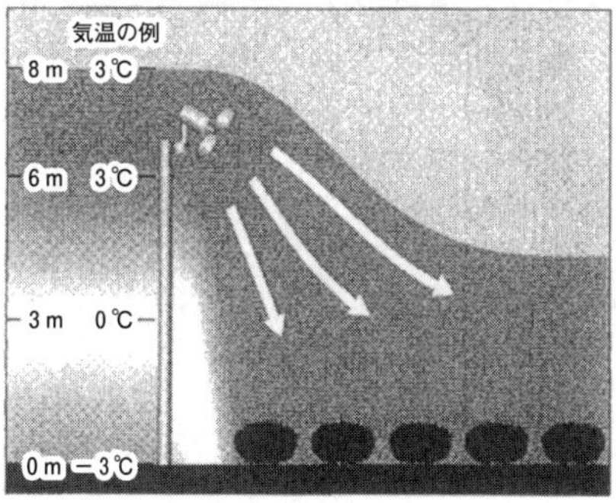

（資料Ⅴ，資料Ⅵは，ふじのくに茶の都ミュージアム資料により作成）

(4) 麻衣さんは，中部地方では，地域の特徴を生かした産業が発達していることを知り，資料Ⅶ，資料Ⅷを見つけた。資料Ⅶ，資料Ⅷのア～ウは，新潟県，長野県，愛知県のいずれかを示している。新潟県と長野県に当たるものを，次のア～ウから，それぞれ選びなさい。ただし，資料Ⅶと資料Ⅷのア～ウには，それぞれ同じ県名が共通して当てはまるものとする。

資料Ⅶ　県別の主な業種別製造品の出荷額（2017年）

県名	食料品（十億円）	金属製品（十億円）	輸送用機械器具（十億円）
ア	1,651	1,520	26,473
イ	565	328	398
ウ	731	527	245

資料Ⅷ　県別の主な農産物の農業産出額に対する割合（2018年）

県名	米（%）	野菜（%）	果実（%）
ア	9.5	36.1	6.5
イ	18.1	34.6	27.3
ウ	58.7	14.2	3.1

（資料Ⅶ，資料Ⅷは，「データブック オブ・ザ・ワールド 2021年版」により作成）

3　翔平さんは，北アメリカ大陸について調べたことをまとめ，発表した。次の図と資料は，そのときに使用したものの一部である。次の(1)〜(5)の問いに答えなさい。

(1)　東京と緯度が最も近い都市を，図Ⅰのア〜ウから選びなさい。

(2)　日本と同じように，地震や火山の噴火などが起こりやすい地域を，図Ⅰの ⬭ で示したA〜Cから1つ選びなさい。

図Ⅰ

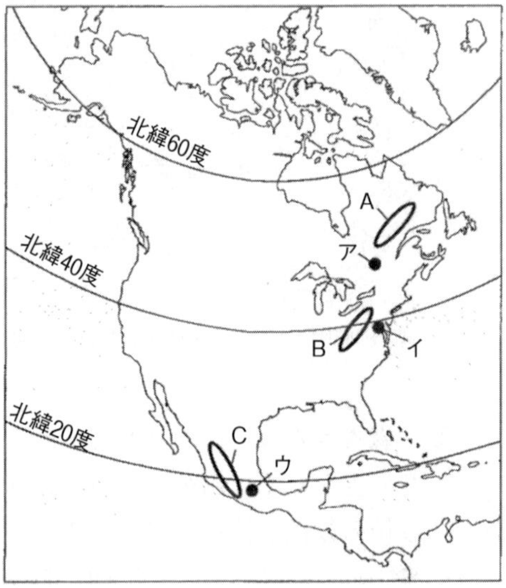

(3)　翔平さんは，アメリカ合衆国の農業に関して次のように説明した。次の文中の［ i ］に当てはまる語として適切なものを，後のア〜エから選びなさい。

> アメリカ合衆国は日本よりも1人当たりの耕作する農地面積が広いため，大型機械を利用した農業が行われています。特に，中西部の降水量の少ない地域では，［ i ］を使用して，大規模なかんがい農業が行われています。このように，アメリカ合衆国は，農作物を大規模に生産し，世界各地へ輸出しています。

ア　サンベルト　　　　　イ　フィードロット
ウ　プランテーション　　エ　センターピボット

(4)　翔平さんは，アメリカ合衆国の工業の発展について，図Ⅱを用いて次のように説明した。翔平さんが説明した内容の［ ii ］に当てはまる文を，図Ⅱを参考にして，簡潔に書きなさい。

> アメリカ合衆国は，19世紀に重工業が盛んになり，世界有数の工業国へ成長しました。なかでもピッツバーグは，水上交通も利用できたことにより，［ ii ］ため，鉄鋼業の街として栄えました。その後，外国産の安い鉄鋼が国内に流入してきたため，新たな産業の開発に力を入れ，現在はハイテク産業都市として発達しています。

図Ⅱ　採掘される鉱産資源

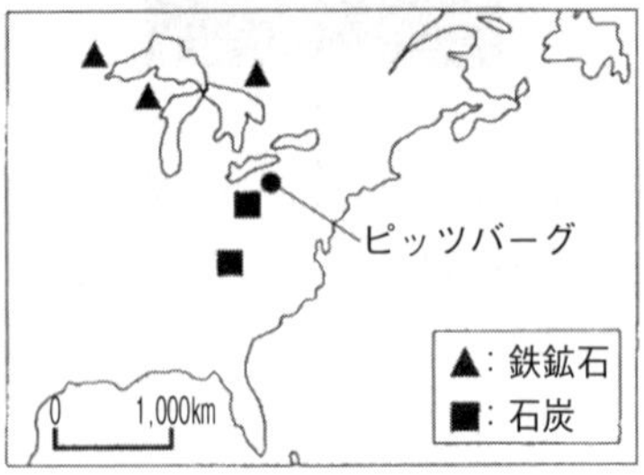

(5) 翔平さんは，アメリカ合衆国，カナダ，メキシコの移民の現状や労働環境について，資料Ⅰ～資料Ⅲを用いて発表した。この３か国において，これらの資料から読み取れることとして適切なものを，後のア～オから全て選びなさい。

資料Ⅰ　３か国間の移民（2019年）

		移民の出身地		
		アメリカ合衆国	カナダ	メキシコ
移住先	アメリカ合衆国		825,040人	11,489,684人
	カナダ	270,217人		85,825人
	メキシコ	762,290人	9,914人	

（国際連合ホームページにより作成）

資料Ⅱ　３か国の失業率

	2017年	2018年	2019年
アメリカ合衆国	4.4%	3.9%	3.7%
カナダ	6.3%	5.8%	5.6%
メキシコ	3.4%	3.3%	3.4%

資料Ⅲ　３か国の時間当たり賃金

	2016年
アメリカ合衆国	29.65ドル
カナダ	23.99ドル
メキシコ	2.74ドル

※製造業従事者１時間当たりの平均（アメリカドル）

（資料Ⅱ，資料Ⅲは，「世界国勢図会 2020/21」により作成）

ア　他の２か国からの移民の数が最も多いのは，アメリカ合衆国である。

イ　他の２か国へ流出する移民の数が最も多いのは，メキシコである。

ウ　アメリカ合衆国では，失業率が年々上昇している。

エ　カナダは，いずれの年も，失業率が３か国で最も高い。

オ　メキシコは，労働賃金が３か国で最も高い。

4　正さんは，外国から日本に伝わった技術や文化についてまとめ，発表した。次のカードと資料は，そのときに使用したものの一部である。後の(1)～(5)の問いに答えなさい。

カード１

> 縄文時代の終わり頃，中国や朝鮮半島から稲作が北九州に伝えられ，西日本から東日本へと広まっていきました。また，稲作とともに(a)青銅器や鉄器などの金属器も伝わりました。

カード２

> 遣隋使や遣唐使を中国にたびたび送ったため，当時の日本では中国の影響を受けた文化が栄えました。(b)仏教や中国の制度は，美術や建築，政治にも大きな影響を与えました。

カード３

> 16世紀半ば，(c)イエズス会の宣教師によってキリスト教が伝えられました。宣教師は，各地に教会・学校・病院・孤児院などを建設したため，信者はしだいに増えていきました。

カード４

> 18世紀には，徳川吉宗が実用的な学問を奨励したため，［　　　　　］ことが認められるようになりました。そして，西洋の学問を学ぶ蘭学が盛んになりました。

(1)　資料Ⅰは，カード１の時代に収穫した米を保存するためにつくられた建造物を，復元したものである。この建造物を何というか，書きなさい。

資料Ⅰ

資料Ⅱ　日本で出土した銅鐸

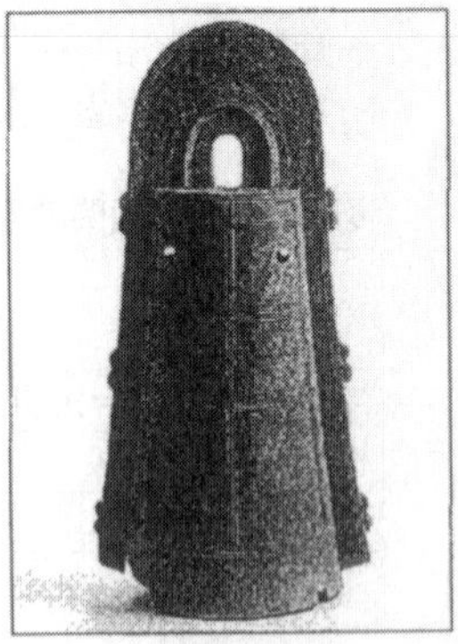

(2)　下線部(a)に関して，資料Ⅱの青銅器はどのような道具として使用されたか，最も適切なものを次のア～エから選びなさい。

ア　武器　　イ　工具

ウ　調理具　　エ　祭りの道具

(3)　下線部(b)に関する次のア～ウのできごとを，時代の古い順に並べなさい。

ア　都に東大寺が，国ごとに国分寺と国分尼寺が建てられた。

イ　大宝律令がつくられ，全国を支配するしくみが整備された。

ウ　仏教や儒教の考え方を取り入れた十七条の憲法が定められた。

(4)　下線部(c)に関して，イエズス会がアジアへの布教を行った背景について説明した文として最も適切なものを，次のア～エから選びなさい。

ア　スペインから独立したオランダが，東インド会社を設立した。

イ　産業革命が起こったイギリスが，海外に原料や市場を求めた。

ウ　カトリック教会が，プロテスタントに対抗して改革を進めた。

エ　ローマ教皇の呼びかけにより，ヨーロッパ各国の王が十字軍を組織した。

(5)　カード４の□に当てはまる文を，資料Ⅲ，資料Ⅳを参考にして，簡潔に書きなさい。

資料Ⅲ　「解体新書」(1774年発行)

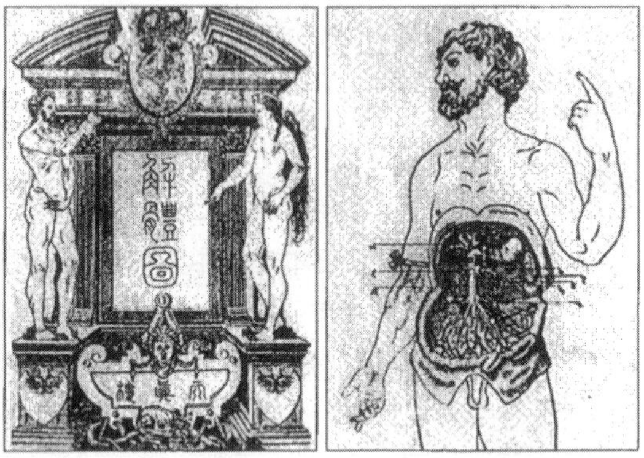

資料Ⅳ　「解体新書」制作の様子を記した「蘭学事始」

…これが，わたし(杉田玄白)が蘭書を手に入れた最初の経験であった。

…さて，この「ターヘル・アナトミア」を読みはじめるのに，どのように手をつけていったらよいか，まずそれを相談した。

…その頃はまだ，辞書というものがなく，かろうじて(前野)良沢が長崎から買ってきた簡単な小さな本が一冊あっただけなので，それをのぞいてみると…。

(部分要約)

※「ターヘル・アナトミア」はオランダ語で書かれた医学書のこと。

5　千里さんは，近代以降の歴史について，日本と中国との関係に着目して調べ，発表した。次の年表と資料は，そのときに使用したものの一部である。後の(1)～(5)の問いに答えなさい。

年表

	日本・中国のできごと	世界のできごと
1871年	日清修好条規で日本と清の国交が結ばれる。	
1894年	(a)日清戦争が始まる。	
1895年	(b)下関条約が結ばれる。	
1900年	義和団が北京にある外国の公使館を取り囲む。	
1904年	日露戦争が始まる。	
1911年	清で辛亥革命が起こる。	
1914年		(c)第一次世界大戦が始まる。
1919年		ベルサイユ条約が結ばれる。
1926年	蔣介石が中国統一の軍事行動を始める。	
1931年	満州事変が始まる。	
↕【X】		
1937年	日中戦争が始まる。	
1939年		第二次世界大戦が始まる。
1941年	太平洋戦争が始まる。	
1945年		第二次世界大戦が終結する。
1949年	中華人民共和国が成立する。	
↕【Y】		
1989年		冷戦が終結する。

(1)　下線部(a)に関して，資料Ⅰは日清戦争が起こる前の東アジアをめぐる情勢を描いた風刺画である。日清戦争が起こった背景についての説明として最も適切なものを，資料Ⅰを参考にして，次のア～エから選びなさい。

ア　日本は朝鮮をめぐって清と対立していた。

イ　日本はロシアをめぐって清と対立していた。

ウ　日本は朝鮮と同盟を結び，清と対立していた。

エ　日本はロシアと同盟を結び，清と対立していた。

資料Ⅰ

(2)　下線部(b)について，この条約で獲得した賠償金をもとに行われたできごとを，次のア～エから1つ選びなさい。

ア　東海道新幹線が建設された。

イ　官営の富岡製糸場が建設された。

ウ　官営の八幡製鉄所が建設された。

エ　鹿鳴館が建設された。

(3) 下線部(c)に日本が参戦した目的を，資料Ⅱ，資料Ⅲを参考にして，簡潔に書きなさい。

資料Ⅱ　井上馨が大隈重信にあてた手紙

> 今回のヨーロッパにおける大戦は，日本の国運の発展に対する大正新時代の天佑(天の助け)であって，日本国はただちに国をあげて一致団結して，この天佑を享受しなければならない。
> (部分要約)

※1914年8月8日の手紙。
※井上馨は長州藩出身の有力政治家。大隈重信は当時の内閣総理大臣。

資料Ⅲ　二十一か条の要求

> 一　中国政府は，ドイツが山東省にもっているいっさいの利権を日本にゆずること。
> 一　日本の旅順・大連の租借の期限，南満州鉄道の利権の期限を99か年延長すること。
> (部分要約)

※租借とは，他国の領土の一部を一定の期間を限って借りること。

(4) 年表中の【X】の時期における，国際社会での日本の動きについて説明した文として最も適切なものを，資料Ⅳを参考にして，次のア～エから選びなさい。

ア　日本がアメリカとともに，国際協調の方針をとった。
イ　日本が東南アジアへ進出し，アメリカと対立を深めた。
ウ　日本がしだいに国際的に孤立を深め，ドイツと接近した。
エ　日本が北方の安全を確保するため，ソ連と中立条約を結んだ。

資料Ⅳ　1933年発行の新聞

聯盟よさらば！
總會，勸告書を採擇し
我が代表堂々退場す
四十二對一票，棄權一

(5) 千里さんは，年表中の【Y】の時期に起こったできごとについて，次のように説明した。A～D に当てはまる語句の組み合わせとして適切なものを，後のア～エから選びなさい。

> 1951年，日本はサンフランシスコ平和条約を結び，主権を回復しました。高度経済成長期を迎えた日本では，1964年にアジア初のオリンピックが開催されました。しかし，中国はこれに参加しませんでした。1972年になると，日本と中国は［ A ］により，［ B ］をはかりました。さらに，1978年，日本と中国は［ C ］により，［ D ］をはかりました。その後，中国の経済発展とともに，日本と中国の関係は深まっていきました。

ア　A：日中平和友好条約　B：平和友好関係の発展
　　C：日中共同声明　D：国交正常化
イ　A：日中共同声明　B：平和友好関係の発展
　　C：日中平和友好条約　D：国交正常化
ウ　A：日中平和友好条約　B：国交正常化
　　C：日中共同声明　D：平和友好関係の発展
エ　A：日中共同声明　B：国交正常化
　　C：日中平和友好条約　D：平和友好関係の発展

6　修一さんの班は，SDGsの目標の１つである「飢餓をゼロに」について調べ，この目標を達成するための解決策を考え，発表した。次のレポートは，そのときに使用したものである。後の(1)～(4)の問いに答えなさい。

レポート

〈テーマ〉

「飢餓をゼロに」するために

〈テーマ設定の理由〉

資料Ⅰでは，世界の人口は増加傾向にあり，今後も増加していくことが予測されています。特に2010年から2050年にかけて，その増加の割合が最も大きいと見込まれるのは，□の地域です。今後の人口増加にともない，さらに飢餓が深刻化すると思い，解決策を考えることにしました。

資料Ⅰ　地域別人口の推移・人口変化の予測

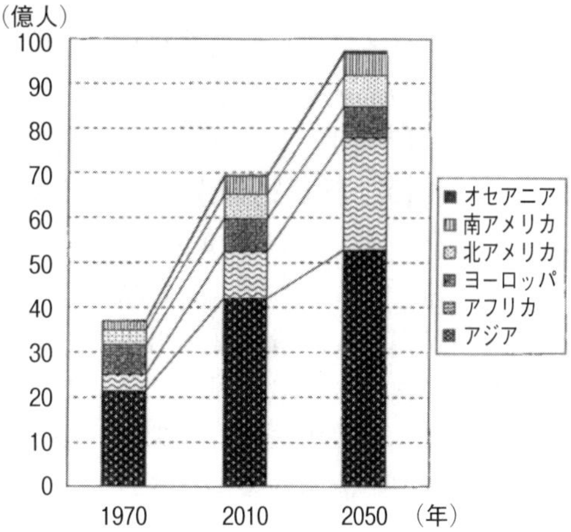

（「World Population Prospects 2019」により作成）

〈調べて分かったこと〉

○飢餓で苦しんでいる人々が多い国では，生産された農産物の大半が輸出されている。

○農産物の(a)国際取引価格は，天候や相手国の(b)経済状態などの影響を受けるため不安定である。

○世界では，食料配分に偏りが見られる。

○世界では地域にかかわらず，(c)大量の食品ロス（食品廃棄）が発生している。

〈考えた解決策〉

○先進地域が協力して，飢餓の多い発展途上地域に食料を届ける。

○発展途上地域に食料の貯蔵や保存ができる施設を整備する。

○各地域において，安定的で，持続可能な食料生産のしくみをつくる。

(1)　レポート中の□に当てはまる語として適切なものを，資料Ⅰを参考にして，次のア～オから選びなさい。

ア　アジア　　イ　アフリカ　　ウ　ヨーロッパ　　エ　北アメリカ　　オ　南アメリカ

(2)　下線部(a)に関して，貿易などの国際取引を行うときには，自国の通貨を他国の通貨と交換する必要がある。通貨と通貨を交換する比率を何というか，書きなさい。

(3)　下線部(b)について，経済活動が活発な状態を好況という。一般的に，好況時に行われることとして最も適切なものを，次のア～ウから選びなさい。

ア　「企業」が生産を縮小させる。

イ　「家計」が商品の購入を減らす。

ウ　「政府」が公共投資を減らす。

(4)　下線部(c)に関して，次の①，②の問いに答えなさい。

①　修一さんは，先進地域や発展途上地域の食品ロスについて調べ，資料Ⅱを見つけた。資料

Ⅱについての記述X，Yの正誤の組み合わせとして適切なものを，後のア～エから選びなさい。

X　１人当たりの年間食品ロスの発生量は，Aの地域やBの地域よりCの地域やDの地域の方が多い。

Y　消費段階において発生する１人当たりの年間食品ロスは，Cの地域やDの地域よりAの地域やBの地域の方が多い。

ア　【X　正　Y　正】　　イ　【X　正　Y　誤】
ウ　【X　誤　Y　正】　　エ　【X　誤　Y　誤】

資料Ⅱ　1人当たりの年間食品ロス発生量

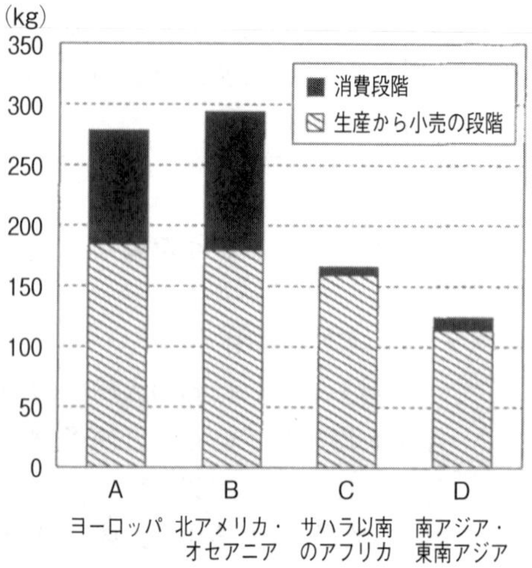

(「世界の食料ロスと食料廃棄」により作成)

②　修一さんの班は，「飢餓をゼロに」を考える中で，自分たちにもできる食品ロスの削減に向けた取組について，資料Ⅲを用いて，次のように発表した。次の文中の下線部に関して，消費者が資料Ⅲのような取組に協力すると，なぜ小売店は食品ロスを削減することができるのか，資料Ⅳを参考に，簡潔に書きなさい。

> 私たちは，スーパーマーケットやコンビニエンスストアなどの小売店で食品を購入するときは，小売店が食品をできる限り廃棄しなくてもすむよう，資料Ⅲのような取組に協力するべきだと考えました。

資料Ⅲ

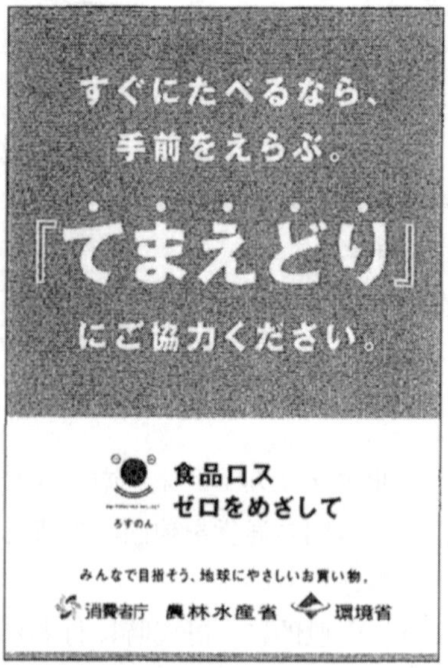

※「てまえどり」は，購入してすぐに食べる場合に，商品棚の手前にある食品を積極的に選ぶこと。

(農林水産省ホームページより)

資料Ⅳ　小売店で見られる食品の陳列(イメージ)

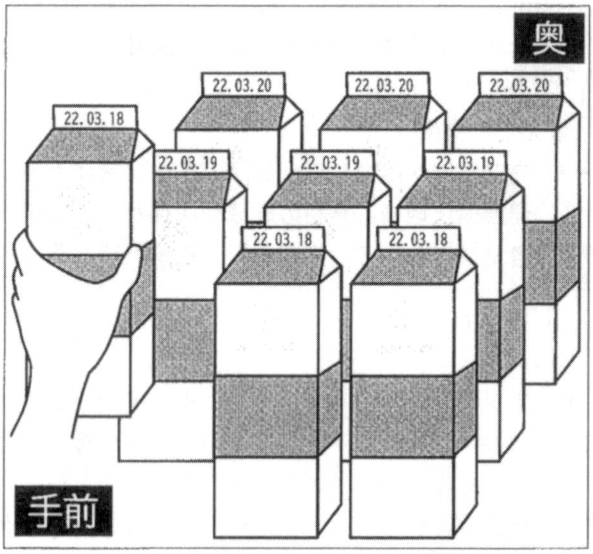

7　太郎さんのクラスでは，政治の学習のまとめとして，班ごとにテーマを決めて調べた内容を，発表した。次の発表メモと資料は，そのときに使用したものの一部である。後の(1)～(5)の問い

に答えなさい。

A班の発表メモ　【憲法改正の発議】

憲法改正について，日本国憲法は，ほかの法律の改正とは異なる慎重な手続きを定めています。憲法改正案が国会に提出され，各議院の［　i　］の3分の2以上の賛成で可決されると，国会は憲法改正の発議を行います。その後，満［　ii　］歳以上の国民による国民投票を行い，有効投票の過半数が賛成の場合は，憲法が改正されます。

B班の発表メモ　【国際連合】

国際連合は(a)人権の推進，(b)資源・エネルギー問題や貧困対策など，多岐にわたり国際協調を実現させる役割をになっています。特に(c)安全保障理事会は，世界の平和と安全を維持するために，強い権限が与えられています。よりよい合意を形成するために(d)効率と公正といった考え方を踏まえる必要があります。

(1)　［ i ］，［ ii ］に当てはまる語と数字の組み合わせとして適切なものを，次のア～エから選びなさい。

ア　i：出席議員　ii：18　　イ　i：出席議員　ii：20

ウ　i：総議員　ii：18　　エ　i：総議員　ii：20

(2)　下線部(a)に関して，日本国憲法では，自由権，平等権，社会権，参政権などの基本的人権が保障されている。日本国憲法で保障されている社会権に属するものとして適切なものを，次のア～エから2つ選びなさい。

ア　財産権　　イ　生存権　　ウ　選挙権　　エ　教育を受ける権利

(3)　下線部(b)に関して，B班は資料Ⅰを用いて，化石燃料による発電と再生可能エネルギーによる発電の利点と問題点を発表した。資料Ⅰ中のXとYに当てはまる文の組み合わせとして適切なものを，後のア～エから選びなさい。

資料Ⅰ

	化石燃料による発電	再生可能エネルギーによる発電
利点	W	Y
問題点	X	Z

①　自然条件によらず，電力を安定的に得られること。

②　電力の供給が天候などの自然状況に左右されること。

③　埋蔵量には限りがあり，枯渇する可能性があること。

④　二酸化炭素などの温室効果ガスの排出が少ないこと。

ア　X：②　Y：①　　イ　X：②　Y：④

ウ　X：③　Y：①　　エ　X：③　Y：④

資料Ⅱ　ある重要な決議案の投票結果

投票した国	常任理事国5か国 非常任理事国10か国
投票結果	賛成13か国 反対2か国

資料Ⅲ　球技大会の練習割り当て表

	月	火	水	木	金
体育館	1組	3組	2組	4組	球技大会
校庭	2組	4組	1組	3組	

(4)　下線部(c)について，B班は資料Ⅱを作成し，安全保障理事会におけるこの投票結果について，「賛成した国は多いが，決議案が否決された」と発表した。決議案が否決となった理由として考えられることを，簡潔に書きなさい。

(5)　下線部(d)について，B班は「効率」と「公正」が成り立っている身近な例として資料Ⅲを作成し，説明した。この資料Ⅲでは，「効率」は「空く日をつくらず，体育館と校庭を無駄なく利用できている」という点で成り立っているが，「公正」はどのような点で成り立っているか，簡潔に書きなさい。

理科

●満点100点　●時間45～60分

1　次のA～Dの問いに答えなさい。

A　動物のなかまについて，次の(1)，(2)の問いに答えなさい。

(1)　無セキツイ動物のうち，アサリやイカのように，内臓が外とう膜とよばれるやわらかい膜で包まれている動物を何というか，書きなさい。

(2)　次の文は，セキツイ動物のなかまについて述べたものである。文中の ① ， ② に当てはまる文として最も適切なものを，後のア～エからそれぞれ選びなさい。

> セキツイ動物は，体のつくりや生活の特徴から，魚類，両生類，ハチュウ類，鳥類，ホニュウ類の５つのなかまに分けることができる。このうち，一般的に， ① という特徴はハチュウ類と鳥類のみに当てはまり， ② という特徴は鳥類とホニュウ類のみに当てはまる。

ア　殻のある卵をうむ
イ　一生を通して肺で呼吸する
ウ　体の表面の大部分がうろこでおおわれている
エ　周囲の温度が変化しても，体温がほぼ一定に保たれる

B　土砂のでき方や堆積のようすについて，次の(1)，(2)の問いに答えなさい。

(1)　次の文は，土砂のでき方について述べたものである。文中の ① ， ② に当てはまる語を，それぞれ書きなさい。

> 地表の岩石は，長い間に気温の変化などによって，もろくなる。このような現象を ① という。もろくなった岩石は，風や流水のはたらきでけずりとられる。このはたらきを ② といい，これらの現象やはたらきにより，土砂ができる。

(2)　図は，山地から川そして海へと土砂が運ばれ，海底で堆積するようすを模式的に示したものである。図中の海底におけるa，b，cの３地点での一般的な堆積物の組み合わせとして最も適切なものを，次のア～エから選びなさい。

ア［a　れき　b　泥　c　砂］
イ［a　れき　b　砂　c　泥］
ウ［a　泥　b　砂　c　れき］
エ［a　砂　b　泥　c　れき］

図
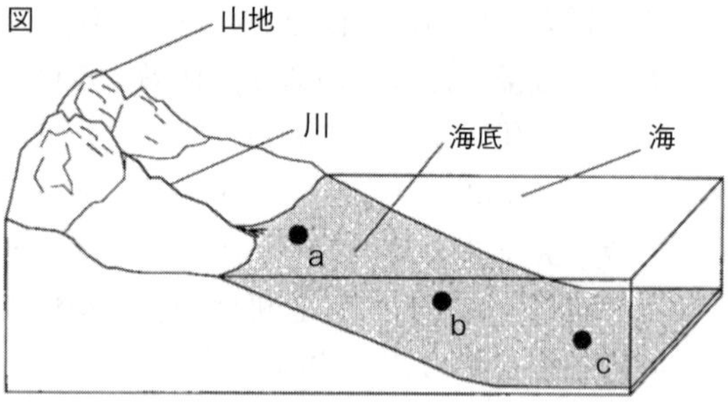

C　白色の粉末X，Y，Zはそれぞれ，砂糖，食塩，デンプンのいずれかである。これらの粉末を区別するために，次の実験を行った。表は，実験の結果をまとめたものである。後の(1)，(2)の問いに答えなさい。

［実験１］　粉末X，Y，Zをそれぞれ燃焼さじにのせて，ガスバーナーを用いて加熱し，粉末

のようすを調べた。

［実験２］ 実験１で粉末が燃えた場合には，図のように石灰水を入れた集気びんに燃焼さじを入れてふたをし，火が消えてから燃焼さじを取り出した。再びふたをして集気びんをよく振り，石灰水の色の変化を調べた。

［実験３］ 水の入ったビーカーを３つ用意し，その中に少量の粉末X，Y，Zをそれぞれ入れ，ガラス棒でよくかき混ぜ，粉末が水に溶けるか調べた。

図

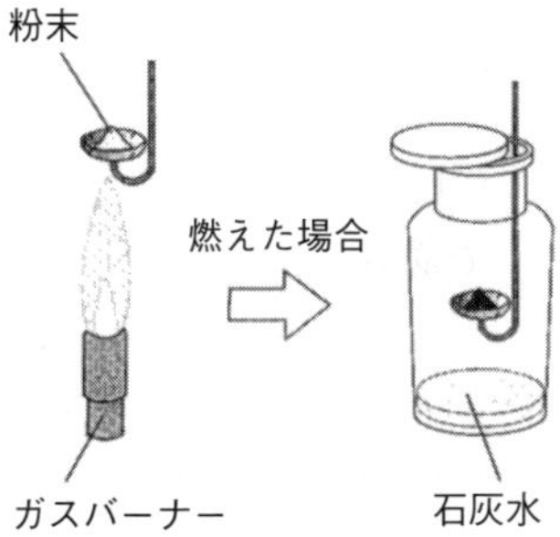

表

	粉末X	粉末Y	粉末Z
実験１	燃えなかった	焦げて燃えた	一部が液体になりながら焦げて燃えた
実験２	—	石灰水は白くにごった	石灰水は白くにごった
実験３	溶けた	溶けなかった	溶けた

(1) 石灰水の色の変化から，粉末Yと粉末Zでは二酸化炭素が発生したことが分かった。粉末Yと粉末Zのように，焦げて炭になったり，燃えて二酸化炭素を発生したりする物質を何というか，書きなさい。

(2) 粉末X，粉末Zはそれぞれ何であるか，書きなさい。

D　Gさんは，タブレット端末を用いて高台から打ち上げ花火の動画を撮影した。打ち上げられた花火は，ちょうど目の高さに見えた。撮影した動画では，花火が開いて光った瞬間から音が鳴るまでに4.0秒のずれがあった。また，花火が開いた場所と動画を撮影した場所の直線距離は1400mであった。次の(1)，(2)の問いに答えなさい。

(1) 次の文は，下線部の現象が起こる理由について述べたものである。文中の［　　］に当てはまる語を書きなさい。

> 空気中を伝わる音の速さは，光の速さと比べてはるかに［　　　］ためである。

(2) この動画では，空気中を伝わる花火の音の速さは，いくらであったと考えられるか，書きなさい。

2　GさんとMさんは，植物の光合成と呼吸について調べるために，次の観察と実験を行った。後の(1)〜(4)の問いに答えなさい。

［観察］

じゅうぶんに光を当てたオオカナダモの葉を採取し，薬品aで処理して脱色した。その葉を水ですすいだ後，スライドガラスにのせ，薬品bを１滴落として細胞のようすを顕微鏡で観察した。その結果，葉の細胞内に青紫色に染まった小さな粒が多数見られた。

図Ⅰ

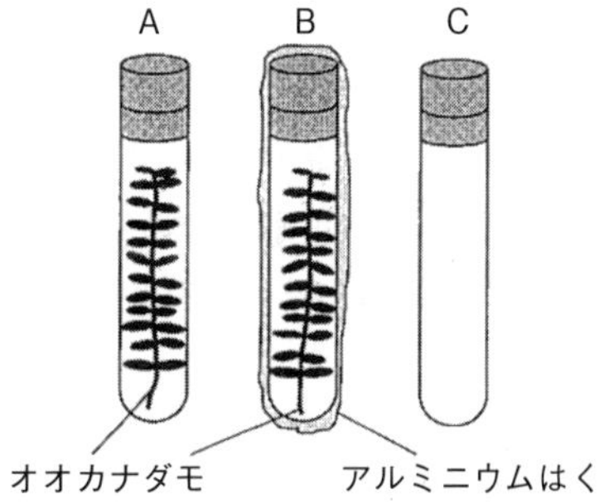

［実験１］

青色のBTB液に息を吹き込んで緑色にしたものを，３本の試験管A，B，Cに入れた。図Ⅰのように，３本の試験管のうち，試験管AとBのみに同じ大きさのオオカナダモを入れ，全ての試験管にすぐにゴム栓でふたをした。また，試験管Bはアルミニウムはくでおおい，光が当たらないようにした。3本の試験管に一定時間光を当てた後，BTB液の色を調べた。表Ⅰは，その結果をまとめたものである。

表Ⅰ

試験管	A	B	C
光を当てた後のBTB液の色	青色	黄色	緑色

また，試験管Aでは光を当てた後，気体が発生していることが分かった。ゴム栓を外し，発生した気体に線香の火を近づけると，火が大きくなった。

(1) 観察について，次の①～③の問いに答えなさい。

① 次の文は，顕微鏡の基本的な使い方について述べたものである。文中の{ }内のア，イから正しいものを選びなさい。

> 顕微鏡を横から見ながら調節ねじを回し，対物レンズとステージ上のプレパラートを{ア　近づけ　　イ　遠ざけ}ておく。その後，接眼レンズをのぞきながらピントを合わせる。

② 観察で用いた<u>薬品a</u>，<u>薬品b</u>として最も適切なものを，次のア～エからそれぞれ選びなさい。

ア　フェノールフタレイン液　　イ　エタノール　　ウ　ベネジクト液　　エ　ヨウ素液

③ 顕微鏡で観察した結果見られた<u>青紫色に染まった小さな粒</u>の名称を，書きなさい。

(2) 次の文は，実験1の試験管Aの結果から分かることについてまとめたものである。文中の[①]，[③]には当てはまる語を，それぞれ書きなさい。また，②については{ }内のア，イから正しいものを選びなさい。

> 試験管Aは，BTB液の色の変化から，溶液が[①]性になったことが分かる。これは，溶液中の二酸化炭素が②{ア　増加　　イ　減少}したためと考えられる。また，線香の火を近づけると火が大きくなったことから，試験管A内に発生した気体は[③]だと考えられる。

(3) 試験管BのBTB液の色が黄色になったことが，オオカナダモのはたらきによるものであることを確かめるためには，新たな試験管を準備し，実験を行う必要がある。どのような条件の試験管を準備する必要があるか，実験1で用いた試験管との違いに着目して，簡潔に書きなさい。

［実験2］

息を吹き込んで緑色にしたBTB液と，同じ大きさのオオカナダモを入れた試験管X，Y，Zを用意した。図Ⅱのように試験管Xはアルミニウムはくでおおい，光が当たらないようにした。試験管Yには実験1より弱い光を，試験管Zには実験1と同じ強さの光を当て，一定時間後のBTB液の色を調べた。表Ⅱは，その結果をまとめたものである。

図Ⅱ

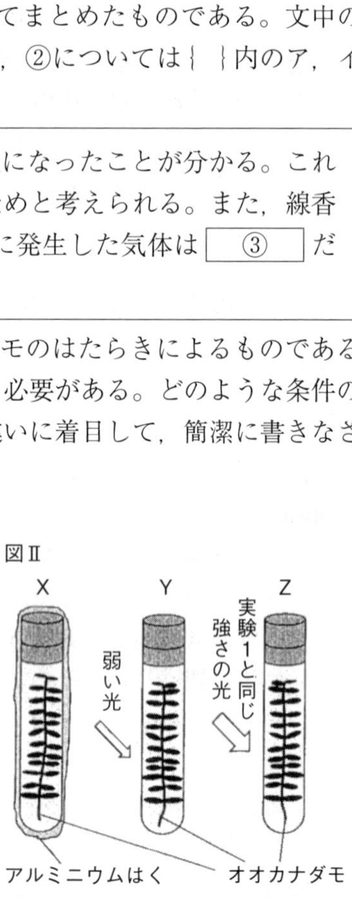

表Ⅱ

試験管	X	Y	Z
光を当てた後のBTB液の色	黄色	緑色	青色

(4) 次のア～エは，オオカナダモによる二酸化炭素の吸収量と放出量の関係を模式的に表したものである。実験2における試験管X，Y，Z内のオオカナダモによる二酸化炭素の吸収量と放出量の関係を表した図として最も適切なものを，それぞれ選びなさい。

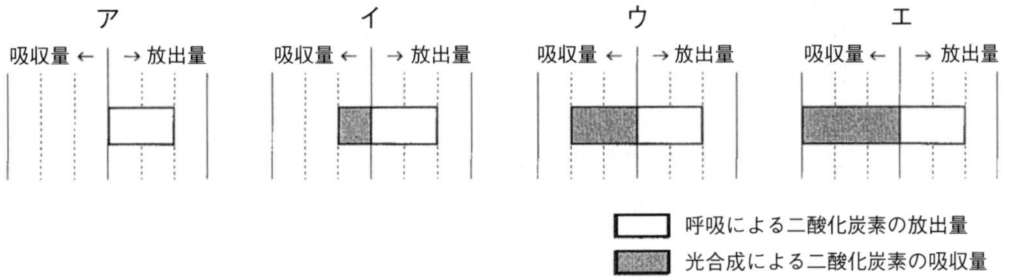

3 Gさんと M さんは，空気中の湿度と水滴のでき方の関係を調べるために，次の実験を行った。後の(1)～(4)の問いに答えなさい。

図Ⅰ

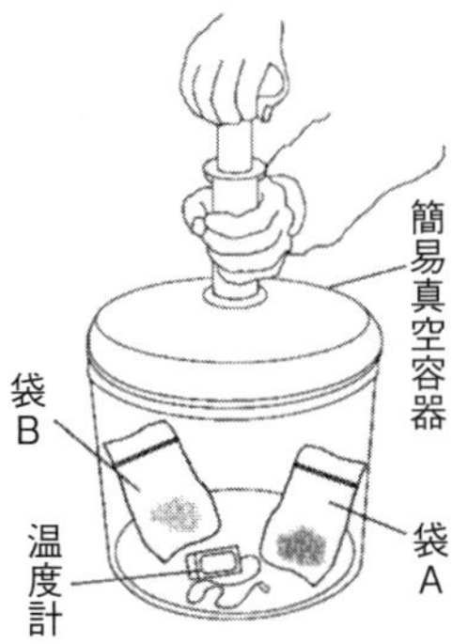

［実験］

チャック付きビニル袋(袋A，袋B)を用意し，袋Aには水を含ませた脱脂綿を，袋Bには乾いた脱脂綿を入れて，それぞれの袋に線香の煙を少量入れた。袋A，Bのチャックを閉じて，両方の袋の中の線香の煙が見えなくなるまで，しばらく置いた。図Ⅰのように，袋A，Bと温度計を簡易真空容器に入れた後，ピストンを動かして容器の内部の空気を抜いていき，容器の内部のようすを観察した。なお，実験は晴れた日の昼間に行った。

(1) 実験で，簡易真空容器の内部の空気を抜いていったときの袋A，Bのようすについて，その組み合わせとして正しいものを，次のア～エから選びなさい。

ア ［袋A ふくらむ 袋B ふくらむ］ イ ［袋A ふくらむ 袋B しぼむ］

ウ ［袋A しぼむ 袋B ふくらむ］ エ ［袋A しぼむ 袋B しぼむ］

(2) 次の文は，実験の結果について，Gさんと M さんが交わした会話の一部である。次の①，②の問いに答えなさい。

① 文中のa，bについて｛ ｝内のア，イから正しいものを，それぞれ選びなさい。また，［ c ］に当てはまる語を書きなさい。

> Gさん：ピストンを動かして簡易真空容器の内部の空気を抜いていくと，温度計の示す温度が $_{a}$｛ア 上がって イ 下がって｝いき，片方の袋の内側がくもって見えたね。
>
> Mさん：容器の内部の空気を抜いたことで，容器の内部の気圧が $_{b}$｛ア 高く イ 低く｝なったから，内部の温度が変化したんだね。その結果，袋の中の空気中の水蒸気が水滴となる［ c ］という状態変化が起こり，袋の内側がくもって見えたんだと思うよ。
>
> Gさん：<u>片方の袋の内側がくもって見えたとき，もう片方の袋はくもらずに透明のままで，違いがあった</u>ね。袋の中の空気の湿度が関係しているのかな。

② 文中の下線部のように，簡易真空容器の内部の空気を抜いていったときに，先にくもって見えた袋は，袋A，Bのどちらか，書きなさい。また，そのように判断した理由を，「湿度」，「露点」という語をともに用いて，簡潔に書きなさい。

(3) GさんとMさんは，空気中の湿度と水滴のでき方の関係に興味をもち，数日後，学校で気象観測を行った。表Ⅰは観測の記録の一部である。また，表Ⅱは湿度表の一部を，表Ⅲは空気の温度と飽和水蒸気量の関係の一部を示したものである。次の①，②の問いに答えなさい。

① 表Ⅰのときの，空気の湿度はいくらか，書きなさい。

② 表Ⅰのときの，空気1 m^3中に含まれる水蒸気量はいくらか，書きなさい。ただし，小数第2位を四捨五入すること。

表Ⅰ

天気	乾球の示す温度[℃]	湿球の示す温度[℃]	風向	風力
くもり	15	12	南西	2

表Ⅱ

乾球の示す温度[℃]	乾球と湿球の示す温度の差[℃]				
	0	1	2	3	4
16	100	89	79	69	59
15	100	89	78	68	58
14	100	89	78	67	57
13	100	88	77	66	55
12	100	88	76	65	53

表Ⅲ

空気の温度[℃]	12	13	14	15	16
飽和水蒸気量[g/m^3]	10.7	11.4	12.1	12.8	13.6

(4) 図Ⅱは，4月のある日の9時における前線や等圧線などを示したものである。図Ⅲは，図Ⅱの地点Pにおけるこの日の気温，気圧，風向の変化をまとめたものである。後の①～③の問いに答えなさい。

図Ⅱ

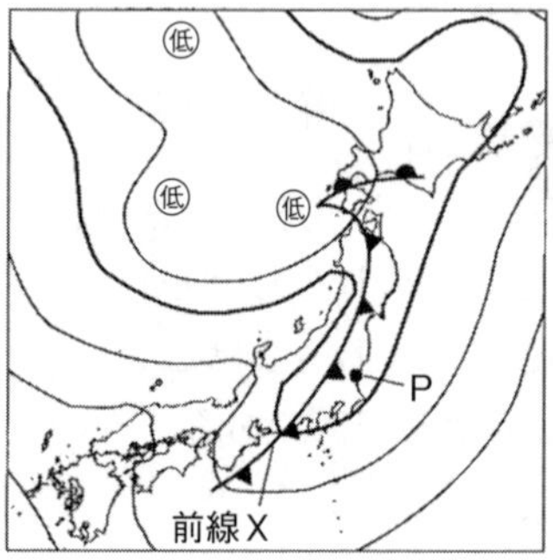

図Ⅲ

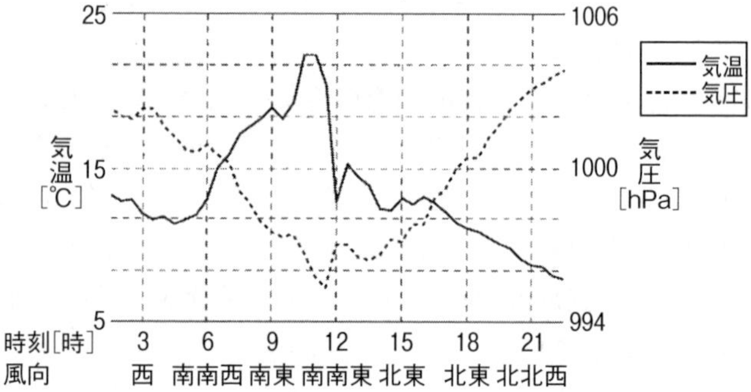

① この日の9時以降，前線Xは地点Pを通過した。前線Xが地点Pを通過したと考えられる時刻として最も適切なものを，次のア～エから選びなさい。

ア 12時ごろ　　イ 15時ごろ　　ウ 18時ごろ　　エ 21時ごろ

② 地点Pを通過した前線Xの断面を模式的に表した図として最も適切なものを，次のア～エから選びなさい。

ア

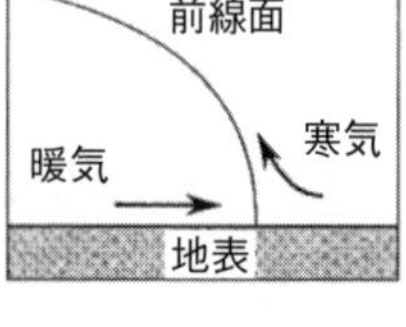

イ

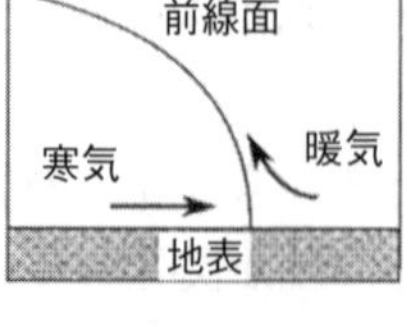

ウ

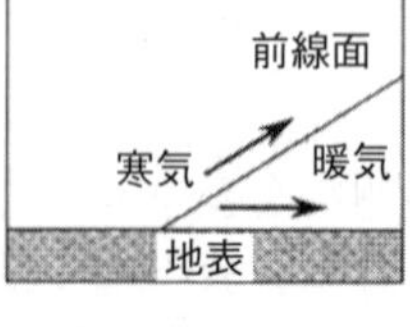

エ

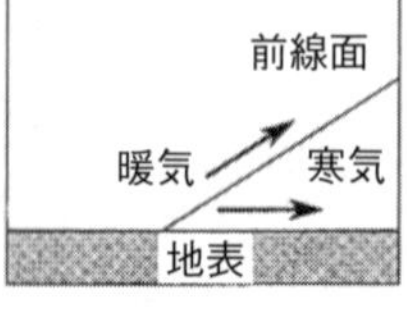

③　前線Xのような前線が通過するときは，一般的に，雨が降ることが多い。このときの雨の降り方を，雨の強さと降る時間の長さに着目して，簡潔に書きなさい。

4　GさんとMさんは，電池のしくみと，金属の種類によるイオンへのなりやすさの違いを調べるために，次の実験を行った。後の(1)～(4)の問いに答えなさい。

［実験１］

図Ⅰのように，亜鉛板と銅板をうすい塩酸に入れて電池をつくり，電子オルゴールにつないだところ，電子オルゴールが鳴ったが，数分後には鳴らなくなった。

図Ⅰ

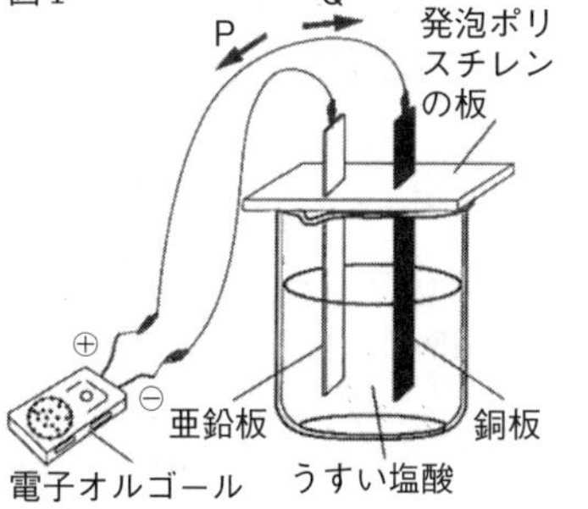

(1)　次の文は，実験１について説明したものである。文中の［①］には化学式を書き，②については，｛ ｝内のア，イから正しいものを選びなさい。なお，e^- は電子を表している。

> 実験１では，音が鳴っているとき，亜鉛板や銅板付近では電子を放出したり，受け取ったりしている。音が鳴っているときの，亜鉛板付近での電子のやりとりを化学反応式で表すと，Zn → ［　①　］ + $2e^-$ となる。
>
> また，音が鳴っているとき，電子は導線中を$_{②}$｛ア　Pの向き　　イ　Qの向き｝に移動している。

［実験２］

図Ⅱのように，亜鉛板と，銅板をセロハンチューブ中の硫酸銅水溶液に入れたものを，同じ硫酸亜鉛水溶液に入れて電池をつくり，電子オルゴールにつなぐと，実験１よりも音が長く鳴り続けた。

図Ⅱ

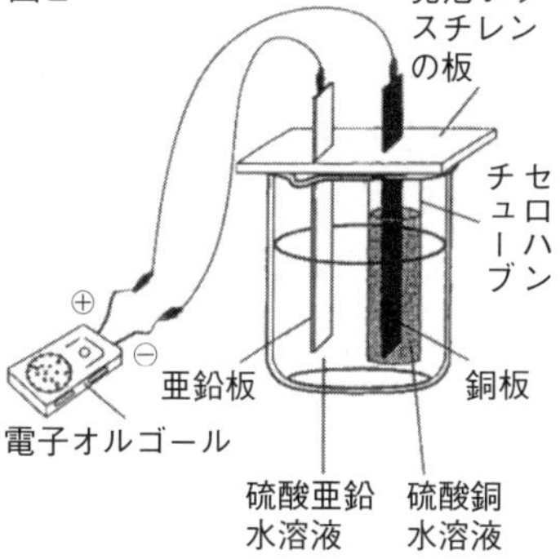

(2)　次の文は，実験１と実験２の反応について考察したものである。文中の［①］には気体の名称を書き，②，③については｛ ｝内のア，イから正しいものを，それぞれ選びなさい。ただし，○，◎はそれぞれの水溶液に含まれる金属イオンを，●は硫酸イオンを表したモデルである。また，水は電離していないものとする。

> 実験１と実験２でつくった電池の－極の金属板付近では，同じ反応が起こった。また，実験１の＋極では［　①　］が発生したため，すぐに電圧が下がった。一方，実験２の＋極では金属板の表面に銅が付着していた。
>
> 実験２の２つの水溶液を仕切るセロハンには，非常に小さな穴が開いているため，模式図のようにイオンを通過させることができる。硫酸亜鉛水溶液から硫酸銅水溶液の方へ$_{②}$｛ア　○　　イ　●｝を，硫酸銅水溶液から硫酸亜鉛水溶液の方へ$_{③}$｛ア　◎　　イ　●｝をそれぞれ通過させたことで，実験１の電池より長い時間電流を流すことができたと考えられる。
>
> 実験２の電池の模式図
>
> 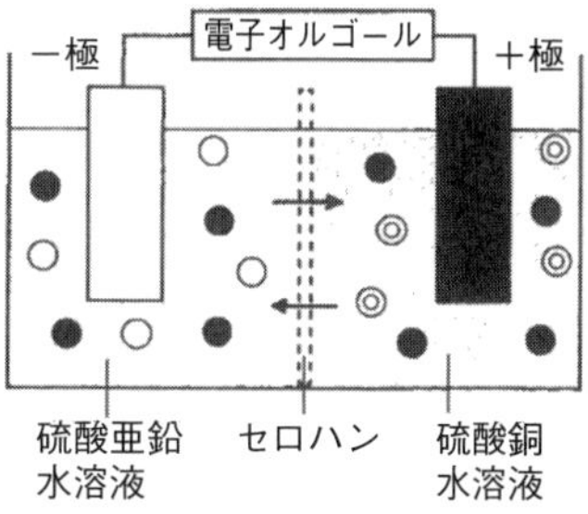
>

［実験３］

図Ⅲのように，試験管に硫酸銅水溶液を入れ，亜鉛板を入れると表面に赤い物質が付着した。また，試験管のかわりにマイクロプレートを用いて，同じように金属イオンを含む水溶液と金属板の組み合わせを変えて実験を行うことで，金属の種類によるイオンへのなりやすさを調べることができる。図Ⅳは，マイクロプレートのくぼみの中に，縦の列には同じ種類の金属板(金属Ｘ，銅，亜鉛)を，横の列には同じ種類の水溶液をそれぞれ入れたものであり，表は金属板の変化について，それぞれまとめたものである。

図Ⅲ

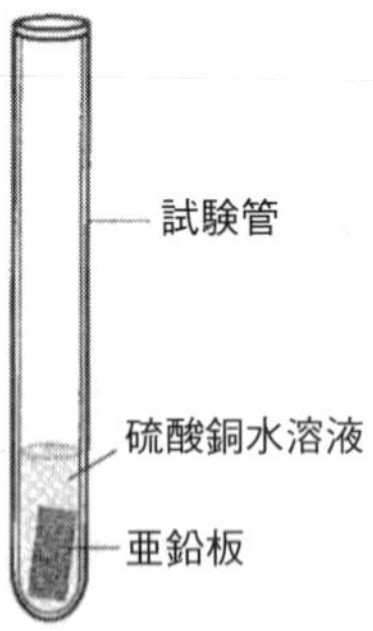

図Ⅳ

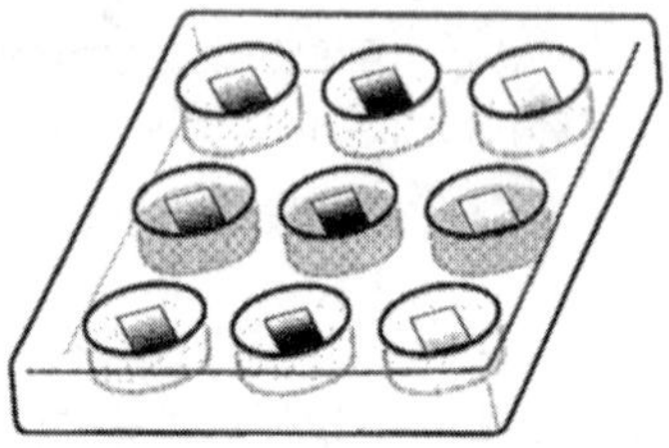
マイクロプレート

表

	金属Ｘ	銅	亜鉛
金属Ｘのイオンを含む水溶液	a 変化なし	d 変化なし	g 変化なし
硫酸銅水溶液	b 金属Ｘの表面に，赤い物質が付着した	e 変化なし	亜鉛板の表面に，赤い物質が付着した
硫酸亜鉛水溶液	c 金属Ｘの表面に，黒い物質が付着した	f 変化なし	h 変化なし

試験管で行った実験と同様の実験

(3) 試験管のかわりに，マイクロプレートを用いることで，環境面に配慮して実験を行うことができる。どのような点で環境に配慮しているといえるか，簡潔に書きなさい。

(4) 次の文は，ＧさんとＭさんが交わした会話の一部である。文中の ① には金属の名称を書き， ② ， ③ には表のａ～ｈから当てはまるものを選びなさい。また， ④ には３種類の金属(金属Ｘ，銅，亜鉛)を，イオンになりやすい順に並べたものとして正しいものを，後のア～カから選びなさい。

> Ｇさん：硫酸銅水溶液に亜鉛板を入れると亜鉛板の表面で変化が見られたけれど，表のｆのように硫酸亜鉛水溶液に銅板を入れても変化は見られなかったね。このことから，銅と亜鉛を比べると，イオンになりやすい金属は ① であると言えるね。
> Ｍさん：金属Ｘと亜鉛のイオンへのなりやすさは，表の ② と ③ の結果から比べられるよ。
> Ｇさん：金属Ｘと銅も同じように表の結果から考えて，３種類の金属をイオンになりやすい方から順に並べると， ④ となることが分かるね。

ア ［亜鉛，金属Ｘ，銅］　イ ［亜鉛，銅，金属Ｘ］
ウ ［金属Ｘ，銅，亜鉛］　エ ［金属Ｘ，亜鉛，銅］
オ ［銅，金属Ｘ，亜鉛］　カ ［銅，亜鉛，金属Ｘ］

5 斜面を移動する物体の運動について調べるために，次の実験を行った。後の(1)～(4)の問いに答えなさい。ただし，空気抵抗や小球の大きさ，台車や小球と面との摩擦は考えないものとし，全ての斜面と水平な床や面はなめらかにつながっているものとする。

［実験１］

図Ⅰのように，紙テープをつけた台車を斜面Aに置き，静かに手を離したところ，台車は斜面を下った。$\frac{1}{50}$秒間隔で点を打つ記録タイマーを用いて台車が手から離れた後の運動を，紙テープに記録した。図Ⅱは，斜面を下っているときに記録された紙テープを５打点ごとに切って台紙にはり，５打点ごとに移動した距離を示したものである。

図Ⅰ

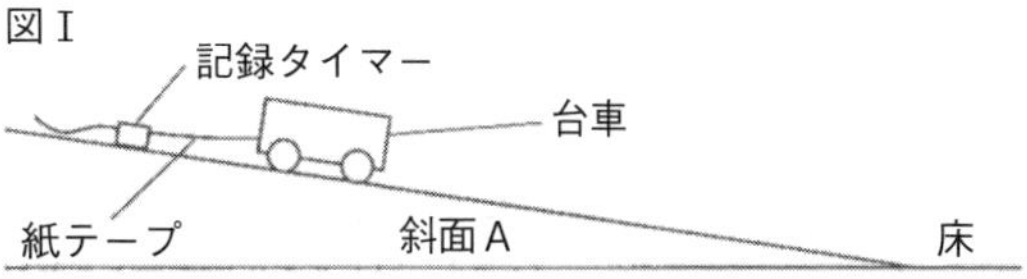

図Ⅱ

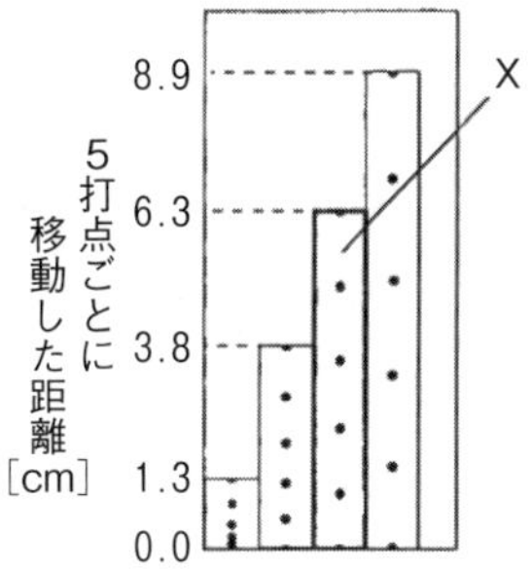

(1)　実験１において，

①　図Ⅱの紙テープXに記録されたときの，台車の平均の速さはいくらか，書きなさい。

②　台車が斜面を下っているとき，台車の運動方向にはたらく力の大きさはどうなるか，正しいものを，次のア～ウから選びなさい。

ア　しだいに小さくなる

イ　変わらない

ウ　しだいに大きくなる

［実験２］

図Ⅲのように，実験１で用いた斜面Aの前方に台を置き，斜面AのP点に小球を置いて静かに手を離した。小球が手から離れた後の運動をデジタルカメラで撮影し，小球の速さを測定した。なお，台の高さは床からP点までの高さの半分であり，台の上面は水平となっている。また，台の斜面の角度は，斜面Aの角度と同じであるものとする。

図Ⅲ

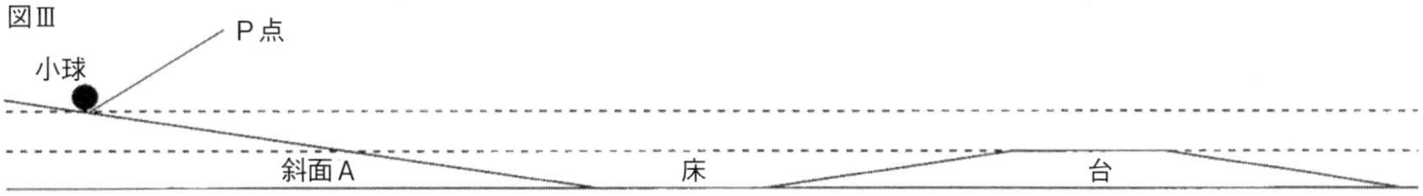

(2)　図Ⅳは，実験２で，斜面AのP点から下っていった小球が水平な床を進み，台の斜面を上り始めるまでの，時間と速さの関係を表したグラフである。次の①，②の問いに答えなさい。

図Ⅳ

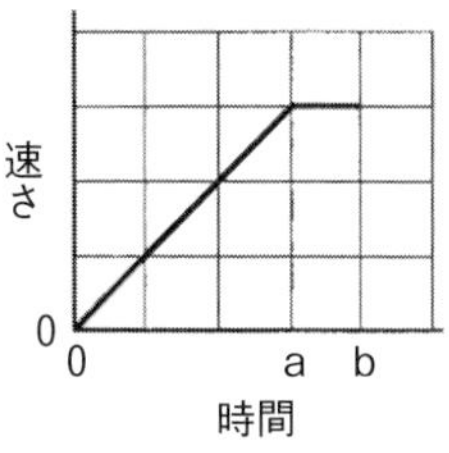

①　台を上って水平な面を進んだ後，斜面を下って床に到達するまでの，時間と速さを表すグラフとして最も適切なものを，次のア～エから選びなさい。なお，小球は台から離れないで進むものとし，グラフ中のab間は，小球が床を移動している時間を表すものとする。

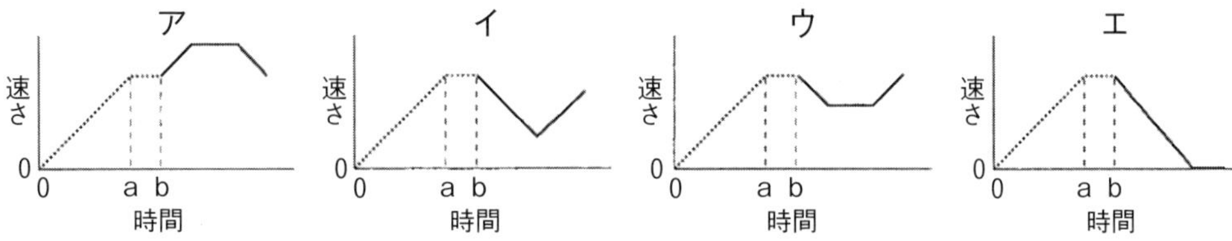

②　図Ⅳのように，小球が床を移動している間の速さは，グラフのab間で示されたように一定となった。この理由を，小球にはたらく力に着目して，簡潔に書きなさい。

［実験３］

図Ⅴのように，実験２で用いた斜面Ａの前方に，斜面Ａと同じ角度の斜面を持つ斜面Ｂを逆向きに置いた。Ｐ点に小球を置き，静かに手を離したところ，斜面Ａ上のＱ点，床上のＲ点，斜面Ｂ上のＳ点を通って，Ｐ点と同じ高さのＴ点まで上った。なお，Ｑ点とＳ点の高さは床からＰ点までの高さの半分であるものとする。

図Ⅴ

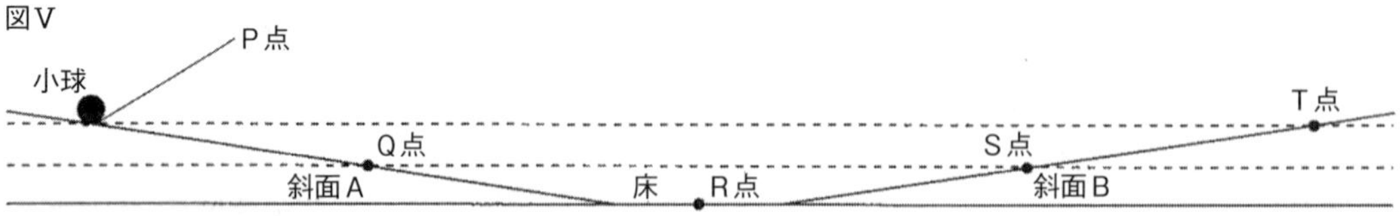

(3)　実験３において，

①　小球がＰ点からＴ点まで移動する間で，小球が持つ位置エネルギーの大きさが最大となっている点を，図Ⅴ中のＰ点，Ｑ点，Ｒ点，Ｓ点，Ｔ点の中から，全て選びなさい。

②　小球がＰ点からＴ点まで移動する間で，小球が持つ運動エネルギーの大きさが最大となっている点を，図Ⅴ中のＰ点，Ｑ点，Ｒ点，Ｓ点，Ｔ点の中から，全て選びなさい。

［実験４］

図Ⅵのように，実験３の斜面ＢをＳ点の位置で切断し，斜面Ｃを作った。Ｐ点に小球を置き，静かに手を離したところ，小球は斜面Ａを下って床を進み，斜面Ｃから斜め上方に飛び出した。

図Ⅵ

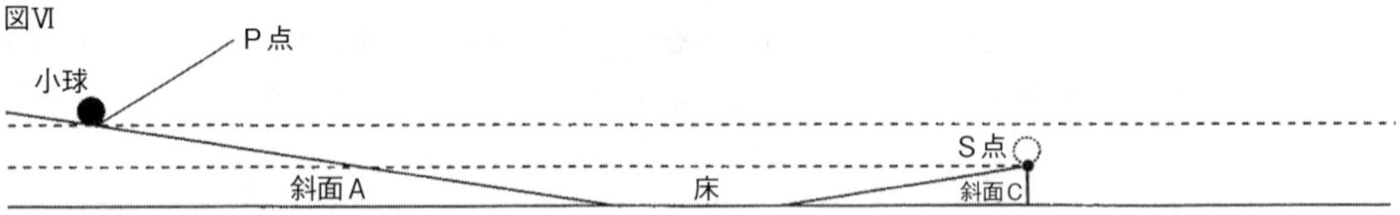

(4)　実験４において，

①　小球が斜面Ｃから斜め上方に飛び出した後，最も高く上がったときの高さとして正しいものを，次のア～ウから選びなさい。

ア　Ｐ点より高く上がった。

イ　Ｐ点と同じ高さまで上がった。

ウ　Ｐ点より低い高さまでしか上がらなかった。

②　①のように考えられる理由を，小球が持つ位置エネルギーの変化に着目して，書きなさい。ただし，「位置エネルギー」，「運動エネルギー」という語をともに用いること。

そのように考える理由を、自分の経験を含めて、百四十字以上、百八十字以内で書きなさい。なお、選んだ記号に○を付けること。

A　豊かな言葉や表現を学べるところ。
B　想像力や空想力を養えるところ。
C　内容を把握する力が付くところ。

六

次の会話文は、竹志さんたちが、中学校の図書委員会で、校内の読書活動の推進について話し合いをしたときの会話の一部です。これを読んで、後の㈠、㈡の問いに答えなさい。

竹志さん　ここ数年のデータを見てみると、最近、学校の図書館の貸し出し冊数が減っているみたいだよ。
小梅さん　「読書離れ」などと言われることもあるし、みんな本を読まなくなっているのかもしれないね。
松子さん　確かにそうかもしれないね。でも、図書館では借りずに、本を書店やインターネットで買って読んでいる人もいると思うな。
小梅さん　実際はそうなのかもしれないね。でも、図書館にも良い本がたくさんあるから、みんなに手に取ってほしいな。
松子さん　本を読む人にも読まない人にも、読書をすることの楽しさや意義を改めて伝えたい気がするね。まずは、Ⅰ全校生徒にアンケートをして、みんなの読書の実態を把握するというのはどうかな。
竹志さん　なるほど、いいかもしれないね。あわせて、読書をすることの楽しさや良さについても、みんなに考えてもらいたい気がするな。
小梅さん　それなら、Ⅱ読書をすることの良いところを図書委員会で考えて、アンケートの中でいくつか示してみるのはどうだろう。そのうえで、一人一人に自分の考えに近いものを選んでもらえば、読書のきっかけにもなるだろうし、今後の図書委員会の活動の参考にもなると思うよ。

㈠　会話文中Ⅰ――について、松子さんは、読書の実態を把握するための質問をいくつか作成しましたが、次の質問①、②については、図書委員会での検討を踏まえ、修正することにしました。質問①、②は、どのような点を修正したと考えられますか。質問の(修正前)と(修正後)を比較し、質問①、②の修正した点について、後のア～オから最も適切なものをそれぞれ選びなさい。

質問①

(修正前)　あなたは、最近、何冊本を読みましたか。

⇩

(修正後)　あなたは、九月の一か月間に何冊本を読みましたか。

質問②

(修正前)　あなたは、本を読む場合に、学校の図書館で本を借りたり書店で本を購入したりしますか。

⇩

(修正後)　あなたは、本を読む場合に、書店で本を購入しますか。

ア　答えを一方に誘導する可能性があった点。
イ　受け取り方に幅が生まれる語を使っていた点。
ウ　一つの質問の中で二つの事柄を聞いていた点。
エ　質問する事柄が調査の目的と合っていなかった点。
オ　専門的な用語が多くて意味が分かりにくかった点。

㈡　会話文中Ⅱ――について、次のA～Cは、竹志さんたちがアンケートの中で示した、読書をすることの良いところとして考えられる事柄の一部です。A～Cの中から、読書をすることの良いところとして、あなたの考えに最も近いものを一つ選び、あなたがれん。」と。兵を興《おこ》して之《これ》を伐ち、遂《つひ》に陳を取る。

（『説苑』による。）

（注）城郭……城壁。
溝壑……城の堀。
蓄積……備蓄。
寧し……穏やかである。
夫れ……そもそも。
賦斂……租税。
上……陳の王のこと。
罷……「疲」に同じ。

㈠ 文中＝＝「兵を興して之を伐ち」は、「興 兵 伐 之」を書き下し文に書き改めたものです。「兵を興して之を伐ち」という読み方になるように、「興《シテ》 兵《ヲ》 伐《チ》 之《ヲ》」に返り点を書きなさい。

㈡ 文中――「其の城郭は高く、溝壑は深く、蓄積は多く」について、次の表は、使者の報告と、それに対する荘王の考えを整理したものです。［①］、［②］に当てはまる内容を、それぞれ現代語で簡潔に書きなさい。

使者の報告	荘王の考え
「其の城郭は高く、溝壑は深く」	①
「蓄積は多く」	租税が重いはずであり、②
	（そうであるならば）
結論 「陳は伐つべからざるなり」	結論 「陳伐つべきなり」

㈢ 本文で述べられている内容についての説明として、次のア～エから最も適切なものを選びなさい。

ア 使者は、平和を維持するために戦いは避けるべきだと荘王を説得した。
イ 荘王は、使者の報告にうそが含まれることを鋭く見抜くことができた。
ウ 使者は、荘王の判断に納得がいかず、陳への攻撃には参加しなかった。
エ 荘王は、陳が小国であることを踏まえ、陳の状況を論理的に推測した。

五 次の㈠～㈢の問いに答えなさい。

㈠ 次の①～④の――の平仮名の部分を漢字で書きなさい。
① 釣り糸をたらす。
② もうすぐ日がくれる。
③ しきゅう、連絡してほしい。
④ けんばい機できっぷを購入する。

㈡ 次の①～④の――の漢字の読みを平仮名で書きなさい。
① 進行が滞る。
② 目標を掲げる。
③ 材料を吟味する。
④ 若干の余裕がある。

㈢ 次の漢字の部首名を書きなさい。また、この漢字を楷書で書いた場合の総画数を書きなさい。

蓑……わらなどを編んで作った雨具。

(一) 文中――「言はず」を現代仮名遣いで書きなさい。ただし、全て平仮名で書くこと。

(二) 次の会話文は、春輝さんたちが、本文について話し合ったときの会話の一部です。これを読んで、後の①、②の問いに答えなさい。

春輝さん 「持資」が「若き女」に対して怒ったのはどうしてだろう。

夏斗さん それは、「持資」が蓑を借りようとしたのに、「若き女」が何も答えずに［ Ⅰ ］からでしょう。

秋世さん 確かにこの行動は不思議だよね。これってどういうことなのかな。

冬香さん それが「古歌のこころ」と関係してくるわけでしょ。

夏斗さん 本文の中に出てくる和歌は、昔の人がよんだもので、多くの花を咲かせるけれど実を付けないという山吹の特徴を踏まえているんだよね。

秋世さん そうか。「みの一つだになき」という言葉があるけれど、これには、「［ Ⅱ ］」という意味と「蓑が一つもない」という二つの意味が込められているということだね。

冬香さん そういうことになるね。だから「若き女」の行動には意味があったんだ。

春輝さん 最後の一文に「持資驚きて」とあるから、「持資」はその意味を知って本当に驚いたんだろうね。

冬香さん 調べてみると、古文に出てくる「驚く」は、「はっと気づく」という意味で使われることも多いんだって。それを考えると、［ Ⅲ ］ということになるよね。

春輝さん なるほど、そうだね。「持資」の気持ちが伝わってくる気がするよ。

① 会話文中［Ⅰ］、［Ⅱ］に当てはまる内容を、本文から考えて、それぞれ現代語で書きなさい。

② 会話文中［Ⅲ］に当てはまる内容として、次のア～エから最も適切なものを選びなさい。

ア 「若き女」がよんだ和歌に感動し、古い歌が持つ趣深さとおもしろさに気づいた

イ 「若き女」とのやり取りを通して、自分の教養のなさを知るとともに和歌の奥深さに気づいた

ウ 「若き女」の優しい気持ちに触れることで、一緒に和歌を作ってみたいという自分の恋心に気づいた

エ 「若き女」の行動が自分の真意を探るためであったと分かり、人を見かけで判断すべきでないと気づいた

四

次の文章は、漢文を書き下し文に書き改めたもので、陳の国を攻め取ろうと考えた楚《そ》の国の荘王が、使者に陳の国の様子を視察させ、その結果を報告させた場面のものです。これを読んで、後の(一)～(三)の問いに答えなさい。

使者曰《い》はく、「陳は伐《う》つべからざるなり。」と。荘王曰はく、「何の故ぞ。」と。対《こた》へて曰はく、「其《そ》の城郭は高く、溝壑《こうがく》は深く、蓄積《ちくし》は多く、其の国は寧《やす》し。」と。王曰はく、「陳伐つべきなり。夫《そ》れ陳は小国なり。而《しか》るに蓄積多し。蓄積多ければ、則《すなは》ち賦斂《ふれん》重く、賦斂重ければ、則ち民上《かみ》を怨《うら》む。城郭高く、溝壑深ければ、則ち民力罷《つか》

（天沢夏月『ヨンケイ!!』による。）

（注）雨夜……エース区間の二走を走るメンバー。
サーフェス……走行面。
サトセン……陸上部の顧問。
酒井……陸上部の部員。

(一) 文中□に当てはまる語句として、次のア～エから最も適切なものを選びなさい。

ア リレーはタイム　イ リレーはパズル
ウ 一走はブースター　エ 二走はロケット

(二) 文中A――「鼻を鳴らす」という表現は、「俺」のどのような様子を表していますか、次のア～エから最も適切なものを選びなさい。

ア 得意に思っている様子。
イ 不満を感じている様子。
ウ 心が落ち着いている様子。
エ 相手の機嫌をうかがう様子。

(三) 文中B――「ただバトンを繋げばいいだけじゃないんだ」とありますが、「兄」が「俺」に伝えたい内容として、次のア～エから最も適切なものを選びなさい。

ア バトンに込められた思いに気づいてこそ、感動的なリレーになる。
イ 夢や希望を仲間と共有できるかどうかで、リレーの価値が決まる。
ウ バトンをスムーズに渡す美しさこそが、本物のリレーの良さである。
エ 本物のリレーをするには、お互いのことを深く理解する必要がある。

(四) 文中Ⅰ═「どこまでも本命の前座ってワケだ」と、Ⅱ═「エースの前座。そんな気持ちで一走を走ってたら、きっと雨夜というロケットは飛ばない」という表現から、「俺」は自分が一走を走ることを、どのように受け止めていると考えられますか、まとめて書きなさい。

(五) 文中C――「いいよ別に。本物のリレーなんか……」に込められた「俺」の心情を説明したものとして、次のア～エから最も適切なものを選びなさい。

ア 兄の過去と自分を結び付け、前向きな気持ちを抱いている。
イ 兄の助言を理解しながらも、素直に認められない部分がある。
ウ 仲間よりも、自分が速く走ることだけに集中したい思いがある。
エ 自分の気持ちを分かってもらえず、兄に対して嫌気がさしている。

三

次の文章を読んで、後の(一)、(二)の問いに答えなさい。

太田《おほた》左《さ》衛門《ゑもんの》大《たい》夫《ふ》持資《もちすけ》は上杉宣政《のりまさ》の長臣なり。鷹狩《たかがり》に出て雨に逢《あ》ひ、ある小屋に入りて蓑《みの》を借らん（借りよう）といふに、若き女の（若い女が）何とも物をば言はずして、山吹《やまぶき》の花一枝折りて出《いだ》しければ、「花を求むるにあらず。」とて怒りて帰りしに（帰ったところ）、これを聞きし人の（聞いた人が）、「それは、

七重八重花は咲けども山吹のみの一つだに（さえ）なきぞ悲しき

といふ古歌のこころなるべし。」といふ。持資驚きて、それより歌に志を寄せけり。

（『常山紀談』による。）

（注）太田左衛門大夫持資、上杉宣政……いずれも室町時代の人。
長臣……重要な職務にある家臣。
鷹狩……鷹を使って行う狩り。

「一走のおもしろさは、ロケットを飛ばすことだなんて言ってたな。」
兄は懐《なつ》かしそうに笑ってるけど、俺はまったく意味がわからない。
「つまり、あいつにとっては二走がロケットだったわけよ。俺に初めて綺麗にバトンが渡ったとき、ああ打ち上げ成功だって思ったらしい。あいつがロケット馬鹿だってことも、そのとき初めて知った。そこからぐんぐんタイムが伸びたんだから、それこそ馬鹿みたいな話だけど。」
「……［　　］だって言いたいわけ?」
ロケットの打ち上げ《ブラスト・オフ》に際し、カウントダウン・ゼロの瞬間に派手に火を噴くブースターは、ロケットという特大質量を遥《はる》か宇宙へ飛ばすために必要となる莫大《ばくだい》な推進力を補助するための装置——以前金守さんが言っていたっけな。その多くは燃料を使い果たした後、本体から切り離され投棄される。Ⅰどこまでも本命の前座ってワケだ。
「リレーってさ、不思議な競技だよな。」
人の話を聞いているのか聞いていないのか、兄はのんきな口調で話を続けた。
「四人のベストタイムの合計より、リレーのタイムの方がよかったりする。つまり、バトンで縮んでるわけだ。個人競技が多い陸上の中でさ、そういうチームワークが結果に直結する競技は珍しいよな。」
俺はA鼻を鳴らす。
「純粋な走力の勝負じゃないって意味じゃ、邪道でしょ。」
「まあ、陸上ってそういうとこあるからな。己の身一つ、その力を限界まで振り絞って戦うだけに、一切言い訳がきかない。サーフェスのコンディションとか、風とかはあるだろうけど。」
「でもリレーは、バトンっていう言い訳が入る余地がある。それがつまんねえ。」
俺は吐き捨てるように言う。なんでこんなにリレーをけなしたいんだろうな。
「かもな。でもさ、俺はサトセンが今のおまえらにリレーやらせたい気持ち、なんとなくわかるよ。」
と、兄は笑った。サトセンが、リレーをやらせたい理由?
「Bただバトンを繋《つな》げばいいだけじゃないんだ。」
真っ暗だけど、兄の目はうっすら見える。大島の星空が映り込んで、兄の目の中にプラネタリウムがあるみたいだ。ずっと星を追いかけている兄の目だから、そう見えるのだろうか。俺の目には兄が映っている。今も昔も……。酒井に言われたことをふっと思い出し、頭を振る。
「綺麗に、スムーズに、無駄なく渡そうと思ったら、結局お互いのことちゃんと知るしかない。そいつのくせとか、性格とか、その日の調子とか……そういうの全部わかってて、初めて完璧なバトンパスができるんだ。そいつのこと、なんも知らなくて、本気のバトンなんか渡せねえよ。チームメイトのこと知らずに、本物のリレーなんかできねえよ。」
穏やかだけど、強い調子だった。あの頃を思い出したように、遠くを見ている目だった。だけど、俺を見ている目だ。俺の中の、何かを見透かしている目だ。
Ⅱエースの前座。そんな気持ちで一走を走ってたら、きっと雨夜というロケットは飛ばない。頭のどこかじゃわかってる。けど、それがなんだって言うんだ。
「Cいいよ別に。本物のリレーなんか……。」
「そうか?」
なぜか兄はニコニコして言った。顔は見えなかったけど、ニコニコしていると思った。

質」なのかどうかは定《さだ》かではありません。でも、根が水の不足する環境の中で水を探し求めて伸びる性質は、「根性」という語にふさわしいものです。

（田中　修『植物のいのち』による。）

㈠　文中［Ⅰ］、［Ⅱ］に当てはまる語の組み合わせとして、次のア～エから最も適切なものを選びなさい。

ア　Ⅰ　しかし　Ⅱ　あるいは
イ　Ⅰ　たとえば　Ⅱ　しかも
ウ　Ⅰ　ところが　Ⅱ　そのため
エ　Ⅰ　なぜなら　Ⅱ　したがって

㈡　文中Ａ――「その根拠は、主に、次の三つに整理できます」とありますが、その根拠について説明したものとして、次のア～エから適切なものを全て選びなさい。

ア　根拠の一つ目では、根が水のある方向へ伸びる現象について述べている。
イ　根拠の二つ目では、土と水がないと植物は成長できないことを述べている。
ウ　根拠の三つ目では、根が伸びるには地球の重力が大きく影響することを述べている。
エ　三つに整理された根拠は、根には水を求めて伸びる力があることを示すものとなっている。

㈢　文中Ｂ――「ところが、根の成長はそうではありません」とありますが、筆者は、植物の地上部の成長と地下部の根の成長はどのように異なると述べていますか。植物の地上部の成長と地下部の根の成長がそれぞれどのようであるか、違いが分かるように、書きなさい。

㈣　本文の中で、筆者は、「根性」という言葉の意味と「根の性質」を重ねて捉えています。筆者が「根性」という語に重なると考えているのは「根の性質」のどのような点ですか、重なる点に触れながら書きなさい。

㈤　本文全体の構成や表現についての説明として、次のア～オから適切なものを二つ選びなさい。

ア　根拠を順序立てて説明することで、文章の説得力を高めている。
イ　反対意見に対して一つ一つ反論し、自分の主張を正当化している。
ウ　難解な専門用語を多用することで、格調の高い文章となっている。
エ　複数のデータを詳細に比較した上で、最後に問題提起をしている。
オ　客観的事実や現象だけでなく、筆者の主観的な見方も示されている。

二　次の文章を読んで、後の㈠～㈤の問いに答えなさい。

「昔さ、俺、金守《かなもり》と仲悪かったのよ。なのに一走と二走になっちまってさ。」

突然なんだよ、と思う。金守さん……兄の現役時代、リレーで一走を走っていた人だ。何度も会ったことがあるわけじゃないけど、兄と仲がいいのは知っている。確か宇宙工学とか、そっち系で、将来はＮＡＳＡだかＪＡＸＡだかを目指してるって。ロケットが好きなんだ。星好きの兄の同類。元々仲が悪かったなんて話は、初めて聞いたけど。

「でもあるときふっと、パズルのピースみたいに綺麗《きれい》にハマった瞬間があったんだよね。」

「ハマった瞬間？」

脳裏を雨夜《あまや》の顔がよぎる。俺は頭を振ってそれを追い出す。

国語

●満点100点　●時間45～60分

一　次の文章を読んで、後の㈠～㈤の問いに答えなさい。

畑や花壇の土は、地表面の近くが乾燥していても、地中の深くでは、水を含んでいます。そのため、「根は、その水を求めて、下に向かって伸びていくのではないか」と考えることはできます。［Ⅰ］、地球上には重力があり、根には重力の方向に伸びるという性質があります。ですから、根が水を求めて下に伸びていることは、重力と切り離して証明しにくいのです。［Ⅱ］、「根が水を求めて下に向かって伸びていく」とは、これまではっきりといわれてきませんでした。

しかし、近年は、「根が水を求めて下に向かって伸びていく」ことが、はっきりと認められるようになりました。Aその根拠は、主に、次の三つに整理できます。

一つ目は、根が水のある方向に向かって伸びる現象がよく見られることです。これは、多くの人に何となく感じられてきたものです。たとえば、土の中の配水管などの割れ目から水が漏れていると、割れ目に向かって多くの根が伸びる現象が観察されてきました。

二つ目は、シロイヌナズナという植物に、突然変異で重力を感じなくなった個体が生まれたことです。この個体の根は、重力を感じることはありません。ところが、その根は土の中深くに多くある水を求めて下に伸びるのです。

三つ目は、宇宙ステーションでの実験です。宇宙ステーションの中では、重力ははたらいていません。それにもかかわらず、シロイヌナズナをはじめ、レタスやヒャクニチソウなどのタネが発芽すると、根は下に伸びたのです。このとき、発芽した芽生えの下には、水を含んだロックウールが置かれていました。

ロックウールというのは、岩石を加工して、水を含むようにしたものです。根は、無重力の中に置かれた水を含んだロックウールの中へ伸びたのです。地球上では、重力があるために見えにくい「根は、水を求めて伸びる」という性質が、無重力の宇宙で、はっきりと示されたのです。

このように、根には、水を求めて伸びる力が備わっているのです。この力があるからこそ、根は、土の中を下に向かって、〝深く〟伸びます。土の表面は乾燥していても、地面の下には、深くなればなるほど水分があり、その水を求めて、植物たちは長く根を伸ばすのです。

この力は、同じ種類の植物が湿った土で育った場合と、乾燥した土で育った場合の根の成長を比較すると、よくわかります。植物の地上部は、湿った土で育ったほうが乾燥した土の場合よりも、植物の成長ははるかに上まわります。そのため、隠れて見えない地下部の根の成長も、湿った土のほうが乾燥した土の場合よりも、よいように想像されます。

Bところが、根の成長はそうではありません。実際に掘って確かめてみると、湿った土で育った根はそれほど伸びていないのに比べて、乾燥した土で育った根は、湿った土で育った根に比べて、ずっときめ細かく深く張りめぐらされています。乾燥した土地で育つ植物の根は、水を求めてたくましく伸びるのです。

根は、水が少なく不足しているという逆境の中で、水を探し求めるように、また、少しでも水をくまなく吸収できるように、きめ細かく深くに張りめぐらせるのです。水が不足するという条件の中で、根の〝根性〟を感じさせるような伸び方です。

「いろいろな困難や苦労にくじけない性質」に、「根性」という語が当てられます。この語の語源が、文字の並びの通りに「根の性

2022年度／群馬県公立高等学校（後期）

英語解答

1 No.1 C　No.2 B

2 No.1 ア　No.2 エ　No.3 ウ

3 No.1 ①…イ ②…ウ　No.2 D

No.3 （例）Because they are sleeping in the morning.

4 (1) （例）How is the weather in Kyoto ?

(2) （例）Where are you going to visit today ?

(3) （例）What time will you leave Kyoto ?

5 ア tell　イ call　ウ made

エ enjoyed　オ drawn

6 (1) A…ウ　B…イ

(2) ①…C　② chicken

(3) ア，オ

7 (1) ① （例）She joined the music club.

② （例）Because she wanted to make people's lives better.

(2) エ→ウ→ア→イ

(3) （例）why you want to do it

(4) ア，エ

8 （例1）I would like to write e-mails. If I write e-mails to people in other countries, I'll learn how to express myself in English. Also, reading e-mails from them will be fun, so I can enjoy learning and improve my English.（40語）

（例2）Listening to English songs is the best for me. I like music, so I listen to my favorite English songs many times. This helps me learn a lot of words. I'll never forget them because I remember the songs.

（39語）

1〔放送問題―英問英答〕

No.1《全訳》A：明日はウォーキングのイベントに行くんだよね。何を持っていけばいいかな？／B：帽子と飲み物が必要だよ，ケン。／A：わかった。昼食はいるんだっけ？／B：いらないよ。現地でお昼をもらえるからね。そうだ，傘を持ってくるのを忘れないで！

Q：「ケンは明日何を持っていけばいいか」―C

No.2《全訳》A：トム，向こうにある写真を見て。私の妹〔姉〕が写ってるわ。／B：その写真には女の子が4人写ってるね，メアリー。どの子が妹さん〔お姉さん〕なの？　髪の長い子？／A：いいえ。両手に2つジャガイモを持ってるのが妹〔姉〕よ。／B：ああ，この子か。とても楽しそうだね！

Q：「メアリーの妹〔姉〕はどれか」―B

2〔放送問題―適文選択〕

No.1《全訳》ユカ（Y）：今度の土曜日，何か予定はある？／ジョン（J）：うん。友達とバスケをするんだ。／Y：どこでやるの？／J：体育館だよ。

No.2《全訳》ユカ（Y）：こんにちは，ジョン。あら，疲れてるみたいね。大丈夫？／ジョン（J）：うん，大丈夫。でも少し眠いんだ。／Y：どうして？／J：今朝，早起きしないといけなかったんだ。

No.3《全訳》ユカ（Y）：ジョン，このポスターを見て。この映画，見たことある？／ジョン（J）：いや。見たいとは思ってるよ。／Y：いい映画よ。見た方がいいわ。／J：うん，そうするよ。

3〔放送問題―要旨把握・英問英答〕

《全訳》おはようございます！　ABCパークへようこそ。当パークには皆様に楽しんでいただける場所がたくさんあります。皆様の現在地は北エリアです。このエリアには高い塔があり，パークの全てのエリアから見ることができます。東エリアには美術館があり，そこでは美しい絵画をお楽しみいただけます。南エリアには，広い庭園があります。そこでは美しい花々をご覧になれます。ただし，ご注意ください。現在，当パークでは西エリアから南エリアまで新しい道路を建設中です。そのため，東エリアを通ってしか南エリアへ行くことはできません。もし動物がお好きでしたら，西エリアにある動物園を訪れてみてください。そこではたくさんの動物を見ることができ，この動物園ではパンダが一番人気があります。ただし，もし午前中にパンダをご覧になっても，ちょうどパンダの睡眠中になってしまいます。ですから，パンダを見るなら午後が一番いい時間です。皆様にABCパークで楽しく過ごしていただけるよう願っております。ありがとうございました！

＜解説＞No.１．①「美術館」　第６文参照。　②「大きな庭園」　第７文参照。　No.２．第10文参照。工事中なので通れない。　No.３．「このパークでパンダを見るのに一番いい時間が午後なのはなぜか」―「午前中はパンダが眠っているから」　最後から４，３文目参照。‘理由’を表すBecause「（なぜなら）～だから」で始め，pandas は they に直すとよい。

4〔対話文完成―適文補充―絵を見て答える問題〕

≪全訳≫タクヤ（Ｔ）：(1)(例)京都のお天気はどう？／レオ（Ｌ）：こっちは晴れてるよ。旅行日和さ。／Ｔ：へえ，君はとてもラッキーだね。(2)(例)今日はどこを訪れる予定なの？／Ｌ：今日はお城と有名なお寺を訪れる予定なんだ。／Ｔ：それはいいね。明日帰ってくるんだっけ？　(3)(例)何時に京都を出発するの？／Ｌ：２時だよ。新幹線で４時間くらいかかるんだ。だから，家に着くのは６時頃だね。

＜解説＞(1)天気のイラストがあり，レオがここは晴れていると答えていることから，京都の天気を尋ねたとわかる。「どのような，どんな」という‘様子’を尋ねる疑問詞として語群から how を選び，The weather is ～「天気は～だ」を疑問文の語順にして How is the weather とする。文末に‘場所’を表す in Kyoto を置く。‘What＋be動詞＋主語＋like？’「～はどのようなもの〔様子〕か」の形を用いて What is the weather in Kyoto like？とすることもできる。　(2)京都の観光名所と考えられるイラストがあり，レオが今日訪問する予定の場所を答えていることから，今日はどこを訪問する予定かを尋ねたとわかる。‘場所’を尋ねる疑問詞として語群から where を選ぶ。レオの答えを参考に「～する予定だ」を表す be going to ～ を用いて Where are you going to visit という疑問文をつくり，文末に today を置く。　(3)京都に停車する新幹線と時計のイラストがあり，タクヤがレオは明日帰ってくると言っていることと，レオが時刻を答えていることから，明日，京都を出発する時刻を尋ねたとわかる。語群から what を選び，What time「何時」で始める。未来のことを尋ねる文なので will you ～ とし，leave「～を出発する」を用いて「京都を出発する」を leave Kyoto と表す。また your train を主語にして What time does your train leave Kyoto？とすることもできる。電車の発車時刻のような‘確定的な未来’は，一般に現在形で表す。

5〔長文読解―適語選択・語形変化―説明文〕

≪全訳≫❶今日はカードゲームで遊びます。そこで，皆さんにそのゲームについてご説明します。❷群馬ではこのゲームで遊ぶ子どもたちが多いと思います。僕たちはこれを「上毛かるた」と呼んでいます。44枚の絵札と44枚の読み札があります。読み手が札を読み上げたら，皆さんはその読み札の意味を表す絵札を見つけなければなりません。すばやく絵札に触れましょう。最初に絵札に触れれば，その絵札を獲得できます。相手よりもたくさんの絵札を取れたら，そのゲームはあなたの勝ちです。❸「上毛かるた」は，子どもたちが群馬について学ぶ手助けをするため，1947年につくられました。それ以来，群馬の人々は上毛かるたで遊んで楽しんできました。絵札に描かれている有名な場所や人物について学ぶことができます。一緒に楽しく群馬について学びましょう。

＜解説＞ア．これからかるたの説明を始めるところで，直後に you があるので‘tell＋人＋about＋物事’「〈人〉に〈物事〉について教える，伝える」の形にする。助動詞の will（'ll は will の短縮形）の後なので，原形のまま用いる。　イ．it はその前の文の this game「このゲーム」を指しており，人々はこれを上毛かるたと呼んでいる，という文だと判断できるので，‘call＋*A*＋*B*’「*A*を*B*と呼ぶ」の形にする。ふだんからそう呼んでいるということなので，現在形として call のまま用いる。
ウ．このかるたがつくられた時期と目的を説明した部分なので，make を過去分詞の made にして使い，‘be動詞＋過去分詞’の受け身形で「つくられた」という意味にする。　make－made－made
エ．enjoy ～ing で「～するのを楽しむ，～して楽しむ」。直前に have があるので，‘have/has＋過去分詞’という現在完了の形で enjoyed とする。　enjoy－enjoyed－enjoyed　オ．空所を含む文の述語動詞は can learn なので，空所から cards までは famous places and people を修飾する部分になるとわかる。絵札には場所や人物が「描かれている」のだから，draw「～を描く」を，受け身の意味を持つ形容詞的用法の過去分詞の drawn にする。　draw－drew－drawn

6〔長文読解総合―会話文〕

≪全訳≫**1**アヤの父(F)：ノラ，英語のメニューをどうぞ。
2ノラ(N)：まあ，ありがとうございます。
3F：A何か食べられないものはあるかな？
4N：はい。牛肉が食べられないんです。あと，卵アレルギーがあります。
5F：スマホでこの二次元コードを読み取ると，カレーに使われている材料やアレルギーに関する情報をチェックできるよ。
6N：ええっと。すごい！　これで自分が食べられるものがわかりますね。
7アヤ(A)：あなたは辛いカレーは好き？
8N：うん。一番辛いのにするわ。そうするとどのセットが一番いいのかな？　えっと，アイスクリームが食べたいな。でも飲み物はいらないわ。オーケー，決まったよ。
9A：私はアイスクリームとリンゴジュースが欲しいから，このセットにして，野菜カレーを食べるわ。お父さんはどうするの？
10F：僕は牛肉が好きなんだ，あとはコーヒーを飲みたいな。だからBセットにするよ。
【メニュー】メニュー／アレルギーに関するより詳しい情報についてはこの二次元コードをご利用ください！／野菜，ビーフ，チキンの中からカレーをお選びください　野菜…辛くない　ビーフ…辛い　チキン…激辛／Aセット：800円　1種類のカレーをお選びください　ライス，サラダつき／Bセット：950円　1種類のカレーをお選びください　ライス，サラダ，ドリンクつき／Cセット：1100円　1種類のカレーをお選びください　ライス，サラダ，アイスクリームつき／Dセット：1200円　1種類のカレーをお選びください　ライス，サラダ，ドリンク，アイスクリームつき／お飲み物：リンゴジュース，オレンジジュース，コーヒー
113人は食事がくるのを待ちながら，メニューの二次元コードについて話している。
12N：このメニューに二次元コードがついててよかった。二次元コードってすごく便利。欲しい情報を早く簡単に入手できるんだね。
13A：うん。今はいろんな場所でこういう二次元コードが見られるよね。
14F：この種の二次元コードを開発したのは日本人の技術者だそうだよ。その人は，バーコードよりも優れたものをどうしてもつくりたかったんだって。
15N：バーコードの何が問題なんですか？
16F：バーコードだとたくさんの情報を入れられないんだ。線しかないからね。ある日，その人は，黒と白の石を使った伝統的なボードゲームをしているときに，二次元コードのアイデアを思いついたんだ。それが何だったかわかるかい？
17A：うーんと，碁じゃないかしら。
18F：Bそのとおり。二次元コードはそのボードゲームと見た目が似ているんだ。二次元コードの中にはたくさんの小さな白黒の形があるね。それらを変化させることで，数多くの違った二次元コードをつくることができるんだ。小さな二次元コードでも，バーコードより多くの情報を入れられるんだよ。
19A：おもしろい！　テレビやポスター，教科書でも二次元コードを見かけるわ。それに，病院や会社でも使われてるって聞いたことがあるよ。
20F：開発者の人は，二次元コードは全ての人にとって非常に役立つと考えたんだ。だから，世界中の人たちに無料で二次元コードを使ってほしかったのさ。今では，僕たちは簡単に二次元コードを使ったりつくったりできるよね。
21N：1つのいいアイデアが私たちの生活を向上させてくれたんですね。
22A：私も本当にそう思うわ。あっ，カレーがきた。とってもいいにおい！

(1)＜**適文選択**＞A．この後，食べられない食品やアレルギーのある食品を答えているので，食べられないものはあるか尋ねたのだとわかる。　B．二次元コードを思いつくきっかけとなったボードゲームは何かと問われたアヤは，碁ではないかと答えた。この後に続く内容や添えられた絵と写真から，アヤの推測が正しかったことがわかる。

(2)＜**英問英答**＞「ノラはどのセットとカレーを食べることに決めたか」―「彼女はCセットでチキンカレーを食べることに決めた」　第8段落と【メニュー】参照。一番辛いのはチキンカレーで，アイスクリームはついているが飲み物がつかないのはCセットである。

(3)＜**内容真偽**＞ア．「メニューの二次元コードを使うことで，ノラは自分に必要な情報を得た」…○　第5，6段落に一致する。　イ．「アヤはリンゴジュースを飲みたかったので，Bセットを選んだ」…×　第9段落および【メニュー】参照。アヤの食べたいアイスクリームが，Bセットにはついていない。　ウ．「ある日本人技術者は，テレビを見ているときに二次元コードのアイデアを思いついた」…×　第16段落参照。　エ．「二次元コードよりもバーコードの方がたくさんの情報を入れられる」…×　第18段落参照。　オ．「ノラとアヤは，その技術者のアイデアが人々の生活を良い面で変化させたと考えている」…○　第21，22段落に一致する。

7〔長文読解総合―エッセー〕

《**全訳**》自分の将来の人生について考えている若い人たちへ／佐藤ハルナ／2022年2月22日

❶自分の人生における重要なことを決める際，私たちはどうするべきでしょうか？　私はこれまで真剣に考えて，自分が本当にしたいことを選んできました。私はある銀行に30年間勤めてきました。私は自分の仕事と人生が大好きです。皆さんに私の経験から何かを学んでいただければ幸いです。

❷中学生の頃，どの部活に入るかを決めなければなりませんでした。たくさんの部活があり，私には2つの選択肢がありました。1つ目の選択肢は音楽部でした。私は歌うといつも気分が良くなりました。大勢の人の前で歌を歌いたいと思ったのです。2つ目の選択肢はバレーボール部でした。友人のミキが自分と一緒にバレーボール部に入ってほしいと私に頼んだのです。彼女と一緒に過ごしたいとは思いましたが，スポーツをするのはあまり好きでありませんでした。とても真剣に考えた後，私は自分が本当に好きな部活に入りました。その部活では楽しいことも，またときには嫌なこともありましたが，自分は正しい選択をしたと考えています。

❸高校生活では，勉強をがんばりました。新しいことを学ぶのが好きだったので，大学に進学したかったのです。両親は私にこう言いました。「あなたは大学で何を学びたいの？」　私は「数学を学びたいの」と言いました。すると両親は，「どうして大学で数学を学びたいの？」と言いました。私は大学で数学を学ぶということについてよくわかっていなかったので，その質問に答えられませんでした。／→エ．私は両親の質問についてもっとよく考えてみたかったので，数学に関する本を読み始めました。／→ウ．そういった本を通じて，数学が世界中の数多くの便利な物を開発するのに利用されていることを知りました。／→ア．例えば，電話やコンピュータを開発するのに数学が利用されていました。／→イ．また，数学を勉強することで考え方を学べることがわかりました。／ある日，私は両親にこう言いました。「私，大学で数学を学ぶことで，人々の暮らしをもっと良くしたいの」　両親は私が答えを見つけたことを喜んでくれました。

❹大学では，数学を学ぶことに集中できて幸せでした。大学での数学の勉強は，高校での数学とは大きく異なっていました。ときには難解な理論を理解するのに数日かかることもありました。それでも私が諦めなかったのは，私には数学を学ぶ理由があったからです。自分が本当にやりたいことを知ることは大切です。また，なぜ自分がそれをしたいのかを知ることも，とても大切だと私は思います。

❺大学で学んだ後，私は銀行に就職しました。私がこの仕事を選んだのは，データを分析するのが本当に好きだったからです。現在は，お客様に有用なアドバイスをすることができています。余暇の時間にはよく歌を歌います。ミキと私は今でも親友です。自分の人生で本当にしたいことをしているので，私は幸せです。

❻私から皆さんへのアドバイスは，真剣に考えて，自分が本当にしたいことを選ぶことです。自分の人

生でしたいことは何なのかを自らに問うべきなのです。(例)自分がそれをしたいのはなぜなのかも自らに問うべきなのです。もしこれらの質問に対する答えが見つかったら，決して諦めることなく人生を楽しんでいけることでしょう。

⑴＜**英問英答**＞①「佐藤さんは中学生のとき，何部に入ったか」—「音楽部に入った」　第２段落参照。　②「佐藤さんが大学で数学を学びたかったのはなぜか」—「人々の生活をより良くしたかったから」　第３段落最後から２文目参照。

⑵＜**文整序**＞空所の前では，なぜ大学で数学を学びたいのかを両親から問われたが，大学で数学を学ぶことについての知識がなかったために答えられなかったとある。これに続く内容として，その質問に答えるために数学に関する知識を得ようと本を読み始めたというエを置く。数学が実用的な物の開発に利用されていることがわかったというウは，本を読んだ結果としてエに続ける。ウのthem は，エの最後の books about math を指している。For example「例えば」で始まるアは，ウの many useful things の具体例を示す文としてウの後に置く。Also「また」で始まるイは，ウで述べた数学の実用的な意義に加えて，物の考え方を学ぶのにも役立つという数学のもう１つの意義をつけ加える文なので，ウ→アのさらに後にくる。

⑶＜**適文補充**＞第４段落最後の２文に，what we really want to do「私たちが本当にしたいことは何か」と why we want to do it「私たちがそれをしたいのはなぜか」を知ることが大切だとある。空所の前の文に what you want to do「あなたがしたいことは何か」を自問自答するべきだとあり，それとともに自問自答するべきことなので，第４段落の表現を利用して主語を we から you に置き換え，why you want to do it「あなたがそれをしたいのはなぜか」とすると，佐藤さんが大切だと考える２つの質問内容となる。

⑷＜**内容真偽**＞ア．「佐藤さんは30年前に銀行に勤め始め，今もそこで働いている」…○　第１段落第３文に一致する。have/has been ～ing は現在完了進行形で「(今までずっと)～している」という‘継続’を表す。　イ．「中学校で，ミキは音楽部に入って佐藤さんと一緒に長く過ごしたかった」…×　第２段落第７文参照。ミキが入りたかったのはバレーボール部。　ウ．「数学は佐藤さんの好きな科目だったので，佐藤さんの両親は彼女に大学で数学を学ぶように言った」…×　第３段落参照。大学で数学を学びたいというのは佐藤さんの自発的な意思である。　エ．「大学で，佐藤さんは数学の理論を簡単に理解できないこともあったが，彼女は挑戦し続けた」…○　第４段落第３，４文に一致する。 keep ～ing「～し続ける」　オ．「佐藤さんはそこで働いている人と一緒に歌を歌いたかったので，銀行で働くことに決めた」…×　第５段落第２文参照。データ分析が好きだったからである。

8〔**条件作文**〕

≪**全訳**≫**A**：「英語を学習する方法について話し合いましょう。自分の英語を向上させるためにどんなことができますか？　何かいい方法を知っていますか？」／**B**：「僕はときどき英語の歌を聴いています」「英語でＥメールを書くのはどうですか？　いいと思いますよ」「英語の本を読むのはすごくいいですよ」「僕はよくALTの先生と話しています」／**C**：「アイデアを紹介してくれてありがとうございます。これで４つのアイデアが出ましたが，どれもいいと思います！　自分の英語を向上させるために，あなたが一番やってみたい方法はどれですか？　そしてそれはなぜですか？」

＜**解説**＞Ｂにある４つのアイデアから１つを選び，それを試してみたい理由を，自分の趣味や経験などに基づいて述べるとよい。１つ目の解答例の訳は「私はＥメールを書きたいです。外国の人にＥメールを書けば，自分自身のことを英語で表現する方法を学べます。また，彼らからきたＥメールを読むのは楽しいでしょうから，楽しんで学び，自分の英語を向上させることができます」。２つ目の解答例の訳は「私にとっては，英語の歌を聴くのが一番です。私は音楽が好きなので，お気に入りの英語の歌は何回も聴きます。これがたくさんの単語を覚えるのに役立っています。歌を覚えているので，そういう単語を忘れることはありません」。

数学解答

1 (1) ① -4　② $5x-2$　③ $3b^2$

(2) ① $x=-2$　② $x=\dfrac{3\pm\sqrt{5}}{2}$

(3) $(x+4y)(x-4y)$　(4) 2

(5) 48°　(6) 18　(7) $\dfrac{4}{9}$

(8) ウ　(9) ウ

2 (1) ① ウ　② エ　③ ア

(2) イ，エ

3 (1) (例) 1つの円周上にある

(2) 75°

4 (1) (例) 手順Ⅱにより，
CE＝DE……②
OE は共通……③
①，②，③より，3組の辺がそれぞれ等しいから，
△OCE≡△ODE

(2) 右図

5 (1) 28個　(2) $8n-4$ 個

(3) ① 38番目

② 石の色…黒　残った個数…8個

6 (1) 22秒後

(2) ① $y=\dfrac{4}{5}x$　② $y=-\dfrac{4}{5}x+\dfrac{88}{5}$

(3) $x=6$ のとき $y=\dfrac{24}{5}$，

$x=\dfrac{28}{3}$ のとき $y=\dfrac{112}{15}$

(例)

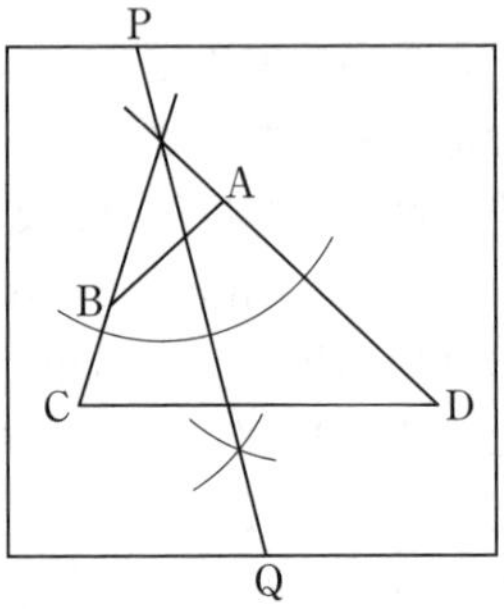

1 〔独立小問集合題〕

(1)＜数・式の計算＞①$3-7=-4$　②与式$=3x+2x-2=5x-2$　③与式$=\dfrac{12ab^3}{4ab}=3b^2$

(2)＜一次方程式，二次方程式＞①$4x-x=-1-5$，$3x=-6$　$\therefore x=-2$　②解の公式より，$x=\dfrac{-(-3)\pm\sqrt{(-3)^2-4\times1\times1}}{2\times1}=\dfrac{3\pm\sqrt{5}}{2}$ となる。

(3)＜式の計算—因数分解＞与式$=x^2-(4y)^2=(x+4y)(x-4y)$

(4)＜数の計算＞与式$=2a+b-a-4b=a-3b$ として，これに $a=3$，$b=\dfrac{1}{3}$ を代入すると，与式$=3-3\times\dfrac{1}{3}=3-1=2$ となる。

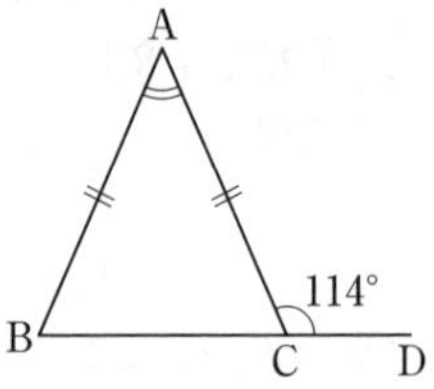

(5)＜平面図形—角度＞右図で，$\angle ACB=180°-\angle ACD=180°-114°=66°$ である。△ABC は AB＝AC の二等辺三角形だから，$\angle ABC=\angle ACB=66°$ となり，$\angle BAC=180°-\angle ABC-\angle ACB=180°-66°-66°=48°$ である。

(6)＜関数—y の値＞x と y の関係 $y=ax^2$ において，$x=-2$ のとき $y=8$ だから，$8=a\times(-2)^2$ より，$a=2$ となる。よって，x と y の関係は $y=2x^2$ となるから，$x=3$ のとき，$y=2\times3^2=18$ である。

(7)＜確率—色玉＞3個の玉から1個取り出すので，1回目の取り出し方は3通りあり，1回目に取り出した玉を箱に戻すので，2回目の取り出し方も3通りある。よって，玉の取り出し方は，全部で $3\times3=9$(通り)ある。この中で，2回のうち1回だけ赤玉が出るのは，(1回目，2回目)＝(赤，白)，(赤，青)，(白，赤)，(青，赤)の4通りだから，求める確率は$\dfrac{4}{9}$である。

(8)＜空間図形—投影図＞立面図は立体を正面から見た図，平面図は立体を上から見た図である。アは，正面から見て三角形，上から見て四角形なので，四角錐である。イは，正面から見ても上から見ても円なので，球である。ウは，正面から見ても上から見ても三角形なので，三角錐である。エは，

正面から見て三角形，上から見て円だから，円錐である。オは，正面から見て長方形，上から見て三角形なので，三角柱である。よって，三角錐の投影図は，ウである。

(9)＜データの活用＞ア…誤。A中学校の15m 未満の生徒の割合は $0+0+0.20=0.2$ である。A中学校の生徒は30人なので，15m 未満の生徒の人数は $30\times0.2=6$(人)である。　イ…誤。A中学校，B中学校の20m 以上25m 未満の階級の相対度数はどちらも0.30であるが，A中学校の生徒は30人，B中学校の生徒は40人だから，この階級の生徒の人数は，A中学校が $30\times0.30=9$(人)，B中学校が $40\times0.30=12$(人)となる。　ウ…正。25m 以上の生徒の割合は，A中学校が $0.10+0.10+0=0.2$，B中学校が $0.20+0.15+0=0.35$ だから，25m 以上の生徒が占める割合はB中学校の方が大きい。エ．A中学校，B中学校で最も遠くまで投げた生徒の記録は30m 以上35m 未満の階級に含まれるが，どちらの中学校の生徒が最も遠くまで投げたかはわからない。

2 〔数と式―数の性質〕

(1)＜数の性質＞①5は正の整数だから，自然数である。　② $\sqrt{3}$ は分母，分子を整数とする分数で表すことができないので，無理数である。　③ $\frac{3}{11}$ は分母，分子が整数の分数で，整数にはならないから，整数でない有理数である。

(2)＜数の性質＞ア…誤。自然数2の逆数は $\frac{1}{2}$ となり，自然数ではない。　イ…正。　ウ…誤。二次方程式 $x^2-x-2=0$ の解は，$(x+1)(x-2)=0$ より，$x=-1$，2となり，有理数である。　エ…正。どの有理数もどの無理数も大きさを表すので，数直線上に対応する点がある。

3 〔平面図形―四角形〕

(1)＜説明＞右図で，2点A，Bが直線CDについて同じ側にあり，∠CAD＝∠CBDだから，円周角の定理の逆より，4点A，B，C，Dは1つの円周上にある。

(2)＜角度＞右図で，(1)より，4点A，B，C，Dは1つの円周上にあるから，$\overset{\frown}{BC}$ に対する円周角より，∠BAE＝∠BDC＝25°となる。よって，△ABEの内角の和は180°だから，∠AEB＝180°−∠ABE−∠BAE＝180°−80°−25°＝75°である。

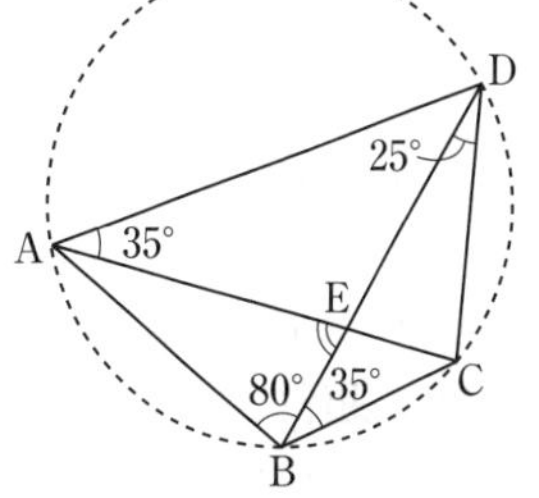

4 〔平面図形―角の二等分線〕

(1)＜証明＞右図1で，△OCEと△ODEが合同であることを示す。OC＝ODであり，手順Ⅱで，2点C，Dを中心として半径の等しい円をかいているので，CE＝DEとなる。また，OEは共通である。解答参照。

図1

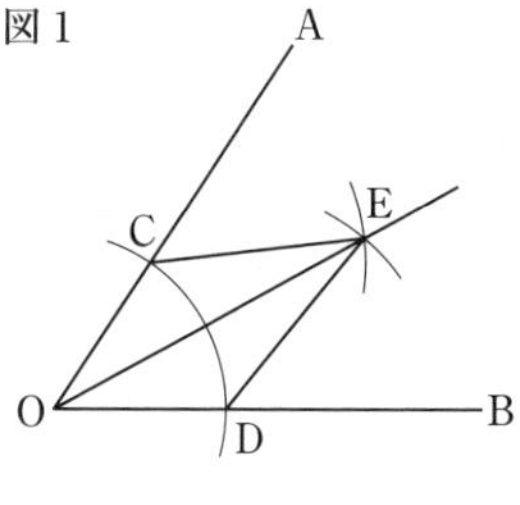

図2

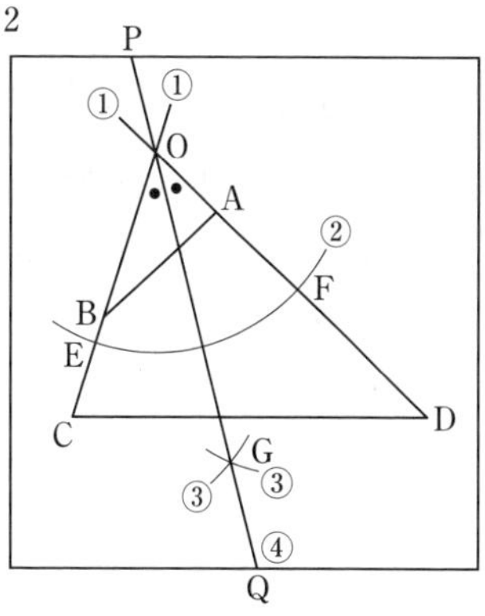

(2)＜作図＞右図2で，PQを折り目として折ると，四角形ABCDの辺BCが辺AD上に重なるので，直線BCと直線ADはPQ上で交わり，その交点をOとすると，∠COQ＝∠DOQとなる。よって，OQは∠CODの二等分線である。作図は，まず，

①辺CB，辺DAを延長する(交点がOである)。

次に，②点Oを中心とする円の弧をかき(線分OC，ODとの交点をそれぞれE，Fとする)，

③2点E，Fを中心とする半径の等しい円の弧をかき(交点をGとする)，

④2点O，Gを通る直線を引く。④の直線と正方形の折り紙の辺との交点がP，Qとなる。解答参照。

5 〔特殊・新傾向問題―規則性〕

(1)＜**石の個数**＞外側の正方形の１辺に並ぶ石の個数は，１番目は２個，２番目は$4=2\times2$(個)，３番目は$6=2\times3$(個)だから，４番目は$2\times4=8$(個)となる。正方形の辺は４本あり，４つの角にあるどの石も２本の辺上にあるので，外側に並んでいる白い石の個数は，$8\times4-4=28$(個)である。

(2)＜**石の個数**＞(1)と同様にして，n番目の外側の正方形の１辺に並ぶ石の個数は$2n$個である。辺は４本あり，４つの角にあるどの石も２本の辺上にあるので，外側に並んでいる石の個数は，$2n\times4-4=8n-4$(個)となる。

(3)＜**nの値，色，石の個数**＞①n番目の正方形をつくったときにどちらかの色の300個の石をちょうど使い切ったとする。(2)より，n番目の正方形の外側に並んでいる石の個数は$8n-4$個だから，$8n-4=300$が成り立つ。これを解くと，$8n=304$より，$n=38$(番目)となる。　②外側の石の色は，１番目が黒，２番目が白，３番目が黒より，奇数番目が黒，偶数番目が白となる。①より，38番目の正方形をつくったときにどちらかの色の300個の石をちょうど使い切っているので，38番目の正方形の外側の石の色が白より，使い切ったのは白い石である。よって，残ったのは黒い石となる。38番目の正方形に並んでいる黒い石の個数は，37番目の正方形の外側に並んでいる黒い石の個数と同じだから，$8\times37-4=292$(個)である。したがって，残った石の個数は$300-292=8$(個)である。

6 〔関数―図形の移動と関数〕

図１

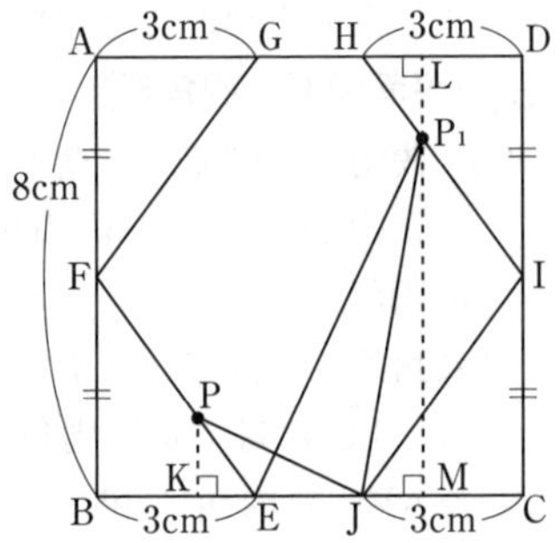

(1)＜**時間**＞右図１で，２点F，Ｉは辺AB，CDの中点だから，$AF=BF=DI=CI=\frac{1}{2}AB=\frac{1}{2}\times8=4$となる。$AG=BE=DH=CJ$だから，△AGF，△BEF，△DHI，△CJIは合同な直角三角形となる。△BEFで三平方の定理より，$EF=\sqrt{BF^2+BE^2}=\sqrt{4^2+3^2}=\sqrt{25}=5$だから，$FG=HI=IJ=EF=5$となる。また，$GH=AD-AG-DH=8-3-3=2$だから，$EF+FG+GH+HI+IJ=5+5+2+5+5=22$となる。点Pは毎秒1cmの速さで動くので，点PがＪに到着するのは，Ｅを出発してから$22\div1=22$(秒)後である。

(2)＜**関係式**＞①右図１で，点Pから辺BCに垂線PKを引く。$\triangle KEP\backsim\triangle BEF$となるから，$PK:FB=EP:EF$である。$EP=1\times x=x$だから，$PK:4=x:5$が成り立ち，$PK\times5=4x$より，$PK=\frac{4}{5}x$となる。$EJ=8-3-3=2$だから，$\triangle EJP=\frac{1}{2}\times EJ\times PK=\frac{1}{2}\times2\times\frac{4}{5}x=\frac{4}{5}x$であり，$y=\frac{4}{5}x$となる。　②図１で，辺HI上にあるときの点Pを$P_1$とする。点$P_1$を通り辺CDに平行な直線と辺AD，BCとの交点をそれぞれL，Mとする。$\triangle LHP_1\backsim\triangle DHI$となるから，$LP_1:DI=HP_1:HI$である。また，$EF+FG+GH+HP_1=1\times x=x$，$EF+FG+GH=5+5+2=12$だから，$HP_1=(EF+FG+GH+HP_1)-(EF+FG+GH)=x-12$となる。よって，$LP_1:4=(x-12):5$が成り立ち，$LP_1\times5=4(x-12)$より，$LP_1=\frac{4}{5}x-\frac{48}{5}$となる。$LM=AB=8$だから，$P_1M=LM-LP_1=8-\left(\frac{4}{5}x-\frac{48}{5}\right)=-\frac{4}{5}x+\frac{88}{5}$となる。したがって，$\triangle EJP_1=\frac{1}{2}\times EJ\times P_1M=\frac{1}{2}\times2\times\left(-\frac{4}{5}x+\frac{88}{5}\right)=-\frac{4}{5}x+\frac{88}{5}$となるので，$y=-\frac{4}{5}x+\frac{88}{5}$である。

(3)＜**x，yの値**＞△EJPと△EJQの底辺をEJと見ると，面積が等しくなるのは高さが等しくなるときである。次ページの図２で，点PがF，G，H，Ｉ，Ｊに着くのは，Ｅを出発してから，それぞれ，$5\div1=5$(秒)後，$(5+5)\div1=10$(秒)後，$(5+5+2)\div1=12$(秒)後，$(5+5+2+5)\div1=17$(秒)後，22秒後である。点Qは点Pが出発してから３秒後に出発し，毎秒2cmの速さで動くので，点QがF，G，H，Ｉ，Ｊに着くのは，点PがＥを出発してから，それぞれ，$3+5\div2=\frac{11}{2}$(秒)後，$3+$

$10\div2=8$(秒)後，$3+12\div2=9$(秒)後，$3+17\div2=\frac{23}{2}$(秒)後，$3+22\div2=14$(秒)後である。これより，点Qは線分FG上で点Pと重なる。このときの2点P，QをそれぞれP_2，Q_2とすると，$\triangle EJP_2=\triangle EJQ_2$となる。$EF+FP_2=EF+FQ_2$だから，$x=2(x-3)$が成り立ち，$x=2x-6$，$x=6$となる。また，点QがHを通り過ぎた後に点PはGに着くので，点Pが線分FG上，点Qが線分HI上を動いているときに高さが等しくなることも考えられる。このときの2点P，QをそれぞれP_3，Q_3とすると，図形の対称性から，$EF+FP_3=Q_3I+IJ$となる。$EF+FP_3=x$である。$EF+FG+GH+HI+IJ=22$，$EF+FG+GH+HQ_3=2(x-3)$より，$Q_3I+IJ=22-2(x-3)=-2x+28$だから，$x=-2x+28$が成り立ち，$3x=28$，$x=\frac{28}{3}$となる。以上より，$\triangle EJP=\triangle EJQ$となるのは，$x=6$，$\frac{28}{3}$(秒)後である。ここで，点$P_2$を通り辺ABに平行な直線と辺AD，BCとの交点をそれぞれN，Rとすると，$\triangle NGP_2\backsim\triangle AGF$より，$NP_2:AF=P_2G:FG$である。$P_2G=(EF+FG)-(EF+FP_2)=10-x$だから，$NP_2:4=(10-x):5$が成り立ち，$NP_2\times5=4(10-x)$，$NP_2=8-\frac{4}{5}x$となり，$NR=AB=8$より，$P_2R=NR-NP_2=8-\left(8-\frac{4}{5}x\right)=\frac{4}{5}x$である。これより，$\triangle EJP_2=\frac{1}{2}\times2\times\frac{4}{5}x=\frac{4}{5}x$となるので，$y=\frac{4}{5}x$である。したがって，$x=6$のとき，$y=\frac{4}{5}\times6=\frac{24}{5}$(cm^2)である。また，点$P_3$は線分FG上にあるので，同様にして，EJを底辺としたときの高さは$\frac{4}{5}x$となり，$y=\frac{4}{5}x$と表せる。$x=\frac{28}{3}$のとき，$y=\frac{4}{5}\times\frac{28}{3}=\frac{112}{15}$(cm^2)となる。

図2

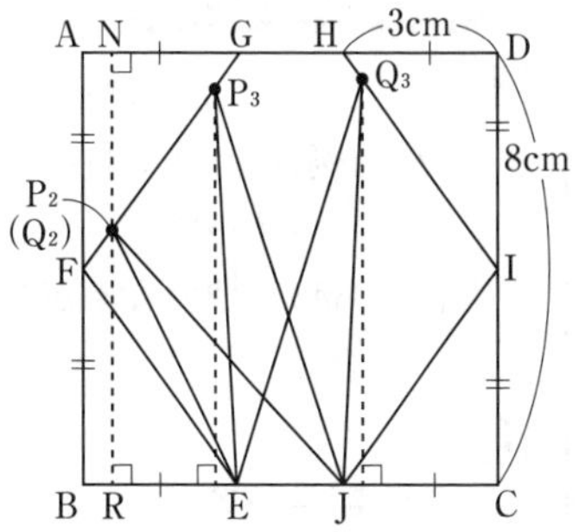

＝読者へのメッセージ＝

5で，正方形の外側に並んでいる石の個数は，1番目から，順に，4個，12個，20個となり，8個ずつ増えています。4，12，20，……のように，一定の数ずつ増える数の列を「等差数列」といいます。高校で詳しく学習します。

社会解答

1 (1) ア　(2) (例)島が多い
(3) (例)キリスト教徒への迫害
(4) ウ→イ→ア
(5) (例)地域の人々が互いに協力し助け合う

2 (1) イ
(2) 記号…ア
理由　(例)冬の季節風の影響で，冬の降水量が多いため。
(3) ①…イ
② (例)暖かい空気を地上に送り，茶を霜の被害から守る役割。
(4) 新潟県…ウ　長野県…イ

3 (1) イ　(2) C　(3) エ
(4) (例)石炭と鉄鉱石を得やすかった
(5) ア，イ，エ

4 (1) 高床倉庫　(2) エ
(3) ウ→イ→ア　(4) ウ
(5) (例)ヨーロッパの書物を輸入する

5 (1) ア　(2) ウ
(3) (例)ヨーロッパで戦争が行われている間に，中国で勢力を伸ばすこと。
(4) ウ　(5) エ

6 (1) イ　(2) 為替相場〔為替レート〕
(3) ウ
(4) ①…ウ
② (例)賞味期限〔消費期限〕が近い食品を先に売ることで，売れ残りを減らすことができるから。

7 (1) ウ　(2) イ，エ　(3) エ
(4) (例)常任理事国の中で反対した国があったこと。
(5) (例)どのクラスも，体育館と校庭を1回ずつ利用できるようになっている点。

1〔三分野総合―長崎県をテーマとした問題〕

(1)＜**対馬海流**＞日本海を南西から北東に向かって流れているのは，暖流の対馬海流である。なお，リマン海流は日本海を大陸に沿って南下する寒流である。また，日本の太平洋側では，南西から北東に向かって暖流の黒潮〔日本海流〕，北東から南西に向かって寒流の親潮〔千島海流〕が流れている。

(2)＜**長崎県の海岸線**＞図からわかるように，長崎県の海岸線は全体的に入り組んでおり，岬と湾が複雑に連なるリアス海岸も見られる。また，対馬や五島列島などをはじめとして島が多い。そのため，長崎県は面積が大きくないにもかかわらず，海岸線距離は北海道に次いで全国2位となっている。

(3)＜**島原・天草一揆**＞島原・天草一揆は，江戸時代の1637年，島原(長崎県)や天草(熊本県)の人々が天草四郎を大将として起こした一揆であり，幕府によって鎮圧された。一揆の原因となったのは，この地域を支配した大名が農民に重い年貢を課したこと，キリスト教徒の弾圧を行ったことである。資料Ⅲの陣中旗の中央には，キリスト教の象徴である十字架が描かれている。

(4)＜**年代整序**＞年代の古い順に，ウ(1946年―日本国憲法公布)，イ(1955年―第1回原水爆禁止世界大会)，ア(1971年―国会で非核三原則を決議)となる。

(5)＜**災害時の公助・共助・自助**＞災害への対応には，消防や警察，行政などが被災者を救助・援助する「公助」，地域の人々が互いに協力し助け合う「共助」，自分自身や家族を守る「自助」がある。資料Ⅳでは，災害が多発する中，県や市町など行政の対応＝「公助」だけでは十分な対応ができない場合があると述べている。また資料Ⅴでは，阪神・淡路大震災において身動きが取れなくなった際，「自助」(「自力で」「家族に」)や「共助」(「友人・隣人に」)で救助された人の割合が高いことが示されている。これらをふまえて，花子さんが発表した文章では，「公助」だけでなく「共助」や「自助」を盛んにすることが大切であると述べている。文章中の［iii］に入るのは「共助」にあたる内容である。

2〔日本地理―中部地方，地形図〕

(1)＜**日本アルプス**＞中部地方には，飛驒山脈(北アルプス)，木曽山脈(中央アルプス)，赤石山脈(南アルプス)という３つの険しい山脈があり，これらをまとめて日本アルプスと呼ぶ。

(2)＜**日本海側の気候**＞冬に北西から吹く季節風は，日本海の上空で水蒸気を含み，山地にぶつかって雪を降らせるため，Ａ(高田)を含む日本海側の地域では冬の降水量が多い(日本海側の気候)。したがって，アがＡのグラフとなる。なお，年間降水量が少なく夏と冬の気温差が比較的大きいイは内陸性の気候〔中央高地の気候〕に属するＢ(松本)，夏に南東から吹く季節風の影響で夏の降水量が多いウは太平洋側の気候に属するＣ(名古屋)である。

(3)＜**地形図の読み取り，茶の栽培の工夫**＞①特にことわりのないかぎり，地形図では上が北となる。また，２万５千分の１の地形図では，等高線(主曲線)は10ｍごとに引かれており(資料Ⅲの地形図で傾斜が特に緩やかな場所では，５ｍごとに引かれた補助曲線も使われている)，等高線の間隔が広い所は緩やかな斜面，狭い所は急な斜面となる。Ｘ－Ｙに沿って標高点や等高線を見ていくと，Ｘの地点の標高はおよそ95～100ｍであり，そこから南東へ向かって緩やかに標高が下がっていき，「大鐘家住宅」の「大」の文字に近い位置でおよそ70ｍとなる。この場所では，間隔の狭い等高線が標高の高い方へ向かって入り込んでおり，小さな谷となっている。さらに進むと，谷の反対側に標高70ｍほどの平地が少し続いた後，急斜面で「大磯」の集落へ下り，Ｙの地点にある三角点は標高5.2ｍとなっている。以上のような起伏に一致する断面の模式図はイとなる。　②資料Ⅴから，茶の新芽は寒さに弱く，霜が降りると大きな被害を受けることがわかる。また資料Ⅵから，上空は地上付近に比べて気温が高く，資料Ⅳの設備は上空から地上へ向かって風を送る機能を持つことがわかる。つまり，資料Ⅳの設備(防霜ファン)は，上空の暖かい空気を地上に送ることで，茶を霜の被害から守る役割を果たしている。

(4)＜**都道府県の統計**＞アは，輸送用機械器具の出荷額が特に多く，食料品と金属製品の出荷額も３県中で最も多いことから，中京工業地帯に属する愛知県である。イは，野菜と果実の産出額割合が高いことから，高原の涼しい気候を利用した野菜栽培やりんごなどの果実栽培が盛んな長野県である。ウは，米の産出額割合が高いことから，水田単作地帯が広がり米の生産量が全国有数の新潟県である。

3〔世界地理―北アメリカ大陸〕

(1)＜**東京と緯度が近い都市**＞東京の緯度はおよそ北緯35度である。

(2)＜**北アメリカの環太平洋造山帯**＞地震や火山の噴火が起こりやすい地域は，大地の活動が活発な新期造山帯に属する，アルプス・ヒマラヤ造山帯と環太平洋造山帯である。そのうち環太平洋造山帯は，太平洋を取り巻くように連なり，北アメリカ大陸では西部のロッキー山脈からメキシコを通り，南アメリカ大陸西部のアンデス山脈へとつながる。Ａ～Ｃのうち，環太平洋造山帯にあたる地域はＣとなる。

(3)＜**センターピボット**＞センターピボットは，円形の農地の中央で地下水をくみ上げ，スプリンクラーで散水するかんがい農業のしくみである。アメリカ合衆国中西部のグレートプレーンズ周辺では，センターピボットを利用して小麦やとうもろこしなどの栽培が行われている。なお，サンベルトは，現在のアメリカ合衆国で工業の中心となっている北緯37度以南の地域を指す。フィードロットは，肉牛などを効率よく肥育する施設である。プランテーションは，主にヨーロッパの植民地であった地域で見られる大農園で，輸出用の商品作物の大規模栽培を行っている。

(4)＜**ピッツバーグの鉄鋼業**＞五大湖に近い地域では，周辺で産出する石炭と鉄鉱石を，水運を生かして利用することができたため，19世紀から工業が発展した。この地域に位置するピッツバーグは，これらの鉱産資源を利用した鉄鋼業で栄えた。

(5)＜**資料の読み取り**＞資料Ⅰより，他の２か国からアメリカ合衆国への移民の数は825040＋11489684＝12314724(人)であり，３か国中で最も多い(ア…○)。資料Ⅰより，メキシコから他の２か国へ流出する移民の数は11489684＋85825＝11575509(人)であり，３か国中で最も多い(イ…○)。資料Ⅱ

より，カナダの失業率は，いずれの年も他の２か国より高い(エ…○)。なお，資料Ⅱより，アメリカ合衆国の失業率は年々低下している(ウ…×)。資料Ⅲより，メキシコの時間当たり賃金は３か国で最も低い(オ…×)。

4〔歴史―古代～近世の日本と世界〕

(1)＜**高床倉庫**＞稲作が広まった弥生時代には，収穫した稲などを保管するための高床倉庫がつくられた。高床倉庫は，ねずみの侵入や湿気を防ぐために床が高くなっており，はしごを使って出入りした。

(2)＜**銅鐸**＞資料Ⅱの銅鐸は，弥生時代につくられた青銅器で，祭りのための道具として用いられた。

(3)＜**年代整序**＞年代の古い順に，ウ(604年[飛鳥時代]―十七条の憲法の制定)，イ(701年[飛鳥時代末期]―大宝律令の制定)，ア（８世紀半ば[奈良時代]―東大寺・国分寺・国分尼寺の建立)となる。

(4)＜**イエズス会の布教**＞16世紀の初め，カトリック教会による免罪符の販売を批判したルターが宗教改革を始め，カルバンもこれに続いた。ルターやカルバンの教えを支持するプロテスタントの勢力がヨーロッパで拡大する中，これに対抗してカトリック教会でも改革が進められるようになった。その中心となったイエズス会は，アジアなど海外での布教に力を入れ，日本にキリスト教を伝えたフランシスコ=ザビエルなどの宣教師を派遣した。なお，オランダの東インド会社が設立されたのは17世紀初め，イギリスで産業革命が始まったのは18世紀後半，十字軍が派遣されたのは11世紀末～13世紀後半である。

(5)＜**漢訳洋書の輸入と蘭学**＞18世紀前半に享保の改革を行った徳川吉宗は，実用的な学問を奨励するため，キリスト教に関係のない漢訳されたヨーロッパの書物の輸入を認めた。18世紀後半には，杉田玄白や前野良沢らがオランダ語で書かれた人体解剖書『ターヘル・アナトミア』を翻訳し，『解体新書』として出版した。このようにして，オランダ語を通じて西洋の学問を学ぶ蘭学が発展していった。

5〔歴史―近代～現代の日本と世界〕

(1)＜**日清戦争前の東アジア**＞資料Ⅰ中では，日本と清が水中の魚(朝鮮)を釣り上げようとしており，ロシアが橋の上で様子を見守っている。これは，朝鮮を勢力下に置こうとする日本と清が対立し，ロシアも朝鮮に関心を持っている様子を表している。

(2)＜**八幡製鉄所の建設**＞日清戦争(1894～95年)の講和条約である下関条約により，日本は清から約２億両《テール》(当時の日本の国家予算の約3.6倍)の賠償金を得た。この賠償金の一部を使って，北九州に官営の八幡製鉄所が建設され，1901年に操業を開始した。なお，東海道新幹線が開通したのは1964年，富岡製糸場が操業を開始したのは1872年，鹿鳴館が完成したのは1883年である。

(3)＜**第一次世界大戦への参戦**＞1914年に第一次世界大戦が始まると，日本は日英同盟を理由に連合国側で参戦し，中国の山東省にあったドイツの拠点を攻撃した。また，1915年には資料Ⅲの二十一か条の要求を出し，ドイツが山東省に持つ権益を日本にゆずること，日本の旅順・大連の租借の期限や南満州鉄道の利権の期限を延長することなどを中国に認めさせた。資料Ⅱを見ると，日本の政治家がこの大戦を国運発展の好機ととらえていることがわかり，ヨーロッパで戦争が行われている間に中国での勢力拡大を目指していたと考えることができる。

(4)＜**1931～37年の日本**＞資料Ⅳは，日本の国際連盟脱退を報じる新聞記事である。1931年に満州事変を起こした日本は，翌年「満州国」の建国を宣言した。しかし，リットン調査団の報告に基づき，1933年の国際連盟総会において，満州からの日本軍の撤退を求める勧告が採択されたため，これを不服とする日本は国際連盟を脱退した。国際的な孤立を深めた日本は，同様に国際連盟を脱退していたドイツと接近し，1936年に日独防共協定を結んだ。

(5)＜**戦後の日中関係**＞1972年，日本と中華人民共和国〔中国〕は日中共同声明を発表し，国交を正常化した。その後，1978年には日中平和友好条約を結び，平和友好関係の発展をはかった。

6〔公民―総合〕

(1)＜**アフリカの人口増加**＞資料Ⅰ中で2010年から2050年にかけての変化を見ると，アフリカやアジアで人口が大きく増加しており，特にアフリカの増え方が大きいことがわかる。これは，発展途上国において，高い出生率に対して，医療技術の進歩などによって死亡率が下がっているためであり，このような急激な人口増加を人口爆発と呼ぶ。

(2)＜**為替相場**＞自国の通貨を他国の通貨と交換する場合のように，異なる国・地域で使われている通貨と通貨を交換する場合の交換比率を，為替相場〔為替レート〕という。現在では，為替相場は世界経済の状況を反映したそれぞれの通貨の需要・供給などに応じて常に変動している。

(3)＜**景気変動**＞好況時には，政府は公共投資を減らしたり増税を行ったりして，企業の生産や家計の消費を減らし，景気の過熱を抑えようとする(ウ…○)。政府によるこうした財政政策が行われない場合，一般的に好況時には，家計の消費が拡大して商品の売れ行きがよくなり，企業も生産を拡大させる(ア，イ…×)。

(4)＜**資料の読み取り，食品ロスの防止**＞①１人当たりの年間食品ロス発生量は，B，A，C，Dの順で多い(X…誤)。消費段階における１人当たりの年間食品ロス発生量は，B，A，D，Cの順で多い(Y…正)。　②一般に小売店では，資料Ⅳに見られるように，賞味期限・消費期限の近い食品が手前に陳列され，期限まで余裕のある食品が奥に陳列されている。消費者が手前にある食品を購入する「てまえどり」を心がけることで，賞味期限・消費期限の近いものから順に売れていくことになるため，売れる前に期限が切れて廃棄されてしまう食品を減らすことができる。

7〔公民―総合〕

(1)＜**日本国憲法改正の手続き**＞日本国憲法は国の最高法規であることから，その改正には法律の改正よりも慎重な手続きが定められている。憲法改正原案が国会に提出された場合，衆議院と参議院でそれぞれ総議員の３分の２以上の賛成で可決されれば，国会が憲法改正の発議を行う。その後，満18歳以上の国民による国民投票が行われ，有効投票の過半数の賛成があれば改正が成立する。

(2)＜**社会権**＞社会権は，人間らしい生活を保障される権利である。日本国憲法では社会権として，生存権，教育を受ける権利，勤労の権利，労働基本権〔労働三権〕(団結権，団体交渉権，団体行動権)を保障している。なお，財産権は自由権(経済活動の自由)，選挙権は参政権に含まれる。

(3)＜**化石燃料と再生可能エネルギー**＞化石燃料とは，石油や石炭，天然ガスなどを指す。化石燃料を燃やして行う発電が火力発電である。火力発電は，自然条件に左右されることなく安定的に電力を生み出すことができるが，埋蔵量に限りのある化石燃料は将来的に枯渇の可能性がある(W…①，X…③)。また，化石燃料を燃やす際に二酸化炭素が発生するため，温暖化を悪化させる原因となる。一方，再生可能エネルギーとは，太陽光や風力，地熱，バイオマスなど自然の力を利用したエネルギーである。再生可能エネルギーは，利用の際に二酸化炭素などの温室効果ガスを排出せず，環境への負担が小さいが，電力の供給が天候などの自然状況によって左右され，安定しにくい面がある(Y…④，Z…②)。

(4)＜**安全保障理事会と拒否権**＞国際連合の安全保障理事会は，アメリカ合衆国，イギリス，中国，フランス，ロシアの常任理事国５か国と，任期が２年の非常任理事国10か国で構成されている。このうち，常任理事国には拒否権が与えられており，重要事項については常任理事国のうち１か国でも反対すると決議できない。資料Ⅱのように，賛成した国の数が反対した国の数よりも多いにもかかわらず否決されたということは，反対した国の中に常任理事国が含まれていることを意味する。

(5)＜**効率と公正**＞「効率」とは，お金や物，労力などの資源が無駄なく使われているかという観点である。一方「公正」とは，手続きが適正に行われているか，一部の人にとって機会が制限されていたり結果が不当なものになったりしていないかといった観点である。資料Ⅲの場合，どのクラスも体育館と校庭を１回ずつ使えるように割り当てが行われており，機会や結果が公正であるといえる。

理科解答

1 A (1) 軟体動物 (2) ①…ア ②…エ
B (1) ①…風化 ②…侵食 (2) イ
C (1) 有機物
(2) 粉末X…食塩 粉末Z…砂糖
D (1) 遅い (2) 350m/s

2 (1) ①…ア ② a…イ b…エ
③ 葉緑体
(2) ①…アルカリ ②…イ ③…酸素
(3) (例)オオカナダモを入れないこと以外は，全て試験管Bと同じ条件の試験管。
(4) X…ア Y…ウ Z…エ

3 (1) ア
(2) ① a…イ b…イ c…凝結
② 袋…A
理由…(例)袋Aの中の空気の方が湿度が高く，先に露点に達すると考えられるから。
(3) ① 68% ② 8.7g
(4) ①…ア ②…イ
③ (例)強い雨が，短時間に降る。

4 (1) ① Zn^{2+} ②…イ
(2) ① 水素 ②…ア ③…イ
(3) (例)実験に使う水溶液や金属の量を少なくすることができる点。
(4) ① 亜鉛 ②…c ③…g ④…エ

5 (1) ① 63cm/s ②…イ
(2) ①…ウ
② (例)小球の運動の向きには，力がはたらいていないから。
(3) ① P点，T点 ② R点
(4) ①…ウ
② (例)小球は，斜面Cを飛び出した後も運動エネルギーを持ち続けるため，位置エネルギーは，P点と比べると，その分だけ小さくなるから。

1〔小問集合〕

A＜無セキツイ動物＞(1)無セキツイ動物のうち，内臓が外とう膜で包まれている動物を軟体動物という。 (2)ハチュウ類と鳥類のみに当てはまる特徴は，「殻のある卵をうむ」である。これは，ハチュウ類と鳥類は陸上で産卵するので，卵が乾燥するのを防ぐためである。また，鳥類とホニュウ類のみに当てはまる特徴は，「周囲の温度が変化しても，体温がほぼ一定に保たれる」である。このような特徴を持つ動物を恒温動物という。一方，外界の温度の変化に伴い体温も変化する動物を変温動物という。

B＜風化と侵食，堆積岩＞(1)地表にある岩石が，長い間に気温の変化や風雨のはたらきによって表面がしだいにもろくなる現象を風化という。また，風化した岩石が，風や流水のはたらきでけずりとられるはたらきを侵食という。 (2)川から海へと運ばれた土砂は，粒の大きなものほど河口に近い浅い海底で堆積し，粒の小さいものほど河口から離れた深い沖合に堆積する。また，れき，砂，泥では，最も粒が大きいのはれきで，最も粒が小さいのは泥である。よって，図のaにはれきが，bには砂が，cには泥が堆積する。

C＜有機物＞(1)焦げて炭になったり，燃えて二酸化炭素が発生したりする物質を有機物という。
(2)(1)より，砂糖，食塩，デンプンのうち有機物の粉末Y，Zは砂糖とデンプンのいずれかである。砂糖は水によく溶けるが，デンプンはほとんど溶けないので，表の実験3より，水に溶けなかった粉末Yはデンプン，水に溶けた粉末Zは砂糖である。また，実験1で燃えなかった粉末Xは無機物で，食塩である。

D＜音の性質＞(1)光の進む速さは30万km/sと非常に速いため，花火が開いたと同時に光は動画を撮影した場所まで伝わると考えてよい。これに対し，空気中を伝わる音の速さは光の速さに比べてはるかに遅いため，動画では花火が開いて光った瞬間から遅れて音が鳴る。　(2)花火が開いた場所と動画を撮影した場所の直線距離は1400mで，この距離を音は4.0秒で伝わったので，空気中を伝わる花火の音の速さは，1400÷4.0＝350(m/s)であったと考えられる。

2〔生物の体のつくりとはたらき〕

(1)＜**葉の細胞の観察**＞①顕微鏡は，プレパラートが対物レンズとぶつかって破損するのを防ぐため，対物レンズとプレパラートを離しながらピントを合わせる。よって，ピントを合わせる前に，横から見ながら調節ねじを回し，対物レンズとプレパラートをできるだけ近づけておく。　②葉を脱色するためには，オオカナダモの葉をあたためたエタノールに入れる。また，光合成によってデンプンがつくられたことを確認するには，脱色した葉にヨウ素液を１滴落とす。デンプンがあるとヨウ素液によって青紫色に染まる。なお，葉を脱色するのは，ヨウ素液による反応を見やすくするためである。　③観察から，ヨウ素液によって青紫色に染まった小さな粒で光合成が行われ，デンプンがつくられたことがわかる。よって，この粒は，光合成が行われる葉緑体である。

(2)＜**光合成**＞BTB液は，酸性で黄色，中性で緑色，アルカリ性で青色を示す。また，二酸化炭素が水に溶けると，水溶液は酸性を示す。これより，表Ⅰの試験管Aで，光を当てた後のBTB液が青色に変化したのは，溶液が中性からアルカリ性に変化したためである。これは，オオカナダモが光合成を行ったことで，溶液中の二酸化炭素を吸収して，その量が減少したためである。また，試験管Aに発生した気体に線香の火を近づけると火が大きくなったことから，光合成によって発生した気体は，物を燃やす性質を持つ酸素だと考えられる。

(3)＜**対照実験**＞試験管BのBTB液の色が黄色になったことがオオカナダモのはたらきであることを確かめるには，オオカナダモの有無という条件以外は全て試験管Bと同じ条件の試験管を準備し，実験を行う必要がある。つまり，緑色のBTB液を入れた試験管にオオカナダモを入れず，アルミニウムはくでおおった試験管を準備し，一定時間光を当てた後，BTB液の色を調べればよい。このように，ある条件の関与を調べるため，目的の条件だけを変え，それ以外の条件は同じにして行う実験を対照実験という。

(4)＜**光合成と呼吸**＞実験２で，表Ⅱより，オオカナダモに光が当たっていない試験管XでBTB液の色が黄色になったのは，溶液中の二酸化炭素の量が増加して溶液が酸性になったためである。これは，オオカナダモが光合成を行わず，呼吸だけを行い，二酸化炭素を放出するだけだったからである。弱い光を当てた試験管YでBTB液の色が緑色のままだったのは，溶液中の二酸化炭素の量が変化しなかったためである。これは，光合成による二酸化炭素の吸収量と，呼吸による二酸化炭素の放出量が等しかったからである。また，実験１と同じ強さの光を当てた試験管ZでBTB液の色が緑色から青色に変化したのは，溶液中の二酸化炭素の量が減少したためである。これは，光合成による二酸化炭素の吸収量が，呼吸による二酸化炭素の放出量より多かったからである。よって，ア～エのうち，実験２における各試験管内のオオカナダモによる二酸化炭素の吸収量と放出量の関係を表しているのは，試験管Xについてはア，試験管Yについてはウ，試験管Zについてはエである。

3〔気象と天気の変化〕

(1)＜**気圧**＞図Ⅰのように，袋A，Bを簡易真空容器に入れたときは，容器内の気圧と袋A，Bの内部の気圧は等しい。ピストンを動かして容器の内部の空気を抜いていくと，容器内部の気圧は下がるが，密閉されている袋A，Bの内部の気圧は変わらない。よって，袋A，Bの内部の気圧が周りの気圧より高くなるため，どちらの袋もふくらむ。

(2)＜**凝結**＞①ピストンを引くと，簡易真空容器内の空気は膨張して，内部の気圧が低くなる。空気には膨張すると温度が下がる性質があるため，このとき，容器の内部の温度は下がる。空気の温度が下がると，飽和水蒸気量は小さくなり，飽和水蒸気量が袋内の空気中に含まれる水蒸気量より小さくなると，水蒸気が水滴になり袋の内側がくもる。このように，空気中の水蒸気が冷やされて水滴に変わることを凝結といい，凝結し始める温度を露点という。　②袋Ａ，Ｂの中の空気の温度は，容器の内部の空気の温度と一緒に下がっていく。袋Ａには水を含ませた脱脂綿が入っているので，袋内の空気中には水蒸気が多く含まれ，湿度は乾いた脱脂綿を入れた袋Ｂより高い。また，露点は空気中に含まれる水蒸気の量が多いほど高いので，袋Ａの露点は袋Ｂより高い。よって，容器の内部の空気を抜いていくと，湿度の高い袋Ａの方が袋Ｂより高い温度で凝結して先にくもり始める。

(3)＜**乾湿計**＞①表Ⅰで，乾球の示度は15℃，乾球と湿球の示す温度の差は 15－12＝3(℃)である。よって，表Ⅱより，湿度を読み取ると，68％である。　②表Ⅲより，空気の温度が15℃のときの飽和水蒸気量は12.8g/m^{3}である。よって，湿度が68％の空気１m^{3}中に含まれる水蒸気量は，〔その気温での空気１m^{3}中の飽和水蒸気量(g)〕×$\frac{\text{〔湿度(\%)〕}}{100}$より，$12.8\times\frac{68}{100}=8.704$となるから，約8.7gである。

(4)＜**寒冷前線**＞①図Ⅱより，前線Ｘは寒冷前線である。地点Ｐを寒冷前線が通過すると，地点Ｐは暖気から寒気の中に入るので，気温が下がる。よって，寒冷前線が地点Ｐを通過したと考えられるのは，図Ⅲで，気温が急に下がった12時頃である。　②寒冷前線付近では，前線面の西側にある寒気が東側にある暖気の下にもぐり込み，暖気が激しく持ち上げられる。そのため，前線面の傾きは，イのように大きくなる。　③寒冷前線付近では寒気が暖気を激しく持ち上げるので，垂直方向に発達する積乱雲ができやすい。積乱雲が通過するときは，強い雨が短時間のうちに降ることが多い。

4〔**化学変化とイオン**〕

(1)＜**ボルタ電池**＞図Ⅰの亜鉛板では，亜鉛原子(Zn)が電子を２個放出して亜鉛イオン(Zn^{2+})となってうすい塩酸の中に溶け出している。よって，①にはZn^{2+}が入る。また，亜鉛板で放出された電子は，導線を通って銅板に移動するから，電子は導線中をＱの向きに移動している。なお，電子は－極から＋極へ移動するので，亜鉛板が－極，銅板が＋極である。

(2)＜**ダニエル電池**＞実験１で，＋極である銅板に移動した電子は，うすい塩酸中の水素イオン(H^+)に受け取られて，H^+は水素原子(H)となり，Hが２個結びついて水素分子(H_2)となって，銅板から水素が発生する。このとき発生した水素が気泡となり銅板をおおうので，その後の反応が起きにくくなって電圧が下がる。これに対し，実験２で，＋極である銅板に移動した電子は，硫酸銅水溶液中の銅イオン(Cu^{2+})に受け取られて銅原子(Cu)となり，銅板に付着する。このように，実験２では，気泡が銅板をおおうことがないため，実験１より長い時間電流を流すことができる。また，実験２では，－極である亜鉛板から亜鉛原子(Zn)が電子を放出してZn^{2+}となって硫酸亜鉛水溶液中に溶け出すから，－極側では陽イオンが増加する。一方，＋極では，Cu^{2+}がCuとなるから，＋極側では陽イオンが減少する。その結果，－極側が＋の電気に，＋極側が－の電気に偏り，－の電気を持つ電子は－極側の＋の電気に引きつけられて移動しにくくなる。しかし，セロハンに開いている小さな穴を通って，硫酸亜鉛水溶液中のZn^{2+}が硫酸銅水溶液へ，硫酸銅水溶液中の硫酸イオン($SO_4{}^{2-}$)が硫酸亜鉛水溶液へ移動することで，電気的な偏りがなくなり，実験１の電池より長い時間電流を流すことができる。

(3)＜**マイクロスケール実験**＞マイクロプレートのような，通常の実験装置より小さい装置を用いた実験をマイクロスケール実験という。マイクロスケール実験では，実験に使う水溶液や金属や廃棄物の量を少なくすることで，環境に配慮して実験を行うことができる。また，安全性が上がる，費用が安くすむ，同じ環境のもとに一度に多数の対照実験を行うことができる，といった利点もある。

(4)＜**イオン化傾向**＞２つの金属を比べるとき，イオンになりにくい金属のイオンを含む水溶液中に，イオンになりやすい金属板を入れると，イオンになりにくい金属は原子となって金属板に付着し，イオンになりやすい金属はイオンとなって水溶液中に溶け出す。そのため，イオンになりやすい金属のイオンを含む水溶液中に，イオンになりにくい金属板を入れても反応は起きない。硫酸銅水溶液に亜鉛板を入れると，水溶液中のCu^{2+}が亜鉛板のZnから電子を受け取り，Cuとなって亜鉛板の表面に付着し，電子を失ったZnはZn^{2+}となって水溶液中に溶け出す。一方，表のｆのように硫酸亜鉛水溶液の中に銅板を入れても変化はない。よって，ZnとCuを比べると，イオンになりやすい金属はZnである。また，金属Ｘと亜鉛のイオンへのなりやすさは，硫酸亜鉛水溶液の中に金属Ｘを入れた表中のｃと，金属Ｘのイオンを含む水溶液中に亜鉛板を入れたｇの結果を比べればわかる。ｃでは金属Ｘの表面に黒い物質(Zn)が付着し，ｇでは反応が起きなかったことから，金属Ｘの方が亜鉛よりイオンになりやすい。以上より，３種類の金属をイオンになりやすい方から順に並べると，金属Ｘ，亜鉛，銅となる。

5 〔運動とエネルギー〕

(1)＜**台車の運動**＞①$\frac{1}{50}$秒間隔で点を打つ記録タイマーが５打点するのにかかる時間は，$\frac{1}{50}\times5=\frac{1}{10}=0.1$(s)である。よって，図Ⅱより，紙テープＸに記録されたときの台車の移動距離は6.3cmだから，〔平均の速さ(cm/s)〕=〔移動距離(cm)〕÷〔時間(s)〕より，$6.3\div0.1=63$(cm/s)となる。
②台車が斜面を下っているとき，台車の運動方向にはたらく力は，台車にはたらく重力の斜面に平行な分力である。台車にはたらく重力は一定で，斜面の傾きも一定なので，台車にはたらく重力の斜面に平行な分力の大きさも変わらない。

(2)＜**小球の運動**＞①図Ⅲで，小球が台の斜面を上がる間は，小球にはたらく重力の斜面に平行な分力は運動する向きと逆向きにはたらくので，小球の速さはしだいに遅くなる。その後，台の水平な上面を進む間は，小球の運動の向きに力がはたらいていないので，小球の速さは一定で，台の斜面を下る間は，小球にはたらく重力の斜面に平行な分力は小球が運動する向きと同じ向きにはたらくので，小球の速さはしだいに速くなる。よって，求めるグラフはウのようになる。　②図Ⅳのように，小球が水平な床を移動している間，小球の速さが一定になるのは，小球の運動の向きに力がはたらいていないためである。このとき，小球は，慣性により，等速直線運動を続ける。

(3)＜**力学的エネルギーの保存**＞①小球の持つ位置エネルギーは，小球が高い位置にあるほど大きい。よって，図Ｖ中の各点のうち，小球の持つ位置エネルギーが最大となっているのは，最も高い位置にあるＰ点とＴ点である。　②小球が斜面上を運動するとき，小球の持つ位置エネルギーと運動エネルギーは互いに移り変わる。また，摩擦のない斜面や水平面を運動するとき，力学的エネルギーは保存されるので，小球の持つ位置エネルギーと運動エネルギーの和は常に一定の大きさになる。よって，図Ｖで，小球が持つ運動エネルギーの大きさが最大となっている点は，小球が持つ位置エネルギーの大きさが最小となっている点だから，最も高さが低いＲ点である。

(4)＜**力学的エネルギーの保存**＞図Ⅵで，小球は，斜面Ｃから飛び出した後も慣性によって運動を続ける。そのため，最も高く上がった地点を通過するときも，小球は運動エネルギーを持っている。つまり，その地点を通過するときに持っている位置エネルギーの大きさは，小球がＰ点で持つ位置エネルギーの大きさより，運動エネルギーの大きさの分だけ小さい。よって，小球が最も高く上がったときの高さは，Ｐ点より低い。

国語解答

一 (一) ウ　(二) ア，エ

(三) (例)植物の地上部は，湿った土で育った方が，乾燥した土の場合よりもよく成長するが，植物の地下部の根は，乾燥した土で育った方が，湿った土の場合よりもきめ細かく深く張りめぐらされる。

(四) (例)水が不足しているという逆境の中でも，くじけずに，水を探し求めるように伸びる点。

(五) ア，オ

二 (一) ウ　(二) イ　(三) エ

(四) (例)自分が二走のエースを引き立てるために走るようで納得いかないが，一方で，自分が真剣にリレーに取り組まなければエースを生かすことができないこともわかっている。

(五) イ

三 (一) いわず

(二) ① Ⅰ (例)山吹の花の枝を差し出した

Ⅱ (例)実が一つもない

②…イ

四 (一) (右参照)

興シテ㆑兵ヲ伐チ㆑之ヲ

(二) ① (例)民衆は疲れている。

② (例)民衆は王を恨んでいる。

(三) エ

五 (一) ① 垂　② 暮　③ 至急

④ 券売

(二) ① とどこお　② かか

③ ぎんみ　④ じゃっかん

(三) **部首名**　きへん

総画数　十五［画］

六 (一) ①…イ　②…ウ

(二) (例)　A

私は，豊かな言葉や表現を学べるところが読書のよさだと思います。自分自身が使う言葉は，本を読むことで増えていくと思うからです。本を読んでいると，作者特有の興味深い表現に出会うこともあり，私はなるべくそれらの言葉を書きとめています。小説を読むことで心情を表す言葉を知ったり，専門的な本を通して難しい言葉を知ったりすると，自分の世界がより広がるように感じられます。(180字)

一〔**説明文の読解―自然科学的分野―自然**〕出典；田中修『植物のいのち』。

≪**本文の概要**≫根には重力の方向に伸びるという性質があるので，根が水を求めて下に伸びていくことは明確にされていなかったが，近年，三つの根拠が示され，根が水を求めて下に伸びていくことがはっきりと認められている。一つ目の根拠は，根が水のある方向に向かって伸びる現象がよく見られることである。二つ目の根拠は，突然変異で重力を感じないシロイヌナズナという植物の根が，土の中深く水を求めて伸びることである。三つ目の根拠は，重力のない宇宙ステーションでも，植物の根は，下にある水を含んだロックウールの中へ伸びたことである。根には，水を求めて伸びる力が備わっており，乾燥した土地に育つ植物の根も水を求めてたくましく伸びる。「根性」という語の根源はわからないが，水の不足する環境の中で根が水を求めて伸びる性質は，「根性」という語にふさわしい。

(一)＜**接続語**＞Ⅰ．根は「水を求めて，下に向かって伸びていく」と考えられるけれども，地球上にある「重力」に従って，根が下に伸びるともいえる。　Ⅱ．根が下に伸びることを「重力と切り離して証明しにくい」ので，根が水を求めて下に伸びるとは「はっきりと」いわれてこなかった。

(二)＜**文章内容**＞根拠の一つ目は，「根が水のある方向に向かって伸びる現象がよく見られること」である(ア…○)。根拠の二つ目は，突然変異で重力を感じないシロイヌナズナの個体の根が，「水を求めて下に伸びる」ことである(イ…×)。根拠の三つ目は，重力のない宇宙ステーションでも，植物の根は「水を求めて伸びる」ことである(ウ…×)。この三つの根拠から，「根には，水を求めて伸びる力が備わっている」といえる(エ…○)。

㈢**＜文章内容＞**植物の地上部は，「湿った土で育ったほうが乾燥した土の場合よりも」はるかによく成長する。一方，植物の地下部の根の成長については，「乾燥した土で育った根は，湿った土で育った根」よりも「きめ細かく深く張りめぐらされて」いるのである。

㈣**＜文章内容＞**根は，「水の不足する環境の中で水を探し求めて伸びる性質」を持っていて，「困難や苦労にくじけない」様子が，「根性」のある様子と重なるのである。

㈤**＜表現＞**「根が水を求めて下に向かって伸びていく」ことが認められるようになったことについて，三つの根拠が示され説明されている(ア…○)。根の水が不足している環境の中で「水を探し求めて伸びる性質は，『根性』という語にふさわしい」という「筆者の主観的な見方」が，示されている(オ…○)。

二〔**小説の読解**〕出典；天沢夏月『ヨンケイ!!』。

㈠**＜文章内容＞**金守にとって二走はロケットで，金守が，兄にうまくバトンが渡ったときに「ああ打ち上げ成功だ」と思ったという話を聞き，「俺」は，二走がロケットだとすれば，一走はロケットを打ち上げる際の「ブースター」ということかととらえたのである。

㈡**＜心情＞**リレーは，個人競技が多い陸上の中で「チームワークが結果に直結する」珍しい競技であり，そこに魅力があると言いたげな兄の言葉に，「俺」は，リレーは「純粋な走力の勝負じゃない」ので「邪道」だと思い，兄の言葉に納得できていないのである。「鼻を鳴らす」は，甘えたり，すねて不満に思ったりすることを表す。

㈢**＜文章内容＞**兄は，「スムーズに，無駄なく」バトンを渡すためには，「お互いのことちゃんと知る」必要があると考えている。チームメイトのことを知らずに，「本物のリレー」はできないと，兄は考えているのである。

㈣**＜心情＞**「俺」は，一走はあくまでも二走の走りを生かすために走らなければならず，「エースの前座」として走るようなことには納得できない。しかし一方で，所詮「エースの前座」だからという気持ちで走っても，エースを生かすことはできず，自分の走り次第でエースを生かすことができることにも気づき始めているのである。

㈤**＜心情＞**「俺」は，兄が「本物のリレー」をするための心構えを話していることは理解できている。しかし，二走を生かすために，自分が一走で走ることを受け入れたくない気持ちもまだ残っているのである。

三〔**古文の読解―随筆**〕出典；湯浅常山『常山紀談』巻之一。

≪**現代語訳**≫太田左衛門大夫持資は，上杉宣政の重要な家臣である。鷹狩りに出て雨に遭い，ある小屋に入って蓑を借りようと言うと，若い女が何も物を言わずに，山吹の花を一枝折って出したので，「花を求めているのではない」と言って怒って帰ったところ，これを聞いた人が，「それは，

七重八重と花は咲くけれども，山吹の実の一つさえないように，蓑が一つもないのが悲しいことよという古い歌の意味であるに違いない」と言う。持資ははっと気づいて，それ以来和歌に志を寄せた。

㈠**＜歴史的仮名遣い＞**歴史的仮名遣いの語頭以外のハ行は，現代仮名遣いでは原則として「わいうえお」となる。

㈡①Ⅰ**＜古文の内容理解＞**蓑を借りようと思ったのに，「若き女」は何も答えずに，山吹の花を一枝折って差し出しただけだったから，持資は怒ったのである。　Ⅱ**＜和歌の内容理解＞**山吹は実を

一つもつけないことと，「蓑が一つもない」ことの両方の意味を「みの一つだになき」は表しているのである。　②＜古文の内容理解＞「若き女」は，「蓑がない」ことを伝えるために，「七重八重～」の和歌になぞらえて山吹の花の枝を差し出したのだと，持資は理解した。和歌の知識がなくて「若き女」の意図に気づけなかったことを恥ずかしく思った持資は，和歌を学ぼうと思ったのである。

四〔漢文の読解〕出典；『説苑』。

≪**現代語訳**≫使者が言うことには，「陳を攻撃してはいけない」と。荘王が言うことには，「どうしてか」と。(使者が)答えて言うことには，「陳の城壁は高くそびえ，城の堀は深くて，備蓄は多く，陳の国は穏やかである」と。荘王が言うことには，「陳を攻撃するべきである。そもそも陳は小国である。それなのに備蓄が多い。備蓄が多いのは，租税が重いということであり，租税が重いということは，民衆が陳の王を恨んでいるということだ。城壁が高く，城の堀が深いということは，民衆の力が疲れているということだ」と。(荘王は)挙兵して陳の国を攻撃し，とうとう陳の国を攻め取った。

㈠＜**漢文の訓読**＞「兵」→「興」→「之」→「伐」の順に読む。漢文では，下から上に一字返って読む場合は，レ点を用いる。

㈡＜**漢文の内容理解**＞①陳の国の城壁が高く，城の堀が深いということは，民衆が働かされた結果であり，民衆は疲れていると，荘王は考えた。　②備蓄が多いということは，租税を重く課しているからであり，民衆は陳の王を恨んでいると，荘王は考えた。

㈢＜**漢文の内容理解**＞使者の報告から，荘王は，陳の国は小国であるのに，備蓄が多いということは，租税が重いということであり，城壁が高く城の堀が深いということは，民衆は働かされて疲れているということで，民衆は王を恨んでいると，陳の国の状況を論理的に導き出している。

五〔国語の知識〕

㈠＜**漢字**＞①音読みは「垂直」などの「スイ」。　②音読みは「暮色」などの「ボ」。　③「至急」は，非常に急ぐこと。　④「券売機」は，乗車券などを売る機械。

㈡＜**漢字**＞①音読みは「渋滞」などの「タイ」。　②音読みは「掲示」などの「ケイ」。　③「吟味」は，内容が適切かどうかをよく調べること。　④「若干」は，数は不明だがそれほど多くないこと。

㈢＜**漢字の知識**＞「権」の部首は「木(きへん)」で，総画数は十五画である。

六〔資料〕

㈠①「最近」という語では，幅が広くいつからいつまでかが明確にならないので，「九月の一か月間」と期間を明確にしたのである(…イ)。　②「学校の図書館で」本を借りるかという質問と「書店で」本を購入するかという二つの質問が入っているので，一つに絞ったのである(…ウ)。

㈡＜**作文**＞読書のよい点として自分の考えに近いものを，まず選んでみよう。自分自身の読書体験を思い浮かべ，印象に残っていることなどを具体的に考えてみるとよい。字数を守り，誤字脱字に気をつけて書いていくこと。

2021年度 群馬県公立高校 後期入試問題

英語

●満点100点　●時間45～60分

新型コロナウイルス感染症対策のため、学校が臨時休校したことを受けて、出題範囲に配慮がありました。

(注意)　1　＊が付いている語句は，後に(注)があります。

2　1～3の放送を聞いて答える問題は，メモをとってもかまいません。

1　これから，No.1とNo.2について，それぞれ2人の対話と，対話に関する質問が流れます。質問に対する答えとして最も適切なものを，それぞれA～Dの中から選びなさい。

No.1

A

B

C

D
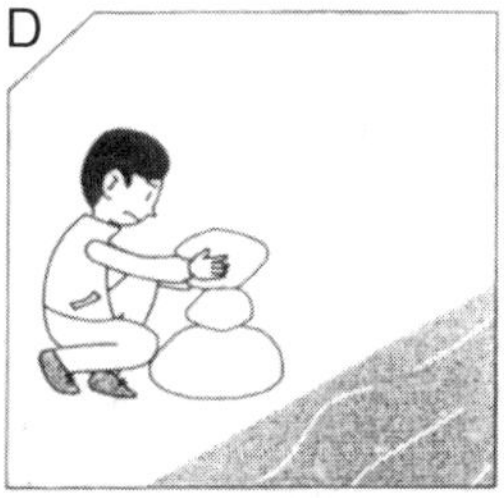

No.2

A
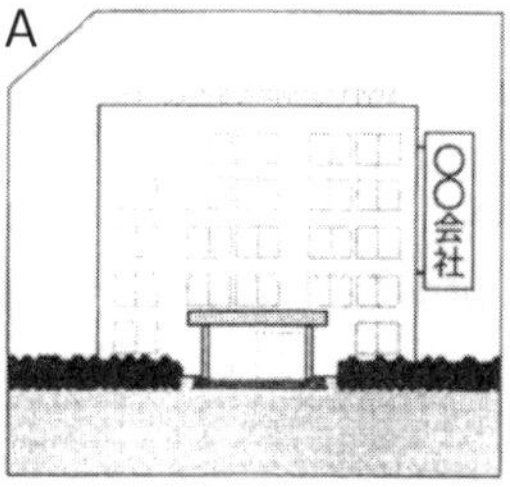

B
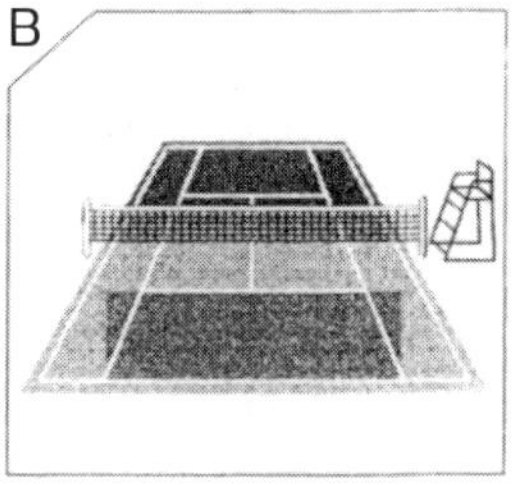
C

D
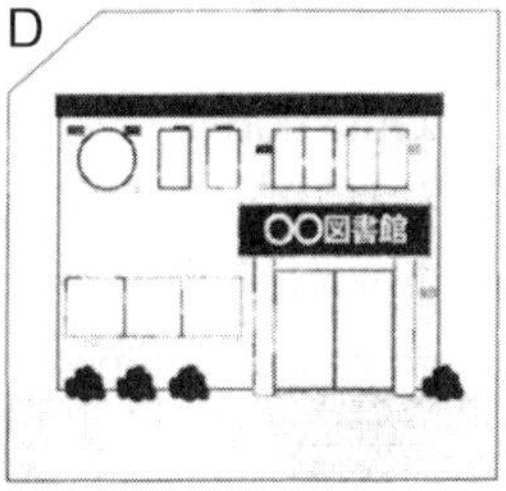

2　これから，No.1～No.3について，それぞれYukaとJohnの2人の対話が流れます。Johnが2度目に発言する部分で次のチャイムを鳴らします。(チャイム音)チャイムの部分の発言として最も適切なものを，それぞれア～エの中から選びなさい。

No.1

Yuka :　・・・・・・・
John :　・・・・・・・
Yuka :　・・・・・・・
John :　[　　　　　　]

ア　By bus.
イ　Near here.
ウ　Two dollars.
エ　Ten minutes.

No. 2

Yuka : ・・・・・・・ *John :* ・・・・・・・ *Yuka :* ・・・・・・・ *John :* [　　　　]	ア　Get up at six. イ　Look at the stars. ウ　You should go now. エ　You had a party with your friends.

No. 3

Yuka : ・・・・・・・ *John :* ・・・・・・・ *Yuka :* ・・・・・・・ *John :* [　　　　]	ア　Yes.　I go to bed early. イ　Yes.　I got some medicine. ウ　Yes.　I'll walk to the hospital. エ　Yes.　I studied hard to be a doctor.

3　これから，中学生の Ken が ALT の Green 先生に対して行った，インタビューでのやり取りが流れます。Green 先生が話した内容を聞いて，次の【インタビューのまとめ】の中の［A］～［C］に当てはまるものとして最も適切なものを，それぞれア～エの中から選びなさい。また，［D］の部分には，Green 先生の答えた内容をまとめて１文の英語で書きなさい。

【インタビューのまとめ】

Ms. Green's first year in Japan

Question 1 :
Why did Ms. Green come to Japan ?
Answer :
She was interested in Japanese ［A］.

Question 2 :
Did Ms. Green enjoy her first year in this school ?
Answer :
Yes.
Students are ［B］.
Students taught her ［C］.

Question 3 :
What was Ms. Green's problem at school ?
Answer :
［D］

A
ア　food
イ　clothes
ウ　movies
エ　museums

B
ア　new
イ　kind
ウ　funny
エ　happy

C
ア　the school song
イ　useful Japanese
ウ　popular Japanese names
エ　famous Japanese singers

※＜**「英語の放送を聞いて答える問題」台本**＞は英語の問題の終わりに付けてあります。

4　中学生のKumiは，インターネットを使って，イギリスの中学生のLucyと会話をしています。(1)～(3)にはLucyからの質問に対するKumiの答えが入ります。絵の内容に合うような答えを，それぞれ3語以上の英語で書きなさい。

Do you like winter ?
Lucy
No, I don't.
Kumi
Why ?
5℃
(1)
Which season do you like the best ?
(2)
What do you enjoy during that season ?
(3)

5　次の英文は，中学生のKenjiが英語の授業で発表したスピーチです。これを読んで，英文の意味が通るように，（ア）～（オ）に当てはまる単語を後の〔　〕内からそれぞれ1語選び，必要があれば適切な形に変えて書きなさい。

A

B

Have you ever seen these pictures? Both A and B are pictures of a *hot spring. In picture A, what are the three people doing? They are (ア) a bath. This is the new picture that shows a hot spring. Last week, I (イ) to a hot spring with my family. We were (ウ) when we found picture A there. It was different from the picture I knew. In Japan, people have used picture B for a long time. These days, many people from other countries (エ) Japan, so now picture A is also used for them. They say picture A is better because they can (オ) it easily.

（注） hot spring　温泉

〔give　go　look　surprise　take　understand　visit〕

6　次の英文は，中学生のAkiが，カナダ出身の中学生のLilyと交わした会話の一部です。また，【Poster】（ポスター）は，Haniwa Museum（埴輪博物館）でAkiとLilyが見たものです。英文と【Poster】を読んで，後の(1)～(3)の問いに答えなさい。

Aki: Hi, Lily! What are you going to do next Sunday?

Lily: I haven't decided anything yet. [A]

Aki: I'm going to go to Haniwa Museum to make *haniwa*.

Lily: Did you say *haniwa*? What's that?

Aki: It's a *clay figure. In Japan, people started to make *haniwa* clay figures about 1,700 years ago. They were usually put on and around *barrows. When a person of high *status died, people made a large barrow for the great person.

Lily: Why did old Japanese people put *haniwa* there?

Aki: My history teacher said that *haniwa* *protected the barrow. He also said that they showed the great power of the person who died.

Lily: Oh, I want to see them.

Aki: Then let's go to the museum on Sunday. You can see old *haniwa* and make your own *haniwa*, too.

Lily: Sounds nice. I'm excited.

Next Sunday, Aki and Lily are talking about a poster in front of Haniwa Museum.

Aki: Look at this poster.

【Poster】

HANIWA MUSEUM You can make your own *haniwa* !

Choose the kind of *haniwa* you want to make, and come to each room.

Sunday, October 18, 2020	
*Cylinder *Haniwa* Room A 10:00 – 11:00 	Animal *Haniwa* Room B 11:15 – 12:30 
Person *Haniwa* Room C 11:15 – 12:30 	House *Haniwa* Room D 13:30 – 15:00 

Lily : There are four kinds of *haniwa* we can make. I want to make an animal *haniwa*, but I'm also interested in a house *haniwa*.

Aki : It's ten o'clock now. So we can make both today.

Lily : That's a good idea. Let's make these two. But before making ours, I'd like to see the old *haniwa* shown in this museum.

Aki : OK. Let's go.

They walk into the museum and see some *haniwa*.

Lily : This *haniwa* looks interesting. Is this bird eating a fish ?

Aki : No, it's catching a fish. This *haniwa* shows that birds were used for *fishing many years ago. In some parts of Japan, people still use birds to catch fish.

Lily : Amazing !

Aki : Look at these *haniwa*. A man and his dog are trying to *hunt another animal. They were found in Gunma.

Lily : So these *haniwa* show that animals were also used for hunting many years ago, right ?

Aki : That's right. [B]

Lily : Very interesting ! Oh, it's almost time to make our *haniwa*.

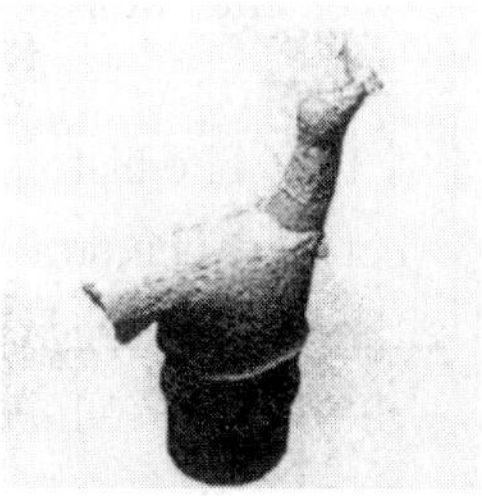

A *Haniwa* of a Bird Catching Fish

Hunting *Haniwa*

（注） clay figure 粘土の像 barrow 古墳 status 身分 protect ～ ～を守る
cylinder 円筒 fishing 漁 hunt ～ ～を狩る

(1) [A], [B] に当てはまるものとして最も適切なものを，それぞれ次のア～エから選びなさい。

A ア How about you ? イ Where did you go ?
ウ Why do you like it ? エ What did you do yesterday ?

B ア We can say that old Japanese people ate only fish.
イ We can learn about the old way of life through *haniwa*.
ウ We understand that old Japanese people enjoyed catching birds.
エ We know that it is difficult to find animal *haniwa* at this museum.

(2) 次の問いに対する答えとして最も適切なものを，ア～エから選びなさい。

問い　Which rooms have Aki and Lily decided to go to ?

ア　Room A and Room C.　　イ　Room A and Room D.

ウ　Room B and Room D.　　エ　Room C and Room D.

(3) 本文の内容と合っているものを，次のア～オから２つ選びなさい。

ア　Aki learned that old Japanese people put *haniwa* near barrows to protect the barrows.

イ　Lily was interested in old *haniwa* and barrows for many years.

ウ　Aki and Lily saw some old *haniwa* at a barrow on October 18, 2020.

エ　After Aki and Lily saw old *haniwa*, they decided to make their own *haniwa*.

オ　Aki said that the hunting *haniwa* which Aki and Lily saw were found in Gunma.

7　次の英文を読んで，後の(1)～(4)の問いに答えなさい。なお，本文中の【１】～【５】は，Koji が発表した内容の段落番号を示しています。

A junior high school student, Koji, reads news on the Internet every day. One day, he found interesting news about convenience stores. Now *robots are working at some convenience stores in Japan ! Koji wanted to know more about this news and found interesting things about convenience stores. He *gave a presentation about them in an English class.

【１】 The history of convenience stores started in the U.S.A. in 1927. About 45 years later, convenience stores in Japan opened. At that time, they didn't have many *services, and they didn't sell many kinds of things. For example, they were not open for 24 hours, and they didn't sell *onigiri*. When they started to sell *onigiri*, it was a new idea. There were just a few people who bought them. Since then, convenience stores have changed a lot.

【２】 Now in Japan, there are about 58,000 convenience stores. Each store sells about 3,000 kinds of things and has a lot of services. They sell many kinds of *onigiri* and *bento* every day. At convenience stores, we can also buy *stamps, so they are like post offices. My mother *pays electricity bills at a convenience store. She says, "I don't have to go to a *bank, and I can pay at night." These services started about 30 years ago, and there are many other services now.

【３】 Convenience stores have changed because our *society has changed. There are more old people in our society, so customers at convenience stores have changed, too. About 30 years ago, most of the customers were young people. [　　　　] Convenience stores sell food in small sizes. Old people who don't eat so much think the size is perfect for them.

【４】 Convenience stores have many important *roles, but there is a problem for them because of changes in society. There are not so many people who can work. If convenience stores cannot find *enough workers, they have to close. What should they do about this problem ?

【５】 Using robots may be an answer to this question. It is a new idea now. There are just a few robots at convenience stores in Japan. They are just learning how to move, and they are not working very much yet. But in the future, there will be more robots, and those robots may ＿＿＿＿＿＿＿＿＿＿ at convenience stores. Then convenience stores don't have to close. Convenience stores are small shops, but they have big roles in our society. They will change more because our society will change, too.

（注） robot　ロボット　　give a presentation　発表する　　service　サービス
stamp　切手　　pay an electricity bill　電気料金を支払う　　bank　銀行
society　社会　　role　役割　　enough　十分な

(1) Kojiは，【１】～【５】の各段落のタイトルを示しながら発表しました。次のア～オは，【１】～【５】のいずれかの段落のタイトルを表しています。【１】，【２】，【４】の段落の内容を表すタイトルとして最も適切なものを，それぞれア～オから選びなさい。

ア
The future
of convenience stores

イ
A change in customers
at convenience stores

ウ
The services
at convenience stores now

エ
A problem
for convenience stores

オ
Convenience stores
in old days

(2) 【３】の段落の［　　］には，次のア～ウが入ります。英文の流れを考えて，最も適切な順序になるように，ア～ウを並べなさい。

ア　Also, if they buy food like *onigiri* or *bento* there, they don't have to cook.

イ　Convenience stores near their houses are very useful because they can walk to the store and don't have to drive.

ウ　But now there are many old customers.

(3) 【５】の段落の＿＿＿の部分に当てはまる内容を考えて，Kojiの発表の流れに合うように，４語以上の英語で書きなさい。

(4) 本文の内容と合っているものを，次のア～オから２つ選びなさい。

ア　Koji saw interesting news about robots working at convenience stores on TV.

イ　When convenience stores started selling *onigiri*, those *onigiri* weren't very popular.

ウ　When convenience stores first opened in Japan, they sold stamps like post offices.

エ　Now it is not difficult for convenience stores to find people who can work there.

オ　Using robots is a new idea for a problem which convenience stores in Japan have now.

8 英語の授業で，「レジ袋の有料化」をテーマに調べたことや考えたことを書く活動を行いました。次の【資料】をもとに，あなたなら【ワークシート】の□にどのようなことを書きますか。後の《条件》に従って，英語で書きなさい。

【資料】

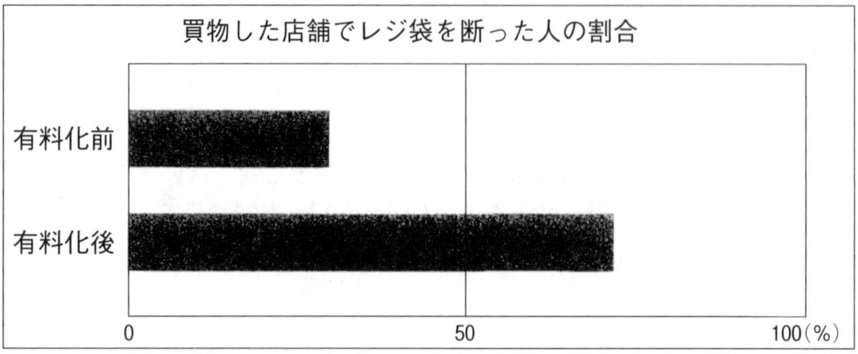

（環境省ホームページにより作成）

【ワークシート】

Plastic bags are not *free now !

Before July 1, 2020, many stores in Japan gave free plastic bags to their customers who bought something there.

But now the bags are not free. If customers need a plastic bag, they have to buy one. Now many people □

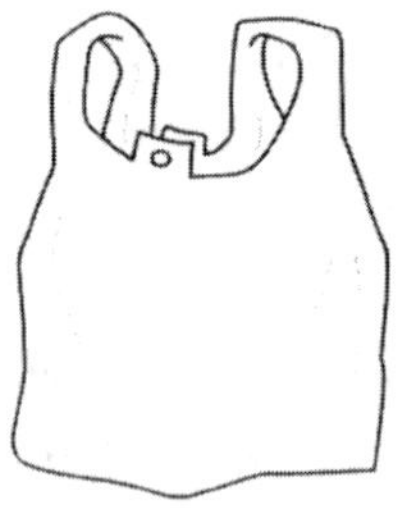

（注） free 無料の

《条件》

- 【ワークシート】の□に，書き出しに続けて，【資料】から分かることと，「レジ袋の有料化」についてあなた自身が考えたことを，30語～40語の英語で書くこと。
- 英文の数はいくつでもよく，符号（，．！？“ ”など）は語数に含めません。
- 解答の仕方は，〔記入例〕に従うこと。

〔記入例〕 Is it raining now? No, it isn't.

<「英語の放送を聞いて答える問題」台本>

ただいまから，放送を聞いて答える問題を始めます。問題は，1〜3までであります。それぞれの問題の英文や英語の質問は２度放送されます。

1は絵を見て答える問題です。これから，No.１とNo.２について，それぞれ２人の対話と，対話に関する質問が流れます。質問に対する答えとして最も適切なものを，それぞれ**A**〜**D**の中から選びなさい。では，始めます。

No.１　*A*：　Hi, Kumi.

B：　Hi, Bob.　Listen.　I went to the river yesterday, and I saw a boy who was doing an interesting thing there.

A：　What was he doing？

B：　He was putting a bigger rock on a smaller one, and the biggest one on top of them！

A：　That's amazing！

質問します。　What did Kumi see？

繰り返します。

No.２　*A*：　Are you going to play tennis today？

B：　No, I'm not.

A：　I'm going to go to the library today.　Do you want to go？

B：　Yes.　Oh, I want to go to the post office, too.

A：　OK.　Then let's go there first.

質問します。　Where will they go first？

繰り返します。

2の問題に移ります。これから，No.１〜No.３について，それぞれYukaとJohnの２人の対話が流れます。Johnが２度目に発言する部分で次のチャイムを鳴らします。（チャイム音）チャイムの部分の発言として最も適切なものを，それぞれア〜エの中から選びなさい。では，始めます。

No.１　*Yuka*：　Good morning.

John：　Good morning.

Yuka：　You came so early today.　How did you come here？

John：　（チャイム音）

繰り返します。

No.２　*Yuka*：　What time is it now？

John：　It's four thirty.

Yuka：　Oh, no！　The party starts at five.

John：　（チャイム音）

繰り返します。

No.３　*Yuka*：　What did you do last weekend？

John：　I was sick and stayed in bed.

Yuka：　Oh, really？　Did you go to the hospital？

John：　（チャイム音）

繰り返します。

3 の問題に移ります。これから，中学生の Ken が ALT の Green 先生に対して行った，インタビューでのやり取りが流れます。Green 先生が話した内容を聞いて，次の【インタビューのまとめ】の中の A ～ C に当てはまるものとして最も適切なものを，それぞれア～エの中から選びなさい。また， D の部分には，Green 先生の答えた内容をまとめて１文の英語で書きなさい。では，始めます。

Ken : Hello, Ms. Green. I have three questions. First, why did you come to Japan ?

Ms. Green : I was interested in Japanese movies. So I wanted to visit many places I saw in them. I visited some of them, but I haven't been to Okinawa. I want to go there next year.

Ken : I see. My next question is . . . did you enjoy your first year in this school ?

Ms. Green : Yes, I did. My students are really kind to me. Every morning they say "Good morning" to me. When I hear it, I always feel happy. They also taught me a lot of useful Japanese. My favorite Japanese is "*Arigato*".

Ken : That's a good word. This is the last question. Did you have any problems at school ?

Ms. Green : Yes. I couldn't remember all the students easily. So I used their pictures to remember them. Then I really enjoyed having English classes and school events with a lot of students.

Ken : That's great. Thank you so much.

Ms. Green : You're welcome.

繰り返します。

以上で放送を終わります。適宜，次の問題に移ってください。

数学

●満点100点　●時間45〜60分

(注意)　解答用紙に(解)とあるところは答えを求める過程を書くこと。

1　次の(1)〜(9)の問いに答えなさい。

(1)　次の①〜③の計算をしなさい。

①　$2-(-5)$

②　$4x-2x\times\frac{1}{2}$

③　$-6a^3b^2\div(-4ab)$

(2)　$x=-2$，$y=3$ のとき，$(2x-y-6)+3(x+y+2)$ の値を求めなさい。

(3)　右の図の三角柱 ABC-DEF において，辺 AB とねじれの位置にある辺を，すべて答えなさい。

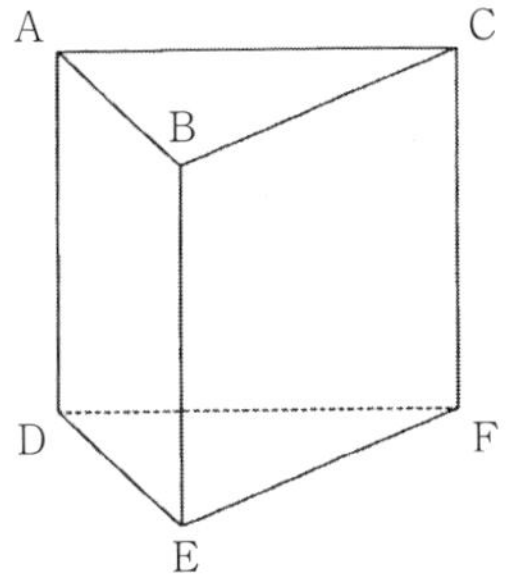

(4)　n を自然数とする。$\sqrt{24n}$ が自然数となるような n のうち，最も小さい数を求めなさい。

(5)　下の図の双曲線は，ある反比例のグラフである。この反比例について，y を x の式で表しなさい。

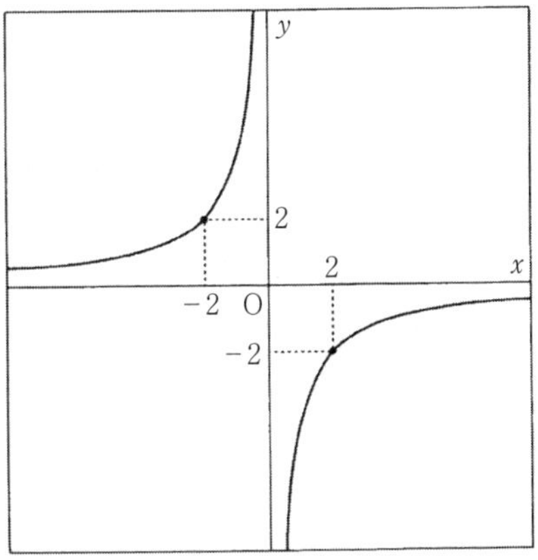

(6)　右の図のような∠A＝90°の直角三角形 ABC において，AB＝2cm，CA＝3cm である。辺 BC の長さを求めなさい。

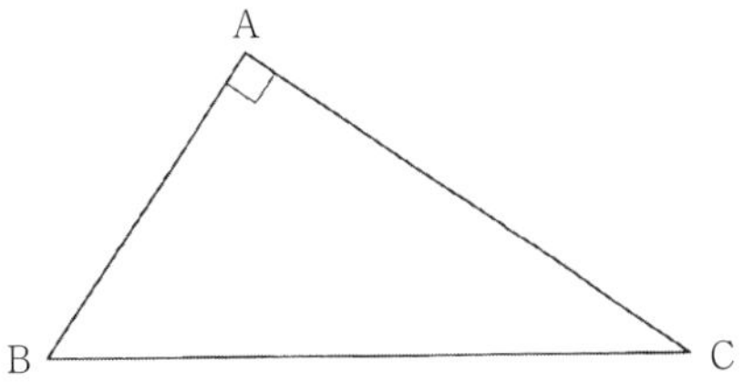

(7)　あるクラスの女子生徒20人が体力テストで反復横とびを行い，その記録を整理したところ，20人の記録の中央値は50回であった。この20人の記録について，次のア〜エのうち，必ず正しいといえるものを１つ選び，記号で答えなさい。

ア　20人の記録の合計は，1000回である。

イ　20人のうち，記録が50回であった生徒が最も多い。

ウ　20人のうち，記録が60回以上であった生徒は１人もいない。

エ　20人のうち，記録が50回以上であった生徒が少なくとも10人いる。

(8)　２つの容器Ａ，Ｂに牛乳が入っており，容器Ｂに入っている牛乳の量は，容器Ａに入っている牛乳の量の２倍である。容器Ａに140mL の牛乳を加えたところ，容器Ａの牛乳の量と容器Ｂの牛乳の量の比が５：３となった。はじめに容器Ａに入っていた牛乳の量は何 mL であったか，求めなさい。

ただし，解答用紙の(解)には，答えを求める過程を書くこと。

(9)　次の図のように，長い斜面にボールをそっと置いたところ，ボールは斜面に沿って転がり始めた。ボールが斜面上にあるとき，転がり始めてから x 秒後までにボールが進んだ距離を y m とすると，x と y の間には，$y=\frac{1}{2}x^2$ という関係が成り立っていることが分かった。

この関数について，x の値が１から３まで増加するときの変化の割合を調べて分かることとして，次のア～エのうち正しいものを１つ選び，記号で答えなさい。

ア　変化の割合は $\frac{1}{2}$ なので，１秒後から３秒後までの間にボールが進んだ距離は $\frac{1}{2}$ mである。

イ　変化の割合は $\frac{1}{2}$ なので，１秒後から３秒後までの間のボールの平均の速さは秒速 $\frac{1}{2}$ mである。

ウ　変化の割合は２なので，１秒後から３秒後までの間にボールが進んだ距離は２mである。

エ　変化の割合は２なので，１秒後から３秒後までの間のボールの平均の速さは秒速２mである。

2　次の図は，四角形，平行四辺形，長方形，ひし形，正方形の関係を表したものである。例えば，四角形に「１組の対辺が平行でその長さが等しい」という条件が加わると，平行四辺形になるといえる。後の(1)，(2)の問いに答えなさい。

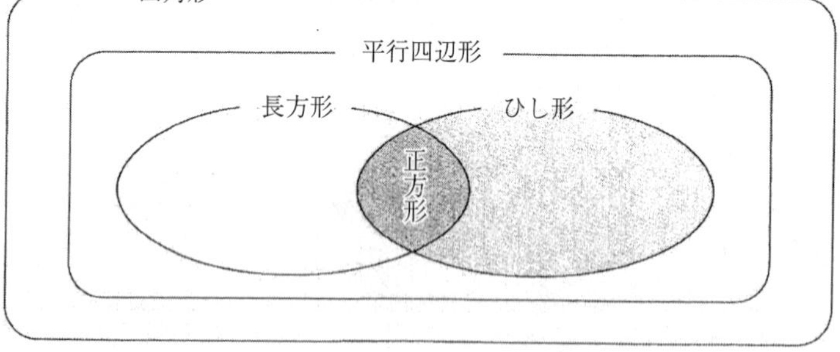

(1)　平行四辺形に，ある条件が加わると，長方形やひし形になる。次の ① ，② に当てはまる条件として正しいものを，後のア～オからそれぞれ１つずつ選び，記号で答えなさい。

平行四辺形に「 ① 」という条件が加わると，長方形になる。
平行四辺形に「 ② 」という条件が加わると，ひし形になる。

ア　対角線がそれぞれの中点で交わる
イ　１組の隣り合う辺の長さが等しい
ウ　１組の隣り合う角の大きさが等しい
エ　２組の対辺の長さがそれぞれ等しい
オ　２組の対角の大きさがそれぞれ等しい

(2)　長方形に，対角線に関するある条件が加わると，正方形になる。その「対角線に関する条件」を，簡潔に書きなさい。

3　一の位が０でない２けたの整数Aがある。次の(1)，(2)の問いに答えなさい。

(1)　整数Aの十の位の数をa，一の位の数をbとして，Aをa，bを用いた式で表しなさい。

(2)　整数Aが，次の㋐，㋑をともに満たしている。このとき，㋐，㋑をもとに整数Aを求めなさい。ただし，解答用紙の(解)には，答えを求める過程を書くこと。

> ㋐　Aの十の位の数と一の位の数を入れ替えてできた２けたの整数を２で割ると，Aより１だけ大きくなる。
> ㋑　Aの十の位の数と一の位の数を加えて３倍すると，Aより４だけ小さくなる。

4　図Ⅰのように，線分 AC と，点Cを通る直線 l があり，点Bは線分 AC の中点である。図Ⅰにおいて，２点A，Bと直線 l 上の点Pによってできる三角形 ABP が二等辺三角形となるような点Pについて考える。亜衣さんのクラスでは，このような点Pを作図し，なぜ三角形 ABP が二等辺三角形であるといえるのかについて説明し合う活動を行った。次の(1)，(2)の問いに答えなさい。

図Ⅰ

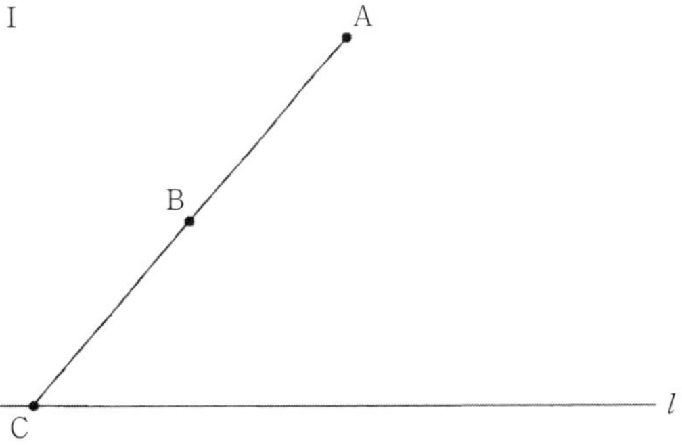

図Ⅱ

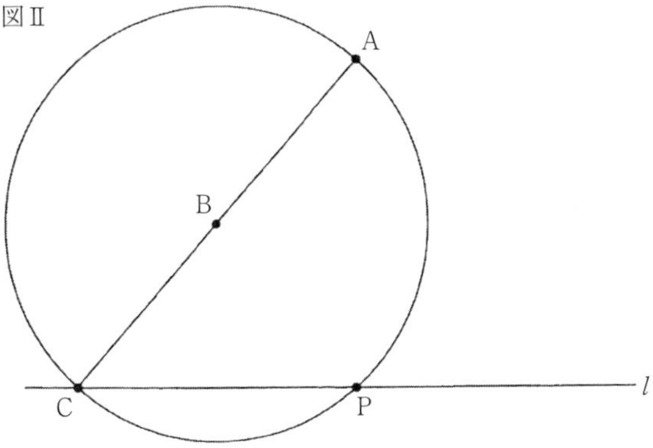

(1)　亜衣さんは，図Ⅱのように，点Bを中心とし点Aを通る円を用いて点Pを作図して，なぜ三角形 ABP が二等辺三角形であるといえるのかを，次のように説明した。［ア］～［ウ］に適する記号をそれぞれ入れなさい。

亜衣さんの説明

> 作図した円の周上の点は，点［　ア　］からの距離がすべて等しいので，［　イ　］＝［　ウ　］となります。したがって，△ABP は二等辺三角形であるといえます。

⑵　次の①，②の問いに答えなさい。

①　図Ⅰにおいて，⑴で亜衣さんが作図した点P以外で，三角形ABPが二等辺三角形となるような直線 l 上の点Pを，コンパスと定規を用いて作図しなさい。
　ただし，作図に用いた線は消さないこと。

②　①のような作図によって点Pをとったことで，なぜ三角形ABPが二等辺三角形であるといえるのか，作図に用いた図形の性質を根拠にして，その理由を説明しなさい。

5　図のように，円の中心Oと点Pが直線 l 上にあり，円Oの半径は10cm，OP間の距離は20cmである。点Oが固定されたまま，点Pは毎秒3cmの速さで直線 l 上を図の矢印の向きに進み，出発してから10秒後に停止する。点Pが出発してから x 秒後のOP間の距離を y cmとして，後の⑴，⑵の問いに答えなさい。

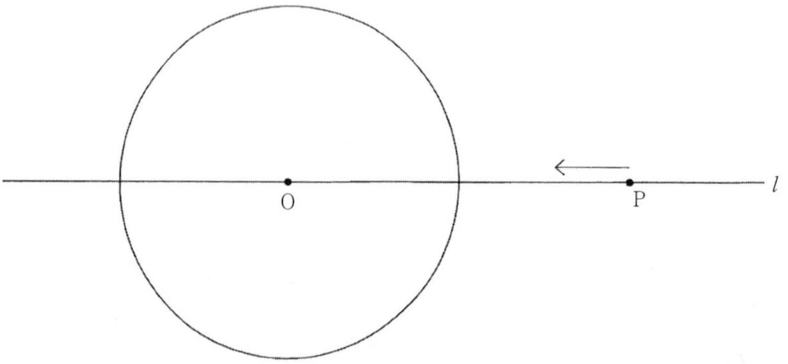

⑴　次の①～③の問いに答えなさい。

①　点Pが出発してから点Oと重なるまでの間について，y を x の式で表しなさい。

②　点Pが点Oと重なってから停止するまでの間について，y を x の式で表しなさい。

③　点Pが出発してから停止するまでの間において，点Pが円Oの周上または内部にある時間は何秒間か，求めなさい。

⑵　点Pが出発するのと同時に，毎秒1cmの一定の割合で円Oの半径が小さくなり始め，点Pが停止するまでの間，円Oは中心が固定されたまま徐々に小さくなっていくものとする。点Pが出発してから停止するまでの間において，点Pが円Oの周上または内部にある時間は何秒間か，求めなさい。

6 図Ⅰのように，点Oを中心とする円と，点Oを1つの頂点とし，1辺の長さが円Oの半径と等しい正方形OABCが重なっている。

この図において，図Ⅱのように円Oの弧AC上に点Dをとり，Dにおける接線 l と辺AB，BCとの交点をそれぞれE，Fとする。また，Cを通り l に垂直な直線と l との交点をGとし，Dを通り辺OCに垂直な直線とOCとの交点をHとする。後の(1)～(3)の問いに答えなさい。

図Ⅰ

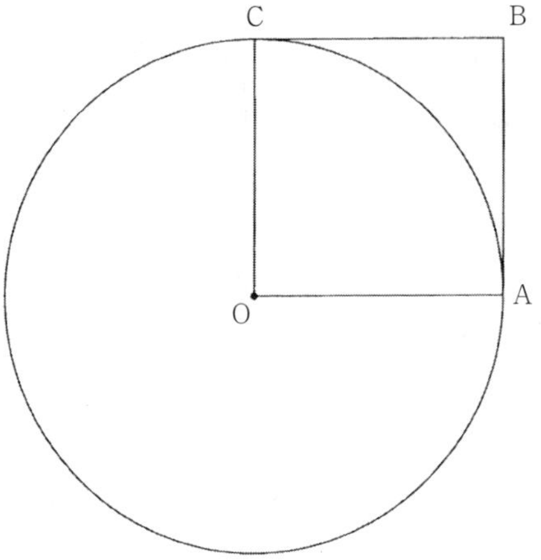

図Ⅱ

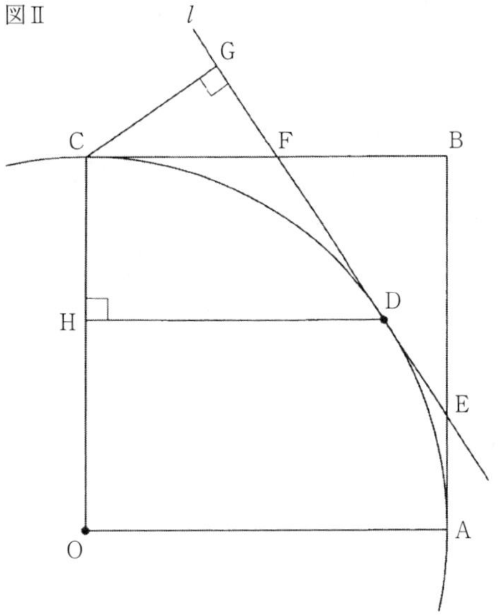

(1) 図Ⅱにおける次のア～オの直線のうち，l 以外に円Oの接線となっているものを2つ選び，記号で答えなさい。

ア 直線OA　　イ 直線OC　　ウ 直線AB

エ 直線BC　　オ 直線CG

(2) 三角形CDGと三角形CDHが合同であることを証明しなさい。

(3) BE＝8cm，BF＝6cmとする。次の①，②の問いに答えなさい。

① 正方形OABCの1辺の長さを求めなさい。

② 三角形ODHの面積を求めなさい。

社会

●満点100点　●時間45～60分

1　洋太さんは，地域学習のまとめとして，宮城県について調べ，発表した。次の図と資料は，そのときに使用したものの一部である。後の(1)～(5)の問いに答えなさい。

発表内容

> 宮城県は，東京都から北東約300キロメートルに位置しています。(a)東側は太平洋に面し，石巻などの漁港があります。中央部には(b)稲作地域である仙台平野が広がっており，西側には奥羽山脈が連なっています。宮城県の人口は，東北地方で唯一200万人を超えています。県庁所在地は，人口100万人を超える東北地方最大の都市である仙台市です。
> 現在，東北地方の中心的な役割を担う(c)宮城県は，古代においても東北地方の重要な地点でした。近世に入ると，伊達政宗が仙台藩の基礎を築きました。戊辰戦争では，仙台藩は，会津藩などとともに旧幕府側で戦いました。近代では，宮城県出身の(d)吉野作造の思想が，大正デモクラシーを支えました。
> 宮城県は，2011年の東日本大震災で大きな被害を受け，その後，復興が進められてきました。現在は，(e)まちづくりのさまざまな取組が行われています。

(1)　下線部(a)に関して，図の，三陸海岸の  で示した範囲には，狭い湾や入り江が複雑に入り組んだ海岸線が見られる。このような海岸を何というか，書きなさい。

図

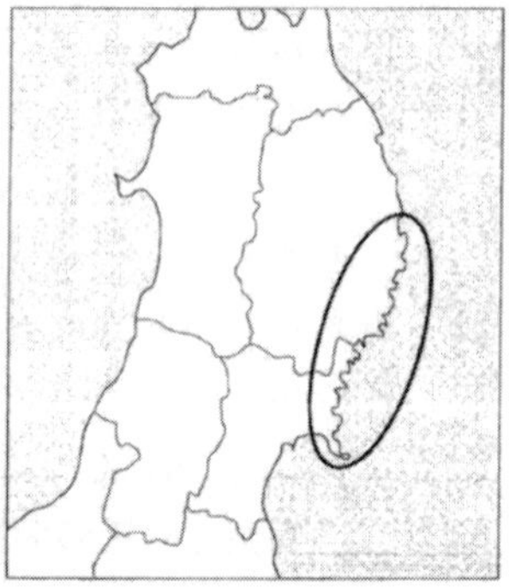

(2)　下線部(b)に関して，洋太さんは，宮城県における米の収穫量に関する資料Ⅰを見つけた。資料ⅠのAとBで，収穫量が大きく落ち込んでいるのは，この地域特有の気候が影響したためだと考えられる。収穫量が落ち込んだ理由として考えられることを，資料Ⅱを踏まえて，簡潔に書きなさい。

資料Ⅰ　宮城県における米の作況指数の推移

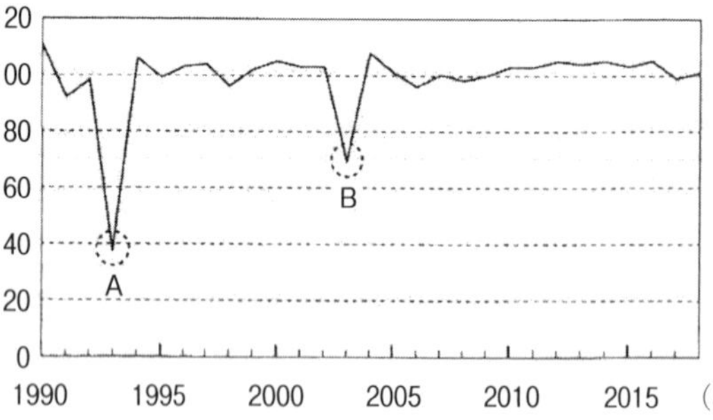

※作況指数とは，平年の米の収穫量を100とした場合の米のとれ具合のこと。

(農林水産省資料により作成)

資料Ⅱ

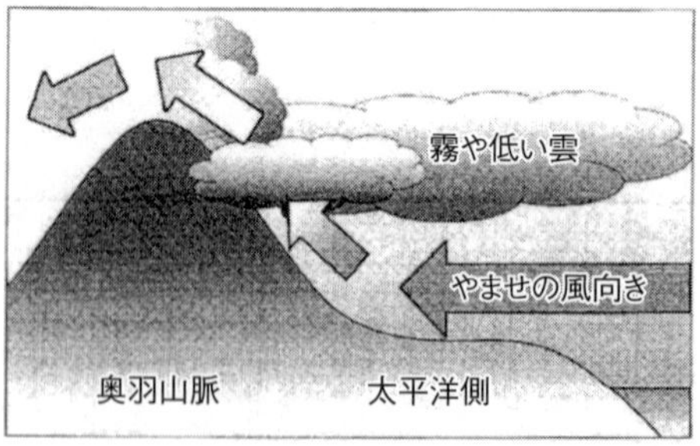

(仙台管区気象台ホームページにより作成)

(3)　下線部(c)について，奈良時代に現在の宮城県に設置された行政と軍事の拠点を，次のア～エから選びなさい。

ア　国分寺　　イ　多賀城　　ウ　大宰府　　エ　安土城

(4) 下線部(d)について，吉野作造の思想は，大日本帝国憲法の下で，民衆の意向を政治に反映させることを主張するものであった。吉野作造が唱えたこの思想を何というか，書きなさい。

(5) 下線部(e)に関して，洋太さんは，仙台市のまちづくりについて説明するために，資料Ⅲ，資料Ⅳを作成した。仙台市は，どのようにしてまちづくりに取り組もうとしていると考えられるか，資料Ⅲ，資料Ⅳを参考にして，簡潔に書きなさい。

資料Ⅲ　仙台市が取り組もうとしている
まちづくりの例

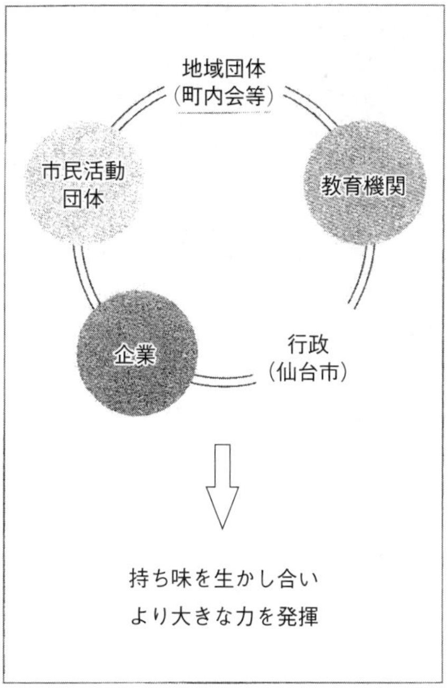

資料Ⅳ　資料Ⅲのような取組が必要とされる背景

> 仙台市では，近年，人口減少局面への移行や少子高齢化の進展により，地域課題があらわれてきています。さらに，地域コミュニティの希薄化もあって，単独の団体の力だけでは全ての課題に対応することが難しくなっています。

(資料Ⅲ，資料Ⅳは，仙台市ホームページにより作成)

2　勇樹さんは，祖父の住む東京都について調べたことをまとめ，発表した。次の図と資料は，そのときに使用したものの一部である。後の(1)〜(4)の問いに答えなさい。

祖父からのメールの内容

> 勇樹くん
>
> おじいちゃんは，東京都八王子市に住んで40年になるよ。住み始めたときと比べて，(a)まちの様子がずいぶん変わったよ。今も元気に仕事をしていて，今までと変わらず，東京都渋谷区の会社まで電車で通勤しているよ。(b)おじいちゃんの会社には，東京都内からだけでなく，他の県から通勤している人も多いよ。
>
> 
>
>
> 勇樹くんに頼まれた資料として，東京都全体の地図とおじいちゃんが住んでいる場所の地形図を送るから，参考にしてね。

図Ⅰ　1985年発行の地形図

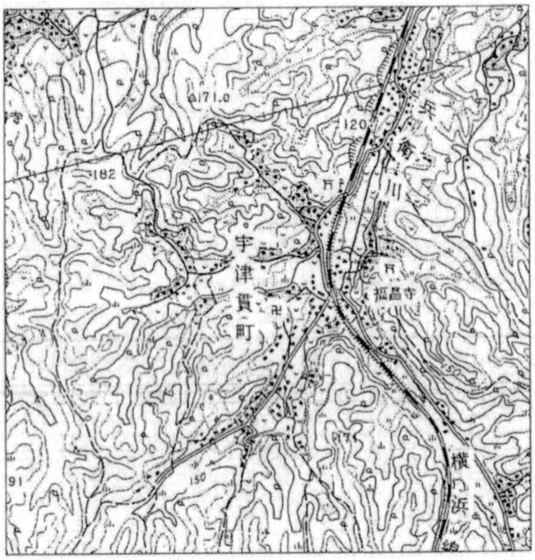

図Ⅱ　2015年発行の地形図

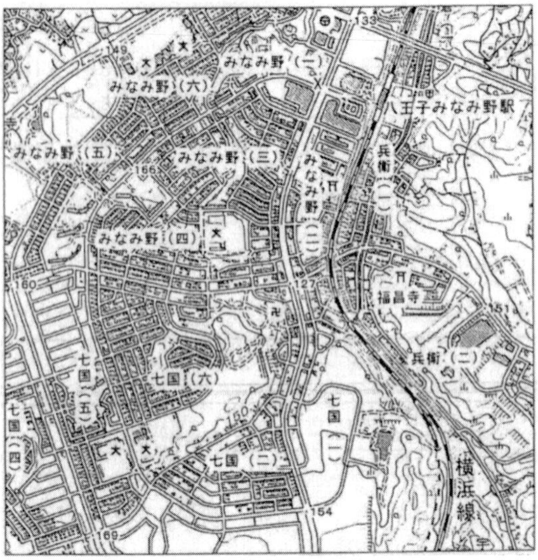

(国土地理院２万５千分の１地形図「八王子」1985年，2015年発行により作成)

(1)　勇樹さんは，東京都の郊外に位置する八王子市で，農業が盛んに行われていることを知った。このように，都市の消費者向けに，都市から距離の近い地域で野菜などの生産を行う農業を何というか，書きなさい。

(2)　下線部(a)について，次の①，②の問いに答えなさい。

①　勇樹さんは，調べ学習の際に見つけた図Ⅰの八王子市の古い地形図と，図Ⅱの祖父から送られてきた八王子市の地形図を比較した。図Ⅰと図Ⅱの２つの地形図を比較して，分かることとして適切なものを，次のア～エから１つ選びなさい。

ア　1985年の地形図と2015年の地形図では，小・中学校の数に変化はない。

イ　1985年の地形図にあった神社は，2015年の地形図では全てなくなった。

ウ　2015年の地形図では，1985年の地形図にはなかった「八王子みなみ野駅」がある。

エ　2015年の地形図における「みなみ野(三)」の地域は，1985年の地形図では平地であった。

②　勇樹さんは，東京都の都心部と郊外の人口の変化について説明するため，渋谷区と八王子市について，資料Ⅰ，資料Ⅱを作成した。資料Ⅰが示すように八王子市の人口が増加した理

資料Ⅰ　渋谷区と八王子市の人口の変化

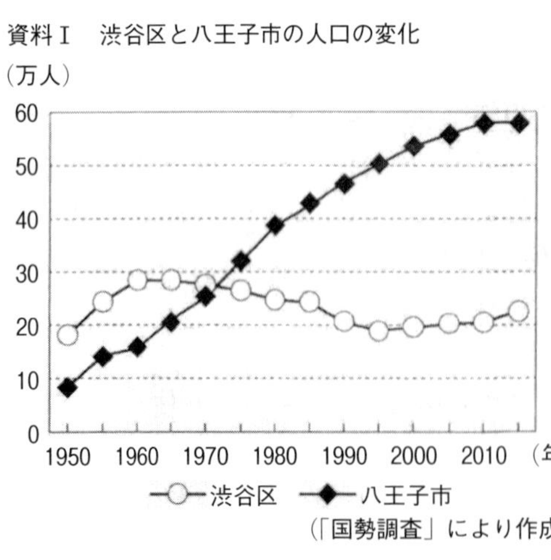

(「国勢調査」により作成)

資料Ⅱ　渋谷区と八王子市の地価

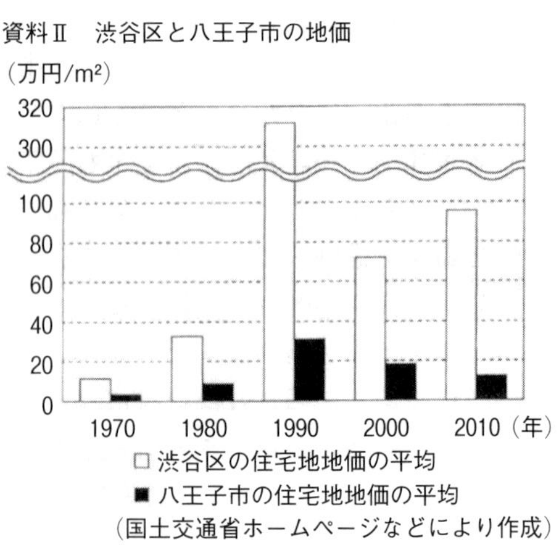

(国土交通省ホームページなどにより作成)

由として考えられることを，資料Ⅱを踏まえて，簡潔に書きなさい。

(3) 下線部(b)について，勇樹さんは，東京23区への通勤・通学者数について調べ，資料Ⅲを見つけた。東京23区への通勤・通学者が多い上位５市には，昼間人口と夜間人口との関係にどのような共通点があるか，資料Ⅲから分かることを，簡潔に書きなさい。

資料Ⅲ　東京23区への通勤・通学者が多い上位５市と渋谷区，八王子市の，東京23区への通勤・通学者数と昼間人口，夜間人口（平成27年）

	東京23区への通勤・通学者数（人）	昼間人口（人）	夜間人口（人）
神奈川県横浜市	434,302	3,416,060	3,724,844
神奈川県川崎市	271,422	1,302,487	1,475,213
埼玉県さいたま市	174,087	1,175,579	1,263,979
千葉県市川市	108,777	395,940	481,732
千葉県船橋市	104,882	524,471	622,890
渋谷区	73,685	539,109	224,533
八王子市	42,812	576,240	577,513

（「平成27年国勢調査」などにより作成）

(4) 勇樹さんは，資料Ⅳの施設の運用が2020年８月から始まったことを知り，この施設の目的について調べ，発表した。勇樹さんの発表メモの □ に当てはまる文を，施設の役割に着目して，簡潔に書きなさい。

発表メモ

> 都心部の地面は，アスファルトやコンクリートなどで覆われた部分が多く，雨水がしみこみにくいため，大雨が降ったときに浸水による被害が生じることがあります。この施設は，こうした被害を防ぐために，一時的に □ という役割を持っています。

資料Ⅳ　渋谷駅東口地下の施設

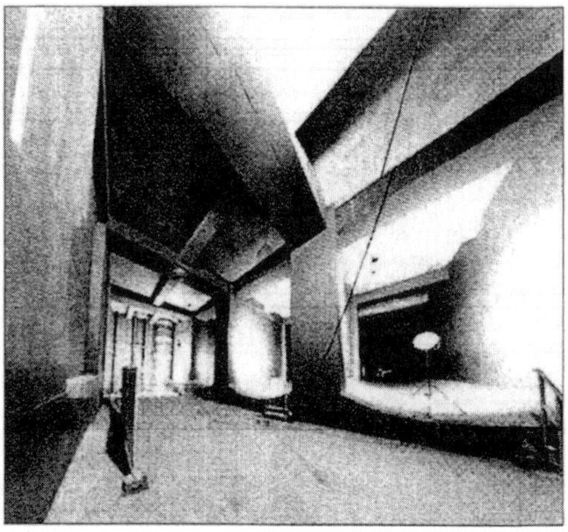

（東急株式会社ホームページにより作成）

3 大悟さんは，オーストラリアについて調べたことをまとめ，発表した。次の図と資料は，そのときに使用したものの一部である。次の(1)～(3)の問いに答えなさい。

図

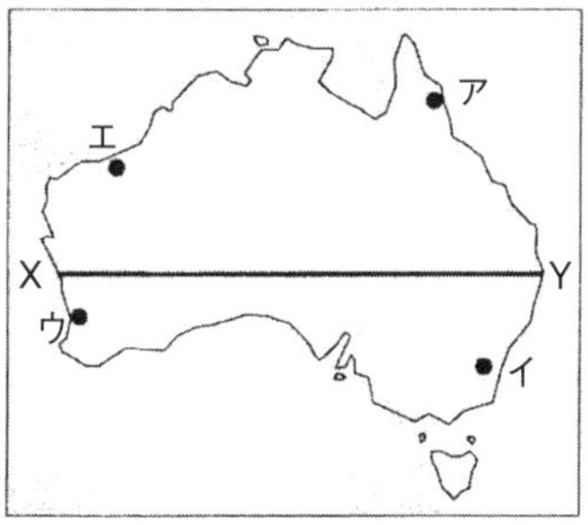

(1) オーストラリアの都市や地形について，次の①，②の問いに答えなさい。

① オーストラリアの首都であるキャンベラの位置を，図中のア～エから選びなさい。

② 図中のX－Yの断面の模式図として最も適切なものを，次のア～エから選びなさい。

ア

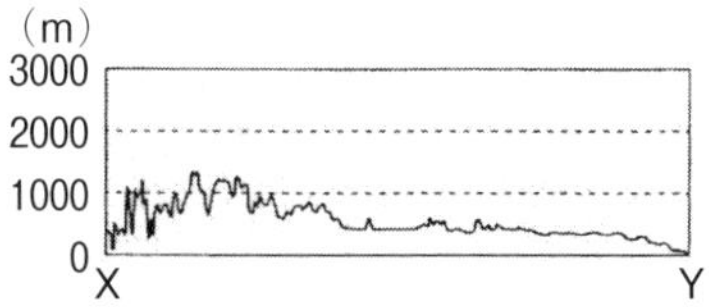

イ

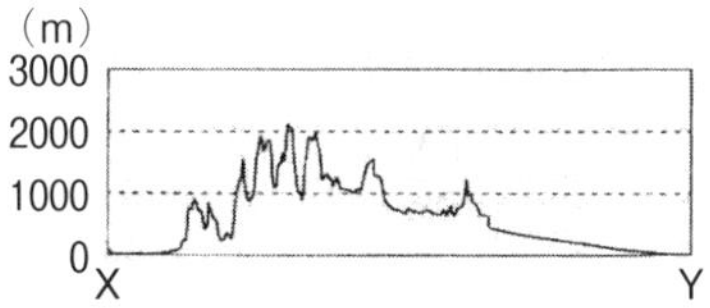

ウ
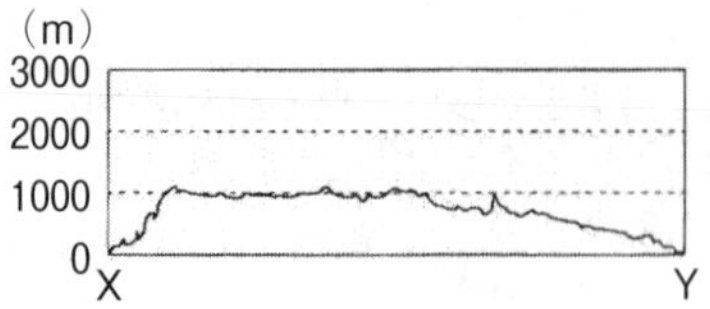

エ
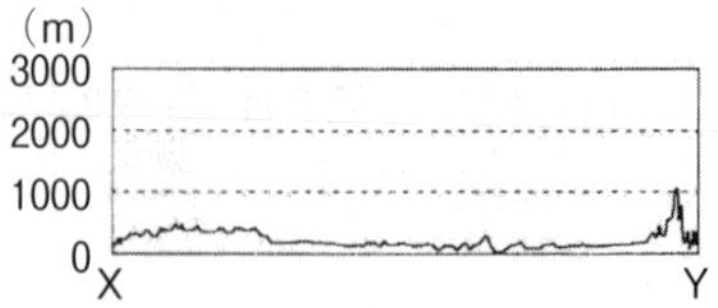

(国土地理院「地理院地図」により作成)

(2) 大悟さんは，オーストラリアに暮らす人々の歴史について，次の文章をまとめた。後の①，②の問いに答えなさい。

> オーストラリアには，約4万年前から先住民が暮らしていました。18世紀後半から，植民地として支配されていたことがあります。1970年代まで，特定の地域以外からの移民を厳しく制限する［　A　］と呼ばれる政策が行われました。この政策が撤廃されてからは，［　B　］しました。

① 文章中の［A］に当てはまる語を書きなさい。また，［B］に当てはまる文を，資料Ⅰを参考にして，簡潔に書きなさい。

② 大悟さんは，現在のオーストラリアが築こうとしている社会について説明するために，資料Ⅱを作成した。オーストラリアはどのような社会を築こうとしているか，資料Ⅰ，資料Ⅱを参考にして，簡潔に書きなさい。

資料Ⅰ　外国生まれのオーストラリア人の出身地域

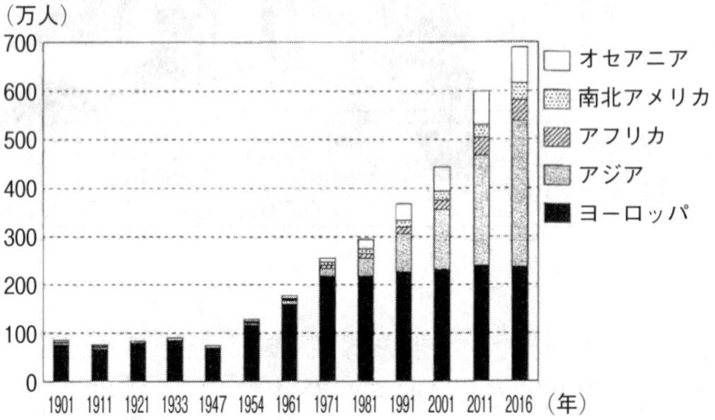

(Australian Bureau of Statisticsホームページにより作成)

資料Ⅱ　オーストラリアの取組

> 言語に関する国の政策によって，学校では，英語と英語以外の言語を教えています。英語以外の言語には日本語や中国語，フランス語やドイツ語などがあり，一人が複数の言語を学ぶことができます。
> また，先住民の先住権が認められ，もともと住んでいた土地の所有権も認められるようになりました。

(3) 資料Ⅲ，資料Ⅳは，オーストラリアの輸出品目と貿易相手国について，1961年と2010年を比較して示したものである。1961年と2010年を比較して分かる，オーストラリアの輸出品目と貿易相手国の変化について，簡潔に書きなさい。

資料Ⅲ　オーストラリアの輸出品目

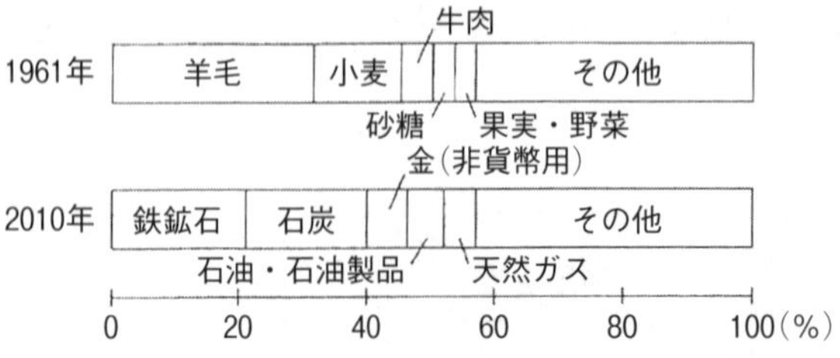

資料Ⅳ　オーストラリアの貿易相手国

	輸入		輸出	
	国名	割合(%)	国名	割合(%)
1961年	イギリス	31.3	イギリス	23.9
	アメリカ	20.0	日本	16.7
	西ドイツ	6.1	アメリカ	7.5
	日本	6.0	ニュージーランド	6.4
	カナダ	4.2	フランス	5.3
2010年	中国	18.7	中国	25.3
	アメリカ	11.1	日本	18.9
	日本	8.7	韓国	8.9
	シンガポール	5.1	インド	7.1
	ドイツ	5.0	アメリカ	4.0

（資料Ⅲ，資料Ⅳは「国際連合貿易統計年鑑」により作成）

4　美沙さんは，歴史の授業で学習した内容と群馬県との関連をまとめ，発表した。次のパネルと資料は，そのときに使用したものの一部である。後の(1)～(5)の問いに答えなさい。

パネル１

群馬県は，かつて13,000基を超える古墳がつくられていた日本有数の古墳大国です。特に，(a)高崎市の綿貫観音山古墳の出土品は，日本の古墳時代の資料の中でも重要な資料で，2020年９月に国宝に指定されました。

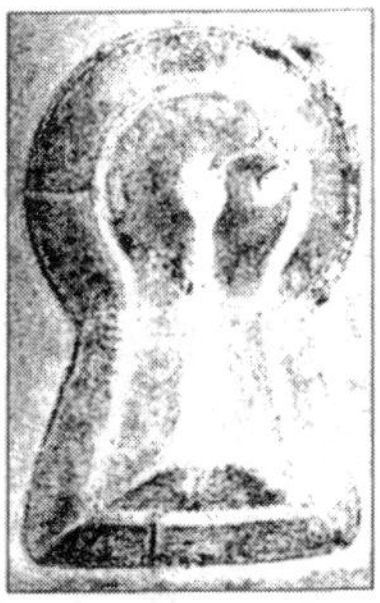

【綿貫観音山古墳】

パネル２

榛名湖へ向かう道の途中で，伊香保をよんだ和歌の歌碑を見つけました。調べてみると，この和歌は(b)奈良時代に大伴家持がまとめたとされる歌集に収録されていることが分かりました。この歌集には，榛名山と伊香保をよんだ和歌が，多く登場します。

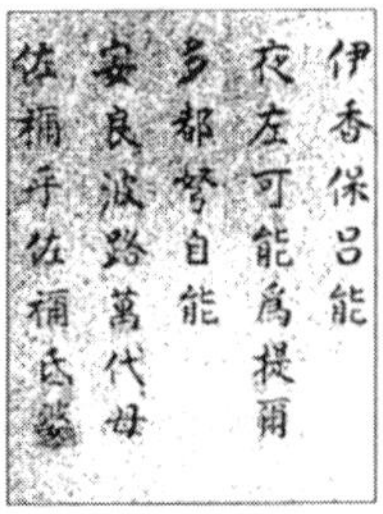

【歌碑】

パネル３

現在の太田市付近を拠点としていた新田義貞は，足利尊氏や楠木正成とともに鎌倉幕府を倒しました。その後□を中心とする政権ができましたが，反旗をひるがえした(c)足利尊氏が幕府を開き，武家政権を復活させました。

【上毛かるたの札】

パネル４

徳川綱吉は，江戸幕府の５代将軍に就任する前は館林藩主でした。将軍となった綱吉は朱子学を学ぶことを奨励するとともに，生類憐みの令を出しました。また，(d)寺院建設や金銀の減少などによる幕府財政への影響を考慮して，貨幣を作り直しました。

【徳川綱吉】

(1)　下線部(a)について，次の①，②の問いに答えなさい。

①　資料Ⅰは，綿貫観音山古墳の出土品である。この出土品のように，古墳時代につくられた，高温で焼かれたかたい土器を何というか，書きなさい。

②　美沙さんは，綿貫観音山古墳の出土品に関して資料Ⅱを作成した。当時の日本と他の地域との関係について，資料Ⅱから考えられることを，簡潔に書きなさい。

資料Ⅰ

資料Ⅱ　綿貫観音山古墳の出土品と他の地域から見つかっている出土品の一部

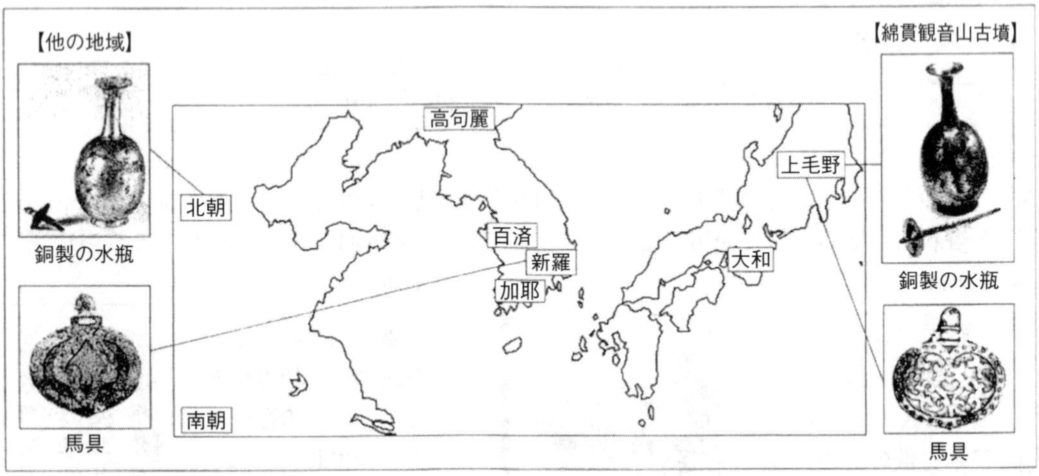

（群馬県立歴史博物館ホームページなどにより作成）

(2)　下線部(b)について，この歌集で用いられている，日本語を書き表すための仮名を何というか，資料Ⅲを参考にして，書きなさい。

資料Ⅲ　歌碑によまれている和歌

伊《い》香《か》保《ほ》呂《ろ》能《の》
夜《や》左《さ》可《か》能《の》為《い》提《で》介《に》
多《た》都《つ》努《の》自《じ》能《の》
安《あ》良《ら》波《は》路《ろ》萬《ま》代《で》母《も》
佐《さ》禰《ね》乎《を》佐《さ》禰《ね》弖《て》婆《ば》

【現代語訳】
伊香保の八尺《やさか》の土手に立つ虹のように、人目につくまでに寝られさえしたらよいだろうに。

（「群馬県史」などにより作成）

(3)　パネル3の□に当てはまる人物を，次のア～エから選びなさい。

ア　天智天皇　　イ　桓武天皇
ウ　後白河天皇　　エ　後醍醐天皇

(4)　下線部(c)について，足利氏の幕府が続いていた時期を室町時代という。この時代に起きたア～ウのできごとを，時代の古い順に並べなさい。

ア　応仁の乱
イ　南北朝の統一
ウ　戦国大名の登場

資料Ⅳ　小判に含まれる金の割合

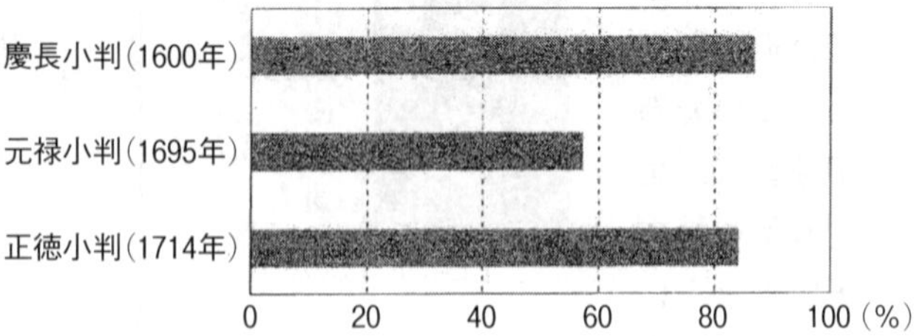

※小判の重さはいずれも4.76匁《もんめ》である。（1匁は約3.75グラム。）
※(　)は使用開始の年を示す。

（「国史大辞典」により作成）

(5)　下線部(d)について，徳川綱吉の時代には，どのような小判が作られたか。資料Ⅳを参考にして，簡潔に書きなさい。

5　明さんは，明治時代以降の主なできごとと人々への影響について調べたことをまとめ，発表した。次の資料は，そのときに使用したものの一部である。後の(1)～(5)の問いに答えなさい。

資料Ⅰ

主なできごと	人々への影響
1871年　廃藩置県を実施する。	
1873年　(a)地租改正を実施する。 →	新政府は財政を安定させるため，税制度の改革を実施しました。しかし，税の負担は江戸時代の年貢とほとんど変わらず，各地で地租改正に反対する一揆が起きました。
1894年　日清戦争がはじまる。	
1904年　日露戦争がはじまる。 →	戦費を調達するための増税により，国民の税負担は大きくなりました。ポーツマス条約で［　A　］ことがわかると，政府に対する国民の不満が高まり，日比谷焼き打ち事件などの暴動が起こりました。
1914年　第一次世界大戦がはじまる。	
↕【X】	
1925年　普通選挙法が成立する。 →	この法律により，男子普通選挙が実現し，それまでより有権者が増加しました。また，同じ年に［　B　］法が成立し，社会運動に対する取りしまりが強まりました。
1941年　太平洋戦争がはじまる。	
1951年　サンフランシスコ平和条約が結ばれる。 →	アメリカを中心とする48か国との間で結ばれたこの条約により，日本は独立を回復しました。しかし，国内には(b)アメリカの統治下に置かれる地域もありました。

(1)　下線部(a)について述べた文として適切なものを，次のア～エから選びなさい。

ア　税率は毎年変化した。　　イ　税を現金で納めさせた。

ウ　収穫高を基準にして税をかけた。　　エ　国が全ての土地を所有することとなった。

(2)　資料Ⅰの【X】の時期における，日本の様子と人々の生活について説明した文として適切なものを，次のア～エから選びなさい。

ア　ノルマントン号事件が起こり，領事裁判権の廃止を求める世論が高まった。

イ　シベリア出兵が決まり，商人が米を買い占め，米の値段が急激に上がった。

ウ　農地改革が行われ，政府が地主の農地を買い上げ，小作人に安く売り渡した。

エ　殖産興業政策の1つとして，新橋・横浜間に鉄道が開通し，多くの人や物資を運んだ。

(3)　資料Ⅰ中の［　A　］に当てはまる文を，資料Ⅱを参考にして，書きなさい。

(4)　資料Ⅰ中の［　B　］に当てはまる語を，書きなさい。

(5)　下線部(b)に関して，明さんは資料Ⅲを見つけた。資料Ⅲのような様子が見られる背景となったできごとを書きなさい。

資料Ⅱ　下関条約とポーツマス条約の主な内容

下関条約	ポーツマス条約
●清が朝鮮の独立を認める。 ●日本が遼東半島・台湾などを獲得する。 ●日本が2億両の賠償金を得る。	●ロシアが韓国における日本の優越権を認める。 ●日本が旅順・大連の租借権や南樺太などを獲得する。

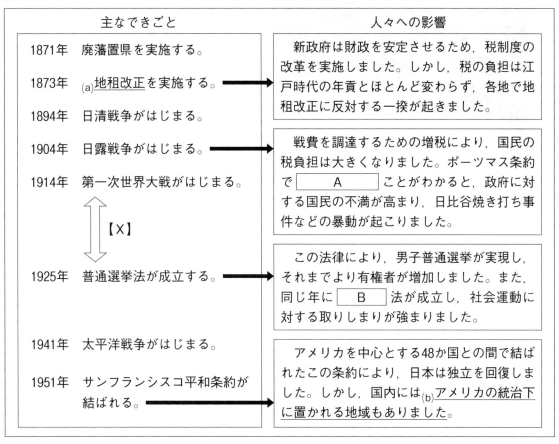

資料Ⅲ　ドルを円に交換するために並んでいる沖縄の人々（1972年）

（那覇市歴史博物館ホームページより）

6　次の文は，「消費生活と経済」の学習のまとめの時間に，太郎さんの班で交わされた会話の一部である。後の(1)～(5)の問いに答えなさい。

太郎：私たちの消費生活は契約によって成り立っているよね。
絵美：契約をする上で，商品の価格は大切だよね。(a)企業が競争をすることで，私たちはより安く，品質が良い商品を買えるよね。それにより消費が拡大することで(b)景気も良くなると私は思うわ。
健太：そうだね。逆に企業間の競争が弱まると，消費者に不利益が生じるだけではなく，経済を停滞させることにもなりかねないよね。そのため，企業の健全な競争を促すために，［　　　］法が制定されていて，公正取引委員会がその運用に当たっているよね。
太郎：それと消費者保護の授業では，消費者が売り手に対して不利な立場にあることが原因で，さまざまな(c)消費者問題が生じていることを勉強したね。
絵美：このような状況の中で，2022年から成年年齢が引き下げられ，18歳になれば，親の同意を得ずに，一人で携帯電話を購入したり，(d)クレジットカードを作ったりできるようになるんだよ。
健太：今後，私たちも消費生活において，より責任ある行動が求められるようになるね。

(1)　会話文中の［　　］に当てはまる語を書きなさい。
(2)　下線部(a)に関して，資料Ⅰの［ア］～［ウ］には「企業」，「家計」，「政府」のいずれかが入る。「企業」に当たるものとして適切なものを，資料Ⅰのア～ウから選びなさい。

資料Ⅰ　経済の循環

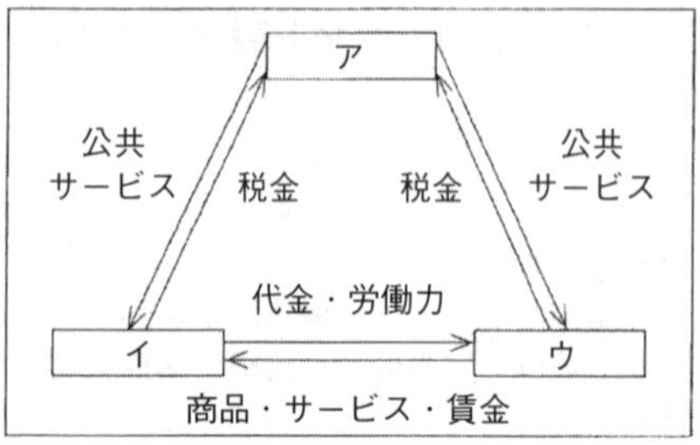

(3)　下線部(b)に関して，太郎さんは政府の財政政策について，次のように説明した。次の文中の [i] に当てはまる語と，[ii] に当てはまる文の組み合わせとして適切なものを，後のア～エから選びなさい。

> 政府が歳入や歳出を通じて，景気の回復を促したり，行きすぎを防止したりすることを財政政策という。一般的に，不景気のときには，景気の回復を促すために，政府は [i] を行い，企業や家計の [ii]。

ア　i：増税　ii：消費を増やそうとする

イ　i：増税　ii：消費を減らそうとする

ウ　i：減税　ii：消費を増やそうとする

エ　i：減税　ii：消費を減らそうとする

(4)　下線部(c)に関して，訪問販売などで消費者が契約をした場合，一定の期間内であれば，消費者が無条件で契約を取り消すことができる。この制度を何というか，書きなさい。

(5)　下線部(d)について，より良い消費生活を送るために，消費者がクレジットカードを利用する上で注意しなければならないことを，資料Ⅱ，資料Ⅲを踏まえて，簡潔に書きなさい。

資料Ⅱ　クレジットカード利用時のお金の流れ

お店 ←①― カード会社 ←②― 消費者

①カード会社が，消費者が払うお金を立てかえる。

②消費者が，カード会社にお金を後で支払う。

資料Ⅲ　クレジットカード利用者の声

> 私は20歳になったとき，クレジットカードをつくりました。欲しいものを購入するときに，クレジットカードを利用すると，お金を使ったという実感をもちにくく，収入を考えず，無計画に使いすぎてしまいました。

7　花子さんは，「基本的人権と私たちの暮らし」というテーマで調べたことをまとめ，発表した。次のメモと資料は，そのときに使用したものの一部である。後の(1)～(4)の問いに答えなさい。

メモ1

自由権について

・自分の考えを表現できる。

・手続きなしに逮捕されない。

・(a)職業を選ぶことができる。

メモ2

社会権について

・(b)医療を受けることができる。

・教育を受けることができる。

・労働条件が守られる。

メモ3

権利を守るために

・(c)政治に参加することができる。

・署名活動をすることができる。

・裁判を受けることができる。

メモ4

(d)新しい人権について

・自分の生き方を自由に決定できる。

・さまざまな情報の公開を求めることができる。

(1)　下線部(a)について，職業選択の自由は，どの自由に当てはまるか，次のア～ウから選びなさい。

ア　精神の自由　　イ　生命・身体の自由　　ウ　経済活動の自由

(2)　下線部(b)に関して，医療保険の加入が全国民に義務づけられている。医療保険のほかに，40歳になった時点で全国民に加入が義務づけられる社会保険として適切なものを，次のア～エから選びなさい。

ア　介護保険　　イ　労災保険　　ウ　雇用保険　　エ　年金保険

(3)　下線部(c)について，花子さんは，衆議院議員選挙の小選挙区制の課題について，資料Ⅰを用いて発表した。資料Ⅰから分かる，衆議院議員選挙の小選挙区制の課題について，簡潔に書きなさい。

資料Ⅰ　小選挙区における議員一人当たりの有権者数（2019年）

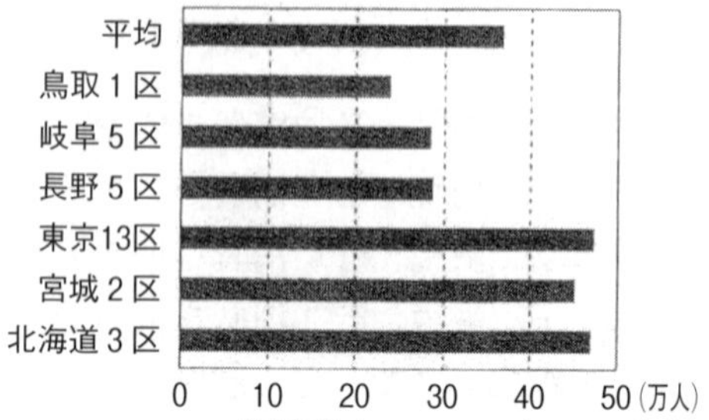

（総務省ホームページにより作成）

(4)　下線部(d)について，次の①，②の問いに答えなさい。

①　資料Ⅱのような状況を背景として提唱された権利を，次のア～エから選びなさい。

ア　肖像権　　イ　請願権

ウ　日照権　　エ　黙秘権

資料Ⅱ

（国土交通省資料により作成）

②　花子さんは，社会の変化に対応した新しい人権が提唱されていることに興味を持ち，資料Ⅲを見つけた。インターネットを利用する際に，自分の人権や他人の人権を守るために注意しなければならないことを，資料Ⅲ，資料Ⅳを参考にして，簡潔に書きなさい。

資料Ⅲ　インターネットによる人権侵害件数

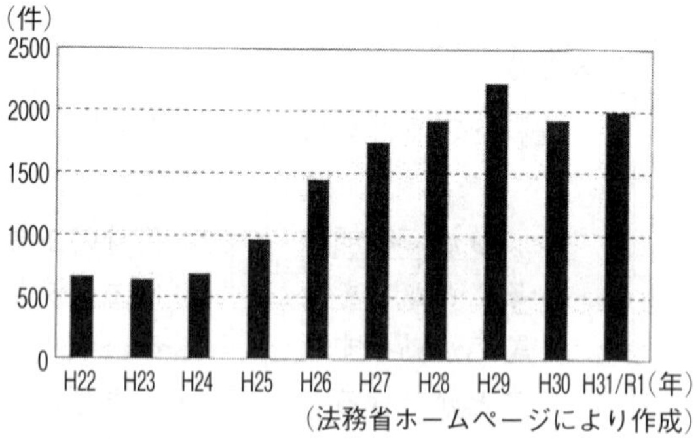

（法務省ホームページにより作成）

資料Ⅳ

（法務省ホームページより）

理科

●満点100点　●時間45～60分

1　次のA～Dの問いに答えなさい。

A　図は，ヒトの体内における血液の循環のようすを模式的に示したものである。次の(1)，(2)の問いに答えなさい。

(1)　図中のア～エはそれぞれ血管の一部分を示している。養分を最も多く含む血液が流れる血管はどの部分か，最も適切なものを，図中のア～エから選びなさい。

(2)　次の文は，アンモニアの排出について述べたものである。文中の ① ， ② に当てはまる器官の組み合わせとして正しいものを，下のア～エから選びなさい。

> 細胞の活動によってアミノ酸が分解されて生じた有害な物質であるアンモニアは，図のaで示された ① で無害な尿素に変えられる。尿素は，図のbで示された ② で血液から取り出されて，尿として体外に排出される。

ア　[①　肝臓　②　ぼうこう]　　イ　[①　肝臓　②　じん臓]
ウ　[①　じん臓　②　ぼうこう]　　エ　[①　じん臓　②　肝臓]

図

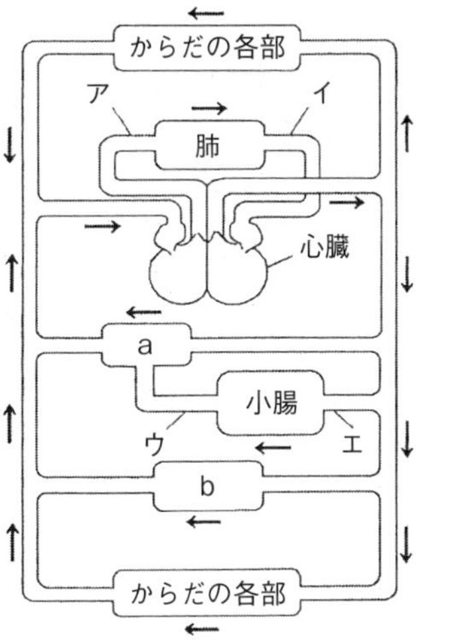

※矢印は，血液が流れる向きを表す。

B　図Ⅰは，地球と月の位置関係を模式的に示したものである。次の(1)，(2)の問いに答えなさい。

(1)　群馬県のある地点で，月を観察したところ，満月が見えた。このときの月の位置として最も適切なものを，図Ⅰ中のア～エから選びなさい。

(2)　(1)の観察を行った1週間後，群馬県の同じ地点で月を観察したところ，月が図Ⅱのような形に見えた。月が図Ⅱのような形に見えるのは，いつごろのどの方角の空だと考えられるか，最も適切なものを，次のア～エから選びなさい。

ア　夕方の東の空　　イ　夕方の南の空
ウ　明け方の南の空　　エ　明け方の西の空

図Ⅰ

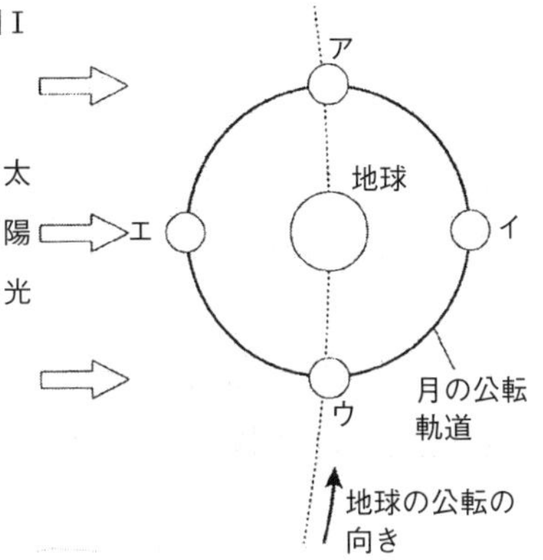

図Ⅱ

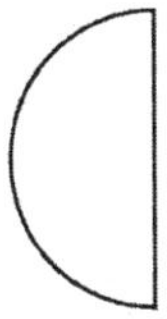

C　物質の状態変化について，次の(1)，(2)の問いに答えなさい。

(1)　液体のろうをビーカーの中に入れ，常温でゆっくり冷やしていくと固体になった。このとき，ろうの体積と質量はどのように変化したか，適切なものを，次のア～ウからそれぞれ選びなさい。

ア　増加した　　イ　減少した　　ウ　変化しなかった

(2) 図のような装置で，水とエタノールの混合物を弱火で加熱し，温度計で温度を確認しながら試験管を交換して，3本の試験管にそれぞれ同量の液体を集めた。3本の試験管のうち，集めた液体に火を近づけたときに最も長い時間燃えると考えられるものを，次のア～ウから選びなさい。

	試験管	液体を集めたときに温度計が示した温度の範囲
ア	1本目	72～80℃
イ	2本目	80～88℃
ウ	3本目	88～96℃

図

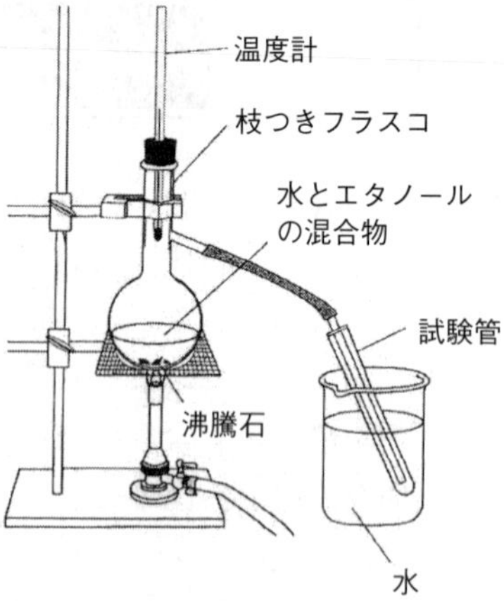

D 図Ⅰ，図Ⅱのように2種類の方法で，滑車を用いて質量300 gの物体を床から0.3mの位置までゆっくりと一定の速さで引き上げた。次の(1)，(2)の問いに答えなさい。ただし，滑車やひもの摩擦，滑車やひもの重さ，ひもののび縮みは考えないものとする。

図Ⅰ

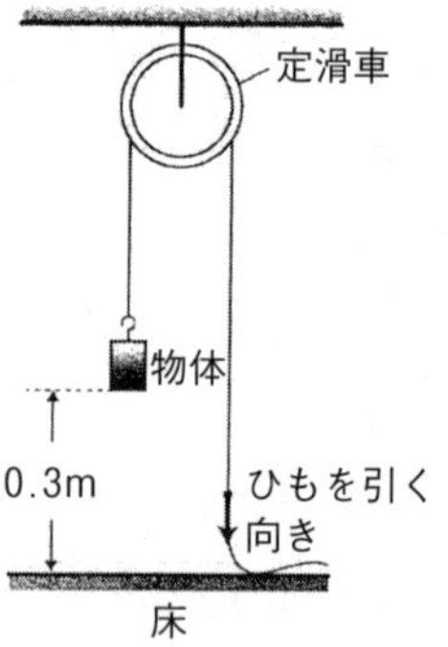

図Ⅱ

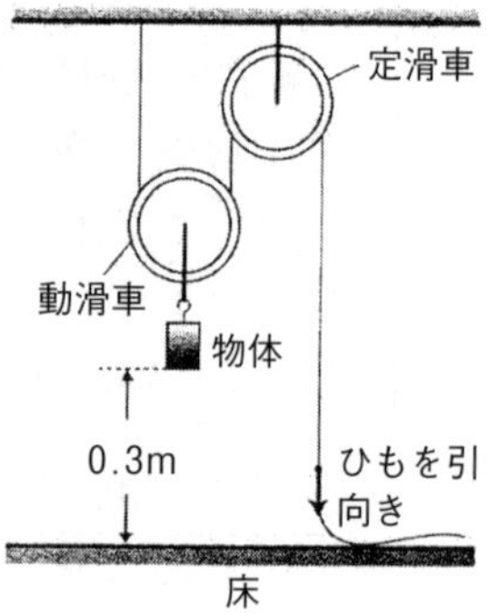

(1) 図Ⅰの方法で物体を引き上げたとき，ひもを引く力がした仕事はいくらか，書きなさい。ただし，100 gの物体にはたらく重力の大きさを1Nとする。

(2) 次のア～ウのうち，図Ⅰの方法と図Ⅱの方法を比較したときに，図Ⅰの方法の方が図Ⅱの方法より大きくなるものとして適切なものを，選びなさい。

ア ひもを引く力の大きさ　　イ ひもを引く距離

ウ ひもを引く力がした仕事の大きさ

2 GさんとMさんは，メンデルがエンドウを用いて行った実験をもとに，遺伝の規則性について考察した。後の(1)～(4)の問いに答えなさい。

[メンデルが行った実験]

(あ) 丸形の種子をつくる純系のエンドウの花粉を，しわ形の種子をつくる純系のエンドウのめしべにつけて，種子をつくった。その結果，できた種子は全て丸形であった。

(い) (あ)で得られた種子をまいて育て，自家受粉させて種子をつくった。その結果，丸形の種子の数としわ形の種子の数の比が，およそ3：1となった。

(1) 次の文は，[メンデルが行った実験] (あ)の結果について，まとめたものである。文中の□に当てはまる語を書きなさい。

> できた種子が全て丸形であったことから，エンドウの種子の形では，丸形が□の形質であることが分かる。

(2) [メンデルが行った実験]を遺伝子の伝わり方で考えた場合，丸形の種子をつくる遺伝子をA，

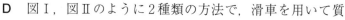

しわ形の種子をつくる遺伝子をａとすると，［メンデルが行った実験］(あ)，(い)はそれぞれ図Ⅰ，図Ⅱのように表すことができる。後の①，②の問いに答えなさい。

図Ⅰ

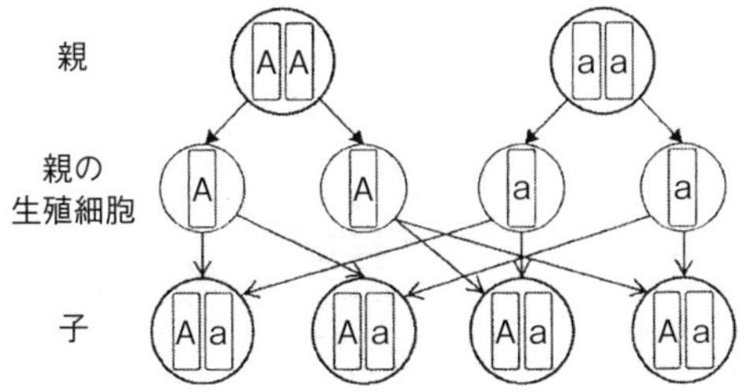

図Ⅱ

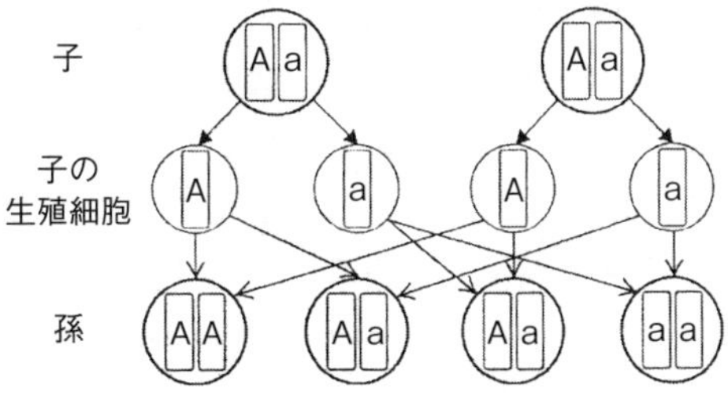

① 次の文は，図Ⅱの孫をさらに自家受粉させた場合の遺伝子の組み合わせについて，ＧさんとＭさんが交わした会話の一部である。文中の［ａ］，［ｂ］に当てはまる数値を，それぞれ書きなさい。

Ｇさん：図Ⅰの子を見ると，遺伝子の組み合わせは全てＡａになっているね。
Ｍさん：そうだね。でも，図Ⅱの孫では，孫全体に対するＡａの種子の割合は［ａ］％になっているよ。
Ｇさん：じゃあ，孫をさらに自家受粉させた場合，孫の次の代である，ひ孫の代で生じる種子全体に対するＡａの種子の割合はどう変わるかな。
Ｍさん：遺伝子の組み合わせがＡＡ，Ａａ，ａａの種子をそれぞれ自家受粉させた場合の遺伝子の伝わり方を，図Ⅲにまとめてみたよ。
Ｇさん：図Ⅱの孫では，Ａａの種子はＡＡの種子の２倍あるから，図Ⅱの孫をさらに自家受粉させた場合に，生じる種子のうち，種子全体に対するＡａの種子の割合は［ｂ］％になるね。
Ｍさん：こうやって自家受粉を繰り返していくと，純系の種子の割合が変化していくんだね。

図Ⅲ

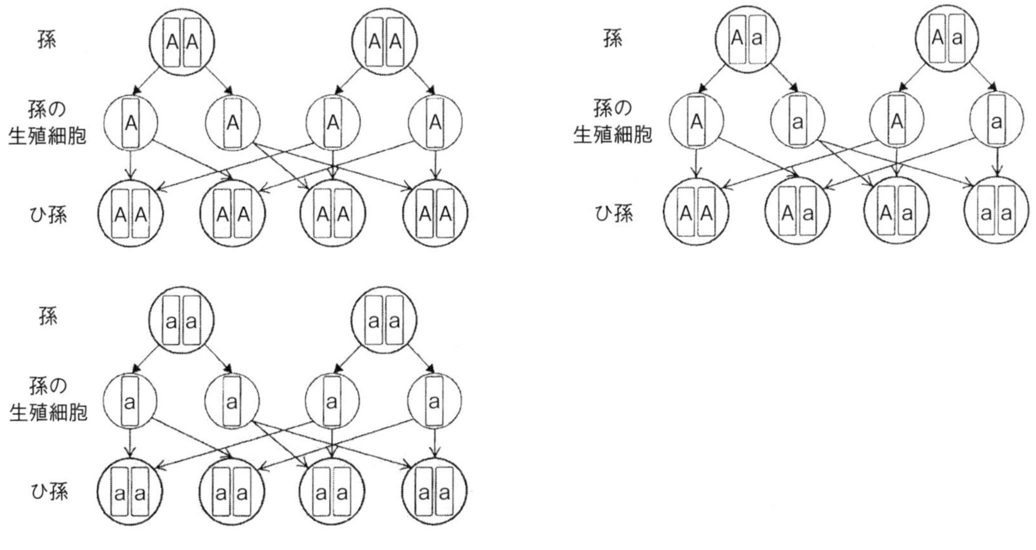

② 図Ⅱの孫をさらに自家受粉させた場合に，生じる種子のうち，丸形の種子としわ形の種子の数の比はいくらか，最も簡単な整数比で書きなさい。

(3) 図Ⅳは，エンドウの花のつくりを模式的に示したものである。次の①，②の問いに答えなさい。

① 図ⅣのXを何というか，書きなさい。

② 図Ⅳのように，エンドウの花はめしべとおしべが一緒に花弁に包まれていることで，エンドウは純系の種子が得やすくなっている。このような花のつくりをしていることで，エンドウが純系の種子を得やすい理由を，簡潔に書きなさい。

図Ⅳ

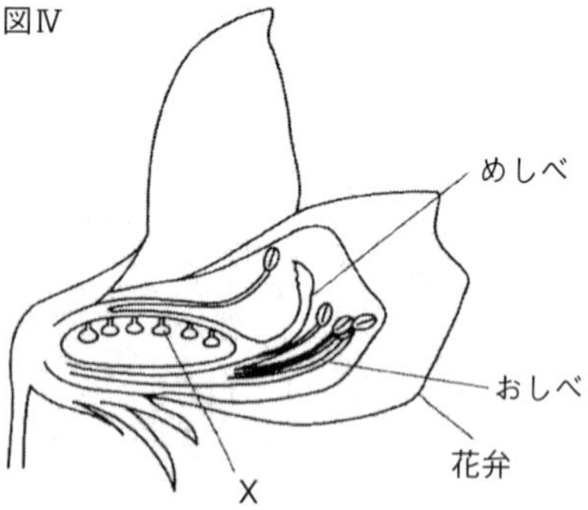

(4) メンデルが行ったのは有性生殖であるが，農業の分野では無性生殖を用いた栽培を行うことがある。味が良い，病害虫に強いなどの形質をもつ農作物が得られた場合，それを有性生殖ではなく，無性生殖でふやすのはなぜか，「遺伝子」，「形質」という語をともに用いて，簡潔に書きなさい。

3 Gさんと Mさんは，地震の揺れの伝わり方を学習するために，過去に発生した地震について調べた。後の(1)，(2)の問いに答えなさい。ただし，P波，S波はそれぞれ常に一定の速さで地中を伝わるものとし，この地震の震源の深さは，ごく浅いものとする。

[調べたこと]

ある地震について，観測地点や地震波が到着した時刻が掲載された資料を見つけた。表は，震源からの距離が異なる3つの地点A，B，Cで観測された，P波が到着した時刻とS波が到着した時刻を，まとめたものである。

表

地点	P波が到着した時刻	S波が到着した時刻
A	15時27分34秒	15時27分40秒
B	15時27分26秒	15時27分28秒
C	15時27分30秒	15時27分34秒

(1) 図Ⅰは，表中の3つの地点A，B，Cの位置の関係を示したものであり，この地震の震央は，図Ⅰ中のア～エのいずれかである。震央の位置として最も適切なものを，図Ⅰ中のア～エから選びなさい。ただし，地点A，B，Cの標高は全て同じものとする。

図Ⅰ

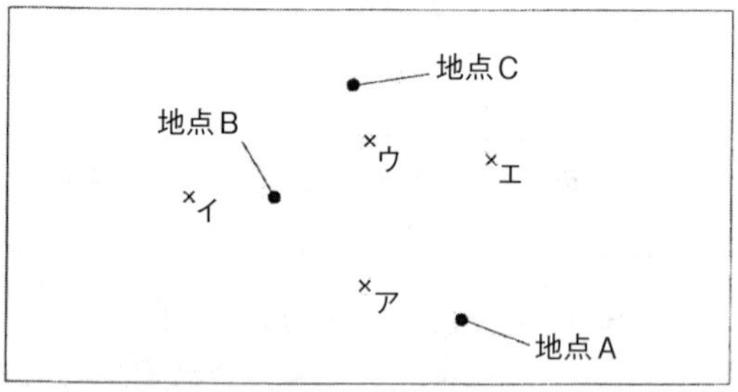

(2) 次の文は，[調べたこと]について，GさんとMさんが交わした会話の一部である。後の①～⑤の問いに答えなさい。

Gさん：表から何か分かることはないかな。

Mさん：P波が到着した時刻と，P波が到着してからS波が到着するまでの時間を表から求めて，この関係について，3つの地点A，B，Cを示した点を図Ⅱのように記入してみたよ。

Gさん：図Ⅱの横軸の，P波が到着してからS波が到着するまでの時間は，[a]のことだよね。それから，図Ⅱの3つの点を結ぶと，直線になりそうだね。

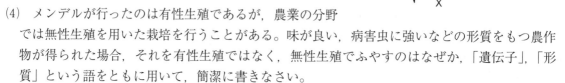

Mさん：確かに直線になるね。P波とS波は，震源で[b]しているはずだから，図Ⅱの3つの点を直線で結んだグラフを用いて，この地震の発生時刻を求められそうだよ。

Gさん：なるほどね。地震の発生時刻のほかにも分かることがあるか，考えてみよう。

図Ⅱ

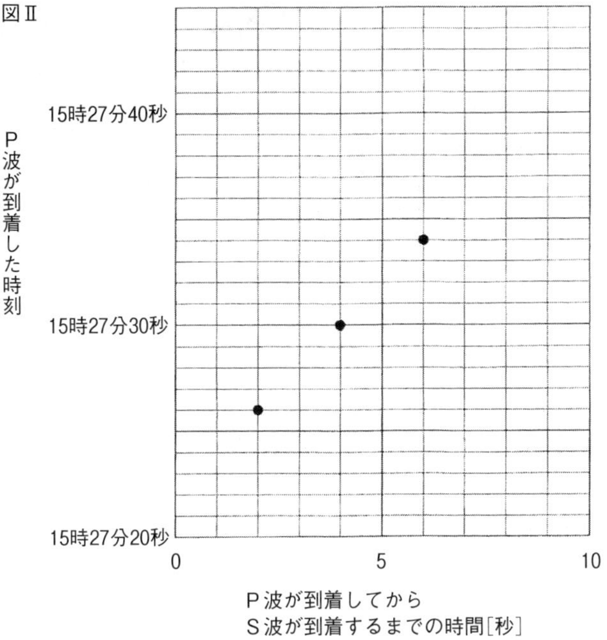

① 文中の[a]に当てはまる語を書きなさい。また，[b]に当てはまる言葉を書きなさい。

② 下線部について，この地震の発生時刻は何時何分何秒か，書きなさい。

③ ある地点で，P波が15時27分42秒に到着したとき，S波が到着するのは何時何分何秒か，書きなさい。

④ この地震において，P波が伝わる速さは，S波が伝わる速さのおよそ何倍か，最も適切なものを，次のア～エから選びなさい。

ア 1.25倍

イ 1.5倍

ウ 1.75倍

エ 2.0倍

⑤ この地震では，15時27分31秒に，各地で緊急地震速報を受信した。震源からの距離が18kmの地点では，P波が到着してから6秒後に緊急地震速報を受信した。震源からの距離が64kmの地点にS波が到着するのは，緊急地震速報を受信してから何秒後か，書きなさい。ただし，この地震の緊急地震速報はどの地点でも同じ時刻に受信したものとする。

4　GさんとMさんは，炭酸水素ナトリウムを加熱したときに起こる変化について調べるために，次の実験を行った。後の(1)～(4)の問いに答えなさい。

［実験１］

(A)　図Ⅰのように，炭酸水素ナトリウムが入った試験管Xをガスバーナーで加熱したところ，気体が発生した。はじめに出てきた気体は集めずに，しばらくしてから試験管Yに気体を集め，水中でゴム栓をした。しばらくすると気体が発生しなくなったので，ガラス管を水中から取り出した後にガスバーナーの火を消した。試験管Xの内側には無色透明の液体がつき，底には白い物質が残った。

図Ⅰ

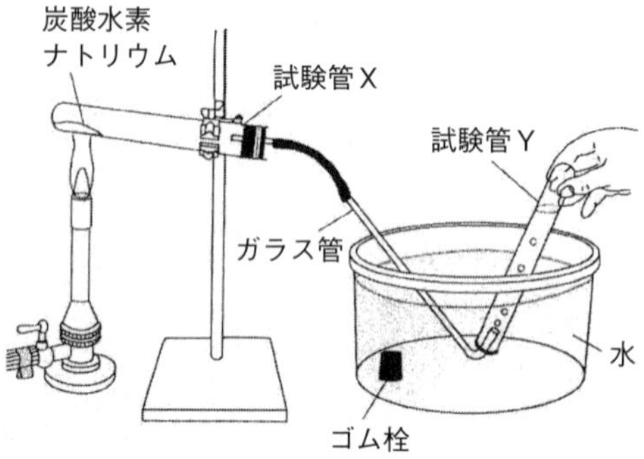

(B)　試験管Xの内側についた無色透明の液体に，乾燥させた塩化コバルト紙をつけたところ，色が変化した。

(C)　試験管Yに石灰水を加えてよく振ったところ，石灰水が白くにごった。

(1)　実験１の下線部について，ガスバーナーの火を消す前にガラス管を水中から取り出すのはなぜか，その理由を簡潔に書きなさい。

(2)　実験１について，次の①～③の問いに答えなさい。

①　次の文は，実験１(B)の結果について考察し，まとめたものである。文中の［a］，［b］に当てはまる語を，それぞれ書きなさい。

> 塩化コバルト紙の色が［a］色から［b］色に変化したことから，試験管Xの内側についた無色透明の液体は水であることが分かる。

②　次の文は，加熱後の試験管Xに残った白い物質と，元の炭酸水素ナトリウムとの違いを調べるために行った実験とその結果について述べたものである。文中のa，bについて｛　｝内のア，イから正しいものを，それぞれ選びなさい。

> 白い物質が残っている試験管Xと，試験管Xに残った白い物質と同量の炭酸水素ナトリウムを入れた試験管に，それぞれ水を加えて溶け方を比較した。その結果，試験管Xに残った白い物質の方が a｛ア　溶けやすかった　　イ　溶けにくかった｝。次に，フェノールフタレイン溶液をそれぞれの試験管に加え，水溶液の色を比較した。その結果，白い物質が残っている試験管Xの方が b｛ア　濃い　　イ　うすい｝赤色となった。

③　実験１の化学変化は次のように表すことができる。これを参考にして，試験管Xに残った白い物質に含まれている原子の種類を，原子の記号で全て書きなさい。

> $2NaHCO_3$ → ［試験管Xに残った白い物質］ + H_2O + CO_2

(3)　GさんとMさんは，実験１において炭酸水素ナトリウムの代わりに炭酸水素アンモニウムを加熱した場合の化学変化について考えた。物質名に「アンモニウム」とあることからアンモニアが発生すると予想したが，図Ⅰの装置はアンモニアを集めるのには適さないと判断した。このように判断した理由を，簡潔に書きなさい。

［実験２］

(A)　炭酸水素ナトリウムをはかりとり，図Ⅱのようにステンレス皿に広げて一定の時間加熱し，冷ましてからステンレス皿上の物質の質量を測定した。その後，再び一定の時間加熱し，加熱後の物質の質量を測定する操作を繰り返した。

(B)　炭酸水素ナトリウムの質量を変えて，(A)と同じ実験を行った。表は，測定結果をまとめたものである。

図Ⅱ

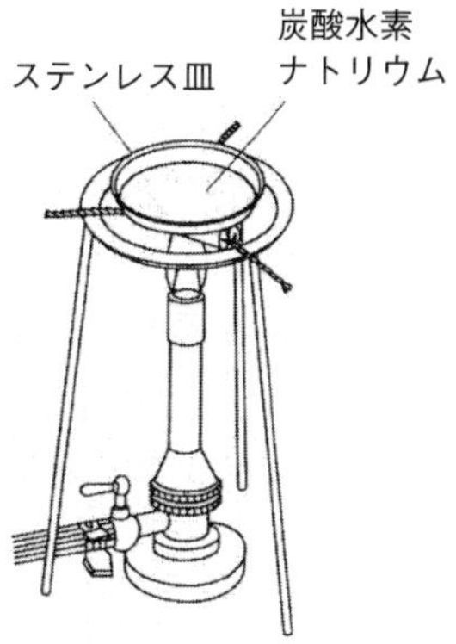

表

加熱前の炭酸水素ナトリウムの質量［g］	加熱後の物質の質量［g］				
	1回目	2回目	3回目	4回目	5回目
2.00	1.68	1.28	1.26	1.26	1.26
4.00	3.36	3.04	2.52	2.52	2.52
6.00	5.04	4.56	4.08	3.78	3.78

(4)　実験２について，次の①，②の問いに答えなさい。ただし，炭酸水素ナトリウムの加熱によって生じる水は，全て蒸発するものとする。

①　表では，操作の回数が増えると，加熱後の物質の質量に変化が見られなくなった。この理由を，簡潔に書きなさい。

②　炭酸水素ナトリウム7.00ｇを加熱し，加熱後の物質の質量に変化が見られなくなったとき，残った物質の質量はいくらか，書きなさい。

5　ＧさんとＭさんは，電熱線の抵抗の大きさと回路を流れる電流の大きさの関係について調べるために，次の実験を行った。後の(1)～(4)の問いに答えなさい。

［実験１］

(A)　電熱線Ｐを用いて図Ⅰのような回路をつくり，電熱線Ｐに電圧を加えたときに，回路を流れる電流の大きさを測定した。

(B)　電熱線Ｐの代わりに電熱線Ｑを用いて，(A)と同様の操作を行った。

図Ⅱは，(A)，(B)において，電熱線に加えた電圧と回路を流れる電流の関係を，グラフに表したものである。

図Ⅰ

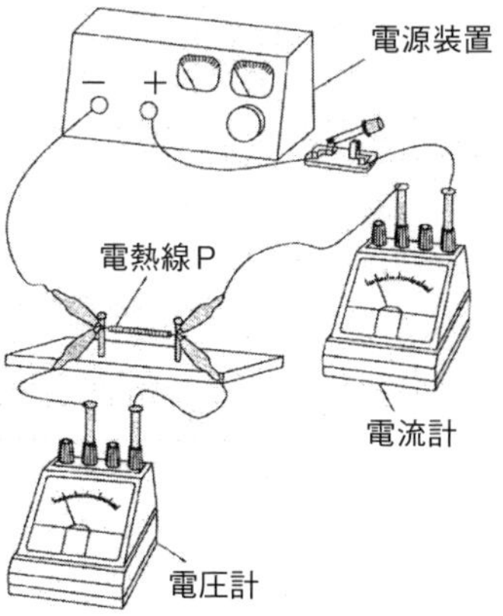

図Ⅱ

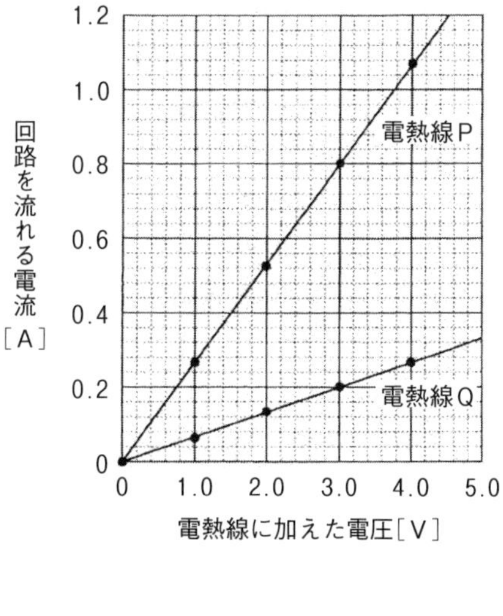

(1)　電熱線Ｐと電熱線Ｑのうち，電流が流れにくいのはどちらか，書きなさい。

(2)　実験１(A)において，電熱線Ｐを流れる電流の大きさが図Ⅲの電流計が示す値になったとき，電熱線Ｐに加わる電圧の大きさはいくらか，書きなさい。

図Ⅲ

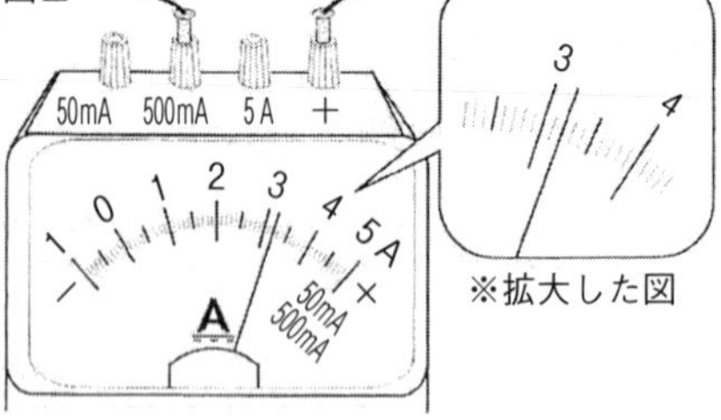

［実験２］

図Ⅳ，図Ⅴのような回路をつくり，実験１で用いた電熱線Ｐと電熱線Ｑをそれぞれの回路に接続した。これらの回路全体に3.0Ｖの電圧を加え，回路全体を流れる電流の大きさをそれぞれ測定した。

図Ⅳ

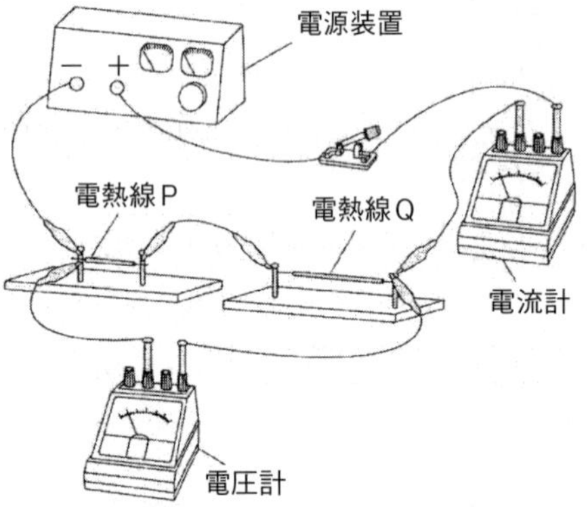

図Ⅴ

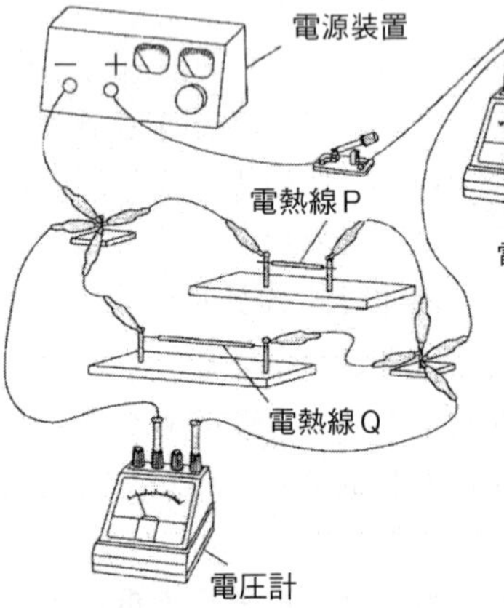

(3)　次の①，②の問いに答えなさい。

①　次の文は，実験２についてまとめたものである。文中の［ａ］，［ｃ］に当てはまる数値を，それぞれ書きなさい。また，ｂ，ｄについて｛　｝内のア，イから正しいものを，それぞれ選びなさい。

・図Ⅳの回路の場合，回路全体を流れる電流の大きさは［ａ］Ａとなり，回路全体の抵抗の大きさは，各電熱線の抵抗の大きさよりｂ｛ア　大きく　　イ　小さく｝なる。
・図Ⅴの回路の場合，回路全体を流れる電流の大きさは［ｃ］Ａとなり，回路全体の抵抗の大きさは，各電熱線の抵抗の大きさよりｄ｛ア　大きく　　イ　小さく｝なる。

②　図Ⅴの回路において，電熱線Ｑの代わりに，抵抗の大きさが分からない電熱線Ｒを接続し，回路全体に3.0Ｖの電圧を加えたところ，回路全体を流れる電流の大きさが，電熱線Ｑを用いたときの２倍となった。電熱線Ｒの抵抗の大きさは，電熱線Ｑの抵抗の大きさの何倍か，書きなさい。ただし，小数第３位を四捨五入すること。

(4)　次の文は，図Ⅴの回路において，電熱線Ｑの抵抗の大きさが変化した場合の回路全体を流れる電流について，ＧさんとＭさんが交わした会話の一部である。文中の［　　］に当てはまる数値を，書きなさい。

Ｇさん：図Ｖの回路で，もし電熱線Ｑの抵抗の大きさがもっと大きい場合，回路全体を流れる電流の大きさはどうなるかな。

Ｍさん：電熱線Ｑの抵抗の大きさが大きいほど，電熱線Ｑを流れる電流の大きさは小さくなるから，その分，電熱線Ｐを流れる電流の大きさも変わりそうだね。

Ｇさん：そうかな。電熱線Ｐには常に3.0Ｖの電圧が加わっているから，電熱線Ｐを流れる電流の大きさは変わらないと思うよ。

Ｍさん：確かにそうだね。そうすると，電熱線Ｑの抵抗の大きさがすごく大きいときには，回路全体を流れる電流の大きさは，[　　　　]Ａに近い値になると考えられるね。

ア　文字などを手軽に拡大して読み進めることができる。
イ　他人と貸し借りがしやすく、紛失することも少ない。
ウ　安い値段でどこでも簡単に手に入れることができる。
エ　実際に並べておくことで、大切にしたい思いが増す。
オ　内容が頭に入ってきやすく、読書感想文を書きやすい。

㈤　Bさんは、意見交換をした後に、次のグラフを見つけました。このグラフから読み取れることに触れ、あなたが紙の本と電子書籍について考えたことを、百四十字以上、百八十字以内で書きなさい。

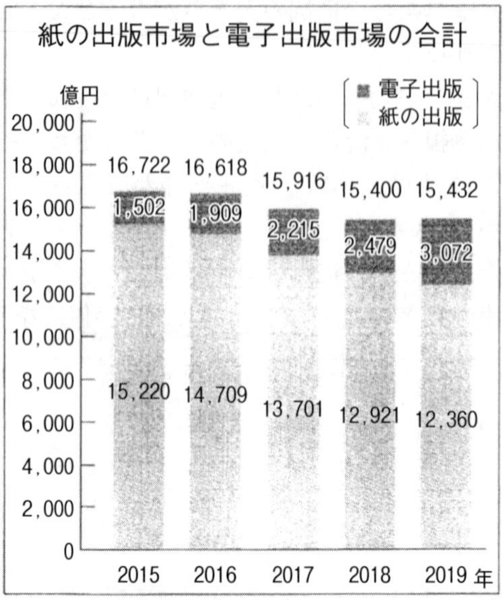

（公益社団法人全国出版協会出版科学研究所
『出版指標　年報 2020年版』により作成）

一冊ならまだしも、複数持ち歩こうと思うと大変だよね。その点、電子書籍ならパソコンやタブレットなどを一つ持っていれば、何冊分でも持ち歩けるよ。

Dさん　携帯するという点では電子書籍に［　　］よね。でも、本には、実際に読むだけでなく、並べて置いておくという側面もあると思うな。部屋の本棚に、好きな作家の本をきれいに並べておくことで、大切にしたい思いが増すという良さもあるはずだよ。

Cさん　確かにそういう感覚も分かるけれど、私はできるだけ部屋に物を置きたくないから、電子書籍のほうがありがたいなあ。それに電子書籍の場合は、小さい文字を画面上で拡大して読むこともできるから、便利だと思うよ。

Bさん　そういえば、兄も文字や図表などを拡大して読んでいたよ。僕は、わざわざ書店に足を運ばなくても、インターネット上で購入できて、読みたいときにすぐ読むことができる点も、電子書籍の魅力だと思うな。

Eさん　それは確かに便利な点だよね。ただ、電子書籍の歴史はまだ浅くて、過去に出版された本の全てが電子化されているわけでもないのが現実でしょう。その点、紙の本の場合は歴史が古いから、ずっと昔の本だって手に入れて読むことができるよ。私は、図書館などで古い本に出会うことも、紙の本ならではの楽しみの一つだと思うな。

Bさん　なるほど。そういったことも分かる気がするな。みんなと意見交換をすることで、もう少し調べてみたくなってきたよ。

(一)　会話文中［　　］に当てはまる言葉として、次のア～エから最も適切なものを選びなさい。

ア　肩を並べる　　イ　軍配が上がる

ウ　花を持たせる　　エ　一日の長がある

(二)　Aさんたちの意見交換の特徴として、次のア～エから最も適切なものを選びなさい。

ア　優劣をはっきりさせるために、最後まで議論し尽くしている。

イ　相手の意見を尊重し、それを踏まえて自分の意見を述べている。

ウ　多くの人に賛同してもらえるよう、訴えかけるように話している。

エ　自分の考えを曲げず、相手の意見に対して徹底的に批判している。

(三)　会話文の中で、紙の本の良さを述べている人物は誰ですか、A～Eの中から全て選びなさい。

(四)　Aさんたちは、意見交換で出された、紙の本と電子書籍の良さについて、次の表のようにまとめました。表の［Ⅰ］、［Ⅱ］に当てはまる文として、後のア～オから最も適切なものをそれぞれ選びなさい。

紙の本	電子書籍
・実際の厚みやページをめくる感覚を味わうことができる。 ・電子書籍より歴史が古く、紙の本でしか読めないものがある。 ・［Ⅰ］	・何冊分も持ち歩けて、収納する場所を気にしなくてよい。 ・インターネット上ですぐに手に入れて読むことができる。 ・［Ⅱ］

（注）　桓車騎……中国の人。「桓公」も同一人物。
箸る……「着る」に同じ。
婦……妻。
云ふ……「言ふ」に同じ。

㈠　文中A――「新衣を送りて与ふ」は、「送 新 衣 与」を書き下し文に書き改めたものです。「新衣を送りて与ふ」という読み方になるように返り点を付けたものとして、次のア～エから最も適切なものを選びなさい。

ア　送㆓新 衣㆒与　　イ　送㆑新㆑衣 与
ウ　送㆓新 衣 与㆒　　エ　送㆑新 衣㆑与

㈡　文中B――「更に持ち還らしめ」とありますが、「婦」が「桓車騎」のところに、もう一度持って行かせたものは何ですか、本文から抜き出して書きなさい。

㈢　文中C――「大いに笑ひて之を箸る」とありますが、「桓車騎」がこのような行動をとったのはどうしてだと考えられますか、次のア～エから最も適切なものを選びなさい。

ア　新しい着物を自分に着てもらおうと様々な工夫をする妻の行動が、ほほえましかったから。
イ　古い着物の良さに気づき新しい着物を処分してくれた妻の気配りが、とてもありがたかったから。
ウ　新しい着物を着たくない理由が理解できないと繰り返し訴える妻に、とうとう根負けしてしまったから。
エ　どのような着物でも最初から古いことはあり得ないという妻の理屈が、もっともだと思ったから。

五

次の㈠、㈡の問いに答えなさい。

㈠　次の①～④の――の平仮名の部分を漢字で、または漢字に送り仮名を付けて書きなさい。

①　朝早くおきる。
②　誘いをことわる。
③　楽器をえんそうする。
④　雨で試合がじゅんえんになった。

㈡　次の①～④の――の漢字の読みを平仮名で書きなさい。

①　憧れを抱く。
②　決意が揺らぐ。
③　資料を閲覧する。
④　海外の舞踊を習う。

六

次の会話文は、国語の授業中に、Aさんたちが、紙の本と電子書籍のそれぞれの良さについて意見交換をしたときの会話の一部です。これを読んで、後の㈠～㈤の問いに答えなさい。

Aさん　私は電子書籍を読んだことがないけれど、どちらかというと紙の本に魅力を感じるな。ページを一枚一枚めくっていく感覚が好きなんだよね。

Bさん　この前、兄が電子書籍を読んでいたけれど、電子書籍でも、まるでページをめくっているような感じが味わえるみたいだよ。電子書籍でも本らしさを感じることはできると思うな。

Aさん　なるほど。確かに実際の本に近づけるような工夫があるのかもしれないね。でも、紙のページを自分の手で直接めくることで生まれるドキドキ感や、読んだページの厚みを感じることができるのは、やはり紙の本だけだと思うな。

Cさん　それは少し分かる気がするよ。でも、厚みがあるということは、逆に重さを感じるということじゃないかな。

㈠　文中＝＝「とりあへず」を現代仮名遣いで書きなさい。

㈡　文中――「帰り出でける」の主語に当たる人物として、次のア～エから最も適切なものを選びなさい。

ア　作者　　イ　女房

ウ　俊成卿　　エ　男法師など

㈢　次の会話文は、春輝さんたちが、本文について話し合ったときの会話の一部です。これを読んで、後の①、②の問いに答えなさい。

春輝さん　この話には、他人をあなどってはいけないという教えが込められているみたいだよ。よまれた連歌をよく見てみると、より理解が深まるかもしれないね。

夏斗さん　「連歌」は、複数の人で「五・七・五」と「七・七」を交互によむ詩歌の一種でしょ。ずっと続けるものもあれば、上の句と下の句の一回ずつで終わるものもあるみたい。どちらにしても難しそうだね。

秋世さん　連歌の中に出てくる「猿丸」とか「星まぼる犬」とかが、他人をあなどる言葉に当たるのかな。

冬香さん　「星まぼる犬」は、当時のことわざみたいなもので、「身分不相応の高望みをする」という意味を持つんだって。「猿丸」は「お猿さん」という意味みたいよ。

夏斗さん　ここに出てくる「女房」は、実は「俊成卿の女」で、すばらしい歌人だったんだよね。

春輝さん　そうか。身なりのことだけで「猿丸」などと呼ばれた「女房」が、「星まぼる犬」という言葉で返したということだね。「女房」は、［Ⅰ］を「星」に、［Ⅱ］を「犬」にたとえたというわけだ。

秋世さん　「男法師など」が「女房」を軽く見て、からかうつもりで連歌をしかけたのに対して、「女房」がすぐに［Ⅲ］ことが、この話のおもしろさなんだと思うな。

①　会話文中［Ⅰ］、［Ⅱ］に当てはまる語句の組み合わせとして、次のア～エから最も適切なものを選びなさい。

ア　Ⅰ　花　　Ⅱ　俊成卿

イ　Ⅰ　自分　　Ⅱ　男法師など

ウ　Ⅰ　俊成卿　　Ⅱ　自分

エ　Ⅰ　男法師など　　Ⅱ　薄衣

②　会話文中［Ⅲ］に当てはまる内容として、次のア～エから最も適切なものを選びなさい。

ア　風流な内容で相手を感動させる句をよんだ

イ　身分を明かして相手を反省させる句をよんだ

ウ　機転をきかせて相手をやり込める句をよんだ

エ　激しい言葉で相手を威圧するような句をよんだ

四

次の文章は、漢文を書き下し文に書き改めたものです。これを読んで、後の㈠～㈢の問いに答えなさい。

桓車騎《くわんしやき》、新衣を箸《き》るを好まず。浴後、婦、故《ことさら》に《（わざと）》Ａ新衣を送りて与ふ。車騎、大いに怒り、催《うなが》して持ち去らしむ《（急いで持ち去らせた）》。婦、Ｂ更に持ち還《かへ》らしめ、伝語して云《い》ふ、「衣、新を経ざれば、何に由りて《（どうして）》か故《こ》ならん《（古くなるでしょう）》。」と。桓公、Ｃ大いに笑ひて之《これ》を箸る。

（『世説新語』による。）

「知りたいんです、もっと。」
「すごいなあ。壮大やなあ。」
「いや、壮大って、そんな。」
「壮大な弟ができてうれしいわ。」
そこまで屈託なく喜ばれるとこっちが恥ずかしい。C身体の向きを変えて、じわじわ熱くなる頬を見られないようにした。

（寺地はるな『水を縫う』による。）

（注）紺野さん……「姉」の婚約者。結婚式を間近に控えている。

㈠ 文中□に共通して当てはまる語として、次のア～エから最も適切なものを選びなさい。

ア 華美　イ 現実　ウ 自由　エ 無難

㈡ 文中A――「姉はきっとこの人のこういうところを好きになったんだろう」とありますが、「紺野さん」の「こういうところ」とはどのようなところですか、次のア～エから最も適切なものを選びなさい。

ア 相手の話に興味を示し、きちんと耳を傾けてくれるところ。
イ 悩みを丁寧に聞き、改善点を率直に指摘してくれるところ。
ウ その場のなりゆきで、必要以上に大げさな反応をするところ。
エ 趣味の幅が広く、世界の刺しゅうに関心を持っているところ。

㈢ 文中B――「そうか僕はそんなふうに考えていたのかと、目をみはる」とありますが、この時「僕」が気づいたのは、どのようなことですか、書きなさい。

㈣ 文中C――「身体の向きを変えて、じわじわ熱くなる頬を見られないようにした」とありますが、この時「僕」はどのような心情を抱いていたと考えられますか、次のア～エから最も適切なものを選びなさい。

ア 家族以外の人にかなりの知識を披露できた満足感と照れくささ。
イ 他人に褒められようと大げさに伝えてしまった後悔と情けなさ。
ウ 初めて言葉にした思いを認めてもらえたうれしさと気恥ずかしさ。
エ 自分の趣味と祖母の思い出を誰かと共有できた喜びとなつかしさ。

三

次の文章を読んで、後の㈠～㈢の問いに答えなさい。

近ごろ、最勝光院に梅盛りなる春、ゆゑづきたる女房《にようばう》（上品な雰囲気がある女性）一人、釣殿《つりどの》の辺にたたずみて、花を見るほどに、男法師などうちむれて入り来ければ、こちなし（無作法である）とや思ひけむ、帰り出《い》でけるを、着たる薄衣《うすぎぬ》の、ことのほかに黄ばみ、すすけたるを笑ひて、

花を見捨てて帰る猿丸《さるまろ》

と連歌《れんが》をしかけたりければ、とりあへず（すぐさま）、

星まぼる（見つめる）犬の吠《ほ》えるに驚きて

と付けたりけり。人々恥ぢて、逃げにけり。

この女房は俊成卿《しゆんぜいきやう》の女《むすめ》とて、いみじき（すばらしい）歌よみなりけるが、深く姿をやつし（目立たないようにみすぼらしい格好をしていた）たりけるとぞ。

（『十訓抄』による。）

（注）最勝光院……かつて京都にあった寺。
釣殿……寝殿造の南端にある建物。
連歌……上の句（五・七・五）と下の句（七・七）を別の人がよむ形式の詩歌。
俊成卿……歌人である藤原俊成のこと。

二　次の文章を読んで、後の㈠～㈣の問いに答えなさい。

「図案のことで、まだ悩んでるんです。」

とにかく「　　」を重んじる姉を尊重して、裾のあたりにだけごく控えめに野の花を刺《し》しゅうしようと思っていた。白い糸で、近くで見るとそれとわかる程度にさりげなく。でもなにかが違うような気がして、まだひと針もすすめられずにいる。だって僕がしたい刺しゅうは、そして姉にふさわしいのは「　　」なんかじゃないはずだから。

「でも、式はもう一週間後やで。」

「そうなんですけど……。」

ドレスはこのままでじゅうぶんすばらしいできばえだ。僕の刺しゅうで台無しにするようなことがあってはならないと思うと、なおさら手が動かなくなってしまう。

もう時間がない。刺しゅうを入れるにせよ、入れないにせよ、はやく決めなければならないのに。

口ごもってしまった僕をちらりと見て、紺野さんが咳《せき》払いをひとつした。

「質問してもいい？」

「どうぞ。」

「そもそも、どういうきっかけで刺しゅうはじめたん？　いや、前から男子の趣味としてはめずらしいんちゃうかなと思ってて。」

あ、おかしいとか言うてるわけではないねんで、とぐいぐい身を乗り出してくる紺野さんを「わかってます、わかってます。」と押し戻した。刺しゅうをはじめたきっかけは、祖母がやっていたから。でももちろんそれだけではない。

「刺しゅうは世界中にあって、それぞれ違う特徴があるんです。」

紺野さんが「へえ、そうなん。」とふたたび身を乗り出す。

「たとえば日本にはこぎん刺しっていうのがあるんですけど、これってもともと布を丈夫にして暖かくするために糸を重ねたのがはじまりらしくて。」

「ほう。」

「あとね『背守り』って知ってます？　赤ちゃんの産着《うぶぎ》の背中に刺しゅうする習慣があったんですって。いわゆる魔除《よ》けです。鶴とか亀とかね、そういう図案を。」

「ほう、ほう。」

紺野さんが大きく頷《うなず》く。A姉はきっとこの人のこういうところを好きになったんだろう。自分がものすごくおもしろい話をしているみたいで、悪い気はしない。

日本だけじゃない。ルーマニアのある地方では、娘が生まれるとすぐにその子の嫁入り道具のシーツや枕カバーに刺しゅうをはじめる。インドには「ミラーワーク」と呼ばれる鏡を縫いこんだ刺しゅうの技法がある。鏡が悪いものを反射して身を守ってくれる、と考えられているのだ。

「刺しゅうはずっと昔から世界中にあって、手法はいろいろ違うのに、そこにこめられた願いはみんな似てるんです。それってなんか、おもしろいでしょ。」

世界中で、誰かが誰かのために祈っている。すこやかであれ、幸せであれ、と。

高校生になってからいろいろな刺しゅうに関する本を読んだりしているうちに、もっとくわしく刺しゅうの歴史を知りたいと思うようになった。そこにこめられた人々の思いを、暮らしを、もっと知りたいと。

人に話すのはこれがはじめてだった。目標というほどたしかなものではなかった欲求が、言葉にした瞬間に輪郭を得た。Bそうか僕はそんなふうに考えていたのかと、目をみはる。輪郭をよりくっきりとしたものにしたくて、もう一度口に出した。

（『青色本』）

野球を知らない子供が、野球のルールブックをつぶさに熟読して、徹底的に理解してからプレーを始める、ということはあり得ません。どうやるかというと、すでに野球を知っている友人、すなわち野球というゲームを十全にプレーできる誰かと一緒に、とりあえずやってみる、というところからスタートします。その中で「ストライク」「アウト」「ファール」「インフィールドフライ」「エンタイトルツーベース」といった概念を理解していきます。

　というよりも、とにかく実践を通してやってみなければ「ファール」の意味は分かりません。つまり、C言葉の意味は、それ単独では確定しないのです。

（近内悠太『世界は贈与でできている
――資本主義の「すきま」を埋める倫理学』による。
一部表記を改めた箇所がある。）

（注）『哲学探究』、『青色本』……ともに、ウィトゲンシュタインの著作。

(一) 文中［　］に当てはまる語句として、次のア～エから最も適切なものを選びなさい。

ア 一方　イ 加えて　ウ 同様に　エ またもや

(二) 文中A――「これ」の指し示す内容を、次のように説明するとき、［　］に当てはまる表現を、本文から二十一字で抜き出して書きなさい。（句読点等も一字として数えること。）

［　　　　］とする方法。

(三) 文中B――「「何を指差しているのか」の解釈が無数に開けている」とありますが、ここではどのようなことを意味していますか、次のア～エから最も適切なものを選びなさい。

ア 実際に何を指し示しているのかが相手に伝わりにくいということ。

イ 本当は複数の事柄を指し示しているのに伝えきれないということ。

ウ 言葉を用いるだけでは幼い子供には伝わるはずもないということ。

エ 伝える気持ちの強さによって伝わり方が変わってしまうということ。

(四) 文中C――「言葉の意味は、それ単独では確定しないのです」とありますが、筆者は、言葉の意味が確定されるためには、どのような過程を経ることが必要であると述べていますか、書きなさい。

(五) 本文全体の表現に関する特徴についての説明として、次のア～オから適切なものを二つ選びなさい。

ア 「　」を多く用いることで、抽象的な意味の語句を強調している。

イ 身近な例を取り上げながら、読者の理解を促すよう工夫している。

ウ 一文ごとに改行することで、文章の構成を分かりやすくしている。

エ 他の書物を効果的に引用し、そこから筆者の意見を展開させている。

オ 文末を「です」で統一し、専門的で硬い文章という印象を与えている。

国語

●満点100点　●時間45~60分

一　次の文章を読んで、後の㈠~㈤の問いに答えなさい。

たとえば、「窓」という語の意味を僕らはどうやって理解したのでしょうか。

言語について徹底的に考え抜いた、二十世紀を代表する哲学者のルートヴィヒ・ヴィトゲンシュタインは次のように言います。

> 言語を教えるということは、それを説明することではなくて、訓練するということなのである。
> （『哲学探究』）

最初に思い浮かぶ「訓練」は、大人が窓を指差しながら「ま・ど」と発話して教え込むようなものだと思います。これを直示的定義といいます。実物を見せて、語と実物を結びつけてもらおうとするわけです。

たしかに、日本語を理解していない外国人に「窓」の意味を伝えるなら、それでもいいかもしれません。ですが、言葉をまだほとんど習得していない子供にはAこれが不可能なのです。

なぜなら、指を差して言葉の意味を定義する（直示的定義）のでは、B「何を指差しているのか」の解釈が無数に開けているからです。

窓を指差したとき、冷静に指を差しているものを見てください。それは（僕らの言葉で言えば）「外」という意味として把握される可能性もあるし、「透明」という意味、「四角いもの」「枠のあるもの」「空」「雨」「南向き」「明るさ」などとして逸脱して解釈される可能性もあります。

そんなことはあり得ないと思われるかもしれません。が、それは僕らがすでに多くの言葉を習得しているからです。

言語を習得しようとしている幼児は、「透明」「四角いもの」など今挙げたような「窓」以外の言葉もまだ知りません。だから、この言語習得の場面は、僕ら大人が外国語を学ぶプロセスとはまったく異なっています。他のあらゆる概念が準備されていない状況で、「窓」の意味を教えなければなりません。それはちょうど、野球をまったく知らない人に、ある場面だけを見せて「これがファールだよ。」と教えるようなものです。彼はきっと困ってこう尋ねるはずです――「え、〝これ〟ってどれのこと？」。

彼は、その選手が「ファール」という名前なのかと思うかもしれません。

［　　］、母語をまだ獲得していない子供に直示的定義は成功しません。窓を指差したところで、そこで指されている先の一体何が「窓」なのかが分からないからです。

直示的定義を通して言語を習得したわけでもなく、言葉を使って説明されたわけでもない。

では、どのようにしてかというと、それは親や周囲の大人から「寒くなってきたから窓を閉めようね。」「ほら、窓見てごらん、お月さま出てるね。」といった（窓を閉める、外を見るといった）活動と言語的コミュニケーションが合わさったやり取りを通して、徐々に学習してきたのです。

つまり、「窓」という語がどのような生活上の活動や行為と結びついて使われているかという点に、「窓」の意味があるということになります。

> 記号の生命であるものを名指せと言われれば、それは記号の使用（use）であると言うべきであろう。

2021年度／群馬県公立高等学校（後期）

英語解答

1 No.1　B　No.2　C

2 No.1　ア　No.2　ウ
No.3　イ

3 A　ウ　B　イ　C　イ
D　（例）It was difficult for her to remember all the students.

4 (1)　（例）Because it is cold.
(2)　（例）I like summer the best.
(3)　（例）I enjoy swimming.

5 ア　taking　イ　went
ウ　surprised　エ　visit
オ　understand

6 (1)　A…ア　B…イ　(2)　ウ
(3)　ア，オ

7 (1)　【1】…オ　【2】…ウ　【4】…エ
(2)　ウ→イ→ア
(3)　（例）work hard and help people
(4)　イ，オ

8 （例）don't buy plastic bags at stores. They bring their own bags when they go shopping. This is good because we don't have to use too much plastic. I think many people got plastic bags they didn't need before.（38語）

1 〔放送問題―英問英答〕

No.1≪全訳≫A：やあ，クミ。／B：こんにちは，ボブ。聞いてよ。昨日川へ行ったら，そこでおもしろいことをしてる男の子を見かけたの。／A：何をしてたんだい？／B：小さい石の上に大きい石を置いて，そのてっぺんに一番大きい石を載せてたのよ！／A：それはすごいね！

Q：「クミは何を見たか」―B

No.2≪全訳≫A：今日はテニスをする予定かい？／B：いいえ。／A：僕は今日，図書館に行く予定なんだ。君も行く？／B：うん。あっ，郵便局にも行きたいな。／A：わかった。じゃあ，先にそっちに行こう。

Q：「彼らはまずどこへ行くか」―C

2 〔放送問題―適文選択〕

No.1≪全訳≫ユカ(Y)：おはよう。／ジョン(J)：おはよう。／Y：今日はすごく早く来たのね。どうやって来たの？／J：バスで来たんだ。

No.2≪全訳≫ユカ(Y)：今，何時かな？／ジョン(J)：4時30分だよ。／Y：わあ，大変！　パーティーが5時に始まるの。／J：今すぐ行った方がいいよ。

No.3：ユカ(Y)：先週末は何してたの？／ジョン(J)：具合が悪くて寝てたんだ。／Y：えっ，ほんと？　病院には行った？／J：うん。薬をもらったよ。

3 〔放送問題―適語(句)選択・適文補充〕

≪全訳≫ケン(K)：こんにちは，グリーン先生。質問が3つあります。まず，先生はどうして日本にいらっしゃったんですか？／グリーン先生(G)：日本映画に興味があったの。だから，映画で見たいろいろな場所を訪れたいと思ったのよ。そのうちのいくつかは訪れたんだけど，沖縄にはまだ行ったことがないの。来年行きたいと思ってるわ。／K：なるほど。次の質問は…先生はこの学校での1年目が楽しかったですか？／G：ええ。生徒たちは私に対して本当に親切にしてくれるわ。私に毎朝「おはようございます」って言ってくれる。これを聞くと，いつもうれしい気持ちになるのよ。役に立つ日本語もたくさん教えてくれたわ。私の好きな日本語は「ありがとう」よ。／K：それはいい言葉ですね。これが最後の質問です。学校で困ったことはありましたか？／G：ええ。生徒全員のことを簡単には覚えることができなかったの。だから，生徒のことを覚えるのに写真を使ったわ。その後は，大勢の生徒と一緒に英語の授業や学校行事をするのが本当に楽しくなったわね。／K：それはよかったです。本当にありがとうございました。／G：どういたしまして。

【インタビューのまとめ】グリーン先生の日本での１年目／質問１：「なぜグリーン先生は日本に来たのか」／答え：「日本のA映画に興味があったから」／質問２：「グリーン先生はこの学校での１年目を楽しんだか」―答え：「はい」／「生徒たちはB親切である」／「生徒たちは彼女にC役に立つ日本語を教えてくれた」／質問３：「グリーン先生が学校で困ったことは何だったか」／答え：「D(例)彼女にとって，全ての生徒を覚えるのが難しかった」

＜解説＞A．グリーン先生の最初のセリフ参照。　B．グリーン先生の２つ目のセリフの第２文参照。　C．グリーン先生の２つ目のセリフの第５文参照。　D．グリーン先生の３つ目のセリフの第２文参照。解答例は，‘It is ～ for … to ―’「…にとって〔…が〕―するのは～だ」の形でこれを表している。

4〔対話文完成―適文補充―絵を見て答える問題〕

≪全訳≫ルーシー(L)：あなたは冬が好き？／クミ(K)：ううん，好きじゃないな。／L：どうして？／K：(1)(例)寒いからよ。／L：あなたはどの季節が一番好き？／K：(2)(例)私は夏が一番好きよ。／L：その季節の間は何をして楽しむの？／K：(3)(例)水泳を楽しんでいるわ。

＜解説＞(1)Why？「なぜか」と‘理由’を尋ねられているので，Because ～「～だから」で始めるとよい。寒そうにしている絵なので，これを理由とする。暑さや寒さなどを表現する際，一般的にはitを主語にする。　(2)一番好きな季節を尋ねられていることと，扇風機，スイカ，ヒマワリなどのイラストから，summer「夏」が一番好きだという文をつくる。I like ～ the best.「私は～が一番好きだ」の形を使うとよいだろう。　(3)夏に何をして楽しむのかと尋ねられていることと，泳いでいるイラストから，「水泳(泳ぐこと)を楽しむ」という文をつくる。enjoyを使って「～することを楽しむ」という場合には，enjoy ～ingの形になる。

5〔長文読解―適語選択・語形変化―スピーチ〕

≪全訳≫皆さんはこの図を見たことがありますか？　AもBも「温泉」を表す図です。図Aで，３人の人は何をしているのでしょうか？　彼らはお風呂に入っているのです。これは，温泉を示す新しい図です。先週，僕は家族と一緒に温泉に行きました。そこで図Aを見つけたとき，僕たちは驚きました。僕が知っていた図とは違ったのです。日本では長い間，図Bが用いられてきました。最近，外国から大勢の人が日本を訪れるようになったので，現在では外国の方のために図Aも使われているのです。外国の方は，わかりやすいので図Aの方がよいと言っています。

＜解説＞ア．take a bathで「お風呂に入る」。They areの後なので，‘be動詞　+～ing’の進行形にする。　イ．後にtoがあることと，先週温泉に行ったという内容だと推測できることから，goの過去形wentを用いてwent to ～「～へ行った」とする。なお，visit「～を訪れる」は直後に目的語となる場所などが続くのでここでは不可。　ウ．この後に，それまで知っていたのとは違う温泉の図だったとあるので，「驚いた」とする。動詞surpriseは「(人など)を驚かせる」という意味なので，「(人などが)驚く」というときは「驚かされる」→「驚く」と考え，受け身形で‘be動詞＋surprised’と表す。　エ．大勢の外国人が日本を訪れるという内容だと推測できるので，visit「～を訪れる」が適する。主語がpeopleという複数名詞で現在の文なので，visitのまま用いる。　オ．外国人が図Bよりも図Aの方がよいという理由として，「簡単に理解できる」となるunderstand「～を理解する」が適する。助動詞canの後なので，understandという原形のまま用いる。

6〔長文読解総合―対話文〕

≪全訳≫**1**アキ(A)：こんにちは，リリー！　次の日曜日は何をする予定なの？
2リリー(L)：まだ何も決めてないの。$_{A}$あなたはどう？
3A：私は埴輪博物館に埴輪をつくりにいくつもり。
4L：ハニワって言った？　それって何？
5A：粘土でできた像よ。日本では，およそ1700年前に人々が埴輪っていう粘土の像をつくるようになったの。埴輪は普通，古墳の上や周りに置かれたのよ。身分の高い人が亡くなると，その偉い人のために大きな古墳をつくったの。
6L：どうして昔の日本人はそこに埴輪を置いたの？
7A：私の歴史の先生は，埴輪が古墳を守ってたって言ってた。あと，埴輪は亡くなった人の強大な権力を示していたんだって。
8L：へえ，私も埴輪を見てみたいな。
9A：じゃあ，日曜日に一緒にその博物館へ行きましょう。古い埴輪を見たり，自分の埴輪をつくったりすることもできるのよ。
10L：おもしろそうね。わくわくするわ。
11次の日曜日，アキとリリーは埴輪博物館の前にあるポスターについて話している。
12A：このポスターを見て。
【ポスター】埴輪博物館／自分だけの埴輪がつくれます！／つくりたい埴輪の種類を選んで，それぞれの部屋にお越しください。／2020年10月18日(日曜日)／円筒埴輪　部屋A　10:00～11:00／動物埴輪　部屋B　11:15～12:30／人物埴輪　部屋C　11:15～12:30／家の埴輪　部屋D　13:30～15:00
13L：つくれる埴輪が4種類あるのね。私は動物の埴輪をつくりたいけど，家の埴輪もおもしろそう。
14A：今，10時でしょ。だから，今日のうちに両方ともつくれるわ。
15L：それはいい考えね。この2つをつくりましょう。でも，自分たちの埴輪をつくる前に，この博物館に展示されてる古い埴輪を見てみたいな。
16A：いいわね。行ってみましょう。
172人は博物館に入り，いくつかの埴輪を見学する。
18L：この埴輪はおもしろいわね。この鳥は魚を食べているの？
19A：ううん，魚を捕まえているのよ。この埴輪は，昔は漁をするのに鳥が使われてたことを示しているの。日本のある地域では，今でも鳥を使って魚をとっている人たちがいるわ。
20L：すごい！
21A：この埴輪を見て。男の人と飼い犬が別の動物を狩ろうとしてるわ。これは群馬で発見されたんだって。
22L：じゃあ，これらの埴輪は，昔は狩りをするのに動物も使われてたことを示してるってこと？
23A：そう。$_{B}$埴輪を通じて，昔の暮らし方について知ることができるのよ。
24L：すごくおもしろい！　あっ，もうそろそろ私たちの埴輪をつくる時間よ。

(1)<適文選択>A．アキはリリーに予定を尋ね，その返事を聞いた後で自分の予定を答えている。ここから，リリーはアキにも予定を尋ねたのだとわかる。How about you？は「あなたはどうですか」と，相手の意向や考えを問う際の定型表現。　B．第18～22段落で，2人は埴輪を見ることで昔の人の漁や狩りの様子を知ることができた。マキはこれを，埴輪を通じて昔の暮らし方を学べるとまとめたのである。

(2)<英問英答>「アキとリリーが行くことに決めたのはどの部屋か」―ウ.「部屋Bと部屋D」　【ポスター】および第13～15段落参照。

(3)＜**内容真偽**＞ア.「アキは，昔の日本人が古墳を守るために古墳の近くに埴輪を置いたということを習った」…○　第７段落に一致する。　イ.「リリーは何年もの間，昔の埴輪と古墳に興味を持っていた」…×　第４段落参照。アキに聞いて初めて埴輪のことを知った。　ウ.「アキとリリーは2020年10月18日に古墳で古い埴輪を見た」…×　第11段落以降参照。古墳ではなく埴輪博物館で見た。　エ.「アキとリリーが昔の埴輪を見た後，彼女たちは自分たちの埴輪をつくることに決めた」…×　第13～16段落参照。２種類の埴輪をつくると決めてから博物館に入って埴輪を見た。　オ.「アキは，アキとリリーが見た狩りをしている埴輪は群馬で発見されたのだと言った」…○　第21段落に一致する。

7〔**長文読解総合―スピーチ**〕

≪全訳≫❶中学生のコウジは，毎日インターネットでニュースを読んでいる。ある日，彼はコンビニエンスストアに関するおもしろい記事を見つけた。現在，日本のコンビニエンスストアの中にはロボットが働いているところがあるというのだ。コウジはこのニュースについてもっと知りたいと思い，コンビニエンスストアについて興味深いことを見つけた。彼は英語の授業でそれについて発表した。

❷【１】コンビニエンスストアの歴史は1927年にアメリカで始まりました。約45年後，日本でコンビニエンスストアがオープンしました。当時はたくさんのサービスがあったわけではなく，売っている商品の種類も多くはありませんでした。例えば，24時間営業ではなく，おにぎりも売っていませんでした。おにぎりを売り出したとき，それは目新しいアイデアだったのです。おにぎりを買う人はごく少数でした。それ以来，コンビニエンスストアは大きく変化してきました。

❸【２】現在，日本には約５万8000店のコンビニエンスストアがあります。それぞれの店舗では約3000種類の商品が販売され，たくさんのサービスを提供しています。多種多様なおにぎりやお弁当が毎日販売されています。コンビニエンスストアでは切手も買えるので，まるで郵便局のようです。僕の母はコンビニエンスストアで電気料金を支払っています。母はこう言っています。「銀行に行かなくていいし，夜中でも払えるのよ」　こういったサービスは30年ほど前から始まり，今では他にもたくさんのサービスが行われています。

❹【３】僕たちの社会が変化したため，コンビニエンスストアも変化してきました。僕たちの社会には高齢者が増えたため，コンビニエンスストアの顧客も変化してきています。約30年前は，顧客のほとんどは若者でした。／→**ウ**．しかし，今は高齢の顧客が大勢います。／→**イ**．高齢者の家の近くにあるコンビニエンスストアは，歩いて店まで行けて，車を運転しなくて済むため，とても便利です。／→**ア**．また，そこでおにぎりやお弁当などの食料品を買えば，料理をする必要もありません。／コンビニエンスストアでは小さなサイズの食べ物を販売しています。あまりたくさん食べない高齢者は，このサイズが自分たちにぴったりだと考えています。

❺【４】コンビニエンスストアはたくさんの重要な役割を果たしていますが，社会の変化のためにコンビニエンスストアにとってある問題が生じています。働ける人がそれほど大勢いないのです。もしもコンビニエンスストアが十分な働き手を見つけられなければ，閉店するしかありません。この問題についてどう対処すればいいのでしょうか。

❻【５】ロボットを利用することが，この問題に対する１つの答えになるかもしれません。これは，現在ではまだ新しい考えです。日本のコンビニエンスストアにはわずか数台のロボットしかありません。ロボットは動き方を学習している段階で，まだ十分に働けてはいません。しかし将来，もっとたくさんのロボットが現れ，コンビニエンスストアでそういったロボットが(例)がんばって働いたり人々を助けたりするかもしれません。そうすれば，コンビニエンスストアは閉店しなくて済みます。コンビニエンスストアは小さなお店ですが，僕たちの社会において大きな役割を果たしています。コンビニエンススト

アはこれからもさらに変化していくことでしょう，僕たちの社会も変わっていくのですから。

⑴＜**要旨把握**＞【**1**】コンビニエンスストアの歴史や変化について述べた段落なので，オの「昔のコンビニエンスストア」が適する。　【**2**】現在のコンビニエンスストアで販売されている品物や利用できるサービスについて述べた段落なので，ウの「現在のコンビニエンスストアのサービス」が適する。　【**4**】人材確保が困難であるという，コンビニエンスストアが現在抱えている問題点について述べた段落なので，エの「コンビニエンスストアにとっての問題」が適する。

⑵＜**文整序**＞‘逆接’の But「しかし」に続けて「今は高齢の顧客が多い」というウは，昔は若い顧客が多かったという空所の直前の内容と対比されたものなので，これを最初に置く。アとイはどちらもコンビニエンスストアを利用することの利点について書かれているが，アには‘追加’を示す Also「また，さらに」があるのでイ→アの順になる。

⑶＜**適語句補充**＞将来，コンビニエンスストアでロボットがどのような働きをするかや，どう役立つかを想像して書けばよい。助動詞 may の後なので，動詞の原形で始める。

⑷＜**内容真偽**＞ア.「コウジはテレビで，コンビニエンスストアで働くロボットについてのおもしろいニュースを見た」…×　第1段落第1～3文参照。テレビではなくインターネットで知った。　イ.「コンビニエンスストアでおにぎりを売り出したとき，それらのおにぎりはあまり人気がなかった」…○　第2段落最後から3，2文目に一致する。　ウ.「日本で初めてコンビニエンスストアがオープンしたとき，郵便局のように切手が売られた」…×　第2段落第3文および第3段落第4文参照。切手が買えるというのは現在の話である。　エ.「現在，コンビニエンスストアがそこで働ける人を見つけるのは難しいことではない」…×　第5段落第2文参照。　オ.「ロボットを利用することは，現在日本のコンビニエンスストアが抱えている問題に対する新しいアイデアである」…○　第5段落～第6段落第1，2文に一致する。

8〔**条件作文―グラフを見て答える問題**〕

【**ワークシート**】≪**全訳**≫今はもうレジ袋は無料ではありません！／2020年7月1日より前は，日本の多くの店が何かを買ったお客さんに無料のレジ袋を渡していました。／しかし今は，レジ袋は無料ではありません。お客さんがレジ袋を必要とする場合には，お金を出して買わなければならないのです。現在，多くの人は(例)店でレジ袋を買いません。買い物に行くときには自分の袋を持っていくのです。プラスチックを使いすぎなくて済むので，これはよいことです。以前は必要のないレジ袋をもらっている人が多かったのだなと思います。

＜**解説**＞【資料】より，レジ袋の有料化後，レジ袋を断った人がかなり増えたことがわかる。many people に続けて don't buy〔get〕「買わない」などの表現を使ってこれにふれるとよい。その後は，そうなった理由を考察したり，その効果を推測したりしながら，自分の意見をまとめればよいだろう。

2021年度／群馬県公立高等学校（後期）

数学解答

1 (1) ① 7　② $3x$　③ $\frac{3}{2}a^2b$

(2) -4　(3) 辺CF，辺DF，辺EF

(4) 6　(5) $y=-\frac{4}{x}$　(6) $\sqrt{13}$cm

(7) エ　(8) 60mL　(9) エ

2 (1) ①…ウ　②…イ

(2) （例）対角線が垂直に交わる

3 (1) $A=10a+b$　(2) 25

4 (1) ア…B　イ・ウ…BA，BP

(2)

① （例）

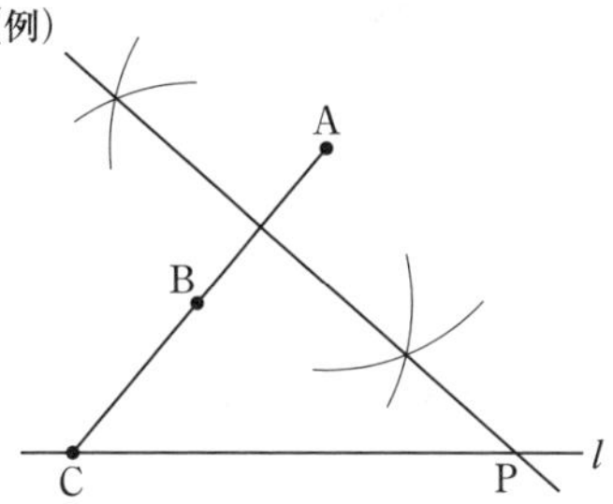

② （例）線分ABの垂直二等分線上の全ての点は，2点A，Bからの距離が等しいので，AP＝BPとなる。したがって，△ABPは二等辺三角形であるといえる。

5 (1) ① $y=-3x+20$

② $y=3x-20$　③ $\frac{20}{3}$秒間

(2) $\frac{5}{2}$秒間

6 (1) ウ，エ

(2) （例）△CDGと△CDHにおいて，

∠CGD＝∠CHD＝90°……①

CDは共通……②

FC，FDは円Oの接線より，FC＝FDとなるので，△FCDは二等辺三角形であるから，

∠FCD＝∠FDC……③

CF∥HDより，平行線の錯角は等しいので，∠FCD＝∠HDC……④

③，④より，∠FDC＝∠HDCとなるので，∠GDC＝∠HDC……⑤

①，②，⑤より，直角三角形の斜辺と1つの鋭角がそれぞれ等しいので，

△CDG≡△CDH

(3) ① 12cm　② $\frac{864}{25}$cm²

1〔独立小問集合題〕

(1)＜数・式の計算＞①与式＝$2+5=7$　②与式＝$4x-x=3x$　③与式＝$\frac{6a^3b^2}{4ab}=\frac{3}{2}a^2b$

(2)＜式の値＞与式＝$2x-y-6+3x+3y+6=5x+2y$として，これに$x=-2$，$y=3$を代入すると，与式＝$5\times(-2)+2\times3=-10+6=-4$となる。

(3)＜図形―ねじれの位置にある辺＞同一平面上にある辺は，交わるか平行だから，ねじれの位置にある辺にはならない。右図1で，辺ABを含む面ABC上にある辺AC，辺BC，面ABED上にある辺AD，辺BE，辺DEは，辺ABとねじれの位置にある辺ではない。辺CF，辺DF，辺EFはいずれも，辺ABと平行でなく，交わらないので，ねじれの位置にある辺となる。

図1

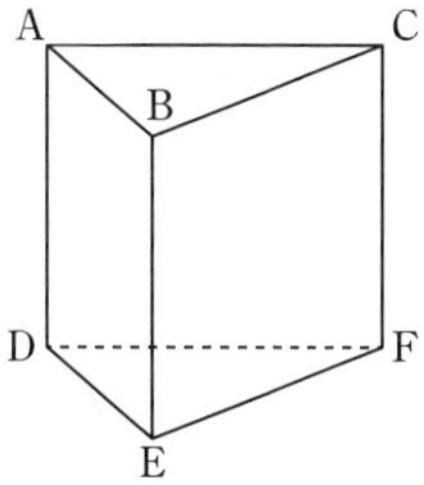

(4)＜数の性質＞$\sqrt{24n}$が自然数になるとき，$24n$の素因数の個数は全て偶数となる。$\sqrt{24n}=\sqrt{2^3\times3\times n}$だから，$\sqrt{24n}$が自然数となる最も小さい自然数$n$は，$2^3\times3\times n=2^4\times3^2$となる数である。よって，$n=2\times3$より，$n=6$である。

(5)＜関数―反比例の式＞反比例のグラフなので，その式は，比例定数をaとすると，$y=\frac{a}{x}$と表せる。グラフは点$(-2,\ 2)$を通るから，$x=-2$，$y=2$を代入して，$2=\frac{a}{-2}$より，$a=-4$となる。よって，求める式は$y=-\frac{4}{x}$となる。

(6)＜**図形—長さ**＞右図2で，△ABCは$\angle BAC=90^\circ$の直角三角形だから，三平方の定理より，$BC=\sqrt{AB^2+CA^2}=\sqrt{2^2+3^2}=\sqrt{13}$(cm)となる。

図2

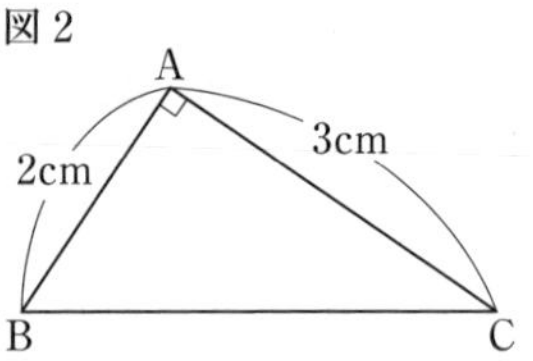

(7)＜**資料の活用**＞20人の記録の中央値が50回だから，記録を大きい順に並べたとき，10番目と11番目の平均値が50回となる。10番目と11番目が同じ回数とすると，ともに50回だから，50回以上であった生徒は11人以上いる。10番目と11番目が異なる回数とすると，10番目は50回より大きく，11番目は50回より小さいので，50回以上であった生徒は10人となる。よって，記録が50回以上であった生徒は少なくとも10人いるといえる。

(8)＜**一次方程式の応用**＞はじめに容器Aに入っていた牛乳の量をxmLとすると，容器Bに入っている牛乳の量は，容器Aに入っていた牛乳の量の2倍だから，$2x$mLと表せる。容器Aに140mLの牛乳を加えると，容器Aの牛乳の量は$x+140$mLとなり，このとき，容器A，容器Bに入っている牛乳の量の比が5：3になったので，$(x+140):2x=5:3$が成り立つ。これを解くと，$(x+140)\times3=2x\times5$，$3x+420=10x$，$-7x=-420$，$x=60$となるので，はじめに容器Aに入っていた牛乳の量は60mLである。

(9)＜**関数**＞関数$y=\frac{1}{2}x^2$において，$x=1$のとき$y=\frac{1}{2}\times1^2=\frac{1}{2}$，$x=3$のとき$y=\frac{1}{2}\times3^2=\frac{9}{2}$だから，$x$の値が1から3まで増加するときの変化の割合は$\left(\frac{9}{2}-\frac{1}{2}\right)\div(3-1)=2$となる。$\frac{9}{2}-\frac{1}{2}$は1秒後から3秒後までにボールが進んだ距離を表し，$3-1$はその距離を進むのにかかった時間を表しているので，$\left(\frac{9}{2}-\frac{1}{2}\right)\div(3-1)$は，1秒後から3秒後までの間のボールの平均の速さとなる。よって，xの値が1から3まで増加するときの変化の割合が2であることから，1秒後から3秒後までの間のボールの平均の速さは秒速2mとなる。

2 〔平面図形—四角形〕

(1)＜**加える条件**＞平行四辺形は2組の対角の大きさがそれぞれ等しい四角形，長方形は4つの角の大きさが全て等しい四角形だから，平行四辺形の1組の隣り合う角の大きさが等しくなると，4つの角全ての大きさが等しくなり，長方形になる。また，平行四辺形は2組の対辺の長さがそれぞれ等しい四角形，ひし形は4つの辺の長さが全て等しい四角形だから，平行四辺形の1組の隣り合う辺の長さが等しくなると，4つの辺全ての長さが等しくなり，ひし形になる。

(2)＜**加える条件**＞長方形は，2本の対角線の長さが等しく，それぞれの中点で交わる四角形であり，正方形は，2本の対角線の長さが等しく，それぞれの中点で垂直に交わる四角形だから，長方形の2本の対角線が垂直に交わると，四角形は正方形になる。

3 〔方程式—連立方程式の応用〕

(1)＜**文字式の利用**＞整数Aは，十の位の数がa，一の位の数がbだから，$10\times a+1\times b=10a+b$と表せる。よって，$A=10a+b$である。

(2)＜**連立方程式の応用**＞整数Aの十の位の数と一の位の数を入れかえると，十の位の数がb，一の位の数がaとなるので，その数は$10b+a$と表せる。これを2でわると，Aより1大きくなるので，$\frac{10b+a}{2}=(10a+b)+1$が成り立ち，$10b+a=20a+2b+2$，$-19a+8b=2$……①となる。また，整数$A$の十の位の数と一の位の数を加えて3倍すると，$A$より4小さくなるので，$3(a+b)=(10a+b)-4$が成り立ち，$3a+3b=10a+b-4$，$-7a+2b=-4$……②となる。①，②を連立方程式として解くと，①－②×4より，$-19a-(-28a)=2-(-16)$，$9a=18$，$a=2$となり，これを②に代入して，$-7\times2+2b=-4$，$2b=10$，$b=5$となる。よって，整数Aは，十の位の数が2，一の位の数が5だから，25となる。

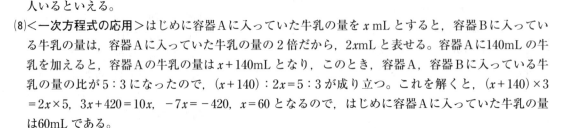

4 〔平面図形〕

図 1

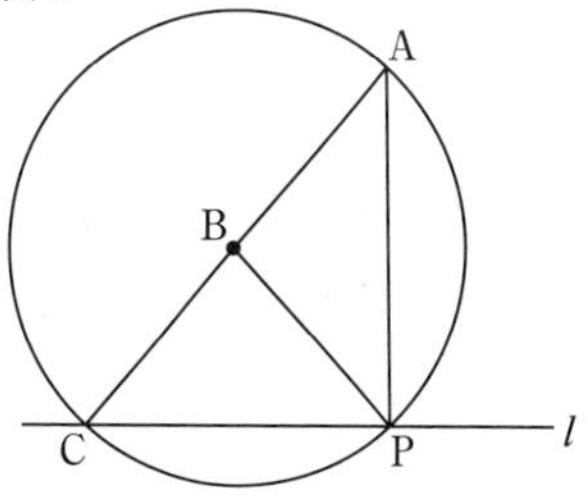

(1)＜**説明**＞右図 1 で，点Bを中心とし点Aを通る円の周上にある点は，全て点Bからの距離が等しい点となる。点Pは，この円の周上にあるので，BA＝BP となる。

(2)＜**作図，理由**＞①右下図 2 のように，△ABP が AP＝BP の二等辺三角形となる直線 l 上の点Pを考える。線分 AB の中点をMとすると，PM⊥AB となるから，直線 PM は線分 AB の垂直二等分線である。よって，線分 AB の垂直二等分線と直線 l との交点が点Pとなる。作図は，

㋐ 2 点A，Bを中心とする半径の等しい円の弧をかき（2つの交点をD，Eとする），

㋑ 2 点D，Eを通る直線を引く。直線 DE と直線 l との交点が点Pとなる。解答参照。

図 2

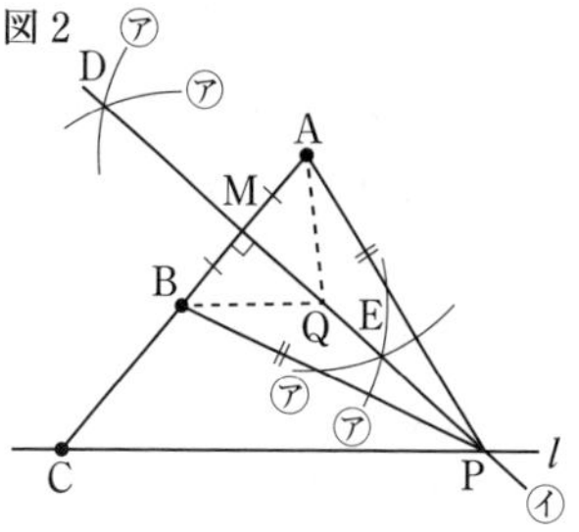

②図 2 で，直線 PM 上に点Qをとると，直線 PM は線分 AB の垂直二等分線だから，∠QMA＝∠QMB＝90°，AM＝BM である。また，QM＝QM だから，△QAM≡△QBM となる。よって，AQ＝BQ となるから，線分 AB の垂直二等分線上にある全ての点は，2 点A，Bからの距離が等しい点となる。解答参照。

5 〔関数―関数と図形・運動〕

図 1

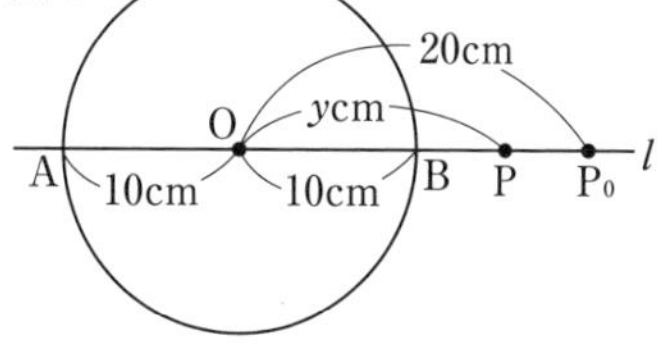

(1)＜**関係式，時間**＞①右図 1 のように，円Oと直線 l の 2 つの交点をA，Bとし，点Pが出発する位置を P_0 とする。点Pの速さは毎秒 3 cm だから，点Pは10秒で $3\times10=30$(cm) 進み，$P_0A=OP_0+OA=20+10=30$ だから，10秒後に停止するのは点Aの位置である。$P_0P=3x$ と表せるので，点Pが点Oと重なるまでの間は，$OP=OP_0-P_0P=20-3x=-3x+20$ となり，$y=-3x+20$ となる。

図 2

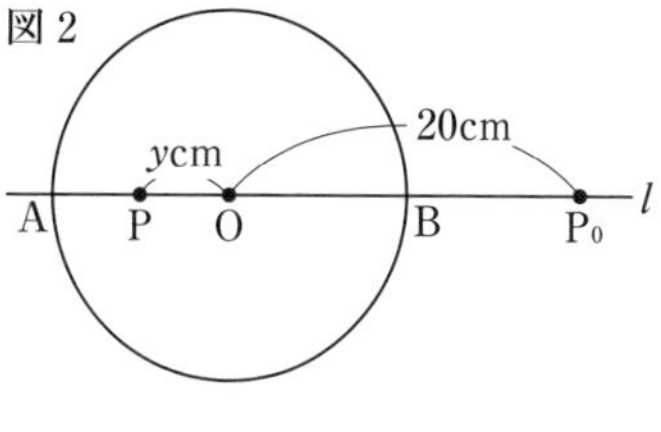

②右図 2 で，$P_0P=3x$ だから，$OP=P_0P-OP_0=3x-20$ となる。よって，点Pが点Oと重なってから停止するまでの間は，$y=3x-20$ となる。

③図 1 で，$P_0B=OP_0-OB=20-10=10$ だから，点Pが点Bと重なるのは出発してから $\frac{10}{3}$ 秒後である。①より，点Aと重なるのは10秒後だから，点Pが円Oの周上または内部にある時間は，$10-\frac{10}{3}=\frac{20}{3}$(秒)間である。

図 3

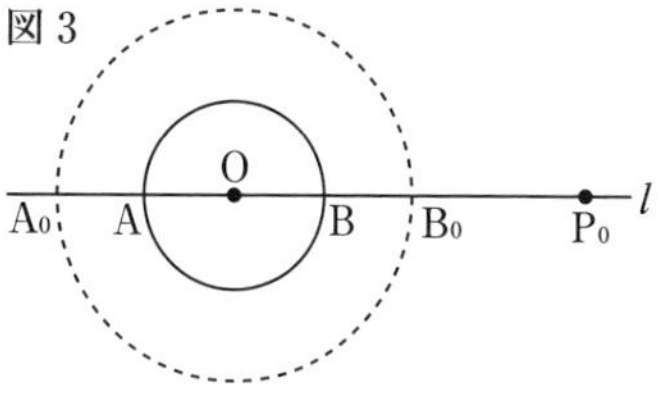

(2)＜**時間**＞右図 3 のように，点Pが出発するときの円Oと直線 l の 2 つの交点を A_0，B_0 とすると，円Oは，点Pが出発するのと同時に毎秒 1 cm の割合で半径が小さくなるので，x 秒で半径は $1\times x=x$(cm) 小さくなる。これより，$A_0A=B_0B=x$ だから，$OA=OB=OA_0-A_0A=10-x$ と表せる。$P_0B=OP_0-OB=20-(10-x)=x+10$ だから，点Pが点Bと重なるとき，$3x=x+10$ が成り立ち，$2x=10$，$x=5$(秒)後となる。また，$P_0A=OP_0+OA=20+(10-x)=30-x$ だから，点Pが点Aと重なるとき，$3x=30-x$ が成り立ち，$4x=30$，$x=\frac{15}{2}$(秒)後となる。よって，点Pが円Oの周上または内部にある時間は，$\frac{15}{2}-5=\frac{5}{2}$(秒)間となる。

6 〔平面図形―円，正方形〕

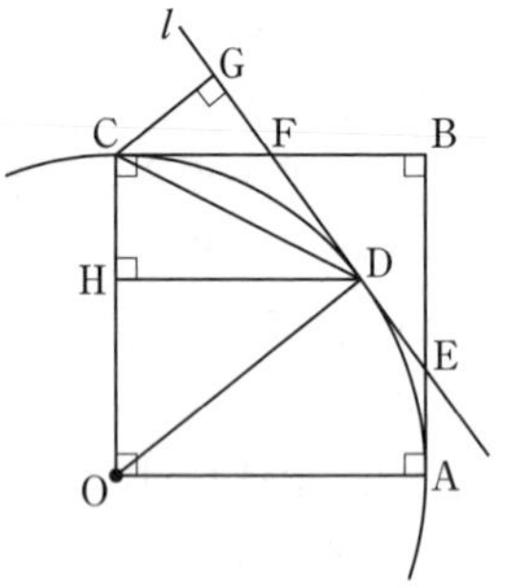

⑴＜**接線となる直線**＞右図で，四角形OABCが正方形より，∠OAB＝∠OCB＝90°である。円Oの周上の点Aを通る直線ABが，点Aを通る円Oの半径OAに垂直であるから，直線ABは円Oの接線となる。同様に考えて，点Cを通る直線BCが，点Cを通る円Oの半径OCに垂直であるから，直線BCは円Oの接線となる。

⑵＜**論証―合同**＞右図の△CDGと△CDHにおいて，仮定より，∠CGD＝∠CHD＝90°であり，CDは共通な辺だから，あと１組の辺か鋭角が等しいことが導ければ，直角三角形の合同条件により，△CDG≡△CDHとなる。FC，FDが円の接線より，FC＝FDであり，△FCDは二等辺三角形である。また，OC⊥CF，OC⊥HDより，CF∥HDである。二等辺三角形の底角と平行線の錯角に着目する。解答参照。

⑶＜**長さ，面積**＞①右上図で，AB＝BC＝x(cm)とする。直線FC，FDが円Oの接線より，FC＝FDであり，直線EA，EDが円Oの接線より，EA＝EDだから，FD＝FC＝BC－BF＝$x-6$，ED＝EA＝AB－BE＝$x-8$と表せる。また，∠EBF＝90°だから，△EBFで三平方の定理より，FE＝$\sqrt{BE^2+BF^2}=\sqrt{8^2+6^2}=\sqrt{100}=10$である。よって，FD＋ED＝FEより，$(x-6)+(x-8)=10$が成り立ち，これを解くと，$2x=24$，$x=12$となるから，正方形OABCの１辺の長さは12cmである。

②右上図で，まず，∠CGF＝∠EBF＝90°，∠CFG＝∠EFBより，△CGF∽△EBFである。これより，GF：BF＝FC：FEである。①より，FC＝FD＝$x-6=12-6=6$，FE＝10だから，GF：6＝6：10が成り立ち，GF×10＝6×6，GF＝$\frac{18}{5}$となる。⑵より，△CDG≡△CDHだから，HD＝GD＝GF＋FD＝$\frac{18}{5}+6=\frac{48}{5}$となる。また，CG：EB＝FC：FEであるから，CG：8＝6：10が成り立ち，CG×10＝8×6，CG＝$\frac{24}{5}$となる。CH＝CG＝$\frac{24}{5}$となるので，OH＝OC－CH＝$12-\frac{24}{5}=\frac{36}{5}$である。以上より，△ODH＝$\frac{1}{2}$×OH×HD＝$\frac{1}{2}\times\frac{36}{5}\times\frac{48}{5}=\frac{864}{25}$(cm²)となる。

社会解答

1
(1) リアス海岸
(2) (例)夏にやませによる冷害が発生したこと。
(3) イ　(4) 民本主義
(5) (例)さまざまな企業や団体などと協力して地域の課題に対応し，まちづくりに取り組もうとしている。

2
(1) 近郊農業
(2) ①…ウ
② (例)渋谷区のような都心部と比較して，地価が安いこと。
(3) (例)昼間人口よりも，夜間人口の方が多いこと。
(4) (例)雨水をためておく

3
(1) ①…イ　②…エ
(2) ① A…白豪主義
B (例)アジアを中心に，ヨーロッパ以外からの移民が増加
② (例)さまざまな文化を互いに尊重し合う多文化社会を築こうとしている。
(3) (例)主な輸出品目は，農産物から天然資源へと変化した。また，主な貿易相手国は，イギリスからアジアの国々へと変化した。

4
(1) ①…須恵器
② (例)中国や朝鮮半島との交流があったこと。
(2) 万葉仮名〔万葉がな〕　(3) エ
(4) イ→ア→ウ
(5) (例)金の含まれる割合が低い小判がつくられた。

5
(1) イ　(2) イ
(3) (例)ロシアから賠償金を得られない
(4) 治安維持
(5) (例)沖縄が日本に返還された。

6
(1) 独占禁止　(2) ウ　(3) ウ
(4) クーリング・オフ
(5) (例)後で支払いに困らないように，計画的に利用すること。

7
(1) ウ　(2) ア
(3) (例)選挙区によって，一票の格差が生じている。
(4) ①…ウ
② (例)自分の個人情報を安易に発信したり，他人のプライバシーを侵害したりしないようにすること。

1〔三分野総合―宮城県を題材とした問題〕

(1)**＜リアス海岸＞**岩手県から宮城県にかけての三陸海岸南部には，湾や入り江が複雑に入り組んだ海岸線が見られる。このような海岸をリアス海岸といい，山地の谷の部分が海に沈み込んでできた地形である。なお，リアス海岸は，福井県の若狭湾沿岸や三重県の志摩半島などにも見られる。

(2)**＜やませと冷害＞**資料Ⅱにあるように，東北地方の太平洋側では，夏の時期にやませと呼ばれる北東風が吹く。親潮〔千島海流〕の上を通るやませは冷たく湿っており，奥羽山脈にぶつかると霧や低い雲を発生させるため，低温や日照不足をもたらし，稲などの農作物が十分に育たない冷害が起こることがある。資料ⅠのAとBでは米の作況指数が大きく落ち込んでいるが，これはやませによって発生した冷害が原因である。

(3)**＜多賀城＞**律令制度が整えられた奈良時代，朝廷は東北地方の行政や軍事の拠点として多賀城(宮城県)を設置した。なお，国分寺は聖武天皇が国ごとに設置することを命じた寺，大宰府(福岡県)は九州地方の政治や外交・防衛にあたる役所，安土城(滋賀県)は安土桃山時代に織田信長が建てた城である。

(4)**＜民本主義＞**吉野作造が唱えた民本主義は，政治の目的を民衆の幸福や利益に置くべきだとする考え方である。これは，天皇が主権を持つ大日本帝国憲法のもとで民衆の意向に基づく政治を目指すものであり，美濃部達吉が唱えた天皇機関説とともに大正デモクラシーの理論的な支えとなった。

(5)**＜まちづくりの取り組み＞**資料Ⅲを見ると，行政や企業，市民による団体などが，それぞれの持ち

味を生かしながら協力してまちづくりを行っていることがわかる。資料Ⅳには，そのような取り組みが進められている背景が書かれており，さまざまな地域課題が表れる中，単独の団体の力だけでは全ての課題に対応することが難しいとある。

2〔日本地理―地形図，東京都〕

(1)＜**近郊農業**＞都市の周辺地域で，都市の消費者向けに野菜や花などを栽培して出荷する農業を近郊農業という。消費地の近くで生産するため，新鮮なうちに届けることができ，輸送費が安いという利点がある。

(2)＜**地形図の読み取り，都心と郊外の人口**＞①小・中学校(文)は，1985年の地形図では1か所も見られないが，2015年の地形図では5か所に見られる(ア…×)。1985年の地形図では神社(⛩)は2か所あり，2015年の地形図でも同じ場所に見られる(イ…×)。2015年の地形図における「みなみ野(三)」にあたる地域を1985年の地形図で見ると，等高線が標高の高い方へ向かって入り込んでおり，丘陵地の谷になっていることがわかる(エ…×)。　②渋谷区は都心部，八王子市は郊外にある。資料Ⅰを見ると，八王子市の人口がほぼ一貫して増加を続けているのに対し，渋谷区の人口は1960年をピークに減少傾向となっていることがわかる。また，資料Ⅱから，渋谷区の地価は八王子市に比べて高く，特に人口が最も減少した1990年代には非常に高くなっていることが読み取れる。以上から，地価の高い都心部を避け，地価の安い郊外に住む人が増加したと考えられる。

(3)＜**昼間人口と夜間人口**＞都心部への通勤・通学者数が多い地域では，昼間人口は少なくなり，通勤・通学者が帰宅する夜間の人口は多くなる。資料Ⅲを見ると，東京23区への通勤・通学者数が多い上位5市は昼間人口よりも夜間人口が多く，都心部である渋谷区は夜間人口よりも昼間人口が多いことがわかる。

(4)＜**水害防止ための雨水貯留施設**＞アスファルトやコンクリートに覆われた都心部では，雨水が地面にしみ込みにくいため，集中豪雨などで短時間に大量の雨が降ると，地下街への浸水や川の氾濫などの被害が起こりやすい。資料Ⅳの施設は，こうした都市型の水害を防ぐため，一時的に雨水をためておく地下の貯留施設である。東京都などでは，このような雨水貯留施設や放水路を整備する取り組みが進められている。

3〔世界地理―オーストラリア〕

(1)＜**オーストラリアの都市と地形**＞①オーストラリアの首都であるキャンベラは，オーストラリアの南東部に位置する。　②オーストラリア大陸は，大部分が標高500m以下の平たんな土地であるが，東部には標高1000m程度のグレートディバイディング山脈が海岸線にほぼ沿って連なっている。

(2)＜**オーストラリアの人々**＞①**A**．オーストラリアでは，19世紀後半から1970年代まで，ヨーロッパ系以外の移民が制限された。この政策を白豪主義と呼ぶ。　**B**．資料Ⅰを見ると，白豪主義がとられていた時代には移民のほとんどがヨーロッパ出身者であったが，1971年以降はアジアなどからの移民が大きく増加していることがわかる。　②資料Ⅱを見ると，公用語である英語だけでなくさまざまな言語を学ぶ機会が設けられていること，アボリジニなどの先住民の権利が尊重されていることがわかる。資料Ⅰから，現在のオーストラリアはさまざまな文化を持つ人々によって構成されており，そうした多様な文化を互いに尊重し合う多文化社会を築こうとしていることが読み取れる。

(3)＜**オーストラリアの貿易の変化**＞資料Ⅲを見ると，1961年の輸出品目は羊毛や小麦などの農産物が中心であったのに対して，2010年の輸出品目は鉄鉱石や石炭などの鉱産資源が中心であることがわかる。また，資料Ⅳを見ると，1961年にはイギリスが最大の貿易相手国であったのに対して，2010年の貿易相手国は中国や日本などのアジアの国々が中心であることがわかる。

4〔歴史―古代～近世の日本〕

(1)＜**古墳時代の文化**＞①須恵器は，古墳時代につくられるようになった灰色の土器である。高温の窯で焼かれたため，それまでの土器よりも硬く丈夫であった。　②資料Ⅱを見ると，綿貫観音山古墳から出土した銅製の水瓶と馬具は，それぞれ中国(北朝)で出土した銅製の水瓶と朝鮮半島で出土した馬具によく似ていることがわかる。このことから，古墳時代の日本は中国や朝鮮半島と交流を持っており，これらの地域の影響を受けていたと考えられる。古墳時代には，朝鮮半島などから日本に移り住んだ渡来人が，さまざまな技術や文化を日本に伝えた。須恵器をつくる技術も渡来人によって伝えられたものである。

(2)＜**万葉仮名**＞「奈良時代に大伴家持がまとめたとされる歌集」とは『万葉集』である。『万葉集』では，資料Ⅲのように漢字の音を使い，一字一音で日本語を表す「万葉仮名」が用いられた。

(3)＜**後醍醐天皇**＞後醍醐天皇は，鎌倉幕府の有力御家人であった足利尊氏や新田義貞，新たに成長した武士である楠木正成などの協力を得て1333年に鎌倉幕府を倒し，天皇を中心とした政治である建武の新政を行った。なお，アの天智天皇(中大兄皇子)は大化の改新を行い後に大津宮(滋賀県)で即位した天皇，イの桓武天皇は平安京に都を移した天皇，ウの後白河天皇(上皇)は保元の乱(1156年)，平治の乱(1159年)の頃に政治を行っていた天皇(上皇)である。

(4)＜**年代整序**＞年代の古い順に，イ(1392年)，ア(1467～77年)，ウ(応仁の乱以後の戦国時代)となる。

(5)＜**徳川綱吉の時代の小判**＞江戸幕府の第5代将軍である徳川綱吉の時代につくられた小判は，資料Ⅳ中の元禄小判(1695年)である。資料Ⅳから，元禄小判に含まれる金の割合は，前後の時代につくられた慶長小判と正徳小判よりも低いことがわかる。この時期には，寺院の建設などによって幕府の財政が悪化したため，幕府は貨幣に含まれる金の割合を減らして発行量を増やし，幕府収入を増やそうとした。しかし，貨幣価値が下がったことで物価が上昇し，人々の生活は苦しくなった。そのため，綱吉の死後の18世紀初めには，新井白石の意見により，金の割合をもとに戻した正徳小判が発行された。

5 〔歴史―近代～現代の日本と世界〕

(1)＜**地租改正**＞明治政府は，1873年から地租改正を行い，課税の基準をそれまでの収穫高から地価に改めた(ウ…×)。土地所有者に対しては，土地の面積や地価などを記した地券を発行し，地価の3％を現金で納めさせた(イ…○，ア，エ…×)。これにより，政府は収穫高や米価に左右されずに毎年一定の税収入を得られるようになり，国の財政は安定した。

(2)＜**1914～25年の出来事**＞第一次世界大戦中の1917年にロシア革命が起こると，社会主義の影響を恐れた欧米諸国や日本は，革命に干渉するためシベリア出兵を行うことを決めた。日本国内では，このシベリア出兵を見越して米の買い占めや売り惜しみが行われたため，米の価格が急激に上がり，1918年には米の安売りを求める米騒動が全国に広がった。なお，ノルマントン号事件が起こったのは明治時代の1886年，農地改革が始まったのは第二次世界大戦後の1946年，新橋・横浜間に鉄道が開通したのは明治時代初めの1872年である。

(3)＜**ポーツマス条約**＞資料Ⅱの下関条約は日清戦争(1894～95年)の講和条約，ポーツマス条約は日露戦争(1904～05年)の講和条約である。日露戦争で日本は勝利したが，戦費調達のために増税が行われ，戦死者も多く出るなど，国民の負担は日清戦争のときに比べて重かった。しかし，資料Ⅱからわかるように，ポーツマス条約には賠償金に関する規定がなく，日清戦争では得られた賠償金が日露戦争では得られなかった。

(4)＜**治安維持法**＞治安維持法は，普通選挙法が成立したのと同じ1925年に制定された。共産主義の取り締まりを目的とした法律であり，その後の改正・強化を経て，さまざまな社会運動や思想・言論の弾圧に利用されるようになっていった。

(5)＜**沖縄返還**＞沖縄は，1951年のサンフランシスコ平和条約によって日本が独立を回復した後もアメリカの統治下に置かれたが，1972年，佐藤栄作内閣のときに日本に復帰した。アメリカの統治下の沖縄では，アメリカの通貨であるドルが使われていたため，沖縄が日本に返還されるにあたって，資料Ⅲのようにドルから円への交換が行われた。

6 〔公民―経済〕

(1)＜**独占禁止法**＞独占禁止法は，市場での企業の健全な競争を促すため，市場の独占や不公正な取引を禁じた法律である。独占禁止法の運用にあたる機関として公正取引委員会が設置されており，不当な価格協定(カルテル)が結ばれるなどしていないか監視している。

(2)＜**経済の循環**＞国の経済は，家計，企業，政府という３つの経済主体が行う経済活動が互いに結びつき，循環することによって成り立っている。政府(ア)は，家計や企業から税金を集め，公共サービスを提供する。家計(イ)は，企業に労働力などを提供し，賃金などを受け取る。企業(ウ)は，家計に商品やサービスを提供し，代金を受け取る。

(3)＜**財政政策**＞政府は，税金や公共事業の増減によって歳入や歳出を調節することにより，景気の安定をはかる財政政策を行っている。不景気のとき，政府は減税を行ったり公共事業への支出を増やしたりし，企業や家計の生産や消費を増やして景気の回復を促そうとする。反対に好景気のとき，政府は増税を行ったり公共事業を減らしたりし，企業や家計の生産や消費を減らして景気の行きすぎを抑えようとする。

(4)＜**クーリング・オフ**＞クーリング・オフは，訪問販売や電話勧誘など，消費者にとって突然の取引となるような方法で商品の購入を契約した場合などに，一定の期間内であれば消費者が無条件で契約を取り消すことのできる制度である。

(5)＜**クレジットカードの注意点**＞資料Ⅱを見ると，クレジットカードは，消費者が買い物をした際にカード会社が一時的に代金を立てかえ，その後カード会社から消費者に代金が請求されるという後払いの支払い方法であることがわかる。資料Ⅲにあるように，手元にお金がなくても買い物ができ，お金を使ったという実感も持ちにくいため，使いすぎて後で支払いに困るといったことが起こりやすい。そのため，収入と支出のバランスを考え，計画的に利用することが重要となる。

7 〔公民―総合〕

(1)＜**経済活動の自由**＞日本国憲法で保障された自由権には，精神の自由，生命・身体の自由，経済活動の自由がある。自由に職業を選ぶ権利である職業選択の自由は，これらのうち経済活動の自由に含まれる。

(2)＜**介護保険**＞介護保険は，40歳以上の国民が加入して保険料を支払い，介護が必要になったときに介護サービスを受けられる社会保険である。高齢化の進行に対応して，2000年に導入された。社会保険とは，日本の社会保障制度を構成する４つの柱(社会保険，公的扶助，社会福祉，公衆衛生)の１つで，毎月保険料を支払い，必要なときに給付を受ける制度である。介護保険のほか，病気のときなどに一部の負担のみで治療を受けることができる医療保険，仕事が原因でけがをしたり病気になったりした場合に給付を受けることができる労災保険，失業した場合に給付を受けることができる雇用保険，高齢になったときなどに給付を受けることができる年金保険がある。

(3)＜**一票の格差**＞資料Ⅰを見ると，小選挙区における議員一人当たりの有権者数は，選挙区によって大きく異なっており，最も少ない鳥取１区と最も多い東京13区ではおよそ２倍の差があることがわかる。このような状況のもとでは，有権者が投票する一票の価値に軽重の差が生じることになる。この問題を「一票の格差」といい，日本国憲法が保障する「法の下の平等」の観点から問題があると考えられている。

(4)＜**新しい人権**＞①日照権は，住居への日当たりを確保する権利で，良好な環境のもとで生活する権利である環境権に含まれる権利である。資料Ⅱでは，高層の建物の陰になっている家屋の日照権が侵害された状態となっている。なお，肖像権は自分の顔や姿を正当な理由なく撮影されたり撮影された写真などの映像を勝手に公表されたりしない権利であり，日照権と同様に日本国憲法には規定のない「新しい人権」の１つである。請願権は国や地方の機関に要望を伝える権利で，参政権に含まれる。黙秘権は，被疑者や被告人が，取り調べや裁判において答えたくない質問への回答を拒否する権利で，自由権の生命・身体の自由に含まれる。　②資料Ⅲから，インターネットによる人権侵害件数は近年増加していることがわかる。また資料Ⅳには，「あなたのカキコミ，大丈夫？」とある。したがって，インターネット上に書き込んだ内容が人権侵害につながらないか，自分の個人情報が流出していないかなどを考え，そうならないためにどのような点に注意すればよいのかを述べる。

2021年度／群馬県公立高等学校(後期)

理科解答

1 A (1)…ウ (2)…イ

B (1)…イ (2)…ウ

C (1) 体積…イ 質量…ウ (2)…ア

D (1) 0.9J (2)…ア

2 (1) 優性〔顕性〕

(2) ① a…50 b…25 ② 5：3

(3) ① 胚珠

② (例)自家受粉しやすいから。

(4) (例)親と同じ遺伝子を持つ個体が生じるので，親と同じ形質を引き継ぐことができるから。

3 (1) イ

(2) ① a…初期微動継続時間

b…(例)同時に発生

② 15時27分22秒

③ 15時27分52秒

④…イ ⑤ 7秒後

4 (1) (例)加熱した試験管に水が逆流するのを防ぐため。

(2) ① a…青 b…赤〔桃〕

② a…ア b…ア

③ Na，C，O

(3) (例)アンモニアは水に溶けやすいから。

(4) ① (例)炭酸水素ナトリウムが全て分解したから。

② 4.41g

5 (1) 電熱線Q (2) 1.2V

(3) ① a…0.16 b…ア c…1.0

d…イ

② 0.17倍

(4) 0.8

1〔小問集合〕

A＜動物の体のはたらき＞(1)養分は小腸で吸収されるので，図で，最も養分を多く含む血液が流れるのは，小腸を出た血液が流れる血管ウである。なお，血管アには二酸化炭素を最も多く含む血液が流れ，血管イには酸素を最も多く含む血液が流れる。　(2)図のaは小腸を出た血液が入るので肝臓である。細胞の活動によって生じたアンモニアは，肝臓で無害な尿素に変えられる。また，尿素はじん臓で血液からこし出されて，尿になる。なお，尿はぼうこうで一時ためられた後，体外に排出される。

B＜月の見え方＞(1)月が満月に見えるのは，地球から見て太陽と反対側にあるときである。よって，図Ⅰで，月が満月に見える位置はイである。なお，月は，アでは半月(下弦の月)，ウでは半月(上弦の月)に見え，エでは新月で見えない。　(2)図Ⅱのように，月の左半分が光って見えるのは，地球から見て月の左側に太陽があるときである。よって，図Ⅰで，このときの月の位置はアである。また，地球は北極側から見て反時計回りに自転しているから，このときの月は，明け方の南の空に見え，夕方には見えない。なお，月は地球の周りを約27.3日で公転していて，公転の向きは地球の公転の向きと同じだから，図Ⅰのイの位置にあった月は，およそ1週間後にアの位置にあることがわかる。

C＜状態変化＞(1)一般に，物質が液体から固体へと状態変化すると，体積は減少し，質量は変化しない。なお，水は例外で，液体から固体になると体積は増加する。　(2)水の沸点は100℃，エタノールの沸点は約78℃である。水とエタノールの混合物を加熱すると，沸点の低いエタノールが先に気体になって出てきて，液体として集められる。よって，エタノールの沸点付近で集めた1本目の試験管の液体に最も多くエタノールが含まれるので，最も長い時間燃える。

D＜仕事＞(1)100gの物体にはたらく重力の大きさを1Nとするから，300gの物体にはたらく重力の大きさは3Nである。物体がされた仕事は，〔仕事(J)〕=〔力の大きさ(N)〕×〔力の向きに動いた距離(m)〕で求められる。よって，物体を引き上げる力の大きさは物体にはたらく重力の大きさに等しく3N，力の向きに動いた距離は0.3mより，ひもを引く力がした仕事は，$3\times0.3=0.9$(J)である。

(2)定滑車を使う場合に比べ，動滑車を使う場合は力の大きさは半分になり，ひもを引く距離は2倍になる。よって，図Iの方が図IIより，ひもを引く力の大きさが大きくなり，ひもを引く距離は小さくなる。なお，仕事の大きさは同じである(仕事の原理)。

2 〔生命の連続性〕

(1)<**形質**>(あ)のように，対立形質の純系どうしを親としてかけ合わせたとき，子に現れる形質を優性(顕性)の形質といい，子に現れない形質を劣性(潜性)の形質という。(あ)で，子の種子の形は全て丸形なので，丸形が優性(顕性)の形質，しわ形が劣性(潜性)の形質である。

(2)<**遺伝の規則性**>①図IIで，孫の遺伝子の組み合わせと数の比は，AA：Aa：aa＝1：2：1だから，孫全体に対するAaの割合は，$\frac{2}{1+2+1}\times100=50$(%)である。次に，図IIで，孫のAaはAAとaaの2倍あるから，図IIIで，ひ孫の遺伝子の組み合わせと数の比は，AA：Aa：aa＝$(4+1\times2)$：2×2：$(1\times2+4)$＝6：4：6＝3：2：3になる。よって，ひ孫全体に対するAaの割合は，$\frac{2}{3+2+3}\times100=25$(%)である。　②①より，ひ孫の遺伝子の組み合わせと数の比は，AA：Aa：aa＝3：2：3である。(1)より，丸形が優性(顕性)の形質なので，Aの遺伝子を持つAAとAaは丸形になり，Aを持たないaaはしわ形になる。よって，丸形：しわ形＝$(3+2)$：3＝5：3である。

(3)<**植物の生殖**>①図IVで，めしべのもとのふくらんだ部分は子房で，その中にあるXは胚珠である。受粉すると，子房は果実に，胚珠は種子になる。　②植物のめしべに同じ個体の花粉がつくことを自家受粉という。自家受粉を繰り返し行うことで，純系の種子を得ることができる。エンドウの花は，図IVのようにめしべとおしべが一緒に花弁に包まれているので，めしべの柱頭に同じ花の花粉がついて受粉しやすい。このように，エンドウは自家受粉しやすいので，純系の種子を得やすい。

(4)<**無性生殖**>無性生殖は，受精をしないで体細胞分裂によって子をつくる生殖方法である。そのため，子は，親から全く同じ遺伝子を受け継ぎ，親と同じ形質が現れる。このように無性生殖でふやすと，親と同じ特徴を持つ子をつくり出すことができる。これに対し，有性生殖は受精によって子をつくるので，子は両親の遺伝子を半分ずつ受け継ぎ，親と異なる形質が現れることがある。

3 〔大地のつくりと変化〕

(1)<**震央**>P波は一定の速さで伝わるので，震央に近い地点ほどP波が早く到着する。表より，P波が到着した時刻は，早い順に地点B，地点C，地点Aである。よって，図Iのア～エのうち，震央の位置は，最も地点Bに近く，次に地点Cに近く，最も地点Aから遠いイである。

(2)<**地震**>①P波が到着してからS波が到着するまでの時間を初期微動継続時間という。また，P波とS波は地震が起こると震源で同時に発生する。なお，S波よりP波の方が速く伝わるので，震源からの距離が遠くなるほどP波とS波の到着時刻の差が大きくなり，初期微動継続時間が長くなる。

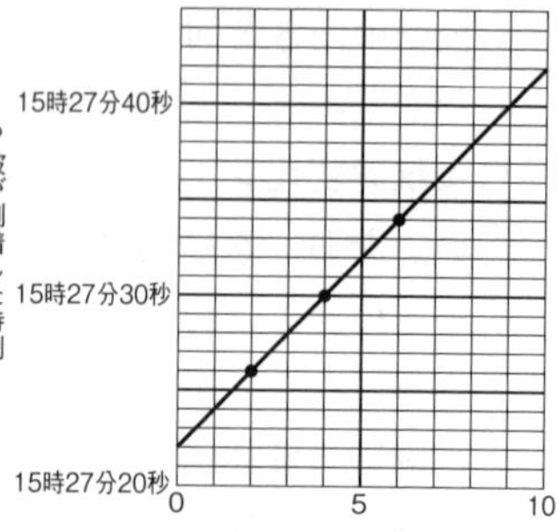

②地震が震源で発生したとき，P波とS波は震源で同時に発生するから，震源ではP波が到着してからS波が到着するまでの時間は0秒である。図IIの3つの点を結ぶ直線は，右図のようになり，P波が到着してからS波が到着するまでの時間が0秒のとき，P波が到着した時刻は15時27分22秒となる。よって，地震の発生時刻は15時27分22秒である。　③右図で，P波が到着した時刻が15時27分42秒のとき，P波が到着してからS波が到着するまでの時間は10秒である。よって，S波が到着するのは15時27分42秒の10秒後の15時27分52秒である。　④②，③より，15時27分22秒に発生した地震のP波が15時27分42秒に到着した地点では，S波は15時27分52秒に到着している。

これより，震源からこの地点まで，同じ距離を伝わるのに，P波は42－22＝20(秒)，S波は52－22＝30(秒)かかっている。つまり，同じ距離をP波が伝わるのにかかる時間は，S波が伝わるのにかかる時間の，20÷30＝$\frac{2}{3}$(倍)である。よって，速さは同じ距離を伝わるのにかかる時間に反比例することから，P波が伝わる速さはS波が伝わる速さの，$\frac{3}{2}$＝1.5(倍)である。　⑤震源から18kmの地点では，P波が到着してから6秒後の15時27分31秒に緊急地震速報を受信しているから，P波が到着した時刻は，31－6＝25より，15時27分25秒である。②より，この地震の発生時刻は15時27分22秒だから，P波は18kmを25－22＝3(秒)で伝わったことになる。これより，P波が伝わる速さは，18÷3＝6(km/s)である。また，④より，P波が伝わる速さは，S波が伝わる速さの1.5倍だから，S波が伝わる速さは，6÷1.5＝4(km/s)となる。よって，震源からの距離が64kmの地点にS波が伝わるのにかかる時間は，64÷4＝16(秒)となり，この地点にS波が到着するのは，地震の発生時刻15時27分22秒の16秒後の15時27分38秒である。したがって，S波が到着するのは，緊急地震速報を15時27分31秒に受信してから，38－31＝7(秒)後となる。

4〔化学変化と原子・分子〕

(1)＜**実験操作**＞ガラス管を水中に入れたままガスバーナーの火を消すと，水槽の水が加熱した試験管Xに逆流して，加熱部が急に冷え，試験管Xが割れるおそれがある。そのため，ガラス管を水中から取り出した後にガスバーナーの火を消す。

(2)＜**炭酸水素ナトリウムの分解**＞①水に乾燥させた塩化コバルト紙をつけると，色が青色から赤(桃)色に変化する。　②加熱後の試験管Xに残った白い物質は炭酸ナトリウムである。水に炭酸ナトリウムはよく溶けるが，炭酸水素ナトリウムは少ししか溶けない。また，それぞれの水溶液にフェノールフタレイン溶液を加えると，炭酸ナトリウムの水溶液は強いアルカリ性を示すので濃い赤色になるが，炭酸水素ナトリウムの水溶液は弱いアルカリ性を示すのでうすい赤色になる。　③化学変化の前後で原子の種類と数は変わらない。つまり，化学反応式の矢印の左右で原子の種類と数は変わらない。よって，矢印の左側にナトリウム原子(Na)が2個，水素原子(H)が2個，炭素原子(C)が2個，酸素原子(O)が3×2＝6(個)あり，右側にHが2個，Cが1個，Oが1＋2＝3(個)あるから，Hの数は左右で等しいが，右側にNaが2個，Cが2－1＝1(個)，Oが6－3＝3(個)不足している。したがって，試験管Xに残った白い物質(炭酸ナトリウム)に含まれている原子の種類はNa，C，Oである。なお，炭酸ナトリウムの化学式はNa_2CO_3である。

(3)＜**アンモニア**＞アンモニアは水に非常に溶けやすい気体である。図Ⅰの装置では，発生する気体を水上置換法で水と置き換えて集めるので，アンモニアを集めるのには適さない。なお，アンモニアは空気より密度の小さい気体なので，上方置換法で集める。

(4)＜**炭酸水素ナトリウムの分解**＞①炭酸水素ナトリウムを加熱すると，炭酸ナトリウムと水と二酸化炭素に分解する。図Ⅱの装置では，加熱によって水と二酸化炭素が空気中に出ていくので，加熱を繰り返すと加熱後の物質の質量が減少していくが，炭酸水素ナトリウムが全て分解されて炭酸ナトリウムになると，質量は変化しなくなる。　②表より，炭酸水素ナトリウム2.00gを加熱すると，3回目以降の質量は1.26gで変化が見られなくなる。これより，炭酸水素ナトリウム7.00gを加熱して質量の変化が見られなくなったときに残った物質の質量をxgとすると，2.00：7.00＝1.26：xが成り立つ。これを解くと，2.00×x＝7.00×1.26より，x＝4.41(g)である。

5〔電流とその利用〕

(1)＜**抵抗**＞図Ⅱより，同じ大きさの電圧を加えたとき，回路を流れる電流の大きさは，電熱線Pより電熱線Qの方が小さい。よって，電流が流れにくいのは電熱線Qである。

(2)＜**電圧**＞図Ⅲで，電流計は500mAの－端子を使用しているから，電流計が示す値は320mAで，

0.32Aである。また，図Ⅱより，電熱線Pに3.0Vの電圧を加えると，流れる電流の大きさは0.8Aなので，オームの法則〔抵抗〕=〔電圧〕÷〔電流〕より，電熱線Pの抵抗の大きさは，3.0÷0.8=3.75(Ω)となる。よって，電熱線Pに0.32Aの電流が流れるとき，加わる電圧の大きさは，3.75×0.32=1.2(V)である。

(3)＜**回路**＞①図Ⅳは直列回路で，回路全体の抵抗の大きさは，各電熱線の抵抗の大きさの和になるため，各電熱線の抵抗の大きさより大きい。図Ⅱより，電熱線Qに3.0Vの電圧を加えると，流れる電流の大きさは0.2Aなので，電熱線Qの抵抗の大きさは，3.0÷0.2=15(Ω)となる。また，(2)より電熱線Pの抵抗の大きさは3.75Ωなので，回路全体の抵抗の大きさは，3.75+15=18.75(Ω)となり，回路全体を流れる電流の大きさは，3.0÷18.75=0.16(A)である。次に，図Ⅴは並列回路で，各電熱線には回路全体に加わる電圧と同じ3.0Vの電圧が加わる。図Ⅱより，電熱線に加えた電圧が3.0Vのときに流れる電流は，電熱線Pが0.8A，電熱線Qが0.2Aだから，回路全体を流れる電流の大きさは0.8+0.2=1.0(A)である。よって，回路全体の抵抗の大きさは，3.0÷1.0=3.0(Ω)となり，各電熱線の抵抗の大きさより小さくなる。　②①より，図Ⅴの並列回路で，回路全体に流れる電流の大きさは1.0Aだから，電熱線Rを接続したときに回路全体に流れる電流の大きさは1.0×2=2.0(A)である。このとき，電熱線Pに流れる電流の大きさは同じ0.8Aなので，電熱線Rに流れる電流の大きさは，2.0−0.8=1.2(A)となる。よって，電熱線Rには3.0Vの電圧が加わっているから，抵抗の大きさは，3.0÷1.2=2.5(Ω)である。したがって，2.5÷15=0.166…より，電熱線Rの抵抗の大きさは，電熱線Qの抵抗の大きさの約0.17倍である。

(4)＜**回路**＞電熱線Qの抵抗の大きさがすごく大きいとき，電熱線Qに流れる電流の大きさは非常に小さくなり，0Aに近い値になる。また，並列回路では，各電熱線に加わる電圧は回路全体に加わる電圧の大きさに等しい。そのため，回路全体を流れる電流の大きさは，3Vの電圧を加えたときの電熱線Pに流れる電流の大きさ0.8Aに近い値になると考えられる。

国語解答

一 ㈠ ウ

㈡ 実物を見せて，語と実物を結びつけてもらおう

㈢ ア

㈣ (例)生活上の活動や行為と言葉が結びついた実践的なやり取りを経ること。

㈤ イ，エ

二 ㈠ エ　㈡ ア

㈢ (例)詳しく刺しゅうの歴史を学び，刺しゅうに込められた思いや人々の暮らしをもっと知りたいと考えるようになっていたということ。

㈣ ウ

三 ㈠ とりあえず　㈡ イ

㈢ ①…イ　②…ウ

四 ㈠ ア　㈡ 新衣　㈢ エ

五 ㈠ ① 起きる　② 断る　③ 演奏

④ 順延

㈡ ① あこが　② ゆ　③ えつらん

④ ぶよう

六 ㈠ イ　㈡ イ　㈢ A，D，E

㈣ Ⅰ…エ　Ⅱ…ア

㈤ (例)グラフを見ると，出版市場全体が減少傾向にあっても電子出版が増加していることや，それでも依然として紙の出版が高い割合であることが読み取れます。自分にとって，電子書籍はまだあまりなじみがなく，本は書店で買うものであり，紙で読むものだと思っています。ただ，今後は，様々な場面で電子化が進み，紙の本と電子書籍を上手に使い分けることが必要となるのだろうと考えています。(180字)

一〔**論説文の読解―芸術・文学・言語学的分野―言語**〕出典；近内悠太『世界は贈与でできている――資本主義の「すきま」を埋める倫理学』。

≪本文の概要≫私たちは，言葉の意味をどうやって理解してきたのか。実物を見せて，語と実物を結びつけて言葉を理解させようとする方法は，言葉を教えるうえでの「訓練」の一つであり，直示的定義と言われるが，大人が外国語を学ぶのとは異なり，言葉をほとんど習得していない子どもがこの方法で言葉を習得するのは，不可能である。ある物を指さして言葉を教えようとしても，子どもには相手が実際には何を指さしているのかが明確にはわからないからである。子どもは，生活するうえでの活動や行為と結びついて語が使われている状況で，言葉を理解していく。活動と言語的コミュニケーションが合わさったやり取りを通して，子どもは，言葉を徐々に学習していくのであり，言葉の意味は，それ単独では確定せず，実践を通して理解する必要がある。

㈠＜**表現**＞野球を知らない人に，ある場面だけを見せて「これがファールだよ」と教えても，「これ」が何を指しているのかがわからない。同じことが「母語をまだ獲得していない子供」にも当てはまり，窓を指さしても，どれが窓なのかは子どもにはわからない。

㈡＜**指示語**＞言葉をほとんど習得していない子どもには「実物を見せて，語と実物を結びつけてもらおう」とする方法では，どれがその「実物」なのかを教えることができないのである。

㈢＜**文章内容**＞例えば，自分は窓を指さしているつもりでも，言葉をほとんど習得していない子どもにとってみれば，何か「四角いもの」を指さしているのかと思ったり，窓の向こうの「空」や「雨」を指さしているのかと思ったりするかもしれない。ある物を指さしてそのものの言葉の意味を教えようとしても，子どもにとっては，実際には何を指さしているのかが，明確にならないのである。

㈣＜**文章内容**＞言葉の意味が確定されるためには，言葉が「生活上の活動や行為と結びついて」どのように使われているのかを，実践を通して身につけていくことが必要である。

㈤＜**表現**＞「　」は，抽象的なものばかりではなく，「窓」「空」「ストライク」など具体的なものにも用いられている(ア…×)。幼児に「窓」という言葉を教えるときや，野球を全く知らない人に野球の言葉を教えるときなど，身近で具体的な物事を通して，言語習得の仕組みを説明している(イ…○)。一文ごとに改行しているわけではない(ウ…×)。哲学者ウィトゲンシュタインの著書，『哲学探究』や『青色本』から引用し，そのうえで筆者の考えを述べている(エ…○)。文末を「です」調にすると，読者に話しかけているようで，わかりやすい印象を与えられる(オ…×)。

二〔**小説の読解**〕出典；寺地はるな『水を縫う』。

㈠＜**文章内容**＞姉の思いを尊重すれば，ドレスには「裾のあたりにだけごく控えめに野の花を刺しゅうしよう」と思うけれども，それは「僕」の望みではないし，姉にふさわしいとも思えなかった。「無難」では，姉らしさは出ないのである。「無難」は，特によいところもないし，欠点もないということ。

㈡＜**文章内容**＞「僕」になぜ刺しゅうを始めたのかをきいた紺野さんは，「へえ，そうなん」「ほう」「ほう，ほう」とうなずきながら，「僕」の思いを興味深そうに聞いてくれた。聞き上手な紺野さんを前にして，「僕」も「悪い気はしない」のである。

㈢＜**文章内容**＞「僕」は，紺野さんに刺しゅうを始めたきっかけを話すうちに，世界中にあるいろいろな刺しゅうを知って「刺しゅうの歴史」や刺しゅうに込められた「人々の思いを，暮らしを，もっと知りたい」と思うようになっていたことに気づいたのである。

㈣＜**心情**＞「僕」は，紺野さんに刺しゅうのことを話すうちに，初めて刺しゅうに対する自分の思いや目標が明確になった。そして，自分が刺しゅうに興味を持っていることを紺野さんに認めてもらい，うれしくもあるし，「壮大やなあ」と言われたことで気恥ずかしくもあったのである。

三〔**古文の読解―説話**〕出典；『十訓抄』三ノ八。

≪**現代語訳**≫最近(の話だが)，最勝光院で梅が満開である春，上品な雰囲気がある女性が一人，釣殿の辺りにたたずんで，梅の花を見ているときに，男法師たちが集まって入ってきたので，無作法であると思ったのだろうか，(女性は釣殿から)出て帰っていったが，着ている薄い着物が，とりわけ黄ばんで，すすけていることを(男法師たちが)笑って，／(梅の)花を見捨てて帰るお猿さん／と(下の句をよんで)連歌をしかけたので，(女性は)すぐさま，／星を見つめる犬が吠えているのに驚いて／と(上の句を)つけた。男法師たちは恥ずかしく思って，逃げてしまった。／この女性は藤原俊成卿の娘で，すばらしい歌人であったが，目立たないようにみすぼらしい格好をしていたということだ。

㈠＜**歴史的仮名遣い**＞歴史的仮名遣いの語頭以外のハ行音は，現代仮名遣いでは，原則として「わいうえお」となる。

㈡＜**古文の内容理解**＞女房が満開の梅の花を見ていると，男法師たちが入ってきたので，女房は出ていこうとしたのである。

㈢＜**古文の内容理解**＞①女房がみすぼらしい格好をしていたので，花を見ないで帰る「猿丸」だと，男法師たちは女房のことをばかにした。これに対して，女房は，男法師たちのことを「星まぼる犬」すなわち「身分不相応の高望みをする」者たちだと返した。「星」は，女房自身，つまり「自分」のことであり(…Ⅰ)，「犬」は「男法師など」のことである(…Ⅱ)。　②女房は，下の句で自分をからかってきた男法師たちを，逆に黙らせるような上の句を，すばやくよんだのである。

四〔**漢文の読解**〕出典；『世説新語』。

≪**現代語訳**≫桓車騎は，新しい着物を着ることを好まない。入浴後，妻が，わざと新しい着物を送って(桓車騎に)与えた。桓車騎は，大いに怒って，急いで持ち去らせた。妻は，もう一度(新しい着物を桓車騎の所に)持っていかせて，伝言して言うことには，「着物も，新しい時を経過しなければ，どうして古くなるでしょう」と。桓車騎は，大いに笑ってこれ(＝新しい着物)を着た。

㈠＜**漢文の訓読**＞「新衣」→「送」→「与」の順に読む。漢文では，下から上に二字返って読む場合は，一二点を用いる。

㈡＜**漢文の内容理解**＞妻が送ってきた「新衣」を，桓車騎は持ち去らせたけれども，妻はその「新衣」をもう一度桓車騎のもとに持っていかせたのである。

㈢＜**漢文の内容理解**＞どんな着物でも最初は新しく，時を経過しないと古くはならない，つまり，古い着物ももともとは新しい着物であるという妻の言葉に，桓車騎はそのとおりだと思ったのである。

五〔漢字〕

㈠①音読みは「起床」などの「キ」。　②音読みは「断絶」などの「ダン」。　③「演奏」は，楽器を奏でること。　④「順延」は，順々に期日を延ばすこと。

㈡①音読みは「憧憬」などの「ドウ」。「ショウ」と読むこともある。　②音読みは「動揺」などの「ヨウ」。　③「閲覧」は，書物などを調べたり，見たりすること。　④「舞踊」は，音楽に合わせて身体をリズミカルに動かすこと。

六〔資料〕

㈠＜**慣用句**＞電子書籍であれば何冊でも持ち歩けるので，「携帯するという点」から考えると，本よりも電子書籍の方が優れている。「軍配が上がる」は，一方が勝ちと判断される，という意味。「肩を並べる」は，対等に競い合う，という意味。「花を持たせる」は，相手を立てて名誉などを譲る，という意味。「一日の長がある」は，あることに関して経験や技能が一歩優れている，という意味。

㈡＜**資料**＞Bさんの意見にAさんは，「なるほど」と認めたうえで「でも」と自分の意見を述べている。同じく，Cさんも，Aさんの意見に対して「それは少し分かる気がするよ」と述べてから，「でも」と自分の意見を述べている。

㈢＜**資料**＞Aさんは，「紙の本に魅力を感じる」と述べている。Dさんは，「本には～並べて置いておくという側面もあると思うな」と言い，並べることで本を大切にしたいと思うようになると述べている。Eさんは，「古い本に出会うことも，紙の本ならではの楽しみの一つだと思うな」と述べている。

㈣＜**資料**＞Ⅰ．Dさんは，「部屋の本棚に，好きな作家の本をきれいに並べておくことで，大切にしたい思いが増すという良さもあるはずだよ」と述べている。　Ⅱ．Cさんは，「電子書籍の場合は，小さい文字を画面上で拡大して読むこともできるから，便利だと思うよ」と述べている。

㈤＜**作文**＞まず，グラフから読み取れることを，押さえる。出版市場全体が年々減少しているのに対して，電子出版市場は少しずつ増加し，五年間で約二倍になっているため，出版市場で電子書籍が占める割合は，年々増えている。次に，自分は紙の本と電子書籍のどちらに魅力を感じるか，そして，これからどういう使い方をしたいのかについても考えてみる。字数を守り，誤字脱字に気をつけて書いていくこと。

Memo

2020年度
群馬県公立高校 後期入試問題

英語

●満点100点 ●時間45～60分

(注意) 1 1～4の放送を聞いて答える問題は，メモをとってもよい。

2 ＊が付いている語句は，後に(注)があります。

1 これから，No.1とNo.2について，それぞれ2人の対話と，対話に関する質問が流れます。質問に対する答えとして最も適切なものを，それぞれA～Dの中から選びなさい。

No.1

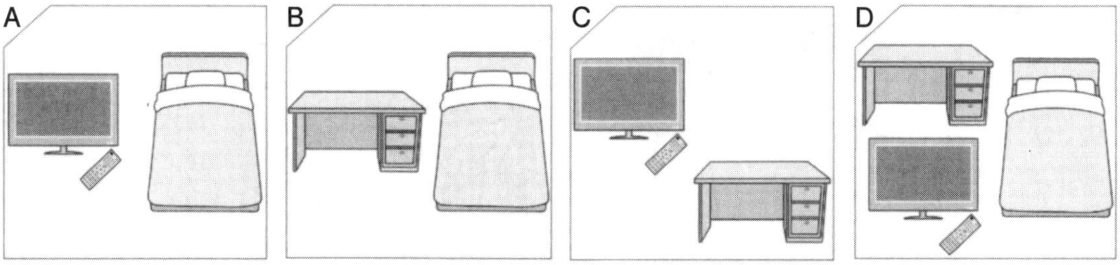

No.2

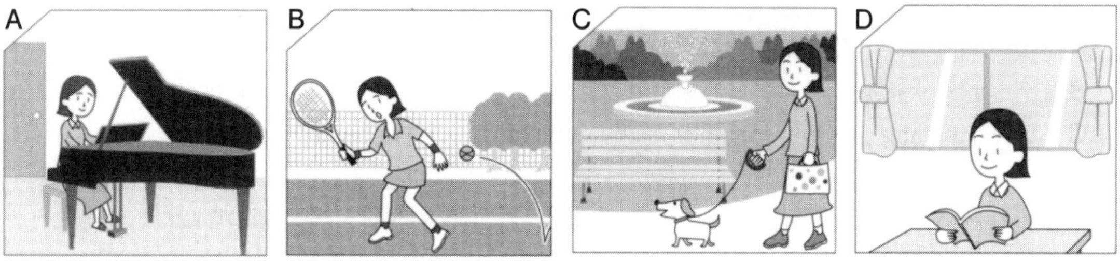

2　次の図は，中学生のRyotaが自分の家族を紹介するために使ったものです。これから，Ryotaが自分の家族について英語で紹介します。それを聞いて，次の図の A ～ C に当てはまるものとして最も適切なものを，それぞれア～エの中から選びなさい。

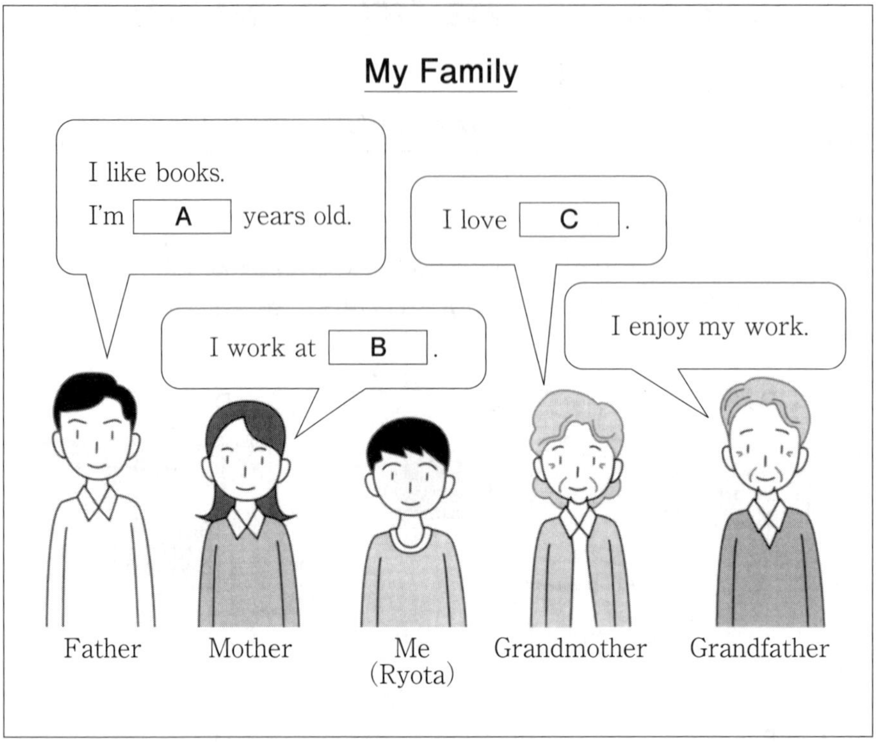

A　ア　39　　イ　41　　ウ　43　　エ　45

B　ア　a bookstore　　イ　a hospital　　ウ　a restaurant　　エ　a museum

C　ア　traveling　　イ　cooking　　ウ　teaching　　エ　fishing

3　これから，ALTのGreen先生の退任式で，中学校の生徒会長Akiが行ったスピーチが流れます。それに続いて，その内容について，No.1～No.3の3つの質問が流れます。それぞれの質問に対する答えを，ア～エの中から選びなさい。

No.1　ア　She liked playing games.

　　　イ　She liked playing basketball.

　　　ウ　She liked singing English songs.

　　　エ　She liked learning about Australia.

No.2　ア　Because she wanted to talk with Mr. Green about basketball.

　　　イ　Because she wanted to play basketball in Australia.

　　　ウ　Because Mr. Green told her to study English.

　　　エ　Because Mr. Green wanted her to sing English songs.

No.3　ア　He will visit popular places there.

　　　イ　He will teach music at school.

　　　ウ　He will study math at school.

　　　エ　He will practice basketball hard.

4　これから，中学生のRikaと留学生のMikeの対話が流れます。Rikaが２度目に発言する部分で次のチャイムを鳴らします。（チャイム音）あなたがRikaなら，このチャイムのところで何と言いますか。対話の流れに合うように内容を考えて，英語で書きなさい。

Mike : ・・・・・・・
Rika : ・・・・・・・
Mike : ・・・・・・・
Rika : ［　　　　　　　　　　］
Mike : ・・・・・・・

※＜**「英語の放送を聞いて答える問題」台本**＞は英語の問題の終わりに付けてあります。

5　次の英文は，Yukaが，英語の授業で，週末の出来事について書いた文章の一部です。これを読んで，英文の意味が通るように，（ア）～（オ）に当てはまる単語を後の〔　〕内からそれぞれ１語選び，必要があれば適切な形に変えて書きなさい。

> Last Saturday, I went to a *shopping mall with my mother and my brother. We (ア) at the mall at 2 p.m. First, my brother bought a cap. He likes to (イ) caps when he goes out. Then, we went to a bookstore. I found a new book (ウ) by a famous singer. I like the singer very much, so I (エ) to buy it. After we finished shopping, we watched a movie about a family and their dog. When the movie finished, my mother was (オ). I also felt sad and wanted to see our dog. So we went home soon.

（注）　shopping mall　ショッピングモール

〔arrive　cry　decide　grow　lose　wear　write〕

6　次の英文を読んで，後の(1)～(3)の問いに答えなさい。

Emi and her father are visiting a museum with Chen, Emi's friend from China.

Chen : Thank you for bringing me to this wonderful museum.

Emi : ［　A　］ We are glad to come with you. There are a lot of Japanese pictures here. They are called **ukiyo-e.*

Chen : I'm very excited!

They walk around in the museum and look at some pictures.

Chen : Wow, this picture is good! I like this very much.

Emi : That's a picture made by Katsushika Hokusai.

Chen : I've seen some of his famous pictures. But I've never seen this one before.

Emi's father : He painted many pictures in his life. This is one of his pictures of bridges with interesting *forms. Some of those bridges in his pictures are *real ones, but others are not.

Chen : I like the form of the bridge in this picture. It turns right and left and goes up and down. I want to walk on it.

Emi : Look at the next one, Chen. This is called "The Great *Wave." I think this is the most famous picture made by Hokusai.

"The Great Wave"

Chen : Oh, I've seen this picture before in my art book, but seeing it in a museum is very different. When I'm looking at this, I just *feel like this big wave is moving.

Emi : Me, too. It looks so real. [B]

Emi's father : That's a very good question. I have heard that Hokusai watched waves in the sea for a long time. When you take pictures of real waves with a *high-speed camera, you'll know that the pictures are just like Hokusai's waves. Then you'll understand how much he studied them.

Chen : I cannot believe he painted this picture without a camera. He is wonderful!

（注） *ukiyo-e* 浮世絵　　form 形　　real 本物の　　wave 波
feel like ～ ～ような気がする　　high-speed 高速度の

(1) [A], [B] に当てはまるものとして最も適切なものを，それぞれ次のア～エから選びなさい。

A ア Yes, please.
　イ That's right.
　ウ You're welcome.
　エ Nice to meet you.

B ア How did he paint this picture?
　イ Which picture do you like the best?
　ウ What kind of waves have you ever seen?
　エ Are there any other pictures of waves here?

(2) 本文中の下線部は，次のア～エのいずれかの絵を指しています。下線部が指すものとして最も適切なものを，次のア～エから選びなさい。

ア

イ

ウ

エ

(3) 本文の内容と合っているものを，次のア～オから２つ選びなさい。

ア Chen knew about Hokusai's pictures before he came to the museum.

イ Hokusai didn't paint pictures of real bridges with interesting forms.

ウ Chen liked Hokusai's pictures of Japanese bridges and enjoyed painting them.

エ Emi's father said that Hokusai studied waves for a long time to paint his picture.

オ Chen was very interested in real waves in the sea and wanted to take pictures of them.

7 次の英文は，ある中学校で３年生の英語の授業を担当している森先生(Mr. Mori)が，卒業式前の最後の授業で話した内容です。これを読んで，後の(1)～(4)の問いに答えなさい。

When I was a junior high school student, I was not good at speaking English. One day, my teacher told us to *make a speech in English. I was very nervous. Then I remembered my favorite soccer player's words. He said, "Your words change your *actions. Your actions change your life." Before his games, he always said, "I am a great player," to himself. So I said, "I am a great *speaker," to myself before my speech. After the speech, the teacher said, "You spoke very well." I was very glad to hear that.

I didn't know why I was able to speak well that day, but this experience changed my life. Because of it, I really wanted to speak English better. When I was a *university student, I stayed in the U.K. for one year. I studied hard at school and often watched TV at home to learn English.

★ One day, I found an interesting TV program about an *experiment. It was an experiment about people's actions. A *researcher thought, "How do words change people's actions ?" He gave people a *test. He showed people some words and asked them to put the words into the right *order.

There were two groups of people in the experiment. The first group saw some words *related to old people. The second group saw some words related to young people. For example, people in the first group saw the words, "man", "the", "old" and "looks", and put them into the right order.

After the test, the people walked out of the room. The researcher *recorded how fast they walked before and after the test. But he didn't tell them about that.

What did the researcher find ? Well, people in the first group walked slowly after the test. People in the second group walked quickly after the test. In the TV program, the researcher said, "I didn't tell them to walk slowly or quickly. The words the people saw changed their actions."

I was surprised to know that just seeing some words changed the people's actions. Now I believe that words have the power to change actions. The words you use can change your own actions. Please remember that your words can also change the actions of people around you because they see or hear the words you use.

(注) make a speech スピーチをする　action 行動　speaker 話し手
university 大学　experiment 実験　researcher 研究者　test テスト
order 順序　related to ～ ～に関係した　record ～ ～を記録する

(1) 英文の★の部分で，森先生は，次の４枚の【スライド】を見せながら話をしました。話の内容に合わせて使用するのに最も適切な順序となるように，次のア～エを並べなさい。

【スライド】

ア

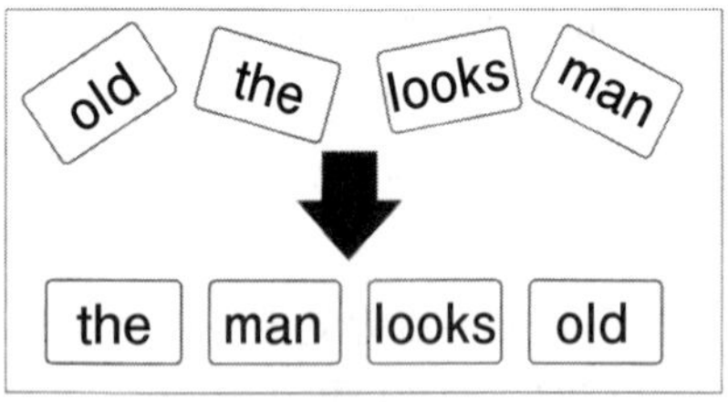

イ

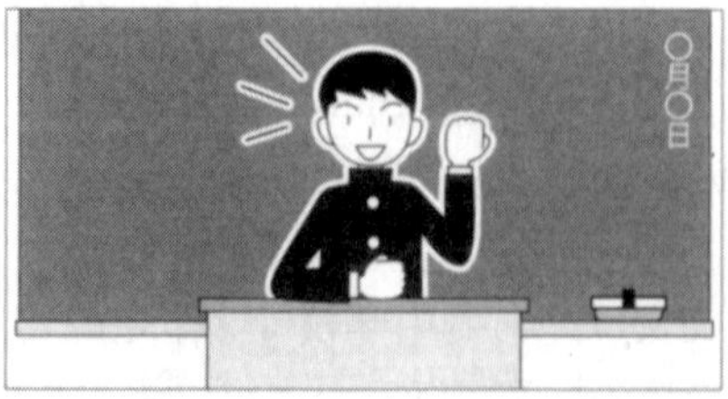

ウ

エ

(2) 次の問いに対して，本文の内容に合うように，1文の英語でまとめて答えなさい。

問い　How did Mr. Mori feel before his English speech in junior high school? And why did he feel so?

(3) 本文で述べられている実験の説明として適切なものを，次のア～オから２つ選びなさい。

ア　People in the first group and people in the second group saw different words.

イ　The researcher wanted to know how fast people could change the order of the words.

ウ　The researcher asked people in the first group to walk quickly.

エ　The people knew that the researcher was recording how fast they walked.

オ　After the people saw words related to old people, they walked slowly.

(4) 森先生の話を聞いて，Kumi は次のように【授業のまとめ】を書きました。あなたが Kumi なら，□にどのようなことを書きますか。後の《条件》に従って，英語で書きなさい。

【授業のまとめ】

In Mr. Mori's English class, our classmates always said to each other, "That's a great idea," or "You did a good job!" Now I really understand why it's important to say those words. When we hear □

《条件》

・□には，本文の内容を踏まえ，書き出しに続けて，下線部の理由を15語～20語で書くこと。

・英文の数はいくつでもよく，符号(, . ! ? " " など)は語数に含めません。

・解答の仕方は，〔記入例〕に従うこと。

〔記入例〕 Is　it　raining　now?　No,　it　isn't.

8 次のA～Cは，英語の授業での話し合いの一部を示したものです。AのMs. Brownの発言と，BのKazukiの意見を踏まえて，Cの□に，Tomokoの下線部の意見の具体的な理由を考え，30語～35語の英語で書きなさい。なお，英文の数はいくつでもよく，符号（，．！？“ ”など）は語数に含めません。また，解答の仕方は，〔記入例〕に従いなさい。

〔記入例〕 Is it raining now? No, it isn't.

A

I have a friend who is a teacher at a junior high school in the U.S.A. Her students want to know about this school, and they want to become friends with you. What can you do? Let's talk!
○月○日
Ms. Brown
(ALT)

B

Kazuki
I think we should send an e-mail and tell them about our school. What do you think?

C

Tomoko

That's a good idea.　But how about making a video?　We can use the Internet to send it.　<u>I think sending a video about our school is better than sending just an e-mail.</u>

＜「英語の放送を聞いて答える問題」台本＞

ただいまから，放送を聞いて答える問題を始めます。問題は，**1**～**4** まであります。それぞれの問題の英文や英語の質問は２度放送されます。

1 は，絵を見て答える問題です。これから，No.１とNo.２について，それぞれ２人の対話と，対話に関する質問が流れます。質問に対する答えとして最も適切なものを，それぞれ**A**～**D**の中から選びなさい。では，始めます。

No.１　*A*：Do you have your own room, Taku?
　　　B：Yes, I do.　I have my desk and bed in my room.
　　　A：Nice!　Do you have a TV in your room?
　　　B：No, but I want one.

質問します。　What does Taku have in his room?

繰り返します。

No.２　*A*：Hi, Naoko.　What are you going to do tomorrow?
　　　B：I'm going to play tennis at the park.
　　　A：Really?　It's going to rain tomorrow.
　　　B：Oh, no!　Then I'll stay at home and read a book.
　　　A：That's good for a rainy day.　I'm going to play the piano.

質問します。　What will Naoko do if it rains tomorrow?

繰り返します。

2 の問題に移ります。次の図は，中学生のRyotaが自分の家族を紹介するために使ったものです。これから，Ryotaが自分の家族について英語で紹介します。それを聞いて，次の図の **A** ～ **C** に当てはまるものとして最も適切なものを，それぞれア～エの中から選びなさい。では，始めます。

Hi, everyone.　Today I'll talk about my family.　My father works at his own bookstore.　He is forty-three years old.　He likes reading and knows many things.　My mother is a doctor, and she helps many sick people.　She is forty-five years old.　She loves cooking.　She sometimes

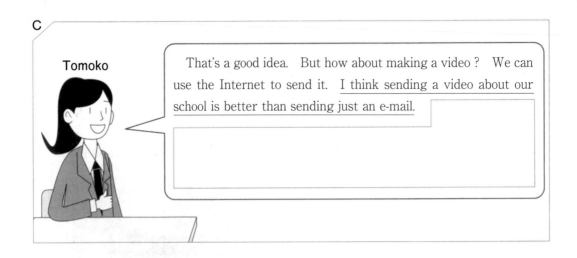

teaches me how to cook. I live with my grandfather and grandmother, too. They are seventy years old. They usually help my father at his bookstore. My grandfather likes going fishing, and my grandmother loves visiting many places with her friends. All my family enjoy both their work and their free time.

繰り返します。

3 の問題に移ります。これから，ALT の Green 先生の退任式で，中学校の生徒会長 Aki が行ったスピーチが流れます。それに続いて，その内容について，No.1 ～No.3 の 3 つの質問が流れます。それぞれの質問に対する答えを，ア～エの中から選びなさい。では，始めます。

Mr. Green, thank you very much for everything you did for us. We really enjoyed your classes. The English songs and games in your classes were fun. But I liked learning about Australia the best. You told us about many nice places in your country. I would like to visit them in the future. Also, you often played basketball with our team after school. You played it very well! When we were practicing basketball, I had a chance to talk with you in English. I wanted to ask you more questions about basketball, so I started to study English hard. You've told us that you will start to work as a music teacher at a junior high school in your country. Good luck and see you again. Thank you.

質問します。

No.1 What did Aki like the best in Mr. Green's English classes?

No.2 Why did Aki begin to study English hard?

No.3 What will Mr. Green do in his country?

繰り返します。

4 の問題に移ります。これから，中学生の Rika と留学生の Mike の対話が流れます。Rika が 2 度目に発言する部分で次のチャイムを鳴らします。（チャイム音）あなたが Rika なら，このチャイムのところで何と言いますか。対話の流れに合うように内容を考えて，英語で書きなさい。では，始めます。

Mike : My father always says that getting up early is important.

Rika : I agree with him.

Mike : Why is it important?

Rika : （チャイム音）

Mike : That's true.

繰り返します。

以上で放送を終わります。適宜，次の問題に移ってください。

数学

●満点100点　●時間45～60分

1　次の(1)～(9)の問いに答えなさい。

(1)　次の①～③の計算をしなさい。

①　$1+2\times(-4)$

②　$3x-\frac{1}{2}x$

③　$4a^2b\div 2a\times 2b$

(2)　次のア～オのうち，絶対値が最も大きい数を選び，記号で答えなさい。

ア　3.2　　イ　$-\frac{7}{2}$　　ウ　$2\sqrt{2}$　　エ　$\frac{10}{3}$　　オ　-3

(3)　$x^2-10x+25$ を因数分解しなさい。

(4)　連立方程式 $\begin{cases} 2x+3y=4 \\ -x+y=3 \end{cases}$ を解きなさい。

(5)　1枚の硬貨を3回投げたとき，少なくとも1回は表が出る確率を求めなさい。

(6)　2次方程式 $(2x-5)^2=18$ を解きなさい。

(7)　右の図において，点A，B，C，Dは円Oの周上の点であり，線分BDは円Oの直径である。∠BACの大きさを求めなさい。

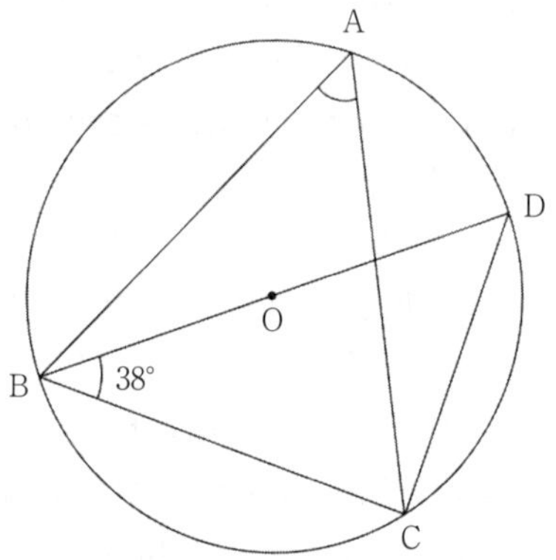

(8)　容器の中に黒いビーズがたくさん入っている。この黒いビーズのおよその個数を推定するため，容器の中に白いビーズを100個加えてよく混ぜた後，混ぜたビーズの中から無作為に100個のビーズを取り出したところ，その中に白いビーズが10個入っていた。容器の中に入っていた黒いビーズはおよそ何個だと推定できるか，次のア～エから最も適切なものを選び，記号で答えなさい。

ア　およそ90個

イ　およそ200個

ウ　およそ900個

エ　およそ2000個

(9)　右の図のように，直線 l，直線 m と2つの直線が交わっている。$\angle a$，$\angle b$，$\angle c$，$\angle d$，$\angle e$ のうち，どの角とどの角が等しければ，直線 l と直線 m が平行であるといえるか，その2つの角を答えなさい。

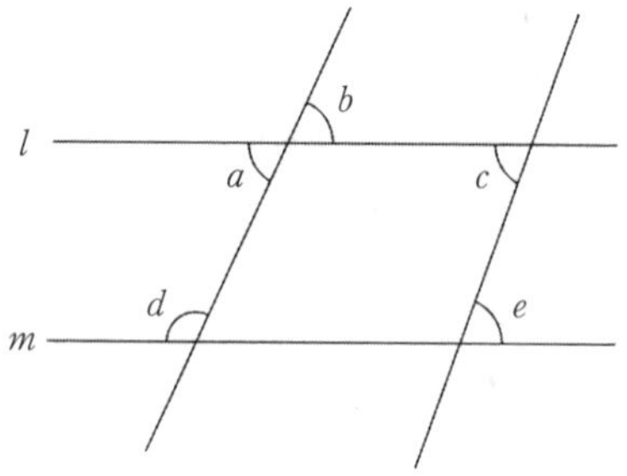

2　次の(1)，(2)の問いに答えなさい。

(1)　次のア～オのうち，y が x に比例するものをすべて選び，記号で答えなさい。

ア　自然数 x の約数の個数は y 個である。

イ　x円の商品を1000円支払って買うとき，おつりはy円である。
ウ　1200mの道のりを分速xmの速さで進むとき，かかる時間はy分である。
エ　５％の食塩水がxgあるとき，この食塩水に含まれる食塩の量はygである。
オ　何も入っていない容器に水を毎分２Lずつx分間入れるとき，たまる水の量はyLである。

(2)　次のア～オのうち，関数$y=2x^2$について述べた文として正しいものをすべて選び，記号で答えなさい。
ア　この関数のグラフは，原点を通る。
イ　$x>0$のとき，xが増加するとyは減少する。
ウ　この関数のグラフは，x軸について対称である。
エ　xの変域が$-1 \leqq x \leqq 2$のとき，yの変域は$0 \leqq y \leqq 8$である。
オ　xの値がどの値からどの値まで増加するかにかかわらず，変化の割合は常に２である。

3　1331や7227のように，千の位の数と一の位の数，百の位の数と十の位の数がそれぞれ同じである４けたの整数は，いつでも11の倍数となることを，次のように証明した。［　　］に証明の続きを書き，この証明を完成させなさい。

証　明
aを１けたの自然数，bを１けたの自然数または０とする。
千の位の数をa，百の位の数をbとおいて，千の位の数と一の位の数，百の位の数と十の位の数がそれぞれ同じである４けたの整数をa，bを用いて表すと

［　　　　　　　　　　　　　　　　］

したがって，このような４けたの整数は，いつでも11の倍数となる。

4　図Ⅰの直方体ABCD-EFGHは，AB＝2m，AD＝4m，AE＝3mである。次の(1)，(2)の問いに答えなさい。
(1)　この直方体の対角線AGの長さを求めなさい。

図Ⅰ
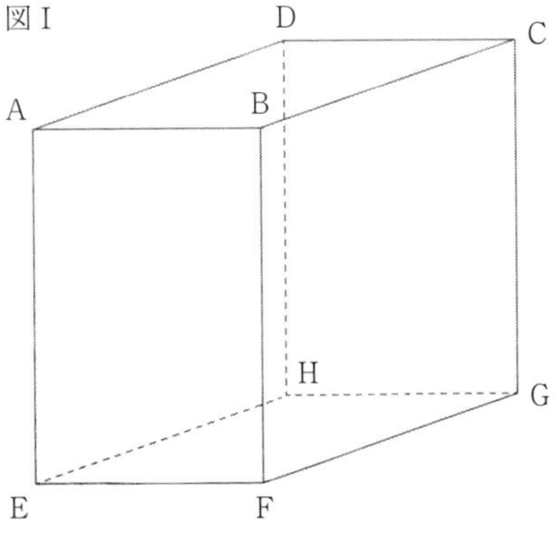

図Ⅱ
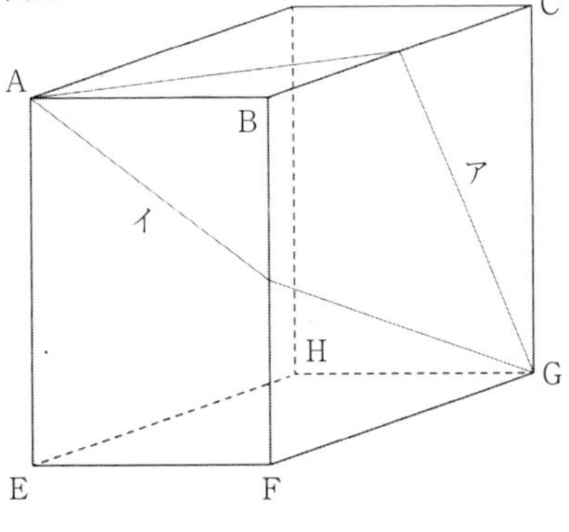

(2) 図Iの直方体の面に沿って，図IIのように点Aから点Gまで次のア，イの2通りの方法で糸をかける。

> ア　点Aから辺BC上の1点を通って点Gまでかける。
> イ　点Aから辺BF上の1点を通って点Gまでかける。

次の①，②の問いに答えなさい。

① ア，イの方法のそれぞれにおいて，糸の長さが最も短くなるように糸をかける。かけた糸の長さが短い方をア，イから選び，記号で答えなさい。また，そのときの点Aから点Gまでの糸の長さを求めなさい。

② ア，イの方法のそれぞれにおいて，糸の長さが最も短くなるように糸をかけたときに，かけた糸の長さが長い方を考える。そのかけた糸が面BFGCを通る直線を l とするとき，点Cと直線 l との距離を求めなさい。

5 図Iのように，円すい状のライトが，床からの高さ300cmの天井からひもでつり下げられている。図Iの点線は円すいの母線を延長した直線を示しており，ライトから出た光はこの点線の内側を進んで床を円形に照らしているものとする。図II，図IIIは，天井からつり下げたライトを示したもので，図IIのライトAは底面の直径が8cm，高さが10cm，図IIIのライトBは底面の直径が6cm，高さが10cmの円すいの側面を用いた形状となっている。次の(1)〜(3)の問いに答えなさい。

図I

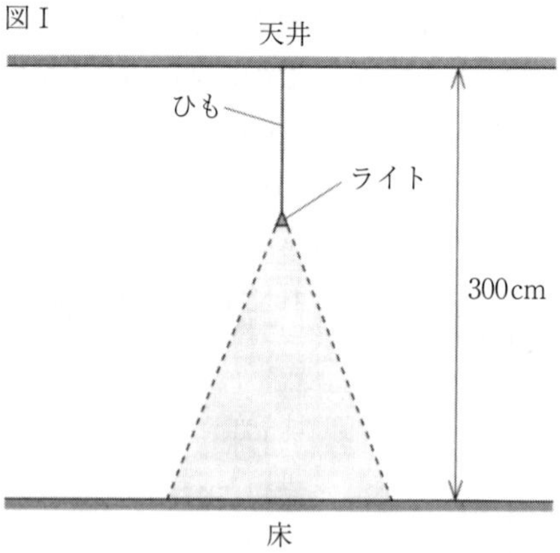

(1) ライトAをつり下げるひもの長さが100cmのとき，このライトが床を照らしてできる円の直径を求めなさい。

図II

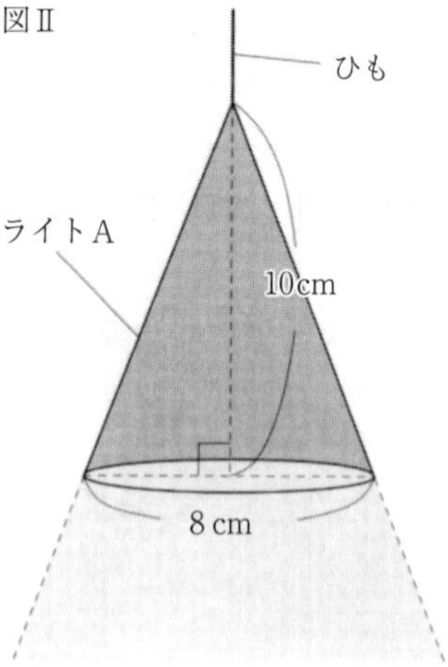

図III

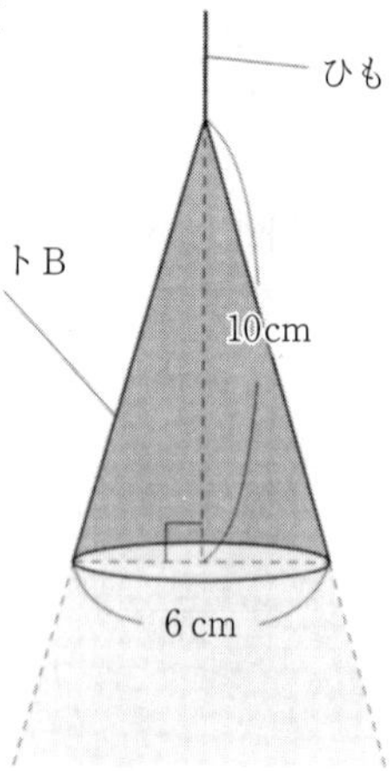

(2) ライトAをつり下げるひもの長さが x cmのときにこのライトが床を照らしてできる円の直径を y cmとする。x の変域を $50 \leqq x \leqq 180$ とするとき，次の①，②の問いに答えなさい。

① y を x の式で表しなさい。

② y の変域を求めなさい。

(3) ライトAとライトBをそれぞれ天井からひもでつり下げて，ひもの長さを変えながら2つのライトが照らしてできる円の面積を調べた。ライトAをつり下げるひもの長さを x cm，ライトBをつり下げるひもの長さを $\frac{x}{2}$ cmとしたとき，2つのライトが照らしてできる円の面積が等しくなるような x の値を求めなさい。

6 図Ⅰのような，線分 AB を直径とする半円がある。次の(1)，(2)の問いに答えなさい。

図Ⅰ

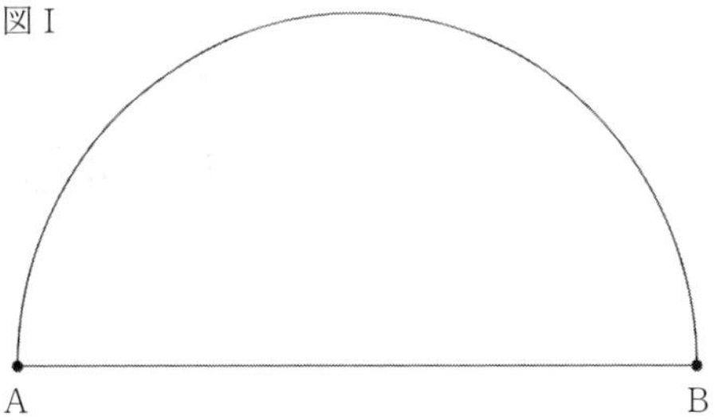

(1) 弧 AP：弧 PB＝1：2となるような弧 AB 上の点Pを，次の手順のⅰ，ⅱにしたがって作図する。後の①，②の問いに答えなさい。

―手　順―

ⅰ　直径 AB の中点Oをとる。

ⅱ　AO＝AP となるような，弧 AB 上の点Pをとる。

① 手順のⅰに示した直径 AB の中点Oを，コンパスと定規を用いて作図しなさい。ただし，作図に用いた線は消さないこと。

② 手順のⅰ，ⅱによって，なぜ，弧 AP：弧 PB＝1：2となる点Pをとることができるのか，その理由を説明しなさい。

(2) 直径 AB の長さを12cm，円周率を π とする。次の①，②の問いに答えなさい。

図Ⅱ

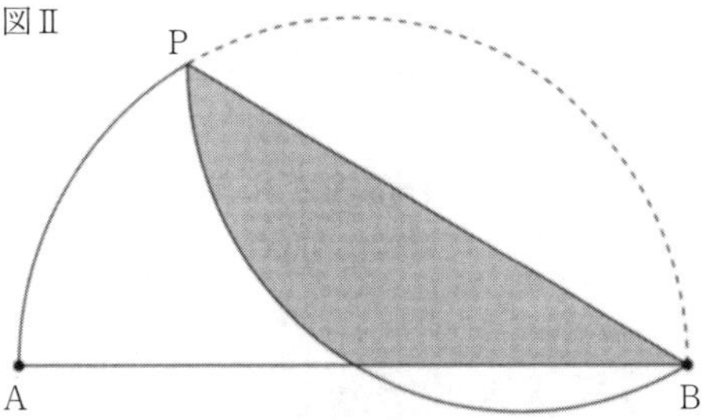

① (1)で作図した点Pについて，図Ⅱのように，弦 PB と弧 PB で囲まれた部分を，弦 PB を折り目として折った。折り返した図形ともとの半円とが重なった部分の面積を求めなさい。

② 弧 AQ：弧 QB＝1：3となるような弧 AB 上の点Qをとる。①と同様に，弦 QB と弧 QB で囲まれた部分を，弦 QB を折り目として折ったとき，折り返した図形ともとの半円とが重なった部分の面積を求めなさい。

社　会

●満点100点　●時間45～60分

1　さと子さんは，「日本の様々な地域の学習」のまとめとして，大阪府について調べ，発表した。次の資料と図は，そのときに使用したものの一部である。後の(1)～(5)の問いに答えなさい。

発表内容

私は，(a)百舌鳥《もず》・古市《ふるいち》古墳群が世界遺産に登録されたことをニュースで知って，大阪府に興味を持ち，調べてみました。大阪府のある(b)近畿地方は，北部には山地がなだらかに続き，南部には紀伊山地があります。そのため，地域によって気候が異なります。大阪湾の海岸線は，縄文時代には複雑に入り組んでいましたが，何度も治水工事をして，現在の景観になったと聞きました。

中世になると，大阪は産業や交通の拠点として栄えました。江戸時代には，(c)西廻《まわ》り航路が開かれ，商業が発展しました。戦後になると(d)製造業がおこり，様々な技術を持つ企業が今でも多くあります。現在は，多くの外国人も訪れる国際都市として発展しています。2019年には，20か国・地域首脳会議（大阪サミット）が開かれ，(e)情報に関する国際的なルールなども議論されました。

資料Ⅰ

資料Ⅱ

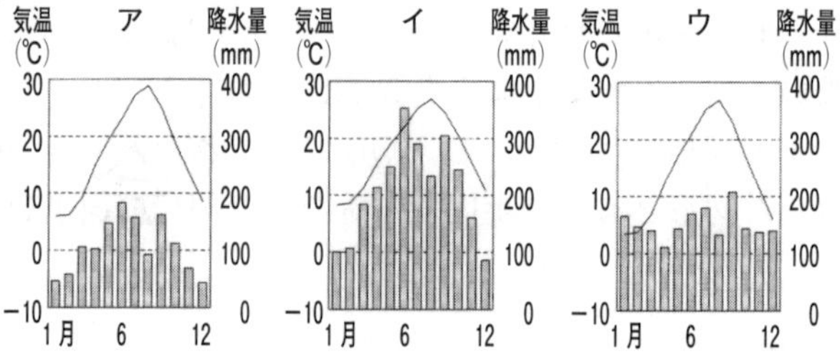

（気象庁ホームページにより作成）

図

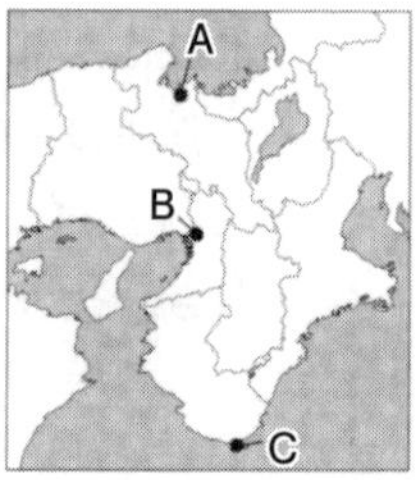

(1)　下線部(a)に関して，資料Ⅰは日本最大の古墳である。この古墳の名称を書きなさい。

(2)　下線部(b)に関して，資料Ⅱのア～ウは，図中のA～Cのいずれかの地点の気温と降水量のグラフである。Bの地点に当たるものを，ア～ウから選びなさい。

(3)　下線部(c)について，西廻り航路によって新たに大阪と海路でつながれた都市を，次のア～エから選びなさい。

ア　銚子　　イ　八戸　　ウ　新潟　　エ　平戸

(4)　下線部(d)に関して，さと子さんは，資料Ⅲ，資料Ⅳを見つけた。資料Ⅲの取組事例では，製品づくりにおいて，どのような工夫が見られるか，資料Ⅳからわかる大阪府の製造業の特徴を踏まえて，書きなさい。

(5)　下線部(e)について，さと子さんは，資料Ⅴを作成した。資料Ⅴ中の波線部について，どのような

資料Ⅲ　東大阪市の取組事例

市の取組…様々な分野の専門的な技術を持つ企業が協力して，製品づくりができるように支援している。
製造品…人工衛星，スカイツリーや新幹線などに使われる精密な機器や部品など

資料Ⅳ　3府県の製造業に関する資料

	事業所数（社）	平均従業員数（人）	製造品出荷額（百万円）
大阪	15,990	27	15,819,650
神奈川	7,697	46	16,288,163
愛知	15,870	52	44,909,000

（「平成29年工業統計表」などにより作成）

データを蓄積して，どのように活用している事例があるか。その具体的な事例を１つ書きなさい。

資料Ⅴ　発表メモ

> 世界では急速にインターネットの利用者数が増えていますが，個人情報を守る国際的なルールは，まだ整備されていません。大阪サミットでは，情報に関する国際的なルールについて話し合われました。これからの社会では，私たちの暮らしをよりよくするために，人々の生活から得られたデータを蓄積し，有効に活用することが期待されています。インターネットを安全に利用し，情報を有効に使用するためにも，国際的なルールの整備が必要です。

2　俊也さんは，祖父の家がある鹿児島県について調べたことをまとめ，発表した。次の図と資料は，そのときに使用したものの一部である。後の(1)～(3)の問いに答えなさい。

図Ⅰ　1983年発行の地形図

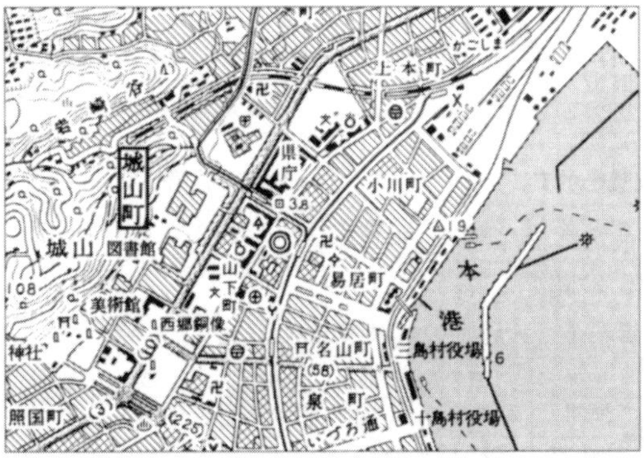

図Ⅱ　2004年発行の地形図

（国土地理院２万５千分の１地形図「鹿児島北部」1983年，2004年発行により作成）

資料Ⅰ　鹿児島県鹿屋市の地形図

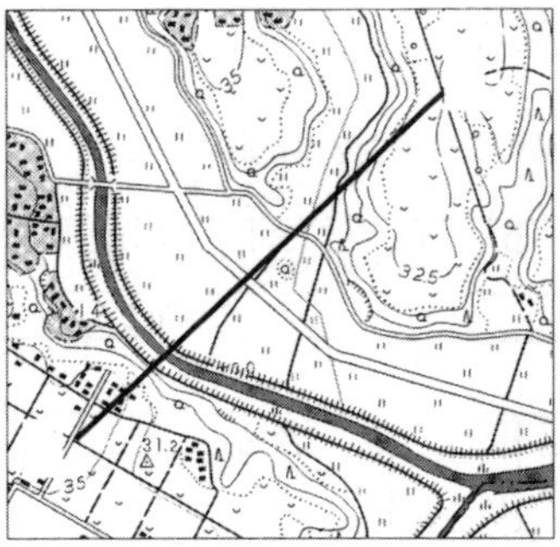

（国土地理院２万５千分の１地形図「大隅高山」1999年発行により作成）

資料Ⅱ　資料ⅠのＸ―Ｙの断面図

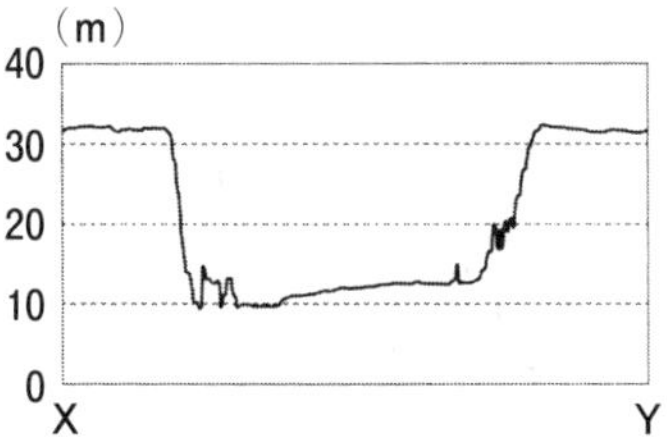

（国土地理院「地理院地図」により作成）

(1)　俊也さんは，1983年と2004年に発行された鹿児島市の地形図を見つけた。図Ⅰの1983年発行の地形図と比較して，図Ⅱの2004年発行の地形図から読み取れる情報として適切なものを，次のア～エから，２つ選びなさい。

ア　城山町で山が削られ，住宅地が開発された。

イ　図書館が地図記号で示されるようになった。

ウ　港の一部が埋め立てられ，海岸線が変化した。
エ　「かごしま」駅の西に，高等学校がつくられた。

(2)　俊也さんは，祖父と訪れた鹿児島県鹿屋市の地形と土地利用について調べ，次のようにまとめた。[A]，[B]に当てはまる語を書きなさい。また，[C]，[D]には，台地と低地では土地がそれぞれどのように利用されているか，理由を含めて，当てはまる文を書きなさい。

> 鹿児島県には，かつて噴火した火山の活動によって作られた大規模なくぼ地である[A]が，数多くみられる。また，資料Ⅰの地域には，火山活動による噴出物が堆積してできた[B]台地が広がっており，資料Ⅰと資料Ⅱより，この地域の台地は，[C]。また，低地は，[D]。

(3)　資料Ⅲは，2月と8月における，桜島の噴火による降灰の範囲を示したものである。2月と8月で降灰の範囲が変化する理由として考えられることを，簡潔に書きなさい。

資料Ⅲ　2月と8月における桜島の噴火による降灰の範囲

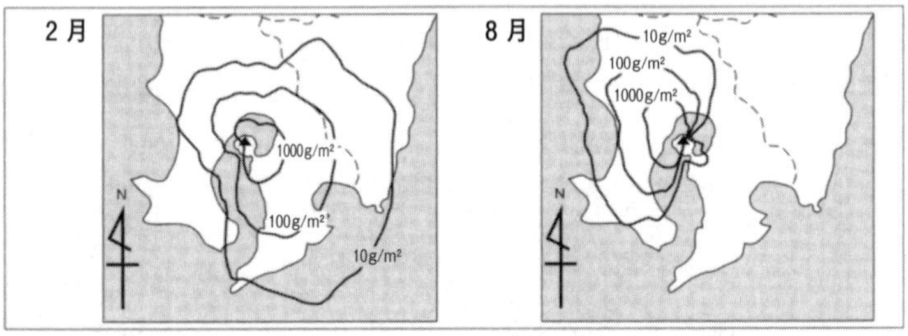

※▲は桜島の位置を示す。　（「験震時報第65巻」により作成）

3　里奈さんたちは，アフリカについて調べたことをまとめ，発表した。次の図と資料は，そのときに使用したものの一部である。後の(1)～(5)の問いに答えなさい。

図

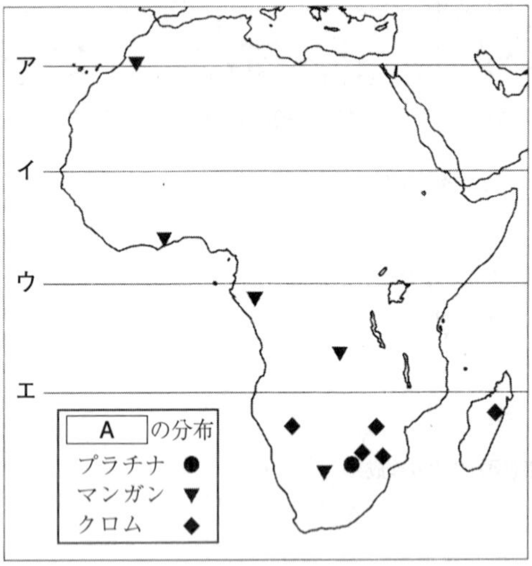

資料Ⅰ　大陸別の気候帯の割合（%）

	a	b	c	d
熱帯	7.4	5.2	38.6	63.4
乾燥帯	26.1	14.4	46.7	14.0
温帯	17.5	13.5	14.7	21.0
亜寒帯	39.2	43.4	0.0	0.0
寒帯	9.8	23.5	0.0	1.6

（「データブック オブ・ザ・ワールド 2019年版」により作成）

資料Ⅱ　国別の輸出額に占める主な輸出品の割合

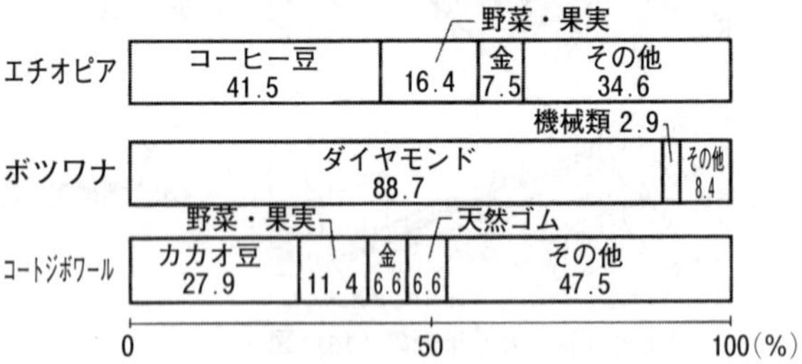

※エチオピアは2016年，ボツワナとコートジボワールは2017年の値を示している。
（「世界国勢図会 2019/20年版」により作成）

(1)　図中のア～エから，赤道に当たるものを選びなさい。

(2)　資料Ⅰのa～dは，アフリカ，北アメリカ，南アメリカ，ユーラシアのいずれかの大陸の気候帯の割合を示したものである。アフリカ大陸に当たるものを，a～dから選びなさい。

(3)　図中の［A］には，近年，スマートフォンなどの電子機器に多く使われている金属の総称が入る。［A］に当てはまる語を書きなさい。

(4)　資料Ⅱのような特定の産物の輸出に頼る経済を何というか，書きなさい。また，このような経済の国の収入は安定しない傾向がある。その理由を，簡潔に書きなさい。

(5)　里奈さんたちは，アフリカをはじめとした発展途上国に関する課題を解決する手段の1つとして，「学校給食プログラム」という国際連合の活動を知り，期待できる効果について話し合い，資料Ⅲのワークシートにまとめた。資料Ⅲ中の［B］に当てはまる文を，資料Ⅲと資料Ⅳを参考にして，書きなさい。

資料Ⅲ　里奈さんたちがまとめたワークシート

■発展途上国に関する課題について書き出そう

・人口増加や天候不順のため食べ物が不足し，飢餓や栄養不足に苦しんでいる人がいる。
・自分たちの食べ物を確保するのに精一杯で，子どもも働かなければならない。

↓

「学校給食プログラム」
国連の機関により，発展途上国の学校で栄養価の高い給食を無償で提供する活動

↓

■期待できる効果を書き出そう

子どもたちが食事をとることができ，必要な栄養を得られる。	B

資料Ⅳ　「学校給食プログラム」の必要性を紹介する動画の一部

場面1　農作業をする子どもと勉強をする子ども

場面2　まき拾いをする子どもと給食を食べる子ども

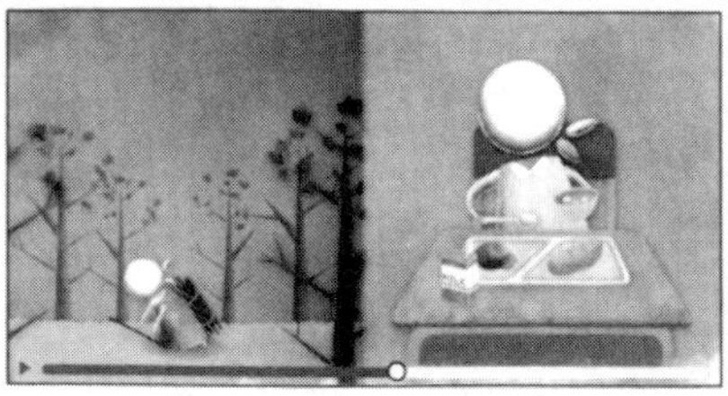

（世界食糧計画ホームページにより作成）

4　涼太さんは，「船で結ばれた世界と日本」というテーマで調べたことをまとめ，発表した。次のパネルと資料は，そのときに使用したものの一部である。後の(1)～(6)の問いに答えなさい。

パネルⅠ　遣唐使船の様子

7世紀以降，日本は，唐の諸制度や文化を取り入れて(a)新たな国づくりを目指しました。(b)平安時代以降も遣唐使は派遣されましたが，9世紀末に停止されました。

パネルⅡ　明に派遣された船の様子

室町幕府は，明に朝貢する形の貿易を行いました。この貿易を通して，明から(c)生糸・絹織物などが輸入され，日本からは銅や硫黄，刀が輸出されました。

資料Ⅰ

口分田を男に二段，女にはその三分の二を与えよ。（中略）田は六年に一回与えよ。
（部分要約）

※段は土地の単位

資料Ⅱ　定期市の開催数

鎌倉時代：月3回
⇩
室町時代：月6回
（応仁の乱以降）

パネルⅢ　南蛮船の様子

戦国時代の日本では，南蛮人との交流が盛んになりました。戦国大名の中には宣教師の布教活動を保護し，(d)南蛮貿易で利益を上げる者があらわれました。

資料Ⅲ　堺の鉄砲鍛冶《かじ》

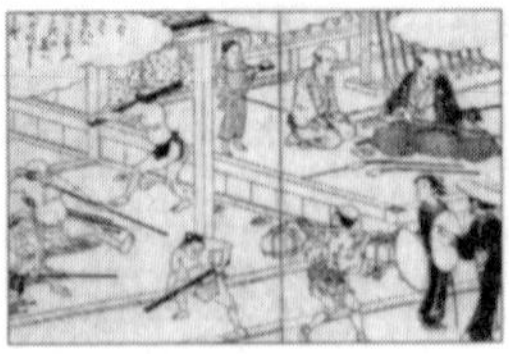

資料Ⅳ　江戸の物価と賃金

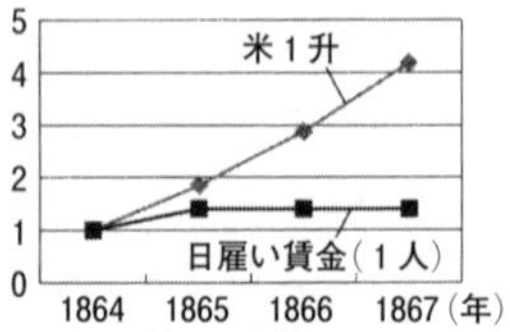

※1864年における値を１とした。
（「近世後期における主要物価の動態」により作成）

パネルⅣ　横浜に来航する外国船の様子

大老(e)井伊直弼がアメリカと通商条約を結び，横浜などで貿易が開始されました。その後，イギリスに接近した(f)薩摩藩が長州藩と結び，倒幕運動を展開しました。

(1)　下線部(a)について，資料Ⅰは唐の影響を受けて実施された制度である。この制度を何というか，書きなさい。

(2)　下線部(b)に関して，平安時代に日本から唐に渡り，帰国して仏教の新しい教えを伝えた人物を，次のア～エから選びなさい。

ア　鑑真　　イ　行基　　ウ　最澄　　エ　法然

(3)　下線部(c)に関して，生糸と絹織物以外に日本が明から大量に輸入したものは何か，資料Ⅱを参考にして，書きなさい。

(4)　下線部(d)について，南蛮貿易によってもたらされた鉄砲は，その後，戦国大名に広く行きわたるようになった。その理由を，資料Ⅲを参考にして，簡潔に書きなさい。

(5)　下線部(e)の人物に関わる次のア～ウのできごとを，時代の古い順に並べなさい。

ア　安政の大獄　　イ　桜田門外の変　　ウ　日米修好通商条約の調印

(6)　下線部(f)に関して，この時期に江戸などの都市では打ちこわしが発生した。打ちこわしが発生した理由を，資料Ⅳを参考にして，簡潔に書きなさい。

5　誠さんは，夏季オリンピックと関連した国内外の歴史について調べたことをまとめ，発表した。次の資料は，そのときに使用したものの一部である。後の(1)～(4)の問いに答えなさい。

資料Ⅰ　夏季オリンピックの参加国・地域数

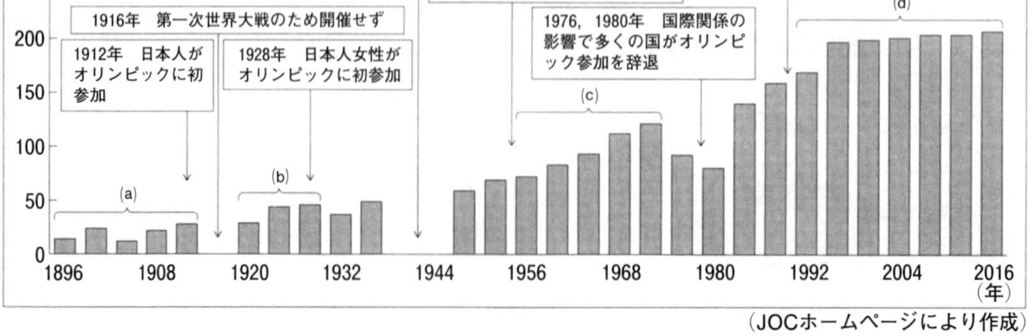

（JOCホームページにより作成）

(1)　資料Ⅰの(a)の時期に，日本の国際的な地位が向上した。(a)の時期に起こった次のア～エのできごとを，時代の古い順に並べなさい。

ア　日露戦争が開始された。　　イ　ポーツマス条約を結んだ。

ウ　日英同盟を結んだ。　　エ　関税自主権を完全に回復した。

資料Ⅱ

年	オリンピックへの女性の参加数(人)
1920	65
1924	135
1928	277

(IOC ホームページにより作成)

(2)　誠さんは，資料Ⅰの(b)の時期について，資料Ⅱを示して，次のように説明した。［A］に当てはまる語句を書きなさい。また，［B］に当てはまる人物を，後のア～エから選びなさい。

> 資料Ⅱの背景として，第一次世界大戦が総力戦となったため，戦後の欧米諸国では人々の要求が高まり，［A］が求められたことがあげられます。日本でもこの時期，［B］などが中心となり，［A］を求める運動が本格化しました。

ア　樋口一葉　　イ　野口英世

ウ　美濃部達吉　　エ　平塚らいてう

資料Ⅲ　東京オリンピック(1964年)における国名及び国旗の変化

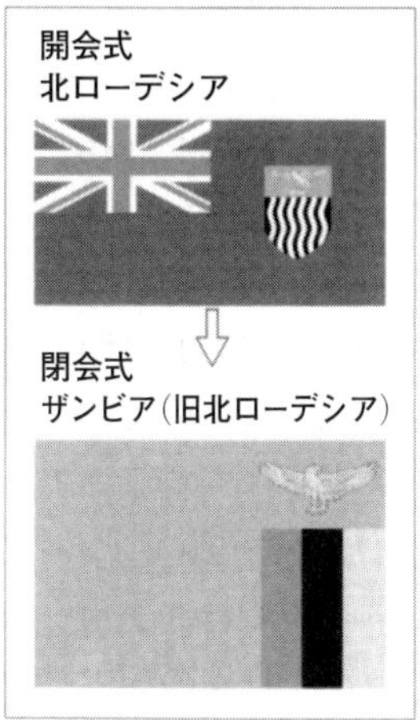

(3)　誠さんは，資料Ⅰの(c)の時期の参加国・地域数の変化について，資料Ⅲを見つけた。(c)の時期に参加国・地域数が増加している理由として考えられることを，資料Ⅲを参考にして，書きなさい。

(4)　誠さんは，資料Ⅰの(d)の時期について，資料Ⅳを見つけ，国際連合の活動に興味を持った。日本は，世界各地で起こっている紛争に対する国際連合のどのような活動に参加しているか，資料Ⅴを参考にして，その活動名を書きなさい。

資料Ⅳ　国連とオリンピック停戦

> 総会は1993年10月25日の決議により，オリンピック開会の7日前から閉会の7日後まで，加盟国に停戦を守るよう強く訴えました。(中略) オリンピック大会という，最大の国際的スポーツ・イベントに世界各地のアスリートたちを結集させ，平和の維持，相互理解，親善という，国連と共通する目標の推進を目指すものです。

(国際連合広報センターホームページにより作成)

資料Ⅴ　南スーダンで活動する自衛隊

6　花子さんたちは，公民の学習で学んだことのまとめとして，「少子高齢化がもたらす影響」について調べ，発表した。次の発表メモと資料は，そのときに使用したものの一部である。後の(1)～(5)の問いに答えなさい。

発表メモⅠ　【労働への影響】

> 働く人の数が減少していく中で，外国人も含めた多様な人材の活用が必要だとされています。一方で，厳しい労働環境におかれる外国人労働者もおり，(a)労働者の権利の保障が課題になっています。

発表メモⅡ　【財政への影響】

> 日本の歳入は，原則として税金によってまかなわれますが，(b)税収の減少もあり，財政赤字が拡大しています。そのため，政府は［A］を発行しており，その累積額は増え続けています。

発表メモⅢ　【社会保障への影響】

高齢者が増え，年金などの社会保障の支出が増加しており，今後もこのような傾向が続くと予想されています。そのため，(c)社会保障支出と国民の負担の関係が，課題になっています。

発表メモⅣ　【家族の在り方への影響】

高度経済成長が始まった頃は，三世代世帯が多く見られましたが，現在は家族の在り方も多様化してきています。そうした変化に伴い，(d)子育てや介護などに課題が生じています。

(1)　[A] に当てはまる語を書きなさい。

(2)　下線部(a)に関して，労働者の団結する権利を保障している法律を，次のア～ウから選びなさい。

ア　労働基準法

イ　労働組合法

ウ　労働関係調整法

(3)　下線部(b)に関して，花子さんたちは，消費税，法人税，所得税の税収の推移を調べた。消費税を示すグラフとして適切なものを，資料Ⅰのア～ウから選びなさい。

(4)　下線部(c)について，花子さんたちは社会保障支出について調べ，資料Ⅱを用いて発表した。資料Ⅱは，アメリカ，デンマーク，日本の国内総生産に占める社会保障支出の割合と国民負担率を示したものである。社会保障支出の割合と国民負担率にはどのような関係があるか，資料Ⅱを参考に，その傾向を簡潔に書きなさい。

(5)　下線部(d)について，花子さんたちは，子育て支援の取組を示した資料Ⅲを見つけた。資料Ⅲのような取組を行っている理由を，資料Ⅳ，資料Ⅴを参考にして書きなさい。

資料Ⅰ

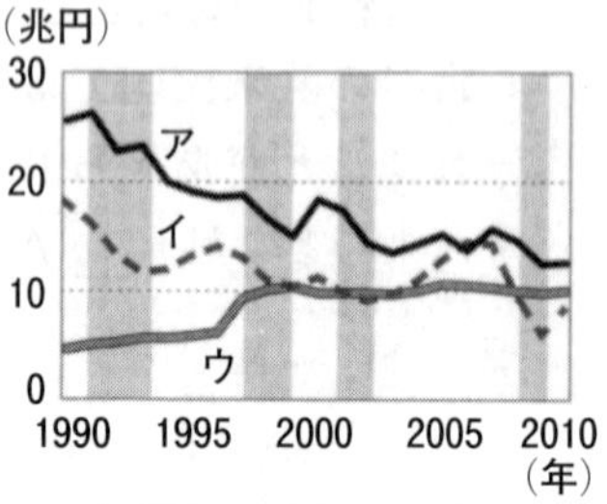

※グラフ背景の灰色の部分は，景気の後退期を示す。

（財務省，内閣府ホームページにより作成）

資料Ⅱ　社会保障支出の割合と国民負担率（2014年）

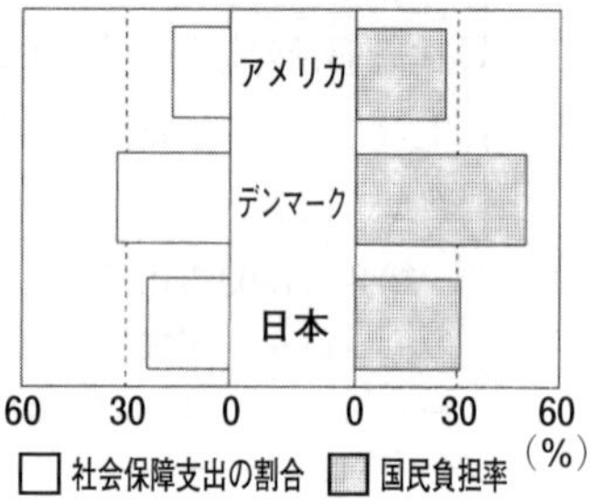

（「平成29年版厚生労働白書」により作成）

資料Ⅲ

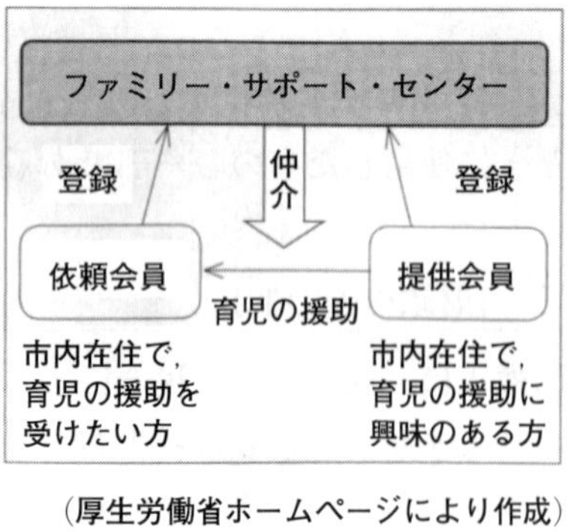

（厚生労働省ホームページにより作成）

資料Ⅳ　家族類型別世帯数

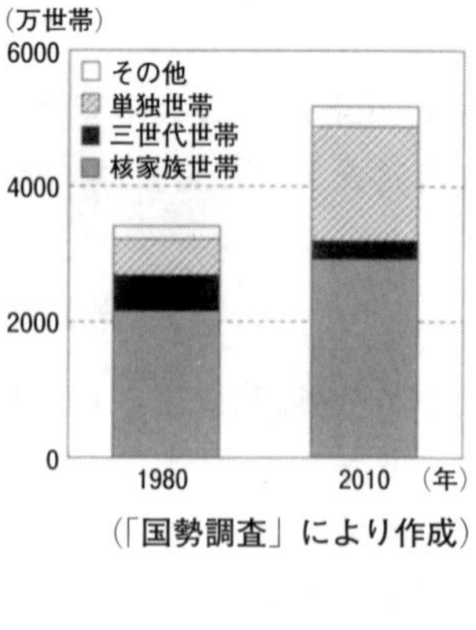

（「国勢調査」により作成）

資料Ⅴ　共働き世帯数

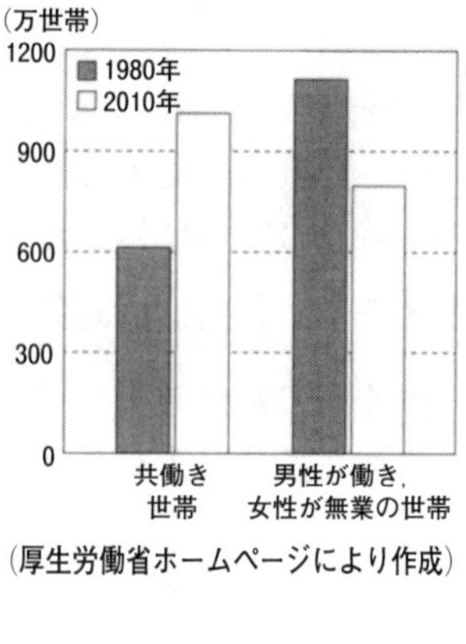

（厚生労働省ホームページにより作成）

7 太郎さんは，政治の学習のまとめとして，「議場の形」というテーマで調べ，発表した。次のカードと資料は，そのときに使用したものの一部である。後の(1)〜(4)の問いに答えなさい。

カード１

特徴：多くの人に情報を伝達した上で，議決をする。

例：(a)国会，(b)国連総会など

カード２

特徴：少人数で話し合いを行った上で，議決をする。

例：(c)内閣が行う会議である閣議など

カード３

特徴：立場を明確にして，話し合った上で，議決をする。

例：イギリスの議会，日本の一部の(d)市町村議会など

(1) 下線部(a)について，衆議院のみで審議されるものを，次のア〜エから選びなさい。

ア 予算案　　イ 法律案　　ウ 条約の承認　　エ 内閣不信任の決議

(2) 下線部(b)に関して，資料Ⅰに示された議案の可決に最低限必要な票数を書きなさい。ただし，193か国の全てが出席し投票するものとする。

資料Ⅰ 国連総会の議案

議案（通常議案）
『世界の水問題の解決について』
賛成 ○○票
反対 ○○票 } 193か国中

(3) 下線部(c)に関して，太郎さんは，資料Ⅱを用いて，次のように説明した。［A］，［B］に当てはまる語を書きなさい。

閣議では政府の方針が決められます。資料Ⅱのように，［ A ］は内閣総理大臣を国会議員の中から指名します。また，［ B ］の過半数は国会議員でなければならないとされています。議院内閣制の下では，内閣は［ A ］の意思を執行するしくみをとっています。

資料Ⅱ 議院内閣制のしくみ

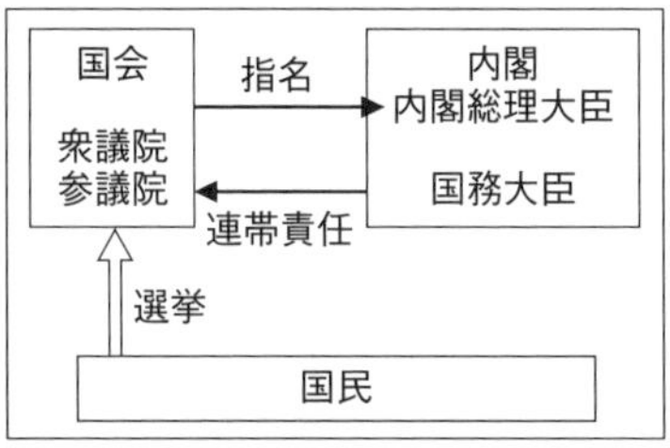

(4) 下線部(d)について，カード３にあるような対面式の議場を導入している市町村議会では，議場を対面式にすることで，首長と議会がそれぞれの立場を明確にして討論をすることを期待している。

首長と議会が，立場を明確にして討論をする必要があるのはどうしてか，資料Ⅲの首長と議会の関係に着目して，その理由を書きなさい。

資料Ⅲ 地方自治のしくみ

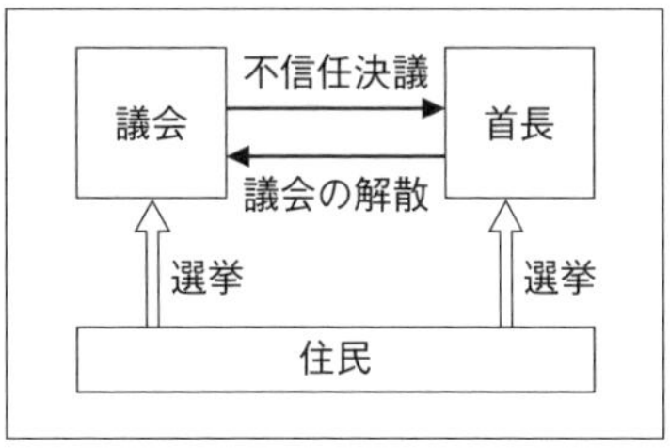

理科

●満点100点　●時間45～60分

1　次のA～Dの問いに答えなさい。

A　ヒトの生命維持のしくみについて，次の(1)，(2)の問いに答えなさい。

(1)　血液の成分のうち，体内に入った細菌などの異物をとらえることによって，体を守るはたらきをしているものは何か，書きなさい。

(2)　表は，吸気と呼気に含まれる気体の成分の種類とその割合を体積比で示したものである。表中の a と b のうち一方が酸素，もう一方が二酸化炭素を表し，X と Y のうち一方が吸気，もう一方が呼気を表している。a と X が表しているものの組み合わせとして正しいものを，次のア～エから選びなさい。

表

	窒素	a	b	その他
X	74.6%	15.6%	4.0%	5.8%
Y	78.2%	20.8%	0.04%	0.96%

ア　[a　酸素　X　吸気]　　イ　[a　二酸化炭素　X　吸気]
ウ　[a　酸素　X　呼気]　　エ　[a　二酸化炭素　X　呼気]

B　大地の変動について，次の(1)，(2)の問いに答えなさい。

(1)　次の文は，日本付近のプレートの境界で起こる地震について述べたものである。文中の ① ～ ③ に当てはまる語の組み合わせとして正しいものを，下のア～エから選びなさい。

> 日本付近のプレートの境界では， ① のプレートが ② のプレートの下に沈み込んでいくことで ② のプレートにひずみが生じる。このとき， ③ のプレートの先端部が引きずりこまれていき，このひずみが少しずつ大きくなる。このひずみが限界に達すると， ③ のプレートの先端部が急激に元に戻ろうとしてはね上がり，大きな地震が発生する。

ア　[①　陸　②　海　③　陸]　　イ　[①　海　②　陸　③　陸]
ウ　[①　陸　②　海　③　海]　　エ　[①　海　②　陸　③　海]

(2)　地層や岩盤に大きな力が加わると，地層や岩盤が破壊されてずれが生じることがある。このずれを何というか，書きなさい。

C　金属について，次の(1)，(2)の問いに答えなさい。

(1)　金属に共通する性質として当てはまるものを，次のア～エから全て選びなさい。

ア　電気をよく通す　　　　　イ　磁石につく
ウ　みがくと光を受けて輝く　エ　たたくとうすく広がる

(2)　3種類の金属a～cの質量と体積を測定した。表はその結果をまとめたものである。表の中の金属a～cのうち，密度が最も大きいものと最も小さいものを，それぞれ選びなさい。

表

金属	a	b	c
質量[g]	47.2	53.8	53.8
体積[cm^3]	6.0	6.0	20.0

D　電気エネルギーについて，次の(1)，(2)の問いに答えなさい。

(1)　1 Whは何Jか，書きなさい。

(2)　LED電球を100 Vの電源につなぎ，6 Wで5分間使用した。このとき，このLED電球が消費した電気エネルギーのうち，450 J が光エネルギーになったとする。このLED電球が消費した電気エネルギーのうち，光エネルギーになったエネルギーは何%か，書きなさい。

2　GさんとMさんは，群馬県内のある地点での太陽の動きを調べるために，次の観察を行った。後の(1)～(3)の問いに答えなさい。

［観察1］

図Ⅰは，水平な厚紙の上に透明半球を置き，実際の方位に合わせて固定したものである。ある年の秋分の日（9月23日）の午前9時から午後3時まで，1時間おきにペンの先端の影が点Oにくるようにして，透明半球に●印を付けた。次に，●印をなめらかな線で結び，その線を透明半球のふちまでのばし，厚紙との交点をX，Yとした。図Ⅱは，なめらかな線に沿ってXからYまで貼った細い紙テープに，●印を写しとったものである。

図Ⅰ

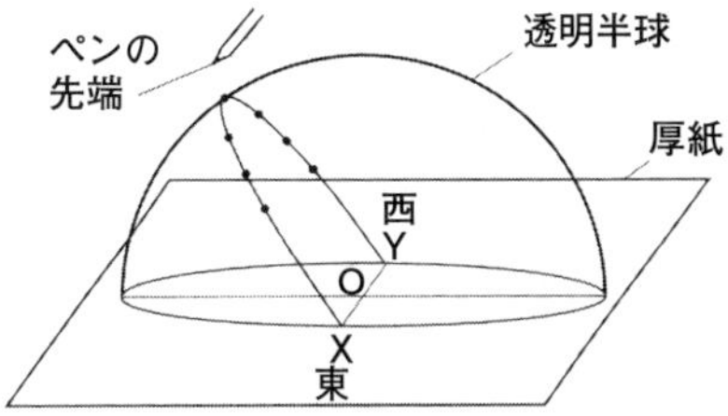

※台の上に透明半球と同じ大きさの円をかいて，その中心をOとする。透明半球のふちを円に合わせて固定する。

図Ⅱ

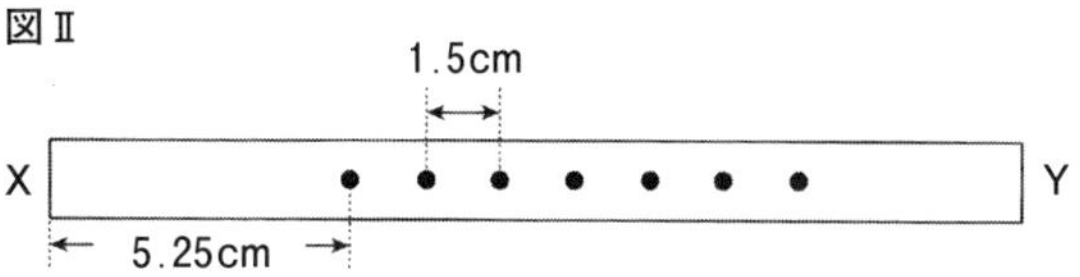

(1)　次の文は，図Ⅱについて，GさんとMさんが交わした会話の一部である。後の①～③の問いに答えなさい。

> Gさん：紙テープには等間隔で●印が並んでいるね。このことから［　a　］ことが分かると思うよ。
>
> Mさん：そうだね。そのほか，紙テープのXY間の長さが［　b　］の長さに対応するから，●と●の間隔から，日の出や日の入りのおよその時刻が分かるんじゃないかな。
>
> Gさん：確かにそうだね。じゃあ，この1か月後だと紙テープの長さはどうなるかな。
>
> Mさん：図Ⅱと比べて，紙テープのXY間の長さは c{ア　長く　　イ　短く}なると思うよ。
>
> Gさん：なるほど。では，観察する時期ではなくて，観察する場所を別の場所に変えると，太陽の動きはどうなるだろうか。

①　［ a ］に当てはまる文を，簡潔に書きなさい。また，［ b ］には当てはまる語を書き，cについては{　}内のア，イから正しいものを選びなさい。

②　観察した日の，日の出のおよその時刻として最も適切なものを，次のア～エから選びなさい。

ア　午前5時　　イ　午前5時30分　　ウ　午前6時　　エ　午前6時30分

③　下線部について，南緯36°のある地点での9月23日の太陽の動きを線と矢印で表しているものとして最も適切なものを，次のア～エから選びなさい。ただし，点線は北緯36°のある地点での9月23日の太陽の動きを示している。

ア

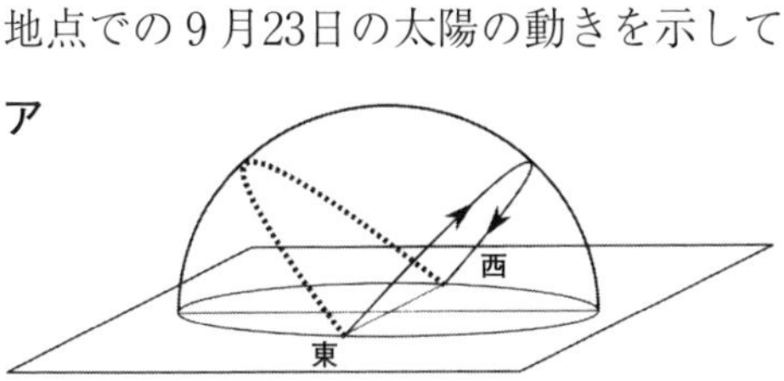

イ

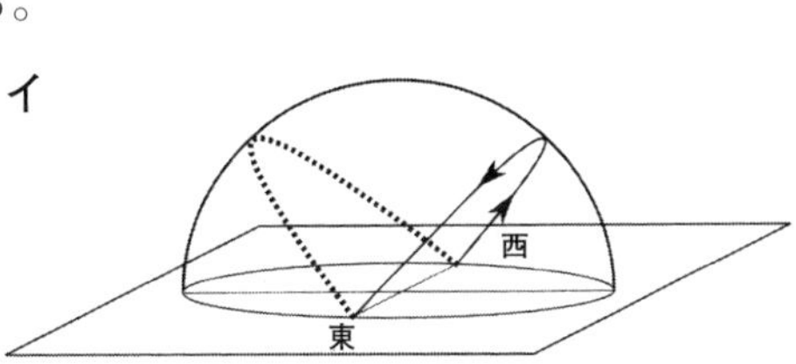

ウ

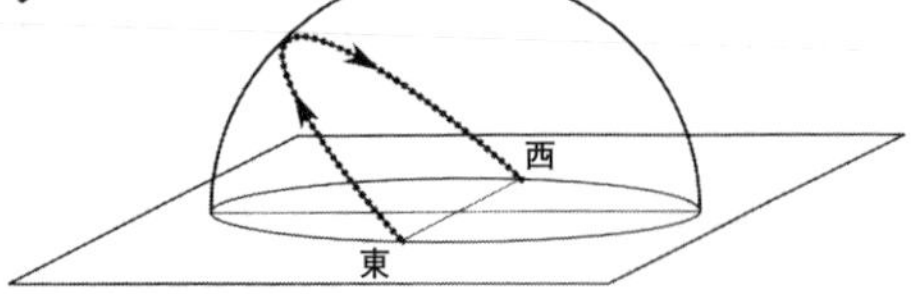

エ

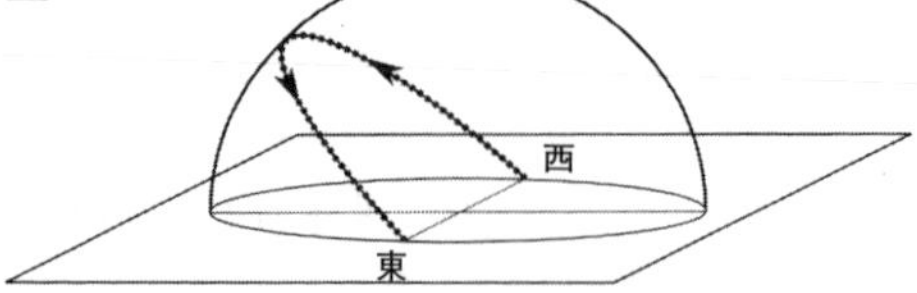

［観察２］

図Ⅲは，厚紙に垂直に立てた棒がつくる影を記録するための装置である。図Ⅲの装置を使って，観察１を行ったのと同じ地点で，秋分の日の午前９時から午後３時まで，１時間おきに棒の影の先端の位置を●印で記録した。図Ⅳは，●印をなめらかな線で結んだものである。

図Ⅲ

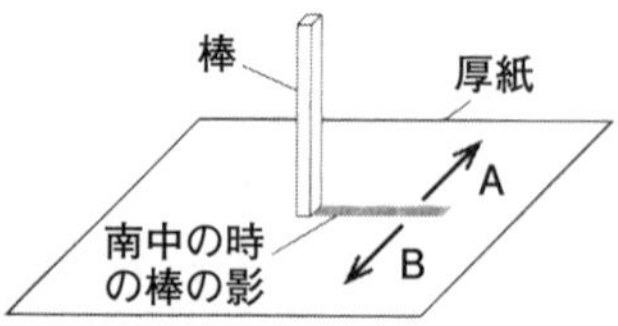

図Ⅳ

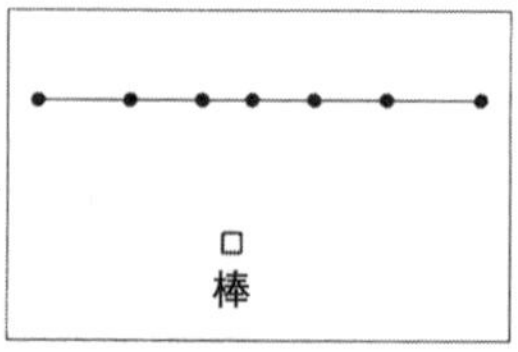

※真上から見た図

(2)　棒の影が動いていくのは，図ⅢのＡ，Ｂのうちどちらの方向か，記号を書きなさい。

(3)　観察２と同様の観察を，夏至の日，冬至の日に行った。夏至の日と冬至の日に付けた●印を結んだ線を示したものとして最も適切なものを，次のア～エから選びなさい。

ア

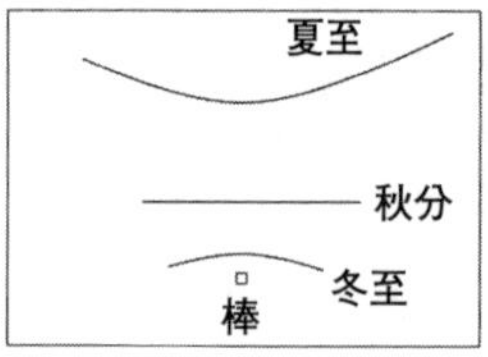

イ

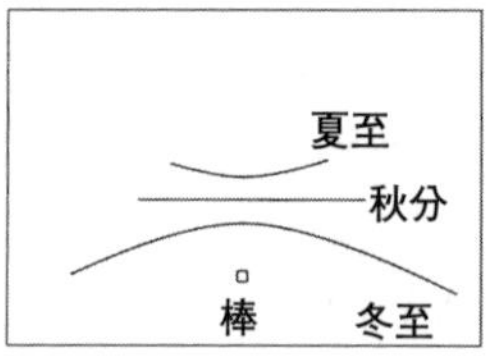

ウ

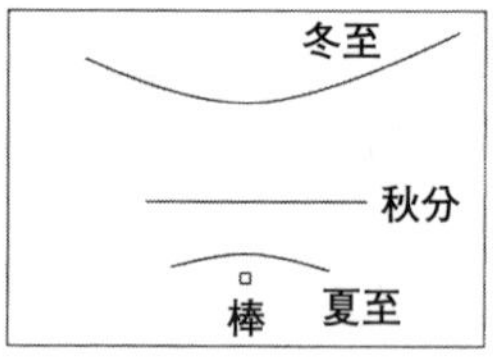

エ

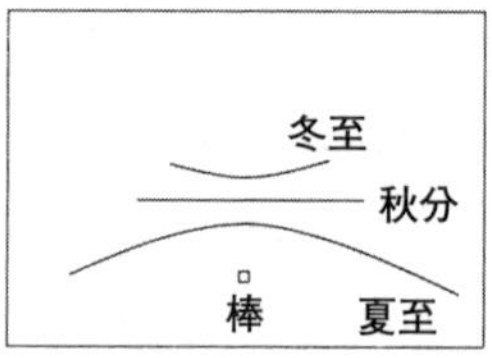

3　Ｍさんは，土壌中の生物について興味を持ち，次の観察と実験を行った。後の(1)～(4)の問いに答えなさい。

［観察］　落ち葉をルーペで観察したところ，欠けていたり，カビが生えていたりするものがあった。また，落ち葉の下や土の中には，ダンゴムシ，ミミズ，ムカデ，クモが見つかった。

(1)　図Ⅰは，Ｍさんが観察に用いたルーペを示したものである。落ち葉などの動かすことができるものを観察するときの，ルーペの使い方として最も適切なものを，次のア～エから選びなさい。

ア　ルーペをできるだけ落ち葉に近づけて持ち，顔を前後に動かしてよく見える位置を探す。

イ　ルーペをできるだけ落ち葉に近づけて持ち，落ち葉とルーペをいっしょに前後に動かしてよく見える位置を探す。

ウ　落ち葉と顔は動かさずに，ルーペを前後に動かしてよく見える位置を探す。

エ　ルーペをできるだけ目に近づけて持ち，落ち葉を前後に動かしてよく見える位置を探す。

図Ⅰ

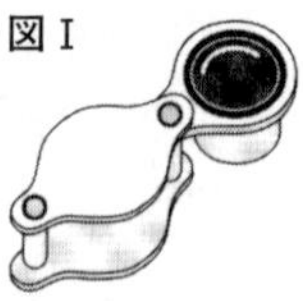

(2)　観察で見つかった生物について，

①　ダンゴムシ，ムカデ，クモに共通する体のつくりを，次のア～ウから選びなさい。

ア　体やあしに節がない。　　イ　体が外骨格でおおわれている。

ウ　内臓が外とう膜でおおわれている。

②　クモがふえても鳥などの生物に食べられて減るため，限りなくふえ続けることはない。ク

4 モがふえても限りなくふえ続けることがないそのほかの理由を，食べる・食べられるという関係に着目して，簡潔に書きなさい。

［実験］

観察を行った場所から持ち帰った土を使って，図Ⅱのような手順でビーカーA，Bを用意した。その後，ビーカーA，Bに同量のうすいデンプン溶液を加え，ふたをして室温のままで暗い場所に置いた。次に，ふたをした直後，３日後，５日後，10日後に，ビーカー内の溶液をよくかき混ぜた後，溶液をそれぞれ２mLずつ試験管にとり，ヨウ素液を加えて色の変化を観察した。表は，このときの色の変化をまとめたものである。

図Ⅱ

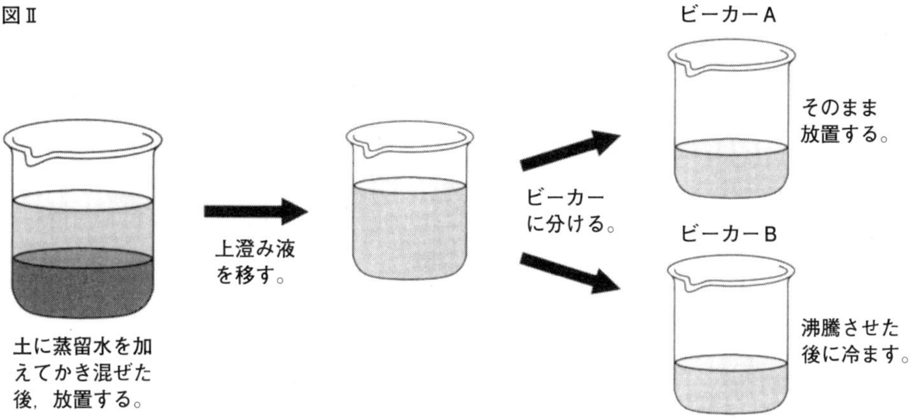

表

	直後	3日後	5日後	10日後
ビーカーA	○	○	×	×
ビーカーB	○	○	○	○

○：青紫色に変化した。　　×：変化しなかった。

(3) 次の文は，実験について先生とMさんが交わした会話の一部である。文中の［①］，［②］に当てはまる文を，それぞれ簡潔に書きなさい。

先　生：今回は，微生物のはたらきを調べる実験を行いました。ビーカーBの実験は，対照実験です。上澄み液を沸騰させた理由は何でしょうか。
Mさん：沸騰させて温度を上げることで，上澄み液中の［　①　］ためだと思います。
先　生：そうですね。では，表のビーカーA，Bの結果を比べると，何が分かりますか。
Mさん：ビーカーBでは10日後まで青紫色に変化しましたが，ビーカーAは３日後までは青紫色に変化し，５日後に初めて色の変化が見られなくなりました。このことから，ビーカーAでは，３日後の観察から５日後の観察までの間に，微生物によって［　②　］ことがいえると思います。

(4) 微生物のはたらきを環境の保全に役立てている取組の例を，１つ書きなさい。

4 Ｇさんと Ｍさんは，金属（マグネシウムや銅）と酸素が化合するときの質量の関係を調べるために，次の実験を行った。後の(1)，(2)の問いに答えなさい。

［実験１］

(A) マグネシウムの粉末をはかりとり，図Ⅰのようにステンレス皿に広げて熱した。粉末の色の変化が見られなくなった後，冷ましてから加熱後の物質の質量を測定し，その後，物質をよく混ぜてから再び熱して，質量の変化が見られなくなるまでこの操作を繰り返した。

(B) マグネシウムの粉末の質量を変えて，(A)と同じ実験を行った。表Ⅰは，マグネシウムの質量と，変化が見られなくなるまで熱した後の物質の質量を，それぞれまとめたものである。

図Ⅰ

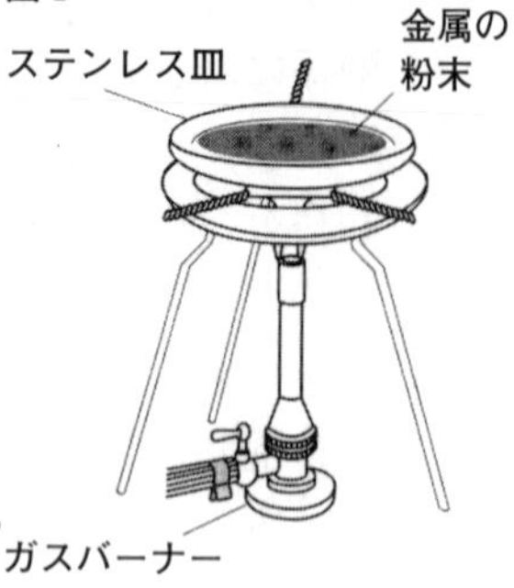

［実験２］

マグネシウムの粉末の代わりに銅の粉末を用いて，実験１と同じ実験を行った。表Ⅱは，銅の質量と，変化が見られなくなるまで熱した後の物質の質量を，それぞれまとめたものである。また，図Ⅱは，マグネシウムの粉末1.00 gと銅の粉末1.00 gをそれぞれ熱したときの，加熱回数と加熱後の物質の質量の関係を示したものである。

表Ⅰ

マグネシウムの質量［g］	0.50	0.75	1.00	1.25	1.50
加熱後の物質の質量［g］	0.83	1.25	1.67	2.08	2.50

表Ⅱ

銅の質量［g］	0.50	0.75	1.00	1.25	1.50
加熱後の物質の質量［g］	0.59	0.90	1.18	1.49	1.78

図Ⅱ

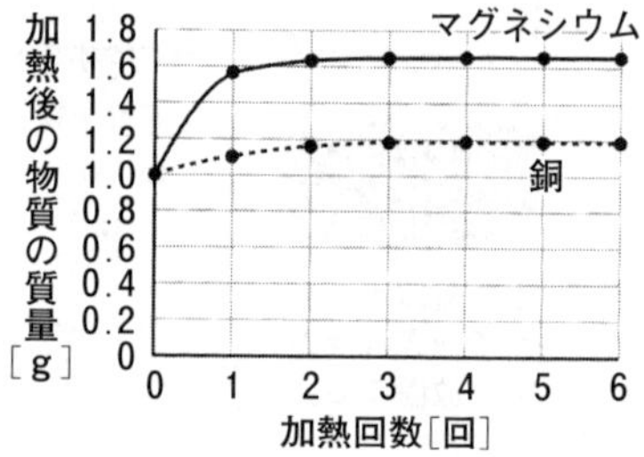

(1) 次の文は，実験結果について，Gさん，Mさん，先生が交わした会話の一部である。後の①～③の問いに答えなさい。

Gさん：表Ⅰと表Ⅱを見ると，加熱後の物質の質量は，酸素と化合する前と比べて大きくなっているね。でも，図Ⅱのグラフの変化を見ると，［ a ］から，マグネシウムや銅と化合する酸素の量には限界がありそうだね。

Mさん：そうだね。マグネシウムと銅が化合する酸素の質量にも違いがあるね。表Ⅰの結果から，マグネシウムの質量と化合する酸素の質量の比は，［ b ］くらいになるよ。

先　生：マグネシウムの質量と化合する酸素の質量の比は，理論上でも［ b ］になります。

Gさん：表Ⅱの結果を見ると，銅の質量と化合する酸素の質量の比は，５：１くらいですか。

先　生：そうですね。でも実は，銅の質量と化合する酸素の質量の比は，正しくは４：１なのです。実験結果が４：１にならなかった原因はいくつか考えられますが，その一つとして銅を保管している間に空気が影響したことが考えられます。

Gさん：それは，保管している間に銅の粉末が［ c ］ということですね。

Mさん：私は4：1にならなかったのは，銅が内部まで完全に反応せずに残ってしまったからだと思います。

① 文中の［ a ］，［ c ］に当てはまる文を，それぞれ簡潔に書きなさい。また，［ b ］に当てはまるものを，次のア～エから選びなさい。

ア　3：5　　イ　2：5　　ウ　3：2　　エ　2：1

② 銅の質量と化合する酸素の質量の比が４：１であるとすると，銅1.00 gを加熱し完全に反

応させたとき，生じる化合物は何gであると考えられるか，書きなさい。

③　下線部のとおり，銅が内部まで完全に反応せずに残ってしまったことのみが，銅の質量と化合する酸素の質量の比が4：1にならなかった原因であるとする。この場合，銅1.00gを加熱したとき，反応せずに残っている銅の質量は，反応する前の銅全体の質量の何%を占めると考えられるか，書きなさい。

(2)　次の①〜③の問いに答えなさい。

①　次の図Ⅲは，この実験で起こった化学変化をモデルで表したものである。金属原子1個を●で，酸素原子1個を○で表すものとして，［a］，［b］に当てはまるモデルをかきなさい。

図Ⅲ
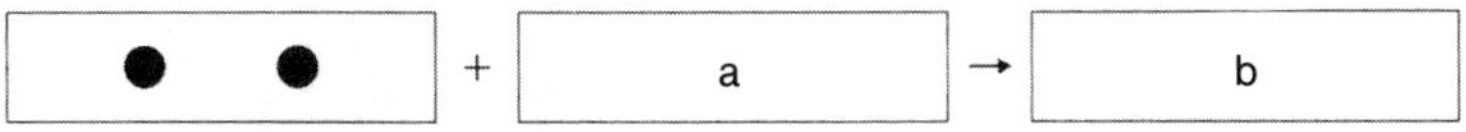

②　次の文は，実験の結果を踏まえて，マグネシウム原子と銅原子の質量について考察したものである。文中のa〜dについて{　}内のア，イから正しいものを，それぞれ選びなさい。

> 図Ⅱより，マグネシウムは，同じ質量の銅に比べて化合することのできる酸素の質量が$_{a}${ア　多い　　イ　少ない}。そのことから，同じ質量のマグネシウムと銅に化合することのできる酸素原子の数は，$_{b}${ア　マグネシウム　　イ　銅}の方が多いことが分かる。また，図Ⅲより，金属原子1個は酸素原子1個と結びつくため，同じ質量のマグネシウムと銅に含まれる原子の数は，$_{c}${ア　マグネシウム　　イ　銅}の方が多いことが分かる。よって，原子1個の質量は，$_{d}${ア　マグネシウム　　イ　銅}の方が大きいと考えられる。

③　マグネシウム原子1個の質量は銅原子1個の質量のおよそ何倍であると考えられるか，(1)の会話の内容を踏まえ，小数第3位を四捨五入して書きなさい。

5　GさんとMさんは，物体にはたらく力と圧力について調べるために，次の実験を行った。後の(1)〜(3)の問いに答えなさい。

図Ⅰ
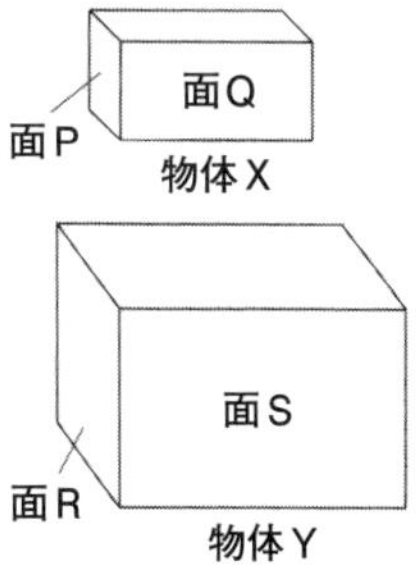

［実験1］

図Ⅰのような物体Xと物体Yを用意した。物体X，Yはともに直方体で，それぞれの重さと面の面積は次のとおりである。

・物体X：重さ1N，面Pの面積2cm^2，面Qの面積4cm^2

・物体Y：重さ2N，面Rの面積5cm^2，面Sの面積10cm^2

図Ⅱのように，物体X，Yをそれぞれスポンジの上にのせたとき，スポンジがへこむ深さを調べた。

図Ⅱ
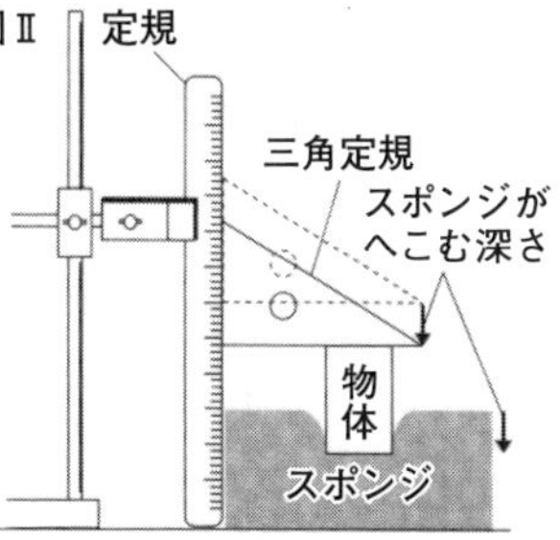

(1)　スポンジが最も深くへこむのはどれか，次のア〜エから選びなさい。

ア　物体Xを，面Pを下にして，スポンジの上にのせる。

イ　物体Xを，面Qを下にして，スポンジの上にのせる。

ウ　物体Yを，面Rを下にして，スポンジの上にのせる。

エ　物体Yを，面Sを下にして，スポンジの上にのせる。

［実験2］

(A)　ばねにつるすおもりの重さを変えて，図Ⅲのようにばねののびを測定した。図Ⅳは，ばねにつるすおもりの重さとばねののびの関係をグラフに表したものである。ただし，ばねの重さは考えないものとする。

(B)　(A)で用いたばねと同じばねを用いて，ある重さの物体をばねにつるし，台ばかりの上に静かにのせ，図Ⅴのように，ばねののびがなくなるまで，ゆっくりおろしていった。図Ⅵは，台ばかりの示す値とばねののびの関係をグラフに表したものである。

図Ⅲ

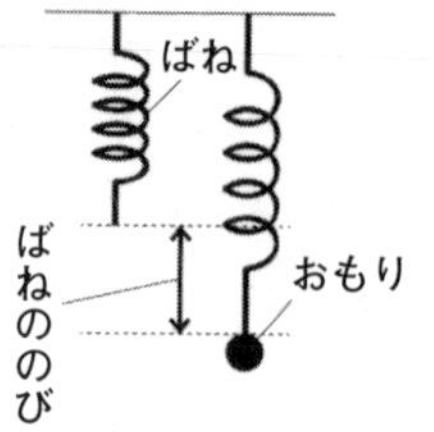

図Ⅳ

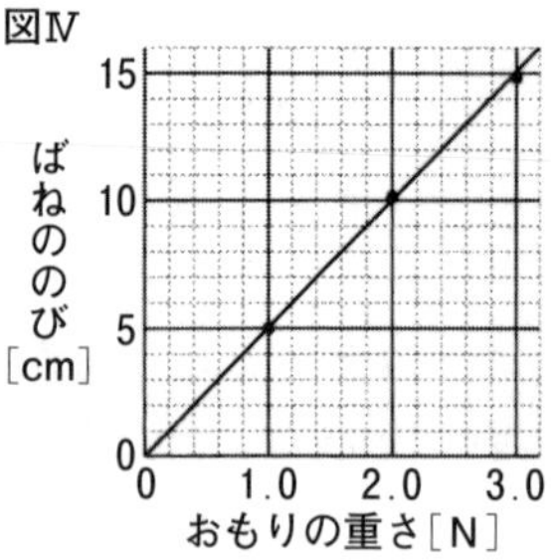

図Ⅴ

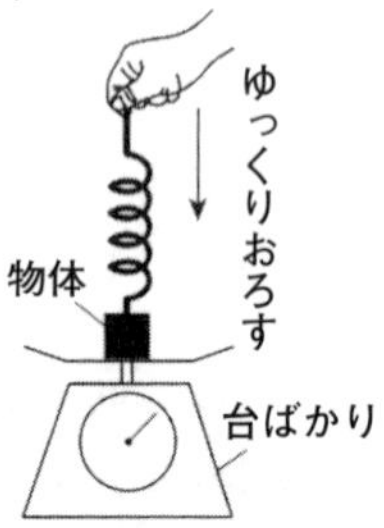

図Ⅵ

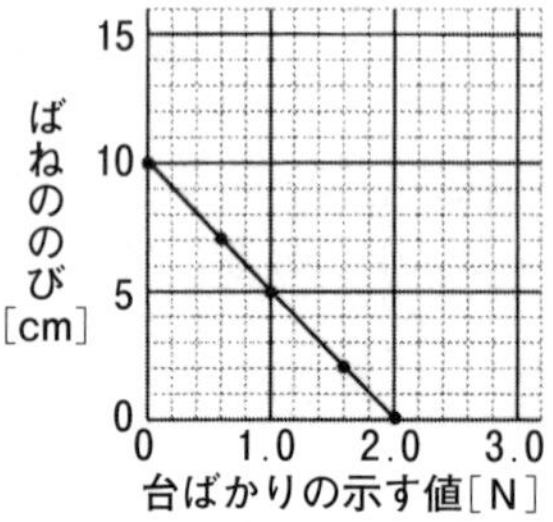

(2)　次の①，②の問いに答えなさい。

①　図Ⅵのグラフから分かる，台ばかりの示す値とばねののびの関係について，簡潔に書きなさい。

②　次の文は，実験２の結果について，ＧさんとＭさんが交わした会話の一部である。文中の［a］～［c］に当てはまる数値を書きなさい。また，［d］に当てはまる文を，「合力」という語を用いて，簡潔に書きなさい。

> Ｇさん：図Ⅳと図Ⅵから，ばねののびが2.5cmのとき，ばねにはたらく力は［　a　］Ｎになって，台ばかりが示す値は［　b　］Ｎになるね。
> Ｍさん：そうだね。ばねののびが５cmのときも，同様に値が分かるね。
> Ｇさん：あれ，ばねののびが2.5cmと５cmで違うのに，ばねにはたらく力と台ばかりの示す値を足してみると，どちらも同じ値になるね。
> Ｍさん：本当だ。この物体にはたらく重力は［　c　］Ｎだよね。
> Ｇさん：物体には，重力，ばねが物体を引く力，台ばかりが物体を押す力の３つの力がはたらいているから，これら３つの力に着目すると，［　d　］という関係がありそうだね。

(3)　実験２(B)で用いた物体の代わりに，実験１で用いた重さが１Ｎの物体Ｘを，面積２cm^2の面を下にしてばねにつるし，実験２(B)と同じ操作を行った。同様に，実験１で用いた重さが２Ｎの物体Ｙを，面積10cm^2の面を下にしてばねにつるし，実験２(B)と同じ操作を行った。このとき，次のａ，ｂで表されるグラフとして最も適切なものを，下のア～エからそれぞれ選びなさい。

> ａ　横軸を台ばかりが物体から受ける力としたときの，ばねののびを表すグラフ
> ｂ　横軸を台ばかりが物体から受ける圧力としたときの，ばねののびを表すグラフ

ア

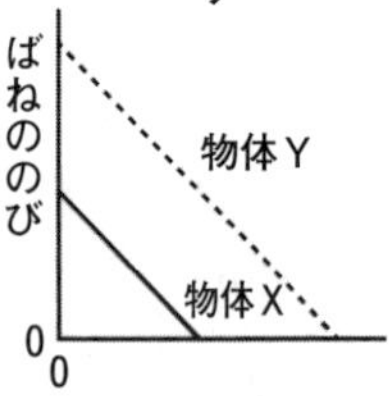

イ

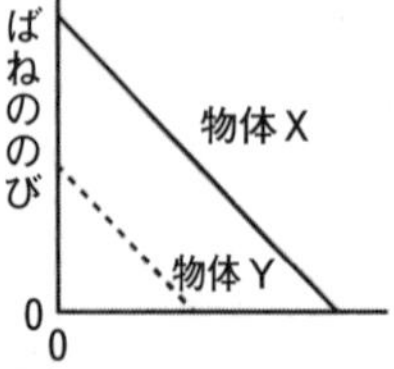

ウ

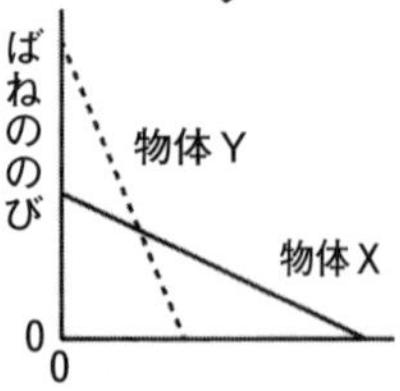

エ

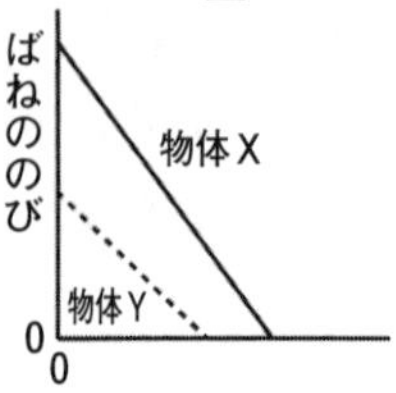

分かったわ。

太郎さん　え、そうなの。僕は、春になって間もない頃を指す言葉かと思っていたよ。

花子さん　辞書によると、「小春」は「陰暦十月の別称」とあったから、現在の十一月頃かしら。「冬の初めの頃の、穏やかで暖かな天気」のことを「小春日和」と呼ぶとも書いてあったわ。

太郎さん　へえ、そうなんだ。でも、十一月ってこれから本格的な冬が始まる前だよね。それなのに、どうして「小さい春」って書くんだろう。

花子さん　実は、「小」の意味は、単に「小さい」だけではなく、名詞に付く場合、「～のような、～と似ている」という意味で用いることもあるみたい。A「小春」はその一つの例だと思うわ。

太郎さん　なるほど。おもしろいね。それじゃあ、今回の発表では、「小春」を取り上げるというのはどうかな。

花子さん　そうね。いいと思うわ。B発表するにあたって、何か工夫できることがあるといいわね。

(一)　会話文中A――について、「小春」の「小」と同じような意味で「小」の字が用いられている語を含むものとして、次のア～エから最も適切なものを選びなさい。

ア　家の近くに小川がある。

イ　彼女は小銭を貯金箱に入れた。

ウ　今年、私の妹が小学校を卒業する。

エ　ここは、瀬戸内の小京都と呼ばれる場所だ。

(二)　会話文中B――について、太郎さんは、正岡子規の「桜にもまさる紅葉の小春かな」という俳句を見つけました。二人はこの句について話し合い、この句を発表の冒頭で用いるのが効果的だろうと考えました。二人がこの句を発表の冒頭で聞き手に示そうとした理由として、次のア～エから最も適切なものを選びなさい。

ア　「小春」の意味を誤解している人に気づいてほしいと考えたため。

イ　「小春」という語が持つ意味の多様さを示す例になると考えたため。

ウ　「小春」は俳句を作る人でも間違いやすいと訴えようと考えたため。

エ　「小春」が持つ初春のイメージをよく伝える具体例だと考えたため。

(三)　春に関する言葉のうち、「春分」、「若草」、「山笑う」の中の一つについて発表するとしたら、あなたはどの言葉について詳しく調べ、発表したいと考えますか。あなたがその言葉について発表したいと考えた理由を、その言葉から受けるイメージに触れ、百四十字以上、百八十字以内で書きなさい。なお、選んだ言葉に○を付けること。

も適切なものを選びなさい。

ア　不利な立場でも、相手への攻撃を続けるために
イ　逃げ場のない状況で、罪を見逃してもらうために
ウ　悪いことをしたのに、他人に罪をなすりつけるために
エ　阿弥陀仏に対して、心を入れ替えると表明するために

四

次の文章は、漢文を書き下し文に書き改めたものです。これを読んで、後の㈠～㈢の問いに答えなさい。

夫《そ》れ善く游《およ》ぐ者は溺れ、善く騎《の》る者は堕《お》つ。各《おのおの》其《そ》の好む所を以《もっ》て、反《かへ》って自ら禍《わざはひ》を為《な》す。是《こ》の故に［　　］未《いま》だ嘗《かつ》て中《そこな》はれずんばあらず(必ず傷つくことになり)、利を争ふ者は未だ嘗て窮せずんばあらざるなり(必ず行き詰まることになる)。

(『淮南子』による。)

(注)　夫れ……そもそも。
　　　游ぐ……「泳ぐ」に同じ。

㈠　文中［　　］には、「好ム㆑事ヲ者ハ」の書き下し文が入ります。［　　］に当てはまる書き下し文を書きなさい。

㈡　文中――「利を争ふ者」の意味として、次のア～エから最も適切なものを選びなさい。

ア　利害関係を無視する者
イ　利用方法に口をはさむ者
ウ　利益を勝ち取ろうとする者
エ　不利な状況にも屈しない者

㈢　本文から読み取れることとして、次のア～エから最も適切なものを選びなさい。

ア　急いで何かをしようとすると、かえって時間がかかってしまうものだということ。
イ　他人に自慢したいと思う話題は、かえって他人から敬遠されるものだということ。
ウ　自分が無理をすることで、かえって周りに迷惑をかけてしまうものだということ。
エ　自分が得意だと考えている事柄のほうが、かえって良くない結果を生むものだということ。

五

次の㈠、㈡の問いに答えなさい。

㈠　次の①～④の――の平仮名の部分を漢字で、または漢字に送り仮名を付けて書きなさい。

①　おうふくはがきで送る。
②　情報のかくさんを防ぐ。
③　彼はほがらかな人だ。
④　世界一周をこころみる。

㈡　次の漢字の部首名を書きなさい。また、この漢字を楷書で書いた場合の総画数を書きなさい。

六

次の会話文は、季節に関する言葉について調べたことを発表するという活動に向け、花子さんと太郎さんが話し合った会話の一部です。これを読んで、後の㈠～㈢の問いに答えなさい。

花子さん　国語の授業で勉強した俳句の季語についてさらに調べてみたら、「小春」は春を指す言葉ではないことが

エ　祐也の夢の実現よりも兄の秀也のことを第一に考えていたため。

(三)　文中B——「祐也は顔がほころんだ」とありますが、この時の「祐也」の気持ちとして、次のア～エから最も適切なものを選びなさい。

ア　明るく振る舞う母の様子を見て心が和らぐ気持ち。
イ　無理をして自分を励まそうとする母に同情する気持ち。
ウ　自分の心情を察してくれない母に対してあきれる気持ち。
エ　自分を子供扱いする母の態度に照れくささを感じる気持ち。

(四)　文中Ⅰ═「布団をかぶって泣いているうちに眠ってしまい、ふと目をさますと夜中の一時すぎだった」、文中Ⅱ═「祐也はベッドに横になり、深い眠りに落ちていった」とありますが、Ⅱで眠りに落ちていった時の「祐也」の心情はどのようなものであったと考えられますか、Ⅰで眠ってしまった時と比較して、書きなさい。

三

次の文章を読んで、後の(一)～(三)の問いに答えなさい。

今は昔、藤六《とうろく》といふ歌よみ、下衆《げす》の家にA入《い》りて、人もなかりける折をB見つけて入りにけり。鍋に煮ける物を、すくひ食ひける程に、家主《いへあるじ》の女、水をC汲《く》みて、大路の方より来て見れば、かく（このように）すくひD食へば、「いかに、かく人もなき所に入りて、かくはする物をばまゐるぞ、（こうして煮ている物を召し上がるのですか）あなうたてや、（ああ　いやだ）藤六にこそいましけれ。（藤六さんではいらっしゃいませんか）さらば歌詠《よ》み給《たま》へ。」と言ひければ、

むかしより阿弥陀仏《あみだほとけ》の誓ひにて煮ゆる物をばすくふとぞ知る

とこそ詠みたりけれ。

（『古本説話集』による。）

(注)　藤六……藤原輔相《すけみ》のこと。
　　下衆……身分の低い者。

(一)　文中═「誓ひ」を現代仮名遣いで書きなさい。ただし、全て平仮名で書くこと。

(二)　文中——A～Dの中には、一つだけ他のものと主語が異なるものがあります。主語が異なるものを、A～Dから選びなさい。

(三)　次の会話文は、竹志さんたちが、本文について話し合った会話の一部です。これを読んで、後の①、②の問いに答えなさい。

竹志さん　「藤六」は、ユーモアに富んだ歌を詠む歌人として知られていたんだってね。
小梅さん　うん。だから突然、「家主の女」に「歌詠み給へ」なんて言われたわけよね。ところで、「藤六」が詠んだ歌の中で、急に「阿弥陀仏」が出てきたのはどうしてだろう。
松子さん　「阿弥陀仏」は、地獄で苦しむ罪人にさえも救いの手を差し伸べる慈悲深い仏様のことよね。だから、「煮ゆる物をばすくふ」とは、阿弥陀仏が地獄の釜で煮られる人を救うという意味でしょ。
竹志さん　あ、そうか。それと、「藤六」自身がした［Ⅰ］という行為が重ねられているということだね。
小梅さん　なるほど。そう考えると、おもしろい歌だね。この歌は、［Ⅱ］詠まれた歌なのかもしれないね。

①　会話文中［Ⅰ］に当てはまる内容を、本文から考えて、現代語で書きなさい。

②　会話文中［Ⅱ］に当てはまる内容として、次のア～エから最

A父が頭をさげた。
「そんなことはない。」
祐也は首を横にふった。
「たぶん、きみは、秀也《しゅうや》が国立大学の医学部に現役合格したことで、相当なプレッシャーを感じていたんだろう。」
父はそれから、ひとの成長のペースは□なのだから、あわてる必要はないという意味の話をした。
千《せん》駄《だ》ヶ《が》谷《や》駅で総武線に乗ってからも、父は、世間の誰もが感心したり、褒めそやしたりする能力だけが人間の可能性ではないのだということをわかりやすく話してくれた。
「すぐには気持ちを切り換えられないだろうが、まだ中学一年生の十二月なんだから、いくらでも挽回《ばんかい》はきく。高校は、偏差値よりも、将棋部があるかどうかで選ぶといい。そして、自分なりの将棋の楽しみかたを見つけるんだ。」
ありがたい話だと思ったが、祐也はしだいに眠たくなってきた。錦《きん》糸町《しちょう》駅で乗り換えた東京メトロ半蔵門線のシートにすわるなり、祐也は眠りに落ちた。
午後六時すぎに家に着くと、玄関で母がむかえてくれた。
「祐ちゃん、お帰りなさい。お風呂《ふろ》が沸いているから、そのまま入ったら。」
いつもどおり、張り切った声で話す母に、B祐也は顔がほころんだ。
浴槽につかっているあいだも、夕飯のあいだも、祐也は何度も眠りかけた。二年と二ヵ月、研修会で戦ってきた緊張がとけて、ただただ眠たかった。
悲しみにおそわれたのは、ベッドに入ってからだ。
「もう、棋士にはなれないんだ。」
祐也の目から涙があふれた。Ⅰ布団《ふとん》をかぶって泣いているうちに眠ってしまい、ふと目をさますと夜中の一時すぎだった。父と母も眠っているらしく、家のなかは物音ひとつしなかった。
常夜灯がついた部屋で、ベッドのうえに正座をすると、祐也は将棋をおぼえてからの日々を思い返した。米村《よねむら》君はどうしているだろう。中学受験をして都内の私立に進んでしまったが、いまでも将棋を指しているだろうか。いつか野崎君と、どんな気持ちで研修会に通っていたのかを話してみたい。
祐也は、頭のなかで今日の四局を並べ直した。どれもひどい将棋だと思っていたが、一局目と二局目はミスをしたところで正しく指していれば、優勢に持ち込めたことがわかった。
「おれは将棋が好きだ。プロにはなれなかったけど、それでも将棋が好きだ。」
うそ偽りのない思いにからだをふるわせながら、Ⅱ祐也はベッドに横になり、深い眠りに落ちていった。

（佐川光晴『駒音高く』による。）

（注）秀也……祐也の兄。

㈠ 文中□に当てはまる四字熟語として、次のア～エから最も適切なものを選びなさい。
ア 一朝一夕
イ 一日千秋
ウ 千差万別
エ 千載一遇

㈡ 文中A――「父が頭をさげた」とありますが、「祐也」に対して「父」が頭をさげたのはどうしてですか、次のア～エから最も適切なものを選びなさい。
ア 祐也が将棋を続けるという道を閉ざすことになったため。
イ 祐也の状況を見ていながら何もしてあげられなかったため。
ウ 祐也の気持ちを考慮せずに勉強を強要することになったため。

一部省略した箇所がある。）

（注）カオス……秩序がなく、物事の境界や順序がはっきりしない状態。

㈠ 文中㋐——〜㋓——の漢字の読みを平仮名で書きなさい。

㈡ 文中□に当てはまる語として、次のア〜エから最も適切なものを選びなさい。

ア さらに　イ そこで　ウ すなわち　エ ところで

㈢ 文中A——「しかしながら、この見方には一つの大きな問題がありました」とありますが、「一つの大きな問題」とはどのような問題ですか、解答用紙にある「問題」という語につながるように、二十五字以内で書きなさい。

㈣ 文中※の部分の段落に見られる表現の効果としてどのようなことが考えられますか、次のア〜エから最も適切なものを選びなさい。

ア 擬音語や大げさな表現を用いて宇宙への希望を抱かせている。

イ 対になる表現を用いて宇宙と哲学との対比を明確にしている。

ウ ひらがなを多く用いて宇宙への親しみやすさを強調している。

エ 比喩や体言止めを用いて宇宙の果てしなさを印象づけている。

㈤ 文中B——「そしてこれこそが、西洋近代における宇宙論の変換に連動して生じた哲学の転換に他ならないのです」について、次の①、②の問いに答えなさい。

① 「西洋近代における宇宙論の変換」とありますが、「地動説」が唱えられるようになる以前は、人間はどのような存在であると考えられており、人々は宇宙をどのようなものとして思い描いていましたか、一文で書きなさい。

② 「これこそが、西洋近代における宇宙論の変換に連動して生じた哲学の転換に他ならないのです」とありますが、本文の内容を踏まえると、宇宙論の変換に伴って哲学はどのように転換していったと考えられますか、次のア〜エから最も適切なものを選びなさい。

ア 宇宙の真理を解明したことに満足し、人間中心の考え方をさらに強めるようになっていった。

イ 宇宙の計り知れなさを実感し、人間の目に見える世界を相対的に捉えるようになっていった。

ウ 太陽の偉大さを痛感し、人間の力を超えた神のような存在について深く追求するようになっていった。

エ 天体の動きは予測できないと悟り、人間が持つ科学的知識に基づいた思考は誤りだと確信するようになっていった。

二

次の文章を読んで、後の㈠〜㈣の問いに答えなさい。

「プロを目ざすのは、もうやめにしなさい。」

祐也《ゆうや》より頭ひとつ大きな父が言った。

「二週間後の研修会を最後にして、少し将棋を休むといい。いまのままだと、きみは取り返しのつかないことになる。わかったね？」

「はい。」

そう答えた祐也の目から涙が流れた。足が止まり、あふれた涙が頬をつたって、地面にぼとぼと落ちていく。胸がわななき、祐也はしゃくりあげた。こんなふうに泣くのは、保育園の年少組以来だ。身も世もなく泣きじゃくるうちに、ずっと頭をおおっていたモヤが晴れていくのがわかった。

「将棋をやめろと言っているんじゃない。将棋は、一生をかけて、指していけばいい。しかし、おととしの十月に研修会に入ってから、きみはあきらかにおかしかった。おとうさんも、おかあさんも、気づいてはいたんだが、将棋については素人《しろうと》同然だから、どうやってとめていいか、わからなかった。二年と二ヵ月、よくがんばった。今日まで、ひとりで苦しませて、申しわけなかった。」

国語

●満点100点　●時間45～60分

一　次の文章を読んで、後の㈠～㈤の問いに答えなさい。

広く世界の古代や中世の文明では、私たちの地球は自然世界の中心にあり、天に見える星空が地球の周囲を回転していると思われていました。これは目に見える外界についての理解としては、ごく自然な見方です。天動説は東洋と西洋の古代と中世の世界に共通の見方でありましたが、この見方の下では、自然世界はすべて地球中心にして、人間中心に考えられていました。私たちの地球が宇宙の真ん中にあり、その地球で最高度の知性をもつ人間は、世界全体を見渡すことで、その全体像を見通すことができると考えられたのです。

Aしかしながら、この見方には一つの大きな問題がありました。それは地球を含む太陽系の惑星（水星や火星、木星など）の運動の説明が、あまりにも複雑になってしまうという問題です。惑星は明けの明星や宵の明星のように、私たちの生活に㋐身近な、はっきりと目に見える星です。ところが、そうした身近な星のいくつかが、天空の示す東から西への大きな円運動とはまったく異なった、奇妙にもジグザグな運動をしているように見えることは、いかにも不自然で、容易に納得のいかない事実です（「惑星」という言葉は、惑っている星という意味で、不規則な運動をしているのでこの名前がついたのです）。

□、地球が中心ではなく、太陽が中心で世界が回っていると考えてはどうかという、それまでの天空理解とはまったく異なった、非常に革命的な発想が、西洋の近代において生まれました。これが地動説であり、それを最初に㋑提言した人の一人がポーランドの天文学者でカトリック司祭でもあったコペルニクスです。天動説から地動説、あるいは地球中心説から太陽中心説へのこの大転換は、コペルニクスの名前にちなんで、「コペルニクス的転回」と呼ばれます。

さて、この大転換にはもう一つの大きな視点の変更が含まれていました。それは、有限で閉じられた天空のイメージから、無際限に広がっていて、どこまでも開かれているように見える宇宙のイメージへの転換です。

天動説から地動説へと見方を一八〇度変えた西洋の人びとは、同時に、それまでのように宇宙が天空によっておおわれた、一定の大きさの有限な世界であるという信念を捨てざるをえなくなりました。というのも、さまざまな天体観測を通じて惑星や恒星の研究を積み重ねてきた天文学者たちは、㋒次第に太陽系が属する銀河の他にも、いろいろな星雲が存在し、それぞれが銀河と同じような構造をもっているのではないか、と考えるようになったからです。こうした天体観測の精密化は、もちろん、望遠鏡による夜空の観察の解像度が飛躍的に進歩したことで可能になりました。コペルニクスの後、月や火星や木星についての㋓詳細な観測を行ったガリレイやケプラーは、当時としては非常に高度な観測技術をもっていたのです。

※　地球が属する太陽系でさえ、宇宙の片隅にすぎないような、無数の銀河や星雲からなる宇宙。それはあまりにも巨大な空間の中に、無際限な形で続いている、不定形で底の見えない、どろどろとしたカオスの世界のようにも思われます。

地動説とともに生まれた、開かれた宇宙のイメージ――。西洋近代に生じたこの宇宙論上の重大な革命は、ごく自然に、哲学における大きな発想の転換をも引き起こすことになりました。Bそしてこれこそが、西洋近代における宇宙論の変換に連動して生じた哲学の転換に他ならないのです。

（伊藤邦武『宇宙はなぜ哲学の問題になるのか』による。）

英語解答

1 No.1　B　　No.2　D

2 A　ウ　　B　イ　　C　ア

3 No.1　エ　　No.2　ア
No.3　イ

4 (例) Because we can do many things before going to school.

5 ア　arrived　　イ　wear
ウ　written　　エ　decided
オ　crying

6 (1)　A…ウ　B…ア　　(2)　エ
(3)　ア，エ

7 (1)　イ→ウ→ア→エ
(2)　(例) He felt very nervous because he was not good at speaking English.
(3)　ア，オ
(4)　(例) those words, we want to try harder and practice more. We have helped each other by saying those words. (19語)

8 (例) If they see our video, they can understand about our school easily. Also, they can see our faces and hear our voices in the video, so they will know more about us. (32語)

1〔放送問題〕

No.1《全訳》A：あなたには自分の部屋があるの，タク？／B：うん，あるよ。部屋には机とベッドがあるんだ。／A：いいなあ！　あなたの部屋にはテレビはある？／B：ないよ，でも欲しいな。

Q：「タクは自分の部屋に何を持っているか」―B

No.2《全訳》A：やあ，ナオコ。明日は何をする予定なの？／B：公園でテニスをする予定よ。／A：ほんとに？　明日は雨が降るみたいだよ。／B：ええ，やだあ！　じゃあ，家にいて本を読もうかな。／A：雨の日にはそうするのがいいね。僕はピアノを弾くつもりだよ。

Q：「明日雨が降ったら，ナオコは何をするつもりか」―D

2〔放送問題〕

《全訳》皆さん，こんにちは。今日は僕の家族についてお話しします。僕の父は自分が経営する書店で働いています。父は43歳です。彼は読書が好きで，いろいろなことを知っています。僕の母は医師で，具合の悪い大勢の人を助けています。母は45歳です。彼女は料理が大好きです。僕に料理の仕方を教えてくれることもあります。僕は祖父母とも一緒に暮らしています。祖父母は70歳です。彼らはふだん，父の書店で父を手伝っています。祖父は釣りに行くのが好きで，祖母は友達といろいろな場所に出かけるのが大好きです。僕の家族は皆，仕事も余暇の時間も，どちらも楽しんでいます。

＜解説＞A．第４文参照。　　B．第６文参照。医師なので，働いている場所は hospital「病院」である。　　C．終わりから２文目参照。「いろいろな場所に出かける」ことは traveling「旅行」と言い換えられる。

3〔放送問題〕

《全訳》グリーン先生，私たちのためにいろいろとしてくださって，本当にありがとうございました。先生の授業は本当に楽しかったです。先生の授業中の，英語の歌やゲームは楽しかったです。ですが，私はオーストラリアについて学ぶのが一番好きでした。先生は私たちに，先生の国にあるたくさんのすてきな場所についてお話ししてくれました。私は将来，それらの場所を訪れてみたいと思っています。また，先生はよく放課後に私たちのチームと一緒にバスケットボールをしてくれましたね。先生はバスケットボールが本当にお上手でした！　私たちがバスケットボールの練習をしているとき，先生と英語でお話しする機会がありました。私は先生にバスケットボールについてもっとたくさん質問したかったので，英語の勉強をがんばるようになったんですよ。先生はご自分の国の中学校で音楽の先生として働き始めるのだと私たちに話してくれましたね。幸運をお祈りしています，そしてまたお会いしましょう。どうもありがとうございました。

No.１．「アキがグリーン先生の英語の授業で一番好きだったことは何か」―エ．「オーストラリアについて学ぶのが好きだった」

No.２．「なぜアキは英語の勉強をがんばるようになったのか」―ア．「グリーン先生とバスケットボールについて話したかったから」

No.３．「グリーン先生は自分の国で何をするつもりか」―イ．「学校で音楽を教えるつもりだ」

４〔放送問題―適文補充〕

マイク(M)：僕の父さんはいつも，早起きが大切だって言うんだ。／リカ(R)：私もあなたのお父さんと同じ意見よ。／M：どうして早起きは大切なの？／R：(例)学校に行く前にいろいろなことができるからよ。／M：それはそうだね。

５〔長文読解―適語補充・語形変化―日記〕

≪全訳≫この前の土曜日，お母さんと弟〔兄〕と一緒にショッピングモールに行った。私たちは午後２時にモールに着いた。まず，弟〔兄〕が帽子を買った。彼は出かけるときに帽子をかぶるのが好きなのだ。それから，本屋に行った。私は有名な歌手が書いた新刊本を見つけた。私はその歌手が大好きなので，それを買うことにした。買い物が終わった後，ある家族とその飼い犬を描いた映画を見た。映画が終わったとき，お母さんは泣いていた。私も悲しい気持ちになり，うちの犬に会いたくなった。そこで，私たちはすぐに家に帰った。

ア．arrive at ～ で「～に着く，到着する」。過去の出来事を書いた文なので，arrived と過去形にする。　arrive－arrived－arrived　イ．caps「帽子」を目的語にとる動詞として，wear「身につける」が適する。to不定詞として用いるので，原形のままでよい。　ウ．「有名な歌手によって(　)新しい本」という部分。write「書く」の過去分詞 written を形容詞的用法として使い，written by a famous singer というまとまりが「有名な歌手によって書かれた」という受け身形の意味で a new book を修飾する形にすればよい。　write－wrote－written　エ．decide to ～で「～することに決める」。過去の出来事なので，decided と過去形にする。　decide－decided－decided　オ．直後に「私も悲しい気持ちになった」とある。よって，母もその映画を見て悲しくなり，泣いていたのだと推測できる。直前に be動詞の was があるので，cry「泣く」を crying にして過去進行形にする。

６〔長文読解総合―会話文〕

≪全訳≫❶エミと彼女の父は，エミの友人で中国出身のチェンと一緒に美術館を訪れている。

❷チェン(C)：僕をこんなにすばらしい美術館に連れてきてくれてどうもありがとう。

❸エミ(E)：Aどういたしまして。私たちもあなたと来られてうれしいわ。ここには日本の絵画がたくさんあるの。浮世絵って呼ばれているのよ。

❹C：すごくわくわくするなあ！

❺彼らは美術館を巡り，いくつかの絵画を見る。

❻C：わあ，この絵はいいね！　僕はこれがすごく気に入ったよ。

❼E：それは葛飾北斎がつくった絵よ。

❽C：彼の有名な絵をいくつか見たことがあるよ。でも，これはこれまでに見たことがないな。

❾エミの父(F)：彼は生涯でたくさんの絵を描いたんだ。これはおもしろい形の橋を描いた彼の絵の１つさ。彼の絵に出てくるこういう橋の中には，本物もあれば，そうでないものもあるんだ。

❿C：僕はこの絵の橋の形が気に入ったな。左右に折れ曲がったり，上がったり下がったりしてる。この上を歩いてみたいなあ。

⓫E：次の作品を見てよ，チェン。これは「大波」って呼ばれているの。これは北斎がつくった最も有

名な絵だと思うわ。
⓬C：ああ，この絵は前に美術の本で見たことがあるけど，美術館で見るとずいぶん違うね。これを見ていると，まるでこの大波が動いているような気がしてくるよ。
⓭E：私も。すごくリアルに見えるわよね。Bどうやってこんな絵を描いたのかしら？
⓮F：それはとてもいい質問だね。北斎は長いこと海で波を観察していたと聞いたことがあるよ。高速度のカメラで本物の波の写真を撮ると，その写真が北斎の描いた波と全く同じだってことがわかるんだ。そうなると，北斎がどれほど念入りに波を研究していたかがわかるだろう。
⓯C：彼がカメラを使わずにこの絵を描いたなんて信じられないな。葛飾北斎ってすごい！

(1)＜**適文選択**＞A．感謝された後の発言なので，それに応じる言葉として You're welcome.「どういたしまして」が適する。　B．この質問の答えとして父は，葛飾北斎が長い時間波を観察して絵を描いたと説明しているので，どうやってその絵を描いたのか尋ねたのだとわかる。

(2)＜**要旨把握**＞どのような絵かは，下線部の後で説明されている。橋が turns right and left「左右に折れ曲がって」いて，goes up and down「上がったり下がったりしている」という2つの特徴を示しているのはエである。

(3)＜**内容真偽**＞ア．「チェンはこの美術館に来る前に北斎の絵のことを知っていた」…○　第8段落第1文と一致する。　イ．「北斎はおもしろい形をした本物の橋の絵は描かなかった」…×　第9段落第2，3文参照。おもしろい形をした橋の中には，本物の橋を描いたものもあった。　ウ．「チェンは日本の橋を描いた北斎の絵が気に入り，それらを描いて楽しんだ」…×　自分で描いたという記述はない。　エ．「エミの父は，北斎は絵を描くために長い間波を観察したと言った」…○　第14段落第2文と一致する。　オ．「チェンは本物の海の波にとても興味があり，その写真を撮りたいと思った」…×　このような記述はない。

7 〔長文読解総合―スピーチ〕

≪**全訳**≫❶中学生の頃，私は英語を話すのが得意ではありませんでした。ある日，先生が私たちに英語でスピーチをするように言いました。私はとても不安でした。そんなとき，私は大好きなサッカー選手の言葉を思い出したのです。彼は，「言葉が行動を変える。行動が人生を変える」と言いました。試合前，彼はいつも自分に向かって「自分は偉大な選手なんだ」と言っていたのです。そこで私は，スピーチの前に自分に向かって「僕はすばらしい話し手なんだ」と言ってみました。そのスピーチの後，先生は「君のスピーチはすごく上手だったよ」と言ってくれました。私はそれを聞いてとてもうれしかったのです。
❷その日，自分がなぜ上手に話せたのかわかりませんでしたが，この経験は私の人生を変えました。そのおかげで，私はもっとうまく英語を話したいと心から思うようになったのです。大学生のとき，私は1年間イギリスに滞在しました。英語を身につけるため，学校では学業に励み，家ではよくテレビを見ました。
❸ある日，私はある実験に関するおもしろいテレビ番組を見つけました。それは人間の行動に関する実験でした。ある研究者が，「言葉は人間の行動をどう変化させるのだろう？」と考えました。彼は人々にあるテストを行いました。彼は人々にいくつかの単語を示し，それらの単語を正しい順序に並べかえてもらいました。
❹この実験では，人々が2つのグループに分けられました。1つ目のグループは，高齢者に関係のある単語を見ました。2つ目のグループは，若者に関係のある単語を見ました。例えば，1つ目のグループの人は，「男性」「その」「年取った」「見える」という単語を見て，それらを正しい順序に並べかえたのです。
❺テストの後，その人たちは部屋から出ました。研究者は彼らが歩く速さをテストの前後で記録しました。しかし，そのことを彼らには伝えていませんでした。

6その研究者はどんなことを発見したでしょうか？　なんと，1つ目のグループの人はテストの後，歩くのが遅くなったのです。2つ目のグループの人は，テストの後，歩くのが速くなりました。このテレビ番組の中で，その研究者はこう言いました。「私は彼らにゆっくり歩くようにとも速く歩くようにとも言いませんでした。その人たちが目にした単語が，彼らの行動を変化させたのです」

7いくつかの単語を見ただけで人々の行動が変わると知って，私は驚きました。今では，私は言葉には行動を変える力があると信じています。皆さんの使う言葉が，皆さん自身の行動を変える可能性があるのです。皆さんの周りにいる人たちは，皆さんの使う言葉を見たり聞いたりするのですから，皆さんの言葉がその人たちの行動を変えることもあるということを覚えておいてください。

(1)＜**要旨把握**＞話に出てきた順に，中学生のときに森先生がスピーチをしたという第1段落後半の内容を描いたイ→大学時代にイギリスに滞在し，勉強したりテレビを見たりして英語を習得しようとしたという第2段落最後の2文の内容を描いたウ→第4段落最終文の，高齢者に関する単語を並べかえて文をつくるという作業を表したア→テストを受けた後，部屋を出ていく人の歩く速さを計測したという第5段落第1，2文の内容を描いたエ，となる。

(2)＜**英問英答**＞「森先生は中学校で英語のスピーチをする前にどんな気持ちだったか。そしてなぜそのように感じたのか」—「英語を話すのが得意ではなかったので，とても不安だった」　第1段落第1～3文参照。　be good at ～ing「～するのが得意だ」　nervous「不安な，緊張した」

(3)＜**内容真偽**＞ア．「1つ目のグループの人と2つ目のグループの人は違う単語を見た」…○　第4段落第1～3文と一致する。　イ．「研究者は，人々がどのくらい速く単語の順序を並べかえられるかを知りたかった」…×　第3段落第3文および第5段落第2文参照。言葉が行動に与える影響を知りたいと考え，歩く速さを計測した。　ウ．「研究者は1つ目のグループの人に速く歩くように頼んだ」…×　第6段落最後から2文目参照。歩く速さは指示しなかった。　エ．「人々は，研究者が自分たちの歩く速さを記録していることを知っていた」…×　第5段落終わりの2文参照。研究者は歩く速さを計測することを伝えなかった。　オ．「人々は高齢者に関連する単語を見た後，歩き方がゆっくりになった」…○　第4段落第2文および第6段落第2文と一致する。

(4)＜**条件作文**＞《**全訳**》「森先生の英語の授業で，私たちクラスメイトはいつでもお互いに『それはすばらしいアイデアだね』『いい仕事したね！』と言っていました。今，そういった言葉を言うことがなぜ大切なのかを本当に理解しました。(例)そういった言葉を聞くと，もっとがんばって，もっと練習したくなるのです。そういう言葉を口にすることで，私たちはお互いに助け合ってきたのです」

＜**解説**＞本文では，「言葉には行動を変える力がある」ことが説明されている。これをふまえ，【授業のまとめ】では，お互いに肯定的な言葉をかけ合うことが挙げられているので，そうした言葉を聞いたとき，どんな行動につながるかを説明すればよい。

8 〔条件作文〕

《**全訳**》A．ブラウン先生：私には，アメリカの中学校で教師をしている友人がいます。彼女の生徒たちはこの学校について知りたがっていて，皆さんとお友達になりたがっています。皆さんにはどんなことができますか？　話し合ってみましょう！／B．カズキ：Eメールを送って，僕たちの学校についてその人たちに教えてあげるのがいいと思うな。君たちはどう思う？／C．トモコ：それはいい考えね。でも，動画をつくるのはどうかしら？　インターネットを使ってそれを送ることができるわ。私たちの学校についての動画を送る方が，単にEメールを送るよりもいいと思うの。(例)その人たちが私たちの動画を見れば，私たちの学校のことを簡単に理解できるわ。それに，動画なら私たちの顔を見たり声を聞いたりできるから，私たちのことをもっとよく知ってもらえるわ。

＜**解説**＞文字だけのEメールよりも動画の方が優れているといえる点を挙げる。動画の方が視覚に訴えられるので，授業や部活動の様子，学校の施設などを実際に見てもらえる，といった内容も考えられる。

2020年度／群馬県公立高等学校（後期）

数学解答

1 (1) ① -7 ② $\frac{5}{2}x$ ③ $4ab^2$

(2) イ (3) $(x-5)^2$

(4) $x=-1$，$y=2$ (5) $\frac{7}{8}$

(6) $x=\frac{5\pm3\sqrt{2}}{2}$ (7) 52° (8) ウ

(9) ∠c と∠e

2 (1) エ，オ (2) ア，エ

3 (例)$1000a+100b+10b+a$ となる。

$1000a+100b+10b+a$

$=1001a+110b=11(91a+10b)$

$91a+10b$ は整数であるから，

$11(91a+10b)$ は11の倍数である。

4 (1) $\sqrt{29}$ m

(2) ① 記号…ア 長さ…$\sqrt{41}$ m

② $\frac{6\sqrt{5}}{5}$ m

5 (1) 160cm

(2) ① $y=-\frac{4}{5}x+240$

② $96\leqq y\leqq 200$

(3) 120

6 (1)

① (例)

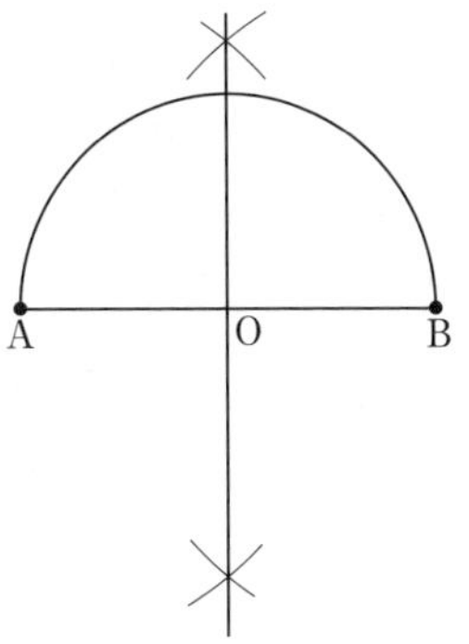

② (例)半径は等しいので，

AO＝PO……①

手順のⅱより，AO＝AP……②

①，②より，△AOP は正三角形となるから，

∠AOP＝60°，∠BOP＝120°

弧の長さは中心角の大きさに比例するので，

$\overset{\frown}{AP}:\overset{\frown}{PB}=60°:120°=1:2$

したがって，手順のⅰ，ⅱによって，$\overset{\frown}{AP}:\overset{\frown}{PB}=1:2$ となる点Pをとることができる。

(2) ① 6π cm² ② $\frac{9}{2}\pi+18-9\sqrt{2}$ cm²

1〔独立小問集合題〕

(1)＜数・式の計算＞①与式$=1+(-8)=1-8=-7$ ②与式$=\frac{6}{2}x-\frac{1}{2}x=\frac{5}{2}x$ ③与式$=\frac{4a^2b\times2b}{2a}=4ab^2$

(2)＜数の性質＞3.2の絶対値は3.2，$-\frac{7}{2}$の絶対値は$\frac{7}{2}(=3.5)$，$\frac{10}{3}$の絶対値は$\frac{10}{3}(=3.3\cdots)$，-3の絶対値は3である。また，$2\sqrt{2}$の絶対値は$2\sqrt{2}$であり，$2\sqrt{2}=\sqrt{2^2\times2}=\sqrt{8}$ だから，$\sqrt{4}<\sqrt{8}<\sqrt{9}$ より，$2<\sqrt{8}<3$ となる。よって，$2\sqrt{2}<3<3.2<\frac{10}{3}<\frac{7}{2}$ だから，絶対値が最も大きい数は，絶対値が$\frac{7}{2}$となるイの$-\frac{7}{2}$である。

(3)＜因数分解＞与式$=x^2-2\times5\times x+5^2=(x-5)^2$

(4)＜連立方程式＞$2x+3y=4$……①，$-x+y=3$……②とする。②×2 より，$-2x+2y=6$……②′ ①＋②′より，$3y+2y=4+6$，$5y=10$ ∴$y=2$ これを②に代入して，$-x+2=3$，$-x=1$ ∴$x=-1$

(5)＜確率―硬貨＞1枚の硬貨を3回投げるとき，表，裏の出方は全部で$2\times2\times2=8$(通り)ある。このうち，少なくとも1回は表が出る場合は，3回とも裏が出る場合以外の場合である。3回とも裏が出る場合は(1回目，2回目，3回目)＝(裏，裏，裏)の1通りだから，少なくとも1回は表が出る場合は$8-1=7$(通り)となる。よって，求める確率は$\frac{7}{8}$である。

(6)<二次方程式>$2x-5=\pm\sqrt{18}$，$2x-5=\pm3\sqrt{2}$，$2x=5\pm3\sqrt{2}$　$\therefore x=\dfrac{5\pm3\sqrt{2}}{2}$

(7)<図形—角度>右図１で，∠BCD は半円の弧に対する円周角だから，∠BCD＝90°である。これより，△BCD で内角の和より，∠BDC＝180°－(∠BCD＋∠CBD)＝180°－(90°＋38°)＝52°である。よって，$\overset{\frown}{\mathrm{BC}}$ に対する円周角より，∠BAC＝∠BDC＝52°となる。

図１

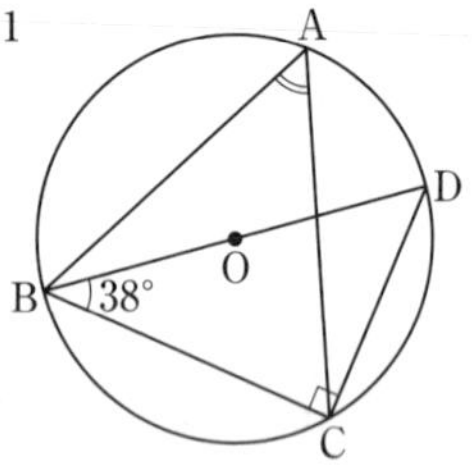

(8)<資料の活用—標本調査>容器の中の黒いビーズの個数を x 個とする。容器に100個の白いビーズを加えたときの白いビーズの割合と，無作為に100個取り出した中にある白いビーズの割合は同じと考えられるので，$\dfrac{100}{x+100}=\dfrac{10}{100}$ が成り立つ。これを解くと，$10000=10(x+100)$，$10000=10x+1000$，$10x=9000$，$x=900$ となる。よって，黒いビーズはおよそ900個である。

図２

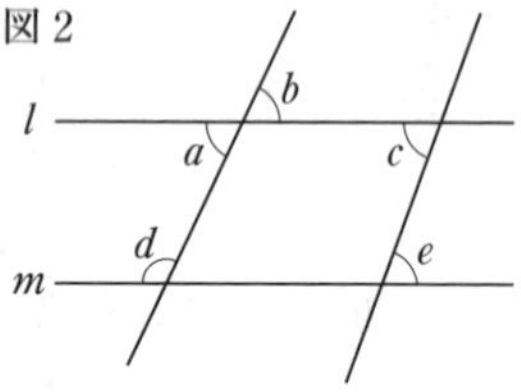

(9)<図形—角>右図２で，２直線 l，m が平行になるのは，２直線 l，m に１本の直線が交わってできる角で，同位角，錯角が等しいときである。$\angle c$ と $\angle e$ は錯角だから，$\angle c=\angle e$ であれば，$l /\!/ m$ となる。

2 〔独立小問集合題〕

(1)<関数—比例>ア．y は x を用いた式で表すことができない。　イ．$y=1000-x$ より，$y=-x+1000$ となり，比例ではない。　ウ．$xy=1200$ より，$y=\dfrac{1200}{x}$ となり，比例ではない。　エ…正。$y=x\times\dfrac{5}{100}$ より，$y=\dfrac{1}{20}x$ となり，y は x に比例する。　オ…正。$y=2\times x$ より，$y=2x$ となり，y は x に比例する。

(2)<関数—関数 $y=ax^2$>ア．関数 $y=2x^2$ は，$x=0$ のとき $y=0$ だから，グラフは点$(0,\ 0)$を通る。イ．$x>0$ のとき，x が増加すると，y は増加する。　ウ．グラフは，y 軸について対称である。エ．$x=0$ のとき，y は最小で $y=0$ となり，$x=2$ のとき，y は最大で $y=2\times2^2=8$ となるから，y の変域は $0\leqq y\leqq8$ である。　オ．$x=1$ のとき $y=2\times1^2=2$，$x=2$ のとき $y=2\times2^2=8$ だから，x の値が１から２まで増加するときの変化の割合は $\dfrac{8-2}{2-1}=6$ である。

3 〔数と式—文字式の利用—証明〕

千の位の数が a，百の位の数が b，十の位の数が b，一の位の数が a だから，４けたの整数は，$1000a+100b+10b+a$ と表せる。これが 11×〔整数〕の形で表せればよい。解答参照。

4 〔空間図形—直方体〕

(1)<長さ—三平方の定理>右図１で，点Ａと点Ｃを結ぶと，△ABC で三平方の定理より，$\mathrm{AC}^2=\mathrm{AB}^2+\mathrm{BC}^2=2^2+4^2=20$ である。また，CG⊥〔面 ABCD〕より∠ACG＝90°だから，△ACG で三平方の定理より，$\mathrm{AG}=\sqrt{\mathrm{AC}^2+\mathrm{CG}^2}=\sqrt{20+3^2}=\sqrt{29}$ (m)である。

図１

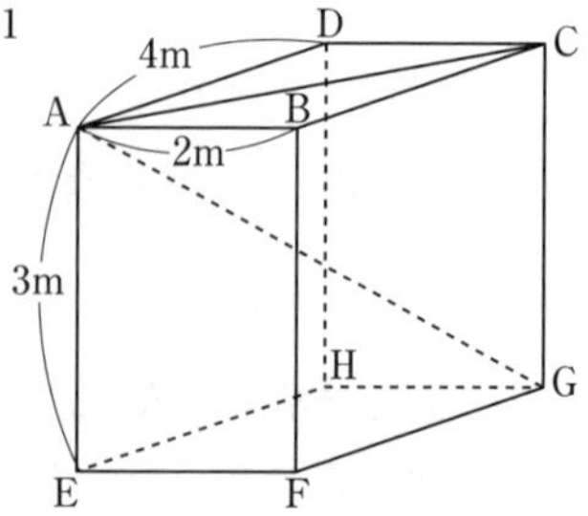

(2)<長さ—三平方の定理>①まず，アの方法の場合，糸が通る面は面 ABCD と面 BFGC だから，この２つの面を次ページの図２のように展開する。糸の長さが最も短くなるとき，糸は線分 AG となる。AF＝AB＋BF＝2＋3＝5 だから，△AFG において三平方の定理より，$\mathrm{AG}=\sqrt{\mathrm{AF}^2+\mathrm{FG}^2}=\sqrt{5^2+4^2}=\sqrt{41}$ (m)である。また，イの方法の場合，糸が通る面は面 AEFB と面 BFGC だから，この２つの面を次ページの図３のように展開する。糸の長さが最も短くなるとき，糸は線分 AG となる。EG＝EF＋FG＝2＋4＝6 だから，△AEG において三平方の定理より，$\mathrm{AG}=\sqrt{\mathrm{AE}^2+\mathrm{EG}^2}=\sqrt{3^2+6^2}=\sqrt{45}=3\sqrt{5}$ (m)である。以上より，$\sqrt{41}<\sqrt{45}$ だから，アの方法の場合の方が短く，その長さは $\sqrt{41}$ m である。

②①より，糸の長さが長いのはイの方法の場合である。図3で，BF と AG の交点を I とすると，直線 l は線分 IG となる。点Cから直線 l に垂線 CJ を引くと，点Cと直線 l との距離は線分 CJ の長さである。△AGC は∠ACG＝90°の直角三角形だから，その面積は，$\frac{1}{2}\times \mathrm{AC}\times \mathrm{CG}=\frac{1}{2}\times 6\times 3=9$ となる。また，

図2

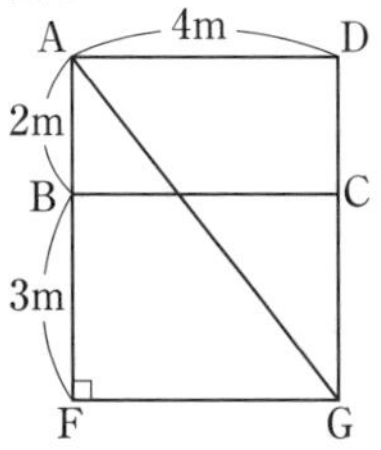

図3

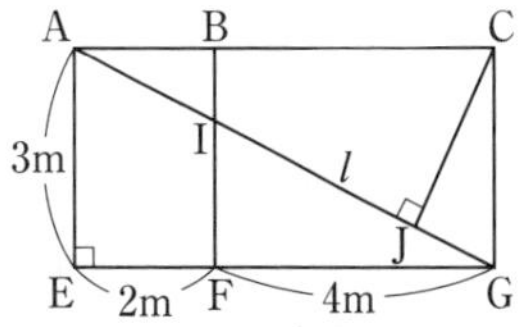

△AGC の底辺を $\mathrm{AG}=3\sqrt{5}$ と見ると高さは CJ だから，△AGC の面積について，$\frac{1}{2}\times 3\sqrt{5}\times \mathrm{CJ}=9$ が成り立つ。これを解くと，$\mathrm{CJ}=\frac{6\sqrt{5}}{5}$ (m) となる。

5 〔関数―関数の利用〕

(1)＜長さ―相似＞右図1のように，ライトAを天井からひもでつり下げたときの各点をC～I，天井とひもの交点をXとする。点X，C，E，H は同一直線上にあり，線分 GI が，ライトAが床を照らしてできる円の直径となる。XC＝100 のとき，$\mathrm{CH}=\mathrm{XH}-\mathrm{XC}=300-100=200$ である。また，△CDF∽△CGI だから，対応する線分の長さの比が等しくなり，DF：GI＝CE：CH より，8：GI＝10：200 が成り立つ。これより，$\mathrm{GI}\times 10=8\times 200$，GI＝160(cm)である。

図1

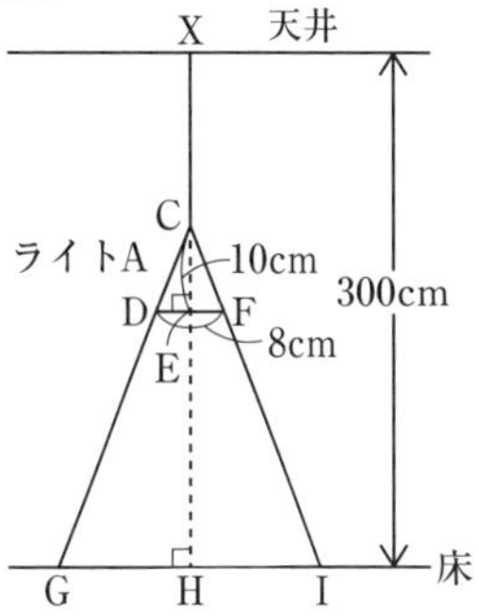

(2)＜関係式，変域＞①(1)と同様に考えると，右図1で XC＝x のとき，$\mathrm{CH}=300-x$ だから，8：GI＝10：$(300-x)$が成り立つ。これより，$\mathrm{GI}\times 10=8\times(300-x)$，$\mathrm{GI}=-\frac{4}{5}x+240$ となるので，$y=-\frac{4}{5}x+240$ である。

②関数 $y=-\frac{4}{5}x+240$ は，x の値が増加すると y の値は減少するから，y の値は，$x=50$ のとき最大で $y=-\frac{4}{5}\times 50+240=200$，$x=180$ のとき最小で $y=-\frac{4}{5}\times 180+240=96$ となる。よって，x の変域が $50\leqq x\leqq 180$ のときの y の変域は，$96\leqq y\leqq 200$ である。

(3)＜長さ―相似＞右図2のように，ライトBを天井からひもでつり下げたときの各点をJ～P，天井とひもの交点をYとする。(1)と同様に考えると，$\mathrm{YJ}=\frac{x}{2}$ より，$\mathrm{JO}=300-\frac{x}{2}$ だから，KM：NP＝JL：JO より，

6：NP＝10：$\left(300-\frac{x}{2}\right)$が成り立つ。これより，$\mathrm{NP}\times 10=6\times\left(300-\frac{x}{2}\right)$，

$\mathrm{NP}=-\frac{3}{10}x+180$ と表せる。円の面積が等しいとき，その直径も等しい。

(2)の①より，$\mathrm{GI}=-\frac{4}{5}x+240$ だから，$-\frac{3}{10}x+180=-\frac{4}{5}x+240$ が成り立ち，$-3x+1800=-8x+2400$，$5x=600$ より，$x=120$(cm)である。

図2

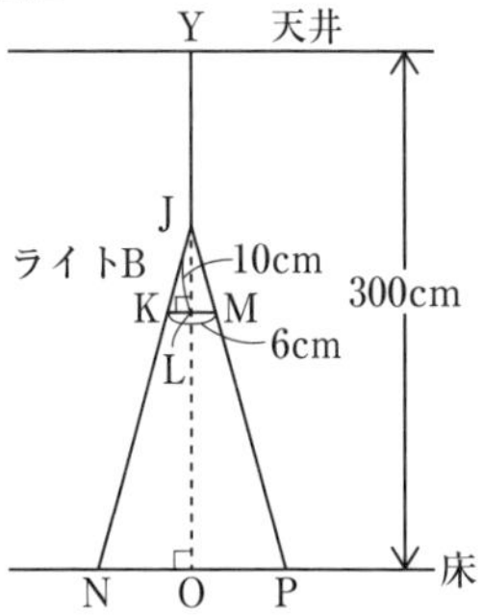

6 〔平面図形―半円〕

(1)＜作図，理由＞①直径 AB の中点は，直径 AB の垂直二等分線と直径 AB の交点として求められる。直径 AB の垂直二等分線を引いて点Oを作図する。作図は，右図1で，

㋐2点A，Bを中心とする半径の等しい円の弧をかき（2つの交点をC，Dとする），

㋑2点C，Dを通る直線を引く。㋑の直線と直径 AB との交点がOである。解答参照。

図1

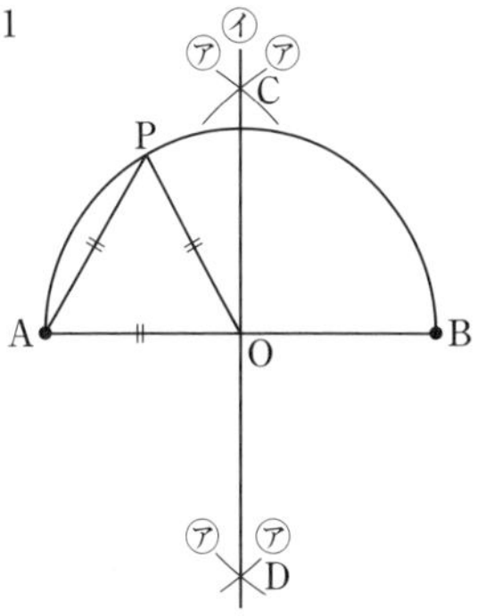

②図1で，$\overset{\frown}{AP}:\overset{\frown}{PB}=1:2$のとき，$\angle AOP:\angle POB=1:2$となり，$\angle AOP=\frac{1}{1+2}\times180^\circ=60^\circ$，$\angle POB=180^\circ-\angle AOP=180^\circ-60^\circ=120^\circ$である。このとき，△AOPは正三角形である。解答参照。

(2)<**面積**>①右図2のように，$\overset{\frown}{PE}=\overset{\frown}{EB}$となる点Eを$\overset{\frown}{PB}$上にとると，$\overset{\frown}{AP}:\overset{\frown}{PB}=1:2$より，$\overset{\frown}{AP}=\overset{\frown}{PE}=\overset{\frown}{EB}$となり，$\angle AOP=\angle POE=\angle EOB=60^\circ$である。これより，△POE，△EOBは正三角形となり，四角形OBEPはひし形である。よって，弦PBを折り目として折ると，点Eは点Oと重なる。また，OEとPBの交点をFとすると，△FOB≡△FEPとなる。したがって，折り返した図形ともとの半円とが重なった部分の面積は，線分OF，FP，$\overset{\frown}{OP}$で囲まれた図形と△FEPの面積の和，つまり，おうぎ形EOPの面積と等しくなる。$EO=AO=\frac{1}{2}AB=\frac{1}{2}\times12=6$だから，求める面積は，$\pi\times6^2\times\frac{60^\circ}{360^\circ}=6\pi(cm^2)$である。

図2

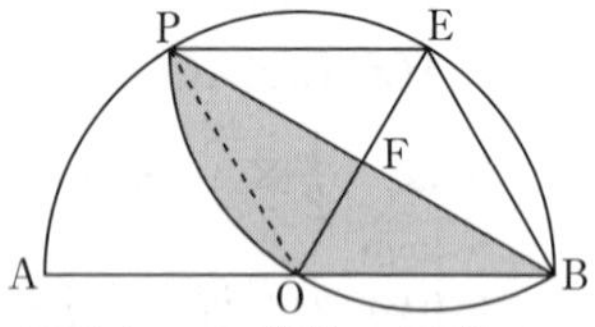

②右図3で，折り返した図形の$\overset{\frown}{QB}$と直径ABの交点をGとし，QBについて点Oと対称な点をRとする。このとき，$RQ=RB=OQ=OB=6$となり，四角形OBRQはひし形である。また，点Rは$\overset{\frown}{QGB}$を弧とするおうぎ形の中心となる。ORとQBの交点をHとすると，△HOB≡△HRQだから，求める面積は，$\overset{\frown}{QG}$，線分GO，OR，QRで囲まれた図形の面積と等しくなる。この図形は，おうぎ形RGQと△RGOを合わせた図形と見ることができる。まず，$\overset{\frown}{AQ}:\overset{\frown}{QB}=1:3$より，$\angle AOQ=\frac{1}{1+3}\times180^\circ=45^\circ$だから，OQ∥BRより，$\angle RBG=\angle AOQ=45^\circ$であり，RG＝RBだから，△RGBは直角二等辺三角形となる。これより，$GB=\sqrt{2}RB=\sqrt{2}OB=\sqrt{2}\times6=6\sqrt{2}$であり，$GO=GB-OB=6\sqrt{2}-6$となる。点RからGBに垂線を引き，その交点をIとすると，△RGIも直角二等辺三角形となるから，$RI=\frac{1}{\sqrt{2}}RG=\frac{1}{\sqrt{2}}\times6=3\sqrt{2}$である。さらに，QR∥ABより，$\angle GRQ=\angle RGB=45^\circ$である。よって，$\overset{\frown}{QG}$，線分GO，OR，QRで囲まれた図形の面積は，〔おうぎ形RGQ〕＋$\triangle RGO=\pi\times RG^2\times\frac{45^\circ}{360^\circ}+\frac{1}{2}\times GO\times RI=\pi\times6^2\times\frac{1}{8}+\frac{1}{2}\times(6\sqrt{2}-6)\times3\sqrt{2}=\frac{9}{2}\pi+18-9\sqrt{2}$となるから，求める面積は，$\frac{9}{2}\pi+18-9\sqrt{2}cm^2$である。

図3

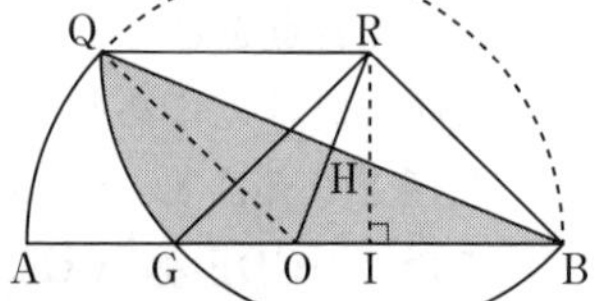

2020年度／群馬県公立高等学校(後期)

社会解答

1 (1) 大仙古墳　(2) ア　(3) ウ

(4) (例)専門的な技術を持つ多くの小規模企業が協力し，高度で大規模な事業にかかわる製品づくりができるようにしている。

(5) (例)人々の買い物のデータを蓄積し，商品開発に活用している。

2 (1) イ，ウ

(2) A…カルデラ　B…シラス

C (例)水はけがよいため，畑として利用されている

D (例)水が得やすいため，水田として利用されている

(3) (例)季節風の影響を受けるため。

3 (1) ウ　(2) c

(3) レアメタル〔希少金属〕

(4) **経済**…モノカルチャー経済

理由 (例)特定の産物に頼っているため，天候や他国との関係の影響を受けやすいから。

(5) (例)働いていた子どもたちが学校に行くようになり，教育を受ける機会が得られる。

4 (1) 班田収授法　(2) ウ

(3) 銅銭〔明銭〕

(4) (例)日本国内で鉄砲が生産されるようになったから。

(5) ウ→ア→イ

(6) (例)賃金は上昇しないのに物価が上昇し，生活が苦しくなったから。

5 (1) ウ→ア→イ→エ

(2) A…(例)女性の権利拡大　B…エ

(3) (例)植民地支配から独立した国々が，オリンピックに参加するようになったから。

(4) 平和維持活動〔PKO〕

6 (1) 国債　(2) イ　(3) ウ

(4) (例)社会保障支出の割合が高い国ほど，国民負担率が高い。

(5) (例)核家族世帯数や共働き世帯数が増えたことで，育児の支援を必要とする世帯が多くなったため。

7 (1) エ　(2) 97

(3) A…国会　B…国務大臣

(4) (例)一方の意見に偏らないように，住民の代表である首長と議会が互いに抑制し合う必要があるから。

1 〔三分野総合―大阪府を題材とした問題〕

(1)＜**大仙古墳**＞大阪府堺市にある大仙古墳は，日本最大の前方後円墳で，5世紀につくられた。2019年には，大仙古墳と周辺の多数の古墳が「百舌鳥・古市古墳群」として国連教育科学文化機関〔UNESCO〕の世界遺産に登録された。

(2)＜**日本の気候**＞図中のA(京都府舞鶴市)は日本海側の気候，B(大阪府大阪市)は瀬戸内の気候，C(和歌山県潮岬)は太平洋側の気候に属する。瀬戸内の気候に属する瀬戸内海沿岸地域は，南北に山地があるため，夏の南東季節風や冬の北西季節風による降雨の影響を受けにくいので，年間を通して比較的降水量が少ない。したがって，アがBのグラフとなる。なお，夏の降水量が多いイはC，冬の降水量が多いウはAのグラフである。

(3)＜**西廻り航路**＞西廻り航路は，日本海沿岸から下関を回り，瀬戸内海を通って大阪へ至る航路である。中部地方(北陸)の日本海沿岸に位置する新潟には，江戸時代，西廻り航路を運航する船が寄港する主要な港があり，主に米が積み込まれて大阪まで運ばれた。なお，銚子は千葉県，八戸は青森県の太平洋側，平戸は長崎県に位置する都市である。

(4)＜**大阪府の製造業**＞「大阪府の製造業の特徴を踏まえて」とあるので，まず資料Ⅳから大阪府の製造業の特徴を読み取る。大阪府と他の2県を比較すると，大阪府は事業所数が最も多い一方，平均従業員数と製造品出荷額は最も少ないことから，小規模な企業が多いことがわかる。次に資料Ⅲを見ると，専門的な技術を持つ企業が協力して製品づくりを行っていること，製造品には人工衛星やスカイツリーのように高度な技術を必要とする大規模な事業に関わる製品が多いことがわかる。

(5)＜**情報の活用**＞情報化の進む現代の社会では，人々の生活から得られた大量のデータが蓄積され，さまざまな場面で活用されている。例えば，スーパーマーケットやコンビニエンスストアなどの小売店では，レジで商品のバーコードを読み取ることにより，どの商品がいつ，いくらで，いくつ販売されたかといった情報を把握することのできるPOS〔販売時点情報管理〕システムを導入しており，情報をコンピュータで集計・解析して，在庫管理や商品開発などに役立てている。

2〔**日本地理—地形図，鹿児島県**〕

(1)＜**地形図の読み取り**＞特にことわりのないかぎり，地形図では上が北となる。図Ⅰ中の城山町付近に見られる「図書館」は，図Ⅱ中では(🕮)で表されている(イ…○)。図Ⅰ中に「本港」と書かれている地域は，図Ⅱ中では埋め立てられて陸地となり，付近にはフェリーターミナルや水族館などがつくられている(ウ…○)。なお，城山町の一帯に分布する城山は，図Ⅰと図Ⅱでほぼ変化していない(ア…×)。図Ⅱ中で，「かごしま」駅から見て西の方角に高等学校(⊗)は見られない(エ…×)。

(2)＜**鹿児島県の地形と土地利用**＞**A**．カルデラは，火山の噴火によって火山灰や溶岩が吹き上げられ，火口付近が陥没してできた大規模なくぼ地である。阿蘇山(熊本県)のカルデラが世界最大級のものとしてよく知られているが，鹿児島県にも数多くのカルデラがある。　**B**．鹿児島県から宮崎県にかけての地域には，火山の噴火による噴出物が堆積してできたシラス台地が広がっている。
C，**D**．資料Ⅰと資料Ⅱを見ると，X付近とY付近は標高がやや高い台地となっており，この部分がシラス台地にあたる。一方，XとYの間の地域は川が流れる低地となっている。資料Ⅰ中の土地利用の様子を見ると，台地には畑(∨)，低地には田(‖)が広がっていることがわかる。シラス台地は水はけがよいため水を得にくく，川のそばの低地は水を得やすいため，このような土地利用が行われていると考えられる。なお，シラス台地では畑作のほか，豚や肉牛などを飼育する畜産も盛んである。

(3)＜**桜島の降灰と季節風**＞資料Ⅲを見ると，２月には桜島から見て南東の地域を中心に降灰があり，８月には桜島から見て北西の地域を中心に降灰していることがわかる。これは，季節風の影響によるものである。日本列島では，夏は太平洋側から南東の季節風が，冬は大陸から北西の季節風が吹く。そのため，灰が風下側へ流れていると考えられる。

3〔**世界地理—アフリカ州，世界の姿**〕

(1)＜**赤道**＞０度の緯線である赤道は，アフリカ大陸ではギニア湾やビクトリア湖北部を通る。

(2)＜**大陸の気候帯分布**＞まず，ｃとｄの亜寒帯の割合が０％であることに注目する。亜寒帯〔冷帯〕は北半球の北緯40～60度付近に分布するため，亜寒帯がないｃとｄは，北半球の低緯度から南半球に位置するアフリカ大陸か南アメリカ大陸のいずれかとなる。このうち，北部に広大なサハラ砂漠が広がるアフリカ大陸は乾燥帯の割合が大きいｃ，アマゾン川流域を中心に熱帯雨林が広がる南アメリカ大陸は熱帯の割合が大きいｄと判断する。なお，全ての気候帯が比較的偏りなく分布しているａはユーラシア大陸，亜寒帯と寒帯の割合が大きいｂは北アメリカ大陸である。

(3)＜**レアメタル**＞図のアフリカ南部に多く分布するプラチナやマンガン，クロムなどのように，埋蔵量が世界的に少なかったり，純粋なものを取り出すことが技術的に難しかったりする希少価値の高い金属を，レアメタル〔希少金属〕という。レアメタルはスマートフォンなどの電子機器に多く使われており，近年では廃棄された製品からこれらの金属を回収して再利用する動きも広がっている。

(4)＜**モノカルチャー経済**＞資料Ⅱの３か国の輸出品目を見ると，それぞれコーヒー豆，ダイヤモンド，カカオ豆が輸出額の大きな割合を占めている。このように，特定の農産物や鉱産資源の輸出に頼って成り立つ経済をモノカルチャー経済といい，アフリカなどの発展途上国で多く見られる。農産物や鉱産資源の価格は，天候や国際情勢の影響を受けて変動しやすいため，モノカルチャー経済の国は輸出による収入が安定せず，経済が発展しにくい傾向がある。

(5)＜**発展途上国の給食支援**＞「発展途上国に関する課題」とは何かをまず確認し，次に「学校給食プログラム」がその課題を解決するためにどのような効果を生み出すのかを考える。資料Ⅲより，食べ物が不足して飢餓や栄養不足に苦しむ人がいること，食べ物を確保するために子どもが働かなければならないことという２つの課題が読み取れる。次に，「学校給食プログラム」によって期待される効果について資料Ⅲ，資料Ⅳをもとに考える。１つ目の効果は，資料Ⅲ中に書かれているとおり，子どもが食事をして必要な栄養を得られるということである。これは上記の１つ目の課題を解決するものであり，資料Ⅳ中の場面２に該当する内容である。２つ目の効果は，子どもが食べ物を確保するために働く必要がなくなり，学校で勉強ができるということである。これは上記の２つ目の課題を解決するものであり，資料Ⅳ中の場面１に該当する。

4〔歴史—古代～近世の日本〕

(1)＜**班田収授法**＞奈良時代の日本では，唐の制度にならって律令制度が整えられ，班田収授法と呼ばれる資料Ⅰの制度が実施された。これは，戸籍に基づいて６歳以上の全ての人々に口分田を与える仕組みで，死後は国に返させた。

(2)＜**最澄**＞最澄は，平安時代初めに唐に渡り，仏教を学んだ。帰国後は天台宗を伝え，比叡山延暦寺を建てた。なお，鑑真は奈良時代に来日して仏教の正しい教えを伝えた唐の僧，行基は奈良時代に民衆の間で布教を行った僧，法然は平安時代末期～鎌倉時代に浄土宗を開いた僧である。

(3)＜**銅銭の輸入**＞寺社の門前などの交通の要地で開かれた定期市は，鎌倉時代には月３回ほどであったが，室町時代には月６回ほどまで増え，農産物や手工業品などのさまざまな品物が取り引きされた。この時代の日本では正式な貨幣はつくられず，取り引きには中国から輸入された銅銭が使用されていた。そのため，室町時代に明との間で行われた日明貿易では，銅銭〔明銭〕が生糸などとともに主要な輸入品となった。

(4)＜**鉄砲の国産化**＞1543年に種子島(鹿児島県)に漂着したポルトガル人によって伝えられた鉄砲は，まもなく日本国内で生産することができるようになり，堺(大阪府)や国友(滋賀県)などの鉄砲鍛冶の職人によって大量に生産されるようになった。その結果，各地の戦国大名に鉄砲が行きわたり，戦い方や築城技術に変化をもたらした。

(5)＜**年代整序**＞年代の古い順に，ウ(日米修好通商条約の締結—1858年６月)，ア(安政の大獄—1858年９月～1859年)，イ(桜田門外の変—1860年)となる。

(6)＜**幕末の経済と打ちこわし**＞開国後に貿易が行われるようになると，生糸などの輸出品が国内で品不足となって値上がりし，これに伴って米などの生活必需品も急速に値上がりした。また，日本の金貨が海外に持ち出されるのを防ぐため，江戸幕府は貨幣の改鋳を行って金の含有量を減らした小判を発行したが，これによって貨幣価値が下がったため，物価が大きく上昇した。資料Ⅳを見ると，賃金が上昇していないのに米１升の価格が上昇しており，人々の生活が苦しくなったことがわかる。このような状況の中で幕府への不満が高まり，江戸や大阪などでは「世直し」を求める人々による世直し一揆や打ちこわしが多発した。

5〔歴史—近代～現代の日本と世界〕

(1)＜**年代整序**＞年代の古い順に，ウ(1902年)，ア(1904年)，イ(1905年)，エ(1911年)となる。

(2)＜**女性の権利拡大**＞Ａ．資料Ⅱから，1920年代にオリンピックへの女性の参加数が大きく増えていることがわかる。第一次世界大戦(1914～18年)では，労働力や資源などの国力の全てをつぎ込む総力戦となり，女性も兵器工場で働くなど戦争に大きく貢献したことから，戦後の欧米諸国では女性の権利拡大を求める動きが強まり，多くの国で女性の参政権が認められるようになった。こうした状況を背景として，オリンピックに参加する女性も増加したと考えられる。　　Ｂ．明治時代末期に青鞜社を結成して女性の解放を目指す運動を進めてきた平塚らいてうは，1920年には市川房枝らとともに新婦人協会を結成し，女性の政治活動の自由などを求める運動を広げた。なお，樋口一葉は明治時代に『たけくらべ』などの作品を著した作家，野口英世は黄熱病の病原体の研究などを行った細菌学者，美濃部達吉は「天皇機関説」を唱えた憲法学者である。

(3)＜**第二次世界大戦後の植民地独立**＞資料Ⅲの「北ローデシア」の旗の左上部分に描かれているのはイギリスの国旗である。イギリスの植民地であった「北ローデシア」が，1964年の東京オリンピック開催期間中に独立し，新たに「ザンビア」という国になったことを示している。このように，第二次世界大戦後にはアジアやアフリカの植民地が解放され，多くの独立国が誕生した。その結果，(c)の時期にオリンピックの参加国・地域数が増加した。

(4)＜**平和維持活動**＞国際連合の平和維持活動〔PKO〕は，紛争が起こった地域の平和を維持し，紛争の再発を防止するために国際連合が行う活動である。日本は，1992年に成立した国際平和協力法〔PKO協力法〕に基づき，カンボジアやモザンビーク，ハイチ，南スーダンなどさまざまな国・地域のPKOに自衛隊を派遣してきた。

6 〔公民―総合〕

(1)＜**国債**＞税金による収入だけでは歳入をまかなえない場合，国や地方公共団体は公債を発行して資金を借り入れる。国が発行する公債を国債，地方公共団体が発行する公債を地方債という。日本では，税収が長期的に減少傾向にあって歳出の増加に税収が追いつかず，財政赤字が拡大している。そのため，毎年多額の国債が発行されている。

(2)＜**労働組合法**＞労働組合法は，労働者が労働組合を結成して団結する権利を保障し，労働組合の活動を守るための法律である。なお，労働基準法は労働条件の最低基準を定めた法律，労働関係調整法は労働者と使用者の対立を予防・解決するための法律である。

(3)＜**税収の推移**＞個人の所得(収入)にかけられる所得税，企業などの所得にかけられる法人税は，景気変動などの影響を受けて税収が増減しやすいのに対して，商品を購入する際にかけられる消費税は，税収の変動が小さいという特徴がある。したがって，ウが消費税である。1990年代後半に消費税の税収が増加しているのは，1997年に税率が３％から５％に引き上げられたことによる。なお，アは所得税，イは法人税である。

(4)＜**資料の読み取り**＞社会保障支出の割合と国民負担率は，どちらもデンマーク，日本，アメリカの順に大きい。つまり，社会保障支出の割合が高い国ほど国民負担率も高い傾向にあるといえる。

(5)＜**子育て支援と家族形態の変化**＞資料Ⅲの取り組みは，育児の援助を受けたい人と援助を行いたい人をファミリー・サポート・センターが仲介し，地域の住民どうしの助け合いによる子育て支援を進める事業である。資料Ⅳを見ると，1980年に比べて2010年には核家族世帯(親と子ども，または夫婦のみの世帯)が増加し，三世代世帯(祖父母と親と子どもの世帯)が減少していることがわかる。また資料Ⅴを見ると，1980年に比べて2010年には共働き世帯が増加していることがわかる。以上から，資料Ⅲのような子育て支援を必要とする世帯が増加していると判断できる。

7 〔公民―総合〕

(1)＜**内閣不信任の決議**＞内閣不信任の決議は，衆議院のみが行うことができる。衆議院で内閣不信任決議が可決(または内閣信任決議が否決)された場合，内閣は10日以内に衆議院を解散するか総辞職しなければならない。

(2)＜**国連総会の議決**＞国際連合の総会は，全ての加盟国によって構成され，主権平等の原則に従って全ての加盟国が１票ずつの投票権を持つ。議決は多数決で行われ，通常の議案については過半数の賛成があれば可決される。したがって，資料Ⅰの議案の可決に必要な票数は，193票の過半数にあたる97票である。

(3)＜**議院内閣制**＞A．内閣総理大臣は，国会によって国会議員の中から指名される。議院内閣制をとる日本では，内閣は国権の最高機関である国会の信任に基づいて成立し，国会に対して連帯して責任を負う。国会で決められた法律や予算に基づいて政策を実施する内閣は，国会の意思を執行する役割を持つ。　　B．内閣総理大臣は，国務大臣を任命して内閣を組織する。国務大臣の過半数は国会議員でなければならない。

(4)＜**首長と地方議会の関係**＞地方公共団体の住民は，首長(都道府県知事や市(区)町村長)と地方議員をそれぞれ直接選挙によって選ぶ。したがって，首長と地方議会はどちらも住民の代表であり(二元代表制)，互いに対等な立場で抑制と均衡を保っている。このような立場を明確にする目的で，対面式の議場が導入されていると考えられる。

理科解答

1 A (1) 白血球 (2)…ウ
B (1)…イ (2) 断層
C (1) ア，ウ，エ
(2) 最も大きいもの…b
最も小さいもの…c
D (1) 3600J (2) 25％

2 (1) ① a…（例）太陽の動く速さが一定である
b…昼 c…イ
②…イ ③…ア
(2) B (3) ウ

3 (1) エ
(2) ①…イ
② （例）クモのえさが不足するから。
(3) ①…（例）微生物を死滅させる
②…（例）デンプンが分解されてなくなった
(4) （例）下水処理場における生活排水の浄化。

4 (1) ① a…（例）加熱回数が多くなると，加熱後の物質の質量が一定となっている
b…ウ
c…（例）空気中の酸素によって，一部酸化されていた
② 1.25g ③ 28％
(2) ① a ○○ b ●○ ●○
② a…ア b…ア c…ア
d…イ
③ 0.38倍

5 (1) ア
(2) ① （例）台ばかりの示す値が大きくなるのに対して，ばねののびは一定の割合で小さくなる。
② a…0.5 b…1.5 c…2.0
d…（例）ばねが物体を引く力と台ばかりが物体を押す力の合力は，重力とつり合っている
(3) a…ア b…ウ

1〔小問集合〕

A＜**動物の体のつくりとはたらき**＞(1)血液の成分のうち，体内に入った細菌などを分解するのは白血球である。　(2)吸気(吸う息)の組成は，空気の組成と同じである。空気の組成は酸素が約21％だから，aが酸素で，Yが吸気になる。よって，Xは呼気(吐く息)，bは二酸化炭素である。呼吸によって，酸素を取り込んで二酸化炭素を放出するので，吸気に対して呼気に含まれる酸素の割合が減少し，二酸化炭素の割合が増加する。

B＜**地震**＞(1)日本付近では，海のプレートが陸のプレートの下に沈み込んでいる。そのため，陸のプレートの先端部が引きずり込まれてひずみが生じる。このひずみが限界に達すると陸のプレートの先端部がはね上がって大きな地震が発生する。　(2)地層に大きな力が加わって生じた地層のずれを断層という。

C＜**金属の性質**＞(1)金属には，電気をよく通す(電気伝導性)，みがくと特有の光沢が出る(金属光沢)，たたくとうすく広がる(展性)，引っ張ると伸びる(延性)，熱をよく伝える(熱伝導性)などの共通した性質がある。なお，磁石につくのは鉄などの一部の金属だけの性質で，金属に共通する性質ではない。　(2)〔密度(g/cm³)〕＝$\frac{〔物質の質量(g)〕}{〔物質の体積(cm^3)〕}$より，表のaとbのように，体積が同じとき，密度は質量が大きい方が大きいから，b>aである。また，aとcで，20.0cm^3のときの質量は，明らかにaの方が大きいから，密度の大きさはa>cである。よって，金属a～cの密度の大きさはb>a>cとなる。なお，それぞれの金属の密度を求めると，aは47.2÷6.0＝7.866…より，約7.87g/cm^3，bは53.8÷6.0＝8.966…より，約8.97g/cm^3，cは53.8÷20.0＝2.69(g/cm^3)となる。

D＜**電気エネルギー**＞(1)1Whは1Wの電力を1時間消費したときの電力量で，1Jは1Wの電力を1秒間使ったときの電力量である。よって，1時間は60×60＝3600(秒)だから，1Whは1×3600＝3600(W)より，3600Jである。　(2)LED電球が消費した電気エネルギーは，電力量として求め

られる。よって，〔電力量(J)〕=〔電力(W)〕×〔時間(s)〕より，LED電球が消費した電気エネルギーは，6×(5×60)=1800(J)となる。このうちの450Jが光エネルギーになったので，消費した電気エネルギーのうち，光エネルギーになったのは，450÷1800×100=25(%)である。

2 〔地球と宇宙〕

(1)＜**太陽の動き**＞①図Ⅰ，Ⅱの・印は透明半球上の太陽の位置を示しているから，1時間ごとの・印が等間隔であることより，太陽の動く速さが一定であることがわかる。また，真東のXは日の出の位置，真西のYは日の入りの位置だから，XY間の長さは昼の長さに対応する。よって，秋分の日から冬至の日までは昼の長さは短くなるので，秋分の日の1か月後のXY間の長さは短くなる。
②図Ⅱより，透明半球上で，太陽は1時間に1.5cm動くので，5.25cm動くのにかかる時間は5.25÷1.5=3.5(時間)より，3時間30分である。よって，この日の日の出の時刻は，午前9時の3時間30分前の午前5時30分である。　③南半球では，太陽は東の空から昇り，北の空を通って西の空に沈む。秋分の日には，南半球でも北半球でも太陽は真東から昇り，真西に沈む。

(2)＜**影の動き**＞棒の影は太陽と反対側にできるから，図Ⅲの太陽が南中したときの影は棒の北側にできている。よって，図Ⅲで，Aの方向が西，Bの方向が東で，太陽は東から西に動くから，棒の影は西から東，つまり，AからBに動く。

(3)＜**影の動き**＞太陽の高度が高いほど，棒の影は短くなる。同じ時刻の太陽の高度は，夏至の日に最も高く，冬至の日に最も低いので，棒の影の先端の位置は，秋分の日に比べ，夏至の日は棒に近く，冬至の日は遠くなる。また，同じ時刻に観察した場合，棒の影の先端の位置を結んだ線の長さは，太陽の高度が高いほど短くなる。よって，線の長さは，秋分の日に比べ，夏至の日は短く，冬至の日は長い。

3 〔自然と人間〕

(1)＜**ルーペの使い方**＞ルーペは目に近づけて持つ。観察するものが動かせるときは，観察するものを前後に動かして，よく見える位置を探す。なお，動かせないときは，顔を動かす。

(2)＜**節足動物，食物連鎖**＞①ダンゴムシ，ムカデ，クモは節足動物で，体が外骨格でおおわれていて，からだやあしに節がある。なお，内臓が外とう膜でおおわれているのは軟体動物である。　②クモの数が増えると，エサの数が減って不足するため，やがてクモの数も減ることになる。

(3)＜**微生物のはたらき**＞この実験では，土の中の微生物がデンプンを分解するはたらきについて調べている。上澄み液を沸騰させると，その中にいる微生物が死滅する。また，ヨウ素液はデンプンがあると青紫色になる。表より，ビーカーAでは3日後まではデンプンがあったが，5日後以降はなくなっているので，3日後から5日後までの間にデンプンが分解されてなくなったことがいえる。なお，微生物が死滅したビーカーBでは5日後，10日後もデンプンはなくなっていないので，ビーカーAでデンプンがなくなったのは，上澄み液中の微生物のはたらきによるものといえる。

(4)＜**微生物のはたらき**＞下水処理場では，微生物のはたらきによって下水中の有機物を分解し，上澄み液を消毒して海や川に流している。また，微生物によって分解される生分解性プラスチックを開発・使用することで，プラスチックによる自然環境の汚染を抑えることができる。

4 〔化学変化と原子・分子〕

(1)＜**反応する物質の質量**＞①表Ⅰ，Ⅱで，マグネシウムや銅を空気中で加熱したときに増加した質量は，それぞれの金属と化合した酸素の質量である。また，図Ⅱより，加熱回数が多くなると，マグネシウムも銅も加熱後の物質の質量は一定になっている。このことから，化合する酸素の質量には限度があることがわかる。次に，表Ⅰより，マグネシウムの質量が1.50gのとき，加熱後の物質の質量は2.50gだから，このとき化合した酸素の質量は，2.50−1.50=1.00(g)である。よって，マグネシウムの質量と化合する酸素の質量の比は，1.50：1.00=3：2となる。さらに，銅の質量と化合する酸素の質量の比が，正しくは4：1なのに，実験結果からは5：1になっているので，このとき化合した酸素の質量は，銅が本来化合する酸素の質量より少ないことになる。これは，銅を保管している間に空気が影響したと考えられるとあるから，銅の一部が空気中の酸素と化合してしまっていたことが原因と考えられる。　②銅：酸素＝４：１より，銅が化合する酸素の質量は，銅の質量の$\frac{1}{4}$である。よって，銅1.00gが化合する酸素の質量は，$1.00\times\frac{1}{4}=0.25$(g)となるから，生じる化合物(酸化銅)の質量は，1.00＋0.25＝1.25(g)である。　③表Ⅱより，銅の質量が1.00gのとき，加熱後の物質の質量は1.18gだから，化合した酸素の質量は1.18－1.00＝0.18(g)である。銅：酸素＝４：１より，酸素と化合する銅の質量は，化合した酸素の質量の４倍だから，酸素0.18gと化合した銅の質量は，0.18×４＝0.72(g)となる。よって，反応せずに残っている銅の質量が1.00－0.72＝0.28(g)となる。この質量は，反応する前の銅全体の質量1.00gの，0.28÷1.00×100＝28(％)を占める。

(2)＜化学変化＞①マグネシウムも銅も，原子１個に対して酸素原子１個が化合して，酸化物ができる。よって，酸素は酸素分子(O_2)として存在しているから，金属原子２個に対して，酸素分子１個(○○)が反応する。したがって，図Ⅲのａには○○が１個入り，ｂには●○が２個入る。　②図Ⅱより，1.0gのマグネシウムと銅を加熱したとき，加熱後の物質の質量はマグネシウムの方が大きい。つまり，同じ質量のマグネシウムと銅では，化合する酸素の質量はマグネシウムの方が多いから，化合する酸素原子の数も多い。また，金属原子と酸素原子は１：１の個数の割合で化合するから，化合する酸素原子の数が多いということは，金属原子の数もマグネシウムの方が多いということである。よって，原子１個の質量は，マグネシウム原子より銅原子の方が大きいと考えられる。
③金属の質量と化合する酸素の質量の比は，マグネシウム：酸素＝３：２，銅：酸素＝４：１である。これより，銅と化合する酸素の質量の比を２とすると，銅：酸素＝４：１＝８：２となるから，マグネシウム原子１個と銅原子１個の質量の比は，マグネシウム原子：銅原子＝３：８となる。よって，マグネシウム原子１個の質量は銅原子１個の質量の 3÷8＝0.375より，約0.38倍である。

5〔身近な物理現象〕

(1)＜圧力＞スポンジが最も深くへこむのは，圧力が最も大きいときである。〔圧力(Pa)〕＝$\frac{\text{〔面を垂直に押す力(N)〕}}{\text{〔力がはたらく面積(m}^2\text{)〕}}$より，同じ物体であれば，下にした面の面積が小さいほど圧力は大きくなるので，物体Ｘ，Ｙで，それぞれ面積の小さい面Ｐ，Ｒを下にしたときの圧力を比べる。それぞれの面で１cm^{2}当たりを押す力を求めると，物体Ｘで面Ｐを下にしたときは1÷2＝0.5(N/cm^2)，物体Ｙで面Ｒを下にしたときは2÷5＝0.4(N/cm^2)となる。よって，スポンジが最も深くへこむのは，物体Ｘの面Ｐを下にしてスポンジの上にのせたときである。

(2)＜フックの法則＞①図Ⅵで，グラフは直線なので，ばねののびが小さくなる割合は一定である。よって，台ばかりの示す値が大きくなると，ばねののびは一定の割合で小さくなることがわかる。
②図Ⅳより，ばねののびが2.5cmのとき，おもりの重さは0.5Nであり，図Ⅵより，ばねののびが2.5cmのとき，台ばかりが示す値は1.5Nである。このとき，ばねにはたらく力と台ばかりの示す値の和は0.5＋1.5＝2.0(N)となる。一方，ばねののびが5.0cmのときは，図Ⅳより，おもりの重さは1.0N，図Ⅵより，台ばかりが示す値は1.0Nで，これらの和は1.0＋1.0＝2.0(N)となる。このように，ばねののびが2.5cmのときも5.0cmのときも，ばねにはたらく力と台ばかりの示す値の和が同じ値になったのは，上向きにはたらくばねが物体を引く力と台ばかりが物体を押す力の合力が，下向きにはたらく重力とつり合っているためである。よって，この物体にはたらく重力は，2.0Nである。

(3)＜フックの法則，圧力＞実験２(B)と同じ操作を行うとき，図Ⅵより，ばねに物体Ｘをつるしたときも物体Ｙをつるしたときも，ばねにはたらく力が0.2N減少するごとに１cm短くなる。これより，ａのとき，どちらのグラフも，台ばかりの示す値に対して同じ一定の割合でばねののびは減少するので，２つのグラフは平行な直線となる。さらに，台ばかりが物体から受ける力が０Nのとき，物体にはたらく重力が大きい物体Ｙの方がばねののびは大きい。よって，グラフはアのようになる。また，台ばかりが物体から受ける圧力が０Paのときは，物体にはたらく重力が大きい物体Ｙの方がばねののびも大きい。ばねののびが０cmのときは，(1)より，物体Ｘの面積が２cm^{2}の面Ｐを下にしたときの圧力が最も大きいから，圧力は物体Ｘの方が大きい。したがって，ｂのとき，グラフはウのようになる。

国語解答

一 ㈠ ㋐ みぢか ㋑ ていげん
㋒ しだい ㋓ しょうさい

㈡ イ

㈢ （例）太陽系の惑星の運動の説明があまりに複雑になるという（25字）[問題]

㈣ エ

㈤ ① （例）人間は世界の全体像を見通すことができる存在であると考えられており，人々は宇宙を天空に覆われた有限な世界として思い描いていた。

②…イ

二 ㈠ ウ ㈡ イ ㈢ ア

㈣ （例）Ⅰで眠ってしまったときには，もうプロ棋士にはなれないという悲しみを感じていたが，Ⅱで眠りに落ちていったときには，プロにはなれなくとも自分は将棋が好きだという思いを再確認することで，前向きな気持ちになっていた。

三 ㈠ ちかい ㈡ C

㈢ ① （例）鍋で煮られた物をすくう

②…イ

四 ㈠ 事を好む者は ㈡ ウ ㈢ エ

五 ㈠ ① 往復 ② 拡散 ③ 朗らか
④ 試みる

㈡ **部首名** たけかんむり
総画数 十八[画]

六 ㈠ エ ㈡ ア

㈢ （例）山笑う
私は「山笑う」について発表してみたいと考えます。言葉の詳しい意味は知らないのですが，この言葉からは，暖かくなると木々や草花が茂ってきて，山全体が明るくにぎやかになっている様子が感じられます。実際に山が笑うことはないのに，春の雰囲気をよく伝えている言葉だと思ったので，私はこの言葉を選びました。言葉の由来についても詳しく調べると，よりよい発表になると思います。

一 〔**論説文の読解―自然科学的分野―科学**〕出典；伊藤邦武『宇宙はなぜ哲学の問題になるのか』。

≪**本文の概要**≫東洋でも西洋でも古代・中世の人々は，天動説をとり，自然世界は全て地球を中心にし人間中心に考えられ，人間は地球や世界の全体像を見通すことができる存在だと考えられてきた。しかし，天動説の見方ではあまりにも不自然で納得いかないことがあり，地球ではなく，太陽が中心で世界が回っているとする，これまでの理解と全く異なる地動説をコペルニクスが提言した。これが「コペルニクス的転回」と呼ばれるものである。この大転換を通して，宇宙が天空に覆われた一定の大きさの有限な世界であるという今までの考えから脱して，宇宙は無際限だという視点が生まれた。観測技術の進歩とともに，宇宙は開かれたものとなっていった。ガリレイやケプラーは，当時としては非常に高度な観測技術を持っていたのである。そして，この宇宙論の変換に連動して，哲学も発想の転換をすることになったのである。

㈠＜**漢字**＞㋐「身近」は，日常に慣れ親しんでいること。 ㋑「提言」は，自分の意見や考えを出すこと。 ㋒「次第に」は，物事の状態が時の経過とともに少しずつ変化するさま。 ㋓「詳細」は，こと細かく，詳しいこと。

㈡＜**接続語**＞地球を中心に惑星の動きを説明しようとすると，不自然なことや，納得できない事実があったので，地球が中心ではなく，太陽が中心で世界が回っているとする考えが生まれた。

㈢＜**指示語**＞地球を中心として自然世界をとらえ，人間中心に物事を考えると，「地球を含む太陽系の惑星(水星や火星，木星など)の運動の説明が，あまりにも複雑になってしまうという問題」が発生したのである。

㈣＜**表現**＞「無数の銀河や星雲からなる宇宙。」と体言止めを用い，また，宇宙を「カオスの世界のように」と表現することで，宇宙の無際限に広がっているイメージが読み手によく伝わるようになっている。

㈤＜**文章内容**＞①天動説の世界観のもとでは，人間は，地球で最高度の知性を持つ存在であり，世界全体を見渡すことで世界の全体像を見通すことができる存在だと考えられていた。そして，人々は，宇宙を「天空によっておおわれた，一定の大きさの有限な世界である」と考えていた。　②「地動説とともに生まれた，開かれた宇宙のイメージ」，すなわち，宇宙は無際限であり，人間がとらえる世界だけでは計り知れないものがあるという考えは，哲学においても，人間中心的な世界のとらえ方を，世界を相対化したとらえ方へと変えていったのである(ア…×，イ…○)。人々は，太陽の偉大さを痛感したのではなく，太陽系さえも宇宙の片隅にすぎないと考えるようになった(ウ…×)。地動説が取り入れられて，天体観測による研究が進み，科学的知識に基づいて，無数の銀河や星雲が存在すると考えられるようになった(エ…×)。

二〔**小説の読解**〕出典；佐川光晴『駒音高く』。

㈠＜**四字熟語**＞兄は兄，弟は弟，一人ひとりの成長のペースは違うもので比べて焦る必要はないと，父は言った。「千差万別」は，それぞれのものが違っていること。「一朝一夕」は，わずかな短い時間のこと。「一日千秋」は，一日が千年のように長く考えられるほど，非常に待ち遠しいこと。「千載一遇」は，千年に一度しか会えないようなめったにないこと。

㈡＜**文章内容**＞父は，祐也がプロ棋士を目指していることはわかっていたが，最近の祐也が研修会で行き詰まっていることにも気づいていた。父も母も，将棋についてはよくわからないので，何も言ってあげられず，祐也一人を悩ませる結果になったことに，父は申し訳ないと思ったのである。

㈢＜**心情**＞祐也は，今まで研修会でプロ棋士を目指してずっとがんばってきたが，それを諦めることになった。父から自分なりの将棋を楽しめばいいと言われて，緊張感がとけてきた祐也は，母がいつもどおりに自分を迎えてくれたことで，ほっとし，心がなごんだのである。

㈣＜**心情**＞祐也は，プロ棋士になれないのだと改めて思うと，悲しくて涙があふれて，そのまま寝てしまった。しかし，夜中の一時過ぎに目を覚まして，プロ棋士になれないとしても，将棋が好きなことは間違いないと，自分の思いを再確認できた。祐也は，自分が納得できたことで，今度は安心して眠りについたのである。

三〔**古文の読解―説話**〕出典；『古本説話集』第二十五。

≪**現代語訳**≫今となっては昔(の話だが)，藤六という歌人が，身分の低い者の家に入って，(誰も)人がいなかったときを見つけて(家に)入った。鍋に煮ていた物を，すくって食べていたときに，家の主人の女が，水を汲んで，大路の方から(帰って)来て見ると，(藤六が)このようにすくって食べていたので，「どうして，このように人もいない所に入って，こうして煮ている物を召し上がるのですか，ああ嫌だ，藤六さんではいらっしゃいませんか。それならば，歌をおよみになってください」と言ったので，

　昔から阿弥陀仏の誓いとして(地獄の釜で)煮られる人を救うというのだから，(私も)鍋で煮られている物をすくい取ることを知ることよ

とよんだ。

㈠＜**歴史的仮名遣い**＞歴史的仮名遣いの語頭以外のハ行は，現代仮名遣いでは，原則として「わいうえお」と書く。

㈡＜**古文の内容理解**＞藤六は，「下衆の家に」入った(…A)。藤六は，「下衆の家に」誰もいなかった

のを見つけて入った(…B)。「家主の女」は，水を汲んで家に戻ってきた(…C)。藤六は，鍋で煮ていた物をすくって食べていた(…D)。

(三)＜**和歌の内容理解**＞①「すくふ」は，阿弥陀仏が地獄の釜で煮られる人を救う，ということと，藤六が鍋で煮られている物をすくい取る，ということの二つの意味を掛けているのである。　②藤六は，「下衆の家」で鍋に煮られていた物をすくって食べたことを，阿弥陀仏が救うように，「家主の女」も藤六のしたことを見逃して許してほしいという思いで，歌をよんだのである。

四〔**漢文の読解**〕出典；『淮南子』。

≪**現代語訳**≫そもそも上手に泳ぐ者は溺れ，上手に馬に乗る者は落ちる。それぞれ自分の好むことで，かえって自分自身が災いをもたらす。こういう訳で〈ある事を好む者は〉必ず傷つくことになり，利益を勝ち取ろうとする者は必ず行き詰まることになる。

(一)＜**漢文の訓読**＞「事」→「好」→「者」の順に読む。レ点は，下から上に一字返って読むことを表す返り点。書き下し文は「事を好む者は」となる。

(二)＜**漢文の内容理解**＞「利」は，利益，という意味。「利を争ふ」は，利益を得ようとする，という意味。

(三)＜**漢文の内容理解**＞上手に泳げると思っているとかえって溺れることになるし，上手に馬に乗れると思っているとかえって馬から落ちることになる。この例が示しているのは，それぞれの人が好きで得意だと思っていることが，かえって悪いことをもたらすということである。

五〔**国語の知識**〕

(一)＜**漢字**＞①「往復」は，行ってまた戻ること。　②「拡散」は，広がり散ること。　③音読みは「明朗」などの「ロウ」。　④音読みは「試験」などの「シ」。

(二)＜**漢字の知識**＞「簡」の部首は，「⺮(たけかんむり)」である。「竹」は六画，「間」は十二画。よって「簡」の総画数は，十八画である。

六〔**国語の知識**〕

(一)＜**語句**＞「小春」の「小」と「小京都」の「小」は，～のような，という意味。「小川」の「小」は，小さい，という意味。「小銭」の「小」は，金額が少ない，という意味。「小学校」の「小」は，初等の，という意味。

(二)＜**俳句の内容理解**＞「小春」を春を指す言葉だと思っている人が多いだろうから，正岡子規の「紅葉の小春」という俳句を発表の冒頭で用いれば，「小春」が春を表すのではないことに気づきやすいと，二人は考えたのである。

(三)＜**作文**＞「春分」「若草」「山笑う」のどれかを選ぶ。「その言葉から受けるイメージ」を言葉にしてみる。また，自分自身が，その言葉をきっかけにして心ひかれたことを考える。字数を守り，誤字脱字に気をつけて書いていくこと。

2019年度 群馬県公立高校 後期入試問題

英語

●満点 100点　●時間 45〜60分

(注意)　1　1〜4 の放送を聞いて答える問題は，メモをとってもよい。

　　　　2　＊が付いている語句は，後に(注)があります。

1　これから，No.1 とNo.2 について，それぞれ２人の対話と，対話に関する質問が流れます。質問に対する答えとして最も適切なものを，それぞれＡ～Ｄの中から選びなさい。

No.1

A
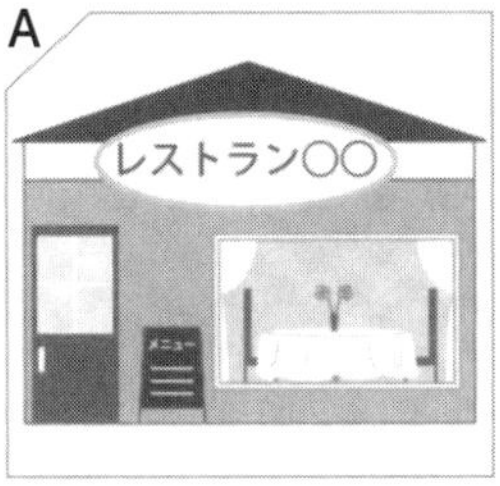

B
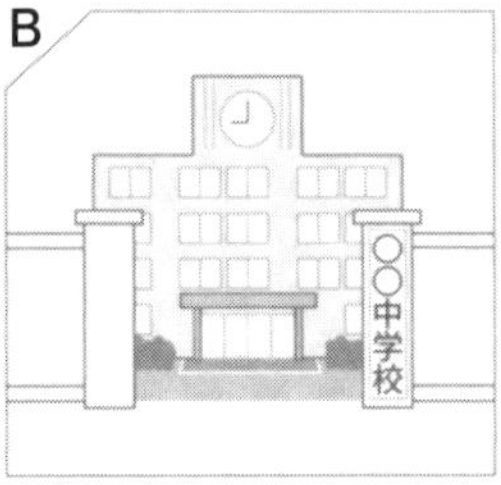

C
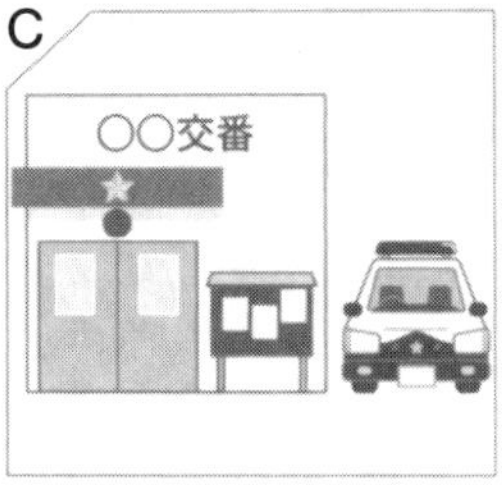

D
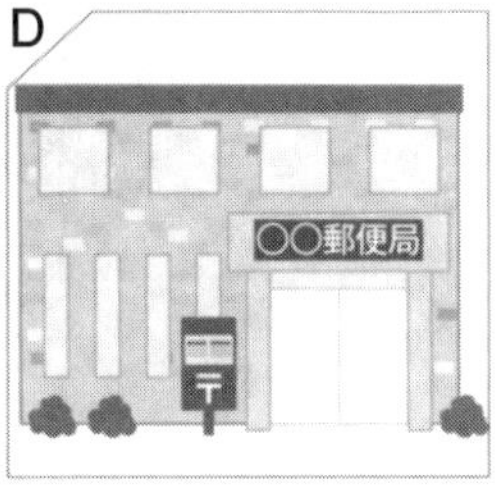

No.2

A
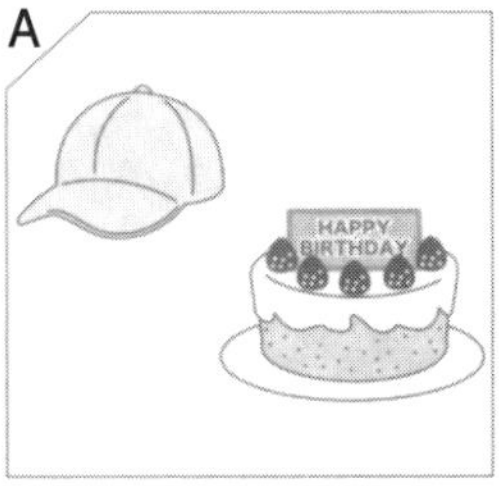

B

C

D
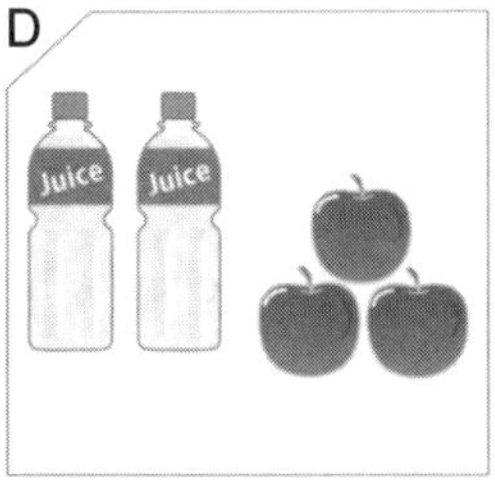

2 次のグラフは，家庭での手伝いに関する学級アンケートの結果をまとめたものです。これから，このグラフについての，Yuji と Mika の対話が流れます。それを聞いて，グラフの A ～ C に当てはまるものを，それぞれア～エの中から選びなさい。

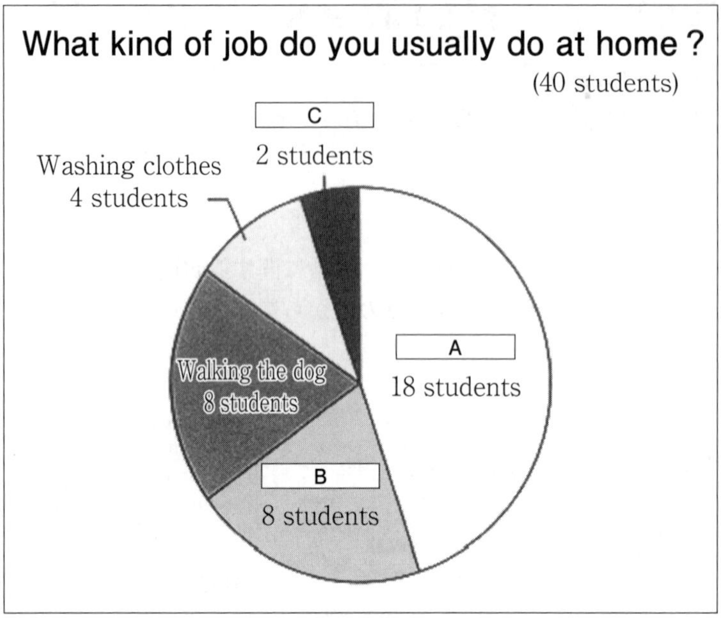

ア　Cleaning the bath
イ　Cooking dinner
ウ　Washing the dishes
エ　Cleaning the windows

3 これから，中学生の Ken が，自分の体験について話をします。それに続いて，その内容について，No.1 ～No.3 の 3 つの質問が流れます。それぞれの質問に対する答えを，ア～エの中から選びなさい。

No.1　ア　Because he wanted to take the train.
　　　イ　Because it was his first trip to Nikko.
　　　ウ　Because he likes visiting old temples and shrines.
　　　エ　Because he wanted to see the mountains and rivers.

No.2　ア　They took a bus to the station.　　イ　They used their own car.
　　　ウ　They went there by bike.　　エ　They walked to the station.

No.3　ア　It took 2 hours.　　イ　It took 3 hours.
　　　ウ　It took 4 hours.　　エ　It took 5 hours.

4 これから，中学生の Emiko と留学生の Jim の対話が流れます。Emiko が 2 度目に発言する部分で次のチャイムを鳴らします。（チャイム音）あなたが Emiko なら，このチャイムのところで何と言いますか。対話の流れに合うように内容を考えて，英語で書きなさい。

Emiko : ・・・・・・
Jim : ・・・・・・
Emiko : ［　　　　　　　　］
Jim : ・・・・・・

※＜**「英語の放送を聞いて答える問題」台本**＞は英語の問題の終わりに付けてあります。

5 次の英文は，群馬に住むHirokiと，Hirokiの家にホームステイする予定のDavidとの，電子メールによるやり取りです。これらを読んで，英文の意味が通るように，（ア）～（オ）に当てはまる単語を下の〔　〕内からそれぞれ1語選び，必要があれば適切な形に変えて書きなさい。

> Hello Hiroki,
> We are going to (ア) each other very soon. I'm so happy. This will be my second time to visit Japan. When I visited Japan two years ago, I (イ) in Tokyo. Now I know a little about Tokyo, but I don't know anything about Gunma. Will you tell me about Gunma ?
> David

> Hello David,
> Thank you for (ウ) me about Gunma in your e-mail. Gunma has famous mountains and *hot springs many people visit. Also, *Tomioka Silk Mill is popular. It was (エ) in 1872. It became a *World Heritage Site in 2014. I will (オ) you to some of these places. I hope you will like Gunma.
> Hiroki

（注） hot spring　温泉　　Tomioka Silk Mill　富岡製糸場　　World Heritage Site　世界遺産

〔ask　　become　　build　　look　　meet　　stay　　take〕

6 次の英文を読んで，後の(1)，(2)の問いに答えなさい。

In the teachers' room, Ami and Yusuke are talking to Mr. Green, their school's ALT.

Ami : Hi, Mr. Green. What are you doing now ?

Mr. Green : I'm trying to find *information on the Internet for my next lesson.

Yusuke : I see. Do you often use the Internet ?

Mr. Green : Yes. How about you ?

Yusuke : [　　A　　] I'm interested in science, so I often watch *online science videos.

Ami : I enjoy learning English on the Internet. I read online news and stories written in easy English.

Mr. Green : Oh, that's great. You use the Internet as a learning *tool. [　　B　　] For example, I often talk with my family in Australia on the Internet. I also *exchange online messages with my friends in Japan and other countries.

Ami : Oh, I want to have friends in other countries and exchange messages with them someday.

Mr. Green : You'll have a lot of chances. We can do many things easily if we use the Internet. But there are some problems with the Internet, too.

Ami : We talked about them in our class. Some students spend too much time on the Internet.

Yusuke : I sometimes keep watching videos for a long time, and my mother tells me to stop.

It is difficult to *control myself.

Mr. Green : Many people have the same problem. ［　C　］ The Internet will become a more useful tool for us if we use it in a good way.

（注） information　情報　　online　インターネット上の　　tool　手段
exchange ～　～をやり取りする　　control ～　～を抑える

(1) ［A］～［C］に当てはまるものとして，次のア～エから最も適切なものを，それぞれ選びなさい。

A　ア　I agree.
　　イ　That sounds good.
　　ウ　Me, too.
　　エ　And you ?

B　ア　The Internet is always good for making a website about science.
　　イ　The Internet is always useful for writing stories.
　　ウ　The Internet is also good for learning English.
　　エ　The Internet is also useful for communication.

C　ア　We should not use the Internet too much.
　　イ　We should use the Internet more often.
　　ウ　We should not use the Internet any more.
　　エ　We should use the Internet for a long time.

(2) 本文の内容と合っているものを，次のア～オから２つ選びなさい。

ア　Yusuke can make science videos easily on the Internet.
イ　Ami reads online news and stories to learn English.
ウ　Ami sends online messages to her friends in other countries.
エ　In Ami's class, students talked about problems with the Internet.
オ　Yusuke's mother enjoys watching online videos with him.

7　次の英文は，Rika が学校の職場体験学習（work experience program）に参加して経験したことについて書いた文章です。これを読んで，後の(1)～(3)の問いに答えなさい。

I joined my school's work experience program in July. I was interested in food, so I chose a *farm. My friend Ayumi chose it, too. We didn't have any *farming experience, and we were a little nervous.

On the first day, we went to the farm and met Mr. and Mrs. Sato. They were very kind. We went to one of their rice *fields with them. Mr. Sato said, "We have to do many kinds of things to grow rice. Today, I want you to try an easy one. There are some *weeds here. I will show you how to *remove them with your hands." It was very difficult for us to find weeds because the weeds looked like rice *shoots. After working for a few hours, we were very tired and asked Mr. Sato, "Are there easier ways to remove weeds ?" He answered, "Yes. We can use *weedkillers." Ayumi asked, "Then, why do you remove weeds with your hands ?" He answered, "It takes more time, but I think this way is better for people's health." I *was impressed with his words.

The next morning, Ayumi and I went to another rice field with Mr. and Mrs. Sato. Removing weeds with our hands was easier for us this time. We already knew how to do it and why it was important.

In the afternoon, Mrs. Sato told us about the things they do to grow rice. In May, they start to grow rice from *seeds. When the young rice shoots become taller in June, they *plant them in the rice fields. In October, they *harvest the rice. Mrs. Sato said, "If you are interested in harvesting rice, please come again." We said, "Of course, we will!"

One Sunday in October, we visited the farm again. Mr. Sato showed us how to harvest and *dry rice, and we tried it. It was very interesting, and we enjoyed working with them. Mrs. Sato said, "Thank you very much for your help. Rice becomes more *delicious after it is dried slowly under the sun. I'll send this rice to you later. The rice you harvested will be delicious."

A few weeks later, Mr. and Mrs. Sato sent us the rice. I cooked it and ate it with my family. My mother said, "Thank you, Rika. This is the best rice I have ever eaten." I was very glad to hear that.

（注） farm　農場　　farming　農業　　field　田畑
weed　雑草　　remove ～　～を取り除く
shoot　植物の茎や葉の部分　　weedkillers　除草剤
be impressed with ～　～に感動する　　seed　種子
plant ～　～を植える　　harvest ～　～を収穫する
dry ～　～を乾燥させる　　delicious　おいしい

(1) 次の①，②の問いに，英語で答えなさい。
① Why does Mr. Sato remove weeds with his hands?
② How do Mr. and Mrs. Sato dry their rice?

(2) 次の【メモ】は，Rika が文章の構成を考える際に，文章の主な内容を書き出したものです。［A］～［C］に当てはまるものとして，ア～ウから最も適切なものを，それぞれ選びなさい。

【メモ】

The first day
　It was difficult ［A］
↓
The second day
　We learned about ［B］
↓
After the program
　I was glad because ［C］

A　ア　to get to the rice field.
　　イ　to find weeds in the rice field.
　　ウ　to meet kind people.

B　ア　different ways to remove weeds.
　　イ　the things Mr. Sato wants to try someday.
　　ウ　the things Mr. and Mrs. Sato do to grow rice.

C　ア　my mother liked the rice Ayumi and I harvested.
　　イ　I cooked and ate the rice with Mrs. Sato.
　　ウ　Ayumi sent us the rice we grew.

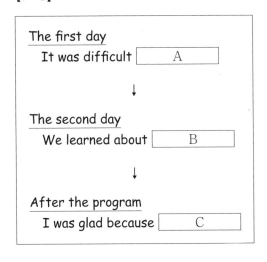

(3)　Rika は，この文章を書いた後で，今回の経験を通して学んだことや，経験を今後どう生かしたいかについて，英語で短いスピーチをすることになりました。次の【アイディアシート】は，Rika が自分の話したいことを整理したものです。これをもとに，下の【スピーチ】の□に入る内容を考え，《条件》に従って，20語～25語の英語で書きなさい。

【アイディアシート】

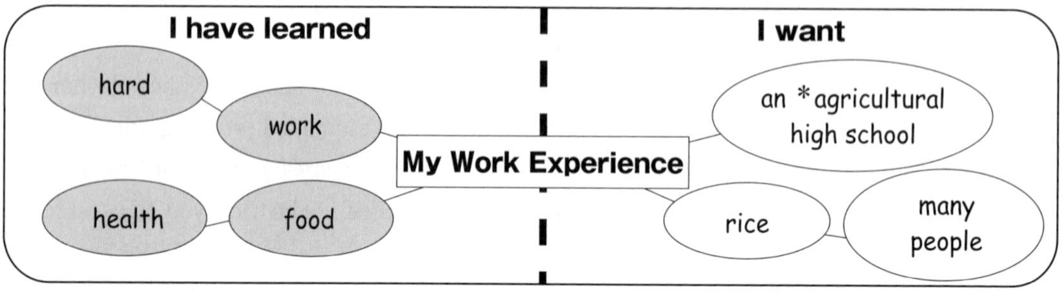

（注）　agricultural　農業の

【スピーチ】

I have learned two things from my work experience. □

Now, I want to study at an agricultural high school.　I want many people to eat the rice I grow in the future.

《条件》

- 【アイディアシート】の **I have learned** の欄にある　の中の４つの単語は全て使うこと。単語は，必要があれば適切な形に変えてもかまいません。
- 英文の数はいくつでもよく，符号(, . ! ? “ ” など)は語数に含めません。
- 解答の仕方は，〔記入例〕に従うこと。

〔記入例〕　Is　it　raining　now ?　No,　it　isn't.

8　下の５つの絵は，Saki と友人 Yuka のある日のできごとを A から E の順番に表したものです。これらの絵と A，D の絵の右に書かれた説明を参考に，B，C，E のそれぞれの場面を説明する英語を，書き出しに続けて１文または２文で書きなさい。

A

One day, Saki and Yuka's family went to Gunma Park by car.

B

After Saki came home, her grandfather

____

____

C

Saki ______________________________________

____

D

Yuka found it in the car.

E

Yuka ______________________________________

____

＜「英語の放送を聞いて答える問題」台本＞

ただいまから，放送を聞いて答える問題を始めます。問題は，1～4 まであります。それぞれの問題の英文や英語の質問は２度放送されます。

1 は，絵を見て答える問題です。これから，№１と№２について，それぞれ２人の対話と，対話に関する質問が流れます。質問に対する答えとして最も適切なものを，それぞれ**A**～**D**の中から選びなさい。では，始めます。

№１　*A* : Excuse me. I think I left a book on a table yesterday. Have you seen it ?

B : I'm sorry. I haven't. Which table did you use ?

A : The table over there. I had dinner with my mother last night.

B : I see. I'll check.

質問します。　Where are they now ?

繰り返します。

№２　*A* : Mom, I'm going to go shopping now.

B : Now ? We'll have your father's birthday party, Mark. You should stay home.

A : But I'm going to buy a cap for him. Do you want me to buy anything for the party ?

B : Well, we have cake and juice. . . . Oh, we need some apples.

A : OK. I'll buy some.

質問します。　What will Mark buy ?

繰り返します。

2 の問題に移ります。次のグラフは，家庭での手伝いに関する学級アンケートの結果をまとめたものです。これから，このグラフについての，Yuji と Mika の対話が流れます。それを聞いて，グラフの A ～ C に当てはまるものを，それぞれア～エの中から選びなさい。では，始めます。

Yuji : Look at this. The most popular job at home is washing the dishes. What was your answer, Mika ?

Mika : Cooking dinner.

Yuji : Oh, you're one of the two students who cook dinner.

Mika : Right. What do you usually do, Yuji ?

Yuji : I usually walk the dog. Walking the dog is as popular as cleaning the windows.

Mika : I see. We can help our family in many ways.

繰り返します。

3 の問題に移ります。これから，中学生の Ken が，自分の体験について話をします。それに続いて，その内容について，№１～№３の３つの質問が流れます。それぞれの質問に対する答えを，ア～エの中から選びなさい。では，始めます。

Last Saturday, I went to Nikko with my family. I was so excited because it was my first time to visit Nikko. My sister was also excited. She loves old temples and shrines. We left home at 7 o'clock in the morning and walked to the station near our house. We enjoyed looking at the mountains and rivers from the train. They were so beautiful. We got off the train, and we got on a bus in front of the station. We arrived at a famous shrine in Nikko at 11 o'clock. It was a long trip, but I had a good time with my family in Nikko.

質問します。

No. 1　Why was Ken excited about going to Nikko ?

No. 2　How did they go to the station near their house ?

No. 3　How long did it take to get to the famous shrine from their house ?

繰り返します。

4 の問題に移ります。これから，中学生のEmikoと留学生のJimの対話が流れます。Emikoが2度目に発言する部分で次のチャイムを鳴らします。（チャイム音）あなたがEmikoなら，このチャイムのところで何と言いますか。対話の流れに合うように内容を考えて，英語で書きなさい。では，始めます。

Emiko :　Are you OK, Jim ?　What's the matter ?

Jim :　Well, I'm a little sick.

Emiko :　（チャイム音）

Jim :　I'll do that.　Thank you.

繰り返します。

以上で放送を終わります。適宜，次の問題に移ってください。

数学

●満点100点　●時間45〜60分

1　次の(1)〜(9)の問いに答えなさい。

(1)　次の①〜③の計算をしなさい。

①　-4×3

②　$6a^2\times \frac{1}{2}a$

③　$\frac{x+y}{2}+\frac{x-y}{4}$

(2)　$2<\sqrt{a}<3$ を満たす自然数 a を，小さい順にすべて書きなさい。

(3)　x^2+5x-6 を因数分解しなさい。

(4)　$a=3$，$b=-4$ のとき，$(-ab)^3\div ab^2$ の値を求めなさい。

(5)　2次方程式 $x^2=6x$ を解きなさい。

(6)　右の図の円Oにおいて，$\angle x$ の大きさを求めなさい。

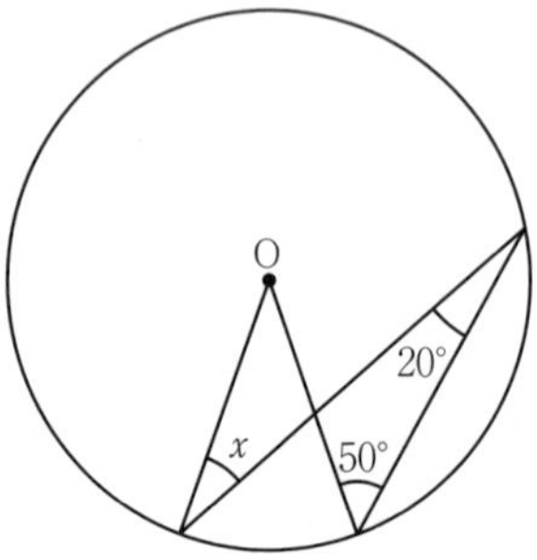

(7)　4枚の硬貨を同時に投げたとき，表と裏が2枚ずつ出る確率を求めなさい。

(8)　底面の半径が3 cm，高さが4 cmである円柱の表面積を求めなさい。
　ただし，円周率は π とする。

(9)　右の表は，群馬県内のある市における，平成30年7月の日ごとの最高気温を度数分布表にまとめたものである。次のア〜エのうち，この表から読み取れることとして正しいものをすべて選び，記号で答えなさい。

ア　最高気温が37.0℃の日は，5日あった。

イ　最高気温が40.0℃以上の日は，1日もなかった。

ウ　28.0℃以上30.0℃未満の階級の相対度数は，1である。

エ　中央値が含まれるのは，34.0℃以上36.0℃未満の階級である。

階級（℃）	度数（日）
以上　未満	
24.0〜26.0	2
26.0〜28.0	0
28.0〜30.0	1
30.0〜32.0	5
32.0〜34.0	3
34.0〜36.0	6
36.0〜38.0	10
38.0〜40.0	4
合計	31

2　右の図において，点Oは線分AC上にある。次の(1)，(2)の問いに答えなさい。

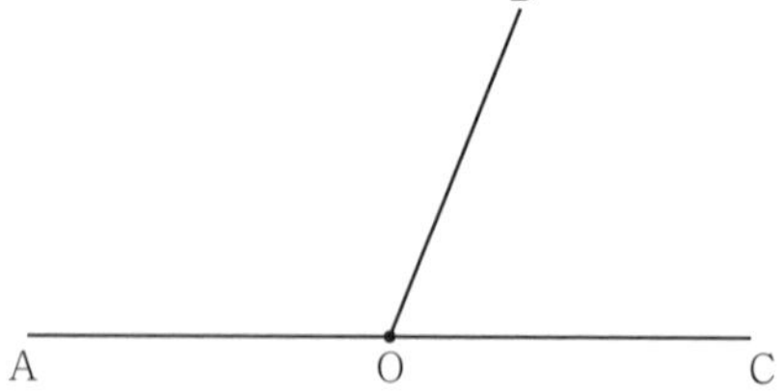

(1)　∠AOBの二等分線OPと，∠BOCの二等分線OQを，コンパスと定規を用いてそれぞれ作図しなさい。
　ただし，作図に用いた線は消さないこと。

(2)　(1)で作図した図形について，次の①，②の問いに答えなさい。

①　∠POQの大きさを求めなさい。

②　∠POQの大きさが①の答となる理由を，∠AOB $=\angle a$，∠BOC $=\angle b$ とおいて説明しなさい。

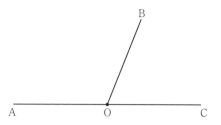

3　右のような貯金箱に，100円硬貨３枚と500円硬貨１枚を月に１回ずつ貯金することにした。この貯金をしばらく続けた後，貯金箱の重さを量ったところ，全体の重さは571ｇであった。このとき，貯金箱の中にある硬貨の合計金額を求めなさい。

ただし，100円硬貨１枚の重さを4.8ｇ，500円硬貨１枚の重さを７ｇとする。また，貯金箱にはもともと硬貨が入っていなかったものとし，貯金箱そのものの重さを250ｇとする。

4　下の図のように，長方形ABCDを対角線ACで折り，頂点Bが移動した点をB′，ADとB′Cの交点をEとする。次の(1)，(2)の問いに答えなさい。

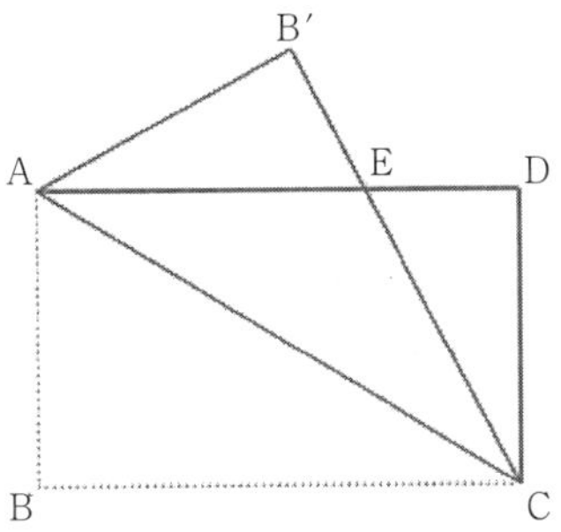

(1)　三角形EACが二等辺三角形であることを証明しなさい。

(2)　もとの長方形ABCDにおいて，AB＝６cm，BC＝10cmとする。AEの長さを求めなさい。

5　直線 l 上に，右の図のような図形**P**と長方形**Q**がある。**Q**を固定したまま，**P**を図の位置から l にそって矢印の向きに毎秒１cmの速さで動かし，点Bと点Dが重なるのと同時に停止させるものとする。点Bと点Cが重なってから x 秒後の，２つの図形が重なる部分の面積を y cm^2 とするとき，次の(1)，(2)の問いに答えなさい。

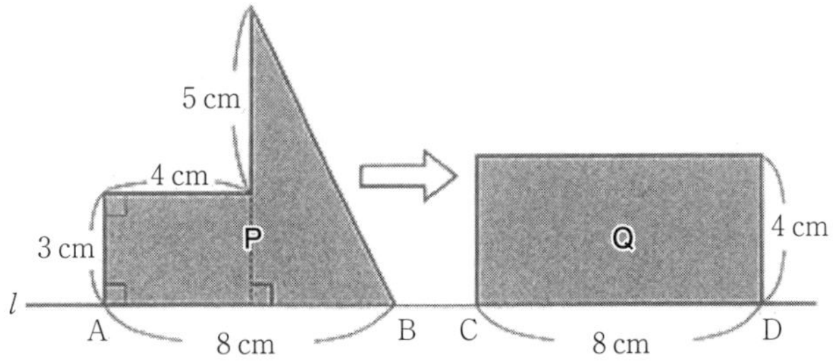

(1)　点Bと点Cが重なってから**P**が停止するまでの x と y の関係を，重なる部分の図形の種類と x と y の関係を表す式の変化に着目して，次のⅠ～Ⅲの場合に分けて考えた。［ア］，［イ］には適する数を，［あ］～［う］にはそれぞれ異なる式を入れなさい。

Ⅰ　　０　≦ x ≦［ア］　のとき，y を x の式で表すと，［あ］

Ⅱ　［ア］≦ x ≦［イ］　のとき，y を x の式で表すと，［い］

Ⅲ　［イ］≦ x ≦　８　のとき，y を x の式で表すと，［う］

(2)　２つの図形が重なる部分の面積が**P**の面積の半分となるのは，点Bと点Cが重なってから何秒後か，求めなさい。

6 図Ⅰのように，すべての道路が直角に交わっている町がある。4本の道路に囲まれた長方形はすべて合同であり，点O，A，B，C，Dのように長方形の頂点に位置している点を交差点と呼ぶことにする。

北の方向または東の方向にだけ道路を進み，交差点Oから交差点Cまで最短経路で移動したときの距離の合計は180mであり，交差点Cから交差点Dまで最短経路で移動したときの距離の合計は130mであった。次の(1)，(2)の問いに答えなさい。

なお，図Ⅰの道路に示した太線は，交差点Oから交差点Cまでの最短経路の1つを示したものである。

図Ⅰ

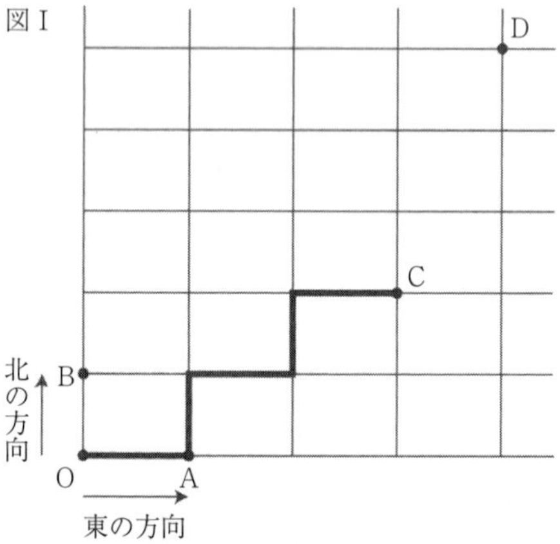

図Ⅱ

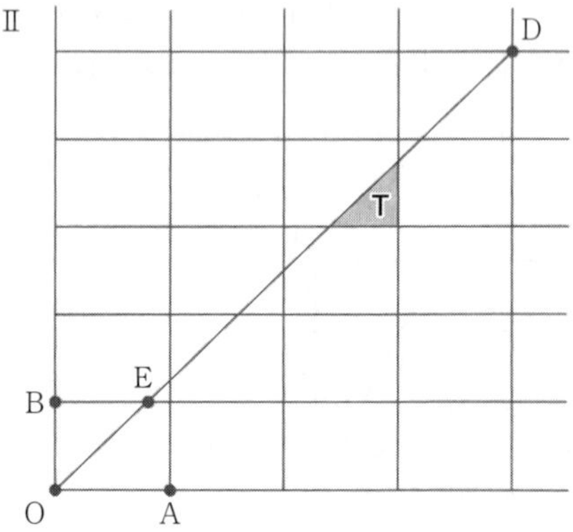

(1) OAとOBの長さをそれぞれ求めなさい。

(2) 図Ⅱのように，交差点Oから交差点Dまで真っすぐな道路を新たにつくった。次の①，②の問いに答えなさい。

① 道路ODを交差点Oから交差点Dに向かって進み，最初に道路と交わる点をEとする。このとき，BEの長さを求めなさい。

② 図Ⅱで色を付けて示した三角形の土地Tの面積を求めなさい。

社会

●満点100点　●時間45～60分

1　勇太さんは，夏休みに訪れた千葉県について調べたことをまとめ，発表した。次の図と資料は，そのときに使用したものの一部である。後の(1)～(5)の問いに答えなさい。

(a)成田国際空港や千葉港のような大きな貿易港がある千葉県は，関東地方や日本全体の経済に影響力を持つ地域です。私は，群馬県に源流のある［　A　］の下流域に当たる，千葉県北部を訪れました。この地域では多くの(b)貝塚を見ることができ，古くから人々が生活していたことが分かりました。私が滞在したのは，親戚の住む香取市です。ここは，(c)正確な日本地図を作ったことで知られる伊能忠敬にゆかりのある地で，その旧宅をはじめとした歴史的な町並みが残っています。観光客も訪れていますが，人口減少に伴うまちの活力の低下など，様々な課題も抱えており，(d)市で行う事業の方向性を示した新しいまちづくりの計画が立てられていました。

図

資料Ⅰ　貿易港別の貿易品目（上位３品目）

ア

	品目	割合(%)
輸入	通信機	15.7
	医薬品	10.4
	集積回路	9.6
輸出	金（非貨幣用）	7.7
	科学光学機器	6.0
	集積回路	4.0

イ

	品目	割合(%)
輸入	石油	51.2
	液化ガス	17.9
	自動車	10.0
輸出	石油製品	22.4
	鉄鋼	19.0
	有機化合物	16.6

（「日本国勢図会　2018/19年版」により作成）

資料Ⅱ

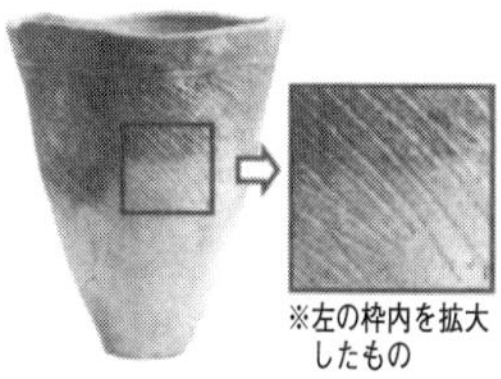

（国立歴史民俗博物館ホームページにより作成）

(1)　本文と図中に示した［ A ］に当てはまる河川名を書きなさい。

資料Ⅲ　香取市の歳入（財源別）

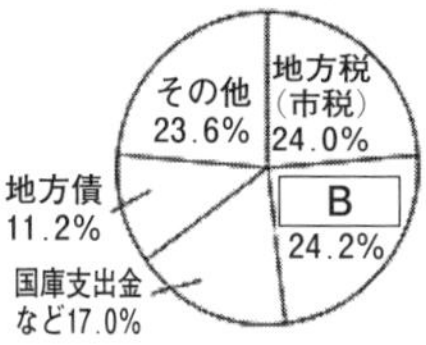

資料Ⅳ　香取市民がまちづくりのために重視する取組の上位３項目（アンケート結果）

年齢層＼順位	1位	2位	3位
10～30代	商業の振興	雇用機会・労働環境の向上	子育て支援の充実
40～50代	商業の振興	工業・企業誘致の振興	雇用機会・労働環境の向上
60代以上	商業の振興	工業・企業誘致の振興	地域医療体制の充実

（資料Ⅲ，資料Ⅳは「第２次香取市総合計画」により作成）

(2)　下線部(a)について，資料Ⅰのア，イは，成田国際空港と千葉港のいずれかの貿易品目を示したものである。成田国際空港の貿易品目を示しているものを，ア，イから選びなさい。また，そのように判断した理由を，簡潔に書きなさい。

(3)　下線部(b)に関して，資料Ⅱは貝塚の周辺で発見されたもので，表面に特徴的な文様がつけられた道具である。この道具の主な使用目的を，簡潔に書きなさい。

(4)　下線部(c)について，このような日本地図が作成された背景として，蘭学が盛んになり，西洋の知識を取り入れるようになったことが挙げられる。この地図の作成と同時期のできごとで，蘭学に関連するものを，次のア～エから選びなさい。

ア　黒田清輝が「湖畔」を描いた。　　イ　本居宣長が「古事記伝」を書いた。
ウ　松尾芭蕉が「奥の細道」を書いた。　　エ　杉田玄白らが「解体新書」を出版した。

(5)　下線部(d)について，次の①，②の問いに答えなさい。

① 資料Ⅲに関して，B は，地方税などの自主財源を補い，地方公共団体どうしの格差を減らすために国から配分されるものである。B に当てはまる語を書きなさい。

② 勇太さんたちは，まちづくりの方向性について，資料Ⅳをもとに，右のように話し合った。資料Ⅳにある項目のうち，勇太さん，大介さんが着目した以外の項目についてのあなたの意見を，C に当てはまるように，簡潔に書きなさい。

勇太さんたちが話し合ったこと

勇　太：全ての年齢層で商業の振興が重視されているので，買い物しやすい環境をつくることが大事だと思います。

大　介：雇用機会・労働環境の向上や，工業・企業誘致の振興が重視されているので，安心して働ける場所をつくることが大事だと思います。

あなた：C が大事だと思います。

2 司さんは，祖父の家がある新潟県新潟市で行った地域調査について，発表した。次の図と資料は，そのときに使用したものの一部である。次の(1)～(3)の問いに答えなさい。

(1) 司さんは，次のような経路で，祖父の家がある「長戸」の集落を訪ねた。後の①，②の問いに答えなさい。

「とよさか」駅の南口から，南東へ進み，役場(区役所)に立ち寄り，地域に関する資料をもらいました。先ほどの道を，さらに1kmほど進み，交差点を右折すると，左手に「総合体育館」がありました。1kmほど進み，交差点を右へ曲がって進むと，「長戸」の集落に着きました。

図

(国土地理院2万5千分の1地形図「水原」2010年発行により作成)

① 司さんが通った道路に接しているものを，次のア～エから選びなさい。

ア　消防署　　イ　郵便局　　ウ　博物館　　エ　老人ホーム

② 司さんが通った経路を地図上で測ると，長さが16cmであった。実際の距離は何kmになるか書きなさい。

(2) 司さんは，新潟県は農業が盛んであることを祖父から聞き，農業について調べた。資料Ⅰは，日本において耕地面積が上位である，北海道，青森県，茨城県，新潟県のいずれかの農業産出額の内訳を示している。新潟県と茨城県に当たるものを，資料Ⅰのア～エからそれぞれ選びなさい。

資料Ⅰ　4道県の農業産出額の内訳

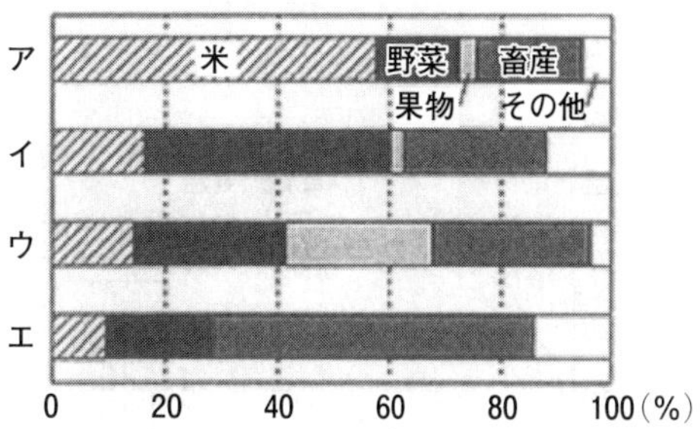

（「生産農業所得統計(2016年)」により作成）

(3) 司さんは，新潟市にある図書館で調べたところ，「長戸」の集落は，江戸時代に開発された「長戸呂新田」が元となっており，古くから人々が住んでいたことが分かった。防災の観点から考えた場合，この場所に集落が形成された理由として考えられることを，資料Ⅱを踏まえ，簡潔に書きなさい。

資料Ⅱ　X―Yの断面図

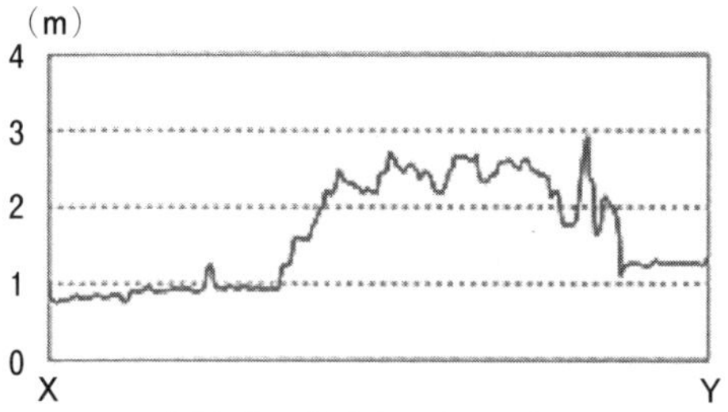

（国土地理院「地理院地図」により作成）

3 美月さんは，インドとブラジルについて調べたことをまとめ，発表した。次の資料は，そのときに使用したものの一部である。後の(1)～(4)の問いに答えなさい。

資料Ⅰ

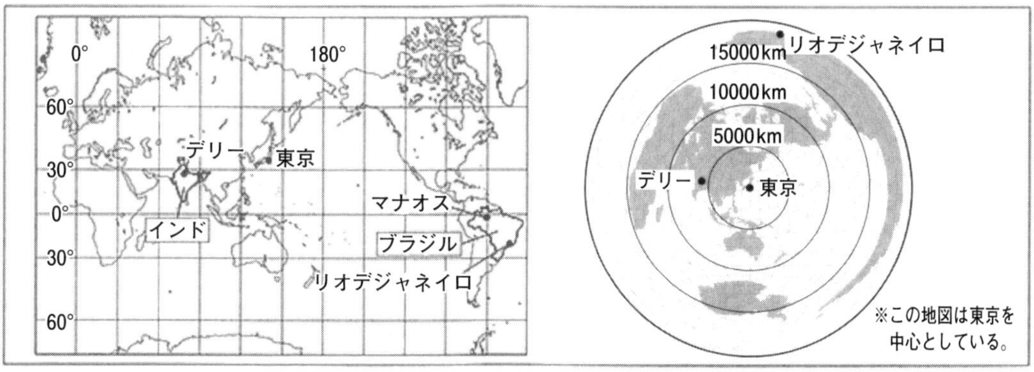

(1) 資料Ⅰから読み取れる内容として適切なものを，次のア～エから選びなさい。

ア　デリーとリオデジャネイロの経度の差は約50度である。

イ　リオデジャネイロから見るとデリーは南西にあり，その間の距離は約20000kmである。

ウ　東京からリオデジャネイロまでの距離は，東京からデリーまでの距離の約3倍である。

エ　東京，デリー，リオデジャネイロのうち，最も早く日付が変わるのはリオデジャネイロである。

(2) 資料Ⅱのア～ウは，資料Ⅰのデリー，マナオス，リオデジャネイロのいずれかの都市の気温と降水量のグラフである。リオデジャネイロに当たるものを，ア～ウから選びなさい。

資料Ⅱ

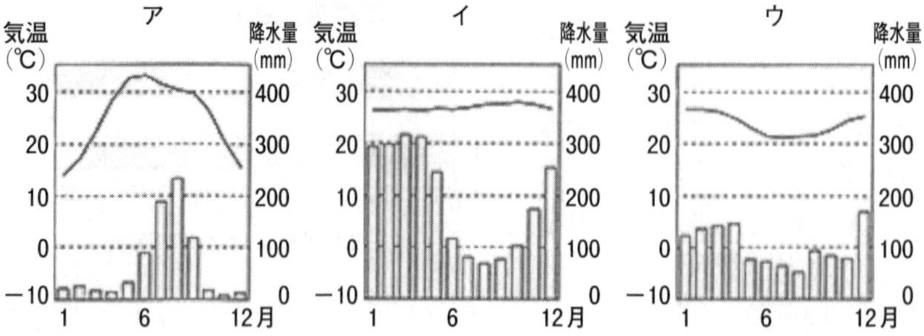

(気象庁ホームページにより作成)

(3) 美月さんは，インドとブラジルの農業について，次のように発表した。文中の A ～ C に当てはまる語句や文を，それぞれ書きなさい。

インドとブラジルの農業について調べてみると，家畜としての牛の頭数とさとうきびの生産量が，ともにブラジルが世界第１位，インドが世界第２位であることが分かりました。このうち牛については，ブラジルでは肉牛が多いのに対し，インドでは［　A　］教徒の割合が大きいため，乳牛が多くなっています。ブラジルでは，さとうきびが，砂糖の生産のほか，［　B　］の生産にも利用されています。［　B　］は，燃やしても［　C　］と考えられており，環境にやさしいエネルギーとして注目されています。しかし，一方で，さとうきび畑の開発による森林破壊なども問題となっています。

(4) 資料Ⅲは，インド，ブラジル，日本におけるメーカー別乗用車生産台数の割合を示したものである。資料Ⅲから分かる，インドとブラジルの乗用車の生産に共通する特徴を，日本と比較して，簡潔に書きなさい。

資料Ⅲ　メーカー別乗用車生産台数の割合(2016年における上位５社)

インド

A社(日本系企業)	45.0%
B社(韓国系企業)	19.9%
C社(日本系企業)	10.3%
D社(ドイツ系企業)	5.7%
E社(日本系企業)	5.2%
その他	13.8%

ブラジル

D社(ドイツ系企業)	15.6%
F社(アメリカ系企業)	15.3%
G社(イタリア系企業)	13.9%
H社(アメリカ系企業)	11.8%
I社(日本系企業)	9.9%
その他	33.5%

日本

I社(日本系企業)	34.8%
J社(日本系企業)	10.7%
C社(日本系企業)	10.4%
E社(日本系企業)	9.0%
A社(日本系企業)	8.7%
その他	26.3%

※割合は小数第２位を四捨五入している。
※インドとブラジルの「その他」には，それぞれ自国のメーカーが含まれている。

(「世界自動車統計年報2018」などにより作成)

4　直子さんは，日本と諸外国との関係について調べたことをまとめ，発表した。次の資料は，そのときに使用したものの一部である。後の(1)～(4)の問いに答えなさい。

資料Ⅰ

5世紀	大和政権（ヤマト王権）は，朝鮮半島の伽耶（加羅）地域から得た　A　を利用して，関東や九州の豪族を支配しました。
12世紀	日宋貿易に力を入れた平清盛は，瀬戸内海の航路を整えました。その頃，宋との間を多くの商人や僧侶が往来し，(a)新しい仏教が武士や庶民に広まりました。
17世紀	徳川家康は，大名や豪商に朱印状を発行しました。この後，東南アジアの国々との間で，(b)朱印船貿易が行われるようになりました。
19世紀	江戸幕府は，(c)清の状況を知り，外国船への対応を変えました。

資料Ⅱ

(1)　A　に当てはまる金属の名称を，資料Ⅱの埴輪《はにわ》に表現された武人が身に付けているものに着目して，書きなさい。

(2)　下線部(a)について，次の①，②の問いに答えなさい。

①　栄西が宋から伝えた仏教を，次のア～エから選びなさい。

ア　時宗　　　イ　臨済宗
ウ　浄土宗　　エ　浄土真宗

②　直子さんは，新しい仏教の広まりについて，資料Ⅲを用いて次のように発表した。次の文中の　B　に当てはまる文を，資料Ⅲを参考にして，簡潔に書きなさい。

当時は，ききんや災害，戦乱などの不安から，人々は仏教に救いを求めていました。以前の仏教は，教えを教典から学び，山奥の寺で厳しい修行を行うもので，主に天皇や貴族に信仰されていました。一方，新しい仏教は，　B　ことから，武士や庶民に広まりました。

資料Ⅲ　12世紀以降に広まった新しい仏教の様子

ある時，弟子が道元に寺院での修行生活について問いかけたところ，道元は，「ひたすら座禅をすることである。場所を選ばずひたすら座禅をすることだ。」と答えた。　　　　（部分要約）

資料Ⅳ　朱印船貿易による主な物資の流れ

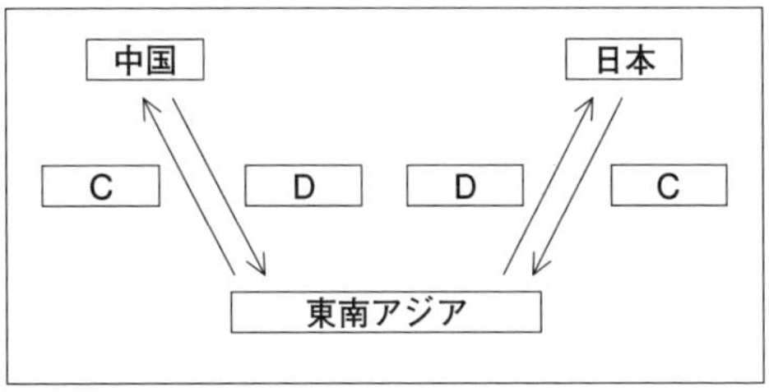

(3)　下線部(b)について，資料Ⅳの　C　，　D　に当てはまる語の組み合わせとして適切なものを，次のア～エから選びなさい。

ア　C：金　D：木綿　　イ　C：金　D：生糸
ウ　C：銀　D：木綿　　エ　C：銀　D：生糸

(4)　下線部(c)について，江戸幕府は，資料Ⅴのできごとの影響により，外国船への対応を変化させた。資料Ⅴのできごとの前と後において，幕府はどのような対応をしたか，それぞれ書きなさい。

資料Ⅴ

5 豊さんは，明治以降の歴史学習のまとめとして，「外国の影響を受けて変化した日本の社会」というテーマで発表した。次の資料は，そのときに使用したものの一部である。後の(1)～(5)の問いに答えなさい。

資料Ⅰ

外国のできごと ―影響→		日本の社会
17～18世紀に，(a)イギリスやフランスで革命が起こり，アメリカが独立し，民主政治の体制が確立しました。	明治	板垣退助らが，大久保利通らの政治を専制政治であると批判し，国民が政治に参加する権利の確立を目指す，(b)自由民権運動が始まりました。
(c)第一次世界大戦は総力戦となり，労働者や女性も貢献したため，戦後の欧米諸国はこうした人々の要求に応える政策をとりました。	大正	民衆による護憲運動が盛り上がり，吉野作造が民本主義を唱えるなど，(d)民主主義に基づく社会運動が盛んになりました。この時代の風潮は大正デモクラシーと呼ばれます。
第二次世界大戦後は，アメリカを中心とした自由貿易体制が確立し，欧米先進国では急速な経済成長が進み，豊かな社会が実現しました。	昭和	経済は，戦後10年で戦前の水準に戻り，その後1970年代の初めまで急成長しました。この経済の急成長は(e)高度経済成長と呼ばれ，人々の生活水準は急速に高まりました。

(1) 下線部(a)について，次の文中の［A］，［B］に当てはまる語を書きなさい。

フランス人権宣言（1789年，部分要約）

> 第１条
> 人間は，生まれながらにして，［A］で［B］な権利をもっている。

アメリカ独立宣言（1776年，部分要約）

> 我々は以下のことを自明の真理であると信じる。人間はみな［B］に創られ，ゆずりわたすことのできない権利を神によって与えられていること，その中には，生命，［A］，幸福の追求が含まれていること，である。

(2) 下線部(b)について，この運動を進めた人々が政府に要求したことは何か，書きなさい。

(3) 下線部(c)について，この大戦中に起きたできごとを，次のア～エから選びなさい。

ア 朝鮮戦争　イ ロシア革命　ウ インド大反乱　エ アメリカ南北戦争

(4) 下線部(d)について，豊さんは資料Ⅱを用いて，次のように発表した。後の①，②の問いに答えなさい。

> 衆議院議員選挙の実施年における，全人口に占める有権者の割合は，1925年に実現した，満［C］歳以上の全ての男性に選挙権を与える男子普通選挙で大きく増加し，その後，1945年に成立した新選挙法により，1946年にはさらに増加しました。

資料Ⅱ

選挙法成立年	選挙の実施年	全人口に占める有権者の割合（%）
1889	1890	1.1
1900	1902	2.2
1919	1920	5.5
1925	1928	19.8
1945	1946	48.7

（総務省ホームページにより作成）

① 文中の［C］に当てはまる数字を書きなさい。

② 文中の下線部について，この理由を，有権者になる資格に着目して，書きなさい。

(5)　下線部(e)に関して，資料Ⅲは，かつて石炭産業で栄えた福島県いわき市で，炭鉱を経営する企業が，新たな事業として1960年代中頃に開業したレジャー施設の様子である。この地域で，新たな事業が始められた理由を，資料Ⅳに着目して，簡潔に書きなさい。

資料Ⅲ

地元の女性による，フラ（ハワイの伝統舞踊）のショーが話題となりました。

資料Ⅳ　日本のエネルギー供給量の割合といわき市産業別就業者の割合の推移

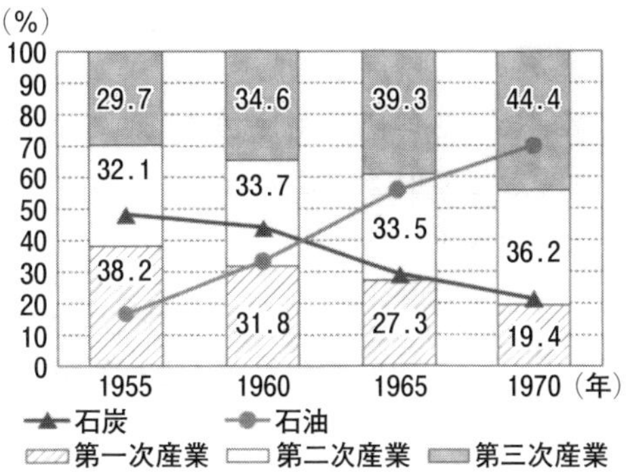

※割合は小数第2位を四捨五入している。
（いわき市ホームページなどにより作成）

6　聡太さんと奈々さんの班は，地元の商店街でインタビューを行い，商店街の活性化案を発表した。次の資料は，そのときに使用したものの一部である。後の(1)～(5)の問いに答えなさい。

洋菓子店へのインタビュー

聡太：お店の一番人気のケーキは何ですか。
店長：いちごをたっぷり使ったケーキです。(a)いちごの価格は季節によって変わりますが，ケーキに使ういちごの量は減らさないよう努力しています。
聡太：お店の経営や，商店街の様子で，気になっていることはありますか。
店長：(b)経営状態が景気に左右されることが悩みですね。あとは，商店街を訪れる人の数が減少していることが心配です。

コーヒー店へのインタビュー

奈々：お店を経営する上でのこだわりは何ですか。
店長：常に，たくさんの種類の豆を扱うようにしています。国際貢献のために，(c)フェアトレード認証を受けたコーヒー豆も販売していますよ。
奈々：お店の経営で困っていることはありますか。
店長：うちの店は，外国からコーヒー豆を輸入し，販売しているのですが，最近［ A ］が進んで，仕入れ価格が上がり，困っています。

聡太さんと奈々さんのメモ

○お店へのインタビューから分かったこと
・店ごとに，特色を打ち出した経営をしている。
・商店街を訪れる人の数は，減少している。
・店の経営状態は景気や為替相場の影響を受ける。
○商店街の活性化案
・ホームページの開設やイベントの開催などの(d)PR活動を行い，お客を呼び込む。
・銀行からお金を借りるなど，［ B ］金融を利用したり，県や市に補助金を申請したりして必要な資金を集める。

(1)　［A］，［B］に当てはまる語の組み合わせとして適切なものを，次のア～エから選びなさい。

ア　A：円高　B：直接
イ　A：円高　B：間接
ウ　A：円安　B：直接
エ　A：円安　B：間接

(2)　下線部(a)に関して，以下の①，②の問いに答えなさい。

資料Ⅰの１月～11月を見ると，一般的に，いちごの入荷量が多い時期は，価格は［ i ］くなっている。12月は，11月に比べ，いちごの入荷量が多くなっているにもかかわらず，価格は，［ ii ］くなっている。この理由として，［ iii ］ことが考えられる。

資料Ⅰ　いちごの価格と入荷量

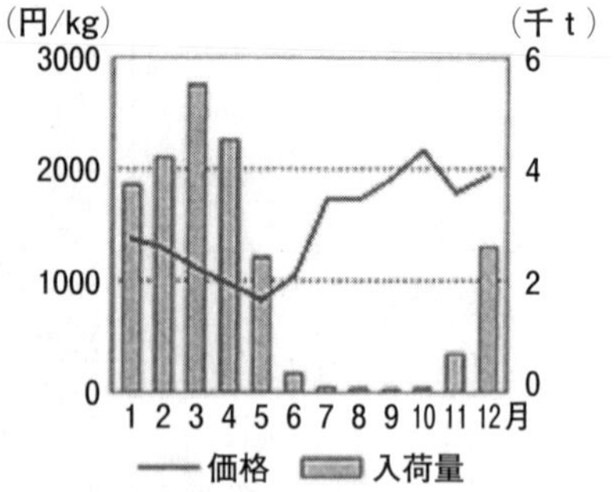

※グラフの数値は５年間を平均したものである。
(平成25～29年「東京都中央卸売市場年報」により作成)

① ［ i ］，［ ii ］に当てはまる語の組み合わせとして適切なものを，次のア～エから選びなさい。

ア　ｉ：高　ⅱ：高　　イ　ｉ：高　ⅱ：低

ウ　ｉ：低　ⅱ：高　　エ　ｉ：低　ⅱ：低

② ［ iii ］に当てはまる文を，「需要」と「供給」という語を用いて，簡潔に書きなさい。

(3)　下線部(b)に関して，不況のときに企業が一般的に行うと考えられる取組として最も適切なものを，次のア～エから選びなさい。

ア　従業員の数を増やす。

イ　商品の生産を減らす。

ウ　従業員の給与を上げる。

エ　商品を値上げして販売する。

(4)　下線部(c)について，フェアトレードとはどのようなことか，「発展途上国」，「価格」という語を用いて，簡潔に書きなさい。

(5)　下線部(d)に関して，聡太さんと奈々さんは，PR活動の事例を調べ，資料Ⅱのポスターを見つけた。このポスターは，地域の飲食店をPRして集客をねらうだけでなく，ある問題を解決することも目的としている。この問題は，資料Ⅲから分かるように，多くの商店街が抱えている問題である。資料Ⅱ，資料Ⅲの［ C ］に当てはまる語を書きなさい。

資料Ⅱ

絶やすな！　絶品グルメ

このままでは消えてしまう！

地元で長年愛されてきた

名物店主や絶品グルメ

店の将来を担う

［ C ］・働き手募集中！

資料Ⅲ　各地の商店街が抱える主な課題

・［ C ］不足
・店舗等の老朽化
・話題性のある店が少ない
・商店街の魅力が知られていない

(「平成27年度商店街実態調査報告書」により作成)

7 貴史さんの班では，現代の社会の課題についてまとめ，発表した。次のワークシートと資料はそのときに使用したものの一部である。後の(1)～(4)の問いに答えなさい。

ワークシート「よりよい社会を目指して」

	貴史さん	涼子さん	健太さん
課題であると感じたこと	無実の罪で有罪となる［A］によって長期間拘束されていた人がいる。	(b)女性が働く際に育児と仕事の両立が難しい場合がある。	マスメディアが伝える情報に振り回されてしまう場合がある。
理想だと思うこと	［A］を生まない制度や救済手段があること。	仕事と家庭生活が両立しやすい社会であること。	人々が正しい情報を共有できること。
課題を解決するために大切だと思うこと	(a)法律についての相談窓口や救済手段についてよく学んでおく。	一人一人が性別による固定的な役割分担の意識にとらわれず，男女が協力する。	情報を受けとる側が(c)メディアリテラシーを身に付ける。

(1) ［A］に当てはまる語を書きなさい。

(2) 下線部(a)について，貴史さんは，相談窓口について調べたことを資料Ⅰを用いて，次のように発表した。後の①，②の問いに答えなさい。

> 日本は，アメリカやフランスと比べると，［あ］ことが分かる。そこで，司法制度改革の一環として，法律にまつわる問題を解決するための総合案内所である［い］が設置された。

① 資料Ⅰを参考にして，［あ］に当てはまる文を，簡潔に書きなさい。

② ［い］に当てはまる語を書きなさい。

(3) 下線部(b)に関して，資料Ⅱ，資料Ⅲ，資料Ⅳは，涼子さんが見つけたものである。次の①，②の問いに答えなさい。

① 資料Ⅱは，1985年に制定された法律の一部である。この法律の名称を書きなさい。

② 資料Ⅲは，部下にとって理解ある上司が増えるよう，行われている取組の1つである。この取組が広まることによって，どのようなことが期待できると考えられるか，資料Ⅳを踏まえて，簡潔に書きなさい。

資料Ⅰ　人口10万人当たりの裁判官，検察官，弁護士の人数

	日本	アメリカ	フランス
裁判官	3.1	10.0	8.5
検察官	2.2	10.1	2.9
弁護士	31.7	385.4	97.6

（「裁判所データブック2018」により作成）

資料Ⅱ

> 第一条〔目的〕
> この法律は，法の下の平等を保障する日本国憲法の理念にのつとり雇用の分野における男女の均等な機会及び待遇の確保を図るとともに，女性労働者の就業に関して妊娠中及び出産後の健康の確保を図る等の措置を推進することを目的とする。

資料Ⅲ　イクボス宣言

> 1．私は，仕事を効率的に終わらせ早く帰る部下を評価します。
> 2．私は，土日，定時以降には，仕事の依頼をしません。（できるだけ）
> 3．私は無駄に残らず，率先して早く帰ります。
> 4．「え，男なのに育休？」などとは絶対に思いません。
> 5．私は，部下のどんな相談にも応じます。

（厚生労働省ホームページにより作成）

(4) 下線部(c)について，健太さんはメディアリテラシーに着目した。メディアリテラシーとはどのようなことか，簡潔に書きなさい。

資料Ⅳ　6歳未満の子供を持つ夫・妻の1日当たりの育児時間(2016年)

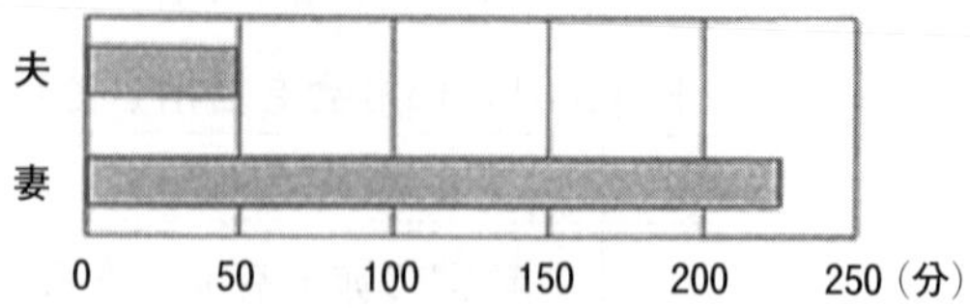

(総務省「平成28年社会生活基本調査結果」により作成)

理科

●満点100点　●時間45～60分

1　次の(1)～(8)の問いに答えなさい。

(1)　アブラナの花のつくりを調べ，外側についているものから順に並べたとき，次の ① ～ ③ に当てはまるものを，下のア～ウからそれぞれ選びなさい。

① → ② → ③ →めしべ

ア　花弁　　イ　おしべ　　ウ　がく

(2)　静脈にはところどころに弁がある。その弁のはたらきを，簡潔に書きなさい。

(3)　地震計で記録される地震の揺れには，初めの小さな揺れと後に続く大きな揺れの2つがある。初めの揺れを初期微動というのに対し，後に続く大きな揺れを何というか，書きなさい。

(4)　右の図は，温帯低気圧にともなう前線を示したものである。次の文中の ① ～ ③ に当てはまる語の組み合わせとして正しいものを，下のア～エから選びなさい。

図

Aが示す ① 前線では， ② が ③ を押し上げている。

ア　[①　温暖　②　暖気　③　寒気]　　イ　[①　温暖　②　寒気　③　暖気]
ウ　[①　寒冷　②　暖気　③　寒気]　　エ　[①　寒冷　②　寒気　③　暖気]

(5)　水素と酸素が化合して水が生成する化学変化を表す化学反応式を書きなさい。

(6)　銅0.8gを空気中で加熱し，完全に酸素と反応させると1.0gの酸化物が生じた。銅2.0gを空気中で加熱し，完全に反応させたとき，反応する酸素の質量はいくらか，書きなさい。

(7)　右の図は，水平な床の上に置かれた物体にはたらいている力を示したものである。このとき，つり合いの関係にある2つの力を，図のア～ウから選びなさい。なお，アは「床が物体を押す力」，イは「物体にはたらく重力」，ウは「物体が床を押す力」を示している。

図

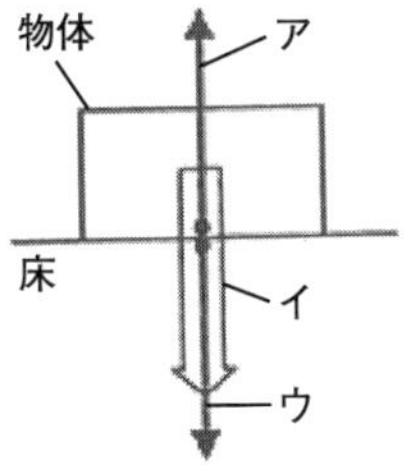

(8)　図Ⅰのような装置を作り，Aの位置で小球を静かに放した。図Ⅱのグラフは，このときの小球がもつ位置エネルギーの変化を表したものである。AC間における小球がもつ力学的エネルギーの変化を表したグラフをかきなさい。

図Ⅰ

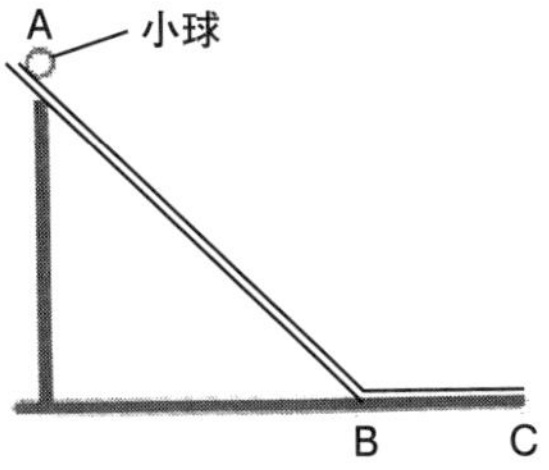

図Ⅱ

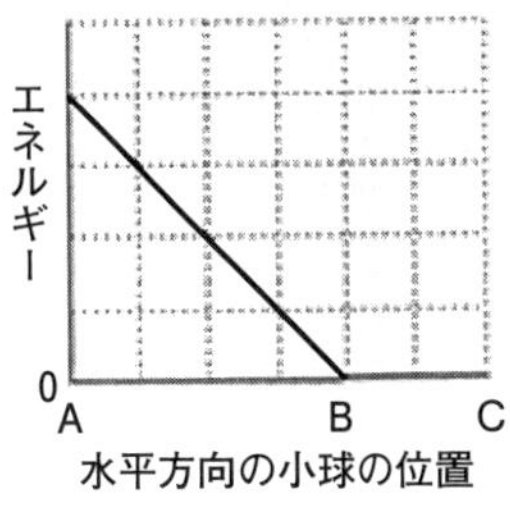

※摩擦や空気の抵抗，小球の大きさは考えないものとする。

2　次のA～Dの問いに答えなさい。

A　刺激に対するヒトの反応について調べるために，次の実験を行った。後の(1)～(3)の問いに答えなさい。

［実験］　図のように，15人が輪になって手をつなぐ。１人目がストップウォッチのスタートボタンを押すと同時に，もう一方の手で隣の人の手を握る。２人目以降，手を握られた人は，すぐに次の人の手を握る。15人目は手を握られたら，すぐにもう一方の手でストップウォッチのストップボタンを押し，２人目以降の反応にかかる時間を測定する。これを３回繰り返す。表は，測定した結果をまとめたものである。

図

表

回数	1回目	2回目	3回目
時間[秒]	3.41	3.38	3.29

(1)　皮ふのように，刺激を受け取る器官を何というか，書きなさい。

(2)　次の文は，実験結果についてまとめたものである。文中の［①］，［②］に当てはまる数値を，それぞれ書きなさい。

> 表から，３回の測定時間の平均値を算出すると［①］秒となる。このことから，１人当たりの反応にかかるおよその時間は，［②］秒となることが分かった。

(3)　下線部のような，ヒトが意識して起こす反応について，皮ふが刺激を受け取ってから，筋肉が反応するまでに信号が伝わる経路として最も適切なものを，次のア～エから選びなさい。

ア　皮ふ → せきずい → 筋肉
イ　皮ふ → せきずい → 脳 → 筋肉
ウ　皮ふ → 脳 → せきずい → 筋肉
エ　皮ふ → せきずい → 脳 → せきずい → 筋肉

B　ある物質を水に溶かし，その水溶液を冷却することによって，溶けている物質を再び固体として取り出す実験を行った。表は，各温度での水100ｇ当たりに溶かすことのできる各物質の質量を示したものである。次の(1)～(4)の問いに答えなさい。

表

水の温度[℃]	20	40	60	80
硝酸カリウム[g]	31.6	63.9	109.2	168.8
塩化ナトリウム[g]	35.8	36.3	37.1	38.0
ミョウバン[g]	11.4	23.1	57.3	320.7

(1)　この実験で行ったように，一度水に溶かした物質を再び固体として取り出すことを何というか，書きなさい。

(2)　80℃の水200ｇに硝酸カリウムを溶かして飽和水溶液を作り，40℃まで冷却した場合，再び取り出すことができる固体の質量はいくらか，書きなさい。

(3)　塩化ナトリウムの飽和水溶液を冷却した場合には，固体をわずかしか取り出すことができなかった。その理由を，簡潔に書きなさい。

(4)　80℃のミョウバンの飽和水溶液を20℃までゆっくりと冷却した場合の，冷却し始めてからの時間と，取り出すことができる固体の質量の関係を表したグラフとして最も適切なものを，次のア～エから選びなさい。ただし，水溶液を80℃から冷却し始めたときの時間を０とし，一定の時間に温度が一定の割合で低下するように冷却したものとする。

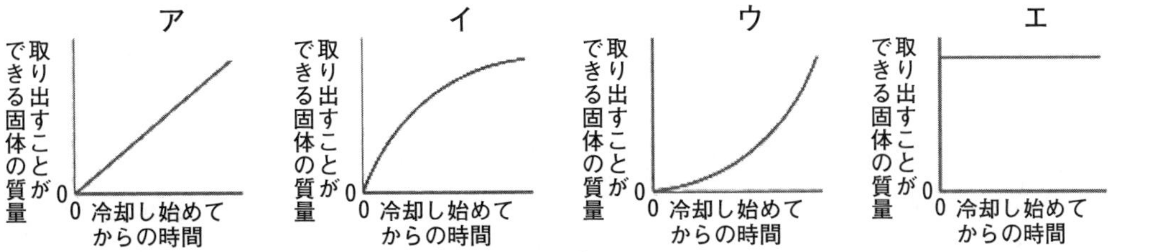

C　群馬県のある地点で，７月中旬の午後８時に火星と金星を観測したところ，火星が南東の空に，金星が西の空に見えた。図Ⅰは観測した際のそれぞれの見えた位置を，図Ⅱは金星，地球，火星のそれぞれの公転軌道と観測した日の地球の位置を，それぞれ模式的に示したものである。次の⑴～⑷の問いに答えなさい。

⑴　地球型惑星を，次のア～エから全て選びなさい。

ア　火星　　イ　水星

ウ　木星　　エ　金星

図Ⅰ

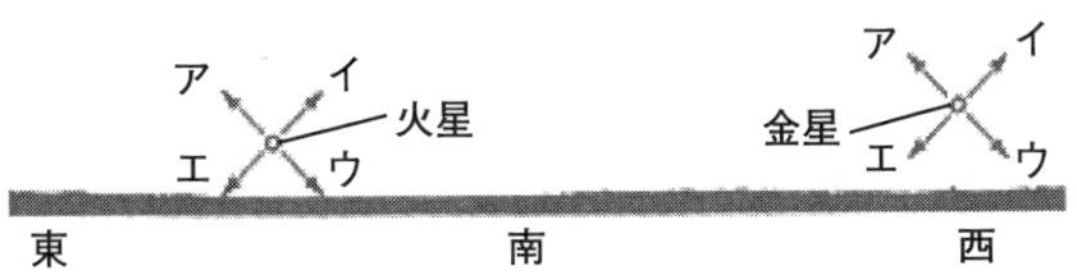

⑵　同じ日の午後９時にもう一度観測したところ，火星と金星の見える位置が移動していた。火星と金星の見える位置は，図Ⅰのア～エのどの方向に移動していたか，最も適切なものをそれぞれ選びなさい。

⑶　この日の金星の位置として最も適切なものを，図Ⅱのａ～ｄから選びなさい。

⑷　地球と火星が最も接近した日の，群馬県における火星の見え方として最も適切なものを，図Ⅱを参考にして，次のア～エから選びなさい。

ア　夕方に西の空に見える。

イ　真夜中に真南の空に見える。

ウ　真夜中に東の空に見える。

エ　夕方に真南の空に見える。

図Ⅱ

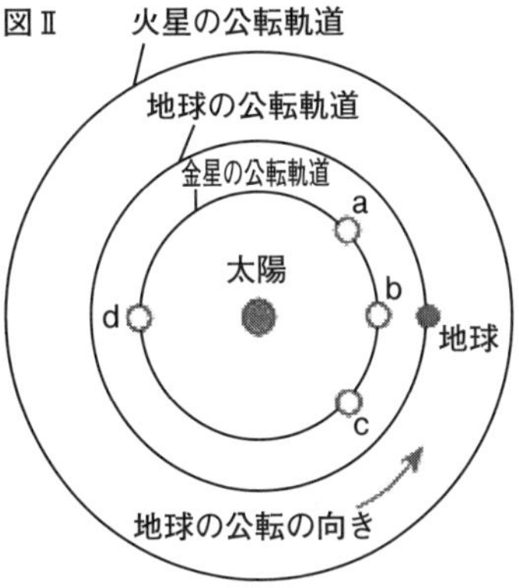

D　光の進み方を調べるために，次の実験を行った。後の⑴，⑵の問いに答えなさい。

［実験］

図Ⅰのように，茶わんの底に硬貨を置き，点Oから茶わんの中を見たところ，硬貨は見えず茶わんの内側の点O′が見えた。次に，茶わんの中に水を入れながら，点Oから茶わんの中を見たところ，図Ⅱの水面の高さまで水を入れたとき，硬貨の点Aが初めて見えた。

なお，図の点線は，水を入れる前に点Oから茶わんの中を見たときに見えた点O′と，点Oを結んだ直線を示している。

図Ⅰ

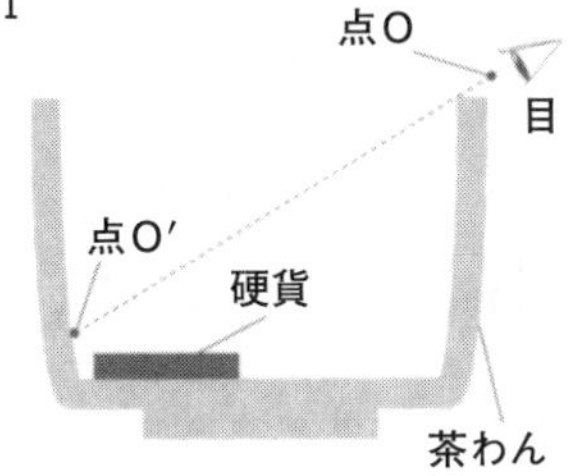

図Ⅱ

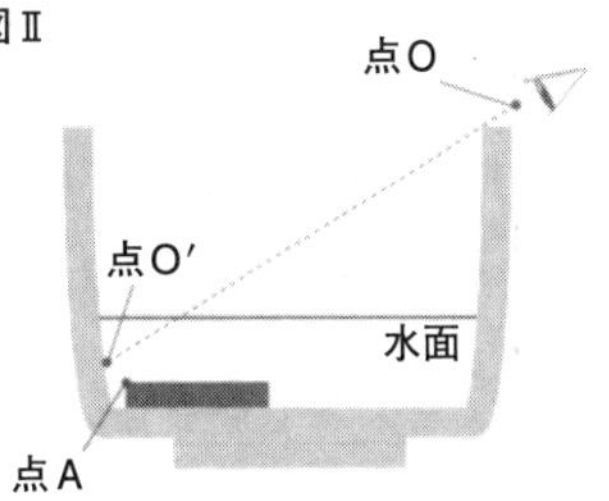

⑴　光が水中から空気中へ進むときの，入射角と屈折角の大きさの関係として適切なものを，次のア～ウから選びなさい。

ア　入射角＜屈折角　　イ　入射角＝屈折角
ウ　入射角＞屈折角

⑵　次の①，②の問いに答えなさい。

①　図Ⅱで，硬貨の点Aから出た光が点Oまで進む道筋を，かきなさい。

②　図Ⅱからさらに水を入れた場合，硬貨の点Bが初めて見えるときの水面の高さとして最も適切なものを，図Ⅲのア～ウから選びなさい。

図Ⅲ

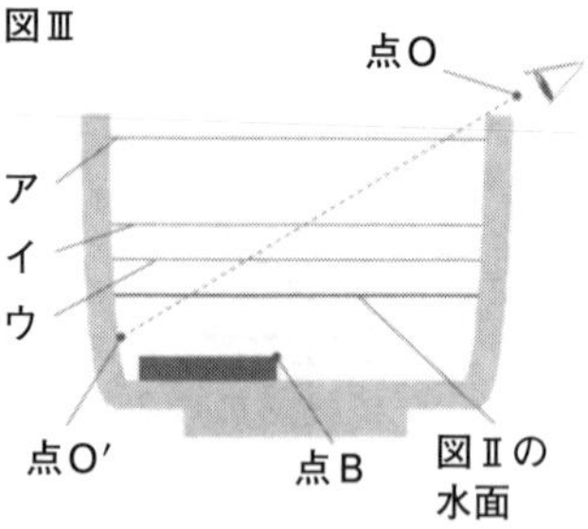

3　植物の根の成長について調べるために，次の実験を行った。後の⑴～⑷の問いに答えなさい。

［実験］

図Ⅰのように，ニンニク1片を水につけておくと根が伸び始めた。伸びた根の1つに，先端から1 cmの間に同じ間隔で印を3つ付け，ニンニクを再び水につけたところ，1日後，根は1 cm伸びていた。図Ⅱは，このときの様子を示したものである。伸びた根を根元から切り，60℃のうすい塩酸に入れ，数分間温めた。この根をスライドガラス上に取り出し，図Ⅲのように，3つの部分X，Y，Zをそれぞれ1 mmずつ切り出した。X，Y，Zを別々のスライドガラスにのせ，染色液を1滴たらして10分間置いた。その後，カバーガラスとろ紙をのせ，押しつぶしたものを顕微鏡で観察した。表は，全て同じ倍率で観察した際の細胞のスケッチである。

図Ⅰ

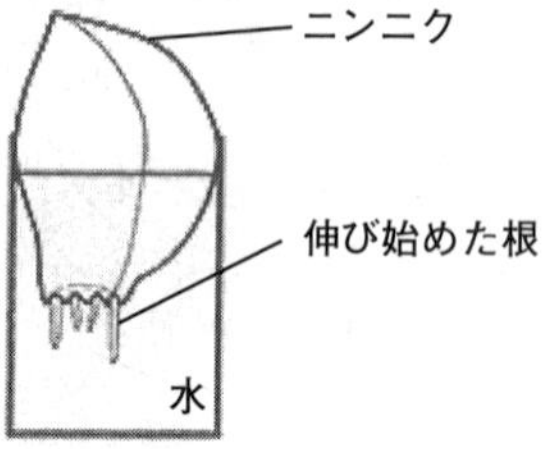

図Ⅱ

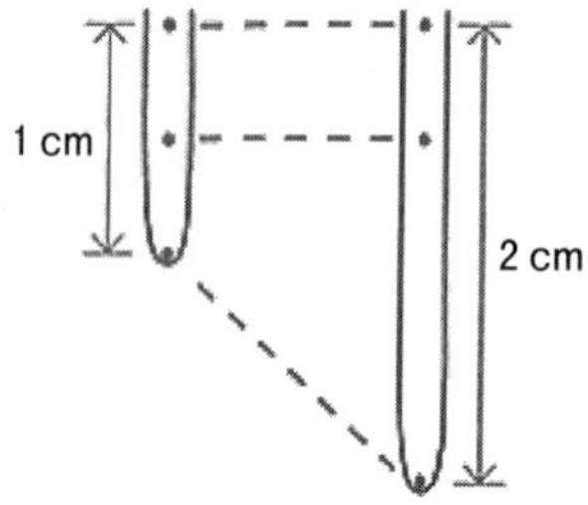

図Ⅲ

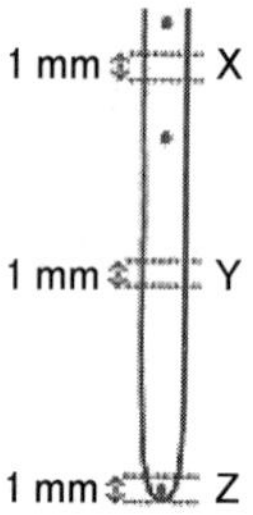

表

X	Y	Z
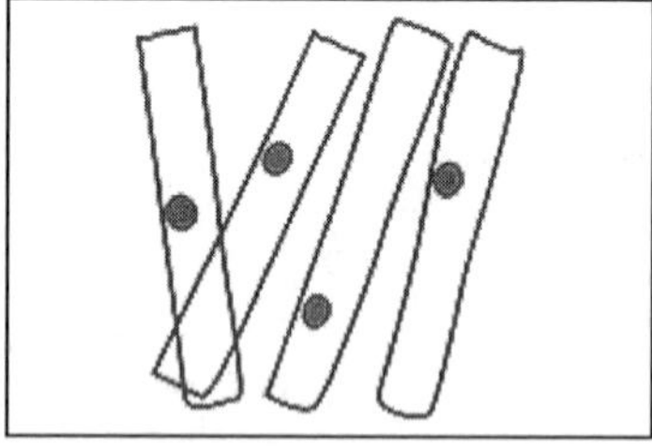		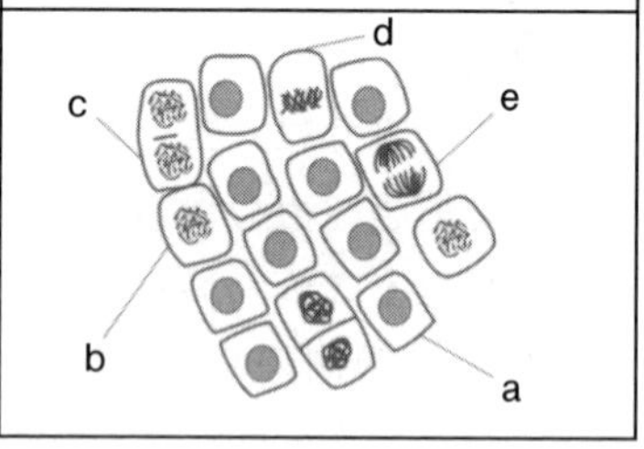

⑴　実験で，根をうすい塩酸に入れて温めるのは，細胞を観察しやすくするためである。このような操作によって観察しやすくなる理由を，簡潔に書きなさい。

⑵　表中のa～eを，aを1番目として，細胞分裂の過程に沿って並べなさい。

⑶　表中のbの細胞の染色体数をnとする。bの細胞がdの過程になったときの染色体数として適切なものを，次のア～エから選びなさい。

ア　$0.25n$　　イ　$0.5n$　　ウ　n　　エ　$2n$

(4)　次の文は，表をもとに，まとめたものである。文中の ① には当てはまる語句を， ② には当てはまる文を，それぞれ書きなさい。

> • 細胞の大きさは，根元に近い部分と比べて，先端に近い部分のほうが ① ことが分かる。
> • 根元に近い部分の細胞の中には染色体を見ることができないが，根の先端に近い部分の細胞の中には染色体が見られる細胞もある。
> • これらのことから，根は ② ことで成長することが分かる。

4　表は，岩石A～Dを，ルーペを使って観察し，その結果をまとめたものである。後の(1)～(4)の問いに答えなさい。

表

岩石	A	B	C	D
スケッチ		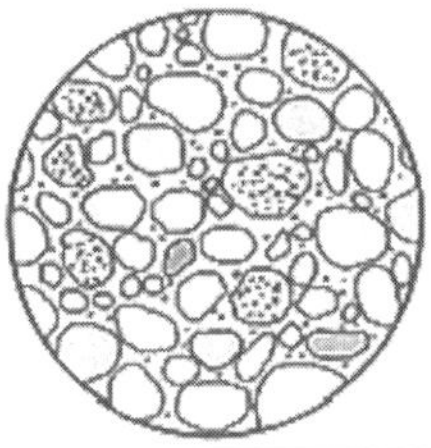	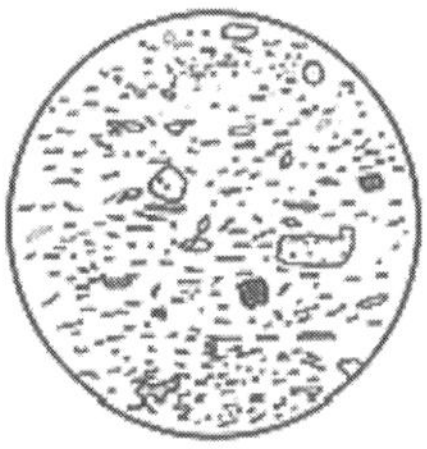	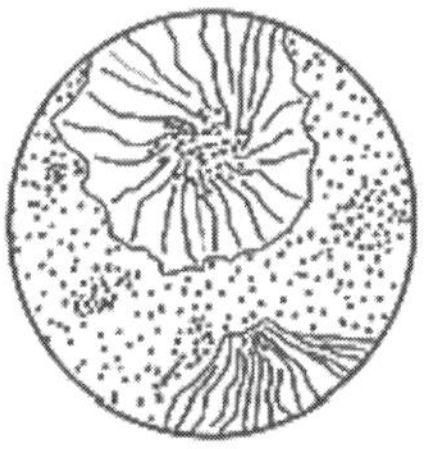
気づいたこと	全体的に黒っぽく，大きな鉱物どうしが組み合わさっている。	全体的に白っぽく，丸みを帯びた粒が見られる。	全体的に白っぽく，石基や斑晶が見られる。	全体的に白っぽく，化石が見られる。

(1)　表中の岩石Aについて，

①　この岩石のつくりを何というか，書きなさい。

②　この岩石は，マグマが冷えて固まってできたものである。どのように冷えて固まったと考えられるか，簡潔に書きなさい。

(2)　表中の岩石Bをつくっている粒が丸みを帯びている理由を，簡潔に書きなさい。

(3)　図は，火成岩と堆積岩をいくつかの調べ方をもとに分類したものであり，図中の a ～ f は調べ方を示したものである。

表中の岩石C，Dを調べたところ，岩石Cは流紋岩であり，岩石Dは石灰岩であることが分かった。火成岩のうち流紋岩を区別するための調べ方として，図中の a ， b に当てはまるものを，また，堆積岩のうち石灰岩を区別するための調べ方とし

図

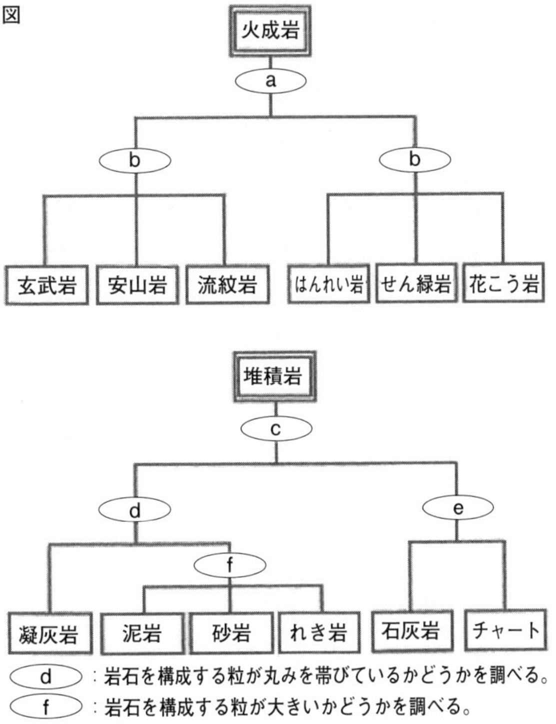

て，図中の（c），（e）に当てはまるものを，次のア～エからそれぞれ選びなさい。

ア　無色鉱物の割合が多いかどうかを調べる。

イ　生物の死がいなどが含まれているかどうかを調べる。

ウ　うすい塩酸をかけて，気体が発生するかどうかを調べる。

エ　鉱物が，形が分からないほど小さな粒の間に，散らばって見えるかどうかを調べる。

(4)　表中の岩石Dに見られる化石は，サンゴであることが分かった。この岩石が含まれる地層ができた当時，この地域はどのような環境であったと考えられるか，簡潔に書きなさい。

5　酸の水溶液とアルカリの水溶液を混ぜ合わせたときの反応を調べるために，次の実験を行った。後の(1)～(3)の問いに答えなさい。

［実験］

うすい塩酸6 cm^3 をビーカーに入れ，BTB溶液を数滴加えた。次に，こまごめピペットを用いて塩酸と同じ濃度の水酸化ナトリウム水溶液を少しずつビーカーの中に加えていき，加えた体積とビーカー内の水溶液の色の変化を観察すると，6 cm^3 加えたところで水溶液は緑色になった。その後，水酸化ナトリウム水溶液を水溶液の色の変化がなくなるまで加え続けた。

(1)　図Ⅰのようなこまごめピペットで水酸化ナトリウム水溶液を吸い取った後に注意すべき点を，こまごめピペットの向きに着目して，簡潔に書きなさい。

図Ⅰ

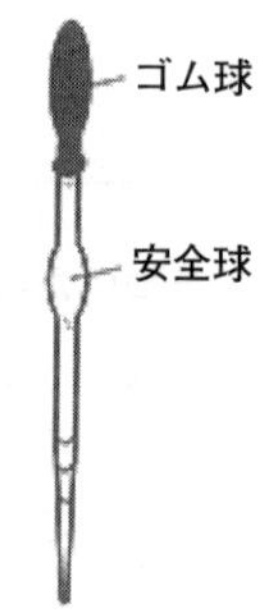

(2)　この実験において，水酸化ナトリウム水溶液を加え始めてから加え終えるまでの，ビーカー内の水溶液の色の変化を表すように，次の ① ～ ③ に当てはまるものを，下のア～ウからそれぞれ選びなさい。

① → ② → ③

ア　緑色　　イ　黄色　　ウ　青色

(3)　図Ⅱは，実験の様子を，塩酸と少量の水酸化ナトリウム水溶液に含まれるイオンのモデルを用いて表したものである。ただし，水酸化ナトリウム水溶液を加える前と後のイオンの個数は，反応した数をもとにかかれている。また，電解質は全て電離し，水は電離していないものとして考えている。次の①～③の問いに答えなさい。

図Ⅱ

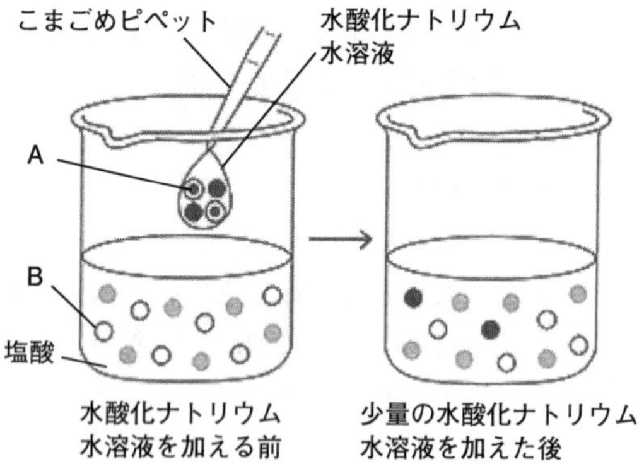

①　図ⅡのAとBが示すイオンのイオン式を，それぞれ書きなさい。

②　水酸化ナトリウム水溶液を9 cm^3 加えたとき，ビーカーの中に含まれるイオンの総数は何個か，書きなさい。ただし，塩酸1 cm^3 に含まれるイオンの総数と水酸化ナトリウム水溶液1 cm^3 に含まれるイオンの総数は，それぞれ $2a$ 個とする。

③　塩酸の濃度と体積は変えずに，水を加えて濃度を $\frac{1}{2}$ 倍にした水酸化ナトリウム水溶液を用いて同じ実験を行ったとする。15 cm^3 の水酸化ナトリウム水溶液を加えていったときの，加えた水酸化ナトリウム水溶液の体積とビーカー内のBが示すイオンの数の関係を表すグラ

フとして最も適切なものを，次のア～エから選びなさい。

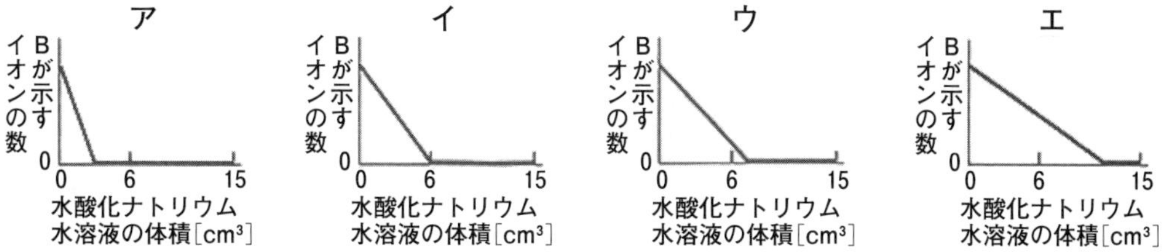

6 電熱線の発熱について調べるために，次の実験を行った。後の⑴～⑷の問いに答えなさい。

［実験］

(A) 図Ⅰのような装置で，コップに水を入れてしばらく置いた後，水の温度を測定した。次に，スイッチを入れて電熱線 a（6 V-8 W）に6 Vの電圧を加えて，ときどき水をかき混ぜながら，1分ごとに5分までの温度を測定した。

(B) 電熱線 a の代わりに電熱線 b（6 V-4 W）を用いて，実験(A)と同様の操作を行った。

(C) 電熱線 a の代わりに電熱線 c（6 V-2 W）を用いて，実験(A)と同様の操作を行った。

図Ⅰ

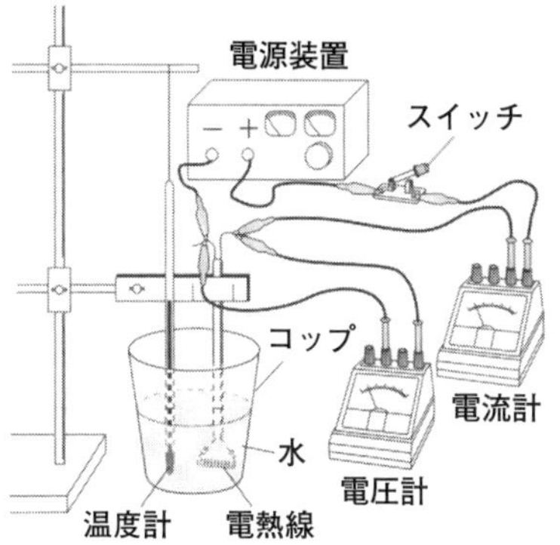

図Ⅱは，実験(A)～(C)において，電流を流した時間と水の上昇温度の関係を，グラフに表したものである。

図Ⅱ

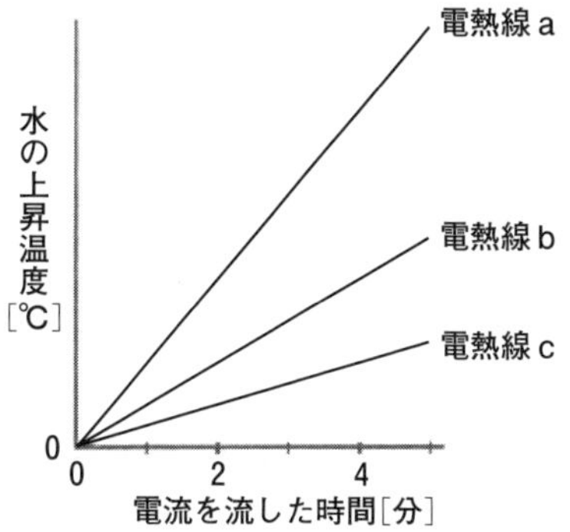

⑴ 実験(A)の回路図を，次の記号を用いて，かきなさい。

⑵ 図Ⅱのグラフから分かることについて，次の①，②の問いに答えなさい。

① 1つの電熱線に着目した場合の，電流を流した時間と水の上昇温度の関係について，簡潔に書きなさい。

② 3つの電熱線を比較した場合の，電熱線の消費電力と一定時間における水の上昇温度の関係について，簡潔に書きなさい。

⑶ 実験(A)で，電熱線 a から5分間に発生する熱量はいくらか，書きなさい。

⑷ 実験(A)における電熱線 a の代わりに，3つの電熱線 a ～ c のうち2つをつないだものを用いて，実験(A)と同様の操作を行ったところ，図ⅢのXのようなグラフとなった。次の文は，2つの電熱線のつなぎ方について，図Ⅲから分かることをまとめたものである。文中の ① ， ② には a ～ c のうち当てはまる記号を書き，③については｛ ｝内のア，イから正しいものを選びなさい。

図Ⅲ

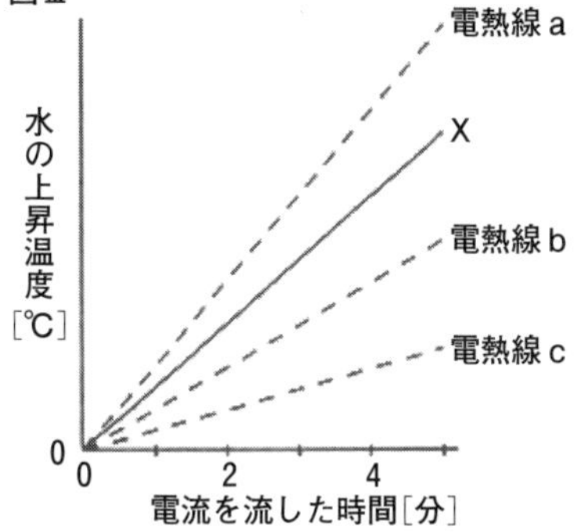

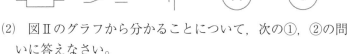

図Ⅲのグラフの傾きから，電熱線[①]と電熱線[②]を③{ア　直列　　イ　並列}につないだことが分かる。

(一)　会話文中══「発表の最初にみんなに問いかけて」とありますが、発表を問いかけで始めることによって、どのような効果が期待されると考えられますか、次のア～エから最も適切なものを選びなさい。

ア　多くの人々の立場が正しいものかどうかを検証する効果。

イ　聞き手が発表内容を理解しているかどうかを確かめる効果。

ウ　発表方法に興味を持たせて聞き手の視点を変化させる効果。

エ　聞き手に考えさせることで発表内容に関心を持たせる効果。

(二)　会話文中［　　］には、資料［Ⅰ］から読み取れる内容が入ります。どのような内容が入るか、［　　］に当てはまるように書きなさい。

(三)　会話文中A――とB――で、花子さんと太郎さんはそれぞれ違った意見を述べています。資料［Ⅱ］から読み取れることに触れて、どちらの意見を支持するか、あなたの考えを書きなさい。

太郎さん　資料Ⅰと資料Ⅱは、「檄《げき》を飛ばす」と「知恵熱」という言葉の意味をどう理解しているかについて、年齢別の割合を示したものだよ。

花子さん　「檄を飛ばす」は「激励する」という意味で使うことが多い気がするけど、これが本来の意味とは違うなんて知らなかったわ。きっとクラスのみんなも知らないだろうから、発表の最初にみんなに問いかけてみましょうよ。

太郎さん　それはいいね。でも、みんなが本来の意味を知らないのも無理はないと思うな。資料Ⅰを見ると、本来の意味とは違った意味で理解している人の割合が［　　　］ことが分かるよ。それに比べて、資料Ⅱの「知恵熱」は、五十代を境に逆転している様子が見られるね。

花子さん　私は「知恵熱」の意味も知らなかったな。日本語を本来の意味で使っていない人が多いのは残念に思うわ。やはりＡ言葉が持つ本来の意味を大切にしていくべきじゃないかしら。

太郎さん　でも、『枕草子』などの古典に出てきた言葉の中には、現代とは違った意味で使われている言葉もあったよね。言葉の意味は、変化していくものなんじゃないかな。Ｂ新しい意味を柔軟に受け入れていくことが必要かもしれないよ。

花子さん　なるほど。それもあるかもしれないね。それじゃ、お互いの考えを示して、みんなにも考えてもらいましょうよ。

資料Ⅰ

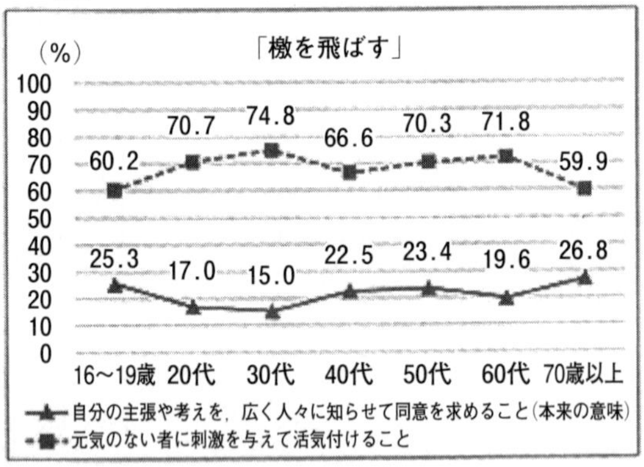

平成29年度「国語に関する世論調査」(文化庁)により作成

資料Ⅱ

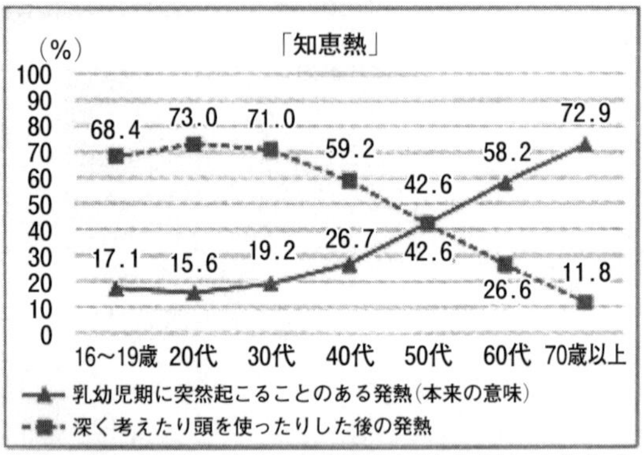

平成28年度「国語に関する世論調査」(文化庁)により作成

四　次の文章を読んで、後の㈠～㈢の問いに答えなさい。

居《を》リ二天下之《の》広居ニ一、A立チ天下之正位ニ、行ク二天下之大道ヲ一。得レバレ志ヲ与《と》レ民由《よ》リレ之《これ》ニ、不《ざ》レバレ□レ志ヲ独リ行フ二其《そ》ノ道ヲ一。富《ふう》貴《き》モ不《ず》レ能《あた》ハレ淫《いん》スルコト。貧《ひん》賤《せん》モ不レ能ハレ移スコト。威武モ不レ能ハレ屈スルコト。此《こ》レ之ヲ謂《い》フ二B大《だい》丈《ぢやう》夫《ふ》ト一。

（『孟子』による。）

書き下し文

天下の広居に居り、天下の正位に立ち、天下の大道を行く。志を得れば民と之に由り、志を□ざれば独り其の道を行ふ。富貴も淫すること能はず。貧賤も移すこと能はず。威武も屈すること能はず。此れ之を大丈夫と謂ふ。

（注）広居……広い住居のことで、ここでは「仁」をたとえている。
正位……正しい位置のことで、ここでは「礼」をたとえている。
大道……大きな道のことで、ここでは「義」をたとえている。
能……できる。
淫……心をかき乱す。
威武……権威・武力のこと。

㈠　文中A――「立チ天下之正位ニ」に、書き下し文の読み方になるように返り点を書きなさい。

㈡　文中□に当てはまる漢字一字を、本文から抜き出して書きなさい。

㈢　文中B――「大丈夫」とありますが、本文から読み取れる「大丈夫」とはどのような人物のことですか、次のア～エから最も適切なものを選びなさい。

ア　場面や相手によって、態度が変化する人物。
イ　どのような状況でも、信念を貫き通す人物。
ウ　苦しい立場でも、物事を楽観的に捉える人物。
エ　身分に関係なく、相手を優しく包み込む人物。

五　次の㈠、㈡の問いに答えなさい。

㈠　次の①～④の――の平仮名の部分を漢字で、または漢字に送り仮名を付けて書きなさい。

①　荒れた土地をたがやす。
②　多くの人の力で町がさかえる。
③　時間をたんしゅくする。
④　ここは有名なぼうえき港だ。

㈡　次の漢字は、行書で書いたものです。この漢字の○で囲まれた部分には行書のどのような特徴が見られますか、その特徴として、ア～オから適切なものを二つ選びなさい。

ア　楷書とは違う筆順となっている。
イ　楷書ではねる部分を止めている。
ウ　楷書に比べて点画が連続している。
エ　楷書に比べて点画が省略されている。
オ　楷書で左に払う部分を横画に変えている。

六　太郎さんと花子さんは、国語の授業中に、言葉の意味について発表することになりました。次の会話文は、発表に向けて二人が交わした会話で、資料Ⅰ、Ⅱは発表のために準備したものです。これらを読んで、後の㈠～㈢の問いに答えなさい。

三

次の文章を読んで、後の㈠、㈡の問いに答えなさい。

十一日。暁に船を出《い》だして、室津《むろつ》を追ふ《（へ向かう）》。人みなまだ寝たれば《（寝ているので）》、海のありやう《（様子）》も見えず。ただ、月を見てぞ、西東《にしひむがし》をば知りける。かかるあひだに《（こうしている間に）》、みな夜明けて、手A洗ひ、例のことども《（朝の支度や食事など）》もして、昼になりぬ《（なった）》。

今し《（今まさに）》、羽根《はね》といふところに来ぬ《（来た）》。わかき童《わらは》、このところの名を聞きて、「羽根といふところは、鳥の羽のやうにやある。」といふ。まだ幼き童の言《こと》なれば、B人々笑ふときに、ありける女童《（以前に歌をよんだ女の子）》なむ、この歌をよめる。

まことにて名に聞くところ羽根ならば□がごとくに
みやこへもがな《（都へ帰りたいものだなあ）》

とぞいへる。男も女も、いかでとく京へもがな《（なんとかして早く都へ帰りたいものだ）》、と思ふ心あれば、この歌よしとにはあらねど《（よいというわけではないが）》、げに《（なるほど）》、と思ひて、人々忘れず。

（『土佐日記』による。）

（注）室津……現在の高知県室戸市室津のことで、一行が船で都に帰る途中で寄ろうとしている場所。

㈠ 文中A――「洗ひ」を現代仮名遣いで書きなさい。ただし、全て平仮名で書くこと。

㈡ 次の会話文は、春雄さんたちが、文中B――「人々笑ふときに」について話し合ったときの会話の一部です。これを読んで、後の①～③の問いに答えなさい。

春雄さん　人々はどうして笑ったのかなあ。
千秋さん　「わかき童」の言葉に、地名の羽根から□を連想するという、子どもらしい無邪気さがあったからよ。
春雄さん　なるほど。その連想から、次に「ありける女童」がよんだ歌の中で「□がごとくに」というたとえを用いているんだね。
夏子さん　じゃあ、本文の最後に「人々忘れず」とあるのは、その連想がおもしろかったからかな。
冬実さん　どうかしら。「この歌よしとにはあらねど」とあるから、違うと思うわ。

① 会話文中□に当てはまる言葉を、本文から三字で抜き出して書きなさい。

② 本文中の和歌と会話文中の□に共通して当てはまる語として、次のア～エから最も適切なものを選びなさい。

ア　泳ぐ　イ　飛ぶ　ウ　乗る　エ　走る

③ 夏子さんと冬実さんは、本文中═「人々忘れず」に着目しています。「人々」が「ありける女童」の歌を忘れないのはどうしてだと考えられますか、冬実さんの発言を踏まえて書きなさい。

お代が苦笑した。
「違うよ、馬鹿だね。肩に当てるんだよ、肩に。でないと俵に擦れて肌が裂けちまうよ。それに、炭の粉が鼻に入ると厄介でさ、くしゃみが止まんなくなるやつがけっこういるんだ。手拭い一枚、口と鼻を塞ぐのに使いな。」
「なるほど。お代、かたじけない。借りるぞ。」
「二枚ともあげるよ。だけど、ほんとに。」
お代が眉を寄せた。若さとは釣り合わない［　］になる。
「大丈夫？　藤士郎さん、荷運びなんてやったことないんだろ。」
「ない。しかし、何とかなるさ。命のやり取りをするわけじゃなし、案じなくてもいい。」
「呑気《のんき》なんだからねえ。」
お代は［　］のまま、ため息を吐いた。
「けっこうきつい仕事だよ。ほんとにやれる？　今からでも断った方がいいんじゃないのかい。」
余計なお世話だと、今朝はお代のことを少し疎《うと》ましくも感じたが、今はひたすらありがたい。B我ながら身勝手なものだ。
「みなさん、お疲れでした。おかげさまで、荷は全て無事に運び終わりました。」
さきほどの手代がにこやかに挨拶する。ほどなく、人夫に茶と一《ひと》摘《つま》みの白い粉が配られた。
「これは、塩？」
「そうさ。決まってんだろう。」
隣に座った人夫が、そんなことも知らないのかと言わんばかりの口調で答えた。それから、手のひらの塩を舐《な》め、茶を飲む。藤士郎もそれに倣《なら》った。
美味《うま》い。

（あさのあつこ『地に滾《たぎ》る』による。）

（注）手代……店の主人から仕事を任されている使用人。
内証……財政状態。

㈠ 文中［　］に共通して当てはまる語句として、次のア〜エから最も適切なものを選びなさい。
ア 意地悪げな態度　イ 迷惑そうな表情
ウ 分別くさい表情　エ よそよそしい態度

㈡ 文中A――「藤士郎は、熟練の人夫と思しき男の後ろにつき、その動きを逐一、真似るようにした」とありますが、「藤士郎」が「熟練の人夫と思しき男」の動きを真似るようにしたのは、どのようなことが大切だと思ったからですか、書きなさい。

㈢ 文中B――「我ながら身勝手なものだ」とありますが、このように「藤士郎」が考えるのは、「今朝」と「今」で「お代」への気持ちがどのように変化したためですか、荷物担ぎという仕事に対する考え方に触れて、書きなさい。

㈣ 本文全体の表現の特徴として、次のア〜エから最も適切なものを選びなさい。
ア 簡潔な表現を重ねることで歯切れのよさを生み出すとともに、回想場面を挿入して登場人物の心情を巧みに描いている。
イ 比喩表現を用いることで登場人物の心情を効果的に表すとともに、現代の若者言葉を取り入れて読者に親近感を持たせている。
ウ 難解な語を用いることで物語全体に厚みを持たせるとともに、様々な登場人物の視点を通して複雑な人間関係を表現している。
エ 時間の流れに沿って描写することで理解させやすくするとともに、なじみやすい言葉を用いて歴史的事実が頭に入るよう工夫している。

（伊藤明夫『40億年、いのちの旅』による。）

（注）　汽水……淡水と海水が混じり合った、塩分の少ない水。
　　　ホモ・サピエンス……現生人類としての「ヒト」を表す学名。

㈠　文中㋐～㋓の漢字の読みを平仮名で書きなさい。

㈡　文中□に当てはまる語として、次のア～エから最も適切なものを選びなさい。

ア　いまや　　イ　必ずしも　　ウ　それでも　　エ　ましてや

㈢　文中A――「これらには、タガメ、メダカ、エビネ、キキョウ、サクラソウなど、かつては私たちのまわりで普通にみられた動物や植物もふくまれています」とありますが、この一文には、読者にどのようなことを気づかせる役割があると考えられますか、書きなさい。

㈣　文中B――「四〇億年にわたる「いのち」の旅をいまに伝える、生きものたちの多様性」とありますが、本文では、生きものたちはどうすることで多様性を手に入れてきたと述べられていますか、四十字以内で書きなさい。

㈤　文中C――「私たちは知恵を出しあって、自滅の道を歩まないようにしたいものです」とありますが、ヒトが自滅の道を歩まないために、あなたならどのような提案をしますか、本文の内容に触れて、百四十字以上、百八十字以内で書きなさい。

二　次の文章を読んで、後の㈠～㈣の問いに答えなさい。

「お侍さん。まだ荷はたんとあるんだ。しっかり頼みますよ。ぐずぐずしてたら、すぐに日が暮れちまいますからね。」

手代《てだい》らしい男が声をかけてくる。

ぐずぐずしていた覚えはないが、こいつがまだ呑《の》み込めなくて、無駄にあちこちしてしまう。手代の目にはじれったくも間怠《まだる》くも映ったのだろう。

慣れた人夫《にんぷ》たちは実に滑らかに動くのだ。荷を担《かつ》ぎ、船着場から蔵まで運び、積み上げる。その一連の動作に淀《よど》みがない。歩き方も、荷の扱い方も藤士郎《とうしろう》とはまるで違う。

荷物担ぎなど、力のある男なら誰でもできると考えていた。働き始めてすぐ、そうではないのだと思い知った。

要領を身体で覚える。

それが肝要なのだ。そして、それは一日や二日で体得できるものではない。よく、わかった。それでもA藤士郎は、熟練の人夫と思《おぼ》しき男の後ろにつき、その動きを逐一、真似《まね》るようにした。荷物を受け取るときの僅かな屈《かが》み具合、足さばきと呼んでも差し支えないほどの足の運び方、姿勢、呼吸、ともかく習う。覚える。身に付ける。

昼過ぎまで働き、荷揚げはほぼ終わった。藤士郎は、蔵の前の空き地にしゃがみこんだ。煮炊き用なのか薪《まき》がうずたかく積んである。それだけで、讃岐《さぬき》屋の内証の豊かさが窺《うかが》える。

他の人夫たちも思い思いの格好で地面に腰をおろして一息つく。

「つうっ、痛い。」

疲労より肩の痛みが辛《つら》い。肌が擦《こす》れて赤くなっている。少し腫れてもいるようだ。それでも、裂けて血を出さなかったのはお代《だい》のおかげだった。

「藤士郎さん。これ、持っていきなよ。」

今朝、黒松長屋を出るとき、お代が握り飯の包みと手拭いを二枚手渡してくれた。

「あ、弁当か。それは気付かなかったな。」

「そんなことだろうと思った。中に梅干しを入れといてやったから、残さず食いなよ。」

「もちろんだ。恩に着る。しかし、手拭いはいらんぞ。汗拭きなら持っている。」

国語

●満点100点　●時間45~60分

一　次の文章を読んで、後の㈠~㈤の問いに答えなさい。

種の絶滅は進化の過程で自然に起きることでもありますが、現在進んでいる種の絶滅は、これとは㋐異なって、生息地の破壊や環境の悪化、過剰な捕獲や採取、森林の伐採、外来生物の持ちこみによる生態系のかく乱など、私たちヒトの活動をおもな原因としています。

過去の大量絶滅においては、絶滅に向かう期間が少なくとも一〇〇万年以上の長期にわたって起こったものですが、現在、地球では世界で毎年四万種の生物が絶滅しているといわれており、過去五億年間の平均的なペースの何百倍、何千倍ものはやさで、生物たちが姿を消しているといわれています。

環境省が作成した絶滅のおそれのある種のリスト(レッドリスト)によると、日本に生息する哺乳類の約二三%、鳥類の約一三%、爬《は》虫類《ちゅうるい》の約一九%、両生類の約二二%、汽水・淡水魚類の約二五%、維管束植物の約二〇%が絶滅のおそれのある種とされています。Aこれらには、タガメ、メダカ、エビネ、キキョウ、サクラソウなど、かつては私たちのまわりで普通にみられた動物や植物もふくまれています。

ほかの生きものたちが絶滅してしまってヒトだけが生きのびられる世界などありえませんし、□、物質的に豊かで安全な生活などもありえません。

生きものたちには一つ一つに個性があり、すべてが直接に、間接に㋑支えあって生きています。そのなかの一つの生物種が欠けたことによって、その影響が生態系のシステム全体におよぶ可能性もあります。食物連鎖の下位のものの絶滅により、上位の生きものが影響を受け、生態系が変化することはしばしば㋒指摘されています。

二〇一五年、英国・リーズ大学のアレキサンダー・ダンヒル教授は、「大規模な火山噴火の頻発により起こった第四回目の大量絶滅では、初めは火山に近い場所の生きものが大きな影響を受けたが、やがて遠くに離れた場所に生息する生きものもふくめて最終的には約八〇%の種が絶滅したことがわかった」と報告しています。

そして、大量絶滅期には、量的にほかを圧倒して最も影響力をもつ種であっても、特定の場所に生息する弱小種と同じように環境変化の影響を大きく受けるということで、現在、種の頂点に立つヒトもその影響をまぬがれないと警告しています。

くりかえしになりますが、生きものは、生活場所や食べ物などをほかの生きものと違うものにすることにより競争をさけ、それぞれの生活環境に適合するように分化してきました。そして、このことが多様性を生み出す結果になってきたのです。さらに、それぞれの生きものはたがいに有機的にからみあい、影響をおよぼしあいながら地球の生態系を形づくっています。

B四〇億年にわたる「いのち」の旅をいまに伝える、生きものたちの多様性。それをこれからも引きついでいくのは、現在、生きものの頂点にいる私たちの責務です。しかし、これからもこのままほかの生きものたちを圧迫し続けてしまったら、地球環境はさらに悪化し、ヒトは自ら絶滅する危機をまねいてしまうかもしれません。

歴史に目を向け、それが鳴らす㋓警鐘に耳をかたむけ、ヒトが長い歴史のなかで得てきた文化や科学をほかの生きものと共存するために使うことが求められています。

ホモ・サピエンスとは、ラテン語で「知恵のある人」という意味です。その名にふさわしく、C私たちは知恵を出しあって、自滅の道を歩まないようにしたいものです。

英語解答

1 No. 1　A　　No. 2　C

2 A　ウ　　B　エ　　C　イ

3 No. 1　イ　　No. 2　エ　　No. 3　ウ

4 (例) You should go home early.

5 ア　meet　　イ　stayed
ウ　asking　　エ　built　　オ　take

6 (1)　A…ウ　B…エ　C…ア
(2)　イ，エ

7 (1)　①　(例) Because he thinks it is better for people's health.
②　(例) They dry it slowly under the sun.
(2)　A…イ　B…ウ　C…ア
(3)　(例) First, people who grow rice work really hard. Second, it is important to think about people's health when we grow food.
(21語)

8 B　(例) asked her to show him the pictures she took.
C　(例) looked for her camera, but she couldn't find it.
E　(例) brought it to Saki's house. Saki was very happy.

1〔放送問題〕

No. 1．A：すみません。昨日テーブルに本を置き忘れたと思うんですが。見かけませんでしたか？／B：申し訳ありません。見ておりません。どちらのお席をご利用でしたか？／A：向こうの座席です。昨夜母と夕食をとったんですが。／B：わかりました。確認してまいります。

Q：「彼らは今どこにいるか」―A

No. 2．A：お母さん，今から買い物に行ってくるね。／B：今？　お父さんの誕生日パーティーをするのよ，マーク。家にいなきゃだめよ。／A：でも，お父さんにあげる帽子を買いに行くんだよ。パーティーのために何か買ってきてほしいものはある？／B：そうねえ，ケーキとジュースはあるから…。そう，リンゴがいくつかいるわね。／A：わかった。買ってくるよ。

Q：「マークは何を買うつもりか」―C

2〔放送問題〕

≪全訳≫ユウジ(Y)：これを見て。一番人気のある家の手伝いは皿洗いだって。君は何て答えたの，ミカ？／ミカ(M)：夕食づくりよ。／Y：じゃあ，夕食をつくってる２人の生徒のうちの１人は君なんだね。／M：そうよ。あなたはふだん何をしてるの，ユウジ？／Y：僕はふだん犬の散歩をしてる。犬の散歩は窓掃除と同じくらい人気があるね。／M：なるほど。いろんな方法で家族の役に立つことができるのね。

＜解説＞A．最も人気があるのは皿洗い。　　B．犬の散歩と同じくらい人気なのは，窓掃除。
C．答えた人数が２人なのは夕食づくり。

3〔放送問題〕

≪全訳≫先週の土曜日，家族で日光へ行きました。日光へ行くのはそれが初めてだったので，僕はとてもわくわくしていました。姉〔妹〕もわくわくしていました。姉〔妹〕は古いお寺や神社が大好きなんです。僕たちは朝７時に家を出発して，家の近くの駅まで歩きました。電車から，山や川を眺めて楽しみました。とてもきれいでした。電車を降りて，駅前でバスに乗りました。日光の有名な神社に着いたのは11時でした。長旅でしたが，家族と日光で楽しく過ごせました。

No. 1．「ケンが日光へ行くことについてわくわくしていたのはなぜか」―イ．「彼が日光へ旅行するのはそれが初めてだったから」

No.２.「彼らは家の近くの駅までどうやって行ったか」―エ.「歩いて駅まで行った」

No.３.「家から有名な神社まで行くのにどのくらい時間がかかったか」―ウ.「４時間かかった」

４〔放送問題―適文補充〕

エミコ(Ｅ)：ジム，大丈夫？　どうしたの？／ジム(Ｊ)：それがね，ちょっと気分が悪いんだ。／Ｅ：(例)早く家に帰った方がいいわ。／Ｊ：そうするよ。ありがとう。

５〔長文読解―適語補充・語形変化―Ｅメール〕

≪全訳≫❶こんにちは，ヒロキ。／お互いもうすぐ会えますね。とてもうれしいです。僕が日本を訪れるのは，これが２度目になります。２年前に日本に行ったときは，東京に滞在しました。今では東京については少し知っていますが，群馬のことは何も知りません。群馬について教えてもらえますか？／デイビッド

❷こんにちは，デイビッド。／Ｅメールで群馬のことを尋ねてくれてありがとう。群馬には，たくさんの人が訪れる有名な山々や温泉があります。また，富岡製糸場も人気があります。これは1872年に建てられました。2014年には世界遺産になりました。こういう場所のいくつかに君を連れていくつもりです。君が群馬を気に入ってくれるといいと思います。／ヒロキ

ア．デイビッドはヒロキの家にホームステイする予定で，後に each other「お互い」とあることから，meet「会う」が適切。be going to ～「～だろう，するつもりだ」の後なので，原形でよい。　イ．後ろに「東京については少し知っている」とあるので，２年前に日本を訪れたときは東京に滞在したのだとわかる。２年前という過去のことなので，過去形の stayed にする。　ウ．デイビッドは，メールの最後で群馬について教えてくれるようヒロキに頼んでいる。これを受けた感謝の言葉なので，「群馬のことを尋ねてくれてありがとう」となるよう，ask「尋ねる」を用いる。Thank you for ～ing で「～してくれてありがとう」。　エ．空所を含む文の主語 It はその前の文の Tomioka Silk Mill を指しており，「1872年に建てられた」という文脈だと判断できる。よって，build「建てる」を‘be＋過去分詞’の受け身形で用いる。　build－built－built　オ．空所の後が‘人＋to＋場所’の形になっているので，‘take＋人＋to＋場所’「〈人〉を〈場所〉に連れていく」とすればよい。will の後なので，原形とする。

６〔長文読解総合―会話文〕

≪全訳≫❶職員室で，アミとユウスケが学校のALTのグリーン先生と話している。

❷アミ(Ａ)：こんにちは，グリーン先生。今，何をなさってるんですか？

❸グリーン先生(Ｇ)：次の授業に備えてインターネットで情報を探そうと思ってね。

❹ユースケ(Ｙ)：なるほど。先生はよくインターネットを利用されるんですか？

❺Ｇ：ああ，そうだよ。君たちはどうだい？

❻Ｙ：A僕もです。僕は理科に興味があるので，よくインターネットで理科の動画を見ます。

❼Ａ：私はインターネットで英語の学習を楽しんでいます。オンラインニュースや簡単な英語で書かれた物語を読んでいます。

❽Ｇ：へえ，それはすごいね。君たちはインターネットを学習の手段として利用しているんだね。Bインターネットはコミュニケーションにも役立つよ。例えば，私はよくインターネットでオーストラリアにいる家族と話をするんだ。日本や外国にいる友人たちとインターネットを通じたメッセージのやり取りもしているよ。

❾Ａ：ああ，私もいつか外国に友達をつくって，その人たちとメッセージの交換をしたいな。

❿Ｇ：そういう機会はこれからたくさんあるよ。インターネットを使えば簡単にいろんなことができる。でも，インターネットにはいくつか問題点もあるよね。

⓫A：私たちはそのことについて授業で話し合いました。インターネットに費やす時間が長すぎる生徒もいました。

⓬Y：僕はときどき長時間ずっと動画を見ていて，母にやめるように言われます。自分自身を抑えるのは難しいです。

⓭G：多くの人が同じ問題を抱えているよ。Cインターネットを利用しすぎないようにしないといけないね。適切な方法で利用すれば，インターネットは私たちにとってさらに便利な手段になるよ。

(1)＜**適文選択**＞A．グリーン先生がインターネットをよく利用すると答えたのに対し，ユウスケもインターネットでよく動画を見ると言っているので，「僕もそうです」という意味のウが適する。
B．この後，For example「例えば」に続けて，インターネットを通じた会話やメッセージのやり取りについての例が示されるので，それらをまとめた内容であるエの「インターネットはコミュニケーションにも役立つ」が適する。　C．インターネットを長時間利用しすぎてしまうという問題点を挙げた後なので，それに対する意見としてアの「インターネットを使いすぎるべきではない」が適する。

(2)＜**内容真偽**＞ア.「ユウスケはインターネット上で簡単に科学の動画をつくることができる」…×　第6段落参照。見るとは言っているが，つくるとは言っていない。　イ.「アミは英語を学習するためにインターネットでニュースや物語を読んでいる」…○　第7段落と一致する。　ウ.「アミは外国にいる友達にインターネットでメッセージを送っている」…×　第9段落から，まだ外国に友人はいないと判断できる。　エ.「アミのクラスでは，生徒たちがインターネットに関する問題について話し合った」…○　第10段落最終文～第11段落第1文と一致する。　オ.「ユウスケの母は彼と一緒にインターネット動画を見て楽しんでいる」…×　このような記述はない。

7〔**長文読解総合―物語**〕

≪**全訳**≫❶私は7月に学校の職場体験学習に参加しました。私は食べ物に関心があったので，農場を選びました。友人のアユミも農場にしました。私たちは農業の経験がなかったので，少し緊張していました。

❷1日目，私たちは農場に行ってサトウ夫妻にお会いしました。おふたりはとても親切でした。おふたりと一緒に，彼らの持っている田んぼの1つへ行きました。サトウさんは言いました。「お米を育てるにはいろんな種類のことをしなければならないんだ。今日は，君たちに簡単な作業に挑戦してもらいたい。ここに少し雑草がある。手で雑草を取り除く方法を教えてあげるよ」　雑草は稲とよく似ていたので，雑草を見つけ出すのは私たちにはとても難しいことでした。2，3時間作業をした後，私たちはすっかり疲れてしまい，サトウさんにこう尋ねました。「雑草を取り除くのにもっと楽な方法はないんですか？」　彼はこう答えました。「あるよ。除草剤を使うこともできる」　アユミは尋ねました。「じゃあ，どうして手で雑草を抜くんですか？」　彼は答えました。「時間はかかるけど，このやり方の方が人々の健康にはいいと思うんだ」　私は彼の言葉に感動しました。

❸翌朝，アユミと私はサトウ夫妻と別の田んぼへ行きました。今回は，手で雑草を抜くのが前より簡単でした。私たちはもうやり方がわかっていたし，なぜそれが大切なのかという理由も理解していました。

❹午後，サトウさんの奥さんが，お米を育てるためにおふたりがしていることについて私たちに教えてくれました。5月に，彼女たちは種子からお米を育て始めます。6月に稲の苗が伸びてきたら，それらを田んぼに植えます。10月には，お米を収穫します。奥さんはこう言いました。「もしお米の収穫に興味があるようなら，もう1度いらっしゃい」　私たちは言いました。「もちろん来ます！」

❺10月のある日曜日，私たちはその農場を再び訪れました。サトウさんは私たちにお米を収穫して乾燥させる方法を教えてくれ，私たちはそれをやってみました。それはとてもおもしろくて，私たちはおふ

たりと一緒に楽しく作業を行いました。サトウさんの奥さんはこう言いました。「お手伝いしてくれてどうもありがとう。お米は日光の下でゆっくり乾燥させると，もっとおいしくなるのよ。このお米，後であなたたちに送るわね。自分で収穫したお米はおいしいわよ」

6 数週間後，サトウ夫妻が私たちにそのお米を送ってくれました。私はそれを炊いて家族と一緒に食べました。母はこう言いました。「ありがとう，リカ。これは今まで食べた中で一番おいしいお米よ」私はそれを聞いてとてもうれしかったです。

(1)**＜英問英答＞**①「なぜサトウさんは手で雑草を取り除いているのか」―「その方が人々の健康にいいと考えているから」　第２段落最後から２，３文目参照。　②「サトウ夫妻はどうやってお米を乾燥させているか」―「太陽の下でゆっくりと乾燥させている」　第５段落最後から３文目参照。

(2)**＜要旨把握＞**A.「１日目：(　　)は難しかった」―イ.「田んぼで雑草を見つけること」　第２段落第８文参照。　B.「２日目：私たちは(　　)について教わった」―ウ.「サトウ夫妻がお米を育てるためにしていること」　第４段落第１文参照。　C.「体験学習の後：(　　)ので，私はうれしかった」―ア.「アユミと私が収穫したお米を母が気に入ってくれた」　第６段落参照。

(3)**＜条件作文＞≪全訳≫**「私は職場体験から２つのことを学びました。(例)第１に，お米を栽培している人々は本当に一生懸命働いています。第２に，食べ物を育てるときは人々の健康について考えることが大切です。今，私は農業高校で勉強したいと思っています。将来，自分の育てたお米を多くの人々に食べてもらいたいです」

＜解説＞学んだ２つのことのうち，【アイディアシート】で work「働く」と hard「一生懸命，大変な」が結びついている方には，第２段落をはじめとする全体の内容から，米を栽培する人々が一生懸命働いていることについて書くとよい。food「食べ物」と health「健康」が結びついているもう一方には，第２段落の最後でサトウさんが述べた，健康に配慮して食べ物をつくることの大切さを書くことが考えられる。

8〔**条件作文**〕

≪全訳≫A．ある日，サキとユカの家族は車で群馬パークへ行った。／B．サキが帰宅すると，彼女の祖父が(例)彼女の撮った写真を見せてくれるように頼んだ。／C．サキは(例)カメラを捜したが，見つからなかった。／D．ユカがそれを車の中で見つけた。／E．ユカは(例)それをサキの家に持ってきてくれた。サキはとてもうれしかった。

B．祖父はサキが撮った写真を話題にしている。また，Cでサキがカメラを捜していることから，‘ask＋人＋to ～’「〈人〉に～してくれるよう頼む」を使って写真を見せてくれるよう頼む文にすると，見せてくれるよう頼まれてカメラを捜した，という自然な流れがつくれる。　C．サキが困った表情でバッグの中のカメラを捜している絵なので，カメラが見つからないのだとわかる。「～を捜す」は look for ～。「見つける」は find。　E．ユカがサキの家の前でサキにカメラを手渡し，２人がうれしそうな表情をしているので，ユカがDで見つけたカメラを届けに来た場面だとわかる。‘bring＋物＋to＋場所’「〈物〉を〈場所〉に持ってくる」の形で表すとよい。

数学解答

1 (1) ① -12　② $3a^3$　③ $\dfrac{3x+y}{4}$

(2) 5，6，7，8

(3) $(x-1)(x+6)$　(4) 36

(5) $x=0$，6　(6) 30°　(7) $\dfrac{3}{8}$

(8) $42\pi\text{cm}^2$　(9) イ，エ

2 (1) (例)

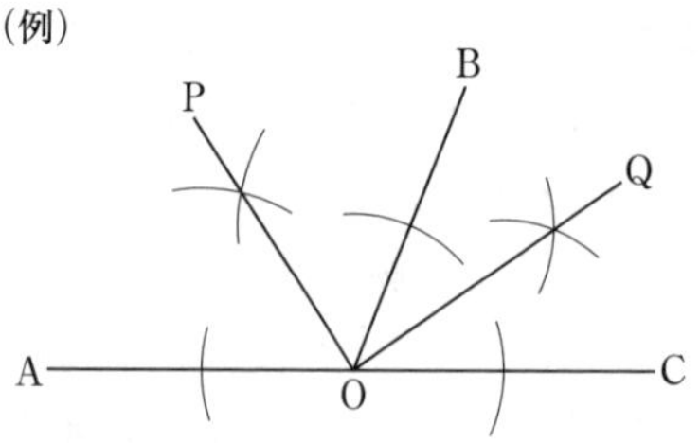

(2)

① 90°

② (例)OPは∠AOBの二等分線だから，

$\angle POB=\dfrac{1}{2}\angle a$

OQは∠BOCの二等分線だから，

$\angle BOQ=\dfrac{1}{2}\angle b$

$\angle POQ=\angle POB+\angle BOQ$

$=\dfrac{1}{2}(\angle a+\angle b)$

ここで，$\angle a+\angle b=180°$であるから，

$\angle POQ=\dfrac{1}{2}\times180°=90°$となる。

3 12000円

4 (1) (例)△EACにおいて，

AD∥BCより，平行線の錯角は等しいから，

∠EAC＝∠BCA……①

折り返した角は等しいから，

∠BCA＝∠ECA……②

①，②より，∠EAC＝∠ECA

よって，△EACは，2つの角が等しい三角形であるから，二等辺三角形である。

(2) $\dfrac{34}{5}$cm

5 (1) ア…2　イ…4　あ…$y=x^2$

い…$y=4x-4$　う…$y=3x$

(2) $\dfrac{14}{3}$秒後

6 (1) OA＝40m，OB＝30m

(2) ① 32m　② 270m²

1 〔独立小問集合題〕

(1)＜数・式の計算＞①与式$=-(4\times3)=-12$　②与式$=6a^2\times\dfrac{a}{2}=\dfrac{6a^2\times a}{2}=3a^3$

③与式$=\dfrac{2(x+y)+(x-y)}{4}=\dfrac{2x+2y+x-y}{4}=\dfrac{3x+y}{4}$

(2)＜数の性質＞$2=\sqrt{4}$，$3=\sqrt{9}$だから，$2<\sqrt{a}<3$より，$\sqrt{4}<\sqrt{a}<\sqrt{9}$，$4<a<9$である。よって，自然数$a$は，$a=5$，6，7，8である。

(3)＜因数分解＞和が5，積が-6となる2数は-1と$+6$だから，与式$=x^2+\{(-1)+(+6)\}x+(-1)\times(+6)=(x-1)(x+6)$となる。

(4)＜式の値＞与式$=-a^3b^3\div ab^2=-\dfrac{a^3b^3}{ab^2}=-a^2b=-3^2\times(-4)=-9\times(-4)=36$

(5)＜二次方程式＞$x^2-6x=0$，$x(x-6)=0$　$\therefore x=0$，6

(6)＜図形—角度＞右図1のように，4点A，B，C，Dを定める。$\overset{\frown}{AB}$に対する円周角と中心角の関係より，$\angle AOD=2\angle ACB=2\times20°=40°$である。また，△BCDで内角と外角の関係より，$\angle ADB=\angle DCB+\angle DBC=20°+50°=70°$である。よって，△AODで内角と外角の関係より，$\angle x=\angle ADB-\angle AOD=70°-40°=30°$となる。

図1

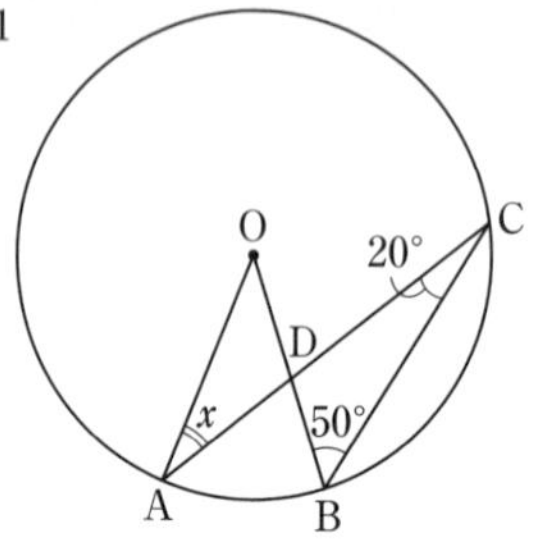

(7)＜確率—硬貨＞4枚の硬貨をA，B，C，Dとする。硬貨を投げたときの出方は表，裏の2通りな

ので，4枚の硬貨を同時に投げたときの表，裏の出方は全部で $2\times2\times2\times2=16$(通り)ある。このうち，表と裏が2枚ずつになるのは，表になる2枚の硬貨を考えると，AとB，AとC，AとD，BとC，BとD，CとDの6通りある。よって，求める確率は $\frac{6}{16}=\frac{3}{8}$ である。

(8)<**図形―面積**>底面の半径が3cm，高さが4cmの円柱を展開すると，右図2のようになる。底面の円の面積は，$\pi\times3^2=9\pi$ である。側面を展開した長方形の横の長さは，底面の周の長さと等しいから，$2\pi\times3=6\pi$ である。よって，長方形の面積は $4\times6\pi=24\pi$ となるから，円柱の表面積は，$9\pi\times2+24\pi=42\pi$ (cm²)となる。

図2

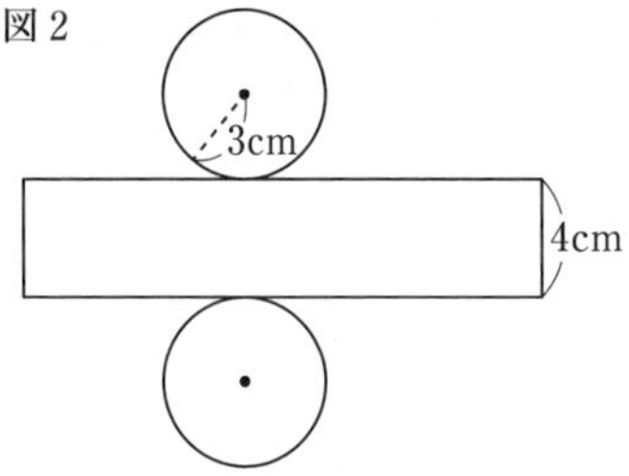

(9)<**資料の活用**>ア…誤。度数分布表からは読み取れない。

イ…正。全ての日が40.0℃未満である。

ウ…誤。28.0℃以上30.0℃未満の階級の相対度数は，$1\div31=0.032\cdots$ となる。

エ…正。日数が31日より，中央値は，最高気温を小さい順に並べたときの16番目の気温である。34.0℃未満が $2+0+1+5+3=11$(日)，36.0℃未満が $11+6=17$(日)より，16番目の最高気温は34.0℃以上36.0℃未満の階級に含まれる。

2 〔平面図形〕

(1)<**作図**>右図で，∠AOBの二等分線OP，∠BOCの二等分線OQの作図の手順は，次のとおりである。

㋐点Oを中心とする円をかき(OA，OB，OCとの交点をそれぞれD，E，Fとする)，

㋑2点D，Eを中心とする半径の等しい円の弧をかき(交点をGとする)，

㋒2点O，Gを通る直線を引く。

㋓2点E，Fを中心とする半径の等しい円の弧をかき(交点をHとする)，

㋔2点O，Hを通る直線を引く。

㋒の半直線がOP，㋔の半直線がOQである。解答参照。

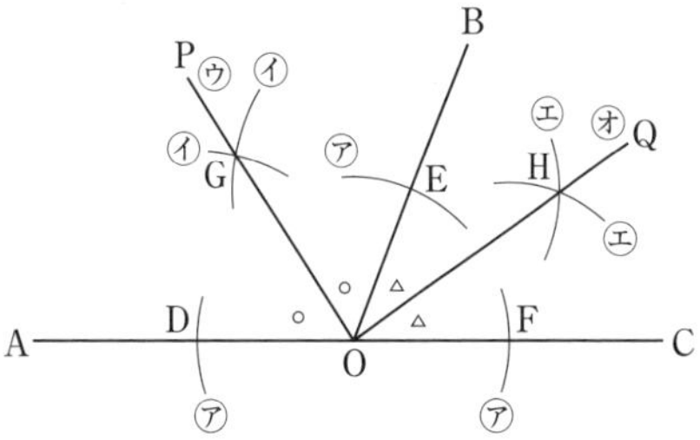

(2)<**角度，理由**>①右上図で，OPは∠AOBの二等分線，OQは∠BOCの二等分線だから，∠AOB＝∠a，∠BOC＝∠b とすると，∠POB＝$\frac{1}{2}$∠AOB＝$\frac{1}{2}$∠a，∠BOQ＝$\frac{1}{2}$∠BOC＝$\frac{1}{2}$∠b と表せる。よって，∠POQ＝∠POB＋∠BOQ＝$\frac{1}{2}$∠a＋$\frac{1}{2}$∠b＝$\frac{1}{2}$(∠a＋∠b)となる。∠a＋∠b＝∠AOB＋∠BOC＝180°だから，∠POQ＝$\frac{1}{2}\times180°=90°$ である。　②解答参照。

3 〔方程式―一次方程式の応用〕

貯金を x 回行ったとする。1回の貯金で，4.8gの100円硬貨3枚と7gの500円硬貨1枚を貯金し，貯金箱の重さが250gだから，全体の重さが571gになるとき，$(4.8\times3+7)\times x+250=571$ が成り立つ。これを解くと，$21.4x=321$，$x=15$ となる。よって，貯金の回数は15回だから，貯金箱の中にある硬貨の合計金額は，$(100\times3+500)\times15=12000$(円)である。

4 〔平面図形―長方形〕

(1)<**論証**>右図で，平行線の錯角が等しいことと，折り返した角が等しいことを利用して，∠EAC＝∠ECAを導く。解答参照。

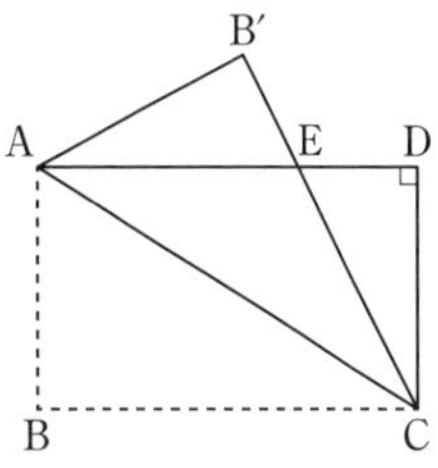

(2)<**長さ―三平方の定理**>右図で，(1)より△EACはAE＝CEの二等辺三角形だから，AE＝CE＝x(cm)とおける。また，AD＝10だから，ED＝AD

$-\mathrm{AE}=10-x$と表せる。$\angle\mathrm{CDE}=90^\circ$より$\triangle\mathrm{CDE}$は直角三角形だから，三平方の定理を用いると，$\mathrm{ED}^2+\mathrm{CD}^2=\mathrm{CE}^2$より，$(10-x)^2+6^2=x^2$が成り立つ。これを解くと，$100-20x+x^2+36=x^2$，$-20x=-136$，$x=\frac{34}{5}$となるので，$\mathrm{AE}=\frac{34}{5}$(cm)である。

5〔関数―関数と図形・運動〕

(1)＜**変域，関係式**＞図形Pを ABEFG，長方形Qを CDHI とする。まず，右図1のように，BE と IC が交わるとき，その交点をJとすると，2つの図形が重なる部分は$\triangle\mathrm{JCB}$である。点Fから直線lに垂線 FK を引くと，$\angle\mathrm{JBC}=\angle\mathrm{EBK}$，$\angle\mathrm{JCB}=\angle\mathrm{EKB}$より$\triangle\mathrm{JCB}\backsim\triangle\mathrm{EKB}$となるから，$\mathrm{JC}:\mathrm{EK}=\mathrm{CB}:\mathrm{KB}$である。$\mathrm{FK}=\mathrm{GA}=3$，$\mathrm{AK}=\mathrm{GF}=4$だから，$\mathrm{EK}=\mathrm{EF}+\mathrm{FK}=5+3=8$，$\mathrm{KB}=\mathrm{AB}-\mathrm{AK}=8-4=4$となる。また，図形Pは毎秒1cmの速さで動くから，$\mathrm{CB}=1\times x=x$である。よって，$\mathrm{JC}:8=x:4$が成り立ち，$\mathrm{JC}\times4=8x$，$\mathrm{JC}=2x$となる。これより，$\triangle\mathrm{JCB}=\frac{1}{2}\times\mathrm{CB}\times\mathrm{JC}=\frac{1}{2}\times x\times2x=x^2$となるから，$y=x^2$である。このようになるのは，BE 上に点Iがくるまでである。BE 上に点Iがくるとき，$\triangle\mathrm{ICB_1}\backsim\triangle\mathrm{E_1K_1B_1}$より，$\mathrm{IC}:\mathrm{E_1K_1}=\mathrm{CB_1}:\mathrm{K_1B_1}$だから，$4:8=\mathrm{CB_1}:4$が成り立ち，$8\times\mathrm{CB_1}=4\times4$，$\mathrm{CB_1}=2$となるので，BE と IC が交わるのは，$0\leqq x\leqq2$のときである。

図1

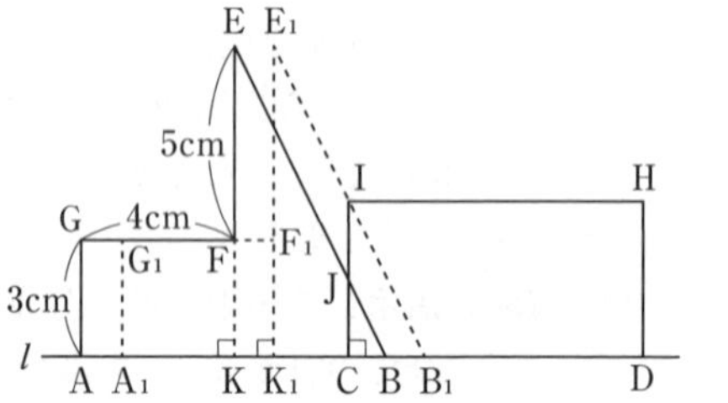

次に，右図2のように，BE と HI が交わり，点Iが図形P内にあるとき，BE と HI の交点をLとすると，2つの図形が重なる部分は台形 ICBL である。点Lから直線lに垂線 LM を引くと，$\triangle\mathrm{LMB}$は図1の$\triangle\mathrm{ICB_1}$と合同だから，$\mathrm{MB}=\mathrm{CB_1}=2$となる。よって，$\mathrm{IL}=\mathrm{CM}=\mathrm{CB}-\mathrm{MB}=x-2$より，台形 ICBL の面積は$\frac{1}{2}\times(\mathrm{IL}+\mathrm{CB})\times\mathrm{IC}=\frac{1}{2}\times(x-2+x)\times4=4x-4$となるから，$y=4x-4$である。BE と HI が交わり点Iが図形P内にあるのは，EF 上に点Iがくるまでだから，図1で$\mathrm{KB}=4$より，$2\leqq x\leqq4$のときである。

図2

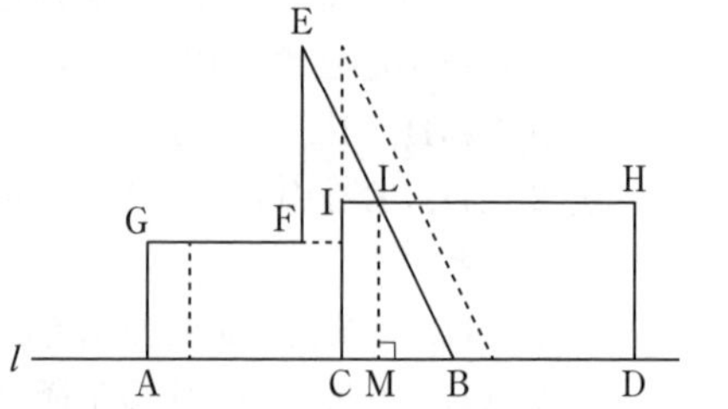

最後に，右図3のように，FG と IC が交わるとき，EF と HI，FG と IC の交点をそれぞれN，Oとすると，2つの図形が重なる部分は図形 CBLNFO となる。図形 CBLNFO は，台形 ICBL から長方形 IOFN を除いた図形である。台形 ICBL の面積は，図2のときと同様で，$4x-4$である。$\mathrm{OF}=\mathrm{CK}=\mathrm{CB}-\mathrm{KB}=x-4$，$\mathrm{NF}=\mathrm{NK}-\mathrm{FK}=4-3=1$だから，図形 CBLNFO の面積は〔台形 ICBL〕－〔長方形 IOFN〕$=(4x-4)-(x-4)\times1=3x$となり，$y=3x$である。これは$4\leqq x\leqq8$のときである。

図3

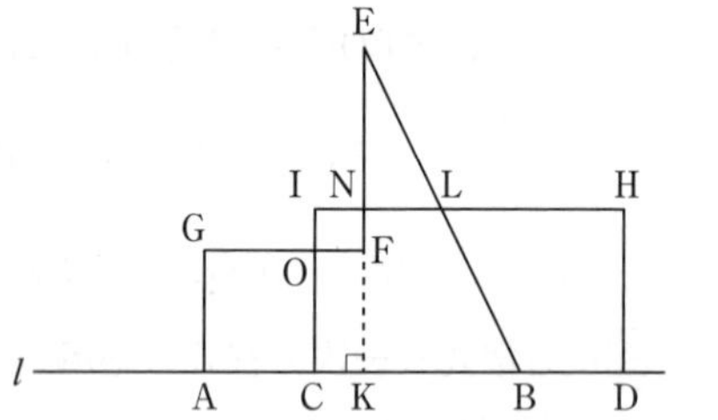

以上より，$0\leqq x\leqq2$のとき$y=x^2$，$2\leqq x\leqq4$のとき$y=4x-4$，$4\leqq x\leqq8$のとき$y=3x$である。

(2)＜**時間**＞右上図1で，図形Pの面積は，〔図形 ABEFG〕＝〔長方形 GAKF〕＋$\triangle\mathrm{EKB}=3\times4+\frac{1}{2}\times4\times8=28$だから，2つの図形が重なる部分の面積が図形Pの面積の半分になるとき，その面積は，$28\times\frac{1}{2}=14$である。

(1)より，$0\leqq x\leqq2$のときに$y=14$になるとすると，$14=x^2$が成り立ち，$x=\pm\sqrt{14}$となるが，$0\leqq x\leqq2$を満たさないので，適さない。

$2\leqq x\leqq 4$ のときに $y=14$ になるとすると，$14=4x-4$ が成り立ち，$x=\frac{9}{2}$ となるが，$2\leqq x\leqq 4$ を満たさないので，適さない。

$4\leqq x\leqq 8$ のときに $y=14$ になるとすると，$14=3x$ が成り立ち，$x=\frac{14}{3}$ となり，適する。よって，$\frac{14}{3}$ 秒後である。

6〔平面図形〕

(1)**＜連立方程式の応用＞** $\mathrm{OA}=x$(m)，$\mathrm{OB}=y$(m)とする。点Oから交差点Cまでは，東の方向に3回，北の方向に2回進むので，その距離の合計が180mより，$3x+2y=180$……㋐が成り立つ。また，交差点Cから交差点Dまでは，東の方向に1回，北の方向に3回進むので，その距離の合計が130mより，$x+3y=130$……㋑が成り立つ。㋐，㋑の連立方程式を解くと，㋐－㋑×3より，$2y-9y=180-390$，$-7y=-210$，$y=30$ となり，これを㋑に代入して，$x+90=130$，$x=40$ となるから，$\mathrm{OA}=40$(m)，$\mathrm{OB}=30$(m)である。

(2)**＜長さ，面積＞**①右図のように，点Fを定める。$\triangle\mathrm{OBE}\backsim\triangle\mathrm{OFD}$ となるから，$\mathrm{BE}:\mathrm{FD}=\mathrm{OB}:\mathrm{OF}=1:5$ であり，$\mathrm{FD}=4\mathrm{OA}=4\times40=160$ より，$\mathrm{BE}=\frac{1}{5}\mathrm{FD}=\frac{1}{5}\times160=32$(m)となる。

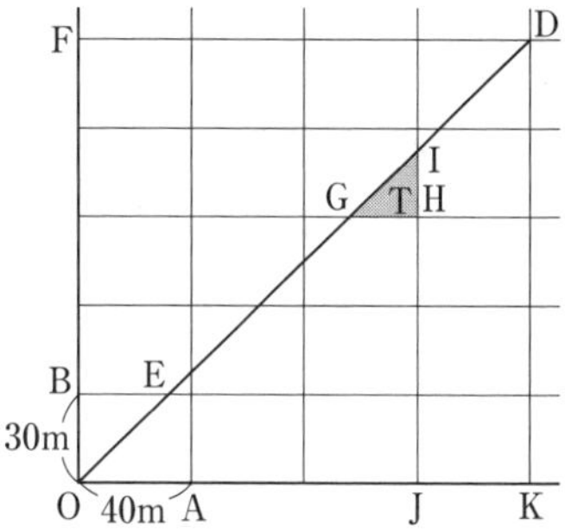

②右図のように，5点G，H，I，J，Kを定める。$\triangle\mathrm{OJI}\backsim\triangle\mathrm{OKD}$ となるから，$\mathrm{IJ}:\mathrm{DK}=\mathrm{OJ}:\mathrm{OK}=3:4$ であり，$\mathrm{DK}=5\mathrm{OB}=5\times30=150$ より，$\mathrm{IJ}=\frac{3}{4}\mathrm{DK}=\frac{3}{4}\times150=\frac{225}{2}$ となる。また，$\triangle\mathrm{GHI}\backsim\triangle\mathrm{OJI}$ となる。$\mathrm{HJ}=3\mathrm{OB}=3\times30=90$ より，$\mathrm{IH}=\mathrm{IJ}-\mathrm{HJ}=\frac{225}{2}-90=\frac{45}{2}$ となるから，$\triangle\mathrm{GHI}$ と $\triangle\mathrm{OJI}$ の相似比は $\mathrm{IH}:\mathrm{IJ}=\frac{45}{2}:\frac{225}{2}=1:5$ である。これより，$\triangle\mathrm{GHI}:\triangle\mathrm{OJI}=1^2:5^2=1:25$ だから，$\triangle\mathrm{GHI}=\frac{1}{25}\triangle\mathrm{OJI}$ である。$\mathrm{OJ}=3\mathrm{OA}=3\times40=120$ だから，$\triangle\mathrm{OJI}=\frac{1}{2}\times\mathrm{OJ}\times\mathrm{IJ}=\frac{1}{2}\times120\times\frac{225}{2}=6750$ となり，$\triangle\mathrm{GHI}=\frac{1}{25}\times6750=270$ となる。よって，土地Tの面積は $270\mathrm{m}^2$ である。

社会解答

1 (1) 利根川
(2) 記号…ア
理由 (例)重量が軽いものや高価なものが中心であるから。
(3) (例)食料を煮たきすること。〔食料を保存すること。〕
(4) エ
(5) ①…地方交付税交付金
② (例)子育て支援の充実が重視されているので，保育所を整備すること

2 (1) ①…エ ②…4
(2) 新潟県…ア 茨城県…イ
(3) (例)川がはんらんしても，周囲より標高が高く，安全であること。

3 (1) ウ (2) ウ
(3) A…ヒンドゥー
B…バイオエタノール〔バイオ燃料〕
C (例)大気中の二酸化炭素の総量は増えない
(4) (例)日本は自国企業による生産の割合が高いが，インドとブラジルは外国企業による生産の割合が高い。

4 (1) 鉄
(2) ①…イ
② (例)教えがわかりやすく信仰しやすい
(3) エ
(4) 前 (例)外国船を打ち払った。
後 (例)外国船にまきや水などを与えて退去させた。

5 (1) A…自由 B…平等
(2) 国会〔議会〕の開設 (3) イ
(4) ①…25
② (例)選挙権年齢が満20歳以上に引き下げられ，女性にも選挙権が認められたから。
(5) (例)エネルギー源が石炭から石油へ転換し，石炭産業に代わる産業が必要となったから。

6 (1) エ
(2) ①…ウ
② (例)12月は，供給を上回るいちごの需要がある
(3) イ
(4) (例)発展途上国で生産された農産物や製品を適正な価格で取引すること。
(5) 後継者

7 (1) えん罪
(2) ① (例)人口10万人当たりの裁判官，検察官，弁護士の数が少ない
②…法テラス〔日本司法支援センター〕
(3) ①…男女雇用機会均等法
② (例)夫の育児時間が増えること。
(4) (例)マスメディア等の発する情報について的確に判断し活用する能力のこと。

1 〔三分野総合―千葉県を題材とした問題〕

(1)<利根川>利根川は，群馬県に源流を持ち，関東平野を北西から南東へ流れ，千葉県と茨城県の県境を通って太平洋へ注ぐ。流域面積は日本最大で，長さは信濃川に次いで２番目に長い。

(2)<成田国際空港の貿易品目>航空機の輸送には，小型で重量が軽いものや，高い輸送費をかけても採算がとれる高価なものが適している。したがって，軽量で価格の高い通信機や集積回路などが含まれるアが成田国際空港の貿易品目となる。なお，イの千葉港は，京葉工業地域に隣接していることから，エネルギー資源の輸入や重化学工業製品の輸出が多くなっている。

(3)<縄文土器の用途>貝塚は，縄文時代に食べ物の残りかすなどが捨てられたごみ捨て場のあとで，貝殻が積み重なって残っており，周辺からは資料Ⅱのような縄文土器なども発見されている。土器

は，食料を煮たきするための道具として考え出され，食料の貯蔵などにも使われるようになった。

(4)＜**蘭学に関連する出来事**＞江戸時代の18世紀後半，杉田玄白らがオランダ語に訳された解剖書を翻訳し，『解体新書』として出版した。これにより，オランダ語を通じて西洋の学問や文化を学ぶ蘭学が発展する基礎が築かれた。西洋の知識を取り入れた測量術を学んだ伊能忠敬は，これより少し後の19世紀初めに全国の沿岸を歩いて測量し，精度の高い日本地図を作成した。なお，黒田清輝は明治時代に洋画の発展に尽力した人物，本居宣長は18世紀後半に国学を大成した人物，松尾芭蕉は17世紀後半に俳諧の芸術的な作風を確立した人物である。

(5)＜**地方交付税交付金，まちづくりに関する政策**＞①地方交付税交付金は，地方公共団体どうしの財政格差を減らすために国から配分される補助金である。地方税収入の多い地方公共団体には少なく，地方税収入の少ない地方公共団体には多く配分され，使い道は指定されない。なお，国から地方公共団体に交付される資金としては，他に国庫支出金(義務教育や公共事業など特定の仕事にかかる費用の一部を国が負担するもの)がある。　②資料Ⅳのうち，勇太さんと大介さんが取り上げていない項目は「子育て支援の充実」と「地域医療体制の充実」の２つであり，このどちらかに関する意見を書く。「子育て支援の充実」については，保育所や学童保育所の整備，子育てにかかる費用(保育費や医療費など)の補助などが考えられる。「地域医療体制の充実」については，十分な数の医師を確保するための体制整備，在宅医療や介護体制の充実などが考えられる。

2 〔日本地理─地形図，日本の諸地域〕

(1)＜**地形図の読み取り**＞①特にことわりのないかぎり，地形図では上が北となる。また，役場(区役所)の地図記号は(○)である。文中に「１kmほど進み」とあるが，この地形図の縮尺は２万５千分の１なので，地形図上での長さは１km÷25000＝0.00004km＝４cmとなる。以上をふまえると，司さんが通った道路に接しているのは老人ホーム(⌂)であり，消防署(Y)，郵便局(〶)，博物館(🏛)は見られない。　②実際の距離は，16cm×25000＝400000cm＝４kmとなる。

(2)＜**都道府県の農業**＞米の割合が大きいアは，越後平野での稲作が盛んで，米の収穫量が全国第１位(2017年)の新潟県である。野菜の割合が大きいイは，大消費地である東京に近く近郊農業が盛んな茨城県である。果物の割合が大きいウは，りんごの生産量が全国第１位(2016年)の青森県である。畜産の割合が大きいエは，根釧台地や十勝平野での酪農が盛んな北海道である。

(3)＜**標高と集落**＞問題文中に「防災の観点から考えた場合」とあるので，この地域で発生する可能性の高い災害は，近くを新井郷川が流れていることから，川のはんらんによる洪水と考えられる。次に，地形図上でＸ－Ｙが通る場所と資料Ⅱとを見比べると，「長戸」の集落のある場所は標高が高くなっていることが読み取れる。以上から，洪水の被害を受けにくい高台に集落が形成されたと判断できる。

3 〔世界地理─世界の姿と諸地域〕

(1)＜**地図の見方**＞資料Ⅰの左の地図は緯線と経線が直角に交わる図法で描かれており，高緯度へ行くほど面積が実際よりも大きく表されている。右の地図は中心である東京からの距離と方位が正しく表される図法で描かれている。右の地図を見ると，東京からデリーまでの距離は6000km程度，東京からリオデジャネイロまでの距離は18000～19000km程度であることがわかる(ウ…○)。なお，左の地図では，経線は30度ごとに引かれており，デリーのおよその経度は東経75度，リオデジャネイロのおよその経度は西経45度であることから，経度差はおよそ120度となる(ア…×)。リオデジャネイロから見たデリーの方位や両都市間の距離は，資料Ⅰの２つの地図からはわからない(イ…×)。世界の時刻は，180度の経線にほぼ沿って引かれた日付変更線のすぐ西側が最も進んでおり，そこから西へ行くほど遅れていき，日付変更線のすぐ東側が最も遅れている。左の地図で３つの都市の位置を確認すると，時刻は東京，デリー，リオデジャネイロの順で進んでいることがわかり，最も早く日付が変わるのは東京となる(エ…×)。

(2)**<世界の気候>**南アメリカ大陸の南東部に位置するリオデジャネイロは，温帯の温帯〔温暖〕湿潤気候に属する。したがって，温暖で夏の降水量が多いウがリオデジャネイロの気候となる。南半球に位置するリオデジャネイロは，北半球とは季節が逆になることに注意する。なお，年間の降水量が少なく，雨が降る時期も見られるアは乾燥帯のステップ気候に属するデリー，一年を通して気温が高く降水量が多いイは熱帯の熱帯雨林気候に属するマナオスである。

(3)**<ヒンドゥー教，バイオエタノール>A**．インドでは，国民のおよそ８割がヒンドゥー教を信仰している(2011年)。ヒンドゥー教では牛が神聖な動物とされており，ヒンドゥー教徒は牛肉を食べないため，乳牛が多い。　**B**，**C**．バイオエタノールは，植物を原料とするバイオ燃料の一種で，とうもろこしやさとうきびなどを発酵させてつくる。ブラジルでは，さとうきびを原料とするバイオエタノールの生産が盛んに行われている。バイオ燃料は，燃やすと石油などの化石燃料と同様に二酸化炭素を排出するが，原料となる植物が生長する段階で光合成によって二酸化炭素を吸収している。そのため，バイオ燃料を使用しても大気中の二酸化炭素の総量は増えないと考えられており，環境への負荷が小さいエネルギーとされている。

(4)**<資料の読み取り>**日本では日本系企業が生産台数の割合の上位を占めているのに対して，インドとブラジルでは欧米や日本などの外国系企業が生産台数の割合の上位を占めている。インドやブラジル，中国や東南アジアなどの国々では，外国企業を積極的に受け入れることにより，急速な工業化を進めてきた。

4 〔**歴史—古代～近世の日本と世界**〕

(1)**<大和政権と鉄>**資料Ⅱの埴輪は，鉄製のかぶととよろいを身につけ，刀を持った武人を表している。鉄は，稲作とともに大陸から伝わり，弥生時代に使われるようになった。古墳時代の大和政権は，朝鮮半島南部の伽耶〔加羅〕地域と密接な関係を持ち，この地域から鉄を得ていた。

(2)**<鎌倉時代の仏教>**①栄西は，座禅によって自力で悟りを開こうとする禅宗を宋から伝え，その一派である臨済宗を開いた。　②資料Ⅲでは，修行の内容としてひたすら座禅をすることを説いており，難解な教典を読んだり山奥で厳しい修行を行ったりするそれまでの仏教と比べて，教えの内容がわかりやすい。平安時代末期から鎌倉時代にかけては，こうしたわかりやすく実行しやすい教えを持つ新しい仏教がおこり，武士や庶民の間に広まった。この時期に成立した仏教としては，臨済宗のほか，法然の開いた浄土宗，親鸞の開いた浄土真宗，一遍の開いた時宗，日蓮の開いた日蓮宗〔法華宗〕，道元の開いた曹洞宗などがある。

(3)**<朱印船貿易>**江戸時代初期，徳川家康は貿易を奨励するため，海外渡航を許可する朱印状を大名や豪商に発行した。朱印状を持った船が東南アジアへ渡って行った貿易を朱印船貿易という。朱印船貿易で，日本は主に銀を輸出し，中国から東南アジアへ輸出された生糸を主に輸入した。日本が輸出した銀は，東南アジアから中国へも輸出された。

(4)**<アヘン戦争と異国船打払令>**資料Ⅴは，イギリスが艦隊を送って清を破ったアヘン戦争(1840～42年)の様子である。アヘン戦争より前の1825年，江戸幕府は異国船打払令を出し，日本の沿岸に近づく外国船を撃退することを命じていた。しかし，アヘン戦争で清がイギリスに敗れたことが伝わると，幕府は方針を転換し，日本に寄港した外国船にまきや水を与えて退去させることを命じた。

5 〔**歴史—近世～現代の日本と世界**〕

(1)**<フランス人権宣言とアメリカ独立宣言>**1789年に出されたフランス人権宣言では，人間の自由と平等，国民主権，言論の自由，私有財産の不可侵などがうたわれた。1776年に出されたアメリカ独立宣言では，人間の平等と基本的人権の尊重がうたわれ，基本的人権には生命，自由，幸福の追求が含まれていることが宣言された。

⑵＜**自由民権運動**＞自由民権運動は，国民が政治に参加する権利を求める運動であり，国民の選挙によって選ばれた議員からなる国会を開設することを要求した。1874年，板垣退助が民撰議院設立の建白書を政府に提出したことから自由民権運動が始まった。

⑶＜**第一次世界大戦中の出来事**＞ロシア革命は，第一次世界大戦(1914～18年)中の1917年に起こった。ロシアは連合国の一員として第一次世界大戦に参加していたが，ロシア革命によって成立した革命政府はドイツと単独で講和を結び，戦争から離脱した。なお，朝鮮戦争は1950～53年，インド大反乱は1857～59年，アメリカ南北戦争は1861～65年の出来事である。

⑷＜**選挙権の拡大**＞①1925年に成立した普通選挙法により，納税額による選挙権の制限が撤廃され，満25歳以上の全ての男性に選挙権が与えられる男子普通選挙が実現した。　②第二次世界大戦後の1945年に衆議院議員選挙法が改正され，女性の選挙権が認められ，選挙権年齢も満25歳以上から満20歳以上に引き下げられた。

⑸＜**エネルギー革命**＞資料Ⅳで日本のエネルギー供給量に占める石炭と石油の割合を見ると，1955年時点では石炭の方が多いが，その後は石炭の割合が減少する一方で石油の割合が増加し，石炭と石油の地位が逆転していることがわかる。これは，主要なエネルギー源が石炭から石油に変わるエネルギー革命が起こったためである。こうした状況の中で石炭産業が衰退したため，資料Ⅲのような新たな事業が始められたと考えられる。

6〔**公民—経済**〕

⑴＜**円高・円安，間接金融**＞A．円安は外国の通貨に対して円の価値が低くなること，円高は外国の通貨に対して円の価値が高くなることである。円安になると，外国からの輸入品の価格は日本にとって高くなるため，日本への輸入は不利となる。一方，日本からの輸出品の価格は相手国にとって安くなるため，日本からの輸出は有利となる。反対に円高になると，外国からの輸入品の価格は日本にとって安くなるため輸入は有利に，日本からの輸出品の価格は相手国にとって高くなるため輸出は不利になる。インタビューでは，外国から輸入したコーヒー豆の仕入れ価格が上がっていると言っているので，円安が進んでいることがわかる。　B．資金に余裕のあるところから不足しているところへお金を融通することを金融という。金融のうち，借り手と貸し手の間に金融機関を介して融通を行うことを間接金融という。例えば，預金者が銀行にお金を預け，企業が銀行から資金を借りる場合などである。これに対し，借り手が貸し手から直接資金を借りることを直接金融という。例えば，企業が株式を発行して出資者から資金を集める場合などである。

⑵＜**入荷量と価格**＞一般に，価格は需要と供給の関係で変化しており，需要に比べて供給が多ければ価格は下がり，供給に比べて需要が多ければ価格は上がる。資料Ⅰを見ると，１～11月のうち，入荷量が多い１～５月の価格はおおむね低く，入荷量が少ない６～11月の価格はおおむね高くなっている。また，12月は11月に比べていちごの入荷量(供給量)が増えているため，本来であれば価格が下がるはずだが，価格は11月よりも高くなっている。これは，クリスマスシーズンでケーキなどに使われるいちごの需要が増え，需要が供給を上回っているためと考えられる。

⑶＜**不況時の企業**＞不況時には，消費が低迷して商品の売れ行きが落ちるため，一般的に企業は生産量を減らしたり，商品を値下げして販売したりする。その結果，企業の利益は減少するため，企業は従業員の数を減らしたり，従業員の給与を下げたりする。反対に好況時には，消費が拡大して商品の売れ行きが好調となるため，一般的に企業は生産量を増やしたり商品を値上げしたりして利益を増加させ，従業員の数を増やしたり従業員の給与を上げたりする。

(4)＜**フェアトレード**＞フェアトレード〔公正貿易〕は，発展途上国でつくられた農産物や製品に適正な価格をつけて取引することにより，生産者の経済的な自立を支援しようとする取り組みである。国際的に活動するNGO〔非政府組織〕などが中心となって進めてきたが，近年は企業の参入も増加しており，フェアトレードによる取引額は世界的に拡大している。

(5)＜**商店街の課題**＞近年の日本では，広い駐車場を備えた郊外型のショッピングセンターが各地につくられて多くの客を集める一方で，古くからの商店街は衰退している所が多く，その活性化が課題となっている。資料Ⅱでは，地元の飲食店で長年提供されてきたメニューが途絶えてしまうことを訴えており，またｃの前には「店の将来を担う」という言葉があることから，ｃに入るのは飲食店を引き継ぐ「後継者」であると判断できる。各地の商店街では，後継者のいない店が閉店することで商店街の衰退に拍車がかかり，さらに客が減少するといった問題も起こっている。

7〔**公民—総合**〕

(1)＜**えん罪**＞無実の罪で有罪となることをえん罪という。日本では，えん罪をはじめとする裁判の誤りを防ぐため，１つの事件について３回まで裁判を受けることができる三審制がとられている。また，有罪の判決が確定した後，新たな証拠が見つかるなどして裁判の重大な誤りが疑われるような場合には，裁判をやり直す再審が認められることがある。死刑や無期懲役の判決を受けた人が再審によって無罪となった例もあり，えん罪をどのように防止するかが課題となっている。

(2)＜**司法制度改革**＞①資料Ⅰを見ると，日本は人口10万人当たりの裁判官，検察官，弁護士のいずれも３か国中で最も少なく，司法に関するサービスを受けにくい状況にあることがわかる。　②法テラス〔日本司法支援センター〕は，誰もが必要なときに司法に関する情報やサービスを受けられるようにすることを目指し，司法制度改革の一環として設立された機関である。法テラスは全国各地に事務所があり，無料の法律相談や，裁判にかかる費用の立て替えなどを受けることができる。

(3)＜**男女雇用機会均等法，育児と仕事の両立**＞①男女雇用機会均等法は，雇用の分野における男女平等を実現するため1985年に制定された法律であり，採用や昇進，賃金などでの女性差別を禁じている。　②資料Ⅲは，部下が長時間労働をせずに早く仕事を終えて帰宅できるような体制をつくることを宣言しており，また男性が育児休暇をとることにも肯定的な内容となっている。次に資料Ⅳを見ると，夫の育児時間が妻に比べて著しく短いことがわかる。以上から，資料Ⅲの取り組みが広まることにより，働く人が自宅で過ごす時間が長くなり，これまで育児への関わりが薄かった男性の育児時間が増えることが期待できると考えられる。資料Ⅲの「イクボス」とは，部下や同僚などの育児や介護，ワークライフバランスなどに配慮や理解のある上司を指す。「イクボス宣言」とは，働き方改革の一環として厚生労働省が進めるプロジェクトである。

(4)＜**メディアリテラシー**＞情報などを正しく活用する能力を情報リテラシーという。そのうち，テレビや新聞などのマスメディアが発する情報をさまざまな角度から批判的に読み取り，的確に判断，活用する能力をメディアリテラシーと呼ぶ。

理科解答

1 (1) ①…ウ　②…ア　③…イ

(2) (例)血液の逆流を防ぐ。

(3) 主要動　(4) エ

(5) $2H_2 + O_2 \longrightarrow 2H_2O$

(6) 0.5g　(7) アとイ

(8)

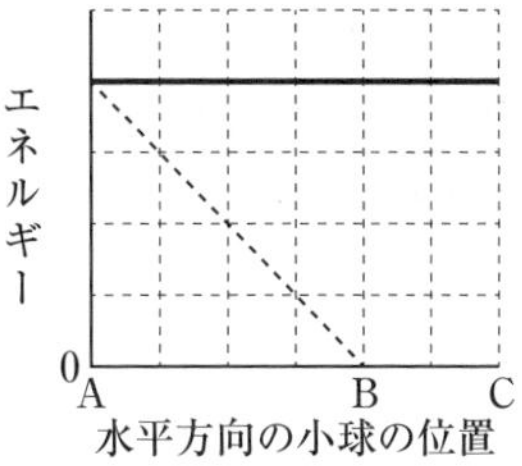

2 A (1) 感覚器官

(2) ①…3.36　②…0.24　(3)…エ

B (1) 再結晶　(2) 209.8g

(3) (例)塩化ナトリウムは，水の温度が変わっても溶解度がほとんど変化しないから。

(4)…イ

C (1) ア，イ，エ

(2) 火星…イ　金星…ウ

(3)…c　(4)…イ

D (1)…ア

(2) ①

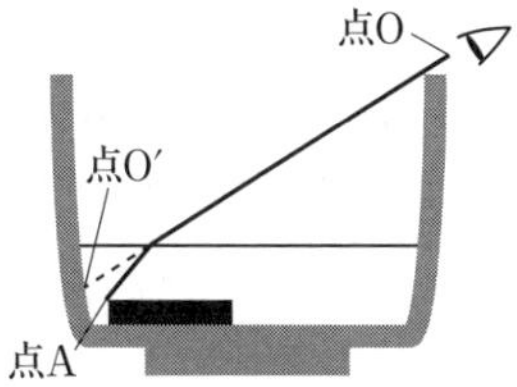

②…ア

3 (1) (例) 1つ1つの細胞が離れやすくなるから。

(2) (a)→b→d→e→c　(3) ウ

(4) ① 小さい

② (例)先端に近い部分で細胞分裂によって細胞の数が増え，それぞれの細胞が大きくなる

4 (1) ① 等粒状組織

② (例)ゆっくりと冷えて固まった。

(2) (例)流水で運ばれることによって，角がとれたから。

(3) a…エ　b…ア　c…イ　e…ウ

(4) (例)あたたかくて浅い海

5 (1) (例)こまごめピペットの先を上に向けない。

(2) ①…イ　②…ア　③…ウ

(3) ① A…OH^-　B…H^+　② 18a個

③…エ

6 (1) (例)

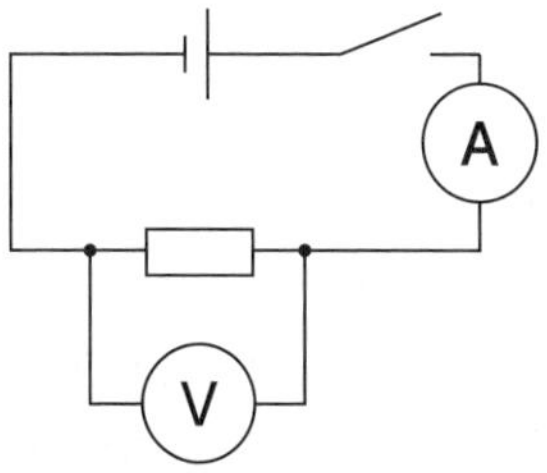

(2) ① (例)電流を流した時間が長いほど，水の上昇温度は大きい。

② (例)電熱線の消費電力が大きいほど，一定時間における水の上昇温度は大きい。

(3) 2400J

(4) ①・②…b・c　③…イ

1 〔小問集合〕

(1)<**花のつくり**>花のつくりを，外側についているものから順に並べると，がく，花弁，おしべ，めしべとなる。

(2)<**静脈**>静脈は心臓へ戻る血液が流れる血管で，流れる血液の勢いは動脈を流れる血液よりも弱い。静脈のところどころに弁があるのは，血液の逆流を防ぐためである。

(3)<**地震の揺れ**>初期微動の後に続く大きな揺れを主要動という。初期微動を伝えるP波と主要動を伝えるS波は，地震が起こると震源で同時に発生する。しかし，伝わる速さはP波の方がS波より速いため，観測地点には先にP波が到着し，その後にS波が到着する。

(4)<**寒冷前線**>図のAは寒冷前線で，寒気が暖気を押し上げるように進む。なお，図の右側にあるの

は温暖前線で，暖気が寒気の上にはい上がるように進む。

(5)**＜化学反応式＞**水素(H_2)と酸素(O_2)が化合すると水(H_2O)ができる。化学反応式は，矢印の左側に反応前の物質の化学式を，右側に反応後の物質の化学式を書き，矢印の左右で原子の種類と数が等しくなるように化学式の前に係数をつける。

(6)**＜反応する物質の質量＞**銅0.8gから酸化物(酸化銅)が1.0g生じたことから，このとき化合した酸素の質量は1.0－0.8＝0.2(g)である。よって，銅2.0gに化合する酸素の質量をxgとすると，2.0：x＝0.8：0.2が成り立つ。0.8：0.2＝４：１だから，2.0：x＝４：１より，x×4＝2.0×1，x＝0.5(g)となる。

(7)**＜力のつり合い＞**つり合いの関係にある２つの力は同じ１つの物体にはたらき，一直線上にあり，大きさが等しく，向きは反対である。よって，ア～ウのうち，つり合いの関係にある２つの力は，イの物体にはたらく重力と，アの床が物体を押す力(垂直抗力)である。なお，アとウは，互いに異なる物体に対してはたらく作用・反作用の関係にある。

(8)**＜エネルギー＞**位置エネルギーと運動エネルギーの和である力学的エネルギーは，一定に保たれる(力学的エネルギーの保存)。よって，図Ⅰの Aの位置で小球が持つ位置エネルギーが力学的エネルギーに等しいから，グラフは図ⅡのAでの位置エネルギーを表す点を通り，横軸に平行な直線になる。解答参照。

2 〔小問集合〕

A**＜動物の体のつくりとはたらき＞**(1)目や耳，皮ふなどの刺激を受け取る器官を感覚器官という。

(2)表より，３回の測定時間の平均は，(3.41＋3.38＋3.29)÷３＝3.36(秒)である。また，１人目はストップウォッチのスタートボタンを押すと同時に，もう一方の手で隣の人の手を握っているから，この測定時間は２人目以降の14人の反応にかかる時間である。よって，１人当たりの反応にかかるおよその時間は，3.36÷14＝0.24(秒)である。　(3)手を握られたという刺激を皮ふで受け取ると，刺激の信号は感覚神経を通ってせきずいに伝えられ，せきずいから脳に伝わって「手を握られた」という感覚が生じる。そして，脳で「次の人の手を握れ」という命令の信号が出されると，その信号がせきずいから運動神経を通って筋肉に伝えられ，次の人の手を握るという反応が起こる。

B**＜再結晶＞**(1)一度水に溶かした物質を再び固体として取り出すことを再結晶という。再結晶により，純粋な物質を取り出すことができる。　(2)表より，水100gに溶ける硝酸カリウムの質量は，80℃では168.8g，40℃では63.9gである。よって，80℃の水200gに硝酸カリウムを溶かしてつくった飽和水溶液には，硝酸カリウムが$168.8\times\frac{200}{100}=337.6$(g)溶けている。この水溶液を40℃まで冷却すると，溶けている硝酸カリウムは$63.9\times\frac{200}{100}=127.8$(g)になるから，取り出すことができる固体の質量は337.6－127.8＝209.8(g)である。　(3)表より，塩化ナトリウムの溶解度は，温度によってほとんど変化しない。そのため，塩化ナトリウムの飽和水溶液をつくって温度を下げても，固体をわずかしか取り出すことはできない。なお，塩化ナトリウム水溶液から固体を取り出すためには，加熱して水を蒸発させればよい。　(4)表より，水100gにミョウバンを溶かしてつくった飽和水溶液の温度を80℃から60℃まで下げたときに得られるミョウバンの固体の質量は，320.7－57.3＝263.4(g)，60℃から40℃まで下げると，57.3－23.1＝34.2(g)，40℃から20℃まで下げると，23.1－11.4＝11.7(g)となる。これより，20℃ずつ温度を下げたときに出てくる固体の質量は，だんだん小さくなることがわかる。よって，求めるグラフはイのようになる。

C**＜地球と宇宙＞**(1)太陽系の惑星のうち，地球型惑星は水星と金星，地球，火星であり，木星型惑星は木星と土星，天王星，海王星である。　(2)地球の自転によって，東の空から昇った星は，南の空を通り，西の空に沈んでいく。よって，図Ⅰで，火星はイの方向に，金星はウの方向に移動する。

(3)金星が西の空に見えるのは夕方である。このとき，地球から見て太陽の東側(左側)に金星があるので，金星は図Ⅱのｃの位置にある。なお，ａの位置の金星は明け方に東の空に見え，ｂとｄの位置の金星は太陽と同じ方向にあるため見えない。　(4)火星が地球に最も接近するのは，図Ⅱで，地球から見て太陽の反対側に火星があるとき(太陽－地球－火星の順に並ぶとき)である。このときの火星は，真夜中に真南の空に見える。なお，夕方には東の空，明け方には西の空に見える。

D＜**光の屈折**＞(1)光が水中から，水と空気の境界面に斜めに入射するとき，空気中に進む光は境界面に近づくように屈折する(入射角＜屈折角)。なお，光が空気中から水中に進むときは，境界面から遠ざかるように屈折する(入射角＞屈折角)。　(2)①右図のように，点O′と点Oを結んだ直線と水面との交点を点Ｐとすると，点Ａから出た光は点Ｐで屈折して点Oに届く。よって，線分AP，POを引けばよい。このとき，人の目には，光は屈折した光の道筋POの延長線上から直進してくるように見えるので，水中にある硬貨が浮き上がって見える。　②硬貨の点Ｂが初めて見えたときの水面での光の屈折角は，硬貨の点Ａが初めて見えたときの水面での光の屈折角に等しい。よって，それぞれのときの水面での光の入射角も等しくなる。そのため，図Ⅱで点Ａから出て水面に入射した光の道筋と，図Ⅲで点Ｂから出て水面に入射した光の道筋は平行になる。よって，右上図のように，点Ｂを出て線分APに平行な直線と，線分OPの交点が水面の高さになる。したがって，図Ⅲで，硬貨の点Ｂが初めて見えるときの水面の高さとして適切なのはアである。

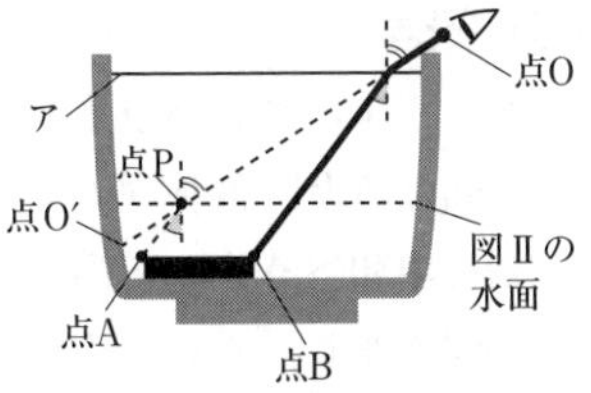

3〔生命の連続性〕

(1)＜**塩酸処理**＞根を温めたうすい塩酸に入れると，細胞と細胞の結びつきが切れ，１つ１つの細胞が離れやすくなる。この操作により，細胞が観察しやすくなる。

(2)＜**細胞分裂**＞表中の１番目のａでは，染色体が複製され，同じものが２本ずつつくられている。細胞分裂が始まると，核の中に細い糸のような染色体が現れる(ｂ)。染色体は中央に集まり，それぞれが縦に２つに割れる(ｄ)。割れた染色体は細胞の両端に移動する(ｅ)。そして，分かれた染色体はそれぞれ細い糸のかたまりになり，細胞の真ん中に仕切りができて(ｃ)，２つの新しい細胞ができる。

(3)＜**染色体**＞表中のｂの細胞の染色体数をnとすると，ｄの細胞の染色体数もnで変化していない。染色体数は，分裂前に２倍になり，新しい２つの細胞ができるときに２等分される。

(4)＜**根の成長**＞表より，細胞の大きさは，根元に近いＸの部分と比べて，先端に近いＺの部分の方が小さい。また，分裂中の細胞が，根の先端に近いＺの部分でしか観察できなかったことと，根元に近い部分ほど細胞の大きさが大きくなっていることから，根は先端に近い部分で細胞分裂が行われて細胞の数が増え，それぞれの細胞が大きくなることで成長することがわかる。

4〔大地のつくりと変化〕

(1)＜**深成岩**＞①表中の岩石Ａの大きな鉱物どうしが組み合わさっているつくりを，等粒状組織という。②岩石Ａのような等粒状組織を持つのは深成岩で，マグマが地下深くでゆっくり冷えて固まってできたものである。

(2)＜**堆積岩**＞表中の岩石Ｂをつくっている丸みを帯びた粒は，流水で運ばれるときに角がとれたものである。このことから，岩石Ｂは堆積岩である。

(3)＜**火成岩，堆積岩**＞まず，火成岩は，マグマの冷え固まり方によって，火山岩と深成岩に分けられる。岩石Ｃの流紋岩は，粒のよく見えない部分(石基)の中に比較的大きな鉱物の結晶(斑晶)が散らばった斑状組織を持つので，マグマが地表や地表付近で急に冷えて固まってできた火山岩である。次に，火山岩である玄武岩，安山岩，流紋岩は，色によって区別され，白っぽい色の岩石，つまり，無色鉱物の割合が多い岩石の順に流紋岩，安山岩，玄武岩となる。よって，図のａにはエが，ｂにはアが当てはまる。また，岩石Dは石灰岩で，チャートと同じ生物の死がいなどが堆積してできた堆積岩である。さらに，石灰岩とチャートにうすい塩酸をかけると，石灰岩は二酸化炭素が発生して溶けるが，チャートは変化しない。したがって，cにはイが，eにはウが当てはまる。

(4)＜**示相化石**＞サンゴはあたたかくて浅い海に生息する。よって，サンゴの化石が含まれる地層は，堆積した当時，あたたかくて浅い海であったと考えられる。このように，堆積した当時の環境を推定することができる化石を示相化石という。

5〔**化学変化とイオン**〕

(1)＜**こまごめピペット**＞液体を吸い取った後，こまごめピペットの先を上に向けてはいけない。上に向けると，液体がゴム球に流れ込み，ゴム球がいたんでしまう。

(2)＜**中和**＞うすい塩酸は酸性を示し，水酸化ナトリウム水溶液を加えていくと中和して酸性の性質が弱くなり，やがて中性になる。さらに水酸化ナトリウム水溶液を加えていくと，水溶液はアルカリ性になる。BTB溶液は，酸性で黄色，中性で緑色，アルカリ性で青色を示すから，このとき，ビーカー内の水溶液の色は，黄色→緑色→青色と変化する。

(3)＜**中和とイオン**＞①塩酸は塩化水素（HCl）の水溶液であり，塩化水素は水溶液中で，水素イオン（H^+）と塩化物イオン（Cl^-）に電離している。一方，水酸化ナトリウム（$NaOH$）は水溶液中で，ナトリウムイオン（Na^+）と水酸化物イオン（OH^-）に電離している。塩酸に水酸化ナトリウム水溶液を加えていくと，H^+とOH^-が中和によって結びついて水（H_2O）になる。また，Cl^-はNa^+と結びついて塩化ナトリウム（$NaCl$）という塩《えん》ができるが，水溶液中では電離しているため，イオンのまま存在する。図Ⅱより，塩酸に水酸化ナトリウム水溶液を加えた後，水酸化ナトリウム水溶液中のAはなくなっていることからOH^-であり，塩酸中のBは数が減っていることからH^+である。　②塩酸1 cm^3に含まれるイオンの総数が$2a$個だから，塩酸6 cm^3に含まれるイオンの総数は$2a \times 6 = 12a$（個）である。塩酸中にはH^+とCl^-が同数含まれているので，塩酸6 cm^3に含まれるH^+とCl^-はどちらも$6a$個となる。同様に，水酸化ナトリウム水溶液1 cm^3に含まれるイオンの総数が$2a$個だから，水酸化ナトリウム水溶液9 cm^3に含まれるイオンの総数は$2a \times 9 = 18a$（個）で，水酸化ナトリウム水溶液中にはNa^+とOH^-が同数含まれているので，水酸化ナトリウム水溶液9 cm^3に含まれるNa^+とOH^-はどちらも$9a$個となる。よって，塩酸6 cm^3に水酸化ナトリウム水溶液9 cm^3を加えると，H^+とOH^-はそれぞれ$6a$個が結びついて水になる。このとき，水溶液中にはH^+がなくなり，OH^-が$9a - 6a = 3a$（個）残り，Cl^-とNa^+の数は変わらないから，Cl^-が$6a$個，Na^+が$9a$個含まれる。したがって，ビーカーの中に含まれるイオンの総数は，$3a + 6a + 9a = 18a$（個）となる。　③水溶液の濃度を$\frac{1}{2}$倍にすると，同じ体積中に含まれるイオンの数も$\frac{1}{2}$倍になる。そのため，塩酸6 cm^3とちょうど中和する水酸化ナトリウム水溶液の体積は2倍となり，$6 \times 2 = 12$（cm^3）必要である。よって，①より，BはH^+なので，水酸化ナトリウム水溶液を12 cm^3加えたときに，その個数は0個になる。したがって，求めるグラフはエである。

6〔**電流とその利用**〕

(1)＜**回路図**＞まず，電熱線と電流計，スイッチ，電源を直列につなぐ。次に，電圧計を電熱線に並列につなぐ。解答参照。なお，電源の電気用図記号は，長い方が＋極である。

(2)＜**電流による発熱**＞①図Ⅱより，どの電熱線も電流を流した時間が長いほど，水の上昇温度は大きくなっている。なお，原点を通る直線になっていることから，水の上昇温度は電流を流した時間に比例することがわかる。　②6Vの電圧を加えたときの消費電力は，電熱線aが8W，電熱線bが4W，電熱線cが2Wである。よって，図Ⅱより，一定時間における水の上昇温度は，消費電力が大きいほど大きいことがわかる。

(3)＜**熱量**＞電流によって発生する熱量は，〔熱量(J)〕＝〔電力(W)〕×〔時間(s)〕で求められる。よって，電熱線ａに６Ｖの電圧を加えたときの消費電力は８Ｗ，５分は5×60＝300(秒)より，求める熱量は，8×300＝2400(J)である。

(4)＜**回路と電流**＞(2)②より，電熱線の消費電力が大きいほど，一定時間における水の上昇温度は大きい。図Ⅲで，Ｘのグラフは電熱線ａと電熱線ｂの間にあることから，２つの電熱線をつないだものの消費電力は，電熱線ｂの４Ｗより大きく，電熱線ａの８Ｗより小さくなる。まず，２つの電熱線を直列につなぐと，全体の抵抗はそれぞれの抵抗の和になるから，加える電圧が同じ場合，流れる電流は１つの電熱線をつないだときよりも小さくなる。そのため，消費電力も１つの電熱線のときよりも小さくなり，２つの電熱線をつないだときに消費電力が４Ｗより大きくなることはない。よって，２つの電熱線を並列につないだことがわかる。電熱線を並列につなぐと，それぞれの電熱線に加わる電圧は電源の電圧と同じだから，流れる電流も１つの電熱線をつないだときと同じで，消費電力も同じになる。つまり，２つの電熱線の消費電力は，それぞれの電熱線を１つつないだときの消費電力の和になる。したがって，８Ｗ，４Ｗ，２Ｗのうち，２つの電熱線の消費電力の和が４Ｗより大きく，８Ｗより小さくなる場合を考えればよい。このような消費電力の組み合わせは，和が６Ｗになる４Ｗと２Ｗである。以上より，Ｘのようなグラフが得られるのは，電熱線ｂと電熱線ｃを並列につないだ場合である。

国語解答

一 ㈠ ㋐ こと　㋑ ささ　㋒ してき
　　㋓ けいしょう
　㈡ エ
　㈢ （例）私たちの身近な所でも，種の絶滅が急速に進みつつあるということ。
　㈣ （例）他の生きものとの競争を避け，それぞれの生活環境に適合するように分化すること。（38字）
　㈤ （例）本文では，ヒトが他の生物を圧迫し続けると，結果として自滅に追い込まれる可能性があると書かれています。先日，海にあるプラスチックごみが海の生物に悪影響を及ぼしているというニュースを耳にしました。私は，ヒトが自分たちの都合を優先したり便利さだけを求めたりするのではなく，物の使い方や捨て方についても改めて考えるべきだということを，多くの人に提案したいと思います。（180字）

二 ㈠ ウ
　㈡ （例）荷物かつぎの要領を身体で覚えること。
　㈢ （例）今朝は，荷物かつぎなど誰にでもできると思っていたため，「余計なお世話だ」と感じていたのに，今は，荷物かつぎは大変だと知って，お代の気遣いを「ありがたい」と感じるように変化したため。
　㈣ ア

三 ㈠ あらい
　㈡ ① 鳥の羽　②…イ
　　③ （例）歌によまれた「早く都へ帰りたい」という思いに共感したから。

四 ㈠ （右参照）
　立チ㆓天下之正位ニ㆒
　㈡ 得　㈢ イ

五 ㈠ ① 耕す　② 栄える
　　③ 短縮　④ 貿易
　㈡ ア，ウ

六 ㈠ エ　㈡ （例）どの年齢層でも高い
　㈢ （例）資料Ⅱからは，若者の多くは本来と違う意味で理解しており，高齢の方の多くは本来の意味で理解していることがわかります。お互いの会話の際に誤解が生じないよう，言葉本来の意味を学び，大切にしていくべきだと考えるので，私は花子さんの意見を支持します。

一〔**論説文の読解―自然科学的分野―自然**〕出典；伊藤明夫『40億年，いのちの旅』。

≪本文の概要≫毎年四万種ともいわれる生物種の絶滅は，ヒトの活動が主な原因である。絶滅危惧種のリストには，かつては私たちの日常で見られた動物や植物が含まれている。他の生物が絶滅してしまうなら，ヒトも生き延びることはできない。生物は，他種との競争を避け，それぞれの生活環境に適合するように分化してきたことで，多様性を生み出した。それぞれの生物種は互いに影響を及ぼし合いながら生態系をつくっているため，その中の一つの生物種が欠けると，生態系のシステムにも影響を及ぼす。私たちヒトも例外ではなく，他の生物と共存するために知恵を使っていく必要がある。

㈠＜**漢字**＞㋐音読みは「異常」などの「イ」。　㋑音読みは「支援」などの「シ」。　㋒問題となることを取りあげて人に示すこと。　㋓警告すること。

㈡＜**語句**＞他の生物が絶滅してしまうと，ヒトは生き残ることができないのだから，言うまでもなく，物質的に豊かで安定した生活を送れるはずはないのである。

㈢＜**文章内容**＞かつて私たちの周りに見られた生きものを挙げることで，種の絶滅は，特別な種に起こる特殊なことではなく，私たちの周りで普通に起こっていることを気づかせている。

㈣＜**文章内容**＞生物は，他の生物と生活場所や食べ物を違うものにしていくことで，競争を避け，お互いの生存を守り，生活環境に適合するように分化してきたのである。

㈤＜**作文**＞本文の内容をふまえて，環境を守るために日常生活で私たちができることを，身近な体験などもふまえて，具体的に考えていく。

二〔小説の読解〕出典；あさのあつこ『地に滾る』。

㈠＜**表現**＞藤士郎の世話を焼くお代には，若いのに生活の知恵がある。藤士郎が荷運びをしたことがないのにのんびりしているので，お代は，いかにも道理をわきまえているといった表情をした。

㈡＜**文章内容**＞荷物かつぎにも要領があることがわかった藤士郎は，いかにも熟練していると思われる人夫の無駄な動きのない動作をまねて，自分の身体に動きを覚えさせることが大切だと考えた。

㈢＜**心情**＞藤士郎は，始める前は甘く見ていた荷物かつぎの大変さを知り，朝は「余計なお世話だ」と感じたお代の忠告や心遣いを，今はありがたく感じている。

㈣＜**表現**＞短文や会話を連ね，わかりやすい表現を用いて，読みやすくリズムを感じさせるとともに，お代との朝の場面を挟むことで藤士郎の心情の変化を描いている(ア…○)。

三〔古文の読解―日記〕出典；紀貫之『土佐日記』。

≪**現代語訳**≫十一日。夜明けに船を出して，室津へ向かう。人は皆まだ寝ているので，海の様子も見えない。ただ，月を見て，西か東かがわかる。こうしている間に，すっかり夜が明けて，手を洗い，朝の支度や食事などをして，昼になった。／今まさに，羽根という所に来た。幼い子どもが，この場所の名前を聞いて，「羽根という所は，鳥の羽のようであるか」と言う。まだ幼い子どもの言葉であるので，人々が笑うときに，以前に歌をよんだ女の子が，この歌をよんだ。／本当に名前で聞くところの羽根であるならば，(鳥が羽で)〈飛ぶ〉ように都へ帰りたいものだなあ／と言った。男も女も，なんとかして早く都へ帰りたいものだ，と思う心があるので，この歌がいいというわけではないが，なるほど，と思って，人々は忘れない。

㈠＜**歴史的仮名遣い**＞語頭以外のハ行は，現代仮名遣いでは，原則として「わいうえお」と書く。

㈡＜**古文の内容理解**＞①地名の「羽根」から「鳥の羽」のようなのかと，幼い子どもは連想したのである。　②女の子は，「羽根」が「鳥の羽」のようであるならば，「飛ぶ」ようにして早く都に帰りたいと思っている。　③女の子が，飛ぶように早く都に帰りたいとよんだ内容が，なんとかして早く都に帰りたいと思っている船の人々の気持ちと一致したのである。

四〔漢文の読解〕出典；『孟子』。

≪**現代語訳**≫天下の広い住居に住んで，天下の正しい位置に立ち，天下の大きな道を行く。志を得れば民衆と一緒に進み，志を〈得〉られなければ一人自分の道を進む。富み栄え出世することも心をかき乱すことはできない。貧しさ身分の低さも気持ちを動かすことはできない。権威や武力も屈服させることはできない。こういう態度をとる人のことを一人前の男子という。

㈠＜**漢文の訓読**＞「天下之正位」→「立」の順に読む。二字以上を下から上へ返って読むので，「立」に二点，「位」に一点をつけて「天下の正位に立ち」と返るようにする。

㈡＜**漢文の内容理解**＞前の部分に「得志」とあるので，ここは対句で「不得志」となる。

㈢＜**漢文の内容理解**＞「仁」「礼」「義」を重んじ，自分の志が理解されれば民衆とともに歩み，理解されなければ一人で自分の道を行く，「富貴」や「威武」にも屈しない人物が，「大丈夫」である。

五〔国語の知識〕

㈠＜**漢字**＞①音読みは「農耕」などの「コウ」。　②音読みは「繁栄」などの「エイ」。　③縮めて短くすること。　④外国の各地の品物を交換すること。

㈡＜**漢字の知識**＞「艹(くさかんむり)」の部分の書き順が，楷書は「一」からであるのに対して，行書は「丶」からである(ア…○)。また，「艹(くさかんむり)」は，行書では二画目と三画目がつながっている(ウ…○)。

六〔資料〕

㈠＜**資料**＞みんなに問いかければ，言葉の意味について受け身で聞くのではなくみんなに考えてもらうことができるし，話題に興味を示してもらうこともできる。

㈡＜**資料**＞どの年代も「本来の意味」とは違う意味で理解している人が多いことが読み取れる。

㈢＜**作文**＞資料Ⅱから，「本来の意味」とは違う意味で理解している人の割合に，年代で差があることがわかる。言葉本来の意味を大切にするのか，新しい意味を受け入れるのか，立場を明確にする。

Memo

Memo

Memo

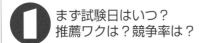

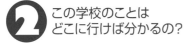

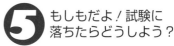

2025年度用　群馬県公立高校

6年間スーパー過去問

入試水準と傾向をさぐり、合格への展望をひらく!

公立高校過去問シリーズ

■編集者　(株)声の教育社 編集部
■発行所　(株)声　の　教　育　社
〒162-0814 東京都新宿区新小川町8-15
☎03-5261-5061(代)
御不明な点は直接本社にお問い合わせ下さい。

2024年6月　第1刷発行

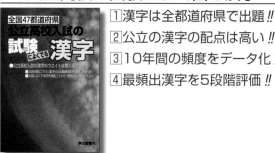

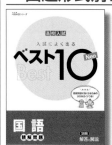

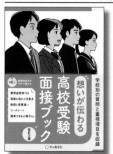

2025年度用

別冊

群馬県公立高校

書き込み式

解答用紙集

解答用紙は別冊になっていますので本体からていねいに抜き取ってご使用ください。

2024年度

第 3 時	英語　解答用紙

1	Part A	No. 1	
		No. 2	
	Part B		

3	(1)	
	(2)	
	(3)	

2	Part A	No. 1	
		No. 2	
	Part B	A	
		B	
		C	
		D	These events will make ＿＿＿＿＿＿＿＿ ＿＿＿＿＿＿＿＿＿＿＿＿＿＿＿.

4	ア	
	イ	
	ウ	
	エ	
	オ	

5	(1)		
	(2)	A	
		B	
	(3)	C	
		D	

6	(1)	①	
		②	
	(2)		
	(3)	A	
		B	

7	A	The graph shows that ＿＿＿ ＿＿＿ ＿＿＿ ＿＿＿ ＿＿＿ ＿＿＿ / ＿＿＿ ＿＿＿ ＿＿＿ ＿＿＿ 10 ＿＿＿ ＿＿＿ ＿＿＿ / ＿＿＿ ＿＿＿ 15
	B	To get enough sleep, ＿＿＿ ＿＿＿ ＿＿＿ ＿＿＿ ＿＿＿ ＿＿＿ / ＿＿＿ ＿＿＿ ＿＿＿ ＿＿＿ ＿＿＿ ＿＿＿ ＿＿＿ / ＿＿＿ ＿＿＿ ＿＿＿ ＿＿＿ ＿＿＿ ＿＿＿ ＿＿＿ 20 / ＿＿＿ ＿＿＿ ＿＿＿ ＿＿＿ ＿＿＿ ＿＿＿ ＿＿＿ / ＿＿＿ ＿＿＿ ＿＿＿ 30

（注）この解答用紙は原本未入手のため、縮小率を掲載していません。

推定配点

	1	2	3	4	5	6	7	合　計
英　語	3点×3	[Part A], [Part B] A～C－3点×5 [Part B] D－4点	3点×3	3点×5	3点×5	(1), (2)－3点×3 (3)－4点×2	A－6点 B－10点	100点

2024年度

第 2 時	数学　解答用紙

1	(1)	①	
		②	
		③	
	(2)		
	(3)		
	(4)		cm^2
	(5)		
	(6)		∠ACB＝　　°
	(7)		AC＝　　cm
	(8)		
	(9)		m

2	(1)	
	(2)	（解） （答）　丸型の積み木１個の重さ　　g 星型の積み木１個の重さ　　g

3	(1)		X　　Y （証明の続き）
	(2)	①	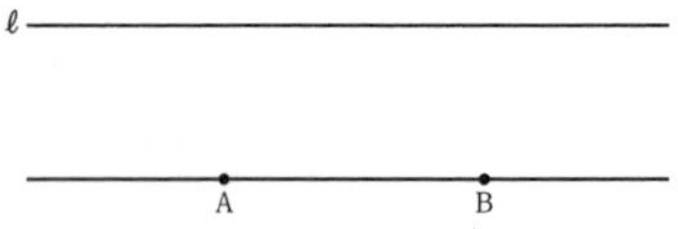
		②	

4	(1)	
	(2)	
	(3)	

5	(1)	①	m
		②	
		③	m
	(2)		m

（注）この解答用紙は原本未入手のため、縮小率を掲載していません。

推定配点

	1	2	3	4	5	合　計
数　学	(1)－３点×３ (2)～(9)－４点×８	(1)－４点 (2)－５点	(1)X，Y－２点×２ (1)証明の続き，(2)－ ５点×３	(1)，(2)－４点×２ (3)－５点	(1)－４点×３ (2)－６点	100点

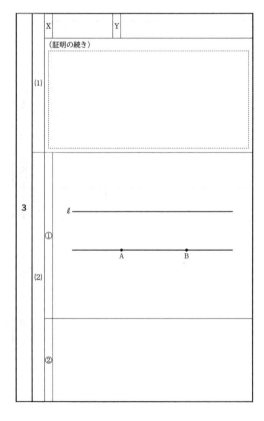

2024年度

第 4 時	社会　解答用紙

1	(1)		
	(2)		
	(3)		
	(4)		
	(5)		

2	(1)		
	(2)		
	(3)		
	(4)	①	
		②	

3	(1)				
	(2)				
	(3)	①		②	
	(4)				

4	(1)	
	(2)	
	(3)	
	(4)	
	(5)	

5	(1)		
	(2)		
	(3)		
	(4)	iii	
		iv	

6	(1)	
	(2)	
	(3)	
	(4)	
	(5)	

7	(1)	
	(2)	
	(3)	
	(4)	
	(5)	

（注）この解答用紙は原本未入手のため、縮小率を掲載していません。

推定配点

	1	2	3	4	5	6	7	合計
社会	(1)〜(4)－3点×4 (5)－4点	(1)〜(3)－2点×3 (4)－4点×2	(1), (2), (3)②－3点×3 (3)①－2点 (4)－4点	(1)－2点 (2)〜(4)－3点×3 (5)－4点	(1), (3)－2点×2 (2)－4点 (4)－3点×2	(1), (3), (5)－3点×3 (2), (4)－2点×2	(1), (2)－2点×2 (3)〜(5)－3点×3	100点

2024年度

第 5 時	理科　解答用紙

1	A	(1)	
		(2)	①
			②
	B	(1)	
		(2)	①
			②
	C	(1)	
		(2)	0.3gのとき
			0.6gのとき
	D	(1)	
		(2)	

2	(1)	①	
		②	
		③	
	(2)	①	
		②	クジラの胸ビレ / ヒトの手と腕
		③	特徴
			理由
	(3)		

3	(1)	①	名称　図Ⅰ / 図Ⅱ
			力の向き　図Ⅰ / 図Ⅱ
		②	cm
	(2)	①	a / b / c
		②	
		③	

4	(1)	①	a / b
		②	
		③	
	(2)	①	
		②	d / e
		③	

5	(1)		
	(2)	①	
		②	
		③	cm
		④	
	(3)	①	動かす前のスクリーンの位置
		②	

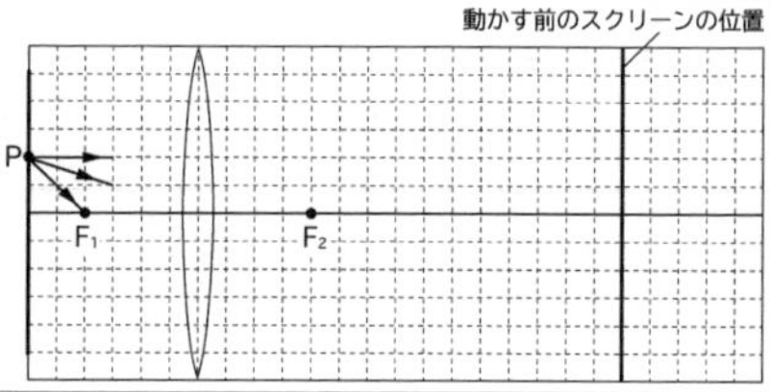

（注）この解答用紙は原本未入手のため、縮小率を掲載していません。

推定配点

	1	2	3	4	5	合　計
理 科	2点×11	(1),(2)①,②－2点×6 (2)③－4点 (3)－3点	2点×10	(1),(2)①－2点×5 (2)②,③－3点×3	(1)－2点 (2),(3)－3点×6	100点

2(1)②は完答。

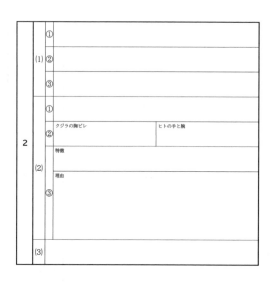

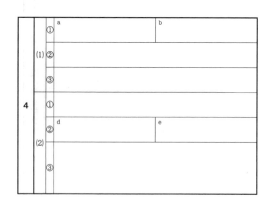

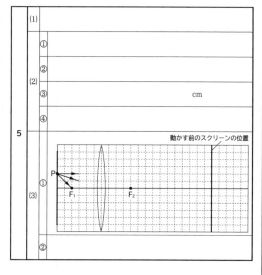

二〇二四年度

第 1 時	国語　解答用紙

一

㈠ i ii　㈡　㈢　㈣　㈤　㈥

二

㈠　㈡　㈢　㈣

三

㈠　㈡　㈢　㈣　㈤ ① Ⅲ Ⅳ ②

四

㈠ Ⅰ Ⅱ

㈡

〔 A　B　C 〕 ↑ 選んだ記号に○を付けること。

※一マス目から書き始めること。

(20×9)

140

180

五

㈠ ① りる ② ③ ④

㈡ ① しい ② ③ い ④

㈢ 過《チテハ》則《チ》勿《カレ》憚《ルコト》改《ムルニ》。

（注）この解答用紙は原本未入手のため、縮小率を掲載していません。

推定配点

	一	二	三	四	五	合計
国語	㈠，㈡，㈣－3点×4 ㈢，㈥－6点×2 ㈤－4点	㈠－3点 ㈡，㈢－4点×2 ㈣－6点	㈠，㈡，㈤－2点×5 ㈢，㈣－3点×2	㈠－3点×2 ㈡－14点	㈠，㈡－2点×8 ㈢－3点	100点

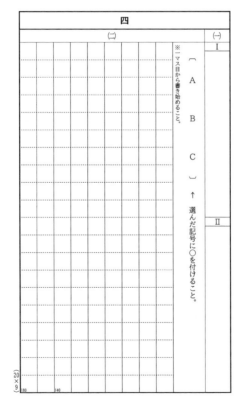

2023年度

後期選抜	第２日	第２時	英語　解答用紙

1　No.1 [　　]　No.2 [　　]

2　No.1 [　　]　No.2 [　　]　No.3 [　　]

3

A		B		C	
D	I want many students ＿＿＿＿＿＿＿＿＿＿.				

4 (1)

＿＿＿＿＿＿＿＿＿＿＿＿＿＿＿＿

(2)

So ＿＿＿＿＿＿＿＿＿＿＿＿＿＿＿＿

(3)

I ＿＿＿＿＿＿＿＿＿＿＿＿＿＿＿＿

5

ア		イ		ウ		エ		オ	

6 (1) [　→　→　→　]

(2)

A		B	

(3)

①		②	

7 (1) ①

＿＿＿＿＿＿＿＿＿＿＿＿＿＿＿＿

②

＿＿＿＿＿＿＿＿＿＿＿＿＿＿＿＿

(2) [　　]

(3)

A		B		
C				
D				

8

(A) ＿＿＿＿　(B) ＿＿＿＿　＿＿＿＿　＿＿＿＿

In Japan, we　(C) ＿＿＿＿＿＿＿＿＿＿＿＿＿＿＿＿

（注）この解答用紙は実物を縮小してあります。A3用紙に154％拡大コピーすると、ほぼ実物大で使用できます。（タイトルと配点表は含みません）

推定配点

	1	2	3	4	5	6	7	8	合計
英語	3点×2	3点×3	A～C－3点×3 D－4点	3点×3	3点×5	3点×5	(1)，(2)，(3)C，D－3点×5 (3)A，B－2点×2	(A)，(B)－2点×2 (C)－10点	100点

2023年度

後期選抜	第 1 日	第 2 時	数学　解答用紙	2枚中の1

1 (1) ①

答

②

答

③

答

(2) ①

答

②

答

(3)

答

(4)

答　$a=$

(5)

答　$\angle x=$　°

(6)（解）

答

(7)

答

(8)

答

(9)

答

2 (1) ①

答

②

答

(2)

答

（注）この解答用紙は実物を縮小してあります。Ａ３用紙に154%拡大コピーすると、ほぼ実物大で使用できます。（タイトルと配点表は含みません）

2023年度

令和5 後期選抜	第1日	第2時	数学　解答用紙	2枚中の2

3 (1)

答

(2)（解）

答　$a=$　　　，$b=$

4 (1)（証明）

(2)

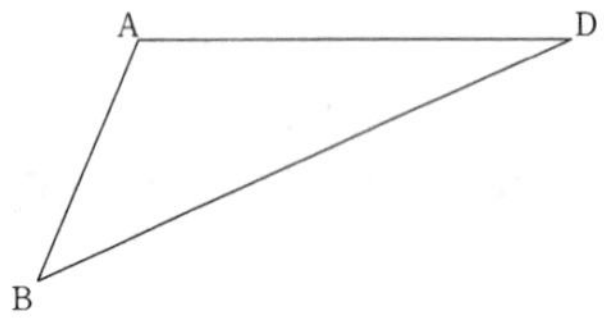

5 (1)

答　　　m

(2) ①

答

②

答　　　m

③

答　　　m

6 (1)

ア	
イ	
ウ	

(2) ①

答　∠EDF＝　　　°

②

答　　　cm

③

答　　　cm^2

推定配点		1	2	3	4	5	6	合計
	数学	(1)〜(5)－3点×8 (6)〜(9)－4点×4	(1)－2点×2 (2)－4点	(1)－3点 (2)－5点	(1)－5点 (2)－4点	(1)－3点 (2)①－4点 (2)②，③－5点×2	(1)－2点×3 (2)－4点×3	100点

2023年度

後期選抜	第 1 日	第 3 時	社会　解答用紙

1	(1)			
	(2)			
	(3)			
	(4)			
	(5)			
2	(1)	①	②	
	(2)			
	(3)			
	(4)			
3	(1)			
	(2)	①	②	
	(3)	①	②	
4	(1)			
	(2)			
	(3)	①	②	
	(4)			
5	(1)	X	Y	
	(2)			
	(3)			
	(4)			
6	(1)			
	(2)			
	(3)			
	(4)			
	(5)			
7	(1)			
	(2)			
	(3)			
	(4)	i	ii	

（注）この解答用紙は実物を縮小してあります。A3用紙に154%拡大コピーすると、ほぼ実物大で使用できます。（タイトルと配点表は含みません）

推定配点

	1	2	3	4	5	6	7	合　計
社　会	3点×5	(1)①,(2)－3点×2 (1)②,(4)－4点×2 (3)－2点	(1),(2)①－2点×2 (2)②,(3)①－3点×2 (3)②－4点	(1)－2点 (2),(3)－3点×3 (4)－4点	(1),(3),(4)－3点×4 (2)－2点	(1),(2),(4),(5)－3点×4 (3)－2点	(1),(2),(4)i－2点×3 (3),(4)ii－3点×2	100点

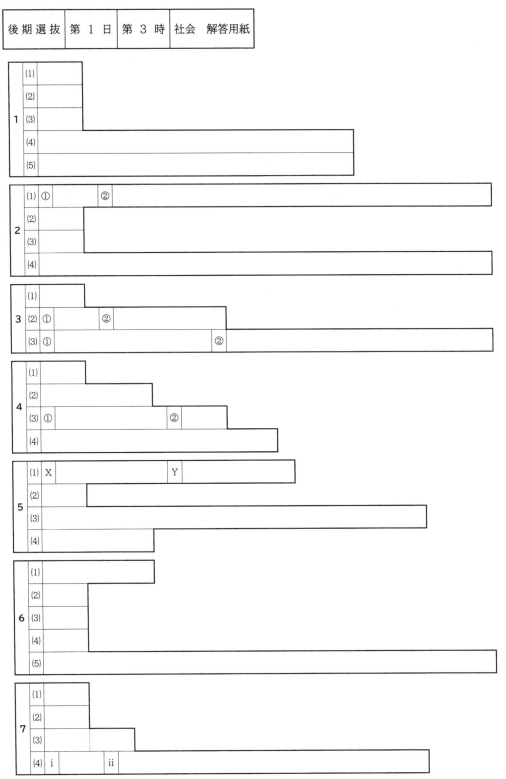

2023年度

後期選抜	第 2 日	第 1 時	理科　解答用紙

1	A	(1)	
		(2)	
	B	(1)	
		(2)	① ② ③
	C	(1)	
		(2)	① ②
	D	(1)	
		(2)	

2	(1)	① ②
	(2)	
	(3)	
	(4)	① ② ③

3	(1)	a b
	(2)	① ② ③
	(3)	① ② a b
		③

4	(1)	
	(2)	① a b ② X Y
	(3)	① ②
	(4)	① ② ③

5	(1)	① ②
	(2)	
	(3)	① ②
	(4)	① ② 記号 理由

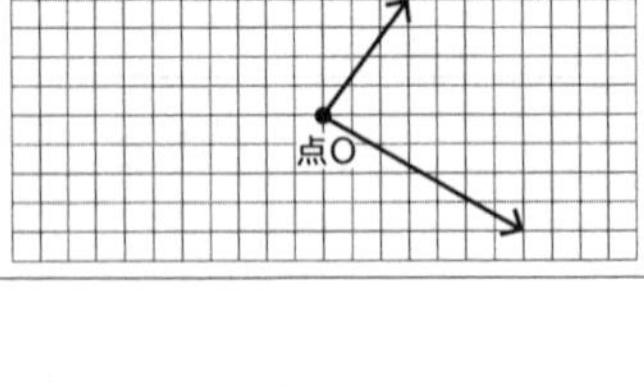

（注）この解答用紙は実物を縮小してあります。A3用紙に154%拡大コピーすると、ほぼ実物大で使用できます。（タイトルと配点表は含みません）

推定配点

	1	2	3	4	5	合計
理科	A, B(2)①, C, D－2点×8 B(1), (2)②, ③－1点×3	(1)－2点×2 (2), (4)－3点×4 (3)－4点	(1), (2), (3)①, ②－2点×8 (3)③－3点	(1), (2)②, (3)①, (4)①－2点×5 (2)①－1点×2 (3)②, (4)②, ③－3点×3	(1)－2点×2 (2), (3)①, (4)①－3点×3 (3)②, (4)②－4点×2	100点

3(2)③, 5(4)②はそれぞれ完答。

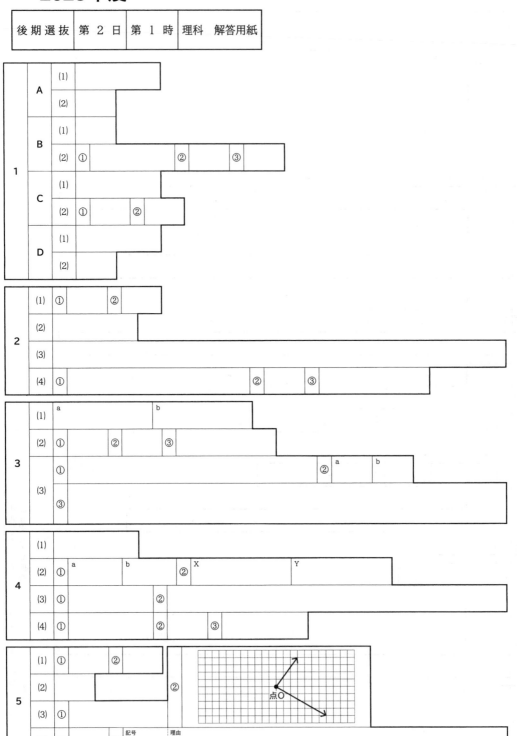

二〇二三年度

令和5 後期選抜	第一日	第一時	国語　解答用紙

一

(一)

(二)

(三)

(四)

(五)

二

(一)

(二)

(三)

(四)

三

(一)

(二) 入ル 池 塘ニ

(三) ①　② Ⅰ　Ⅱ

四

(一)

(二)

(三)

(四)

五

(一) ①　える　②　③　④

(二) ①　②　③　④

(三)

六

(一)

(二)

(三) (20×9)　140　180

(注) この解答用紙は実物を縮小してあります。A3用紙に154%拡大コピーすると、ほぼ実物大で使用できます。(タイトルと配点表は含みません)

推定配点

	一	二	三	四	五	六	合計
国語	(一)－3点 (二)，(三)－4点×2 (四)－6点 (五)－5点	(一)－3点 (二)，(三)－4点×2 (四)－5点	(一)，(二)－2点×2 (三)－3点×3	(一)－2点 (二)～(四)－3点×3	2点×9	(一)－2点 (二)－3点 (三)－15点	100点

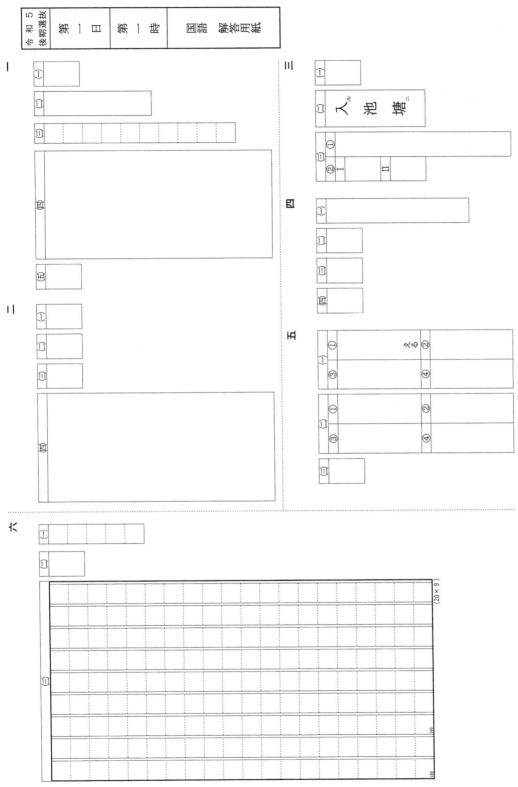

2022年度

後期選抜	第2日	第2時	英語　解答用紙

1 No.1　No.2

2 No.1　No.2　No.3

3 No.1 ①　②

No.2

No.3

4 (1)

(2)

(3)

5 ア　イ　ウ　エ　オ

6 (1) A　B

(2) ①　②

(3)

7 (1) ①

②

(2) →　→　→

(3)

You should also ask yourself ＿＿＿＿＿＿＿＿＿＿＿＿.

(4)

8

30

40

（注）この解答用紙は実物を縮小してあります。A3用紙に154%拡大コピーすると、ほぼ実物大で使用できます。（タイトルと配点表は含みません）

推定配点

	1	2	3	4	5	6	7	8	合計
英語	3点×2	3点×3	No.1, No.2－3点×3 No.3－4点	3点×3	3点×5	3点×5	(1), (2), (4)－3点×5 (3)－4点	14点	100点

6 (2)は完答。

2022年度

後期選抜	第 1 日	第 2 時	数学　解答用紙	2枚中の1

1 (1) ①

答

②

答

③

答

(2) ①

答

②

答

(3)

答

(4)

答

(5)

答　∠BAC＝　　°

(6) (解)

答　$y=$

(7)

答

(8)

答

(9)

答

2 (1) ①

答

②

答

③

答

(2)

答

(注) この解答用紙は実物を縮小してあります。A３用紙に154%拡大コピーすると、ほぼ実物大で使用できます。(タイトルと配点表は含みません)

2022年度

後期選抜	第 1 日	第 2 時	数学　解答用紙	2枚中の2

3 (1)

円周角の定理の逆によって，4点A，B，C，Dは

（　　　　　　　　　　　　）

といえます。

(2)

答　∠AEB＝　　　　°

4 (1)（証明）

△OCEと△ODEにおいて

手順Ⅰにより，OC＝OD　・・・①

（　　　　　　　　　　　　）

合同な図形の対応する角は等しいから，

∠COE＝∠DOE

したがって，作図した半直線OEは

∠AOBの二等分線となっている。

(2)

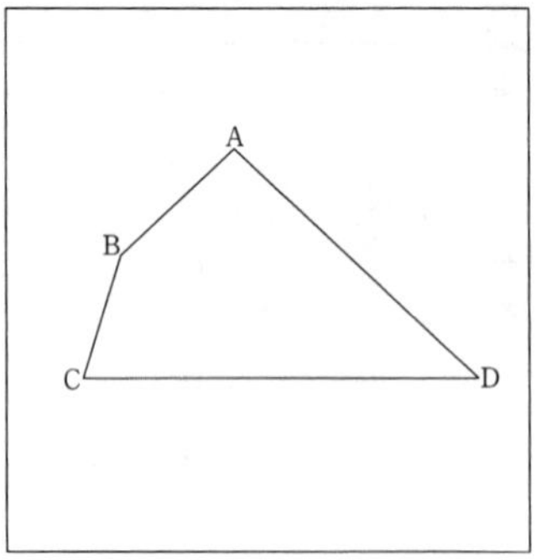

5 (1)

答　　　　　個

(2)

答　　　　　個

(3) ①（解）

答　　　　　番目

②

答　石の色：　　　　，残った個数：　　　　個

6 (1)

答　　　　　秒後

(2) ①

答

②

答

(3)

答

推定配点	1	2	3	4	5	6	合計
数学	(1)〜(5)－3点×8 (6)〜(9)－4点×4	(1)－2点×3 (2)－4点	4点×2	4点×2	4点×4	(1)，(2)－4点×3 (3)－6点	100点

2022年度

後期選抜	第 1 日	第 3 時	社会　解答用紙

1	(1)	
	(2)	
	(3)	
	(4)	→ →
	(5)	

2	(1)	
	(2)	記号　理由
	(3)	①　②
	(4)	新潟県　長野県

3	(1)	
	(2)	
	(3)	
	(4)	
	(5)	

4	(1)	
	(2)	
	(3)	→ →
	(4)	
	(5)	

5	(1)	
	(2)	
	(3)	
	(4)	
	(5)	

6	(1)	
	(2)	
	(3)	
	(4)	①
		②

7	(1)	
	(2)	
	(3)	
	(4)	
	(5)	

（注）この解答用紙は実物を縮小してあります。A3用紙に154%拡大コピーすると、ほぼ実物大で使用できます。（タイトルと配点表は含みません）

推定配点

	1	2	3	4	5	6	7	合計
社会	(1)－2点 (2)〜(4)－3点×3 (5)－4点	(1)，(2)記号，(3)①，(4)－2点×5 (2)理由－4点 (3)②－3点	(1)〜(3)－2点×3 (4)－4点 (5)－3点	(1)，(3)－3点×2 (2)，(4)－2点×2 (5)－4点	(1)－2点 (2)，(4)，(5)－3点×3 (3)－4点	(1)，(3)，(4)①－2点×3 (2)，(4)②－3点×2	(1)〜(3)－2点×3 (4)，(5)－4点×2	100点

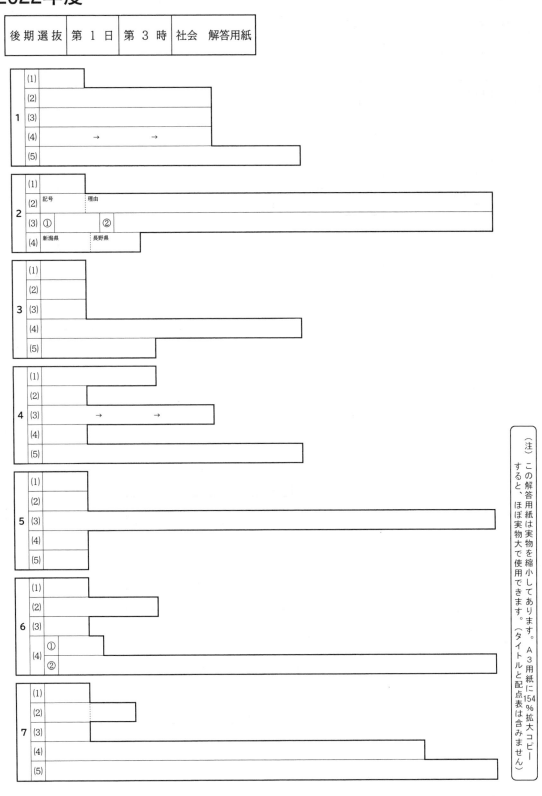

2022年度

後期選抜	第 2 日	第 1 時	理科　解答用紙

1	A	(1)	
		(2)	①　②
	B	(1)	①　②
		(2)	
	C	(1)	
		(2)	粉末X　粉末Z
	D	(1)	
		(2)	

2	(1)	①　②薬品a　薬品b　③
	(2)	①　②　③
	(3)	
	(4)	X　Y　Z

3	(1)		
	(2)	①	a　b　c
		②	袋　理由
	(3)		①　②
	(4)		①　②　③

4	(1)	①　②
	(2)	①　②　③
	(3)	
	(4)	①　②　③　④

5	(1)	①　②
	(2)	①　②
	(3)	①　②
	(4)	①　②

（注）この解答用紙は実物を縮小してあります。A3用紙に154%拡大コピーすると、ほぼ実物大で使用できます。（タイトルと配点表は含みません）

推定配点

	1	2	3	4	5	合　計
理　科	2点×10	(1), (2), (4)－2点×8 (3)－3点	(1), (3), (4)①, ②－2点×5 (2)①－1点×3 (2)②, (4)③－3点×2	(1), (2), (4)－2点×9 (3)－3点	(1), (2)①, (4)①－2点×4 (2)②, (3)－3点×3 (4)②－4点	100点

1 C(2), 2(4), 3(2)②はそれぞれ完答。

二〇二三年度

後期選抜	第一日	第一時	国語　解答用紙

一

(一)

(二)

(三)

(四)

(五)

二

(一)

(二)

(三)

(四)

(五)

三

(一)

(二) ① Ⅰ Ⅱ ②

四

(一) 興《シテ》兵《ヲ》伐《チ》之《ヲ》

(二) ① ②

(三)

五

(一) ① らす ② れる ③ ④

(二) ① る ② げる ③ ④

(三) 部首名　総画数　画

六

(一) 質問①　質問②

(二) A　B　C　選んだ記号に○を付けること。

(20×9)

140

180

(注) この解答用紙は実物を縮小してあります。Ａ３用紙に154%拡大コピーすると、ほぼ実物大で使用できます。（タイトルと配点表は含みません）

推定配点

	一	二	三	四	五	六	合計
国語	(一)－２点 (二), (四)－４点×２ (三)－５点 (五)－３点×２	(一)～(三)－３点×３ (四)－５点 (五)－４点	(一)－２点 (二)①－３点×２ (二)②－４点	(一), (三)－２点×２ (二)－３点×２	２点×10	(一)－２点×２ (二)－15点	100点

2021年度

後期選抜	第 2 日	第 2 時	英語　解答用紙

1

№1	№2

2

№1	№2	№3

3

A		B		C	
D					

4
(1)
(2)
(3)

5

ア		イ		ウ		エ		オ	

6
(1)

A		B	

(2)
(3)

7
(1)

【1】		【2】		【4】	

(2) →　→

(3)

... those robots may ＿＿＿＿＿＿＿＿＿＿ at convenience stores.

(4)

8

Now many people

(注) この解答用紙は実物を縮小してあります。A３用紙に154%拡大コピーすると、ほぼ実物大で使用できます。(タイトルと配点表は含みません)

推定配点

	1	2	3	4	5	6	7	8	合計
英語	3点×2	3点×3	A～C－3点×3 D－4点	3点×3	3点×5	3点×5	(1)～(3)－3点×5 (4)－2点×2	14点	100点

2021年度

後期選抜	第　1　日	第　2　時	数学　解答用紙	2枚中の1

1 (1) ①

答

②

答

③

答

(2)

答

(3)

答

(4)

答　$n=$

(5)

答

(6)

答　　　　　　cm

(7)

答

(8) (解)

答　　　　　　mL

(9)

答

2 (1) ①

答

②

答

(2)

答

(注) この解答用紙は実物を縮小してあります。A３用紙に154%拡大コピーすると、ほぼ実物大で使用できます。(タイトルと配点表は含みません)

2021年度

後期選抜	第 1 日	第 2 時	数学　解答用紙	2枚中の2

3 (1)

答　A＝

(2)（解）

答　A＝

4 (1)

ア	
イ	
ウ	

(2) ①

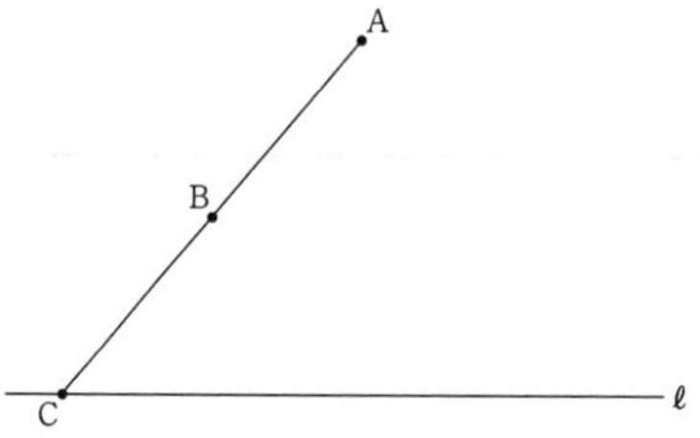

②（説明）

5 (1) ①

答

②

答

③

答　　　　秒間

(2)

答　　　　秒間

6 (1)

答

(2)（証明）

(3) ①

答　　　　cm

②

答　　　　cm^2

推定配点

	1	2	3	4	5	6	合計
数学	(1)〜(6)－3点×8 (7)〜(9)－4点×3	(1)－3点×2 (2)－4点	(1)－4点 (2)－5点	(1)－2点 (2)①－5点 (2)②－4点	4点×4	(1), (3)－4点×3 (2)－6点	100点

1(3), 6(1)はそれぞれ完答。

2021年度

後期選抜	第１日	第３時	社会　解答用紙

1	(1)	
	(2)	
	(3)	
	(4)	
	(5)	

2	(1)				
	(2)	①		②	
	(3)				
	(4)				

3	(1)	①		②		
	(2)	①	A		B	
		②				
	(3)					

4	(1)	①		②	
	(2)				
	(3)				
	(4)	→ →			
	(5)				

5	(1)	
	(2)	
	(3)	
	(4)	
	(5)	

6	(1)	
	(2)	
	(3)	
	(4)	
	(5)	

7	(1)		
	(2)		
	(3)		
	(4)	①	
		②	

（注）この解答用紙は実物を縮小してあります。A３用紙に154％拡大コピーすると、ほぼ実物大で使用できます。（タイトルと配点表は含みません）

推定配点

	1	2	3	4	5	6	7	合計
社会	(1), (3), (4)－2点×3 (2)－3点 (5)－4点	(1), (2)①－2点×2 (2)②－4点 (3), (4)－3点×2	(1), (2)①Ａ－2点×3 (2)①Ｂ, ②－3点×2 (3)－4点	(1), (2), (5)－3点×4 (3), (4)－2点×2	(1), (2)－2点×2 (3), (5)－4点×2 (4)－3点	(1), (4), (5)－3点×3 (2), (3)－2点×2	(1), (2), (4)①－2点×3 (3)－3点 (4)②－4点	100点

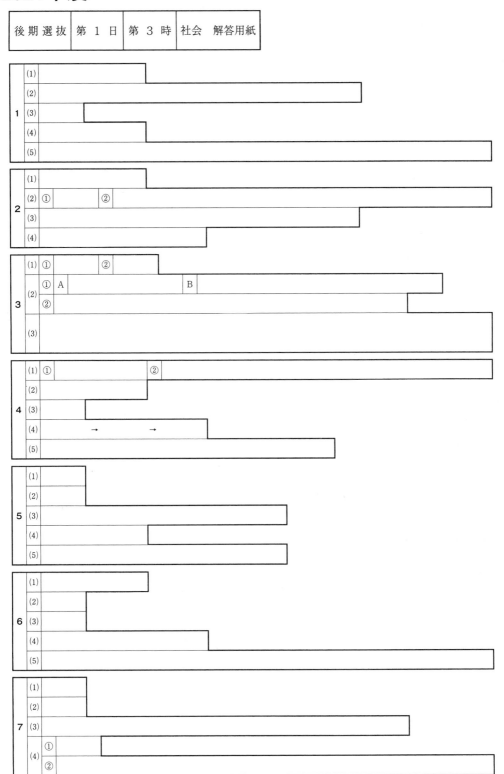

2021年度

後期選抜	第２日	第１時	理科　解答用紙

1	A	(1)	
		(2)	
	B	(1)	
		(2)	
	C	(1)	体積　　質量
		(2)	
	D	(1)	
		(2)	

2	(1)	
	(2)	① a　b　② 丸形：しわ形＝
	(3)	①　②
	(4)	

3	(1)	
	(2)	① a　b
		②　時　分　秒　③　時　分　秒　④　⑤　秒後

4	(1)	
	(2)	① a　b　② a　b　③
	(3)	
	(4)	①　②

5	(1)	
	(2)	
	(3)	① a　b　c　d　② 倍
	(4)	

（注）この解答用紙は実物を縮小してあります。A３用紙に154％拡大コピーすると、ほぼ実物大で使用できます。（タイトルと配点表は含みません）

推定配点

	1	2	3	4	5	合計
理科	2点×8	(1)－2点 (2), (3)－3点×5 (4)－4点	3点×7	3点×7	(1), (3)①b, d－2点×3 (2), (3)①a, c, ②, (4)－3点×5	100点

1C(1), 4(2)①, ②, ③はそれぞれ完答。

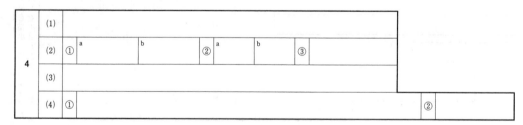

二〇二一年度

後期選抜	第一日	第一時	国語　解答用紙

一

(一)

(二)

(三)

(四)

(五)

二

(一)

(二)

(三)

(四)

三

(一)

(二)

(三) ①　②

四

(一)

(二)

(三)

五

(一) ①　②　③　④

(二) ①　れ　②　らぐ　③　④

六

(一)

(二)

(三)

(四) Ⅰ　Ⅱ

(五)

140

180

(20×9)

(注) この解答用紙は実物を縮小してあります。Ａ３用紙に154%拡大コピーすると、ほぼ実物大で使用できます。(タイトルと配点表は含みません)

推定配点

	一	二	三	四	五	六	合計
国語	(一)－２点 (二),(三),(五)－３点×４ (四)－５点	(一),(二)－３点×２ (三)－８点 (四)－４点	(一)－２点 (二),(三)－３点×３	(一)－２点 (二),(三)－３点×２	２点×８	(一),(四)－２点×３ (二),(三)－３点×２ (五)－16点	100点

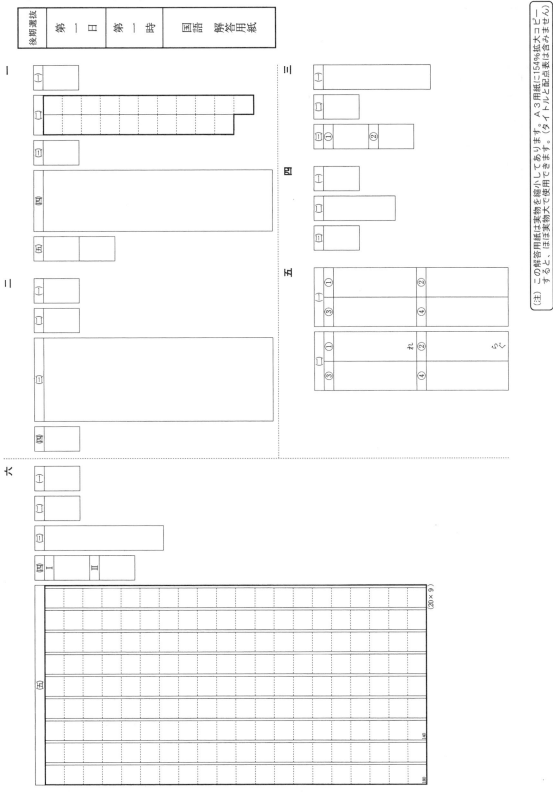

2020年度

後期選抜	第２日	第２時	英語　解答用紙

1

No.1	No.2

2

A	B	C

3

No.1	No.2	No.3

4

____

5

ア		イ		ウ		エ		オ	

6 (1)

A		B	

(2)

(3)

7 (1)　→　→　→

(2)

____

____

(3)

(4) When we hear ______ ______ ______ ______ ______ ______

______ ______ ______ ______ ______ ______ ______

______ ______ 15 ______ ______ ______ ______ ______ 20

8

______ ______ ______ ______ ______ ______ ______

______ ______ ______ ______ ______ ______ ______

______ ______ ______ ______ ______ ______ ______

______ ______ ______ ______ ______ ______ ______

______ ______ 30 ______ ______ ______ ______ ______ 35

(注) この解答用紙は実物を縮小してあります。Ａ３用紙に154%拡大コピーすると、ほぼ実物大で使用できます。(タイトルと配点表は含みません)

推定配点

	1	2	3	4	5	6	7	8	合計
英語	3点×2	3点×3	3点×3	6点	3点×5	3点×5	(1), (2)－5点×2 (3)－3点×2 (4)－10点	14点	100点

2020年度

後期選抜	第 1 日	第 2 時	数学　解答用紙	２枚中の１

1 (1) ①

答

②

答

③

答

(2)

答

(3)

答

(4) (解)

答 $\begin{cases} x = \\ y = \end{cases}$

(5)

答

(6) (解)

答

(7)

答　∠BAC =　　　°

(8)

答

(9)

答　∠　　　と　∠

2 (1)

答

(2)

答

3 (証明の続き)

(注) この解答用紙は実物を縮小してあります。Ａ３用紙に154%拡大コピーすると、ほぼ実物大で使用できます。(タイトルと配点表は含みません)

後期選抜	第 1 日	第 2 時	数学　解答用紙	２枚中の２

4 (1)

答　　　　　　m

(2) ①

答　記号　　　，長さ　　　　m

②

答　　　　　　m

5 (1)

答　　　　　　cm

(2) ①

答

②

答

(3)

答　$x=$

6 (1) ①

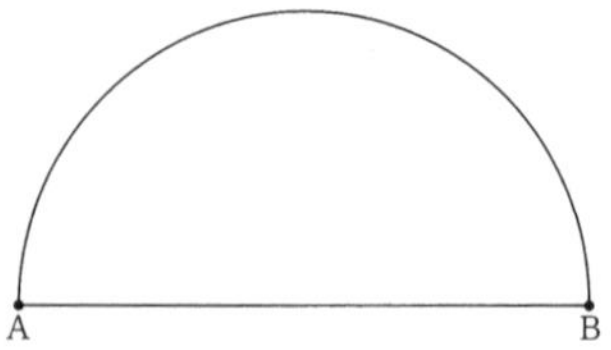

②（説明）

(2) ①

答　　　　　　cm^2

②

答　　　　　　cm^2

推定配点

	1	2	3	4	5	6	合計
数学	(1)～(4)－3点×6 (5)～(9)－4点×5	4点×2	6点	4点×3	4点×4	(1)－6点×2 (2)－4点×2	100点

2020年度

後期選抜	第 1 日	第 3 時	社会　解答用紙

1
(1)　(2)　(3)
(4)
(5)

2
(1)
(2) A　B
C
D
(3)

3
(1)　(2)　(3)
(4) 経済
理由
(5)

4
(1)　(2)　(3)
(4)　(5) →　→
(6)

5
(1) →　→　→　(2) A　B
(3)
(4)

6
(1)　(2)　(3)
(4)
(5)

7
(1)　(2) 票
(3) A　B
(4)

（注）この解答用紙は実物を縮小してあります。A3用紙に154%拡大コピーすると、ほぼ実物大で使用できます。（タイトルと配点表は含みません）

推定配点

	1	2	3	4	5	6	7	合計
社会	(1),(4),(5)−3点×3 (2),(3)−2点×2	(1),(2)A,B−2点×3 (2)C,D,(3)−3点×3	(1),(3),(4)経済−2点×3 (2)−1点 (4)理由,(5)−4点×2	(1),(3),(4),(6)−3点×4 (2),(5)−2点×2	(1),(2)A,(4)−3点×3 (2)B−2点 (3)−4点	(1),(4),(5)−3点×3 (2),(3)−2点×2	(1),(2)−2点×2 (3),(4)−3点×3	100点

2(1)は完答。

2020年度

後期選抜	第２日	第１時	理科　解答用紙

1						
	A	(1)		(2)		
	B	(1)		(2)		
	C	(1)		(2)	最も大きいもの	最も小さいもの
	D	(1)	J	(2)	%	

2						
	(1)	①	a			
			b		c	
		②		③		
	(2)		(3)			

3						
	(1)		(2)	①		②
	(3)	①		②		
	(4)					

4											
	(1)	①	a								
			b	c							
		②	g	③	%						
	(2)	①	a	b	②	a	b	c	d	③	倍

5					
	(1)				
	(2)	①			
		②	a	b	c
			d		
	(3)	a	b		

（注）この解答用紙は実物を縮小してあります。Ａ３用紙に154％拡大コピーすると、ほぼ実物大で使用できます。（タイトルと配点表は含みません）

推定配点

	1	2	3	4	5	合計
理科	2点×8	3点×7	(1), (2)－3点×3 (3), (4)－4点×3	(1), (2)①－2点×7 (2)②－1点×4 (2)③－3点	(1), (2)①, ②d, (3) －3点×5 (2)②a～c－2点×3	100点

1 C (1), (2)はそれぞれ完答。

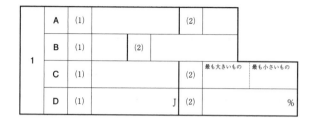

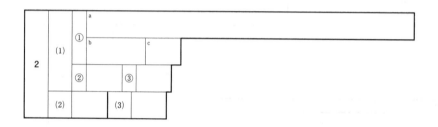

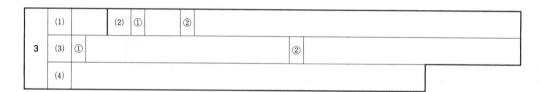

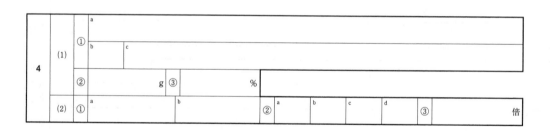

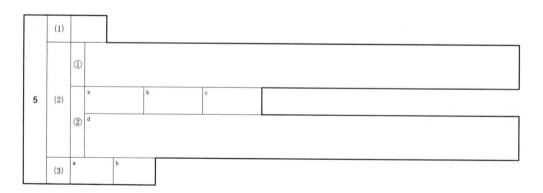

二〇二〇年度

後期選抜	第一日	第一時	国語　解答用紙

（注）この解答用紙は実物を縮小してあります。Ａ３用紙に154%拡大コピーすると、ほぼ実物大で使用できます。（タイトルと配点表は含みません）

一

(一) ㋐　㋑　㋒　㋓

(二)

(三)　問題

(四)

(五) ①　②

二

(一)

(二)

(三)

(四)

三

(一)

(二)

(三) ①　②

四

(一)

(二)

(三)

五

(一) ①　②　③　④

(二) 部首名　総画数　画

六

(一)

(二)

(三)

（・春分　・若草　・山笑う）

選んだ言葉に○を付けること。

(20×9)

140

180

推定配点

	一	二	三	四	五	六	合計
国語	(一)－２点×４ (二),(四)－３点×２ (三),(五)②－４点×２ (五)①－５点	(一)－２点 (二),(三)－４点×２ (四)－８点	(一)－２点 (二),(三)②－３点×２ (三)①－４点	３点×３	２点×６	(一)－２点 (二)－４点 (三)－16点	100点

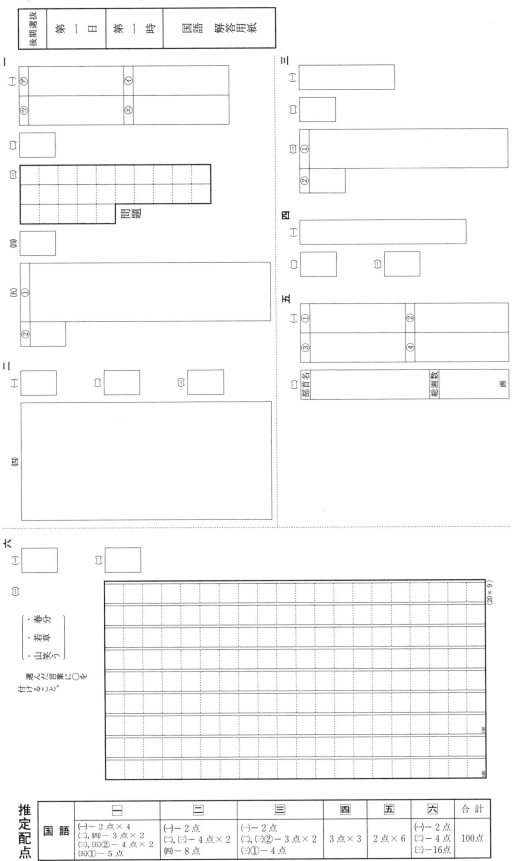

2019年度

後期選抜	第２日	第２時	英語　解答用紙

1

№1	№2

2

A	B	C

3

№1	№2	№3

4

____

5

ア		イ		ウ		エ		オ	

6 (1)

A		B		C	

(2)

7 (1) ①

____

②

____

(2)

A		B		C	

(3)

____ ____ ____ ____ ____ ____ ____

____ ____ ____ ____ ____ ____ ____

____ ____ ____ ____ ____ ____ 20 ____

____ ____ ____ ____ 25

8 B After Saki came home,

her grandfather ______________________________

C Saki ______________________________

E Yuka ______________________________

（注）この解答用紙は実物を縮小してあります。Ａ３用紙に154％拡大コピーすると、ほぼ実物大で使用できます。（タイトルと配点表は含みません）

推定配点		1	2	3	4	5	6	7	8	合計
	英語	３点×２	３点×３	３点×３	５点	３点×５	３点×５	(1)－５点×２ (2)－３点×３ (3)－10点	４点×３	100点

2019年度

後期選抜	第 1 日	第 2 時	数学　解答用紙	2枚中の1

1 (1) ①

答

②

答

③

答

(2)

答

(3)

答

(4)

答

(5)

答

(6)

答　∠x =　　　°

(7)

答

(8) (解)

答　　　　cm^2

(9)

答

2 (1)

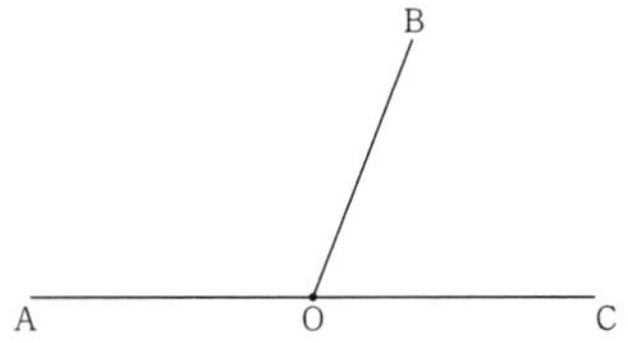

(2) ①

答　∠POQ =　　　°

② (説明)

(注) この解答用紙は実物を縮小してあります。A３用紙に154%拡大コピーすると、ほぼ実物大で使用できます。(タイトルと配点表は含みません)

後期選抜	第 1 日	第 2 時	数学　解答用紙	2枚中の2

3 (解)

答　　　　　　円

4 (1) (証明)

(2)

答　　　　　　cm

5 (1)

ア	
イ	

あ	
い	
う	

(2)

答　　　　　　秒後

6 (1) (解)

答　OA =　　　　　　m, OB =　　　　　　m

(2) ①

答　　　　　　m

②

答　　　　　　m^2

推定配点

	1	2	3	4	5	6	合計
数学	(1), (2)－3点×4 (3)～(9)－4点×7	(1), (2)②－4点×2 (2)①－2点	6点	(1)－5点 (2)－4点	(1)ア, イ－2点×2 (1)あ～う－3点×3 (2)－4点	(1)－4点×2 (2)－5点×2	100点

2019年度

後期選抜	第１日	第３時	社会　解答用紙

1

(1)		(2)	記号	理由
(3)		(4)		
(5)	①			
	②			

2

(1)	①		②	km	(2)	新潟県 / 茨城県
(3)						

3

(1)		(2)		
(3)	A		B	
	C			
(4)				

4

(1)			
(2)	①	②	
(3)			
(4)	できごとの前		
	できごとの後		

5

(1)	A	B		(2)		(3)
(4)	①					
	②					
(5)						

6

(1)		(2)	①	②
(3)				
(4)				
(5)				

7

(1)			
(2)	①		②
(3)	①		②
(4)			

（注）この解答用紙は実物を縮小してあります。A３用紙に154％拡大コピーすると、ほぼ実物大で使用できます。（タイトルと配点表は含みません）

推定配点

	1	2	3	4	5	6	7	合計
社会	(1), (3), (4), (5)①－2点×4 (2)記号－1点 (2)理由, (5)②－3点×2	(1), (3)－3点×3 (2)－2点×2	(1), (2), (3)A, B－2点×4 (3)C, (4)－4点×2	(1), (2)①, (3)－2点×3 (2)②, (4)－3点×3	(1)～(3), (4)①－2点×5 (4)②, (5)－3点×2	(1), (2)①－1点×2 (2)②, (4)－3点×2 (3), (5)－2点×2	(1)～(3)－2点×5 (4)－3点	100点

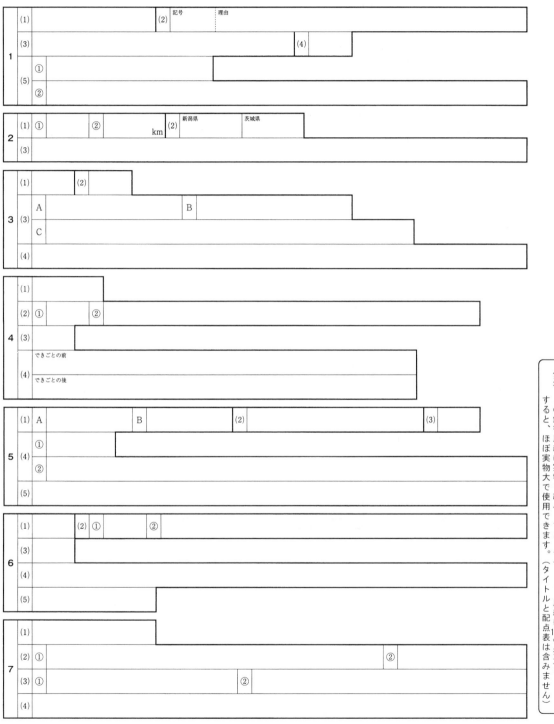

2019年度

後期選抜	第 2 日	第 1 時	理科　解答用紙

1

(1)	①　②　③	(2)		(3)	
(4)		(5)		(6)	
(7)	と				
(8)	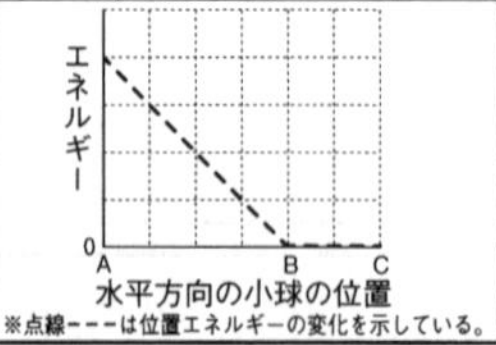				

2

A	(1)		(2) ①	②	
	(3)				
B	(1)		(2)		
	(3)		(4)		
C	(1)		(2) 火星　金星	(3)	(4)
D	(1)		(2) ① 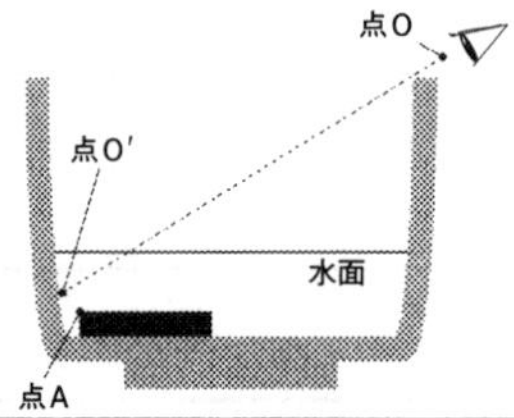	②	

3

(1)		
(2)	a →　→　→　→	(3)
(4)	①	
	②	

4

(1)	①	②
(2)		
(3)	a　b　c　e	(4)

5

(1)		(2)	①　②　③
(3)	① A　B	②	③

6

(1)		(2)	①
			②
		(3)	(4) ①　②　③

（注）この解答用紙は実物を縮小してあります。A3用紙に154%拡大コピーすると、ほぼ実物大で使用できます。（タイトルと配点表は含みません）

推定配点

	1	2	3	4	5	6	合計
理科	2点×8	A, B(1), (2), (4), C, D(1), (2)② −2点×13 B(3), D(2)①−3点×2	(1), (4)②−3点×2 (2), (3), (4)① −2点×3	(1)①−2点 (1)②, (2), (4)−3点×3 (3)−1点×2	(1), (3)②, ③ −3点×3 (2), (3)①−2点×2	(1), (2)−3点×3 (3)−2点 (4)−1点×3	100点

2C(1), (2)はそれぞれ完答。

二〇一九年度

後期選抜	第一日	第一時	国語　解答用紙

一

㈠ ㋐ なって ㋑ え ㋒ ㋓

㈡

㈢

㈣ (20×2)

㈤ (20×9)

140

180

二

㈠

㈡

㈢

㈣

三

㈠

㈡ ① ② ③

四

㈠ 立チ天下之正位ニ

㈡

㈢

五

㈠ ① ② ③ ④

㈡

六

㈠

㈡

㈢

（注）この解答用紙は実物を縮小してあります。Ａ３用紙に154%拡大コピーすると、ほぼ実物大で使用できます。（タイトルと配点表は含みません）

推定配点

	一	二	三	四	五	六	合計
国語	㈠－２点×４ ㈡－４点 ㈢,㈣－６点×２ ㈤－12点	㈠－２点 ㈡,㈣－４点×２ ㈢－８点	㈠,㈡①,②－２点×３ ㈡③－５点	㈠－２点 ㈡,㈢－３点×２	２点×６	㈠－２点 ㈡－３点 ㈢－10点	100点

Memo